DICTIONNAIRE HISTORIQUE, CRITIQUE ET BIBLIOGRAPHIQUE.

DICTIONNAIRE HISTORIQUE,

CRITIQUE ET BIBLIOGRAPHIQUE,

CONTENANT

LES VIES DES HOMMES ILLUSTRES, CÉLÈBRES OU FAMEUX DE TOUS LES PAYS ET DE TOUS LES SIÈCLES,

SUIVI

D'UN DICTIONNAIRE ABRÉGÉ DES MYTHOLOGIES,

ET

D'UN TABLEAU CHRONOLOGIQUE

DES ÉVÉNEMENS LES PLUS REMARQUABLES QUI ONT EU LIEU DEPUIS LE COMMENCEMENT DU MONDE JUSQU'A NOS JOURS.

PAR UNE SOCIÉTÉ DE GENS DE LETTRES.

TOME TRENTIÈME.

DICTIONNAIRE DES MYTHOLOGIES.

A PARIS,

CHEZ MÉNARD ET DESENNE, LIBRAIRES,

RUE GIT-LE-COEUR, N° 8.

1823.

NOUVEAU
DICTIONNAIRE
DES MYTHOLOGIES.

ABAN (*Myth. pers.*), tel est le nom d'un génie que vénérent les Guèbres ; c'est le protecteur des arts libéraux et mécaniques.

ABANTIADES, nom patronymique de Persée, petit-fils d'Abas, douzième roi des Argiens, d'où les rois d'Argos, ses descendans, furent nommés Abantiades.

ABARIS, Scythe, fut grand-prêtre d'Apollon, qui lui fit présent d'une flèche d'or sur laquelle il traversait les airs. Ayant fabriqué une statue de Minerve avec les os de Pélops, il la vendit aux Troyens, qui la gardèrent scrupuleusement sous le nom de *Palladium*. Ce simulacre devint fameux chez tous les peuples.

ABAS, douzième roi des Argiens, fils de Lyncée et d'Hypermnestre, et l'inventeur, dit-on, du bouclier, fut père de Prætus et d'Acrisius, et aïeul de Persée. C'est de lui que les rois ses successeurs furent appelés *Abantiades*.

ABAS, fils de Méganire et d'Hyppothoon, fut changé en lézard par Cérès, qui se vengea par cette méthamorphose des railleries qu'Abas s'était permises sur son avidité à boire, dans le temps qu'elle cherchait Proserpine par toute la terre. On croit que c'est le même que Stellé. — ABAS, devin de Lysandre, quand il défit les Athéniens en la vingt-sixième année de la guerre du Péloponèse, et auquel les Lacédémoniens élevèrent une statue à Delphes. — ABAS, centaure, amateur de la chasse, fut un de ceux qui combattirent contre les Lapithes.

ABDERE, ami et compagnon d'Hercule. Ce demi-dieu ayant volé les cavalles de Diomède, roi de Thrace, les conduisit à sa flotte. Pour se débarrasser des Bistons qui le poursuivaient, il confia son butin à Abdère ; mais ces féroces cavalles, accoutumées à se nourrir de chair humaine, dévorèrent aussitôt le malheureux jeune homme. Hercule bâtit la ville d'Abdère dans l'endroit même où fut enterré son favori.

ABDERE, sœur de ce même Diomède dont il vient d'être parlé, et qui, selon divers auteurs, donna son nom à la ville d'Abdère. Ceux qui ont avancé cette opinion s'autorisent d'une médaille rapportée par Goltzius, et qui porte la figure d'une femme, avec la légende ABDERASCORAS,

Abderæ virginis; mais d'autres écrivains en contestent l'authenticité.

ABEL et CAÏN (*Myt. mahom.*), tous deux fils d'Adam. Les musulmans racontent leur histoire d'une autre manière que l'Ancien Testament, quoique le fonds en soit toujours le même. Ils disent qu'Ève accoucha d'abord de Caïn et d'Aclima, et ensuite d'Abel et de Lébuda. Adam voulut donner en mariage à Caïn la jumelle d'Abel; et à Abel celle de Caïn. Ce dernier, mécontent de l'épouse qu'on voulait lui donner, parce qu'Aclima était beaucoup plus belle que Lébuda, représenta qu'il était tout naturel qu'il fût uni à celle qui avait été avec lui dans le même sein. Adam répondit que l'ordre de Dieu était formel. Depuis ce moment la jalousie de Caïn ne fit qu'augmenter chaque jour. Tout ce que faisait son frère, tout ce qui venait de lui lui portait ombrage. Enfin, séduit par les infernales suggestions du démon, il forma le projet de tuer son frère, et l'écrasa sous le poids d'une grosse pierre pendant son sommeil. Ne sachant comment cacher son crime, il enveloppa le cadavre encore palpitant de la victime dans une peau de bête, et le porta sur ses épaules pendant quarante jours, dans tous les lieux où il allait. A la fin, il redoutait que la putréfaction du corps ne le trahît, et il se trouvait fort embarrassé, lorsqu'un jour il aperçut en l'air deux corbeaux qui se battaient : l'un des deux étant tombé mort, l'autre fit une fosse avec son bec et ses ongles, et y cacha le corps de son ennemi. A son exemple, Caïn en fit autant, et ensevelit son frère; mais il ne put avec lui ensevelir le souvenir de son crime et ses remords déchirans, et il ne traîna plus sur la terre qu'une vie errante et malheureuse.

ABELLION (*Myth. celt.*), divinité des Gaulois que l'on connaît par des inscriptions touvées près de Comminges. *Gruter* en rapporte une que voici :

DEO
ABELLIO
NI
MINUCIA
JUSTA.
V. S. L. M.

On a cru que c'était le soleil, à cause de la ressemblance qui existe entre ce nom et celui de Bélus ou Bélénus. Les Crétois le nommaient *Abelios*. Voy. Belenus.

ABERIDES, le même que Saturne, était fils de Cœlus et de Vesta.

ABESTA (*Myth. pers.*), livre fameux, un des plus anciens qui existent, est attribué à Zoroastre, que les mages croyaient être le même qu'Abraham. Ce livre est l'explication de deux autres, nommés *Zend* et *Pazend*. Ces trois ouvrages comprennent toute la religion des mages ou adorateurs du feu.

ABIDA (*Myth. tart.*), dieu adoré des Kalmouks, est chargé de prendre les ames à leur sortie du corps, et de les conduire au ciel si elles sont pures; sinon il les purifie.

ABONDANCE (*Iconologie*), divinité allégorique, qui, selon Ovide, suivit Saturne lorsqu'il fut détrôné par Jupiter. On ne voit point dans les histoires anciennes qu'elle ait eu des temples ou des autels : on la représente ordinairement sous la figure d'une jeune nymphe qui a beaucoup d'embonpoint et des couleurs vives, portant sur la tête une guirlande de diverses fleurs, et revêtue d'une robe verte qui est relevée d'une broderie d'or. Elle tient de la main droite une corne d'Amalthée (*Voy.* ce nom), et de la gauche un faisceau d'épis, dont la plupart tombent d'eux-mêmes. Ces divers attributs se trouvent plus ou moins modifiés sur plusieurs médailles anciennes.

ABONDE (*Myth. celt.*), fée que nos ancêtres révéraient beaucoup. Selon leur croyance, dame Abonde venait la nuit dans les maisons et y apportait toutes sortes de biens, fort différente en cela des voleurs, qui emportent ce qu'il y a de mieux.

ABOU-JAHIA (*Myth. mah.*), ange de la mort qui se trouve désigné dans le Coran, sous le nom d'*Azraïl* et chez les Persans sous celui de *Mordad*.

ABRACADABRA (*Myt. pers.*), nom mystique, dont les lettres ainsi disposées avaient, dit-on, la vertu magique de guérir les maladies :

A B R A C A D A B R A
A B R A C A D A B R
A B R A C A D A B
A B R A C A D A
A B R A C A D
A B R A C A
A B R A C
A B R A
A B R
A B
A

ABRACAX, ABRASAX ou ABRAXAS (*Myth. pers.*). C'est le nom que donnèrent à l'être souverain les Basilidiens sectaires du deuxième siècle de l'église. Ce dieu avait sous ses ordres des divinités qui habitaient les 365 cieux. Saumaise a prétendu qu'Abrasax était une divinité égyptienne, représentée communément sous la figure d'un homme couvert d'une cuirasse, tenant un bouclier d'une main, et de l'autre un fouet. On lui donnait une tête de roi, et pour pieds des serpens. Plusieurs amulettes, sur lesquelles est un harpocrate avec l'inscription d'*Abrasax*, portent à croire que c'était réellement une divinité égyptienne.

ABRAHAM, ou IBRAIM selon les Orientaux (*Myth. mahom.*), naquit sous le règne de Nemrod, qui tenait le siége de son empire à Babylone. Ce prince ayant appris par ses devins qu'il devait naître à Babylone un enfant qui deviendrait un grand prince, et dont il aurait tout à craindre, ordonna sur-le-champ que les hommes eussent à se séparer de leurs femmes, et établit une surveillance rigoureuse pour les empêcher de se voir. Azar, un des grands de sa cour, trompa ses gardes, et passa une nuit avec sa femme Adna. Le lendemain, les devins vinrent annoncer au prince, que l'enfant dont il était menacé avait été conçu la nuit précédente. Nemrod entra en fureur, ordonna que l'on gardât soigneusement toutes les femmes grosses, et que l'on fît mourir tous les enfans mâles qu'elles mettraient au monde. Adna, qui ne donnait aucun signe de grossesse, ne fut point gardée. Lorsqu'elle fut sur le point d'accoucher, elle alla à la campagne. Elle accoucha dans une grotte, dont elle ferma soigneusement l'entrée, et où elle éleva secrètement son fruit. Il était d'une beauté accomplie, et croissait autant en un jour que les autres enfans en un mois. Bientôt Azar présenta son fils à Nemrod, en lui annonçant que ce prince était le seigneur de tous ceux qui l'entouraient. Abraham trouvant Nemrod fort laid, dit à son père: « Comment est-il possible que celui que vous appelez votre Dieu ait fait des créatures plus belles que lui? » Ce fut la première idée qu'Abraham donna à son père de l'unité de Dieu, qui lui avait été révélée. Bientôt il combattit hautement l'idolâtrie, et attira sur lui la colère du roi, qui le fit jeter dans une fournaise ardente, d'où cependant il sortit sain et sauf. Voy. la *Bibl. orientale* du savant d'Herbelot.

ABSYRTHE, fils d'Eétès, roi de Colchos, et d'une néréïde, frère de Médée, fut envoyé par son père à la poursuite de sa sœur, qui fuyait avec Jason. Médée se voyant près d'être atteinte, fit donner à son frère un rendez-vous secret, où elle promettait de se rendre, et où Absyrthe eut l'imprudence d'aller. Ce jeune homme y trouva la mort. Médée le découpa par morceaux, et sema les membres sanglans sur le rivage, pour suspendre la marche d'Eétes et de ses compagnons par un spectacle aussi douloureux. Selon quelques auteurs, il était enfant quand Médée l'emmena dans sa fuite et l'égorgea, se voyant pressée de près par son père.

ABUTTO (*Myth. japon.*), idole fort révérée des Japonais, et surtout des matelots, qui lui demandent une heureuse traversée et des vents favorables; ils croient obtenir l'accomplissement de leurs vœux en lui faisant des offrandes de pièces de monnaie qu'on jette à la mer. Le dieu, quand les eaux sont calmes, vient recueillir les offrandes lui-même.

ACACALLIS, femme ou fille de Minos, roi de Crète, eut d'Apollon deux fils, nommés Philachis et Philandre. On la fait encore mère de Milet, roi de Carie, père de Biblis et de Caunus, et d'un certain Amphitémis ou Garamas.

ACALE ou **PERDIX**, neveu de Dédale, inventa la scie et le compas. Son oncle en fut si jaloux, qu'il le précipita d'une tour; mais Minerve le méthamorphosa en perdrix.

ACAMAS, fils de Thésée, alla au siége de Troie, et fut député avec Diomède pour redemander Hélène. Pendant cette ambassade, qui fut inutile, Laodicée, fille de Priam, conçut de l'amour pour lui et le rendit père d'un fils qui fut élevé par Ethra, son aïeule, que Paris avait emmenée à Troie avec Hélène. Il fut un de ceux qui s'enfermèrent dans le cheval de bois. Au milieu du carnage, Ethra lui montra le fils que Laodicée avait eu de lui, et ce prince leur sauva la vie. Acamas, de retour à Athènes, donna son nom à une des dix tribus, nommée *Acamanthide.* Il y eut trois Troyens de ce nom qui se distinguèrent par leur courage.

ACANTHE, jeune nymphe, qui, pour avoir reçu favorablement Apollon, fut changée par ce dieu en une plante qui porte son nom, et qui décore le chapiteau des colonnes.

ACANTHIS, fille d'Autonoüs et d'Hippodamie, fut changée en un oiseau qui porte son nom, lorsque les chevaux de son père eurent dévoré son frère Acanthus.

ACARNAS et **AMPHOTERUS**, fils d'Alcméon et de Callirhoé. Leur mère obtint de Jupiter qu'ils passassent tout à coup de l'enfance à la jeunesse, pour pouvoir venger la mort de leur père tué par les frères d'Alphésibée. Ils la vengèrent, en effet, et consacrèrent à Delphes la tunique et le collier d'Ériphile, source des dissentions entre Alcméon et les frères de sa femme.

ACASTE, fameux chasseur, habile à tirer de l'arc, était fils de Pélias, roi de Thessalie. Créthéis, sa femme, que quelques-uns nomment Hippolyte, éprise de Pélée, qui ne voulut pas répondre à son amour, en fut si piquée qu'elle l'accusa auprès de son mari d'avoir attenté à son honneur. Acaste dissimulant son mécontentement, conduisit Pélée dans une partie de chasse sur le mont Pélion, et l'abandonna aux centaures et aux bêtes sauvages. Chiron reçut favorablement ce malheureux prince, qui, avec le secours des Argonautes, alla se venger de la cruauté d'Acaste et des calomnies de Créthéis. Acaste, à son retour de l'expédition de la Colchide, voulut venger la mort de son père sur ses sœurs, qui l'avaient égorgé. Mais Hercule s'opposant à cette vengeance, qui fût devenue un nouveau crime, Acaste fit rendre à son père des honneurs funèbres dont la magnificence le fit passer depuis pour l'inventeur des jeux célébrés en l'honneur des morts.

ACCA LAURENTIA, était femme du berger Faustulus et nourrice de Rémus et de Romulus. Quelques auteurs lui donnent le surnom de *Lupa*, parce qu'ils en font une courtisane. On célébrait en son honneur, chaque année, au mois de décembre, des jeux funèbres appelés *Accalia*, *Larentalia* ou *Laurentalia*. Cette circonstance prouve que jamais elle ne fut mise au rang des divinités de Rome, que l'on honorait par des fêtes et non par des cérémonies funèbres. — ACCA LAURENTIA, célèbre courtisanne de Rome, sous le règne d'Ancus-Marcius, rencontra en sortant du temple d'Hercule, un riche citoyen nommé Tarutius, qui en devint éperdument amoureux et l'épousa. Sa mort laissa bientôt Acca maîtresse de richesses considérables, auxquelles elle en ajouta de nouvelles par la continuation de son métier. A sa mort, ayant nommé le peuple romain héritier de son immense fortune, on inscrivit son nom dans les fastes de l'état, et l'on institua, sous le nom de la déesse Flore, des fêtes en son honneur, que l'on célébrait au mois d'avril.

ACCO, femme à qui la tête tourna dans sa vieillesse, parce que son miroir lui fit voir trop clairement que sa beauté avait fui sur les aîles du temps. Dans sa jeunesse, elle ne cessait de contempler sa figure; d'où vint le proverbe grec : « Il se mire dans ses armes comme Acco dans son miroir. »

ACESTE, roi de Sicile, fils du fleuve Crinise et d'Égeste, fille d'Hippotas, reçut honorablement Énée, et fit ensevelir Anchise sur le mont Éryx. Aceste, toujours attaché aux Troyens, leur avait donné du secours lors du siége de leur ville.

ACETES, capitaine tyrien, fils d'un pêcheur méonien. Un jour, ses compagnons trouvèrent au bord de la mer Bacchus endormi, sous la forme d'un bel enfant, et voulurent l'emmener, dans l'espoir d'en tirer une forte rançon. Acétès s'y opposa, et Bacchus s'étant fait reconnaître, le nomma son grand-prêtre, et métamorphosa ses compagnons en dauphins. Acétès raconta ces merveilles à Penthée, qui se disposait à marcher contre Bacchus; mais ce prince le fit emprisonner, et le menaça de la mort; les portes de la prison s'ouvrirent d'elles-mêmes par la protection de Bacchus, et Acétès recouvra sa liberté.—ACETES, fils du soleil et de Persa, eut une fille qui épousa Phryxus.—ACETES, capitaine d'Évandre, roi d'une partie de l'Italie, secourut Énée quand ce prince marcha contre Turnus, roi des Rutules.

ACHAR (*Myth. ind.*), C'est le nom que les pundits (docteurs) donnent à l'être suprême. Selon eux, il a tiré de lui-même tout ce qui constitue l'univers, comme une araignée tire d'elle-même ses toiles. Selon leur croyance, la fin du monde aura lieu lorsqu'Achar reprendra cette substance divine qu'il a étendue pour nous former: selon eux, tout ici bas n'est qu'illusion, ou plutôt l'univers n'est qu'une seule et même chose qui est Dieu, comme les nombres 10, 100, 1000 ne font qu'une même unité représentée plusieurs fois.

ACHELOUS, fils de l'Océan et de Thétis, selon d'autres, du soleil et de la terre, était le dieu d'un fleuve de ce nom, qui coulait entre l'Acarnanie et l'Etolie. Il combattit contre Hercule pour la possession de Déjanire, qui lui avait été promise en mariage. Voyant que son rival était le plus fort, il se transforma en serpent, et crut l'épouvanter par d'horribles sifflemens. Mais le vainqueur de l'Hydre lui serra la gorge d'une telle force, qu'il allait l'étouffer, lorsqu'Achéloüs prit la forme d'un taureau, qui ne lui réussit pas davantage. Hercule le prit par les cornes, et ne lâcha prise qu'après en avoir arraché une. Les Naïades la ramassèrent, et quand elles l'eurent remplie de fleurs et de fruits, elles en firent la corne d'abondance. Achéloüs fut père des Syrènes, d'où vint leur surnom d'*Achéloïdes*.

ACHEMENIDE, un des compagnons d'Ulysse, échappa des mains du géant Polyphême, resta quelque temps errant sur le rivage, et sortit de la Sicile par le secours d'Énée, qui y aborda dans la suite.

ACHEMON ou ACHMON, frère de Basalas ou Passalus, tous deux Cercopes. Ils étaient si querelleurs qu'ils cherchaient dispute à tout le monde. Sennon, leur mère, les avertit de prendre garde au Mélampyge, c'est-à-dire à l'homme aux fesses noires. Un jour ils rencontrèrent Hercule endormi sous un arbre, et l'insultèrent: ce héros pour se venger les lia par les pieds, les attacha à sa massue, la tête en bas, leur ayant tourné le visage de son côté, et les porta sur son épaule comme les chasseurs portent le gibier. Ce fut en en cette plaisante posture qu'ils dirent: « Voilà le Mélampyge que nous devions craindre! » Hercule les entendit, se mit à rire, et les rendit à la liberté. C'est de cette fable qu'est venu le proverbe grec: « Prenez garde au Mélampyge. »

ACHERON, fils du Soleil et de la Terre, fut changé en fleuve et précipité dans les enfers, pour avoir fourni de l'eau aux Titans lorsqu'ils firent la guerre à Jupiter. Dès ce moment, ses eaux devinrent bourbeuses et amères: c'est un des fleuves que les ombres passaient dans la barque de Charon. Il y avait dans la Grèce deux rivières de ce nom, qui coulaient quelque temps sous terre dans les états d'Aïdonée, roi des Molosses, qui, gouvernant un pays très-bas et rempli de souterrains, passa pour le roi des enfers. — ACHERON, roi de l'Asie-Mineure, eut une fille nommée Dardanis, qui rendit Hercule père d'un fils du même nom. — ACHERON (*Myth. celt.*), divinité gauloise sur laquelle on n'a pas de renseignemens; on suppose que c'était une divinité marine.

ACHEUS, fils de Xuthus, ayant été contraint de quitter l'Attique, se réfugia dans le Péloponèse, nommé alors Égialée, et dont une partie fut appelée de son nom Achaïe; ses descendans s'établirent à Lacédémone.

ACHILLE, fils de Pélée, roi de Phthiotide en Thessalie, et de Thétis, naquit à Phthie, capitale de ce pays. Sa mère le plongea dès son enfance dans le Styx, pour le rendre invulnérable. Il le fut en effet, excepté au talon par lequel elle le tenait en le plongeant. On le confia aux soins du centaure Chiron, qui le nourrit de moelle de lions, et l'exerça à combattre les tigres et les ours. Sa mère ayant su de Calchas qu'il périrait devant Troie, et que sa présence y était nécessaire, l'envoya à la cour de Lycomède, roi de Scyros, en habit de fille, sous le nom de Phyrra. Ce déguisement lui donna la facilité d'approcher et de se faire aimer de Déidamie, fille de Lycomède, qu'il épousa secrètement et dont il eut Pyrrhus. Lorsque les Grecs s'assemblèrent pour le siége de Troie, Calchas leur déclara qu'on ne prendrait jamais cette ville sans Achille, et leur indiqua le lieu de sa retraite. Ils envoyèrent Ulysse qui, déguisé en marchand, présenta aux dames de la cour de Lycomède des bijoux et des armes: il reconnut Achille à l'empressement qu'il montra pour les armes, et l'emmena avec lui au siége de Troie. Ce prince fut le premier héros de la Grèce, et devint la terreur de tous ses ennemis. Pendant le siége, Agamemnon lui enleva une captive appelée Briséis : cette injure, que ne pouvait supporter son ame fière et impatiente, l'irrita tellement, qu'il se retira dans sa tente et ne voulut plus combattre. Tant que dura sa retraite, les Troyens eurent toujours l'avantage; mais Patrocle, son ami, ayant été tué par Hector, il reprit les armes, retourna au combat; et vengea sa mort par celle de son meurtrier, qu'il traîna trois fois, attaché par les pieds à son char, autour des murailles de Troie. Il le rendit ensuite aux larmes de Priam, qui vint le fléchir en se mettant à ses genoux. Ayant conçu de la passion pour Polyxène, fille de ce roi, il la demanda en mariage, et lorsqu'il allait l'épouser, Pâris le blessa à l'endroit fatal, d'une flèche que conduisit la main d'Apollon. Le héros mourut de cette blessure. Les Grecs lui élevèrent un tombeau sur le promontoire de Sigée; ce fut sur sa tombe que Pyrrhus, son fils, lui immola Polyxène. Quelques-uns prétendent que Thétis lui avait proposé dans son enfance

> Ou beaucoup d'ans sans gloire,
> Ou peu de jours suivis d'une longue mémoire,

et qu'il préféra le dernier parti. Alexandre-le-Grand honora son tombeau d'une couronne. « O heureux Achille, s'écria-t-il en versant des larmes sur sa cendre, d'avoir trouvé pendant ta vie un ami comme Patrocle, et après ta mort un poète comme Homère! » Achille aimait les beaux-arts autant que l'art funeste de la guerre.

Il excellait dans la musique, la poésie et la médecine. On a observé avec raison que la fable qui suppose Achille invulnérable n'était pas connue du temps d'Homère Selon lui, Achille occupé à célébrer son hymen avec Polyxène, fut attaqué à l'improviste par des Troyens, et défendit longtemps et vaillamment sa vie. Les Thessaliens élevèrent un temple et rendirent des honneurs à la mémoire du vainqueur d'Hector.

ACHIMAEL et SANYAAB (*Démonogr*), noms de deux démons ou esprits follets, habitant des bois et des campagnes, qui égarent les voyageurs, les rendent furieux, puis finissent par sacrifier leurs victimes.

ACHLYS, déesse des ténèbres, est, suivant Hésiode, le premier être qui ait existé, même avant la séparation du chaos.

ACHOR, dieu auquel les Cyrénéens offraient des sacrifices pour être délivrés des mouches.

ACIDALIE. C'était le nom qu'on donnait à Vénus, comme la déesse qui causait des soins et des inquiétudes. Il y avait aussi dans la ville d'Orchomène en Béotie une fontaine du même nom, où les Grâces allaient se baigner.

ACIS, fils de Faune et de la nymphe Symœthe, se fit aimer de Galathée. Polyphème, son rival, l'ayant un jour surpris avec sa maîtresse, l'écrasa sous un rocher qu'il lui jeta; mais la nymphe, pénétrée de douleur, changea son sang en un fleuve, appelé depuis Acis. Ce fleuve a sa source au pied de l'Etna, et se nomme aujourd'hui Iaci.

ACMON, fils de Manès, chef d'une colonie de Scythes, mourut pour s'être trop échauffé à la chasse, et fut mis au rang des dieux. Il eut deux enfans, Uranus et Titée, c'est-à-dire le ciel et la terre.

ACONCE, jeune homme sans fortune, de l'île de Cée, l'une des Cyclades. Etant allé à une fête de Diane à Délos, il aperçut dans le temple une jeune personne, nommée Cydippe, d'une beauté ravissante. Jugeant à sa mise opulente qu'elle était d'une condition qui mettrait obstacle à son bonheur, il grava ces mots sur une pomme : « Je jure par Diane de n'être jamais qu'à Aconce. » Cette pomme ayant roulé aux pieds de Cydippe, elle la ramassa, et lut ce serment sans y songer. Comme il y avait une loi qui obligeait d'exécuter tout ce que l'on promettait dans le temple de Diane, Cydippe se crut engagée à Aconce. Ses parens ayant voulu la marier à un autre, chaque fois qu'il était question d'effectuer le projet, elle était saisie d'une fièvre violente, en sorte que l'on fut obligé de la donner à Aconce.

ACRIAS, fonda la ville d'Acria. Il perdit la vie en disputant le prix de la course contre Œnomaus, qui avait promis sa fille Hippodamie au plus habile conducteur de char.

ACRISIONEIS, Danaé, fille d'Acrisius.

ACRISIONADES, Persée, petit-fils d'Acrisius.

ACRISIUS, roi d'Argos, père de Danaé, apprit de l'oracle qu'un de ses petits-fils lui ôterait la vie un jour. Pour prévenir ce malheur, il enferma sa fille dans une tour d'airain : mais Jupiter y descendit en pluie d'or, et accomplit une partie de la prédiction, en donnant un petit-fils à Acrisius. Ce prince, instruit de la grossesse de sa fille, la fit exposer dans une petite barque sur la mer. Un pêcheur, sur la côte de l'Apulie, trouva Danaé dans cette barque, accouchée d'un fils qui fut appelé Persée. Au bruit de cette aventure, la princesse fut conduite au roi Pilumnus, qui l'épousa. Lorsque Persée fut en âge de porter les armes, il entreprit son expédition contre les Gorgones, et après avoir tranché la tête de Méduse, il alla en Argos, où il accomplit l'oracle. Les uns disent qu'il tua son père par imprudence, d'autres en lui montrant la tête de Méduse.

ACTEIUS, l'un des six malfaiteurs de la ville de Jalysie. Par des moyens surnaturels, ils attiraient sur la terre la pluie, la neige, la grêle, et faisaient la désolation des habitans des campagnes. Jupiter, irrité de leur méchanceté, les métamorphosa en écueils.

ACTEON, fils d'Aristée et d'Autonoé, était un grand chasseur. Un jour, s'étant arrêté dans la vallée de Gargaphie en Béotie, près d'une belle fontaine où Diane se baignait avec ses nymphes, la déesse, irritée de ce qu'il l'avait surprise dans son bain, lui jeta de l'eau au visage et le changea en cerf, il fut aussitôt déchiré par ses chiens. Suivant quelques auteurs, Diane lui infligea cette cruelle punition, non pas parce qu'Actéon avait porté un œil téméraire sur elle, mais parce qu'il avait mangé les viandes offertes sur ses autels.

ACTOR, père de Menœtius, fonda la ville d'Hyrmine en Élide. Issu de Locres ou de Thessalie, il s'établit dans l'île d'Œnon, où il épousa Égine, fille du fleuve Asopus. Poursuivi par ses enfans, il donna son sceptre et sa fille Thétis à Pélée. — Actor, compagnon d'Hercule, dans la guerre contre les Amazones, où il fut blessé : il mourut de ses blessures en retournant dans son pays.—Actor, père d'Astyochia, dont Mars eut deux fils.—Actor, monstre qui avait 2 têtes, 4 mains et 4 pieds. Il eut deux fils aussi beaux que lui.

ACTORIDES, nom patronymique de Patrocle, petit-fils d'Actor.

ACTYLE, fils de Zété et de Philomèle, fut tué en revenant de la chasse, par sa mère, furieuse de ce qu'Actyle se prêtait aux intrigues de son père qui était soupçonné d'avoir une inclination secrète pour une des Hamadryades.

ADAD (*Myth. syr.*), roi de Syrie, fut honoré comme un dieu après sa mort. Les Syriens lui donnaient pour femme Adargyris, qui était la terre. Adad signifie le soleil. On croit que c'est le Dagon des Philistins.

ADAGOUS (*Myth. syr.*), divinité phrygienne qui paraît être la même qu'Atys.

ADAM (*Myth. mah., rabbin., pers.,* et *afric.*). L'histoire de ce père du genre humain est racontée diversement, quant aux détails, dans les annales des différens peuples de l'univers; mais pour le fond, elle est toujours la même. On retrouve dans ces diverses versions la formation d'Adam, celle d'Ève, leur chute, après avoir mangé du fruit défendu, la mort s'introduisant sur la terre par le meurtre d'Abel, etc. On trouvera sur toutes ces croyances de grands détails dans la *Bibliothèque orientale* de d'Herbelot.

ADAMANTÉE, nourrice de Jupiter dans l'île de Crète, suspendit, dit-on, le berceau de l'enfant entre des branches d'arbre, afin de pouvoir dire qu'il n'était ni dans le ciel, ni sur la terre, ni dans la mer, et pour que ses cris ne fussent point entendus, elle rassembla les jeunes enfans des environs, leur donna des piques et de petits boucliers d'airain, afin qu'ils fissent du bruit autour de l'arbre. On soupçonne que c'est la même qu'Amalthée.

ADARGATIS ou ATERGATIS (*Myth. syr.*), femme d'Adad, roi de Syrie, fut déifiée. On croit que c'est la Vénus des Grecs et la terre ou *Tellus*. *Voy.* ATERGATIS.

ADÉ (*Myth. ind.*), idole des Banians que l'on représente avec quatre bras. On peut la croire la même qu'Adam, qui, suivant les Rabbins, fut créé mâle et femelle, avec 4 mains, 4 pieds, etc.

ADMÈTE, roi de Phérès en Thessalie, fut l'un des princes grecs qui s'assemblèrent pour la chasse du sanglier de Calydon. Il eut encore part à l'expédition des Argonautes. C'est chez ce roi qu'Apollon se vit réduit à garder des troupeaux, lorsqu'il eut été chassé du ciel par Jupiter. Admète ayant voulu épouser Alceste, fille de Pélias, ne put obtenir cette princesse qu'à condition qu'il donnerait au père un char traîné par un lion et un sanglier. Apollon, pénétré de reconnaissance pour Admète, lui enseigna l'art de réduire sous un même joug deux animaux si féroces. Ce dieu obtint encore des Parques que, lorsque le prince toucherait à ses derniers momens, il pût éviter la mort, s'il se trouvait quelqu'un assez généreux pour s'y livrer à sa place. Admète ayant été attaqué d'une maladie mortelle, et personne ne s'offrant pour lui, Alceste se dévoua généreusement; mais Admète en fut si affligé, que Proserpine, touchée de ses larmes, voulut lui rendre son épouse chérie. Pluton s'y opposa; Hercule descendit aux enfers, et en ramena Alceste. Apollon rendit plusieurs autres services à Admète pendant sa retraite. Jamais prince n'essuya plus de traverses que lui; mais les dieux le protégèrent toujours à cause de sa piété. Le beau dévouement d'Alceste pour son mari a exercé l'imagination de Quinault, qui en a fait un opéra intitulé *Alceste*, dont la musique est de Gluck. — ADMETE, fille d'Eurysthée, ayant abordé à Samos, se consacra au service du temple de Junon. Les habitans d'Argos, d'où elle s'était enfuie, promirent à des corsaires tyrrhéniens une forte somme d'argent, s'ils voulaient enlever du temple de Samos la statue de Junon, espérant en faire porter la peine à Admète. Le vol fut commis, et la statue portée sur le vaisseau; mais il demeura immobile dans les eaux, et les Tyrrhéniens furent forcés de la remettre à terre. Admète en donna avis aux Samiens, et ceux-ci croyant que Junon avait voulu les quitter, lièrent la statue avec des branches d'arbres. Depuis ce temps, ils portaient chaque année cette même statue au bord de la mer, la liaient comme la première fois, et célébraient une fête qu'ils appelaient *Tenea*, à cause des branbres qu'ils avaient tendues autour de la statue.

ADONIS (*Myth. syr.*), jeune homme d'une grande beauté, naquit de l'inceste de Cynire, roi de Chypre, avec sa fille Myrrha. Vénus, qui l'aima passionnément, eu la douleur de le voir tuer par un sanglier que Mars avait suscité, mais elle le métamorphosa en anémone. Quelques auteurs ont ajouté à cette fable que Proserpine, touchée des plaintes de la déesse, s'engagea à le lui rendre, à condition qu'il demeurerait avec elle dans les enfers, six mois de l'année, et les six autres avec Vénus. Celle-ci manqua bientôt à la convention, ce qui causa entre ces deux déesses une querelle violente. Jupiter la termina en ordonnant qu'Adonis fût libre quatre mois de l'année, qu'il en passât quatre avec Vénus, et le reste avec Proserpine. Les peuples célébrèrent par des cérémonies annuelles le jour de sa mort. Ces fêtes prirent naissance en Phénicie, et passèrent delà en Grèce, où elles prirent le nom d'*Adonies*. Voici ce que dit Lucien de celles de Biblos, ville de Phénicie : « Toute la ville, au jour marqué pour la solennité, commençait à prendre le deuil, et à donner des marques publiques de douleur et d'affliction. On n'entendait de tous côtés que des pleurs et des gémissemens. Les femmes, qui étaient les ministres de ce culte, étaient obligées de se faire raser la tête, et de se battre la poitrine en parcourant les rues. La superstition forçait celles qui se dispensaient d'assister à cette cérémonie, à se prostituer pendant un jour, pour employer au culte du nouveau dieu l'argent qu'elles avaient gagné. Au dernier jour de la fête, le deuil se changeait en joie, et chacun la témoignait comme si Adonis eût été ressuscité. Cette cérémonie durait huit jours, et elle était célébrée en même temps dans la Basse-Egypte. Alors les Egyptiens exposaient sur la mer un panier d'osier, qui, étant poussé par le vent, abordait de lui-même sur les côtes de Phénicie, où les femmes de Biblos, qui l'attendaient avec impatience, l'emportaient dans la ville; dès-lors l'affliction publique faisait place à une joie universelle. Saint Cyrille dit qu'il y avait dans cette petite barque des lettres dans lesquelles les Egyptiens exhortaient les Phéniciens à se réjouir, parce qu'on avait retrouvé le dieu qu'on pleurait. Selon Phurnutus, Adonis s'occupa de civiliser les Égyptiens; un jour qu'il chassait sur le mont Liban, il fut blessé à l'aine par un sanglier. L'Égypte et la Phénicie crurent qu'il était mort, et le pleurèrent; mais le bruit de sa convalescence vint bientôt changer les pleurs en réjouissances. Sa femme se nommait Astarté. D'autres mythologues ont considéré Adonis comme le soleil, et lui en ont donné les attributs.

ADRAMELECH et ANAMELECH (*Myth. syr.*), divinité des habitans de Sépharvaïm, sur les autels de laquelle on brûlait des enfans, ce qui prouve quelque identité avec *Moloch*. On prétend que c'était le soleil et la lune, ou d'anciens rois du pays, *Adramelech* signifiant *roi magnifique*, et *Anamelech*, *roi doux et bon*. On les représentait sous la figure d'un paon, oiseau consacré à Junon.

ADRAMUS, ou ADRANUS, était, suivant Plutarque, un dieu particulier à la Sicile. La ville d'Adramée, qui portait son nom, lui était spécialement consacrée. On l'a confondu avec Adramelech. Plus de cent chiens consacrés à cette divinité, caressaient ceux qui approchaient du temple, servaient de guides aux ivrognes, et dévoraient sans pitié les méchans.

ADRASTE, roi d'Argos, leva une armée contre Étéocle, qui avait chassé du trône de Thèbes son frère Polynice, gendre d'Adraste. Cette guerre fut appelée l'*entreprise des sept preux*, parce que l'armée était composée de sept princes; savoir: Polynice, Tydée, Amphiaraüs, Capanée, Parthénopée, Hippomédon et Adraste. Ils périrent tous au siége de Thèbes, à l'exception d'Adraste. Ce roi inspira aux enfans des princes qui avaient été tués la vengeance dont il était animé. Il forma une nouvelle armée de sept jeunes princes, que l'on nomma *épigones*, c'est-à-dire *ceux qui ont survécu à leurs pères*. Il vainquirent les Thébains, et ils échappèrent tous à la mort, hormis Égialée, fils d'Adraste, qui succomba à la douleur que lui causa la mort de son fils. — ADRASTE, petit-fils de Midas, roi de Phrygie, vivait environ 600 ans avant J. C. Ayant tué son frère par mégarde, il fut obligé de fuir sa patrie et d'aller chercher un asile à la cour de Crésus. Ce prince l'ayant reçu et purifié de son meurtre, le combla de bienfaits et le chargea de veiller à l'éducation de son fils. Le prince étranger, ravi de trouver l'occasion de témoigner sa reconnaissance à son bienfaiteur, reçut avec joie cet emploi; mais il eut lieu de s'en repentir. Dans la chasse du sanglier qui ravageait les champs de Mysie, l'infortuné Adraste ayant lancé son javelot sur cet animal le manqua, et tua du coup l'enfant qui avait été confié à sa garde. Alors détestant la vie et se regardant comme un instrument funeste de malheurs inévitables, il se donna la mort sur le tombeau du jeune Atys. — ADRASTE, roi de Phrygie vivait du temps de la guerre de Troie, et dont Homère a fait mention.

ADRASTÉE ou **ADRASTIE**, fille de Jupiter et de la Nécessité, était la même que Némésis, chargée de venger tous les crimes et de punir les scélérats. Les prêtres égyptiens la mettaient au-dessus de la lune, et lui rendaient un culte particulier. On la peignait avec une roue, la tête couronnée de cerfs et de victoires, et tenant une branche de frêne dans la main. — ADRASTÉE, fille de Melgius, roi de Crète, l'une des nymphes qui nourrirent Jupiter dans l'antre de Dictée; elle donna son nom à la ville d'Adrastea dans la Troade.

AEDON ou **AIDON**, femme du roi Zéthus, frère d'Amphion, était si jalouse de voir Niobé, femme d'Amphion, mère de six jeunes princes, qu'elle tua pendant la nuit son propre fils Ityle, que l'obscurité l'empêcha de reconnaître, et qu'elle prit pour un de ses neveux. Aédon, ayant reconnu son erreur, pleura tant la mort de son fils, que les dieux, touchés de compassion, la changèrent en chardonneret. Homère prétend qu'elle fut livrée aux furies et aux harpies. — AEDON, fille de Pandarée, roi d'Ephèse, épousa un artiste de la ville de Colophon, nommé Polytechnus. Les deux époux vécurent dans un parfait bonheur jusqu'à ce que, s'applaudissant des douceurs de leur union, ils osèrent se vanter de s'aimer plus intimement que Jupiter et Junon. Les dieux irrités de leur insolence, chargèrent la Discorde de les venger. Cette déesse souffla l'esprit de division entr'eux: Polytechnus fit violence à la sœur de sa femme.

Les deux sœurs voulurent se venger, mais Polytechnus fit saisir et exposer aux oiseaux de proie Pandarée leur père. Jupiter touché de leurs malheurs les changea tous en oiseaux.

AEGER (*Mythol. scandinave.*), dieu de l'Océan, a eu de sa femme Rana neuf filles qui vivent ensemble et portent des voiles blancs et des chapeaux de même couleur.

ÆLURUS, nom d'une divinité des Egyptiens. C'est le chat; on le représente tantôt sous cette figure, tantôt sous celle d'un homme ou d'une femme, avec la tête de cet animal. Les Egyptiens avaient tant de respect pour le chat, qu'ils punissaient de mort ceux qui en auraient tué un, même par accident. Ces peuples croyaient que Diane pour se soustraire à la fureur des géants, s'était cachée sous la figure de cet animal.

AFFRIET ou IFRIET (*Myth. arab.*), génie malfaisant que les arabes redoutent comme le monstre le plus terrible et le plus formidable qui existe. Ils croient ces êtres enchaînés dans les entrailles de la terre; Salomon, disent-ils, en dompta et adoucit un qu'il plia à ses volontés.

AGAMÈDE et TROPHONIUS, frères, fils d'Erginus, roi d'Orchomène, étaient grands architectes, et encore plus grands fripons. Ils donnèrent à Delphes des preuves de leur double talent, par la construction du fameux temple de cette ville, et par le moyen qu'ils imaginèrent pour piller journellement le trésor du prince. Comme on ne pouvait découvrir ni surprendre les voleurs, on leur tendit un piège, où Agamède se laissa prendre, et dont il ne put se débarrasser. Son frère ne trouva point d'autre expédient pour se tirer d'affaire, que de lui couper la tête. Quelque temps après, la terre s'entrouvit sous les pas de Trophonius, et l'engloutit tout vivant. Il passe pour être ce Trophonius que les anciens consultaient dans l'antre de ce nom. Plutarque rapporte qu'ayant achevé le temple, les deux frères demandèrent à Apollon leur récompense. Ce dieu leur ordonna d'attendre huit jours, et de se livrer, pendant ce temps aux plaisirs de la table. A l'expiration du terme, ils furent trouvés morts. La terre engloutit Agamède, et on avait élevé sur la place une colonne que l'on voyait encore du temps de Pausanias. (*Voyez* TROPHONIUS.

AGAMEMNON, roi d'Argos et de Mycènes, était frère de Ménélas, fils de Plystène et frère d'Atrée; ce qui leur fit donner le surnom d'Atrides. Il épousa Clytemnestre, fille de Tyndare qui la lui accorda au préjudice de Tantale en récompense de sa valeur. Il eut de cette princesse quatre filles : Iphigénie, Électre, Iphianasse, Crysothémis et un fils qui fut Oreste. Quelques auteurs ne lui en ont reconnu que deux, Iphigénie et Électre. Comme l'affront fait à Ménélas par Pâris le touchait de près, tous les rois de la Grèce le reconnurent pour généralissime des Grecs. C'est quelque temps après ce choix qu'il faut placer le sacrifice vrai ou faux d'Iphigénie, sur le rivage de l'Aulide. Bientôt les Grecs abordèrent à Troie. Au sujet de Briséïs, Agamemnon eut à soutenir l'orgueil et les menaces d'Achille. On connaît les circonstances de cette guerre : après la prise de Troie, les vainqueurs eurent en partage les princesses que le sort désignait. Cassandre échut à Agamemnon; cette prophétesse fit naître dans le cœur de ce prince des sentimens plus voisins de l'amour que de la pitié, il la ramena à Argos où il trouva Clytemnestre associant au trône et à son lit, Égysthe, fils de Thyeste. Clytemnestre, soit pour prévenir la vengeance de son époux irrité, soit pour satisfaire la jalousie qu'elle avait conçue des soins de son époux pour Cassandre, égorgea Agamemnon de concert avec Égyste. Pausanias prétend qu'on voyait de son temps à Mycènes le tombeau de ce prince. Racine dans son chef-d'œuvre d'Iphigénie, nous a retracé le caractère de ce père malheureux.

AGANICE ou AGLAONICE, thessalienne, fille d'Hégétor, profita des connaissances qu'elle avait en astronomie pour calculer et annoncer les éclipses. Le vulgaire la crut maîtresse des astres et de la lune qu'elle faisait mouvoir à son gré; mais bientôt ses supercheries furent découvertes et elle perdit sa réputation de magicienne. C'est elle qui enseigna aux Thessaliens à agiter des chaudrons lorsqu'il arrive une éclipse de lune.

AGAVÉ, fille de Cadmus et d'Hermione, épousa Echion, roi de Thèbes en Béotie, dont elle eut Penthée, qui succéda à son père. Ce prince ne reconnaissait pas Bacchus et s'était déclaré ennemi de ses fêtes. Bacchus, dans une orgie, voulut s'en venger et le fit mettre en pièces par sa mère et Ino et Autonoë, ses tantes.

AGDESTIS ou AGDISTIS, génie de forme humaine, de l'un et de l'autre sexe, né d'un songe de Jupiter. Les dieux le privèrent des parties qui le faisaient homme, et il en naquit un amandier. Sangaride, fille du fleuve Sangar, ayant cueilli des amandes, les mit dans son sein, devint grosse, et donna le jour à Atys, qui devint si beau, qu'Agdistis se passionna pour lui. Atys fut envoyé à la cour du roi de Pessinunte pour épouser sa fille. Déjà l'on chantait l'hyménée, quand Agdistis arriva, et fit naître à l'instant un mouvement de fureur dans l'âme d'Atys, qui se mutila lui-même. Le roi en fit autant; et Agdistis, pour réparer le mal qu'il avait occasionné, obtint de Jupiter qu'aucun des membres d'Atys ne pourrait se flétrir.

AGE D'OR. C'était le règne de Saturne, parce que les hommes vivaient dans l'innocence. On le représente sous la figure d'une vierge d'une beauté parfaite, couronnée de fleurs, tenant une corne d'abondance dans sa main, et assise auprès d'un olivier.

AGE D'ARGENT. On désigne sous ce nom le temps que Saturne passa dans l'Italie, où il enseigna l'art de cultiver la terre qui avait été jusqu'alors stérile. Dans ce siècle, les hommes commencèrent à devenir injustes: Il est ordinairement représenté par une jeune femme avec quelques ornemens, s'appuyant sur le soc d'une charrue et tenant une gerbe de blé.

AGE D'AIRAIN. A l'époque connue sous ce nom, le règne de Saturne était fini, le libertinage et l'injustice commençaient à régner. Cet âge est représenté par une femme richement vêtue, portant un casque dont le cimier retrace un muffle de lion, elle tient une épine de la main droite et s'appuie de l'autre sur un bouclier.

AGE DE FER. On appela ainsi le temps où les crimes les plus horribles se multiplièrent. C'est alors que la terre cessa de produire, parce que les hommes occupés à se nuire les uns aux autres, ne la cultivèrent plus. On le représente par une femme d'un air farouche et menaçant, armée de pied en cap, et dont le casque est surmonté d'une tête de renard, sur son bouclier est gravée la figure de la fraude. On trouve dans les métamorphoses d'Ovide, un tableau rapide et énergique des quatre âges de l'antiquité.

AGES DE L'HOMME. Ce sont : l'enfance, l'adolescence, l'âge mûr et la vieillesse. Horace et après lui Boileau, nous ont tracé des portraits frappants de ces quatre âges.

AGEBAREN (*Myth. tart.*), divinité des moissons chez les Tschérémisses : dans une fête en son honneur nommée Ugiana, ils célèbrent l'abondance de la récolte.

AGELAUS, esclave de Priam, exposa par l'ordre de son maître, Pâris sur le mont Ida ; mais touché de ses cris il l'emmena dans sa maison et le fit passer pour son fils. — **Agelaus**, fils d'Œnée et d'Althée, périt dans le combat des Carites et des Calydoniens.

AGENOR, roi d'Argos, père de Cadmus et d'Europe, était fils de Neptune et de Libye. Après l'enlèvement de sa fille par Jupiter, il ordonna à son fils Cadmus de la chercher partout et de ne pas revenir sans elle. Il avait eu deux autres enfans Phénix et Cilix.

AGHOGOK (*Myth. hyperb.*), c'est le nom de l'être suprême chez les Aléoutes, peuplade voisine du Kamstchaska. Ils croient que les hommes sont issus des chiens par ordre de cette divinité.

AGHNAY (*Myth. ind.*), épouse d'Agni, divinité du feu.

AGLAURE ou **AGRAULE**, fille de Cécrops, roi d'Athènes, était sœur d'Hersé et de Pandrose. Mercure, devenu amoureux d'Hersé, voulut engager Aglaure à le servir auprès de sa sœur, et à lui favoriser l'entrée de son appartement ; mais elle le refusa constamment, à moins qu'il ne lui donnât une grosse somme d'argent. Pallas, qui haïssait Aglaure, parce qu'elle avait eu la témérité d'ouvrir, contre ses ordres, la corbeille où était renfermé Éréchton, fils de Vulcain, alla commander à l'Envie de la rendre jalouse de sa sœur. l'Envie obéit et Aglaure, infectée de ses poissons, s'étant encore opposée avec plus d'opiniâtreté aux désirs de Mercure, fut changée en pierre par ce dieu. On raconte aussi que ces trois sœurs ayant ouvert imprudemment la fatale corbeille, le monstre les rendit furieuses au point qu'elles se précipitèrent du haut d'un rocher dans la mer.

AGLAUS, l'oracle d'Apollon consulté pour savoir quel était le plus heureux mortel, nomma Aglaüs qui, content du petit héritage que ses pères lui avaient laissé, vivait paisiblement des fruits qu'il en retirait.

AGLIBOLUS (*Myth. syr.*), **ALAGABAL, ÉLAGABAL** ou **GABAL**, noms sous lesquels les Palmyréniens, les habitans d'Emese et d'Héliopolis, adoraient le soleil ; il était représenté selon Hérodien, par une grosse pierre ronde du bas et terminée en pointe, ce qui désignait le soleil, parce qu'il est rond, et que le feu se termine en pointes ; on le représentait quelquefois sous la figure d'un homme vigoureux armé d'un javelot ; son image était presque toujours accompagnée de Malachbelus ou la lune. L'empereur Héliogabale qui prit son nom de ce dieu, en apporta le culte à Rome et se fit son grand prêtre.

AGNI (*Myth. ind.*), dieu du feu, avec quatre bras; deux tiennent un écrit; les autres soutiennent un des coins de l'univers, sa tête est environnée de flammes et monte un bélier.

AGNIAN (*Myth. amér.*), mauvais génie que craignent les Bréсiliens. Cet esprit rode incessamment autour des corps de ceux qui viennent d'expirer. L'on a grand soin de déposer des vivres autour des fosses, en forme de tonneau. Quand Agnian ne trouve rien à manger, il emporte les morts.

AGONALES, fêtes qu'on célébrait à Rome en l'honneur de Janus ou d'Agonius. Numa Pompilius en était le fondateur. Suivant quelques-uns, ces fêtes avaient lieu le 11 janvier, le 21 mai et le 13 décembre.

AGOTKON (*Myth. amér.*), génies du deuxième ordre chez les Iroquois, ont des prêtres, qui prédisent l'avenir, expliquent les songes. Ces charlatans ont beaucoup de crédit et de puissance. Ils portent le nom d'Agotsinnakes.

AGOYE (*Myth. afr.*), Nom de l'une des fétiches publiques de la première classe dans le royaume de Juida, sur la côte des esclaves. C'est la divinité qui préside aux conseils, on la consulte ordinairement avant de former une entreprise.

AGRESKOUÉ (*Myth. amér.*). Dieu que les Iroquois invoquent dans les combats et qu'ils regardent comme l'être souverain.

AGREUS, dieu de la chasse était frère d'Haliéus dieu de la pêche. Un de leurs fils nommé Chrysor, inventa l'art de forger.

AGRON, fils d'Eumelus, avait du mépris pour tous les dieux ainsi que ses sœurs, Meropis et Byssa. Mercure accompagné de Minerve et de Diane, prit la figure humaine pour tâcher de le ramener par ses discours à de meilleurs sentimens. Mais son zèle fut mal payé : il n'éprouva qu'un refus accompagné de blasphêmes au lieu de soumission; Agron même poussa l'insolence jusqu'à le frapper d'une broche. Mercure irrité se fit connaître et changea cet impie et ses deux sœurs en oiseaux.

AGUYAN (*Myth. amér*), mauvais génie du Brésil. Les naturels de ce pays témoignent beaucoup de frayeur pour cet esprit qui, disent-ils, se change en démon, et veut bien quelquefois communiquer avec les devins.

AGYRTÈS, prêtres de Cybèle, ou plutôt devins qui couraient les rues et les spectacles du cirque, pour tirer l'horoscope des spectateurs. Ils se servaient pour cet usage des vers d'Homère et d'autres anciens poëtes. C'était aussi le nom d'un parricide dont parle Ovide.

AHARIMAN, AHERMAN, ou AHRIMAN (*Myth. pers.*). *Voyez* ARIMANES.

AIUS LOCUTIUS, dieu honoré à Rome. De toutes les divinités fabuleuses, il n'y en a point dont l'origine soit si claire que celle-ci. Cédicius, homme du peuple, vint rapporter aux tribuns que, marchant seul la nuit dans la rue Neuve, il avait entendu une voix plus forte que celle d'un homme, qui lui avait prescrit d'aller avertir les magistrats que les Gaulois approchaient. Comme Cédicius était un homme sans nom, et que d'ailleurs les Gaulois étaient une nation fort éloignée, et dont on ne s'occupait guère, on ne fit que rire de cet avis. Cependant l'année suivante, Rome fut prise par les Gaulois. Après qu'on fut délivré de ces ennemis, Camille, pour expier la négligence qu'on avait eue en ne faisant aucun cas de la voix nocturne, fit ordonner qu'on éleverait un temple en l'honneur du dieu Aïus Locutius, dans la rue Neuve, au même endroit où Cédicius prétendait l'avoir entendu. » Ce dieu parlait et se faisait entendre, dit plaisamment Cicéron, *de Divin.* I, lorsqu'il n'était connu de personne, ce qui l'a fait appeler Aïus Locutius; mais depuis qu'il est devenu célèbre, et qu'on lui a érigé un autel et un temple, il a pris le parti de se taire. »

AJAX, fils d'Oïlée, roi des Locriens, prince brave et intrépide, mais fier et brutal; il équipa quarante vaisseaux pour le siége de Troie, et rendit de grands services aux Grecs. Après la prise de cette ville, il viola Cassandre, fille de Priam, réfugiée dans le temple de Minerve. La déesse irritée submergea au retour la flotte d'Ajax, qui, échappé à la tempête, se retira sur un rocher, et dit arrogamment: *J'en échapperai malgré les dieux.* Neptune, témoin de ses blasphêmes, fendit le rocher avec son trident, et l'engloutit sous les eaux. Virgile prétend que ce fut Minerve elle-même qui l'écrasa d'un coup de foudre, l'enleva dans un tourbillon, et le fit tomber sur la pointe d'un rocher, où il demeura attaché. D'autres prétendent qu'il eut le bonheur de revenir dans sa patrie. — AJAX, fils de Télamon et d'Hésione l'un des plus vaillans capitaines qui allèrent au siége de Troie, colère comme Achille, était, comme lui, invulnérable par tout le corps, excepté à un endroit de la poitrine que lui seul connaissait. Hercule, ami de Télamon, aussitôt après la naissance d'Ajax, le prit tout nu, et l'enveloppa dans la peau du lion de Némée, qui le rendit invulnérable, excepté l'endroit qui se trouva sous le trou de cette peau, où Hercule portait son carquois. Le caractère dominant d'Ajax était l'impiété. Arrivé devant Troie, il fit des prodiges de valeur, combattit plusieurs fois contre Hector sans être vaincu, repoussa les Troyens, soutenus par Jupiter même, qui voulait mettre la feu à la flotte des Grecs. On raconte sa mort de diverses manières; mais l'opinion la plus commune est qu'il périt par suite de sa querelle avec Ulysse, à l'occasion des armes d'Achille, auxquelles ils prétendaient tous deux. Chacun plaida sa cause devant les chefs de l'armée, et l'éloquence d'Ulysse triompha. Ajax, furieux, perdit la raison et se jeta sur un troupeau qu'il massacra, pensant que c'étaient Ménélas et Agamemnon. Revenu à lui, et confus de son délire, il s'enfonça dans la poitrine, à l'endroit fatal, une épée dont Hector lui avait fait présent. Quelques-uns prétendent que ce fut le palladium et non les armes d'Achille qu'il voulut enlever, et qu'Ulysse, de concert avec Agamemnon, le fit assassiner secrètement. Calchas défendit de rendre les derniers honneurs à son cadavre; cependant, on lui éleva un monument sur le promontoire de Rhœtée. Sophocle a fait une tragédie sur ce sujet. Après sa mort, Ajax fut changé en une fleur nommée hyacinthe, sur laquelle on voit les deux premières lettres de son nom.

ALACOMÈNE, fille d'Ogyles, nourrice de Minerve, reçut, après sa mort, les honneurs divins. Elle était représentée en buste, dans un temple découvert, pour indiquer que c'est du ciel que vient toute sagesse. Elle était honorée sous le titre de *déesse praxidicienne*.

ALBADARA, les Arabes donnent ce nom à l'os sésamoïde de la première phalange du gros orteil, lequel est environ de la grosseur d'un petit pois. Les magiciens lui attribuent des propriétés surprenantes, comme d'être indestructible par l'eau ou par le feu.

ALBION et BERGION ou BRIGION, géans, enfans de Neptune, eurent l'audace d'attaquer Hercule, et voulurent l'empêcher de passer le Rhône. Ce héros ayant épuisé ses flèches contre eux, Jupiter les accabla d'une grêle de pierres. Le champ où les pierres tombèrent fut nommé *Campus lapideus*. C'est une plaine de sept lieues d'étendue qui se voit en Provence, entre Arles et Marseille, et qui est couverte de pierres d'égale grosseur. C'est aujourd'hui la Crau.

ALBUNÉE, dixième Sybille, rendait ses oracles dans les forêts de Tybur, aujourd'hui Tivoli. On avait trouvé sa statue dans le fleuve Anio, près d'un bois et d'une fontaine qui lui furent consacrés. Quelques-uns croient que la déesse qu'on révérait sous ce nom dans ces mêmes forêts était Ino, femme d'Athamas.

ALCATHOÉ, l'une des filles de Minée, s'étant moquée des fêtes de Bacchus, et ayant travaillé et fait travailler ses sœurs et ses servantes à des ouvrages de laine, pendant qu'on célébrait les orgies, fut métamorphosée, par ce dieu, en chauve-souris, et ses toiles en feuilles de vigne ou de lierre.

ALCATHOUS, fils de Pélops et aïeul d'Ajax, fils de Télamon. Soupçonné d'avoir fait périr son frère Chrysippus, il chercha un asile à la cour du roi de Mégare, dont il épousa la fille, après avoir délivré le pays d'un lion qui y causait de grands ravages. Apollon, exilé du ciel, se retira chez lui. Après sa mort, on lui éleva des monumens et on institua des fêtes en son honneur. — ALCATHOUS, guerrier troyen, époux d'Hippodamie, fille d'Anchise, fut tué par Idoménée.

ALCESTE, fille de Pélias et d'Anaxabie, étant recherchée en mariage par un grand nombre de princes, son père jura qu'il la donnerait à celui qui promènerait Alceste dans un char attelé de deux bêtes féroces de différentes espèces. Admète, roi de Thessalie, eut recours à Apollon, qui en avait jadis reçu l'hospitalité; le dieu donna à Admète un lion et un sanglier apprivoisés qui traînèrent le char de la princesse. Alceste et Admète vécurent dans un bonheur parfait, qui ne fut troublé que par une maladie dangereuse d'Admète. L'oracle annonça que ce prince périrait, s'il ne trouvait quelqu'un qui voulût se dévouer pour lui. Alceste fit le sacrifice de sa vie; mais Hercule, touché de la douleur d'Admète, descendit aux enfers, et, malgré Pluton, en retira son épouse qu'il rendit à la lumière et à ses enfans. Ce qui donna lieu à cette fable, c'est que Aceste, frère de la princesse, ayant déclaré la guerre à Admète, pour venger la mort de Pélias, dont il la croyait complice, le fit prisonnier, et l'eût fait immoler, si la généreuse Alceste ne se fut dévouée à sa place. Déjà son frère l'emmenait à Yolchos dans le dessein de l'immoler, quand Hercule, à la prière d'Admète, atteignit le vainqueur au-delà du fleuve Achéron, lui enleva Alceste et la rendit à son mari. *Voy.* ADMÈTE.

ALCIDE, nom primitif que portait Hercule et sous lequel il est très-souvent désigné chez les poètes. Ce ne fut qu'après son premier exploit qu'il fut appelé Hercule, c'est-à-dire gloire de Junon, pour indiquer que la persécution de cette déesse devait le rendre cher à la postérité.

ALCINOÉ, fille de Polybe de Corinthe et femme d'Amphiloque, ayant retenu le salaire d'une pauvre ouvrière en fut punie sévèrement par Diane. Cette déesse lui inspira un amour si violent pour Xantus de Samos, qu'elle quitta son mari et ses enfans pour le suivre. Mais ayant reconnu l'énormité de son crime, elle se précipita dans la mer! — ALCINOÉ, fille de Sténélus et sœur d'Eurysthée, ennemi d'Hercule.

ALCINOUS, fils de Nausithoüs ou de Pheax, roi des Phéaciens dans l'île de Corcyre, aujourd'hui Corfou, avait des jardins magnifiques qu'Homère a célébrés. (*Odys.* liv. VIII.) « Jamais les arbres de ces jardins, dit-il, ne sont sans fruits; un doux zéphire entretient leur vigueur et leur sève; et, pendant que les premiers fruits mûrissent, il en naît toujours de nouveaux. La poire prête à cueillir en fait voir une qui commence à naître. La grenade et l'orange déjà mûres en montrent de nouvelles qui vont mûrir. L'olive est poussée par une autre olive, et la figue ridée fait place à une autre qui la suit. La vigne y porte des raisins en toute saison : pendant que les uns sèchent au soleil dans un lieu découvert, on coupe les autres, et on foule dans le pressoir ceux que le soleil a déjà préparés. » Homère qui fait passer Ulysse, son héros, par tous les genres de dangers, le fait venir à la cour du roi Alcinoüs, et l'y fait jouir quelque temps de ce lieu de délices. Alcinoüs eut d'Areté une fille nommée Nausicaa.

ALCIONE ou HALCYONE, fille d'Eole et femme de Ceïx, fils de Lucifer, roi de Trachine. Son mari ayant péri dans un naufrage, elle se précipita de désespoir dans la mer, et fut changée en Alcyon, ainsi que Ceïx, par les dieux, qui voulurent que la mer demeurât tranquille tout le temps que ces oiseaux y feraient leur nid. Depuis ce temps, les Alcyons sont consacrés à Thétis. — ALCIONE, fille d'Atlas, une des sept Atlantides qui forment la constellation des Pléiades.

ALCIONÉE, géant, frère de Porphyrion, qui pilla douze chariots destinés à Hercule, et avec une pierre assomma ceux qui les conduisaient. Hercule parvint à le tuer à coup de flèches. On voyait, près de Corinthe, une pierre qu'on disait avoir servi à ce combat.

ALCIPPE, fille de Mars, qu'Allyrothius enleva. Mars, pour venger sa fille, tua le ravisseur, et ce fut pour ce meurtre qu'il fut cité devant un conseil composé de douze dieux, par Neptune, père d'Allyrothius. Le lieu où ce jugement se rendit se nomma depuis *Aréopage*, ou *Champ de Mars*. — ALCIPE, sœur d'Astreus, qui lui fit violence sans la connaître, et qui ayant découvert son erreur, se précipita dans un fleuve qui prit son nom.

ALCMÈNE, fille d'Electryon, roi de Mycène et de Lysidice, épousa Amphitryon, roi de Thèbes, à condition qu'il vengerait la mort de son frère qui avait été tué par les Téléboens. C'est pendant qu'Amphitryon était occupé à cette expédition, que Jupiter, ayant pris la figure et la voix de ce prince, vint trouver Alcmène, et, la trompant, la rendit mère d'un second fils, quoiqu'elle fût déjà enceinte d'un premier. Ainsi elle mit au monde deux jumeaux, dont l'un, appelé Iphiclus, était fils d'Amphitryon, et l'autre, appelé Hercule, l'était de Jupiter. Après la mort d'Amphitryon, elle épousa Rhadamanthe. Au milieu de ses funérailles son corps disparut, et on ne trouva plus, dans le cercueil, qu'une pierre qui fut déposée dans un bois et regardée comme sacrée. C'est *Pausanias* qui nous donne cette fable.

ALCMÉON, fils d'Amphiaraüs et d'Eriphyle, sœur d'Adraste. Ayant tué sa mère par ordre de son père qui en avait été assassiné, il se retira dans l'Arcadie, où il épousa Arsinoé, fille de Phégée, à laquelle il donna le collier de sa mère. Mais persécuté par les furies, vengeresses de son parricide, il consulta l'oracle, qui lui apprit que, pour s'en délivrer, il fallait qu'il allât habiter une terre neuve. Alcméon crut qu'il s'agissait des îles Echinades; il alla s'y établir, et y épousa Callirhoé, fille d'Achéloüs. Celle-ci ayant entendu parler du collier d'Eriphyle, voulut qu'Alcméon lui en fît cadeau. Il retourna chez Phégée, et lui fit accroire que, d'après la réponse de l'oracle, il ne serait débarrassé des furies, qu'après avoir promis le collier à Apollon. Ce mensonge lui réussit; mais Phégée ayant depuis découvert la vérité, ordonna à ses fils de tuer Alcméon, qui fut ainsi puni de son infidélité.

ALECTON, la première des furies, était fille de l'Achéron et de la Nuit. Elle tourmentait sans relâche ses victimes, et ne respirait que la vengeance. Elle était odieuse même à Pluton, monarque des enfers. On la représente armée de vipères, de torches et de fouets, et la tête entourée de serpens.

ALECTRYON, jeune homme aimé du dieu Mars et confident de ses amours. Lucien raconte qu'il lui avait confié le secret de ses intrigues avec Vénus, et l'avait chargé de veiller à la porte du palais de cette déesse, pour ne point être surpris par le soleil. Alectryon s'endormit, et les amans furent aperçus par le dieu du jour, qui en avertit Vulcain. Ce mari jaloux les enveloppa d'un filet, et les donna en spectacle à tous les dieux. Mars, irrité contre Alectryon, le changea en coq. C'est pour cela, disent les poètes, que cet oiseau, se souvenant de son ancienne négligence, ne manque plus d'annoncer chaque jour, par son chant, le lever du soleil.

ALÉMANUS (*Mythol. celt.*), l'hercule des anciens Germains était le dieu de la guerre, qu'ils invoquaient avant de commencer le combat. Alémanus était un ancien roi des Boiens que sa valeur avait fait révérer comme un dieu.

ALÉTÈS, fils d'Hippotas, roi des Doriens, fit la conquête de Corinthe, où ses descendans régnèrent long-temps après lui.

ALEXANOR, fils de Machaon

et petit-fils d'Esculape, bâtit à Titane un temple en l'honneur de son aïeul. On venait l'y adorer lui-même tous les jours après le coucher du soleil.

ALFADER (*Myth. scand.*), le plus ancien des dieux de la mythologie scandinave. Voici les douze noms que lui donne l'*Edda* : 1. *Alfader*, le père de tout; 2. *Hérion*, le guerrier; 3. *Hikar*, le sourcilleux; 4. *Nikuder*, le dieu de la mer; 5. *Fiolner*, celui qui sait beaucoup; 6. *Ome*, le bruyant; 7. *Biflid*, l'agile; 8. *Vidrer*, le magnifique; 9. *Svidrer*, l'exterminateur; 10. *Svider*, l'incendiaire; 11. *Oske*, celui qui choisit les morts; 12. *Falker*, l'heureux.

ALILAT (*Myth. arab.*), nom sous lequel les Arabes adoraient la nature qu'ils désignaient par les croissans de la lune. S'il en était ainsi, le croissant peint sur les étendards des Musulmans ne rappellerait pas la fuite de Mahomet du temps de la nouvelle lune, mais l'image de la nature, ce qui est plus simple.

ALLADE, roi du Latium, avait trouvé le moyen de contrefaire le tonnerre avec des machines. Jupiter lança sur lui la foudre, et lui fit éprouver le sort de Salmonée. *Voy.* ce mot.

ALLAH (*Myth. arab.*), est le nom de Dieu chez les Arabes, les Turcs, et généralement chez tous les Mahométans. Toutes leurs prières commencent et finissent par ce mot répété deux fois. C'est aussi leur grand cri de guerre. Ils ont l'habitude de le prononcer toujours en s'abordant et en se quittant.

ALLAT (*Myth. arab.*), divinité des anciens Arabes, qui la regardaient comme une des filles du grand Dieu; elle avait deux sœurs qui s'appelaient Menach et Aluzza. Elle était très-vénérée des habitans de Tage, qui, vaincus par Mahomet, demandèrent comme une des conditions de paix qu'on ne détruisît pas sa statue. Mais le prophète de la Mecque la fit abattre malgré leurs prières.

ALLYROTHIUS, fils de Neptune, qui pour venger son père vaincu par Minerve, coupa tous les oliviers des environs d'Athènes, et mourut d'une blessure qu'il s'était faite avec sa coignée pendant l'opération. Suivant quelques auteurs, Allyrothius fut tué par Mars pour avoir voulu s'opposer à la passion de ce Dieu pour Alcippe sa sœur.

ALOEUS ou ALOUS, géant, fils de Titan et de la Terre. Sa femme, Iphimédie, eut de Neptune deux enfans, Othus et Ephialte, qui furent appelés Aloïdes, parce qu'Aloëus les éleva comme étant de lui. Lorsque les géans se disposaient à déclarer la guerre aux dieux, Aloëus, qui était fort âgé, n'ayant pu s'y rendre, y envoya Othus et Ephialte, ses fils.

ALOIDES, deux géans redoutables, fils de Neptune et d'Iphimédie, femme d'Aloüs. Ils s'appelaient *Othus* et *Ephialte*, et étaient d'une taille si prodigieuse, qu'à neuf ans ils avaient neuf coudées de grosseur et trente-six de hauteur, et qu'ils croissaient et grossissaient tous les ans d'une coudée. Fiers de leur force, ils entreprirent de détrôner Jupiter, firent Mars prisonnier, et le tinrent treize mois dans une prison d'airain, d'où Mercure le délivra. Diane se changea en biche, et s'élança au milieu d'eux. Voulant tirer leurs flèches sur elle, ils se blessèrent l'un l'autre, moururent, et furent précipités dans le Tartare.

Là ils sont attachés dos à dos à une colonne avec des serpens et sont sans cesse harcelés par un hibou. Quand ils livrèrent ce combat le poil follet n'ombrageait pas encore leurs joues.

ALOPE, fille de Cercyon, eut de Neptune un fils qu'elle fit exposer secrètement, après l'avoir couvert d'une partie de sa robe. Une jument égarée lui donnait à teter, lorsqu'un paysan l'aperçut et le porta dans sa cabane. Cercyon, à qui on le présenta, reconnut l'habit de sa fille, la fit tuer, et exposer l'enfant de nouveau. Une autre jument le nourrit encore, et les bergers jugeant que les dieux le protégeaient, l'élevèrent, et lui donnèrent le nom d'Hippotonoüs. Alope victime de la colère de son père fut changée en fontaine.—Alope, nom d'une des Harpies à qui on donne pour sœurs Acheloë et Ocypete.

ALPHÉE, devenu éperduement amoureux de Diane, la suivait sans cesse. Diane pour se délivrer de ses poursuites se couvrit le visage de boue, et en fit faire autant à ses compagnes ce qui rompit les mesures d'Alphée qui ne put la reconnaître. Le même Alphée fut changé en un fleuve d'Élide dans le Péloponèse, qui traverse l'Arcadie, et a son embouchure dans la mer Ionienne. Les anciens croyaient qu'après avoir traversé la mer, il se rendait en Sicile, auprès de la fontaine Aréthuse; d'où la fable, a feint qu'Alphée était un chasseur qui, ayant poursuivi la nymphe Aréthuse, fut changé en fleuve et son amante en fontaine, et par suite de son amour, mêle ses eaux avec celles de cette fontaine.

ASPHESIBÉE ou ARSINOÉ, fille de Plégée, seconde femme d'Alcméon qui lui donna et lui reprit le fatal collier d'Ériphyle, sa mère. *Voyez* Alcméon.

ALRUNES, (*Myt. celt.*) nom que les anciens Germains donnaient à de petites figures de bois, qu'ils regardaient comme leurs dieux pénates, ces dieux prenant soin des maisons et de leurs habitans. On les faisait ordinairement avec les racines des plantes les plus dures telles que la *mandragore*; on les couchait mollement, lavait soigneusement, et renfermait dans un endroit secret, d'où on ne les tirait que pour les consulter. On croyait qu'elles faisaient connaître l'avenir, mais seulement à leurs heureux possesseurs. Quand on ne leur donnait pas leur part du repas elles jetaient des cris semblables à ceux d'un enfant au berceau.

ALTHÉE, fille de Thestius et femme d'Œnée, roi de Calydon, eut plusieurs enfans, entre autres Méléagre. Ayant fait consulter l'oracle sur la destinée de celui-ci, on lui annonça que ce fils qui venait de naître ne vivrait qu'autant de temps qu'il en faudrait pour consumer le tison qui brûlait alors dans son feu. Althée le retira sur-le-champ, l'éteignit, et le conserva avec grand soin. Le roi, dans un sacrifice qu'il fit aux dieux, ayant oublié Diane, cette déesse en fut si irritée, qu'elle envoya un furieux sanglier pour ravager les campagnes de Calydon. Œnée rassembla tous les jeunes princes du pays pour l'en délivrer, et mit à leur tête son fils Méléagre, qui tua le sanglier, et en présenta la hure à Atalante, fille du roi d'Arcadie, son amante, et qui se trouvait alors à cette chasse. Les oncles de Méléagre prétendirent que cet honneur leur était dû, et voulurent enlever la hure à Atalante; mais le jeune prince, indigné de leur audace, les tua tous les deux. Althée, au désespoir de la mort de ses frères, oubliant qu'elle était mère, dévoua son fils aux Furies, et jeta au feu le tison fatal, à la conservation duquel sa destinée était attachée. En effet, le jeune prince sentit aussitôt ses forces s'affaiblir, et enfin il perdit la vie dans de mortelles douleurs lorsque le tison fut consumé. Althée ne tarda pas à se repentir de sa cruauté : elle en conçut un tel chagrin qu'elle se perça le sein d'un coup de poignard.

ALTHENUS, fut choisi arbitre entre Diomède son beau frère et Daunus. Mais il prononça en faveur de ce dernier pour plaire à Enippe sa fille et pour obéir à Vénus, qui haïssait Diomède et voulait se venger de lui.

AL-UZZA (*Myth. arab.*), divinité à laquelle les anciens Arabes rendaient les honneurs divins, et qu'ils regardaient comme une émanation du grand Dieu. Les tribus Koraïte et Kenanahite, lui rendaient un culte particulier : Mahomet fit abattre cette idole l'an huit de l'hégire.

ALYCUS, fils de Scyron, aida Castor et Pollux à délivrer leur sœur Hélène. Il fut enseveli dans un endroit de la Mégaride auquel il donna son nom.

AMALTHÉE, fille de Mélissus, roi de Crète, prit soin de l'enfance de Jupiter, qu'elle nourrit de lait et de miel dans un antre du mont Dyctée. On prétend que cette nourrice était une chèvre appelée Amalthée, et que les filles de Melissus nourrirent Jupiter du lait de cette chèvre; ce dieu, par reconnaissance, la mit au rang des astres avec ses deux chevreaux, et donna aux deux filles de Mélissus une de ses cornes, en leur promettant qu'elle leur fournirait abondamment tout ce qu'elles pourraient désirer. Les poëtes l'ont appelée corne d'abondance. On la représente pleine de feuilles, de fleurs et de fruits de toutes espèces. — Amalthée, sibylle de Cumes, présenta à Tarquin-le-Superbe neuf livres de prédictions sur le destin de Rome. Tarquin en acheta trois, après avoir consulté les augures. On confia la garde de ces prophéties à deux patriciens; et, pour être plus sûr de leur conservation, on les enferma dans un coffre de pierre, sous une des voûtes du Capitole. Les livres sibyllins furent consultés dans tous les malheurs publics et subsistèrent jusqu'au temps d'Honorius et de Théodose-le-Jeune, qu'ils furent brûlés par Stilicon.... Servatius Gallæus a donné les Oracles sibyllins, avec des dissertations; mais le plus grand nombre de ceux qu'il a recueillis ont été fabriqués après coup dans les premiers siècles du christianisme.

AMANUS ou OMANUS (*Myth. pers.*), le feu perpétuel, que les Perses adoraient comme une image du Soleil, et devant lequel les images chantaient, tenant en main de la verveine, et ayant sur la tête des thiarés, dont les bandelettes leur pendaient le long des joues. Strabon l'appelle *Dæmon Persarum* le génie des perses.

AMARACUS, officier de la maison de Cynire, roi de Chypre, chargé du soin des parfums, eut tant de chagrin d'avoir cassé des vases qui en contenaient de précieux, qu'il sécha de douleur. Les dieux, touchés de compassion, le métamorphosèrent en une plante odoriférante, qui porte son nom : c'est la marjolaine.

AMARANTHE, fleur qui est le symbole de l'immortalité. Suivant les magiciens, les couronnes qui étaient faites de cette fleur avaient de grandes propriétés ; entr'autres, celle de concilier la faveur et la gloire à ceux qui la portaient.

AMATE, femme du roi Latinus et mère de Lavinie; Junon lui inspira une telle aversion pour les Troyens qu'elle s'opposa de tous ses moyens au mariage de sa fille avec Énée et se pendit de désespoir de ne pouvoir le rompre.

AMAZONES (les), étaient des femmes guerrières qui ont, dit-on, habité l'Asie. Les uns les placent dans les pays voisins du royaume de Pont, ou en Cappadoce sur les bords du Thermodon, d'autres sur les côtes du Pont-Euxin ou de la Mer Noire. Strabon les met au-dessus de l'Albanie, au pied des monts Cérauniens, qui sont une branche du Caucase, et dans le voisinage des Scythes, appelés Gargariens. Il raconte que tous les ans, au printemps, les Amazones et les Gargariens s'assemblaient sur ces montagnes pour y faire des sacrifices qui duraient plusieurs jours, pendant lesquels les Amazones s'abandonnaient aux Gargariens ; les enfans qui naissaient de cette union passagère étaient mis à mort s'ils étaient mâles, et les filles étaient élevées pour perpétuer la race ; on leur coupait la mamelle gauche pour les rendre plus habiles à tirer de l'arc. Le chasse était leur unique occupation. Les Amazones firent des conquêtes dans la Colchide, la Circassie et d'autres pays. Elles n'avaient pour tout vêtement qu'une peau de bête jetée sur l'épaule et une petite cuirasse. L'arc, la flèche, la javeline étaient leurs armes. On est partagé sur l'étymologie de leur nom. Il y en a qui le forment d'*a* privatif et de *mazo*, mamelle, c'est-à-dire *sans mamelle*, parce qu'elles brûlaient la mamelle gauche aux jeunes filles dès leur enfance. Mais l'existence de ces femmes est justement révoquée en doute. On a cru retrouver dans plusieurs pays, et notamment en Amérique des peuplades d'Amazones. Ces femmes n'ont commerce avec aucun homme si ce n'est un seul jour de l'année et se gouvernent elles-mêmes. On les place dans l'Amérique Méridionale sur les bords du fleuve de ce nom et en Afrique au Monomotapa.

AMBARVALES, fêtes en l'honneur de Cerès, le peuple suivait alors en forme de procession les victimes qu'on devait immoler à la déesse, et l'on faisait ainsi trois fois le tour des terres, en chantant des hymnes sacrés ; ces fêtes avaient lieu deux fois par an, la première au printemps, la seconde à la fin de la moisson. On trouve dans le traité *De re rusticâ* de Caton, la prière qu'on faisait dans cette cérémonie, elle est intitulée *Carmen ambarvale*. Dans le royaume de Visapour, on célèbre une fête champêtre qui a beaucoup de rapport avec cette cérémonie.

AMEM (*Myth. égypt.*), une des trois principales divinités selon les philosophes eclectiques. Amem, Phtha et Osiris sont les trois ministres de la sagesse. Elles président aux trente-six régions du ciel.

AMERDAD (*Myth. pers.*), c'est un des bons génies des Parsis. Il donne aux fruits le goût et la saveur qui les rendent si agréables.

AMES (FÊTE DES), Cette fête se célèbre au Japon tous les ans, et dure deux jours. Les Tunquinois de la secte des lettrés rendent un culte particulier aux ames de ceux qui sont morts de faim. Les ames ont aussi un culte particulier chez les insulaires des Moluques, dans le royaume de Laos, dans celui de Loango, en Afrique, et chez les Hurons. Les cérémonies en usage dans ces fêtes sont plus ou moins bizarres et varient suivant les pays.

AMHARIA, déesse de la vengeance dans l'Etrurie. On la représentait les pieds, les mains et les cheveux attachés.

AMIDAS (*Myth. jap.*), nommé par quelques auteurs *Omyto*, est la principale divinité du Japon. Son culte y fut introduit par *Budhu* ou *Xaca*, fondateur de la secte de *Budsdo*. Les Japonais attribuent à Amidas un empire particulier sur les ames, et ils lui donnent le titre de *Sauveur des hommes*. Les sectateurs de cette divinité la regardent comme une substance spirituelle, qui ne peut tomber sous les sens, dont l'existence est antérieure à celle de la nature, ou plutôt qui n'a point commencé et ne cessera jamais d'être. On peut conclure que c'est l'Être Suprême, le créateur de toutes choses, que les Japonais adorent sous le nom d'Amidas. Ce dieu est représenté sous différentes formes. On le voit quelquefois avec la tête d'un chien, tenant en main un cercle d'or, symbole de l'éternité, et monté sur un cheval dont les sept têtes représentent sept mille siècles. D'autres fois il est représenté avec trois têtes, dont chacune est couverte d'une espèce de toque, avec la barbe flottante sur les épaules. Outre les offrandes et les sacrifices qu'ils lui prodiguent en abondance, les Japonais ont encore une manière particulière d'honorer Amidas, qui consiste à se tuer en son honneur, persuadés qu'une mort semblable leur obtiendra une vie heureuse dans l'autre monde. Rien de plus commun au Japon que de voir des dévots se noyer pour la gloire d'Amidas. Ceux qui font le sacrifice de leur vie restent ensevelis dans une méditation profonde pendant deux jours, au bout desquels ils paraissent dans les rues et les places publiques, y déclament contre la corruption du siècle et les faux biens de la vie, et peignent avec énergie les misères de la condition humaine, ainsi que les récompenses promises dans l'autre monde à ceux qui meurent pour Amidas. Ils engagent leurs auditeurs à imiter leur dévouement. Un pareil sermon ne se fait pas sans succès. Il se trouve assez ordinairement quelques misérables, qui, ennuyés de traîner des jours remplis d'infortune, saisissent cette occasion de périr avec gloire. Alors les prédicateurs et leurs prosélytes prennent le chemin de la rivière, conduits en triomphe par leurs parens et amis, et un grand nombre de bonzes. Ils montent sur une barque magnifiquement décorée de banderoles, exécutent plusieurs danses au son des instrumens ; puis s'attachant de grosses pierres au milieu du corps et aux jambes, ils se jettent tête baissée dans les flots, en prononçant certaines prières qu'ils croient très-efficaces en ce moment.

AMITIÉ (*Allégorie*). Les Grecs en avaient fait une divinité. Les Romains la représentaient sous la figure d'une belle fille vêtue d'une tunique, sur la frange de laquelle on lisait : *La mort et la vie.* Sur son front étaient gravés ces mots : *L'été et l'hiver.* La figure avait le côté ouvert jusqu'au cœur, qu'elle montrait du bout doigt, avec ces mots : *De près et de loin.* On mettait souvent un chien à ses pieds comme emblême de la fidélité qui doit accompagner l'amitié.

AMMON ou HAMMON. Le même que Jupiter, était particulièrement honoré à Thèbes, capitale de la Haute-Égypte. On dit que Bacchus, s'étant trouvé dans dans l'Arabie déserte, et sur le point de mourir de soif, implora le secours de ce dieu, qui lui apparut sous la forme d'un belier, et, en frappant du pied contre terre, lui montra une source d'eau. On dressa en cet endroit un autel superbe à Jupiter, qu'on surnomma Ammon, ou Ammé à cause des sables qui sont dans cette contrée. D'autres disent que Jupiter fut ainsi surnommé, parce que son premier temple fut élevé par un berger appelé Ammon ; enfin parce qu'il s'était transformé en belier pour plaire à Hercule. Les peuples de la Libye lui bâtirent un temple magnifique dans les déserts qui sont à l'occident de l'Egypte. Quoiqu'il fallût traverser des sables brûlans pour y arriver, on y accourait en foule de toutes les parties du monde, et l'empressement des nations avait fait du lieu le plus aride le centre de l'opulence. Plusieurs personnages célèbres de l'antiquité consultèrent l'oracle de Jupiter-Hammon, entr'autres *Alexandre-le-Grand*, qui, à peine entré dans le temple, fut salué par le pontife comme fils de Jupiter. On représentait ce dieu sous la forme d'un belier, ou seulement avec une tête et des cornes de belier. La statue de Jupiter-Ammon était une statue mécanique qui faisait des gestes et des signes, ce qui faisait beaucoup d'impression sur le peuple. — AMMON, fils de Cynire épousa Myrrha et en eut Adonis ; un jour Cynire s'exposa aux railleries de sa bru en s'endormant dans une posture peu décente. Quand il se fut éveillé et qu'il en eut été informé, il maudit ses enfans et les chassa de sa présence. Ammon et Myrrha se retirèrent en Arabie.

AMOUR. *Voyez* CUPIDON.

AMPHIARAUS ou AMPHIARAS, fils d'Hypermnestre, et, selon les autres d'Oïclée, avait reçu des dieux l'esprit prophétique. Lors de la guerre de Thèbes, Amphiaraüs, sachant qu'il y périrait, se cacha. Éryphile, sa femme, séduite par un collier d'or, découvrit sa retraite, et il se vit obligé de partir. Il chargea du soin de sa vengeance Alcméon, son fils. Arrivé devant Thèbes, Jupiter ouvrit la terre d'un coup de foudre et Amphiaraüs fut englouti avec son charriot. Les Oropiens lui élevèrent, à l'endroit où il avait péri, un temple entouré de colonnes, sur lesquelles aucun oiseau ne se reposait. Ils célébrèrent aussi, en son honneur, des fêtes appelées *Amphiarées.* L'oracle de ce temple était aussi fameux que celui de Delphes : on le consultait, après avoir immolé un mouton dont on étendait la peau à terre, on dormait dessus, en attendant que le dieu instruisît en songe de ce qu'on voulait savoir. Mais pour obtenir une réponse de l'oracle il fallait s'être purifié, s'abstenir de nourriture pendant vingt-quatre heures et de vin pendant trois jours. Il y avait près du temple une fontaine où les malades se baignaient, c'était, disait-on, l'endroit où Amphiaraüs avait été englouti.

AMPHICTYON ou AMPHYCTION, fils d'Hélénus et roi des Thermopyles, était un prince plein de sagesse et d'amour pour sa patrie. Pour réunir les différens états de la Grèce par un lien commun, il établit une confédération entre douze villes grecques, dont les députés se rendaient deux fois l'an aux Thermopyles pour y délibérer sur leurs affaires, après avoir honoré les dieux en commun par des sacrifices. Par ce moyen, Amphyction établit l'union et l'amitié entre les Grecs, et les assujetit à un culte réglé de la divinité, qui seul pût adoucir les mœurs des peuples sauvages. Cette célèbre assemblée s'appelait le *Conseil des Amphyctions*, du nom de celui qui l'avait instituée, l'an 1522 avant J.-C. Chaque ville envoyait deux députés à cette espèce d'états-généraux; la moindre infidélité à la patrie suffisait pour en être exclu. Cœlius dit qu'Amphyction est le premier qui ait appris aux hommes à mêler l'eau à leur vin.

AMPHILOQUE, fils d'Amphiaraüs, accompagna son frère Alcméon à la guerre de Thèbes et de concert avec lui, vengea sur sa mère Ériphyle, le meurtre de son père. Renonçant au trône il établit en Cilicie l'oracle de Mallus qui par la suite devint célèbre. Mais s'étant pris de querelle avec un certain Mopsus, il combattit contre lui, le tua et en fût tué. On lui éleva un tombeau à Margasa.

AMPHINOMUS et ANAPIAS, étaient deux frères qui sauvèrent leurs parens d'une éruption de l'Etna. En mémoire de ce dévouement les Siciliens élevèrent à l'envi des temples à la Piété filiale, et se disputèrent l'honneur de leur avoir donné naissance.

AMPHION, était fils de Jupiter et d'Antiope, femme de Lycus, roi de Thèbes. Ce prince, instruit du commerce illégitime qu'elle avait eu avec Épaphe ou Épopée, la répudia. Jupiter la consola de cet affront. Elle devint enceinte. Dircé, seconde femme de Lycus, en soupçonna son mari, et fit enfermer Antiope dans une étroite prison. Jupiter l'en délivra et la cacha sur le mont Cithéron où elle accoucha de deux jumeaux, Zéthus et Amphion, qui furent élevés par des bergers. Leurs inclinations furent différentes. Zéthus s'adonna au soin des troupeaux, et Amphion à la musique. Ces deux frères devenus grands, ayant appris le traitement que Dircé avait fait à leur mère, la saisirent et l'attachèrent à la queue d'un taureau indompté, qui la traîna sur des rochers et la fit périr dans les douleurs les plus affreuses. Amphion se rendit si habile dans la musique, que selon les poëtes, Mercure lui donna une lyre, au son de laquelle il bâtit les murailles de Thèbes, et que les pierres, sensibles à la douceur de ses accens, allaient d'elles-mêmes se poser les unes sur les autres. Cette fable signifie qu'Amphion gagnait tous les cœurs par son éloquence.

AMPHITRITE, fille de Nérée et de la nymphe Doris, femme de Neptune. Cette déesse, voulant conserver sa virginité, avait d'abord refusé d'épouser le dieu de la mer, et s'était cachée pour se soustraire à ses poursuites. Mais Neptune chargea un dauphin de la chercher; celui-ci la trouva au pied du mont Atlas, et lui persuada de répondre aux désirs de ce dieu. La déesse s'étant rendue à ses instances, elle eut de Neptune un fils appelé Triton, et plusieurs nymphes marines. Elle est souvent représentée comme une sirène avec le corps d'une femme de la tête à la ceinture, et le reste terminé en queue de poisson. Elle est portée sur les eaux dans une conque marine et suivie d'une foule de néréides et de tritons qui sonnent de la trompette et nagent autour de ses chevaux marins dont ils tiennent les rênes.

AMPHITRYON, fils d'Alcée, épousa Alcmène après avoir succédé à son beau-père Electrion, qu'il avait tué par mégarde. Dans le temps qu'il était occupé à faire la guerre aux Téléboïens, Jupiter alla voir Alcmène sous la figure de son mari. Elle accoucha de deux jumeaux, dont l'un, fils de Jupiter, fut nommé Hercule, et l'autre, fils d'Amphitryon, fut appelé Iphicius. Cette fable a fourni à Plaute et à Molière le sujet d'une comédie. On trouve, selon le colonel anglais Dow, l'aventure d'Amphitryon parmi les plus veilles fables des brachmanes. Un Indien, dit-il, d'une force extraordinaire, mari d'une très-belle femme, en fut jaloux, et disparut après l'avoir battue. Un dieu secondaire fit passer son ame dans un corps entièrement semblable à celui de l'époux fugitif, et se présenta sous cette figure à la dame délaissée. La doctrine de la métempsycose, établie depuis longtemps dans l'Inde, rendait cette supercherie vraisemblable. Le dieu amoureux demande à sa prétendue femme pardon de ses emportemens, obtient sa grâce, lui fait un enfant, et reste maître de la maison. Le véritable mari, poussé par l'amour et le repentir, revient se jeter aux pieds de sa femme, et trouve un autre lui-même établi chez lui. Il est traité par son représentant d'imposteur et de sorcier. L'affaire est portée aux tribunaux. Un brachmane, l'un des juges, devina tout d'un coup que l'un des deux maîtres de la maison était un dieu, et l'autre une dupe. Voici comme il s'y prit pour faire connaître le véritable époux. Il ordonna que la femme, après avoir habité avec l'un et l'autre, déclarerait quel était le plus vigoureux. Ce fut le dieu qui donna les plus grandes preuves de force. Les juges allaient renvoyer le mari, lorsque le brachmane leur dit : « Vous vous trompez. Celui qui n'a pas passé les forces de la nature humaine dans l'union conjugale, doit être un homme, celui qui les a passées est un être divin. » Le dieu avoua tout et disparut.

AMPHRYSE, fleuve de la Thessalie. Ce fut sur ses bords qu'Appollon garda les troupeaux d'Admète, et écorcha tout vif le satyre Marsyas; ce fut là que ce dieu - berger amena Evadné, Lycoris et le jeune Hyacinthe, qu'il tua sans le vouloir en jouant au palet; c'était aussi le nom d'un fleuve de Phrygie dont les eaux rendaient les femmes stériles.

AMULIUS, fils de Procas, roi des Albains, et frère de Numitor, donna le jour à Rhéa Sylvia. Les deux frères ayant partagé l'héritage paternel, qui se composait du trône d'Albe et des trésors de Troie, Numitor choisit le trône, laissant les richesses à son frère, qui avec un tel auxiliaire, l'eut bientôt détrôné. Amulius voulant condamner sa fille à une éternelle stérilité, la consacra au culte de Vesta. Mais peu de temps après elle mit au monde deux jumeaux d'une force et d'une beauté extraordinaires. C'étaient Rémus et Romulus. Quand ils furent grands, ils tuèrent Amulius. *Voyez* Romulus et Rémus.

AMYCUS, fils de Neptune et roi des Bébrices, obligeait tous les étrangers à se battre au ceste avec lui, et les mettait à mort. Pollux le défit et lui ôta la vie. On planta sur son tombeau un laurier nommé par la suite *Laurier-Furieux* parce que si l'on en portait une branche dans un vaisseau, on se querellait jusqu'à ce qu'elle fût ôtée. — Amycus, comme le précédent, roi des Bebrices, voulut s'opposer à Hercule qui venait faire la guerre à sa sœur Hippolyte, et perdit la vie de la main de ce héros.

AMYMONE, l'une des cinquante danaïdes, épousa Encelade qu'elle tua la première nuit de ses noces, pour obéir à son père. Dévorée de remords, elle se retira dans les bois, où, voulant tirer sur une biche, elle blessa un satyre qui la poursuivait, et dont elle devint la proie malgré Neptune qu'elle implorait. Ce dieu la métamorphosa en fontaine. Elle fut, avec sa sœur Hypermnestre, la seule qui n'expia pas son crime aux enfers, parce-qu'elle avait rendu un grand service à la ville d'Argos, en lui procurant de l'eau dans une grande sécheresse.

AMYNTAS, un des adorateurs du beau Narcisse, ne se laissa pas d'abord rebuter par ses dédains; mais celui-ci lui ayant envoyé une épée, Amyntas, après avoir invoqué l'Amour et l'avoir conjuré d'être son vengeur, alla se percer de cette épée sous les fenêtres de Narcisse. *Voyez* Narcisse.

AMYRIS, nom d'un Sybarite, envoyé à Delphes par ceux de sa nation, pour apprendre de l'oracle « si le bonheur dont ils jouissaient serait de longue durée. » La réponse de l'oracle fut que « la fortune des Sybarites changerait, et que leur perte serait infaillible, dès qu'ils rendraient plus d'honneur aux hommes qu'aux dieux, » ce qui ne tarda pas à arriver. Un esclave, souvent battu par son maître, courut aux autels des dieux pour s'en faire un asile; on l'en arracha. Mais cet esclave, ayant eu recours à un ami de son maître, obtint d'être traité plus doucement. Amyris, que cet événement avertit du prochain désastre des Sybarites, se retira promptement dans le Péloponèse; ses compatriotes se moquèrent de sa retraite, et le traitèrent d'insensé : la suite fit voir qu'il était le seul sage. De là est venu l'ancien proverbe des Grecs, « Amyris devient fou », que l'on applique à ceux qui, sous l'ombre de folie, donnent ordre à leurs affaires, et qui cachent beaucoup de sagesse sous le masque de la démence.

AN (nouvel). Le commencement de chaque année était célébré avec beaucoup de solennité par les anciens Perses. Un jeune homme, d'une rare beauté, allait, dès l'aurore, l'annoncer au roi et lui porter des présens symboliques. Les grands et le peuple se rendaient ensuite au palais du prince, et lui souhaitaient mille prospérités. — Une fête du même genre se célébrait aussi chez les Guèbres, à la même époque.

ANACHIS (*Myth. égypt.*), un des dieux Lares chez les Egyptiens. Il y en avait quatre, savoir: Dymon, Tychis et Héros, qui, probablement, étaient les mêmes que *Dauymis*, *Tychè*, *Eros*, et *Anunchè*, c'est-à-dire, *la Force*, *la Fortune*, *l'Amour*, *la Nécessité*.

ANACUS, phrygien. L'oracle avait prédit que le monde finirait à sa mort. Il mourut à l'âge de 300 ans, laissant ses concitoyens dans la douleur et dans la crainte. Il vivait avant le déluge de Deucalion; ce pourrait bien être le même qu'Henoch.

ANAGYRUS, demi-dieu, avait un temple dans l'Attique. Il donna son nom à un bourg dans la tribu Erechthéide. Les habitans le craignaient beaucoup, et évitaient de l'offenser.

ANAITIS, divinité adorée autrefois par les Lydiens, les Arméniens et les Perses, est la même que Diane ou Vénus. La religion de ces peuples, surtout dans la contrée voisine de la Scythie, les obligeait de ne rien entreprendre que sous les auspices d'Anaïtis. On faisait les assemblées importantes dans son temple. Les plus belles filles étaient consacrées à cette divinité, et abandonnaient leur honneur à ceux qui venaient lui offrir des sacrifices. Elles prétendaient, par cette prostitution, devenir plus nobles et plus dignes d'être mariées. En effet, plus ces filles avaient fait paraître de lubricité, plus elles étaient, dit-on, recherchées en mariage. On célébrait en son honneur des fêtes où les hommes et les femmes s'enivraient, en mémoire de ce que Cyrus avait consacré, à cette déesse, une journée, dans laquelle il avait fait un grand carnage des Saces qu'il surprit plongés dans le vice et la débauche.

ANARAZEL (*Myth. cabal.*), un des démons cachés dans les entrailles de la terre qui gardent des trésors et ébranlent les fondemens des maisons. Ils effraient les mortels par des bruits lugubres et extraordinaires, mais ne peuvent avoir de commerce avec les femmes.

ANAX, fils du Ciel et de la Terre. Son nom était révéré comme quelque chose de sacré; on ne le donnait, par honneur, qu'aux demi-dieux. On comptait trois races d'Anaces, savoir : Tritopatréus, Eubuléus et Dionysius, Castor et Pollux. On les confondait quelquefois avec les grands dieux.

ANAXARÈTE, jeune fille de Salamine, d'une rare beauté, issue du sang de Teucer, inspira la plus violente passion à un certain Iphis, qui, n'en ayant reçu que du mépris, se pendit de désespoir à la porte de l'insensible. *Anaxarète* eut la froide cruauté de voir passer la pompe funèbre du malheureux Iphis; mais à peine eut-elle jeté les yeux sur le cadavre, qu'elle fut changée en rocher par Vénus. On le conservait à Salamine, dans un temple que l'on éleva en l'honneur de Vénus.

ANCÉE, fils de Neptune et d'Astypalée, était roi de Samos. Ce prince, qui aimait beaucoup l'agriculture, poussait un jour trop vivement un de ses esclaves au travail : celui-ci lui prédit qu'il ne boirait point du vin de la vigne à laquelle il le faisait travailler au-delà de ses forces. Ancée, sans s'arrêter à cette prédiction, fit porter du fruit de cette vigne sur le pressoir, et déjà il était près de boire une coupe remplie de ce vin, lorsqu'on vint lui apprendre qu'un sanglier était entré dans sa vigne et la ravageait. A l'instant il posa la coupe pour courir au sanglier, qui d'un coup de défense, le renversa mort. Cette aventure donna lieu au proverbe grec, traduit par Caton : *Multum interest inter os et offam;* « Il y a loin de la bouche au plat. » Horace l'a bien rendu par ce vers :

Multa cadunt inter calicem supremaque labra.

— Il y eut un autre Ancée, qui fut pareillement tué par un sanglier de la forêt de Calydon; celui ci était de la ville de Parthase, au lieu que le premier était de Pleurone.

ANCHARIE, la même que Némésis, recevait un culte particulier chez les Asculans et les Phalériens. Ils l'invoquaient dans les combats comme pouvant jeter le trouble chez l'ennemi. On a des monumens toscans où elle est représentée avec des ailes à la tête, couverte de bandelettes et tenant une hache à la main.

ANCHEMOLE, fils de Rhétus, roi d'une contrée de l'Italie, fut chassé de sa patrie par son père, pour avoir déclaré à sa marâtre sa passion criminelle, et se retira chez Turnus.

ANCHISE, prince troyen, fondateur de Troie, descendant de Tros, par Assaracus, fils de Tros et père de Capys, père d'Anchise. Vénus lui apparut un jour sur le mont Ida, sous la forme d'une belle nymphe, et lui donna un fils qui s'appela Énée. Anchise ayant eu l'indiscrétion de se vanter de son bonheur, Jupiter irrité le foudroya, mais si légèrement, que la foudre ne fit que lui effleurer l'épaule. Au sac de Troie, son fils Énée le porta jusqu'aux vaisseaux avec ses dieux pénates. Il mourut à 80 ans, et fut enterré à Drépane en Sicile, où l'on célébra des jeux en son honneur. Selon *Homère*, il fut enterré sur le mont Ida; et si l'on en croit *Apollodore*, Vénus avait eu un second fils d'Anchise.

ANCHURUS, fils de Midas. Un gouffre s'étant ouvert à Célène, ville de Phrygie, Anchurus se dévoua pour le bien public, et s'y précipita avec son cheval. Le gouffre se referma aussitôt, et Midas fit élever en cet endroit un autel à Jupiter.

ANCILE, ou ANCILIES, bouclier que Numa Pompilius feignit être tombé du ciel, et à la conservation duquel il prétendit qu'était attachée la destinée de l'empire romain. De peur qu'on n'enlevât ce bouclier, il en fit faire onze autres si parfaitement semblables, qu'il était impossible de le reconnaître. Il en confia la garde à douze prêtres qu'on appelait *Saliens*. Quand on portait ces boucliers, dans une fête qui durait trois jours, au commencement de mars, on ne pouvait ni se marier, ni entreprendre rien d'important. *Voy.* Saliens.

ANDATÉ, ou ANDRASTÉ (*Myth. celt.*), déesse de la Victoire chez les anciens Bretons. Les Trinobantes avaient pour elle beaucoup de vénération, et lui immolaient dans un bois les prisonniers qu'ils avaient faits à la guerre.

ANDESCHAM (*Myth. pers.*), grand-prêtre du feu du temps de Nemrod. Le démon lui révéla qu'il serait digne d'adorer le feu quand il aurait eu un commerce charnel avec sa mère, sa fille ou sa sœur. Andescham lui obéit, et, dans la suite les mages suivirent son exemple. Il disputa avec Abraham sur l'unité de Dieu, et offrit à Nemrod de le faire jeter dans une fournaise ardente pour éprouver le feu.

ANDROCLÉE, fille d'Antipœnus de Thèbes, se dévoua, avec sa sœur Alcis, pour le salut de sa patrie. La guerre s'étant allumée entre les Thébains et les Orchoméniens, l'oracle consulté répondit que « la victoire serait pour les Thébains, si celui qui était du sang le plus noble voulait se sacrifier pour le salut de ses concitoyens. » La naissance d'Antipœnus l'emportait sur celle de tous les autres; mais il refusa d'être la victime du bien public, et ses deux filles, Androclée et Alcis, se dévouèrent courageusement. La reconnaissance des Thébains leur éleva un monument dans le temple de Diane d'Euclié.

ANDROGÉE, fils de Minos II, roi de Crète, que l'on fait vivre l'an 1250 avant J. C. Quelques jeunes gens d'Athènes et de Mégare, piqués de ce qu'il leur enlevait tous les prix des jeux olympiques, ou peut-être de ce qu'il avait des liaisons trop intimes avec les Pallantides, attentèrent à sa vie. Minos, pour venger ce meurtre, vint mettre le siége devant Athènes et Mégare, et obligea les habitans de lui envoyer tous les ans sept garçons et sept jeunes filles, qu'on donnait à dévorer au minotaure. Thésée les délivra de ce tribut inhumain.

ANDROGYNES, être humains qui réunissaient les deux sexes avec deux têtes, quatre bras et quatre pieds. Platon dit, dans son dialogue du *Banquet*, que les dieux avaient créé ainsi tous les hommes, mais que ceux-ci s'étant révoltés contre le ciel, Jupiter s'était contenté, pour les punir, de les partager en deux, voulant ainsi les affaiblir et leur ôter, par ce moyen, leur force et leur audace. *Voy.* HERMAPHRODITE.

ANDROMAQUE, fille d'Eétion, roi de Cilicie, épousa en premières noces Hector, prince troyen qu'elle aimait tendrement. Après qu'il eut perdu la vie sous les coups d'Achille, elle vit bientôt réduire en cendres la ville de Troie dont son époux avait été l'unique appui, et fut livrée à Pyrrhus, fils d'Achille, qui l'épousa. Ce dernier ayant été mis à mort par Oreste, elle eut pour troisième époux Hélénus, frère de son premier mari, avec qui elle mena une vie assez triste sur le trône d'Epire, ne pouvant oublier son cher Hector. Elle eut d'Hector Astyanax, Molossus de Pyrrhus, et Cestrinus d'Hélénus. Racine a fait couler bien des larmes, en mettant sur la scène la douleur et la résignation de cette princesse qui inspire le plus touchant intérêt.

ANDROMÈDE, fille de Céphée, roi d'Ethiopie, eut la témérité de se croire plus belle que les Néréides et que Junon. Neptune irrité, suscita un monstre marin qui désola le pays. On consulta l'oracle d'Ammon, qui ordonna d'exposer la princesse aux fureurs du monstre. On l'exposa donc sur un rocher, et le monstre allait la dévorer lorsque Persée, monté sur Pégase, vint à son secours, tua le monstre et épousa Andromède. Il existe, près de Joppé, une fontaine dont les eaux ont une teinte rougeâtre, qu'elle possède depuis que Persée y plongea la tête sanglante du monstre qu'il venait d'immoler. Selon les gens du pays, Andromède, après sa mort, fut placée parmi les astres.

ANESSE DE BALAAM (*Myth.*

rabb.). Les rabbins disent qu'elle fut une des dix créatures privilégiées que Dieu créa à la fin du sixième jour. Abraham se servit de cet animal pour porter le bois destiné au sacrifice d'Isaac. Moïse en fit aussi usage dans le désert. Suivant les anciens rabbins, cette merveilleuse bête existe encore dans des espaces imaginaires, où elle doit être gardée jusqu'à l'avénement du messie juif.

ANGAI (*Myth. afr.*), mauvais génie chez les habitans de Madagascar, est représenté sous la figure d'un serpent, parce qu'ils croient qu'Angai existe caché dans le corps d'un de ces reptiles. Peut-être Angai est-il le chef des Angato, ou Anges du cinquième ordre, que les Madécasses assimilent à nos spectres et à nos revenans.

ANGEMACUR (*Myth. ind.*), divinité indienne qui a encore quelques sectateurs. Ceux qui se sont voués à son culte ne vivent que de mouches, de fourmis et de scorpions, et passent leurs jours dans la méditation et la contemplation des choses célestes.

ANGERONA, déesse du silence ou du plaisir, représentée comme Harpocrate, un doigt sur la bouche, était placée à Rome dans le temple de la déesse Volupia; sa tête supportait le boisseau de Sérapis, et sa main la massue d'Hercule. On lui faisait, le 21 décembre, un sacrifice suivi d'une fête appelée Angéronales.

ANGES, êtres surnaturels qui, dans presque toutes les religions, sont regardés comme les messagers du ciel. Suivant les Siamois, les anges ont des corps de différens sexes et peuvent enfanter; leur office est de veiller éternellement à la conservation des hommes et au gouvernement de l'univers. Les rabbins reconnaissent aussi des Anges qui sont les ministres du Seigneur; ils racontent des choses très-merveilleuses sur la chute des Anges des ténèbres. Chez les Mahométans, les Anges jouent à-peu près le même rôle : ils sont les exécuteurs des ordres du Très-Haut dans le ciel et sur la terre.

ANGUITIA, ou ANGITIA, fille d'Eétès, roi de Colchide, passe pour être la première qui ait découvert les herbes vénéneuses ou les poisons tirés des plantes. C'est d'elle que les Marses, peuple d'Italie, avaient appris la manière de charmer les serpens.... aussi on leur avait donné le nom d'*Angitii.*

ANIRAN (*Myth. pers.*), nom d'un génie qui préside aux noces et au trentième jour de chaque mois nommé Aniran. On célébrait autrefois avec beaucoup de pompe, en Perse, la fête de ce génie; mais elle n'est plus observée que chez les Parsis, ou adorateurs du feu.

ANIUS, roi de Délos, et grand-prêtre d'Apollon, eut trois filles nommées Œno, Spermo, Elaïa, qui avaient reçu de Bacchus le don de changer tout ce qu'elles toucheraient, l'une en vin, l'autre en blé, et la troisième en huile. Agamemnon, allant au siége de Troie, voulut les contraindre à l'y suivre, comptant qu'avec leur secours il n'aurait plus fallu s'occuper des provisions; mais Bacchus, qu'elles implorèrent, les changea en colombes.

ANNA PERENNA était une femme de la campagne, qui avait apporté des vivres au peuple romain retiré sur le mont Aventin. Par reconnaissance, on ordonna que son nom serait honoré à perpétuité, et on lui donna le surnom de *Perenna à Perennitate cultus*. Elle fut placée au même rang que Cérès et Pallas, et l'on célébrait sa fête sur les bords du Tibre, aux ides de Mars. Les uns ont cru que cette déesse était la même que la Lune, d'autres ont pensé que c'était Thémis ou Io, ou celle des Atlantides qui avait nourri Jupiter, ou enfin une nymphe du fleuve Numicus. Ses fêtes étaient très-gaies; la licence y était portée au plus haut point, par allusion à une aventure galante qui lui était arrivée. Voici comme *Ovide* la raconte, *Fastes*, liv. III. « Anna ayant été reçue dans le ciel, Mars, amoureux de Minerve, pria la nouvelle déesse de le servir dans ses amours. Celle-ci, à qui le dieu de la guerre plaisait beaucoup, revint lui dire que Minerve se rendait à ses désirs, prit des vêtemens semblables à ceux de la déesse, et se trouva au lieu d'elle au rendez-vous, mais son déguisement fut découvert. »

ANNE, sœur de Pygmalion, roi de Tyr, et de la célèbre Didon, épousa le riche Sichée, et abandonna sa patrie après la mort de son époux, pour éviter la tyrannie de son frère, qui avait plusieurs fois tenté de la dépouiller de ses biens. Elle embarqua ses trésors, et, suivie de Didon et d'une grande partie de la jeunesse tyrienne, elle vint sur la côte d'Afrique fonder Carthage. Cette ville devint, dans la suite, l'émule de Tyr par son commerce et sa puissance. La chronologie fixe cette émigration à l'an 888 avant l'ère chrétienne. Après la mort de sa sœur, elle vint chercher un asile en Italie, où elle fut très-bien accueillie par Énée. Mais Lavinie, jalouse d'Anne, voulut la faire périr. Cette princesse, pour se dérober à ses coups, se jetta dans le fleuve Numicéus, dont elle devint la divinité.

ANNONA, divinité allégorique des Romains, fille de l'Abondance et des provisions de bouche, présidait aux comestibles et aux provisions de l'année. Les médailles la représentent ordinairement tenant des épis de blé, et ayant quelquefois près d'elle une proue de navire, parce que les grains arrivaient souvent à Rome par mer.

ANOSCH - BEN SCHEITH (*Myth. arab.*), vécut 965 ans, selon les Arabes. Né dans les premiers temps du monde, il établit les tribunaux pour rendre la justice, et des maisons pour recevoir les pauvres. C'est vraisemblablement le même qu'Enoch, petit-fils d'Adam.

ANTÆUS, homme dont, au rapport d'Evanthes, cité par Pline, les descendans jouissent d'un singulier privilége. Parmi eux, on en tire un au sort et on le conduit près d'un étang; il s'y jette, passe l'eau à la nage, et s'enfuit dans un désert, où il est transformé en loup, et vit neuf ans avec ceux de son espèce. Si durant ce temps il ne voit point d'hommes, il reprend sa première forme, retourne chez lui, et prolonge sa vieillesse de neuf ans.

ANTAGORAS, berger de l'île de Cos, fameux par sa force extraordinaire, fut prié par Hercule de lui donner un belier. Le berger y consentit, à condition que le héros le vaincrait à la lutte. Dans ce combat, Antagoras était près de succomber, lorsque les Méropes vinrent au secours de leur compatriote, et forcèrent

Hercule de fuir pour la première fois.

ANTÉE, géant, roi de Lybie et fils de la Terre, avait, selon la fable, 64 coudées de hauteur. Il se mettait en embuscade dans les sables de la Lybie, contraignait les passans à lutter contre lui, et les accablait du poids de son corps. Il provoqua Hercule, qui le renversa trois fois à terre à demi-mort; mais dès qu'Antée avait touché la terre, sa mère, il reprenait de nouvelles forces, et se relevait plus furieux qu'auparavant. Hercule, s'en étant aperçu, le saisit de nouveau, et le serra si fortement en l'air qu'il lui fit rendre l'ame. Il avait fait vœu d'élever un temple à Neptune avec les crânes des hommes qu'il aurait étouffés. Il bâtit la ville de Tingi, près du détroit de Gibraltar. Sertorius fit ouvrir dans cette ville un tombeau qui passait pour celui d'Antée, et y trouva des ossemens d'une grandeur extraordinaire.

ANTENOR, prince troyen, avait épousé Théano, dont il eut dix-neuf enfans, il fut accusé d'avoir trahi sa patrie, non-seulement parce qu'il reçut chez lui les ambassadeurs grecs qui venaient se plaindre de l'enlèvement d'Hélène et redemander cette princesse, mais aussi parce qu'ayant reconnu dans Troie Ulysse déguisé, il ne le découvrit point aux Troyens. Ce qui confirma ces soupçons, c'est que, dans le sac de la ville, les Grecs placèrent des gardes au palais de ce prince pour le préserver de toute insulte. Après la prise de cette ville, il s'embarqua avec ceux de son parti, et vint aborder en Italie, sur la côte de la Vénétie, où il fonda une ville qui porta son nom, et fut depuis appelée Padoue.

ANTEROS, le *Contre-Amour*, ou plutôt *Amour pour Amour*, divinité opposée à Cupidon. On le croyait fils de Vénus et de Mars. Cette déesse voyant que Cupidon ne grandissait pas, en demanda la cause à Thémis, qui lui répondit que c'était parce qu'il n'avait point de frère. Vénus continua d'écouter la passion que Mars avait pour elle, et Antéros fut le fruit de leur commerce. L'Amour ne grandit pas pour cela davantage; lui et son frère demeurèrent toujours en cet état. On les représentait comme deux petits enfans ayant des ailes aux épaules, et s'arrachant une palme. Quelques mythologues lui donnent, dans son carquois, des traits de plomb, pour exprimer qu'il ne produit que des transports de courte durée, toujours suivis de lassitude et de satiété. Les Athéniens lui élevèrent un temple où on l'invoquait comme vengeur des amours méprisées. Alors on le fait naître de la Nuit et de l'Erèbe.

ANTEVORTA et POSTVORTA, divinités invoquées par les femmes en couche. Antevorta faisait naître l'enfant naturellement, et Postvorta le faisait sortir les pieds les premiers.

ANTHEAS, fils d'Eumélus, attela des dragons au char de Triptolême pendant son sommeil, mais il tomba à terre et se rompit les membres.

ANTHES, fils de Neptune et d'Alcée, fut écorché par Cléomène, pour que l'on pût écrire des oracles sur sa peau.

ANTHESPHORIES, fêtes que l'on célébrait en l'honneur de Proserpine, parce qu'elle fut enlevée dans le temps qu'on cueillait des fleurs; Rac. *Anthos*, fleur;

Pherein, porter. Argos célébrait aussi une solennité du même nom en l'honneur de Junon.

ANTESTHÉRIES, fêtes qu'on célébrait à Athènes en l'honneur de Bacchus. Elles ressemblaient beaucoup aux Saturnales des Romains. Elles avaient lieu les 11, 12 et 13 du mois d'anthestérion. Le premier jour, on ouvrait les tonneaux et on buvait le vin; le second, on buvait copieusement, comme si on eût fait assaut. Le vainqueur recevait une couronne de lierre et une coupe de vin. Le troisième, on apportait toutes sortes de graines consacrées à Mercure, dans un pot, nommé *Chytra;* c'est pourquoi ce jour portait le nom de Chytras. Pendant ces trois jours, les maîtres servaient leurs esclaves.

ANTIAS, déesse dont le culte était célèbre à Antium, où elle avait un temple très-fréquenté. On croit que c'est la même que la Fortune, qui a pris ce nom du lieu où elle était honorée. — ANTIAS, fils d'Ulysse et de Circé, donna son nom à la ville d'Antium.

ANTICLÉE, fille de Dioclès et mère d'Ulysse, laquelle, après avoir épousé Laërte, roi d'Ithaque, fut enlevée par Sisyphe, fameux brigand, dont elle eut Ulysse, comme Ajax le reproche à ce dernier dans Ovide. Nauplius, père de Palamède, pour se venger d'Ulysse, donna à Anticlée la fausse nouvelle de la mort de son fils. Cette princesse se pendit de désespoir.

ANTICLUS, était un des Grecs renfermés dans le cheval de bois qui fut une des principales causes de la prise de Troie. Hélène, accompagnée de quelques troyennes distinguées, étant venue voir ce cheval, nomma plusieurs des Grecs qui s'y trouvaient. Anticlus allait répondre et trahir ainsi le stratagème des Grecs, sans Ulysse qui faillit l'étouffer en lui fermant la bouche.

ANTIGONE, fille d'Œdipe et de Jocaste, sœur de Polynice, est révérée comme le modèle de la piété filiale, pour avoir servi de guide et de soutien à son père aveugle, misérable et banni. Après la mort d'Étéocle et de Polynice, Créon s'étant emparé de la couronne de Thèbes, défendit, sous peine de mort, que l'on enterrât Polynice. Antigone transgressa cet ordre, et lui rendit les derniers devoirs. Créon la condamna à être enterrée vivante; mais elle le prévint en s'étranglant. Hémon, son amant et fils du roi, se tua de désespoir. *Hygin* rapporte que Créon poussa la barbarie jusqu'à charger son fils Hémon de ce meurtre, et qu'il le força de le commettre sous ses yeux. Mais le prince, après avoir porté le coup mortel à son amante, se perça de désespoir. Sophocle a fait une tragédie d'Antigone, et c'est son chef-d'œuvre. — ANTIGONE, fille d'Eurytion, se tua de désespoir croyant Pelée son amant, infidèle. — ANTIGONE, fille de Laomédon, se vantant d'être plus belle que Junon, fut changée par cette déesse en cigogne.

ANTILOQUE, fils de Nestor et d'Euridice, ayant suivi son père au siége de Troie, y fut tué par Memnon, fils de l'Aurore, en voulant parer les coups que ce guerrier destinait à son père. Ce dévouement filial lui fit donner le surnom de Philopator.

ANTINOÉ, fille du fleuve Céphée, obéit à un oracle qui lui ordonna de transférer les habitans d'une ville bâtie par un fils de

Lycaon dans celle de Mantinée. Un serpent lui montra le chemin dans cette émigration.

ANTINOÜS, un des amans de Pénélope, qu'Ulysse perça d'un coup de flèche dans un festin, tandis qu'il buvait. — ANTINOÜS, jeune Bithinien d'une beauté ravissante, favori de l'empereur Adrien, se noya dans le Nil. Ce prince voulant le faire regarder comme un dieu, bâtit, en son honneur, une ville en Egypte, qu'il nomma Antinopolis. Dans cette ville était un temple magnifique avec cette inscription : *A Antinoüs, syntrône des dieux d'Egypte*, c'est-à-dire participant au trône des dieux d'Egypte. Mais le culte de cette nouvelle divinité périt avec l'empereur qui l'avait établie.

ANTIOPE, fille de Nyctée, roi de Thèbes, fut célèbre dans toute la Grèce pour sa rare beauté. S'étant laissé séduire par un amant, qu'elle disait être Jupiter, pour couvrir sa faute, elle fut obligée, pour éviter la colère de son père, de se réfugier chez Epopée, roi de Sicyone, qui l'épousa. Nyctée, bien résolu de se venger, marcha aussitôt contre lui ; mais ayant été blessé à mort, il chargea Lycus, son frère, de punir le crime de sa fille. La mort d'Épopée, qui arriva bientôt après, mit fin à la guerre, et Antiope fut enfermée dans une prison, où elle accoucha d'Amphion et de Zéthès. Dans la suite, ses enfans lui rendirent la liberté, tuèrent Lycus, et attachèrent Dircé, sa femme, aux cornes d'un taureau furieux, qui la fit périr dans les plus affreux tourmens. On dit qu'Antiope perdit l'esprit, et que, hors d'elle-même, elle parcourut toute la Grèce. Mais Phocas, petit-fils de Sisyphe, lui rendit la raison et l'épousa. — ANTIOPE, reine des Amazones, vaincue et prise par Hercule, qui voulait lui enlever sa ceinture par ordre d'Eurysthée, fut donnée à Thésée, qui l'épousa. Elle en eut un fils nommé Hippolyte. Ce nom était aussi celui de la mère.

ANTIPHATE, roi des Lestrigons, peuple antropophage, et un des descendans de Lamus, fut fondateur de la ville de Formies, en Italie. Selon la fable, Ulysse ayant été jeté sur cette côte, envoya à terre trois de ses compagnons pour reconnaître le pays ; Antiphate, instruit de leur arrivée, en surprit un et le dévora ; il poursuivit les deux autres avec une troupe de Lestrigons, et, n'ayant pu les atteindre, il fit lancer des pierres et des poutres sur les vaisseaux d'Ulysse en si grand nombre, qu'il les coula tous à fond, excepté celui que montait ce prince, qui eut bien de la peine à lui échapper.

ANTRON CORACE, berger sabin, possédait la plus belle vache du pays. Un oracle prédit que celui qui pourrait la sacrifier à Diane sur le mont Aventin, assurerait à sa ville la supériorité sur toute l'Italie. Antron se rendit à Rome pour faire ce sacrifice ; mais Servius, roi de Rome, apprenant la prédiction de l'oracle, fit conseiller par le grand-pontife au sabin d'aller la baigner dans les eaux du Tibre. Pendant ce temps, Servius s'empara de la vache et l'immola à Diane. Pour consacrer le souvenir de cet événement, Plutarque dit que, tandis qu'on attachait des cornes de cerfs au seuil de tous les temples de Diane, celui du mont Aventin était orné de cornes de vaches.

ANUBIS (*Myth. égypt.*), divinité qui recevait un culte particulier en Egypte. Ovide, dans sa treizième élégie, dit à Isis :

Per tua sistra precor, per Anubidis ora verenda.

Cette tête vénérable était celle d'un chien, auquel on rendait un culte et on élevait des temples appelés *Anubidea*. Cè dieu-chien, que l'on figurait aussi quelquefois avec un corps humain, surmonté d'une tête de chien, avait, en Egypte, des fêtes somptueuses, des temples, et même des villes consacrées à son culte, telles que Cynopolis, dont les médailles ont pour type un corps d'homme à tête de chien. Anubis fut, par toute l'Egypte, associé à Isis et à Osiris, et son culte passa chez les Grecs, et de chez les Grecs chez les Romains qui, comme on sait, adoptèrent successivement toutes les divinités du monde connu. La statue d'Anubis était toujours placée à la porte des temples, comme le gardien d'Isis et d'Osiris. Virgile et Ovide l'appellent *latrator*, aboyeur. On a cru à tort qu'Anubis avait été un roi d'Egypte qui, ayant beaucoup aimé la chasse, et s'étant toujours entouré de meutes de chiens, fut désigné ensuite, dans les hiéroglyphes égyptiens, par la tête de cet animal.

AON, fils de Neptune, obligé de fuir de l'Apulie, vint dans la Béotie. Il s'établit sur des montagnes qui, de son nom, furent appelées Aoniennes, et consacrées aux Muses; c'est de là que vint le titre d'Aonides, que les poètes ont donné à ces déesses. Toute la contrée avait pris elle-même le nom d'Aonie.

APARCTIENS (*Myth. scand.*). C'est le nom d'un peuple qui, selon la fable, habitait les contrées les plus septentrionales de l'Europe. Ces hommes étaient transparens comme le cristal, la barbe leur croissait au-dessous du nez, et leur parler n'était autre chose que le claquement de leurs dents. Renfermés l'été dans leurs cabanes, ils ne sortaient que l'hiver; leur sueur servait à former d'autres Aparctiens. Ce peuple avait un temple où leur dieu était adoré sous la figure d'un ours blanc.

APATURIES, fêtes grecques que l'on célébrait en l'honneur de Minerve ou de Vénus, ou, selon quelques autres, de Jupiter et de Bacchus. Ce nom d'Apaturies vient d'un mot grec qui signifie *tromper*. C'était un surnom de Minerve et de Vénus. Entre plusieurs opinions sur l'objet des fêtes nommées Apaturies, une des plus vraisemblables est qu'on se réjouissait de ce que les fils des sénateurs étaient admis au sénat, la dénomination *Apaturia* étant pour *homopaturia*, comme si l'on disait *simul cum patribus*.

APHÉA, divinité adorée par les habitans d'Egine et les Crétois; elle a été célébrée par une ode de Pindare. On croit que c'est la même que Diane.

APHRODISIES, fêtes qu'on célébrait en l'honneur de Vénus, en Chypre et en plusieurs autres endroits consacrés à cette déesse. La plus remarquable était celle de Chypre, qui avait été instituée par le roi Cynire, dont la famille fournissait les prêtres de Vénus. On les célébrait aussi à Amathonte, à Paphos et à Corinthe.

APIS (*Myth. égypt.*), roi d'Argos, était fils de Jupiter et de Niobé. Ce prince, ayant cédé le trône à son frère Egiale, passa en Egypte vers l'an 1717 avant J. C. Il y fut connu sous le nom d'Osiris, et y épousa Isis. On dit qu'il enseigna aux Egyptiens l'usage de la médecine et la manière de planter la vigne. Ce peuple, reconnaissant après sa mort, lui rendit les honneurs divins sous la figure d'un bœuf vivant. Ce bœuf, principal dieu de l'Egypte, était logé dans un palais, et servi par des prêtres nombreux. Il devait être noir par tout le corps, avec une marque blanche sur le front; il devait avoir sur le dos la figure d'un aigle, les poils de la queue doubles, et une tache blanche au côté droit. Selon les prêtres égyptiens, le dieu ne devait pas vivre plus qu'un temps déterminé. A chaque période de vingt-cinq ans, les prêtres noyaient le divin Apis dans un puits dont l'emplacement n'était connu que d'eux, et faisaient accroire au peuple que le dieu s'était précipité lui-même dans le Nil. Alors ils en faisaient paraître un autre, qu'on plaçait sur une barque dans une niche dorée, et on le conduisait en triomphe, accompagné de cent prêtres, à Memphis, où on lui avait préparé deux étables très-commodes. La période fatale de vingt-cinq ans révolue, le dieu disparaissait pour faire place à un autre, et ainsi de suite. Sous Ptolémée Lagus, le bœuf Apis étant mort de vieillesse, la dépense de ses funérailles s'éleva, suivant les historiens, à une somme de plus de 50,000 écus. Apis avait pris la forme de cet animal pour se soustraire à la colère de Jupiter. Les Egyptiens consultaient Apis comme un oracle. C'était un bon présage lorsqu'il prenait ce qu'on lui offait à manger. Pline observe que Germanicus lui présenta un mets qu'il refusa, et que ce prince mourut bientôt après. Cambyse, roi de Perse, irrité d'un oracle que l'on attribua au dieu, fut moins crédule; il le fit amener devant lui, le perça d'un coup d'épée, et fit fustiger ses prêtres. Spartien rapporte que sous Adrien, il y eut une grande sédition, et presque une guerre civile dans l'Egypte, parce qu'on ne pouvait retrouver le dieu Apis. — Apis, fils de Phronée, second roi d'Argos, passa en Egypte, et fut placé, après sa mort, au rang des dieux, selon quelques mythologues, qui prétendent reconnaître ce prince dans le bœuf Apis. Cette opinion paraît dénuée de fondement, parce que, suivant l'observation du célèbre Paw, les Egyptiens n'ont jamais adoré d'hommes déifiés; ils avaient même ce culte en horreur. Toutes leurs divinités sont allégoriques. *Voy.* cependant l'article Sérapis.

APOLLON, fils de Jupiter et de Latone. Avant sa naissance, sa mère fut persécutée par la jalouse Junon, qui pria la terre de ne lui donner aucune retraite. Mais Neptune lui permit de faire ses couches dans l'île de Délos; elle y donna le jour à Diane et à Apollon. Le premier exploit de ce dieu fut de tuer le serpent Pithon qui poursuivait sa mère. Apollon avait eu un fils nommé Esculape, qui, ayant appris de Chiron la médecine, rendit la vie à Hippolyte, fils de Thésée. Jupiter, jaloux de voir un mortel empiéter sur ses droits, le foudroya. Apollon, furieux de la mort de son fils, ne pouvant la venger sur Jupiter, perça de ses flèches les Cyclopes qui avaient forgé la foudre. Jupiter ne put souffrir l'audace de son fils et le chassa de l'Olympe. Apollon, exilé, fut obligé, pour vivre, de garder les troupeaux d'Admète, roi de Thessalie. C'est pendant son séjour chez ce roi qu'il lutta contre Marsyas, se vengea du sot jugement de Midas, et que Mercure lui déroba une génisse. Bientôt il passa chez Laomédon, et l'aida, avec Neptune, à bâtir la ville de Troie, puis se consola de sa disgrâce en aimant des mortelles aimables, telles que Daphné, Clytile, Coronis, Clymène. Cependant Jupiter, satisfait du châtiment qu'il lui avait infligé, lui permit de retourner au ciel, et de rentrer dans ses fonctions de dispendateur de la lumière. Apollon était le dieu de la poésie, de la musique et des beaux-arts. Il rendait des oracles et conduisait, dans le ciel, le char du soleil. Apollon eut plusieurs temples et plusieurs oracles; le plus remarquable de tous était celui de Delphes. L'olivier lui était consacré ainsi que le laurier. Ce Dieu est représenté un arc à la main, pour rappeler sa victoire sur le serpent Python. Souvent on lui met une lyre à la main, et alors c'est le dieu des vers; quand il est pris pour le soleil, il est couronné de rayons, et parcourt l'immensité sur un char resplendissant de lumière, traîné par quatre chevaux ailés; il est dans la fleur de la jeunesse, sa chevelure est blonde et couronnée de lauriers. Les Egyptiens adoraient aussi Apollon, et prétendaient avoir transmis son culte aux Grecs; qui, en effet, empruntèrent à l'Egypte toute leur religion. Ils le faisaient fils de Chus. Selon eux, il avait enseigné aux hommes les sciences et les arts, et leur avait fait goûter les plaisirs de la civilisation. Apollon seul leur prédit les éclipses et les différentes révolutions des planètes, ce qui le fit regarder comme un être surnaturel. Apollon profita de leur simplicité pour les gouverner et leur imposer des lois. Telle est l'histoire primitive d'Apollon; l'imagination brillante des Grecs en a fait une fable charmante. Un des monumens les plus fameux qui nous reste de l'antiquité est l'Apollon du Belvédère, que la France a possédé dans les courts instans d'une gloire éphémère. C'est ainsi que ce chef-d'œuvre a été décrit par Winckelmann. « De toutes les statues antiques qui ont échappé à la fureur des barbares et à la main destructive du temps, la statue d'Apollon est, sans contredit la plus sublime. On dirait que l'artiste a composé une figure purement idéale, et qu'il n'a employé de matière que ce qu'il fallait pour exécuter et représenter son idée. Autant la description qu'Homère a faite de ce dieu surpasse toutes les descriptions qu'en ont essayées après lui les autres poètes, autant cette statue l'emporte sur toutes les figures de ce même dieu. Sa taille est au-dessus de celle de l'homme, et son attitude annonce la grandeur divine qui le remplit; un éternel printemps, tel que celui qui règne dans les champs fortunés de l'Elysée, revêt d'une aimable jeunesse son beau corps, et brille avec douceur sur la fière structure de ses membres. Pour mieux sentir tout le mérite de ce chef-d'œuvre de l'art, il faut se pénétrer des beautés intellectuelles, et devenir, s'il se peut, créateur d'une nature céleste ; car il n'y a rien qui soit mortel, rien qui soit sujet aux besoins de l'humanité. Ce corps, dont aucune veine n'interrompt les formes, et qui n'est agité par aucun nerf, semble animé d'un esprit céleste qui circule comme une douce vapeur dans tous les contours de cette aimable figure. Ce dieu vient de poursuivre Python, contre lequel il a tendu pour la première fois, son arc redoutable; il l'a atteint dans sa course rapide, et vient de lui porter le coup mortel. Pénétré de la conviction de sa puissance, et comme abîmé dans une joie concentrée, son auguste regard pénètre au loin dans l'infini, et s'étend bien au-delà de sa victoire; le dédain siége sur ses lèvres; l'indignation qu'il respire gonfle ses narines, et monte jusqu'à ses sourcils : mais une paix inaltérable est peinte sur son front, son œil est plein de douceur, tel qu'il est quand les Muses le caressent. Parmi toutes les figures qui nous restent de Jupiter, il n'y en a aucune dans laquelle le père des dieux approche de la grandeur avec laquelle il se manifesta jadis à l'intelligence d'Homère; mais, dans les traits de l'Apollon du Belvédère, on trouve les beautés individuelles de toutes les autres divinités réunies, comme dans celle de Pandore. Ce front est le front de Jupiter, renfermant la déesse de la sagesse; ces sourcils, par leur mouvement, annoncent sa volonté suprême; ce sont les grands yeux de la reine des déesses, arqués avec dignité; et sa bouche est une image de celle du beau Branchus, où respirait la volupté. Semblable aux tendres sarmens de la vigne, sa belle chevelure flotte autour de sa tête, comme si elle était légèrement agitée par l'haleine du zéphir; elle semble parfumée de l'essence des dieux, et se trouve attachée avec une pompe charmante au haut de sa tête par la main des Grâces. A l'aspect de cette merveille de l'art, j'oublie tout l'univers, et mon esprit prend une disposition surnaturelle, propre à en juger avec dignité. De l'admiration je passe à l'extase; je sens ma poitrine qui se dilate et s'élève, comme l'éprouvent ceux qui sont remplis de l'esprit des prophéties; je suis transporté à Délos, dans les bois sacrés de la Lycie, lieux qu'Apollon honorait de sa présence. Cette statue semble s'animer, comme le fit jadis la beauté sortie du ciseau de Pygmalion : mais comment pouvoir te décrire, ô inimitable chef-d'œuvre? il faudrait pour cela que l'art même daignât m'inspirer et conduire ma plume. Les traits que je viens de crayonner, je les dépose devant toi, comme ceux qui, venant pour couronner les dieux, mettaient leurs couronnes à leurs pieds, ne pouvant atteindre à leur tête. » Apollon avait plusieurs surnoms, on le nommait *Abœus*, à cause d'un temple qu'il avait à Aba, ville de Phocide. *Abrochaites*, à la molle chevelure.

APOLLONIES, fêtes en l'honneur d'Apollon. Elles étaient célébrées à Egialée, où Apollon s'était retiré avec Diane, sa sœur, après la défaite du serpent Python, et d'où il avait été chassé par les habitans. Egialée ayant été quelque temps après ravagé par la peste, on consulta l'oracle, qui répondit que pour faire cesser le fléau, il fallait inviter Apollon et Diane à revenir. On leur députa sept jeunes garçons et autant de jeunes filles. Le dieu et la déesse cédèrent à leur invitation, et la peste cessa. C'est en mémoire de ce bienfait qu'on institua les Apollonies.

APULE, jeune berger de Lavinium en Italie, fut métamorphosé en olivier sauvage, pour avoir insulté les Muses dans une grotte consacrée à Pan.

ARABUS, fils d'Apollon et de Babylone, fut regardé comme l'inventeur de la médecine, qu'il enseigna aux Arabes, auxquels il donna son nom. Ce n'est peut-être qu'un surnom d'Esculape.

ARACHNÉ était fille d'Idmon, roi de Lydie, de la ville de Colophon. Minerve étant venue trouver cette princesse sous la figure d'une vieille, dans le temps qu'elle était occupée à filer et à ourdir la trame d'une étoffe très-fine, Arachné lui fit un défi. La déesse l'accepta et se mit à représenter plusieurs histoires sur la toile avec un art admirable. Arachné se mit à l'ouvrage, mais travailla avec plus de délicatesse encore. Minerve, piquée de se voir vaincue par une mortelle, lui donna trois ou quatre coups de navette sur la tête. Arachné en fut si mortifiée qu'elle se pendit de désespoir. La déesse, touchée de compassion, la changea en araignée.

ARCAS, fils de Jupiter et de Calisto, donna son nom à l'Arcadie, celui de tous les pays de la Grèce dont on raconte le plus de fables; il apprit de Triptolème l'art de semer le blé, et d'Aristée à filer la laine. Quand Arcas eut atteint la puberté, des chasseurs le présentèrent au roi Lycaon son aïeul, qui ne le reconnut point. Ce prince, pour éprouver la divinité de Jupiter, qui était venu chez lui demander l'hospitalité, lui servit, dans un festin, les membres d'Arcas qu'il avait coupés par morceaux. Jupiter, indigné, changea Lycaon en loup, et Arcas en ours, qu'il plaça dans le ciel auprès de sa mère; c'est la constellation de la *Petite Ourse*.

ARCÉ, fille de Minos, eut d'Apollon Milet, père de Biblys et de Caumus. — Arcé, fille de Thaumas et d'Electra, sœur d'Iris. Dans la guerre des géans, elle se déclara contre Jupiter, qui la précipita dans le Tartare, après l'avoir dépouillée de ses ailes qu'il donna à Thétis.

ARCÉSIUS, fils de Jupiter ou de Céphale, devint père de Laërte et aïeul d'Ulysse. Il épousa, suivant les poëtes, une ourse; c'était probablement une femme qui se nommait Arctos.

ARCHÉLAUS, fils de Téménus, et petit-fils d'Hercule, se réfugia en Macédoine, auprès du roi Cisseus. Ce prince, jaloux d'Archélaüs, à qui il devait la conservation de sa couronne, résolut de le faire périr. Il l'attira vers un lieu où était une fosse de charbons ardens; mais Archélaüs, instruit à temps, se défendit, et y précipita le perfide Cisseus.

ARCHEMORE, fils de Lycurgue, roi de Némée, en Thessalie, eut pour nourrice Hypsipile, femme de Thoas. Les Grecs de l'armée d'Adraste, traversant la forêt de Némée, et, se trouvant pressés par la soif, prièrent Hypsipile, qui allaitait le jeune prince, de leur indiquer une source. Elle, aussitôt, déposa son nourrisson sur une touffe d'ache, et les conduisit à une fontaine voisine. Pendant cette courte absence, un serpent tua l'enfant. Les Grecs, désolés de cette funeste aventure, tuèrent le serpent, firent au jeune prince de superbes funérailles, et instituèrent en son honneur les jeux neméens, où les vainqueurs prenaient le deuil, et se couronnaient d'ache.

ARCHIAS, Corinthien, descendant d'Hercule, fut le fondateur de Syracuse. Ayant consulté l'oracle de Delphes sur la destinée de la ville qu'il venait d'établir, le Dieu lui laissa le choix de la rendre opulente ou de lui accorder un territoire très-fertile. Archias préféra les richesses, aussi Syracuse devint l'une des villes les plus riches de l'antiquité. — Archias, fils d'Aristechme, fut guéri par Esculape d'une blessure qu'il avait reçue. Archias, reconnaissant de ce service, introduisit à Pergame le culte du dieu de la médecine.

ARCHIPPE, femme de Sthénélus, roi de Mycène, était enceinte en même-temps qu'Alcmène, femme d'Amphitryon. L'oracle avait déclaré que celui des deux enfans qui naîtrait le premier aurait la supériorité sur l'autre. Junon, pour se venger d'Alcmène, fit accoucher Archippe au bout de sept mois, d'un fils nommé Eurysthée, et retarda la délivrance d'Alcmène.

ARCHYTIS (*Myth. syr.*), la Vénus du Mont-Liban, était représentée dans l'attitude d'une femme affligée. C'était en mémoire de la douleur que lui causa la mort d'Adonis.

ARCULUS, dieu des Romains, présidait à la défense des citadelles, et à la garde des coffres et des armoires.

ARDUENA, ARDUENNA, ARDUINNA, ARDOINNA (*Myth. celt.*), déesse de la chasse et des forêts, chez les Gaulois qui lui attribuaient les mêmes fonctions que les Romains à Diane. Cette vaste forêt des Gaules, appelée encore aujourd'hui les *Ardennes*, lui dut ou lui donna son nom. On la représentait vêtue d'une cuirasse, et tenant un arc débandé à la main, avec un chien auprès d'elle.

ARÉE (*Myth. slav.*), dieu de la guerre chez les Alains; pour l'honorer, ces peuples prenaient un sabre, le fichaient en terre et se prosternaient devant cette arme, symbole du dieu Arée. — Arée, fille du fleuve Asterion, fut une des nourrices de Jupiter.

ARESKOVI (*Myth. amér.*), dieu de la guerre chez les Hurons. Avant chaque combat, le chef ne manque pas de lui adresser la prière suivante que nous rapportons textuellement : « Je » t'invoque pour que tu sois favo» rable à mon entreprise, et vous, » esprits, démons bons ou mauvais, » vous tous qui êtes dans les cieux, » sur terre et sous terre, je vous » invoque aussi. Prenez votre puis» sance, et faites-en sortir tous » les fléaux vengeurs qui versent » la destruction sur nos ennemis. » Rendez-les victimes de notre rage, » et ramenez-nous dans nos pays, » couverts des ornemens de la » victoire; que la gloire nous porte » sur ses ailes jusque dans les cli» mats les plus éloignés. Et toi, » mort, aiguise ta faux tranchante, » trempe-là dans des cuves rem» plies de sang humain; tonne, » frappe, écrase, fais baiser la » poussière de nos pieds à ces na» tions ambitieuses qui s'élèvent » contre nous. »

ARÉTHUSE, fille de Nérée et de Doris, et compagne de Diane. Un jour qu'elle se baignait, elle fut aperçue par Alphée qui la pressa vivement. Les dieux, pour la délivrer de ses poursuites, la métamorphosèrent en fontaine, et l'amant en fleuve, qui, roulant ses eaux sans mélange par dessous la mer, allait se joindre à la fontaine d'Aréthuse en Sicile. Brydone, dans son voyage de Sicile, a retrouvé cette fontaine qui continue à fournir un volume d'eau assez considérable.

ARGANTHONIS, jeune fille de l'île de Chio. Rhésus, roi de Thrace, passant par cette île pour aller à Troie, en devint amoureux, et lui promit de l'épouser à son retour; mais il fut tué au siége de Troie, et Arganthonis en mourut de douleur.

ARGÉ *et* OPIS, étaient deux femmes scythes ou hyperboréennes, qui apportèrent à Délos le culte d'Apollon et de Latone. Les Déliens leur consacrèrent un tombeau dont ils ramassaient la poussière pour la répandre sur les malades, et servir à leur guérison, en chantant un hymne composé par Olen de Lycie. — Argé, nymphe que le soleil changea en biche pour s'être vantée d'attraper, à la course, un cerf, quand même il courrait plus vite que le soleil.

ARGÉE, fils de Licymnius, frère d'Alcmène, suivit Hercule qui avait promis de le ramener. Mais le jeune homme étant mort dans le voyage, Hercule, pour satisfaire à sa promesse, le fit brûler, recueillit ses cendres, et les rapporta à Licymnius. C'est, dit-on, le premier exemple de corps brûlé après la mort.

ARGENK (*Myth. pers.*), géant célèbre, bâtit, dans les montagnes de Caf, aujourd'hui le Caucase, une galerie magnifique, dans laquelle on voyait les statues des premiers monarques de l'Orient, que l'on y adorait sous des formes extraordinaires. Les unes avaient plusieurs têtes et plusieurs bras; les autres portaient des têtes d'éléphant, de buffle, de sanglier, etc. Argenk, assisté d'autres géants, assassina Siamek, fils de Caiumarath, et eut l'adresse d'échapper aux poursuites du père de sa victime. Il se réfugia dans ces mêmes montagnes de Caf, où il avait construit la galerie dont nous venons de parler. De là il faisait souvent, assisté des Dives, des incursions dans la Perse, et harcelait continuellement les Peris. Thahamurath, leur roi, et l'un des descendans de ce Siamek, qu'Argenk avait assassiné, marcha enfin à sa rencontre, à la tête de ses Peris, le vainquit et lui ôta la vie.

ARGIE, fille d'Adraste, roi des Argiens, se rendit célèbre dans l'antiquité par sa tendresse pour son mari Polynice, tué au siége de Thèbes. Elle chercha son cadavre parmi les morts, quoique Créon l'eût défendu sous peine de la vie, et lui rendit les derniers devoirs. Créon irrité la rejoignit à son époux. Les dieux la changèrent en fontaine. — Argie, mère de Cléobis et de Biton.

ARGONAUTES. C'est le nom que reçurent les princes grecs qui s'embarquèrent sur le navire *Argo*, pour aller à la conquête de la Toison d'Or. Ils étaient cinquante-deux; c'était l'élite de la Grèce. Jason, promoteur de l'entreprise, en fut nommé le chef. Les autres étaient Acaste, Actor, Admète, Ætalides, le devin Amphiaraüs, Amphion, Amphidamas, Augias, Calaïs, Castor, Deucalion, Eumédon, Glaucus, Hercule, qui ne put achever le voyage, soit parce que sa pesanteur mettait le vaisseau en danger, soit parce qu'il consommait trop de vivres, Laërte, Lyncée, qui avait la vue si perçante, qu'il découvrait les écueils cachés sous l'eau; Méléagre, Pélée, Pirithoüs, Pollux, etc. Ils s'embarquèrent au cap de Magnésie, traversèrent l'Hellespont, entrèrent dans le Pont-Euxin par le détroit des Symplégades, et arrivèrent enfin en Colchide. Après avoir exécuté leur entreprise, ils repartirent pour la Grèce, et débarquèrent à Egine, d'où ils arrivèrent en Thessalie, non sans avoir essuyé de nombreux dangers pendant le retour. Les uns placent cet événement trente-cinq ans, les autres cent ans avant la guerre de Troie.

ARGUS, fils d'Arestor, avait cent yeux selon la fable. Lorsqu'il voulait dormir, il n'en fermait jamais que la moitié. Junon le chargea de garder la nymphe Io, que Jupiter aimait; mais il fut endormi et tué par Mercure. La déesse le changea en paon, qui porte autant d'yeux à la queue qu'Argus en avait à la tête. Les Egyptiens le faisaient frère d'Osiril. Il était gouverneur d'une partie du pays, mais ayant voulu se rendre maître de l'autre, Mercure le défit et lui coupa la tête. — ARGUS, fils de Phryxus, inspiré par Minerve, construisit le navire Argo, et excita Jason à aller venger la mort de son père. — ARGUS, fils de Jupiter et de Niobé, quatrième roi d'Argos. — ARGUS, bisaïeul de l'Argus aux cent yeux, succéda à Apris, roi d'Argos, et donna son nom à la ville d'Argos. Après sa mort, les peuples, par reconnaissance pour la sagesse de son gouvernement, et l'abondance qu'il avait constamment entretenue, lui élevèrent des autels.

ARGYNNIS, jeune Grec, se noya en se baignant dans le fleuve Céphise. Agamemnon, qui l'aimait beaucoup, fit bâtir en son honneur un temple, qu'il dédia à Vénus Argynnis.

ARGYRE, nymphe d'Achaïe, qui devint éperduement amoureuse d'un beau jeune homme appelé Sélimnus; la beauté de son amant s'étant éclipsée, elle le quitta; ce jeune homme dédaigné était près de mourir de douleur, quand Vénus le métamorphosa en un fleuve qui se rendait sous les eaux de la mer à la fontaine de l'inconstante. Il parvint cependant à l'oublier, et depuis ce temps, les eaux du fleuve Sélimnus eurent la vertu de faire perdre, à ceux qui s'y baignaient, le souvenir de leurs amours. C'est à cette fable que fait allusion le poëte Ferrand dans ce madrigal:

D'amour et de mélancolie
Sélimnus enfin consumé,
En fontaine fut transformé;
Et qui boit de ses eaux oublie
Jusqu'au nom de l'objet aimé.
Pour mieux oublier Égérie
Hier j'y courus vainement:
A force de changer d'amant
L'infidèle l'avait tarie.

ARIANE ou ARIADNE, fille de Minos, roi de Crète, éprise de Thésée, fils du roi d'Athènes, que le sort avait destiné à être dévoré par le Minotaure, le sauva de ce danger en lui donnant un fil pour se conduire dans le labyrinthe. Thésée, après avoir délivré la Crète de ce monstre, retourna dans son pays, et amena Ariadne avec lui; mais il l'abandonna dans l'île de Naxos, où Bacchus, pour la consoler, l'épousa, et lui fit présent d'une couronne ornée de sept étoiles, qui fut placée au ciel après sa mort; cette couronne était l'ouvrage de Vulcain. Thésée, suivant *Péon d'Amathonte*, ayant été jeté par la tempête sur les côtes de Chypre, fut obligé de débarquer Ariadne, alors enceinte et malade. A peine était-il retourné sur son vaisseau, qu'un coup de vent l'éloigna. Les femmes de l'île firent à la triste Ariadne un accueil plein d'humanité, et s'attachèrent à tromper sa douleur, en contrefaisant des lettres de Thésée. Ariadne mourut en couches. Thésée, à son retour, affligé de cet événement, laissa une somme considérable pour lui offrir des sacrifices, et lui rendre les honneurs divins; il fit faire à son départ deux petites statues, l'une d'argent et l'autre de bronze, qu'on devait lui consacrer. Les Amathusiens appelèrent le bosquet où ils montraient son tombeau, le bosquet de *Vénus Ariadne*. Les habitans de Naxos comptaient deux Minos et deux Ariane. La première selon eux, avait épousé Bacchus, et l'autre Thésée. Cette dernière reçut des honneurs après sa mort Les fêtes que les habitans de Naxos célébraient en son honneur, se nommaient *Arianées*. Thomas Corneille a composé une tragédie d'Ariadne, dans laquelle il y a quelques vers très-touchans.

ARIARA-POUTREN, ou AYÉNAR *(Myth. ind.)*, fils de Wishnou et de Shiva, est le protecteur du monde et du bon ordre. Ses temples sont ordinairement placés dans des forêts, et sont entourés de chevaux en terre cuite. Il est le seul dieu indien à qui on sacrifie des êtres animés. On lui immole des coqs et des cabris.

ARICIE, princesse athénienne de la famille malheureuse des Pallantides, sur lesquels Thésée usurpa la puissance souveraine, épousa Hippolyte après qu'Esculape l'eût ressuscité. Elle donna son nom à une ville du Latium, et à une forêt voisine dans laquelle Diane avait caché Hippolyte après sa résurrection.

ARICINE, divinité romaine, à laquelle on avait élevé un temple dans la forêt Aricie. Son prêtre devait toujours être un esclave fugitif, assassin de son prédécesseur. Aussi celui qui remplissait cette périlleuse fonction avait toujours une épée à la main, pour se défendre contre quiconque aspirerait à le remplacer. La fête d'Aricine se célébrait le 15 août; on y allumait quantité de flambeaux, et on couronnait de fleurs les meilleurs chiens de chasse; ce qui fait présumer qu'Aricine est la même que Diane.

ARIMANE *(Myth. pers.)*, divinité adorée chez les Perses. C'était la source du mal, selon les dogmes de Zoroastre, comme Oromaze était l'auteur du bien. L'un était représenté par la lumière, et l'autre par les ténèbres. C'est de là, apparemment, que les manichéens ont tiré les deux principes. Théopompe dit que, suivant la doctrine des mages, ces deux principes doivent être alternativement vainqueurs et vaincus, et se faire une guerre cruelle pendant trois mille ans, jusqu'à ce qu'Arimane périsse, et que les hommes, devenant plus heureux, n'aient plus besoin d'alimens, et que leurs corps deviennent transparens et ne forment plus d'ombres. D'autres prétendent qu'Oromaze se voyant seul dit à lui-même : « Si je n'ai pas un rival, où sera ma gloire? » Cette réflexion créa Arimane qui, par son opposition, contribue à la gloire d'Oromaze. Les Perses avaient le mauvais principe tellement en horreur, qu'ils n'écrivaient jamais son nom qu'à rebours. Selon *Plutarque*, on l'honorait en mêlant de *l'omomi* pulvérisée avec le sang d'un loup, et en la cachant dans un antre.

ARIODODY, *(Myth. ind.)* vierge qui est en grande vénération chez les Tamouls. Dans la cérémonie du mariage, le prêtre crie à l'épousée : « Contemplez *Arindody* et suivez son exemple. »

ARION, poëte lyrique de Métymne, dans l'île de Lesbos, fameux joueur de luth. A son retour de Sicile, sur un vaisseau corinthien, ses compagnons de voyage formèrent le dessein de s'emparer de ses richesses, et de le faire périr. Arion n'ayant pu les fléchir, demanda qu'il lui fût permis de chanter au moins encore une fois sur le tillac, l'obtint, et, après avoir fait retentir l'air des sons les plus mélodieux, se précipita dans la mer. Le vaisseau continua sa route vers Corinthe, et Arion ayant été reçu par un dauphin qui le porta au cap Tenare, il arriva dans cette ville, et rapporta son aventure à Periandre, qui fit mourir les pirates, et élever un monument de bronze au sauveur d'Arion. — Arion, cheval sur lequel les anciens ont débité beaucoup de fables. Neptune, disent les uns, voulant faire aux hommes un présent utile, frappa la terre avec son trident et en fit sortir Arion. D'autres veulent qu'il soit fils de Neptune et de Cérès, qui s'était métamorphosée en cavale pour éviter les poursuites de ce dieu : il y en a qui le font naître d'une furie, et les derniers enfin de Zéphyre et d'une Harpie.

ARISTÉE, était fils d'Apollon et de la nymphe Cyrène, fille de Pénée, roi d'Arcadie. Il apprit des nymphes l'art de cailler le lait, de cultiver les oliviers, de préparer les ruches à miel, et de les conserver. Ayant épousé Autonoé, fille de Cadmus, il en eut Actéon, qui fut déchiré à la chasse par ses propres chiens. Après la mort de ce fils, il se retira dans l'île de Cos, de là en Sardaigne, qu'il poliça le premier; puis en Sicile, où il communiqua ses secrets; et enfin en Thrace, où Bacchus l'admit aux mystères des Orgies. Aristée aima ensuite la nymphe Eurydice, femme d'Orphée; en fuyant ses poursuites, elle fut piquée par un serpent qui lui donna la mort. Les nymphes, ses compagnes, pour venger sa perte, détruisirent toutes les ruches d'Aristée; celui-ci, au désespoir de ce malheur, courut implorer la protection de sa mère Cyrène, qui le conduisit à l'oracle Protée, où il apprit la cause de son infortune, et reçut ordre d'apaiser les mânes d'Eurydice par des sacrifices. Aristée, ayant immolé sur-le-champ quatre jeunes taureaux et autant de génisses, en vit sortir une nuée d'abeilles qui le consolèrent de ses pertes. Autonoé le rendit père d'Actéon et de Macris. Fixé sur le mont Hémus, il disparut tout d'un coup. Les nombreux services qu'il rendit au genre-humain, lui méritèrent les honneurs divins. On le surnomma quelquefois *Agreus* ou *Nomius* : ce dernier nom lui fut donné à cause des troupeaux qu'il chérissait; le premier à cause de son amour pour la chasse. Virgile l'a immortalisé par le fameux épisode des *Géorgiques* :

Pastor Aristeus fugiens Peneia tempe.

Les dieux le placèrent entre les étoiles, et il fut l'*Aquarius* du Zodiaque.

ARISTHÈNE, berger du mont Titthion, ayant trouvé une de ses chèvres qui allaitait un enfant, il voulut l'emporter. Mais à l'instant où il s'en approchait, il le vit tout resplendissant de lumière; cet enfant miraculeux était Esculape, dont Coronis était accouchée en cet endroit.

ARITCHANDREN (*Myth. ind.*), esclave vertueux du chef des Parias dans les Indes. Son maître lui confia le soin du *Chodelet* (lieu des sépultures.) On le regarde comme l'auteur des premiers devoirs rendus aux morts ; aussi a-t-on consacré son souvenir dans les Indes par une pierre plantée à l'entrée des chodelets. C'est devant cette pierre qu'on dépose les corps avant leur inhumation, en offrant à ce symbole d'Aritchandren une pièce de monnoie de cuivre, un morceau de toile neuve, et une poignée de riz. Celui qui est chargé d'entretenir le feu sacré, s'approche de la pierre, et prie Aritchandren de laisser passer le corps puisqu'il a payé le tribut établi. Aritchandren a un rapport bien frappant avec le Charon des Grecs.

ARMILIUS, est le nom que les juifs donnent à l'anté-Christ. Suivant eux il doit naître de la conjonction de quelques scélérats de diverses nations, avec une statue d'une vierge parfaitement belle que l'on verra à Rome.

ARMINIUS, général des Chérusques, peuple Germain, défit trois légions de Varus sous le règne d'Auguste, et fut regardé comme le dieu tutélaire de sa patrie, sous le nom d'*Irmensul*. *Voy.* les ANNALES de Tacite l. 1. chap. 55.

ARNÉ, fille de l'île, Sithone trahit sa patrie pour de l'argent : elle fut punie par les dieux qui la métamorphosèrent en chouette ; elle conserva même après sa métamorphose, sa passion pour l'argent.

ARNUS, fameux devin de l'antiquité, fut tué à Naupacte par Hippotès, petit-fils d'Hercule, qui le prit pour un espion. La peste ayant ravagé le territoire de cette ville, l'oracle consulté répondit qu'on devait appaiser les manes du devin par des jeux funèbres établis en son honneur. Ces jeux furent long-tems célébrés à Lacédémone.

AROT et MAROT, (*Myth. mah.*) étaient deux mauvais anges que Dieu selon Mahomet avait chargés de descendre sur la terre, pour examiner les actions des hommes. Une femme, aussi belle que sage, les ayant un jour invités à sa table, ils trouvèrent le vin si bon, qu'ils s'enivrèrent tous deux. Alors ils pressèrent leur hôtesse de se rendre à leurs désirs ; mais celle-ci n'y voulut consentir qu'à condition qu'ils lui apprendraient d'abord les paroles dont ils se servaient pour monter au ciel. Arot et Marot eurent l'imprudence de le dire, et sur-le-champ cette femme monta au trône de Dieu, qui, pour récompenser sa vertu, la changea en une étoile brillante ; quant aux deux anges séducteurs, ils furent condamnés à demeurer suspendus par les pieds, jusqu'au jour du jugement, dans le puits de Babel, qui se voit encore aujourd'hui près de Bagdad. Ce conte servit de prétexte à Mahomet pour défendre le vin à ses sectateurs.

ARRACHION, fameux athlète que personne n'osait attaquer, fut tué par la lache perfidie d'un rival, qui le surprit et l'étrangla. Les Eléens indignés de cette perfidie, lui adjugèrent le prix, quoiqu'il n'existât plus. Son corps fut couvert de lauriers et de cyprès.

ARRIPHÉ, nymphe, compagne de Diane, inspira la passion la plus vive à Tmolus, roi de Lydie, qui lui fit outrage dans le temple de la déesse. Les dieux pour la venger firent enlever Tmolus par un taureau furieux qui le laissa retomber sur des pieux aigus, où il expira au milieu d'affreuses douleurs.

ARSCH, signifie chez les musulmans, le trône de Dieu. C'est proprement l'Empirée, suivant Mahomet qui l'appelle le trône par excellence. Dieu le posa sur les eaux et fit de grands efforts pour le produire.

ARSINOÉ, fille de Nicocréon, roi de Chypre, que Vénus changea en rocher, parcequ'elle avait eu la cruauté de voir passer d'un œil sec les funérailles d'Arcéophon qui était mort de chagrin de n'avoir pu l'épouser. Cette fable ressemble beaucoup à celle que nous avons rapportée sur Anaxarete.—Arsinoé, fille de Ptolémée Lagus épousa aussi son propre frère Ptolémée Philadelphe, roi d'Egypte : il l'aima si tendrement qu'il aurait fait bâtir un temple en son honneur, si la mort qui survint ne l'en eût empêché. — Arsinoé, belle-sœur de Castor et Pollux, mère d'Esculape, fut honorée à Sparte comme une divinité.

ARTA-NARISSOURA (*Myth. ind.*), nom de Shiva, quand il est représenté moitié homme, moitié femme.

ARTEMISE, *Voy.* Mausole.

ARTEMISE, reine de Carie, sous prétexte d'adorer la mère des dieux, entra dans la ville de Latmus, et s'en empara. La déesse, pour s'en venger, lui inspira un violent amour pour un jeune homme d'Alcydos qui n'y répondit point. Furieuse, Artémise lui creva les yeux, et se précipita du haut d'un rocher.

ARUERIS (*Myth. égypt.*), l'Apollon égyptien, avait en Phénicie un temple portatif, traîné par des bœufs. Il était né d'Isis et d'Osiris, qui, étant jumeaux et conçus dans le même sein, se marièrent dans le ventre de leur mère, en sorte que dès sa naissance Isis était déjà enceinte d'Arueris. Les Égyptiens lui avaient consacré le second jour de leur année intercalaire.

ARUSPICES ou **HARUSPICES**; on nommait ainsi ceux qui dans les sacrifices, prétendaient par l'inspection des entrailles de la victime, prédire les événemens futurs.

AS ou **ASH** (*Myht. scand.*), nom fameux dans la mythologie scandinave, et qui exige de nous quelque développement. En langue celtique, il signifie grand, excellent, magnifique, et les peuples du Nord le donnaient à leurs dieux. Quelques mythologues prétendent qu'il était particulier aux enfans d'Odin et de Fréa ; d'autres ont pensé, et peut-être avec plus de raison, que ce mot d'As, étranger jusqu'alors aux Scandinaves, ne fut connu qu'à l'arrivée du fameux Odin qui vint, à la tête des Ases, peuple scythe dont il était roi, subjuguer le nord de l'Europe. Comme après sa mort ce conquérant fut mis au rang des dieux, les peuples qui l'adorèrent employèrent, pour exprimer la grandeur, la magnificence, le nom des Ases leurs vainqueurs, et firent partager à ceux-ci la divinité de leur roi. Cette dernière opinion nous paraît assez vraisemblable ; elle jette d'ailleurs un peu de jour sur l'origine des fables de la mythologie scandinave.

ASCAGNE ou **IULE**, fils d'Énée, prince troyen, et de Créüse fille de Priam, fut aussi appelé Ilus et Iulus. La nuit de la prise de Troie, Anchise et Enée étant indécis sur le parti qu'ils devaient prendre, une flamme légère, qu'ils virent tout à coup voltiger autour de la tête d'Ascagne sans brûler ses cheveux, les décida ; ils regardèrent ce prodige comme un présage qui leur annonçait qu'ils devaient aller chercher un nouvel établissement dans un pays étranger. En effet, ils s'embarquèrent aussitôt avec leur suite, et arrivèrent, après sept années de voyage, sur la côte d'Italie où Enée épousa Lavinie, fille du roi Latinus, et bâtit une ville qu'il appela Lavinium, du nom de sa nouvelle épouse. Ascagne succéda à son père, et régna trente ans, pendant lesquels il fonda Albe-la-Longue, et y porta le siége de son royaume. Il rétablit à Lavinium sa belle-mère Lavinie que la crainte de son beau-fils avait fait retirer dans les forêts avec le fils qu'elle avait eu d'Enée. Ascagne mourut l'an 1330 avant J. C.

ASCALAPHE, fils de l'Achéron et de la nymphe Orphné, était un des officiers de Pluton. Cérès, après l'enlèvement de sa fille, demanda à Jupiter la permission d'aller la chercher aux enfers et de la ramener sur la terre, et ce dieu la lui accorda, pourvu que Proserpine n'eût rien mangé depuis son arrivée dans le royaume des morts. Cérès y étant descendue, se vit frustrée de ses espérances, parce qu'Ascalaphe déclara à Pluton qu'il avait vu son épouse manger sept pepins d'une grenade cueillie dans ses jardins. Cette déesse fut si indignée contre Ascalaphe, qu'elle lui jeta de l'eau du fleuve Phlégéton au visage, et le métamorphosa en hibou, oiseau que Minerve prit sous sa protection, parce que Ascalaphe l'avertissait pendant la nuit de tout ce qui se passait. Ceux qui ont cherché à expliquer la mythologie ont prétendu qu'Ascalaphe était l'intendant des mines de Pluton, roi d'Epire ; qu'il lui conseilla l'enlèvement de Proserpine, fille du roi des Molosses qui, pour s'en venger le fit mourir dans la suite.

ASCUS, géant, qui précipita Bacchus dans un fleuve. Le dieu fut sauvé par Mercure, qui écorcha Ascus, et se servit de sa peau pour y renfermer du vin.

ASENETH (*Myth. rabb.*), fille de Putiphar, prince d'Héliopolis. Elle était d'une beauté extraordinaire, et d'une sagesse plus rare encore. Elle abandonna le culte des idoles pour épouser le patriarche Joseph.

ASHIMA, (*Myth. rabb.*) idole des habitans de Hamash, dont le culte fut porté à Samarie. Les uns lui donnent la figure d'un singe, d'autres celle d'un bouc. — ASHIMA. On n'a aucune connaissance satisfaisante sur cette idole.

ASIUS, fils d'Hyrtacus, reçut après sa mort les honneurs divins sur les bords du Caystre, près la ville de Nise.

ASKE et EMBLA (*Myt. scand.*), C'est ainsi que furent nommés le premier homme et la première femme que les fils de Bor formèrent de deux morceaux de bois flottans sur l'Océan. L'aîné leur donna l'âme et la vie ; le second le mouvement et la science ; le troisième, la parole, l'ouie, la vue, la beauté et les habillemens.

ASMODÉE (*Myth. rabb.*), esprit malfaisant, né de l'inceste de Tubalcaïn et de sa sœur Noema. Asmodée amoureux de Sara, tua successivement tous ses maris, et détrôna Salomon ; mais ce roi le chargea de fers et le força à construire le temple de Jérusalem. Asmodée avait un temple dans la basse Egypte, où il était servi par des prêtres qui n'avaient pas plus de trente ans, et moins de quinze. Leur fonction était de faire concevoir les femmes stériles, et de chasser les démons des corps des hommes. C'est pourquoi Lesage dans son joli roman du *Diable Boiteux*, fait d'Asmodée le dieu de la luxure.

ASMOUG (*Myth. pers.*) génie, persan, occupé sans cesse à nuire. Sa principale fonction est de brouiller les familles, et de faire naître des procès entre les voisins et des guerres entre les peuples.

ASOPE, fleuve de Béotie, osa, pour venger l'affront que Jupiter avait fait à sa fille Egine, lui déclarer la guerre en enflant ses eaux, et en ravageant le pays voisin. Jupiter se changea en feu, et mit le fleuve à sec. Selon d'autres le maître des dieux se changea en fleuve pour se délivrer de ce père surveillant. — ASOPE, roi de Phliasie se vit enlever par des corsaires, ses trois filles qui donnèrent leurs noms à des îles de l'Archipel.

ASPALIS, fille d'Argeus, aima mieux se donner la mort que de répondre à la passion de Tartarus, tyran de Mélita. Mais bientôt sa mort fut vengée par son frère Astigites, et on voulut lui rendre les derniers devoirs, mais à la place de son corps, on trouva une statue, qui fut depuis toujours honorée.

ASSABINUS (*Myth. égypt.*), nom sous lequel les Ethiopiens adoraient le Soleil. Le canelier lui était consacré : et pour obtenir la permission d'en couper, il fallait offrir au dieu un sacrifice de quarante-quatre pièces de bétail.

ASTAROTH (*Myth. pers*), génie persan, que l'on faisait présider à l'Occident. On l'invoquait le mercredi, pour qu'il procurât l'amitié des grands. Son culte passa chez les Juifs et les Phéniciens, qui l'adoraient au milieu des bois. Ces derniers croyaient qu'il avait un soin particulier des troupeaux de chèvres et de brebis.

ASTARTÉ (*Myth. tyr.*), déesse des Sydoniens, qui la représentaient sous la forme d'une génisse, ou sous les traits d'une femme coiffée avec des cornes. La ville d'Hiéropolis en Syrie, lui avait élevé un temple magnifique, dont le souverain pontife, revêtu de pourpre, portait une tiare d'or. Ce temple était desservi par trois cents prêtres, occupés seulement du soin des sacrifices. Salomon introduisit son culte dans la Judée, et Jézabel, fille d'Achab, lui offrit des sacrifices. Astarté avait, dit-on, fondé la ville de Tyr. Lucien croit qu'elle est la même que la Lune; d'autres ont vu dans cette déesse Europe, fille d'Agénor, déifiée pour consoler son père de sa perte. D'autres enfin, la Vénus des Grecs. Cette déesse paraît n'avoir été dans le principe qu'un symbole égyptien, joint au zodiaque pour indiquer les saisons. C'est aux représentations multipliées, qu'on a faites d'Isis que cette foule de déesses, honorées sous différens noms ont dû leur naissance.

ASTÉRIE, fille de Céus et sœur de Latone, fut d'abord aimée de Jupiter, qui la rendit mère d'Hercule tyrien; mais ayant encouru la colère de ce dieu, elle fut changée en caille, et elle fut jetée dans l'île d'Ortygie, la même que Délos, où l'on trouva les premières cailles.

ASTÉRIUS, roi de Crète, surnommé Jupiter, comme ses prédécesseurs, enleva Europe, fille d'Agénor, sur un vaisseau qui portait en poupe la figure d'un taureau. Ce qui fit dire qu'Europe avait été enlevée par Jupiter transformé en taureau.

ASTÉROPÉE, fils de Pélagonias, vint, à la tête des Péoniens au secours de la ville de Troie, assiégée par les Grecs. Achille, furieux de la mort de Patrocle, lui ôta la vie sous les murs de cette ville.

ASTRÉE, était fille d'Astréus, roi d'Arcadie et de l'Aurore, ou, selon d'autres, de Jupiter et de Thémis. Sa grande équité la fit appeler justice. Cette déesse descendit du ciel dans l'âge d'or pour habiter la terre; mais les crimes et les injustices des hommes dans l'âge d'airain et de fer s'étant accumulés au point qu'elle ne pût les supporter, elle remonta au ciel, où les poëtes disent qu'elle forme le signe de la Vierge dans le zodiaque. On la peignait avec un regard formidable, tenant une balance d'une main et une épée de l'autre. Les Egyptiens la représentaient la main gauche étendue et ouverte, mais sans tête. C'est la même que Thémis.

ASTRES, étaient les enfans d'Astréus et d'Héribée. Suivant la tradition fabuleuse c'étaient des Titans, qui, voulant détrôner le maître des dieux, demeurèrent en partie attachés au ciel, et furent en partie foudroyés.

ASTREUS, l'un des Titans, père des vents et des astres. Ses frères ayant déclaré la guerre à Jupiter, il arma de son côté les vents; mais Jupiter les précipita sous les eaux, et Astréus fut attaché au ciel, et changé en astre. On a prétendu qu'Astréus était un roi distingué par sa sagesse, qui fut ravi aux cieux pour n'être plus témoin des injustices des hommes.

ASTYANAX, fils unique d'Hector et d'Andromaque, perdit très-jeune son père. Sa mère le cacha avec soin, parce que les Grecs craignaient que cet enfant ne vengeât la mort de son père. Ulysse, l'ayant découvert, le fit précipiter du haut des murailles de Troie. Servius dit que ce fut Ménélas, et non Ulysse, qui fut auteur de cette cruauté. Selon d'autres, on supposa un enfant à sa place, et Astyanax suivit Pyrrhus et sa mère en Epire. *Racine* a conservé cette tradition dans son *Andromaque*.

ASTYLE, centaure qui devinait l'avenir. Ayant pressenti le mauvais succès de la guerre des Centaures contre les Lapithes, il s'efforça d'en détourner les premiers; mais n'ayant pu y parvenir, il les abandonna, et alla finir ses jours loin de son pays avec le Centaure Nessus.

ASTYMEDUSE ou ASTIMÈDE, seconde femme d'Œdipe. Ce prince, après avoir répudié sa mère, qu'il avait épousée sans la connaître, reçut la main d'Astiméduse. Cette marâtre, voulut perdre les enfans du premier lit, et les accusa d'avoir attenté à son honneur. Œdipe, ému de ces plaintes, remplit, dans sa colère, sa maison du sang de sa famille.

ASTYOCHÉE, fille de Philante; faite captive par Hercule, en eut un fils, nommé Tlépolème. — ASTYOCHÉE, fille de Simoïs et mère de Tros. — ASTYOCHÉE, sœur d'Agamemnon et mère de Pylade, sauva Oreste, enfant qu'Electre lui avait confié. — As-

TYOCHÉE, mère d'Asoalaphe. — ASTYOCHÉE, fille d'Actor, eut du dieu Mars un fils nommé Ialmanus.

ASTYOCHUS, l'un des plus anciens rois éoliens. Il se disait fils d'Eole, le dieu des vents, et donna le nom d'Eoliennes aux îles où il régnait, et qui étaient exposées sans cesse aux coups de vents et aux tempêtes.

ASTYPALÉE, fille de Phénix, obtint, dans le partage des états de son père, l'une des îles Cyclades à laquelle elle donna son nom. Achille avait un temple dans cette île.

ASUMAN (*Myth. pers.*), génie qui présidait au vingt-septième jour de chaque mois, et qui prenait soin des ames à l'instant de leur séparation d'avec le corps. Ce génie paraît être le même que l'ange de la mort.

ASWINAU (*Myth. ind.*), est l'Esculape des Indiens. On le fait naître d'une jument fécondée par un rayon du soleil.

ASYLÉUS, dieu dont le temple servait de refuge et d'asile à l'esclave qui fuyait la tyrannie de son maître, et au débiteur poursuivi par ses créanciers. Le coupable y trouvait l'impunité. Cet abus fut aboli par Tibère, qui accorda aux magistrats le droit d'arracher du sanctuaire celui dont la punition était réclamée par la justice. Le temple de Junon, à Samos, et celui d'Esculape, conservèrent encore ce privilége quelque temps après cet empereur.

ATABYRIUS. C'est à Jupiter Atabyrius que les Rhodiens avaient élevé un temple fameux, dans lequel étaient des taureaux d'airain, qui avertissaient, par leurs mugissemens, quand il devait arriver quelques malheurs. Atabyria était l'ancien nom de Rhodes.

ATAHENTSIK (*Myth. amér.*), mauvais génie que les sauvages craignent beaucoup, et qu'ils confondent avec la lune. Il ne faut pas le prendre pour Joukeska, mauvais génie qu'ils confondent avec le soleil.

ATAHAUTA (*Myth. amér.*), nom de l'être créateur du monde et de toutes choses, adoré par les peuples qui habitent les bords du fleuve Saint-Laurent.

ATALANTE, fille de Schénée, roi de l'île de Scyros, d'une beauté rare, tirait supérieurement de l'arc, et surpassait tous les hommes à la course et dans les autres exercices du corps. Se voyant poursuivie par une foule d'amans, elle leur déclara, par ordre de son père, qu'elle ne donnerait sa main qu'à celui qui pourrait la vaincre. Plusieurs jeunes princes le tentèrent, et s'en retournèrent confus. Elle remporta, aux jeux institués en l'honneur de Pélias, le prix sur Pélée contre qui elle lutta. Hippomène, instruit par Vénus, s'étant présenté au combat de la course fut le seul qui observa la condition prescrite. La déesse lui conseilla de jeter, dans la carrière, trois pommes d'or que l'imprudente Atalante s'amusa à ramasser. Par cette ruse, l'heureux Hippomène gagna le prix, et força la princesse à reconnaître en lui son vainqueur et son époux. Peu de temps après, les deux époux, ayant oublié de reconnaître la protection de Vénus par des sacrifices, furent changés en lions. — ATALANTE, fille de Jasius, roi d'Arcadie, porta le premier coup au sanglier de Calydon, et, par cette action, mérita l'amour de Méléagre, roi du pays. Elle épousa Mélanion, dont elle eut un fils nommé *Parthénope*.

ATÉ, fille de Jupiter, déesse malfaisante, dont on n'arrêtait ou dont on ne prévenait la colère que par le secours des Lites ou Prières, filles de Jupiter. Ce souverain des dieux la prit un jour par les cheveux, et la précipita du ciel sur la terre. Ne pouvant plus brouiller les immortels, elle mit la discorde parmi les hommes. Elle parcourut la terre avec une vitesse incroyable, et les *Prières* boîteuses la suivirent de loin, tâchant de réparer les maux qu'elle faisait. Cette fable allégorique est tirée d'Homère.

ATERGATA, ATARGATA ou ATERGATIS (*Myth. syr.*), la même qu'Athara dont parle *Strabon*, déesse des habitans d'Ascalon en Syrie, avait, selon *Lucien*, le visage et la tête d'une femme, couronnée de rayons, et le reste du corps terminé en poisson. Atergatis avait un temple fameux dans la ville de Bambyce, appelée depuis *Hiéropolis.*

ATHAMAS, fils d'Eole, roi de Thèbes, épousa Néphélé, dont il eut Hellé et Phryxus. Bacchus ayant inspiré sa fureur à Néphélé, cette princesse s'enfuit dans les forêts. Athamas, après l'avoir cherchée inutilement, se maria à Ino, fille de Cadmus. Junon, jalouse du bonheur de cette princesse qu'elle haïssait, parce qu'elle avait été maîtresse de Jupiter, ordonna à Tisiphone de se rendre au palais d'Athamas, et de verser, dans le cœur des deux époux, un poison fatal qui les rendit furieux. A peine la furie eut-elle exécuté les ordres de la déesse, qu'Athamas courut comme un forcené dans son palais, criant qu'il voyait une lionne avec deux lionceaux, et poursuivant la reine, qu'il prenait pour cette bête féroce, il lui arracha d'entre les bras un de ses fils, appelé Léarque, qu'il écrasa contre la muraille. Ino fut aussi transportée de la même fureur: dans son délire, elle monta sur un rocher, et se précipita dans la mer. Le séjour de Thèbes devint odieux à Athamas, et il se retira en Béotie, où il fonda la ville d'Athus.

ATHARID (*Myth. ar.*) dieu des Arabes, qu'ils faisaient présider au mouvement des constellations. C'est le Mercure de leur contrée.

ATHÉMÉNÈS, fils de Cratée, roi de Crète, ayant consulté l'oracle sur ce qui devait lui arriver, apprit qu'il devait tuer son père. Il se retira alors dans l'île de Rhodes pour prévenir ce malheur, et bâtit un temple sur le mont Atabyrius. Son père s'étant mis en route pour le chercher, Athéménès accomplit l'oracle, en le tuant sans le connaître.

ATHENA ou ATHÉNÉE, la Minerve des Grecs, donna son nom à la ville d'Athènes, à laquelle Neptune voulait attacher celui de Posidonie, qui lui appartenait; les douze grands dieux promirent cet honneur à celui qui produirait la chose la plus utile. Le dieu de la mer fit sortir de la terre un coursier impétueux; Athena fit sortir une branche d'olivier, et remporta la victoire.

ATHIR ou ATAR (*Myth. égyp.*), divinité égyptienne, dont le nom en copthe, ancien idiome des égyptiens, désigne la nuit. Une vache partageait son culte à Chusas, bourg du nome d'Hermopolis, sans doute parce que la réunion des cornes de cet animal semblait représenter la lune dans sa première phase. Athir est aussi désignée sous le nom d'*Hecate-Ténébreuse.*

ATLANTIDES, les sept filles d'Atlas et de Pleïone, nommées Maïa, Electre, Taygète, Astérope, Mérope, Alcéone et Céléno, qui eut de Neptune Triton. Leur adresse et leurs talens les firent regarder comme des déesses après leur mort, et placer dans le ciel sous le nom de *Pléiades*. Elles forment le signe de ce nom dans la tête du taureau. Elles furent aimées de plusieurs dieux, et en eurent nombre d'enfans, qui devinrent les chefs de différens peuples. Pendant leur vie elles furent long-temps persécutées par Busiris, roi d'Egypte et par Orion.

ATLAS, roi de Mauritanie, fils de Jupiter et de Clymène, et selon Diodore, d'Uranus et frère de Prométhée, passait pour un habile astronome. On dit qu'il contemplait les astres, et qu'il inventa la *Sphère*. Les poëtes ont feint qu'il portait le ciel sur ses épaules, et l'un d'eux nous le représente gémissant sous le faix, à cause de la multitude de dieux qu'y plaçait la superstition. Atlas fut métamorphosé en montagne, pour avoir refusé l'hospitalité à Persée. On croit qu'il vivait du temps de Moïse. Baer, dans une savante dissertation, a voulu prouver qu'Atlas était Jacob, et l'Atlantide, la Judée. Elle a été traduite en allemand, Leipsick, 1777. Dans le palais Farnèse, Atlas est représenté soutenant le globe céleste, et courbé sous cet immense fardeau. Voici comme Pluche explique cette fable : « Les Egyptiens, chez qui la science de l'astronomie était cultivée avec soin, pour en exprimer les difficultés, la symbolisaient par une figure humaine, portant un globe ou sphère sur son dos, et qu'ils appelaient *Atlas*, mot qui signifie *peine, travail excessif*; mais ce même terme signifiait aussi *soutien;* les Phéniciens, trompés par cet emblême, et voyant dans leurs voyages en Mauritanie, les sommets de ses montagnes couvertes de neige et cachés dans les nues, leur donnèrent le nom d'Atlas, et transformèrent ainsi le symbole de l'astronomie en un roi changé en montagne, et dont la tête soutient les cieux.

ATRÉE, roi d'Argos et de Mycènes, fils de Pélops et d'Hippodamie, père d'Agamemnon et de Ménélas, et mari d'Erope, vivait l'an 1291 avant J.-C. Thyeste, son frère, s'étant fait aimer d'Erope, et l'ayant séduite, craignit le ressentiment d'Atrée, et se retira dans un lieu de sûreté. Atrée feignit de s'être réconcilié avec lui, et lui fit manger, dans un festin, deux enfans, fruits de son inceste. Le soleil recula d'horreur pour ne pas voir ce spectacle exécrable. La scélératesse de ces deux malheureux frères a exercé la verve de nos auteurs tragiques : Séneque a fait une tragédie d'*Atrée*, qui a fourni à Crébillon plusieurs traits heureux dont il s'est servi dans son *Atrée;* la main mourante de Voltaire a esquissé une tragédie des *Pélopides*.

ATROPOS, la plus sévère des trois Parques, coupait le fil des jours attribués à chaque mortel. Son nom signifiait en grec *l'inflexible*. Violente et féroce, Hésiode disait que souvent elle se déchirait elle-même. On la représentait comme la plus âgée, et toujours vêtue d'un habillement noir. Près d'elle étaient plusieurs pelotons plus ou moins garnis, suivant la longueur ou la brièveté de la vie de ceux dont ils doivent mesurer l'existence. Dans le tableau de Restout, où il a peint Orphée réclamant de Pluton son épouse Euridice, on distingue cette Parque qui regarde fixement le monarque des enfers pour savoir si elle doit renouer le fil de ses jours.

ATYS, jeune et beau Phrygien que Cybèle aima passionnément. Cette déesse lui laissa le soin des sacrifices qu'on lui offrait, à condition qu'il ne violerait pas son vœu de chasteté. Mais dans la suite, ayant enfreint son serment en épousant la nymphe Sangaris, la déesse, pour le punir, lui donna un tel accès de frénésie, que non-seulement il se mutila avec une pierre tranchante, mais il était sur le point de se pendre, lorsque, touchée de compassion, elle le changea en pin, arbre qui lui était consacré. Suivant Servius, Atys était un prêtre de Cybèle, que le roi de la ville où il était fit mutiler et laissa expirant au pied d'un pin, où des prêtres de Cybèle le trouvèrent. Ils lui rendirent les derniers devoirs, et instituèrent, en son honneur, un deuil annuel. On le trouve souvent dans les anciens monumens, joint à Cybèle, et quelquefois seul, une flûte et une houlette à la main. Catulle a fait un poëme sur ce jeune-homme, et Quinaut a mis, sur la scène lyrique, les amours d'Atys et de la nymphe Sangaride. — Atys, Indien d'origine, fils de Limniace, fut tué par Persée aux noces d'Andromède.

AUGÉ, AUGÈS, ou AUGÉE, fille d'Aléus, roi d'Arcadie, maîtresse d'Hercule, en eut un fils nommé Télèphe. Pour cacher sa honte, elle le déposa dans un bois. Ce prince, étant devenu grand, rendit de grands services à Teuthras, roi de Mysie, chez qui Augé s'était réfugiée pour se soustraire au courroux de son père. Télèphe, qui ne connaissait point sa mère, l'obtint du roi pour épouse; mais Augé ne voulant pas s'unir à un aventurier, allait se tuer, lorsqu'elle fut effrayée par un dragon. Cette surprise l'arrêta, et lui fournit l'occasion de reconnaître son fils.

AUGIAS, ou AUGEAS, roi de l'Élide et fils du Soleil, avait des étables qui contenaient trois mille bœufs, et qui n'avaient point été nettoyées depuis trente ans. Ce prince, ayant appris l'arrivée d'Hercule dans ses états, le pria de les nettoyer, en lui promettant de lui donner le dixième de ses troupeaux. Le héros détourna le fleuve Alphée, le fit passer à travers ces étables, et se présenta pour recevoir le prix de son travail. Augias, hésitant et n'osant le refuser ouvertement, le renvoya au jugement de son fils Philée. Celui-ci ayant décidé en faveur d'Hercule, son père le chassa de sa présence, et l'obligea de se réfugier dans l'île de Dulichie. Hercule fut si indigné de ce procédé, qu'il pilla la ville d'Elis, tua Augias, et fit revenir son fils, à qui il donna les états de son père.

AULA, fille de Lélas et de Péribœa, à qui Vénus inspira les plus violens désirs. Bacchus en profita; mais quand Aula se sentit enceinte, elle détesta sa faute et dévora un de ses enfans. Jupiter la changea en fontaine.

AURÆ, ou AIRS, divinités aériennes qui, suivant les Romains, présidaient à la température de l'air, et étaient les compagnes ordinaires des zéphirs. Légères, à demi voilées, brillamment vêtues, semant des fleurs sur leurs traces, elles parcouraient l'atmosphère et répandaient sur les mortels les plaisirs et le bonheur. Pline parle de deux statues des Aurées qui, de son temps, étaient fort admirées des Romains. L'Aura invoquée par Céphale était une de ces divinités.

AURORE, déesse de l'antiquité païenne. Elle ouvrait les portes du jour, et, après avoir mis les chevaux au char du Soleil, elle le précédait sur un char brillant, traîné par deux chevaux, vêtue d'une robe de safran, la tête couverte d'un grand voile, une torche à la main, et semant des fleurs sur son passage. Aurore, amoureuse du jeune Titon, l'enleva et l'épousa : elle en eut Memnon, roi d'Abydos en Egypte. Les larmes que lui fit répandre la mort de ce prince produisirent la rosée du matin. Elle enleva aussi Céphale à sa femme Procris, et ensuite Orion. Homère la fait sortir d'un palais de vermeil, pour ouvrir avec ses doigts de rose les barrières du jour. Quelquefois on attèle à son char deux chevaux, Lampus et Phaéton; quelquefois elle est montée sur Pégase, parce qu'elle est amie des poètes. Voici comme le Guide a représenté l'Aurore. « Tandis que la Nuit enveloppe encore la vaste mer qui est éclairée cependant par intervalle, de l'écume des flots qui bouillonnent, jeune, belle, simple, vêtue de voiles de toutes les couleurs, emblême ingénieux des nuages qui l'accompagnent, et tenant dans sa main des fleurs, tout-à-coup dans les airs rougissant par degrés autour d'elle paraît l'Aurore. Elle s'avance en regardant derrière d'un œil attendri le Soleil, qui, d'un regard non moins attendri, la suit et l'envisage. L'Aurore et le Soleil, en effet, ne peuvent s'atteindre, ils s'entrevoient à peine un moment dans les beaux jours. Cependant quatre superbes coursiers rasent en bondissant les flots azurés qui s'enflamment et emportent le char de vermeil. Les plus jeunes filles de l'Aurore, les premières Heures, si ressemblantes à leur mère et si semblables entre elles, se tiennent en riant par la main autour du char, tandis que, planant entre la déesse et les coursiers, l'amour porte le flambeau du Soleil. » (*Dupaty.*)

AUSON, fils d'Ulysse et de Calypso, vint s'établir en Italie, et y donna son nom à la contrée appelée depuis Ausonie.

AUSTER, vent extrêmement chaud, fils d'Éole et de l'Aurore, et selon d'autres, d'Astreus et d'Héribée, avoit la taille haute, les traits vieillis, les cheveux blancs, l'air sombre : l'eau dégouttait toujours de ses vêtemens, et des nuées s'assemblaient autour de sa tête. Juvénal le représente assis dans la caverne d'Eole, et séchant ses ailes après la tempête.

AUTOLÉON, général crotoniate, ayant livré bataille aux Locriens, fut blessé à la cuisse par le spectre d'Ajax. Cette plaie ne put être guérie que par les sacrifices expiatoires qu'Autoléon offrit à l'ombre du héros locrien.

AUTOLYCUS passait pour être fils de Mercure; c'était un fameux brigand qui infestait, par ses vols, les lieux voisins du Parnasse. Il avait l'art de dénaturer ses larcins, de manière qu'ils ne pussent être reconnus. En dérobant les troupeaux de ses voisins, il leur imprimait différentes marques ou teignait leurs poils en une autre couleur. Sisyphe, se méfiant de lui, fit une marque à la corne intérieure du pied de son bétail. Autolycus ne manqua pas de s'approprier quelques bœufs de Sisyphe; mais il fut facilement convaincu de friponnerie par ce dernier, qui, pour se venger de lui, débaucha, dans la suite, sa fille Anticlée, qu'il rendit mère d'Ulysse. Il y a des auteurs qui le comptent parmi les Argonautes. —AUTOLYCUS, fameux athlète qui remporta le prix de la lutte aux jeux olympiques, et mérita une statue de la part des Athéniens.

AUTOMATIA, déesse du hasard, à laquelle Timoléon, général corinthien, fit bâtir un temple superbe, croyant lui devoir une partie de ses victoires.

AUTOMÉDON, fils de Diore, était conducteur du char d'Achille et écuyer de son fils Pyrrhus.

AUTONOÉ, quatrième fille de Cadmus, femme d'Aristée et mère d'Actéon, quitta Thèbes après la mort de son fils, et alla s'établir du côté de Mégare, où elle mourut. Après sa mort, on lui éleva des autels ainsi qu'à ses sœurs, avec lesquelles elle avait contribué à l'éducation de Bacchus.

AUXO et **HÉGÉMONÉ**. Les Athéniens, qui ne reconnaissaient que deux Grâces, les honoraient sous ces noms.

AVENTIN, héros, fils d'Hercule et de Rhéa, se revêtit comme lui de la peau d'un lion, et fit graver sur son bouclier l'hydre de Lerne. Il vint secourir Énée contre Turnus, et donna son nom au mont Aventin.

AVERRUNCUS, ou **ARUNCUS**, dieu des Romains, ainsi nommé parce qu'ils s'imaginaient qu'il détournait les malheurs dans les calamités. Quand ils priaient les autres dieux de les préserver ou de les délivrer de quelque accident funeste, ils les surnommaient quelquefois *Averrunci.* Les Egyptiens avaient aussi leurs dieux préservateurs, qu'ils peignaient un fouet à la main.

AVISTUPOR, dieu romain, avait soin de défendre les vignobles et les raisins contre les oiseaux et les voleurs. Au temps des vendanges, on plaçait son image, armée d'une faucille, au milieu des vignes, comme épouvantail. Plusieurs ont cru, avec raison, qu'Avistupor était le même que Priape, qui était représenté de même. Avistupor vient des mots latins *avis, tueri, puer,* enfant qui garde des oiseaux.

AZAEL (*Myth. rabb.*), ange rebelle à qui Dieu fit lier les mains par Raphaël, avec ordre de l'attacher sur un rocher dans un désert.

AZAN, fils d'Arcas, roi d'Arcadie, et d'Érato, fut le premier, suivant Pausanias, qui obtint des jeux funèbres après sa mort. Il donna son nom à une montagne d'Arcadie, consacrée à Cybèle.

AZER (*Myth. pers.*), était Franc de nation. Arrivé à Babylone, il y épousa une femme nommée Dogdon, qui se trouva fécondée par une lumière céleste qu'un ange lui apporta. Alors les astrologues prédirent que le fruit d'une babylonienne serait un jour l'auteur d'une nouvelle secte. A cette nouvelle, le roi du pays, Neubrout, fit mettre à mort toutes les femmes enceintes; mais la grossesse de Dogdon ne parut pas. A peine l'enfant fut-il au monde, que le roi se le fit amener, et tira son sabre pour le frapper; mais le bras de cet impie resta paralysé; furieux, il fit jeter Azer dans une fournaise ardente, mais inutilement; l'enfant ne fut pas consumé. Ces miracles firent adorer du peuple le nouveau prophète, qui, après plusieurs prodiges, fut enlevé dans le ciel. Il envoya depuis sept livres qui traitaient de la religion, mais écrits dans une langue que personne au monde ne pouvait comprendre. Les Gaures possèdent encore quelques fragmens de ces livres qu'ils n'entendent pas, et dont ils ne connaissent pas même le caractère.

AZRAIL (*Myth. mah.*), nom de l'ange de la mort dans la croyance des Musulmans. Cet ange, suivant l'Alcoran, passant près de Salomon sous une forme visible, fixa un homme qui était assis près de lui. Celui-ci, étonné, demanda au roi qui était cet observateur ? C'est l'ange de la mort, répondit Salomon. « Dans ce cas, répliqua l'autre, ordonnez vite au vent de m'emporter en Egypte. » Le vent obéit aux ordres de Salomon. Alors Azraïl dit au roi : « Il n'est pas étonnant que l'aspect de cet homme m'ait surpris, j'avais ordre de prendre dans un instant son ame en Egypte, et je l'ai trouvé près de toi. » C'est ainsi que Mahomet prouve qu'il n'est donné à aucun homme de connaître en quel lieu il doit terminer ses jours.

BAAL BAAL

BAAL, BAL, BEL, BELUS (*Myt. syr.*) fameuse divinité des Babyloniens, des Chaldéens, des Sidoniens, et même des Israélites, considérée par tous ces peuples comme le Créateur suprême, le Seigneur et Maître des dieux et des hommes. Baal, Bal, Bel ou Bélus, qui signifie en langue Chaldéenne, Seigneur, était la divinité suprême des Orientaux. Il y avait un temps disaient-ils, où tout n'était que ténèbres et eau, qui renfermaient des animaux monstrueux. Baal ayant formé le ciel et la terre, tua tous les monstres, dissipa les ténèbres, sépara le ciel d'avec la terre, et mit de l'ordre dans l'univers. Après quoi il ordonna à l'un des dieux subalternes de lui couper la tête, de mêler son sang avec la terre, et d'en former les hommes et les animaux. Baal était aussi le soleil que l'on regardait comme le seul dieu du Ciel. Sous le nom de Bélus il avait à Babylone un temple magnifique, que Xerxès pilla au retour de sa malheureuse expédition de Grèce. Les rois de Babylone l'avaient successivement enrichi, et il renfermait des trésors immenses. Dans la suite le premier roi des Assyriens à qui, par honneur, on donna le nom de Bélus, ayant été mis après sa mort au rang des dieux, il fut confondu avec la grande divinité de l'Assyrie. Il est vraisemblable aussi que les Chaldéens et les Assyriens donnèrent ces noms de Baal, Bélus, ou Bel à d'autres personnages célèbres qu'ils déifièrent : de là le grand nombre de Baals que l'on adorait dans la Chaldée et les environs. Baal reçut d'eux d'ailleurs les diverses dénominations que l'on verra aux articles suivans, de même que chez les Romains, Jupiter fut surnommé Olympien, Stator, etc.

BAAL BERITH (*Myth. syr.*), seigneur de l'alliance, dieu adoré chez les Phéniciens et les Carthaginois qui le prenaient à témoin des sermens qu'ils faisaient.

BAALPEOR, BAALPHÉGOR, ou PHÉGOR, (*Myth. syr.*) divinité des Moabites, dont il est fait mention dans l'Ecriture. On croit que ce dieu est le même qu'Adonis ou Priape, ou l'idole connu chez les payens, sous le nom de Crépitus. Suivant les rabbins, son culte consistait à *distendere coram eo foramen podicis, et stercus offerre.* Selden fait présider ce dieu aux cérémonies funèbres. Ses prêtres lui offraient des victimes humaines. On lui donnait une figure très-obscène. Le livre des Nombres dit que les filles des Moabites invitèrent les jeunes Israélites à la célébration des fêtes de Belphégor, qu'ils y allèrent et s'y livrèrent à la débauche. Cet événement fit déclarer la guerre aux Moabites, et fut la cause de leur destruction.

BAAL SEMEN (*Myth. syr.*), Seigneur du ciel, c'est le soleil regardé par les Phéniciens comme le premier des dieux.

BAALTSEPHON (*Myth. syr.*), dieu sentinelle que les magiciens d'Egypte, prirent dans le désert pour arrêter les Hébreux dans leur fuite. C'est pendant que Pharaon offrait un sacrifice à cette divinité que les Israélites passèrent la mer rouge.

BAALTIS (*Myt. syr.*), déesse des Phéniciens, adorée à Byblos, est selon quelques uns, sœur de Vénus et femme de Saturne ou la même que la Diane des Grecs.

BAARDOUR SNOEFELLSAAS (*Myth. isl.*), demi-dieu des anciens Islandais, demeurait dans une caverne nommée Baardar Heller, avec Hit, sa maitresse; géant femelle. On voit encore dans la vallée d'Hitardal, deux figures humaines, taillées dans deux pierres angulaires, que l'on prétend représenter ces deux géants.

BABIA (*Myt. syr.*), divinité syrienne révérée à Damas, protégeait les jeunes enfans appelés *Babes*, qu'on destinait au sacerdoce; les mères lui sacrifiaient leurs fils en bas âge sans être touchées par les cris de ces victimes innocentes.

BACCHANALES. *Voyez.* Bacchus.

BACCHIS (*Myt. égypt.*), Taureau consacré au soleil dans la ville d'Hermonthis en Egypte. Selon *Macrobe*, ce taureau avait le poil différent de celui des animaux de cette espèce.

BACCHUS, dieu du vin, fils de Jupiter et de Sémélé. Junon, toujours outrée contre les concubines de Jupiter, conseilla à Sémélé, pendant sa grossesse, d'exiger de son amant, comme une preuve de sa tendresse, qu'il se fît voir à elle dans toute sa gloire. Le dieu accompagné de la foudre et des éclairs ayant mis le feu à la maison, Sémélé périt dans les flammes. De crainte que Bacchus, dont elle était enceinte, ne fût brûlé avec elle, Jupiter le fit retirer de ses flancs par Vulcain : Macris, fille d'Aristée, reçut l'enfant dans ses bras, et le donna à son père qui le mit dans sa cuisse, où il le garda le reste des neuf mois. Dès que le temps de sa naissance fut accompli, on le mit secrètement entre les mains d'Ino, sa tante, qui l'éleva avec le secours des

Hyades, des Heures et des Nymphes. Plus tard il fit la conquête des Indes, accompagné d'une foule d'hommes, de faunes et de femmes, portant au lieu d'armes des thyrses et des tambours. De l'Inde, il passa en Egypte où il enseigna à planter la vigne, et où il fut adoré comme le dieu du vin. Il punit sévèrement Panthée qui voulait s'opposer à ses solennités, triompha de tous ses ennemis, et de tous les dangers auxquels les persécutions de Junon l'exposaient continuellement. Bacchus se transforma en lion, pour dévorer les géans qui escaladaient le ciel, et fut regardé, après Jupiter, comme le plus puissant des dieux. Il fit des prodiges de valeur sous les yeux de son père, qui lui criait sans cesse pour l'animer: Evohé! courage mon fils! On le représentait avec les agrémens de la jeunesse et de la beauté; on mettait Silène à sa suite, courbé sur un âne, et soutenu par une troupe de faunes et de bacchantes. Quelquefois on couvrait sa tête de cornes, parce que dans ses voyages il s'était couvert de la peau d'un bouc; on le peignait encore, tantôt assis sur un tonneau, tantôt sur un char traîné par des tigres, des lynx ou des panthères, souvent aussi tenant une coupe d'une main, et de l'autre un thyrse, dont il s'était servi pour faire sortir des fontaines de vin. Le thyrse était une espèce de petite lance ou bâton couvert de feuilles de vigne et de lierre mêlées ensemble, ayant au bout une pointe en forme de pomme de pin. Bacchus eut plusieurs noms. Il fut appelé *Biformis*, parce qu'il était dépeint tantôt comme un jeune homme, tantôt comme un vieillard. — *Dionysius*, du mot grec *Dios*, par allusion à Jupiter qui était son père, et à Nysa, île où il fut nourri. — *Dithyrambus*, de deux mots grecs, dont l'un signifie *deux*, et l'autre *porté*, parce qu'il était venu deux fois au monde. — *Liber*, parce que le vin, dont Bacchus fut l'inventeur, inspire la licence. On appelait les fêtes qu'on faisait à l'honneur de Bacchus *Bacchanales*. Elles furent portées de d'Egypte en Grèce d'où les romains les transportèrent chez eux. Dans le commencement les femmes étaient seules admises à ces mystères; mais dans la suite on y initia les hommes: Ce commerce des deux sexes fit naître des désordres si affreux que le sénat se vit obligé de les supprimer par un décret; les orgies disparurent sous les empereurs, et à cette époque le libertinage les fit renouveller tous les mois. On les célébrait de préférence sur les montagnes parce que l'écho répétait les cris et les rendait plus terribles. Plusieurs bas-reliefs qui ont été conservés nous donnent une idée de ces fêtes licencieuses. On y voit Bacchus élevé sur un tréteau et entouré de prêtresses, à moitié nues, et armées de thyrses et de lierre; les unes échevelées bondissent au son des cymbales et des tambours, d'autres agitent des torches enflammées. Plus loin est Silène, monté sur son âne, et soutenu par les faunes qui l'accompagnent en riant, les femmes qui célébraient ses fêtes se nommaient *Bacchantes*. Les premières qui portèrent ce nom suivirent Bacchus dans l'Inde. Elle étaient nues, à l'exception d'un voile léger qui voltigeait autour d'elles; leur tête était entourée de serpens, leurs mains armées de thyrses. Les vierges et les femmes étaient admises à ses fêtes, mais les vierges seules poussaient les hurlemens. On prétend qu'elles savaient conserver leur virginité, même au milieu des orgies, repoussant à grands coups de thyrse les hommes qui voulaient leur faire violence; et même, ce qui est peu probable, les bacchantes étaient des vierges si jalouses de leur chasteté, que pour n'être pas surprises en dormant elles se faisaient une ceinture avec un serpent. Leur nudité s'observe sur les monumens non seulement dans leurs momens de fureur, mais encore dans leurs fonctions sérieuses.

BACIS, fameux devin de l'antique Béotie, dont le nom passa à plusieurs de ceux qui, après lui, se mêlèrent de prédire l'avenir.

BAD (*Myth. pers.*), génie persan, qui, suivant les mages, présidait aux vents. Un mois de l'année orientale portait son nom; et on lui avait consacré, en outre, le 22e jour de chaque mois.

BADUHENNA (*Myth. scand.*), divinité des anciens peuples du nord, qui paraît être la déesse des forêts. Elle pourrait bien être la même qu'Arduena. (*Voy.* ce nom.)

BÆTILES, pierres qu'on croyait animées, et que l'on consultait comme des oracles. Ces pierres étaient de forme ronde et d'une médiocre grandeur; on les portait sur soi, et on les suspendait à son cou comme des amulettes ou des talismans. Selon Damascius, on trouvait les Bætiles sur le mont Liban. Ils y descendaient dans un globe de feu et voltigeaient en l'air. Peut-être ces pierres n'étaient-elles autre chose que des aërolites.

BAG (*Myth. pers.*), idole persanne qui donna son nom à la ville de Bagdad, et fut particulièrement honorée par la femme de Cosroës, qui lui fit élever un temple.

BAGOÉ, la première sybille qui rendit des oracles, et qui apprit aux peuples d'Etrurie l'art de deviner par le tonnerre. On croit que c'est là même que la sibylle Hérophyle.

BAHAMAN ou BAMEN (*Myth. pers.*), ange persan, qui, suivant la tradition des mages, prend soin des troupeaux et de tous les animaux domestiques.

BAINMADU (*Myth. ind.*), idole indienne, adorée sur les bords du Gange: ses prêtres sont sans cesse occupés à chasser les mouches de sa figure avec de larges éventails. Pendant que le peuple tombe la face contre terre pour l'adorer.

BAIRAM (*Myth. mahom.*); c'est le nom des deux seules fêtes d'obligation que les Musulmans aient dans leur religion. Ce sont des fêtes mobiles qui, dans l'espace de 33 ans, tombent dans toutes les saisons et dans tous les mois de l'année, parce que l'année musulmane est lunaire. La première de ces fêtes arrive le premier jour de la lune qui suit celle de *Ramadan* ou du carême turc; elle dure trois jours. Le second Baïram arrive soixante-dix jours après le premier.

BAIVA (*Myth. celt.*), divinité que les Lapons adorent comme l'auteur de la lumière et de la chaleur. Les uns la regardent comme le soleil, d'autres comme le feu; ils invoquaient aussi leur dieu Thor sous ce nom.

BALAKITG (*Myth. kamtschadale*), dieu du Kamstchatka. Lorsqu'il fait du vent, c'est lui qui secoue ses longs cheveux:

pendant son absence, sa femme Zavina se met du rouge pour lui plaire, ce qui fait l'éclat de l'aurore et du crépuscule; s'il passe la nuit dehors, elle pleure, et voilà ce qui produit la pluie.

BALDER (*Myth. celt.*), fut le second fils d'Odin et l'Apollon de la religion celtique. Hoder l'aveugle le tua en lui lançant un gui de chêne. A l'instigation du perfide Loke, les dieux d'enfer déclarèrent qu'ils le rendraient à la lumière, si tous les êtres existans sur la terre demandaient cette résurrection par leurs larmes. Déguisée en magicienne, Loke ne voulut point pleurer, et Balder ne put être rappelé à la vie; mais il devait revenir, après l'embrâsement des mondes, habiter les belles plaines d'Ida. Balder était beau, éloquent et si radieux, que ses regards étaient resplendissans.

BALI (*Myth. ind.*), divinité indienne, précipitée dans l'enfer par le dieu Wishnou. Tous les ans ce dernier fait sortir Bali de ses ténèbres pour lui faire contempler la terre, puis le replonge dans son cachot. Pour célébrer l'éloignement de ce génie dangereux, les Indiens célèbrent chaque année la fête qu'ils appellent *Onam*.

BANIANS ou **BANJANS**, secte d'idolâtres répandus dans l'Inde, mais principalement dans le Mogol et dans le royaume de Cambaie. Ils croient qu'il y a un Dieu créateur de l'univers; mais cette croyance ne les empêche pas d'adorer le diable, qui, selon eux, est créée pour gouverner le monde et faire du mal aux hommes. Du reste, le principal dogme de leur religion est la métempsycose.

BARBELO, divinité de la secte des nicolaïtes, qui, suivant eux, habitait le huitième ciel, et avait pour fils Saboth ou Jaldabaoth, dieu du septième ciel, qui disait aux divinités inférieures : « Je suis le premier et le dernier; il n'y a point d'autre dieu que moi. »

BARDES, ministres et poëtes chez les Celtes. Ils allaient partout, la harpe à la main, chantant en vers les exploits des héros. Ils jouissaient d'une grande vénération chez les anciens Bretons. Aux combats, aux fêtes et dans les assemblées publiques, leur place était auprès du prince. Leur autorité était assez respectée pour qu'ils pussent séparer deux armées acharnées l'une contre l'autre. Les Bardes faisaient un ordre dans l'état, et cet ordre dura jusqu'au règne d'Edouard Ier, qui les fit tous massacrer.

BARHALA - MAY - CAPAL (*Myth. ind.*), *dieu fabricateur*, divinité adorée par les naturels des îles Philippines, comme le souverain auteur de toutes choses.

BARKTAN (*myth. mahom.*), c'est le nom d'une pierre noire, polie, posée à l'angle oriental de la kaaba, à quatre pieds et demi de hauteur, entourée d'un cercle de fer ou d'or, et suspendue à de grosses chaînes du même métal. Les Musulmans disent que cette pierre avait été miraculeusement rendue noire, pour avoir été baisée par une femme dans un temps critique, et qui n'était pas dans un état de pureté légale. Abraham se servit de cette pierre dans la construction de la Kaaba, et ordonna à tous les fidèles de la baiser en faisant la procession.

BASANWOW (*Myth. celt.*), roi des Sicambres. Après avoir soumis tous les peuples voisins de ses états, enflé par ses succès il voulut se faire passer pour un dieu. Au sortir d'une assemblée, où il avait assisté, il disparut et ne fut pas revu depuis. Les Germains crurent qu'il était monté au ciel, et lui élevèrent des autels.

BASILEA, reine, fille d'Uranus et de Titéa, sœur de Rhéa et des Titans, succéda à son père Uranus. Elle épousa son frère Aypérion, et en eut deux enfants, que ses autres frères firent périr. furieuse de cette perte elle se mit à courir à travers les champs comme une insensée. On voulut l'arrêter, mais aussitôt il tomba une grande pluie mêlée de tonnerre, pendant laquelle Basilea disparut. On lui éleva aussitôt des autels à la même place, et on lui offrit des sacrifices au son des tambours et des cymbales. Cette Basilea est peut-être la même que Cybèle, ou l'Amica des Carthaginois.

BATALA, divinité des îles Philippines, à laquelle les idolâtres attribuent la création de toutes choses.

BATTUS, fils de Polymneste, tirait son origine d'Euphème, l'un des Argonautes. Battus fut ainsi nommé, parcequ'il était bègue, ou qu'il affectait de le paraître pour mieux couvrir ses desseins. Son véritable nom était Aristotélès. Pour obéir à l'oracle de Delphes, il partit de l'île de Théra, sa patrie, avec une colonie, et se rendit en Libye, où il fonda la ville de Cyrène dans l'endroit où était né Aristée, fils d'Apollon et de Cyrène. Après sa mort les peuples lui élevèrent des temples et lui rendirent les honneurs divins.

BATTUS, fameux berger de Pylos, en Arcadie, fut témoin du vol des troupeaux faits par Mercure à Apollon. Mercure donna à Battus la plus belle vache de celles qu'il avait prises, et lui fit promettre qu'il ne le déclarerait pas. Il feignit de se retirer, et vint peu après, sous la forme d'un paysan, lui offrir un bœuf et une vache, s'il voulait dire où était le bétail qu'on cherchait. Battus se laissa gagner, et découvrit tout. Mais Mercure, indigné, le métamorphosa en pierre de touche, qui indique de quelle matière est le métal qu'on lui fait toucher.

BAUCIS, femme fort pauvre et âgée, vivait avec son mari Philémon, presque aussi vieux qu'elle, dans une petite cabane. Jupiter, sous la figure humaine, accompagné de Mercure, ayant voulu visiter la Phrygie, fut rebuté de tous les habitans du bourg dans lequel demeuraient Philémon et Baucis, qui seuls le reçurent et lui accorderent la plus franche hospitalité. Pour les récompenser, ce dieu leur ordonna de le suivre au haut d'une montagne, d'où ils virent tout le bourg et les environs submergés, excepté leur petite cabane, qui fut changée en un temple. Jupiter promit à ce couple pieux et humain de leur accorder ce qu'ils demanderaient. Les deux époux souhaitèrent seulement d'être les ministres de ce temple, et de mourir ensemble. Leurs souhaits furent accomplis. Parvenus à la plus grande vieillesse, Philémon s'aperçut un jour que Baucis devenait tilleul, et Baucis fut étonnée de voir que Philémon devenait chêne: il se dirent alors tendrement les derniers adieux. Ovide et Lafontaine ont déployé les richesses de la poésie à décrire cette aventure touchante.

BAYADÈRES, prêtresses indiennes, dont le véritable nom est *Dévédassi*. Celui de Bayadères que leur donnent les Européens, vient du portugais *Balladeiras*, danseuses. Elles suivent les images des dieux dans les processions, en chantant et en exécutant des danses lascives, au son des cymbales et des tambourins. Les artisans destinent ordinairement à cet état la dernière de leurs filles, et les envoient à la pagode avant qu'elles soient nubiles. Les brames forment leur jeunesse, dont ils dérobent les prémices, et elles finissent par devenir courtisannes.

BEBON (*Mythol. égypt.*), le même que Typhon, génie malfaisant auquel on attribuait la création de tous les animaux nuisibles, toutes les affections vicieuses, toutes les exhalaisons pestilentielles.

BÉELZÉBUTH (*Myth. syr.*), le dieu Mouche, ou le prince des Mouches, ainsi appelé parce que sa statue, toujours sanglante, était sans cesse couverte de mouches. Béelzébuth était le principal dieu des Accaronites, qui lui offraient des sacrifices terminés par des festins servis sur des tombes; c'est pour cela que l'on a cru y reconnaître Pluton ou le prince des démons.

BELBOG (*Myth. slav.*), divinité des Slavons et des habitans de la ville d'Acron. C'était un dieu bienfaisant, dont les fêtes se célébraient au milieu des festins et des jeux. Son nom signifiait *le dieu blanc*. Ces peuples l'envisageaient sous le même point de vue qu'Oromaze chez les Perses, au lieu que Zéomèbach, ou le dieu Noir, était regardé comme le mauvais génie.

BÉLÉNUS (*Myth. celt.*), dieu des Gaulois, des Illyriens et des habitans d'Aquilée, le même qu'Apollon. On lui attribuait la guérison des maladies. Il est représenté sur les monumens antiques avec la tête rayonnante et la bouche ouverte comme rendant des oracles. Schédius a trouvé dans le nom de Bélénus le nombre 365, qui est celui des jours de l'année, de la manière suivante :

Β	Η	Λ	Ε	Ν	Ο	Σ.	
2	8	30	5	50	70	200.	} 365

BELICAE (*Myth. afr.*), nom que les habitans de Madagascar donnent au démon. Pour apaiser sa colère ou pour détourner son influence, ils ont soin de lui jeter le premier morceau de la victime qu'ils immolent.

BELISAMA ou **BELISANA** (*Myth. celt.*), reine du ciel, est la Minerve des Gaulois. Ils lui attribuaient l'invention des arts, et la représentaient la tête appuyée sur sa main droite, méditant profondément, avec un casque orné d'une aigrette, et revêtue d'une tunique sans manches. On lui immolait des victimes humaines.

BELLÉROPHON, fils de Glaucus, roi de Corinthe, tua son frère par mégarde, à la chasse. Sténobée, femme de Prætus, roi d'Argos, chez qui il se retira après ce malheureux accident, devint éperdument amoureuse de lui. Ce jeune prince n'ayant pas répondu à ses désirs, Sténobée piquée s'en vengea, en l'accusant auprès de son mari, d'avoir voulu lui faire violence. Prætus, son époux, pour ne pas violer en le punissant, les lois de l'hospitalité, envoya le héros accusé à Iobate, roi de Lycie, père de Sténobée, pour le faire périr. Bellérophon échappa à tous les dangers par sa valeur et sa prudence. Il dompta la Chimère, monté sur le cheval Pégase, gagna l'amitié d'Iobates par ses belles actions, épousa sa fille Philonoé et devint son successeur. Sur la fin de sa vie, s'étant attiré la haine des dieux, il se livra à la mélancolie la plus noire, errant seul dans les déserts et évitant la rencontre des hommes. On le surnommait Xipponoüs, comme étant le premier qui eût enseigné aux hommes l'art de conduire les chevaux par le moyen de la bride.

BELLI (*Myth. afr.*), divinité des Quojas, peuples de la Guinée. c'est le Bellimo (le grand prêtre,) qui la choisit au gré de son caprice, tantôt d'une figure, tantôt d'une autre, et la fait adorer des sauvages qui sont persuadés que celui qui ne l'honorerait pas serait puni de la manière la plus terrible.

BELLONE, fille de Phorcys et de Céto, déesse de la guerre, était sœur, d'autres disent femme du dieu Mars. Elle avait des temples et des prêtres qui l'appaisaient par leur sang, en se faisant des incisions aux bras et aux cuisses avec des couteaux. Les poètes la représentent armée d'un casque et d'une cuirasse, les cheveux épars une pique ou une torche à la main. On lui donne aussi quelquefois un fouet, pour animer les troupes au combat. Ce fut dit-on Oreste et sa sœur Iphigénie, qui portèrent de la Scythie Taurique dans la Grèce, le culte de cette divinité, consistant dans les mêmes rites que celui de la Diane de Tauride. Elle avait un temple à Comane en Cappadoce et un autre à Rome. C'était dans ce temple que le sénat recevait les ambassadeurs des puissances alliées; et c'était à la porte de ce temple qu'on voyait la petite colonne *Bellica*, à laquelle on lançait un javelot toutes les fois qu'on déclarait la guerre.

BELTHA (*Myth. pers.*), divinité des anciens Zabiens, en l'honneur de laquelle ils brûlaient vifs des animaux, et lui consacraient les trois premiers jours du mois Nisan. Ses adorateurs lui consacraient religieusement tout le fruit de leurs brigandages.

BÉLUS, ou BEL (*Myth. syr.*). *Voy.* Baal.

BÉMILUCIUS (*Myth. celt.*), divinité gauloise, la même que Jupiter, dont on a trouvé une statue en Bourgogne, près de Flavigny. Jupiter Bémilucius y est représenté jeune, sans barbe, ayant les cheveux courts, et un pallium sur l'épaule, des fruits et une grappe de raisin dans les mains.

BENDIS, divinité des peuples de Thrace, que l'on croit être la même que Diane. On célébrait sa fête avec les instrumens les plus bruyans. Le culte de Bendis avait été porté à Athènes par des marchands qui fréquentaient les côtes de Thrace.

BENSAITEN (*Myt. jap.*), déesse des richesses, est honorée au Japon par une fête solennelle donnée par les pères à leurs filles. La réjouissance a lieu dans une salle ornée de riches poupées, et remplie de tables garnies de gâteaux et de feuilles d'armoise. Cette déesse, dit-on, pondit cinq cents œufs; mais craignant que ces œufs ne produisissent quelque chose de monstrueux, elle les enferma dans une boite et la jeta dans une rivière. Dans la suite, cette boite fut repêchée par un paysan, qui l'ouvrit et en cassa les œufs; il en sortit cinq cents enfans qui, devenus grands, exercèrent des brigandages et s'enrichirent. Cette histoire et le culte qu'on lui rend comme déesse des richesses ne sont sans doute qu'une allusion à la population qui fait la richesse des états.

BENTHAMÉLION (*Myth. rabb.*), démon sur le compte duquel les rabbins débitent la fable suivante. Après la prise de Jérusalem, Vespasien interdit aux Juifs l'exercice de leur loi. Rabbi-Siméon fut député par la nation pour fléchir l'empereur, mais en route, il rencontra le diable Benthamélion, qui lui promit d'entrer dans le corps de la fille de Vespasien, et d'en sortir à leur ordre. Siméon réussit, par ce moyen, à fléchir l'esprit de l'empereur.

BÉOTUS, fils de Neptune et d'Arné, fille d'Eolus, roi de l'Eolide, naquit à Métaponte, en Italie, et succéda à son grand-père. Ses états prirent de lui le nom de Béotie, et il donna à sa capitale celui d'Arné, sa mère.

BÉRÉNICE (*Myth. égypt.*), reine d'Egypte, épouse de Ptolémée-Evergète, promit aux dieux le sacrifice de sa chevelure, si son mari revenait vainqueur d'une expédition de Syrie. Il revint, et Bérénice consacra sa chevelure dans le temple de Mars. Elle fut enlevée dès la nuit même, et Conon, célèbre astronome, persuada à la princesse que sa chevelure était placée parmi les astres. On le crut, et le nom de *chevelure de Bérénice*, qu'il donna aux sept étoiles voisines de la grande Ourse, leur reste encore aujourd'hui.

BERGELMER (*Myth. celt.*), géant échappé seul à l'inondation causée par le sang de Yme, perpétua la race des *géants de la Gelée*.

BÉROÉ, vieille femme d'Epidaure, dont Junon prit la figure pour tromper Sémélé.

BESCHEN (*Myth. ind.*), le second des êtres créés, suivant la doctrine des brames, avant la formation de l'univers. Ce dieu doit subir diverses incarnations, pour détruire tous les cultes contraires à celui des brames. Il doit prendre d'abord la forme d'un lion, ensuite celle d'un homme, et enfin celle d'un guerrier qui détruira toutes les religions contraires aux bramines.

BETAS, prêtresses nègres sur la côte des esclaves. Elles jouissent des mêmes priviléges et de la même considération que les prêtres. Elles prennent le nom d'*enfans de Dieu*, et exercent un empire absolu sur leurs maris et sur leurs biens. Aussi, les nègres sensés n'épousent-ils guère de prêtresses, et consentent-ils encore moins que leurs femmes soient élevées à cet honneur. Le choix de ces prêtresses donne lieu à des cérémonies bizarres et même barbares.

BEYREVRA (*Myth. ind.*), est regardé dans la religion indienne comme le chef des démons voltigeans. Il eut l'audace de fendre, avec son ongle, l'une des cinq têtes du grand dieu Brama, pour venger le dieu Eswara.

BÉZA (*Myth. égypt.*), divinité égyptienne, rendait ses oracles par des billets cachetés, dans une ville de la Haute-Egypte. L'empereur Constance ayant reçu quelques-uns de ces billets qui avaient été laissés dans le temple, fit emprisonner et exiler un grand nombre de personnes qu'ils compromettaient.

BHAVANI (*Myth. ind.*), divinité indienne, femme de Shiva, était le juge suprême des méchans, et punissait les peuples par les maladies et autres fléaux de l'humanité. On la représentait sous une figure monstrueuse et effrayante; le teint noir, les yeux terribles, les dents saillantes, les cheveux hérissés, avec seize mains, portant une épée, un trident, une lance, une roue de fer, un couteau, et une massue. Ces attributs la faisaient reconnaître pour la déesse qui punit les pervers. Son culte est encore en honneur dans le Bengale, où on lui sacrifie des bœufs et des coqs. Les dévots se font écraser sous les roues du char qui porte sa statue. Elle naquit dit-on, de l'œil enflammé que Shiva porte au milieu du front. Elle créa la peste et la petite vérole. On lui consacre l'yoni, ou représentation des parties sexuelles de la femme. Charpentier de Cossigni attribue tous les faits de la vie de cette déesse, aux observations astronomiques. Hastings l'a prise aussi pour Vénus-Uranie.

BIADICÉ, femme de Crétheus, ayant trouvé Phryxus insensible à sa passion, l'accusa près de son époux d'avoir voulu lui faire violence; mais Phryxus parvint à échapper à sa vengeance.

BIANOR, fils de la devineresse Manto, et roi d'Étrurie, fut le fondateur de la ville de Mantoue. On lui éleva un tombeau sur la route de cette ville à Rome, qui se voyait encore du temps de Virgile.

BIBLIS, fille de Milet et de Cyanée. Ayant découvert à Caunus son frère la passion qu'elle sentait pour lui, ce jeune homme en conçut tant d'horreur qu'il prit la fuite pour se dérober à ses coupables importunités. Byblis le poursuivit dans la Carie et la Lycie, sans pouvoir l'atteindre; enfin, excédée de fatigue et de douleur, elle s'arrêta dans un bois, où elle versa tant de larmes de honte et de désespoir, que les nymphes, touchées de compassion, la changèrent en fontaine.

BIDI (*Myth. ind.*), divinité du Malabar, dont le nom signifie le *Destin*. On lui attribue tous les événemens, et on la représente avec trois têtes qui se rapportent au passé, au présent et à l'avenir.

BIRMAH (*Myth. ind.*) Ce nom, qui signifie *le second en puissance*, est celui que les Indiens donnent au premier des anges créés. Ce fut lui que Dieu chargea de former le monde, ainsi que l'apprend le Shastah de Bramah. Birmah ayant reçu cet ordre, forma une feuille de bétel, se mit dessus, et flotta sur la surface des eaux. Les enfans de Modon et de Kyton, qui s'opposaient à la création, disparurent. Alors Bistnoo, un des coadjuteurs de Birmah, se transforma en sanglier, et étant descendu au fond de l'abîme, il en tira la terre avec ses défenses. Ainsi fut créé le monde par Birmah, conformément au pouvoir qu'il avait reçu de l'Éternel. La confusion qui règne dans la théogonie indienne, est cause que plusieurs ont confondu ce Birmah créateur, avec Bramah le législateur, et de ces deux êtres n'en ont fait qu'un seul, qu'ils appellent Brahmah, et dont ils racontent différentes fables, ainsi qu'on peut s'en convaincre à son article.

BISALTIS, Théophane, fille de Bisaltus, nymphe d'une beauté remarquable, fut enlevée par Neptune, et changée, par ce dieu, en brebis, pour la dérober aux poursuites de ses nombreux amans. Sous cette forme, elle devint mère du belier qui porta Phryxus à Colchos, et dont la toison a été rendue si célèbre par l'expédition des Argonautes.

BISTNOO (*Myth. ind.*), le second des anges créés, suivant la doctrine de Bramah. Cet ange, dont le mot signifie *qui aime*, représente, dans un sens figuré, la bonté de Dieu, et sa fonction est d'exécuter les actes de bienveillance que Dieu ordonne.

BITHOS, être chimérique, imaginé par les Valentiniens, et qu'ils regardaient comme le principe de leurs générations ou combinaisons diurnes.

BITIAS et PANDARE, deux frères, fils d'Alcanor de Troie, que leur mère Hiéra avait élevés dans les forêts. Ces héros, à qui Énée avait confié la défense de la nouvelle ville de Troie en Italie, comptant trop sur leur courage, et voulant braver Turnus et les Rutules, ouvrirent une porte de la ville, et défièrent l'ennemi d'approcher. Les Rutules, animés par leur roi, vinrent fondre sur eux. Turnus frappa à mort Bitias, et renversa Pandare sans vie à côté de son frère.

BITON. *Voyez* Cléobis.

BOD (*Myth. ind.*), divinité invoquée par les femmes pour obtenir la fécondité. Celle qui, après un vœu fait à Bod, devenait mère d'une fille, était obligée de la consacrer à cette déesse jusqu'à l'âge nubile, âge auquel elle était obligée de mettre ses faveurs à l'enchère à la porte du temple, et de remettre aux prêtres le prix de sa prostitution.

BOLÉE (*Myth. ind.*), géant formidable qui, suivant l'opinion indienne, a conquis le ciel, la terre et les enfers.

BOLINA, jeune nymphe, se précipita dans la mer pour éviter les poursuites d'Apollon. Les dieux, touchés de sa vertu, lui rendirent la vie, et lui accordèrent l'immortalité.

BOMBO (*Myth. afr.*) idoles des noirs du Congo. Ce sont des filles qui célèbrent ses fêtes dans lesquelles on exécutait des danses très-lascives, accompagnées d'une musique fort bruyante.

BONNE DÉESSE, *bona Dea*, divinité mystérieuse qui n'était connue que des femmes, et dont les hommes ignoraient le nom. On croit que c'était Cybèle ou la Terre. Quoi qu'il en soit, on célébrait tous les ans les mystères de la *Bonne Déesse*, au premier mai. On ornait à grands frais la maison où la fête se célébrait, et, comme elle n'avait lieu que la nuit, une infinité de lumières éclairaient les appartemens. Les vestales se transportaient dans la maison du souverain pontife, et l'on faisait sortir non-seulement tous les hommes, mais encore tous les animaux mâles. Plusieurs écrivains romains se sont récriés contre la licence et l'impudicité de ces mystères, et il est assez probable que ce n'était pas sans raison.

BONUS EVENTUS (*heureux succès*), divinité représentée par les Romains sous la figure d'un jeune homme qui tient des pavots et des épis de blé d'une main, et une coupe de l'autre. Sa statue était placée à côté de celle de la *Bonne Fortune*, dans le Capitole.

BONZES (*Myth. chin.*), prêtres chinois de la secte du dieu Foé les plus fourbes peut-être, et les plus débauchés des hommes. Ces

Bonzes prêchent au peuple une vie future, et lui annoncent que pour la passer dans la félicité, il est inutile de dompter ses passions sur la terre, mais qu'il suffit de leur faire d'abondantes charités. Cette doctrine est très-agréable à ceux qui, pour de l'argent, croyent pouvoir se livrer à tous les vices, et très-avantageuse aux Bonzes, qui, par ce moyen, s'enrichissent aisément, et se dédommagent par des débauches secrètes, des austérités publiques auxquelles on les voit journellement se livrer. Ces austérités ridicules sont en effet bien capables d'en imposer à la populace. On voit quelques-uns de ces imposteurs aller par les rues, traînant avec fracas des chaînes d'une grosseur énorme, et s'arrêtant à chaque porte pour dire : *Voyez combien nous souffrons pour expier vos péchés;* d'autres se frappent rudement la tête contre des pierres; d'autres se font suspendre au-dessus de brasiers allumés; d'autres enfin restent assis des journées entières dans des fauteuils garnis en dedans de pointes de cloux. Les Bonzes laissent croître leurs cheveux, et ne se rasent jamais. Il y aussi au Tonquin, au Japon et dans le royaume d'Ava des Bonzes qu'il ne faut pas confondre avec les Bonzes chinois. Ceux du Tonquin sont très-pauvres, ne vivent que des aumônes des dévots, et cependant trouvent encore le moyen de pourvoir avec leurs épargnes, à la subsistance des veuves et des orphelins. Ceux du Japon sont pour la plupart des cadets de famille qui, n'ayant point assez de fortune pour figurer dans le monde, embrassent cette profession, qui, dans ce pays, est aussi honorable que lucrative. Ceux du royaume d'Ava sont humains, charitables et compatissans. Leur occupation principale est de mantenir la paix dans les familles, mais leur humanité éclate principalement à l'égard des étrangers qui font naufrage sur les côtes d'Ava. Ces respectables religieux les emmènent dans leur couvent, les nourrissent, les vêtissent, les soignent quand ils sont malades, et ne les laissent partir que munis de lettres de recommandation pour les autres couvents de leur ordre, dans lesquels on exerce vis-à-vis d'eux aussi généreusement l'hospitalité.

BONZESSES, religieuses chinoises renfermées dans des monastères. Elles font vœu de chasteté; et on les punit très-sévèrement, quand il leur arrive de l'enfreindre. Il y a aussi des Bonzesses au Tonquin.

BORE (*Myth. celt.*), le père des dieux chez les Celtes. Les prêtres de cette nation prétendaient en descendre, et lui rendaient de grands honneurs.

BORÉE, l'un des quatre vents cardinaux, était fils d'Astréus et de l'Aurore. Il résidait en Thrace, enleva Choris, fille d'Arcturus, la porta sur le mont Niphate, appelé depuis le lit de Borée, et en eut un fils nommé Hyrpace. Il devint amoureux des cavales d'Erechtée, se déguisa sous la figure d'un cheval, et en eut douze poulains si légers à la course, qu'ils couraient sur les moissons sans les endommager. Epris des charmes de Pithys, et ayant su qu'elle lui préferait Pan, il l'enleva et la jetta contre un rocher avec une telle violence, qu'elle en fut entièrement brisée. Le plus célèbre de tous ses exploits amoureux fut l'enlèvement d'Orithyie, fille d'Erecthée, roi d'Athènes. Il la rendit mère de cinq enfans, Chione, Chtonie, Cléopâtre, Zéthès et Calaïs. Parmi les vents sculptés à Athènes sur la tour des vents, Borée est représenté sous la figure d'un jeune homme avec des ailes, des cothurnes, et enveloppant sa tête dans sa draperie. Lorsque Xerxès traversa l'Hellespont pour venir conquérir la Grèce, les Athéniens invoquèrent Borée, qui dispersa la flotte des Perses. En reconnaissance de ce bienfait, on lui éleva un temple sur les bords de l'Ilyssus. Denys-le-tyran lui offrit aussi des sacrifices, et assigna des revenus à son culte.

BORMONIA ou **BORVO** (*Myth. celt.*), divinité des eaux Thermales chez les Séquaniens et les Eduens. On soupçonne qu'elle a donné son nom à Bourbonne-les-Bains.

BOSSUM (*Myth. afr.*), divinité principale des nègres de la Côte-d'Or, qu'ils regardent comme le bon principe. Ils le représentent avec la face blanche, par opposition au démonio qu'ils peignent en noir.

BOTRÈS, fils d'Eugnotus, fut tué par son père pour avoir mangé le cerveau d'une victime avant qu'elle fût offerte au dieu. Appollon, touché des remords du père changea son fils en un oiseau nommé Aropus.

BOUCS (*Myth. égypt.*), ces animaux étaient en grande vénération chez les habitans de Mendès en Egypte. En général les égyptiens croyaient qu'ils représentaient leur dieu Pan, avec la face et les jambes du bouc; c'est pourquoi ils n'immolaient jamais aucun de ces animaux. Dans la Grèce, on immolait le bouc à Bacchus comme destructeur de la vigne.

BOUDA (*Myth. ind.*), génie indien, qui préside au mercredi, et à la planète de Mercure. Lorsque celle-ci s'éloigne du soleil, ils croient qu'elle leur annonce la famine.

BOUG ou **BOG** (*Myth. celt.*), fleuve de Russie, adoré comme un Dieu. On n'approchait de ses bords qu'avec respect; on ne puisait ses eaux qu'avec recueillement. Quiconque les eût souillées eut été puni de mort.

BOULJANUS (*Myth. celt.*), idole gauloise, honorée dans l'Armorique. Une inscription trouvée à Nantes, en 1592, annonce que les peuples voisins se rendaient trois fois par an dans le temple de ce dieu, pour lui offrir des sacrifices. Ce temple fut détruit par l'ordre de Constantin.

BOUMIDEVI (*Myth. ind.*), déesse de la terre, une des épouses de Wishnou.

BRACHMAN (*Myth. ind.*), fondateur des brachmanes, philosophes indiens, emprunta, suivant Kircher, la plupart de ses dogmes des prêtres égyptiens, qui, chassés par Cambyse de leur patrie, se réfugièrent dans l'Inde. Brachman, après avoir animé différens corps, passa dans celui d'un éléphant blanc; ce qui, d'après la tradition du pays, est le comble du bonheur. Ses disciples devinrent très-nombreux, quoiqu'il leur fallût acheter ce titre par de grandes austérités, et un noviciat de trente-sept ans. Ils étaient forcés de garder le plus profond silence, sans tousser, cracher, ni éternuer pendant que le maître parlait. Leur fondateur établit le dogme de la métempsycose; il soutint que l'eau était le plus noble des élémens, enseigna que l'univers était sujet à la corruption, et devait un jour périr. Pendant trente-sept ans, leur vie n'était qu'un martyre continuel. Ils couchaient sur des peaux, exposés aux injures de l'air ; ils jeûnaient et priaient sans cesse. Mais aussi ce terme expiré, les *Brachmanes* se livraient le reste de leur vie aux plaisirs de toute espèce.

BRAGE (*Myth. celt.*), dieu de l'éloquence et de la poésie chez les peuples du nord. On a donné son nom aux poëtes qui se distinguent dans leur art.

BRAHMA, BRAMA, BRAMMA, BRUMA, BIRMAH, BIRM, BREMA, BROUMA (*Mythologie ind.*), une des trois personnes de la trinité indienne, le père des hommes du second âge, fut créé après que les eaux eurent fait justice des enfans de Pouros. Dieu voulant renouveler l'espèce humaine, descendit sur la montagne de Méropurbati, et dit : « Lève-toi, Brahma, la première des créatures du second âge » ; et aussitôt la terre produisit Brahma, qui adora son créateur ; et Dieu lui donna la puissance de créer et de produire, afin qu'il peuplât la terre. Alors Brahma, songeant à la manière dont il pourrait remplir sa mission, sentit l'atteinte de vives douleurs. Son ventre s'enfla, et il éprouvait des souffrances cruelles. Tout-à-coup ses flancs s'entrouvrirent ; et il en sortit deux jumeaux, l'un mâle, et l'autre femelle, tous deux grands, et qui se mirent à adorer le créateur. Ce fut ainsi que Brahma forma l'homme et la femme, qui couvrirent la terre de leurs enfans. Peu après, Dieu descendit encore sur la montagne, appela Brahma, et, du milieu d'un nuage sombre que sillonnaient les rayons de sa gloire, lui dit qu'il avait puni les premiers hommes parce qu'ils avaient transgressé sa loi, que Brahma leur avait enseignée ; et il lui en remit une nouvelle, en le chargeant de l'enseigner aussi. Brahma obéit fidèlement à l'ordre de son créateur. Ce second âge eut d'heureux commencemens. On respectait la divinité ; les bords des rivières voyaient de fréquentes ablutions des hommes, et la vertu était pratiquée par eux ; mais le vice sut enfin la déraciner de leurs cœurs. Les brahmes devinrent hypocrites, vains et ambitieux. Le commerce calcula ses bénéfices sur la fraude ; les artisans se firent payer d'un travail qu'ils faisaient à peine..... Le Seigneur, provoqué par la méchanceté des hommes, se plaignit à Brahma. Brahma descendit, et leur apprit le châtiment qui les menaçait. La crainte arrêta pour quelques instans le débordement de leurs mœurs : mais ils retournèrent peu à peu à l'habitude de leurs anciens vices. Alors le Tout-Puissant, fermant son cœur à l'intercession de Brahma, ne se laissa point apaiser par sa prière en faveur du genre humain ; il résolut de le détruire une seconde fois. Le temps du séjour de Brahma sur la terre était expiré, Dieu le recueillit dans son sein, pour qu'il ne vît point les maux qui allaient fondre sur sa postérité. On représente Brahma avec quatre têtes et quelquefois porté par des oiseaux.

BRAHMES, BRAHMINES ou **BRAHMINS** (*Myt. ind.*), prêtres et docteurs des Indiens, qui se disent issus de Brahma. Leur tribu est la première et la plus noble de toutes celles qui forment les peuples de l'Indostan, et personne ne peut entrer dans leur ordre, que par le droit de sa naissance. Il sont chargés d'instruire le peuple de ce qui concerne la religion et la morale. Un grand nombre d'entr'eux exercent la médecine. Le principal dogme de leur religion, est la métempsycose; aussi s'abstiennent-ils de manger tout ce qui a eu vie ou respiration.

BRAMMON (*Myth. ind.*), premier fils de Pouros, le premier homme, et de Parcouti, sa femme. Son naturel mélancolique, et l'esprit dont il était doué, engagèrent le créateur à faire de lui l'organe des lois de sa sagesse; et lui ayant ordonné de voyager, il l'envoya dans l'Orient, où Brammon rencontra la femme qui lui était destinée, et l'épousa. L'envie de revoir ses parens le ramena vers eux au bout de quelque temps; et il se réunit à ses frères qui étaient de retour dans le même dessein. Ils avaient tous leurs femmes avec eux, et donnèrent naissance à plusieurs générations qui formèrent quatre tribus séparées. Cependant la corruption commençant à pénétrer dans l'esprit des hommes, Brammon oublia les devoirs de la piété, et devint jaloux des attributs de ses frères, qui, de leur côté, manquèrent au respect dû à son droit d'aînesse. Le mauvais exemple des parents, pervertit à tel point toutes les générations, et les créatures de Dieu l'offensèrent tellement par les excès de leur corruption et de leur impiété, que son courroux enflammé s'arma contre elles, et engloutit le genre humain sous les eaux d'un Déluge universel qui termina le premier âge du monde.

BRANCHUS, fils d'Apollon. Sa mère, étant enceinte, rêva qu'un rayon du soleil lui entrait dans la bouche et pénétrait jusque dans ses flancs. Branchus obtint, par la suite, de son père, le don de prophétie. On lui éleva un temple superbe à Didyme, où il rendait des oracles, les plus renommés de la Grèce, après ceux de Delphes. D'autres prétendent que ce Branchus était un jeune Thessalien d'une rare beauté, aimé d'Apollon qui le reçut dans son temple, et lui fit rendre les honneurs divins.

BRANGAS, fils de Strymon, éleva, en l'honneur de son frère Olynthus, une ville dans la Sidonie.

BRIARÉE ou ÉGÉON, fils de Titan et de la Terre. Ce géant, d'une force extraordinaire, avait cinquante têtes et cent bras, vomissait des torrens de flammes, et lançait, contre le ciel, des rochers entiers qu'il avait déracinés. Junon, Pallas et Neptune ayant résolu d'enchaîner Jupiter dans la guerre des dieux, Thétis gagna Egéon en faveur de Jupiter, qui se réconcilia avec lui, et lui pardonna la révolte dans laquelle il était entré avec les autres géans. Les Carystes lui rendaient les honneurs divins sous le nom de Briarée, et les habitans de Chalcis sous celui d'Egéon.—BRIARÉE, Cyclope pris pour arbitre entre le soleil et Neptune, décida en faveur du dernier.

BRINGHI (*Myth. ind.*), divinité des jeux et des plaisirs dans la mythologie indienne. Cette nymphe faisait naître les fleurs, la joie, et tout ce qui flatte les mortels.

BRISÉIS, nom patronimique d'Hippodamie, fille de Brisès, prêtre de Jupiter; après la prise de Lyrnesse par Achille, elle fut sa captive, et lui plut. Agamemnon, en étant aussi devenu amoureux, la fit enlever. Achille en fureur ne voulut plus prendre les armes contre les Troyens, jusqu'à la mort de Patrocle. Son amante lui fut rendue; mais il ne voulut pas la reprendre, quelques sermens que fit Agamemnon de lui avoir toujours conservé son honneur. On ne sait ce que devint Briséis après la mort d'Achille.

BRITOMARTE ou **BRITOMARTIS**, fille de Jupiter et compagne de Diane, se jeta dans la mer pour se soustraire aux poursuites amoureuses de Minos. Elle fut mise par Diane au rang des divinités, et adorée par les Eginètes sous le nom d'Aphéa. On raconte cette fable d'une autre manière : Un jour qu'elle était à la chasse, se trouvant prise dans ses propres filets au moment qu'un sanglier s'approcha, elle voua un temple à Diane si elle en échappait, et remplit sa promesse en lui en élevant un sous le nom de Diane Dictinne.

BRIZO, déesse du sommeil, honorée à Délos, où on lui offrait de petites barques remplies de fruits. Elle présidait aux songes, et elle les proposait comme des oracles.

BROMÉ, nourrice de Bacchus, fut rajeunie par Thétis, et placée parmi les étoiles par son nourrisson.

BROMUS, centaure tué par Cénée aux noces de Pirithoüs.

BRONTÈS, cyclope, fils du Ciel et de la Terre, forgeait les foudres de Jupiter, et faisait un bruit épouvantable en frappant son enclume.

BROTÉE, père de Pélops et fils du premier Tantale, fut l'auteur de la première statue de la mère des dieux.

BROTHÉE, fils de Vulcain et de Minerve, était contrefait comme son père. Sa grande laideur le rendant la risée des jeunes filles, il se jeta de désespoir dans le volcan de l'Etna.

BRUIN (*Myth. ind.*), dieu des Indes, regardé comme le créateur de toutes choses. Aucune image ne peut le représenter, parce que sa beauté surpasse tout ce que l'imagination peut concevoir de plus parfait. Ses prêtres gardent, en son honneur, la plus sévère continence, et poussent le scrupule jusqu'à ne se laisser toucher par aucune femme.

BRUNON (*Myth. celt.*), héros fabuleux qui, soi-disant, donna son nom au Brunswick. On lui adjoint deux frères, SAXON et FRISON, qui firent appeler de leur nom la Saxe et la Frise.

BRUSUS, fils d'Emathius, donna son nom à une partie de la Macédoine, nommée Brusis.

BRUTUS, premier roi des Bretons, petit-fils d'Énée, eut le malheur de tuer son père Sylvius, et se réfugia en Grèce près de Pandrasus, dont il épousa la fille. Diane lui apparut en songe, et lui ordonna d'aller habiter une île déserte à l'occident des Gaules, habitée autrefois par des géans. Brutus obéit et vint s'établir dans la Bretagne, qu'il gouverna, ainsi que ses descendans, jusqu'à la conquête des Gaules par les Romains.

BUABIN (*Myth. ind.*), idole du Tonquin, que l'on croit veiller à la garde des maisons. Celui qui devient propriétaire d'un édifice consacre une fête à Buabin. Après la célébration, la déesse doit garantir la maison du tonnerre, de l'incendie, de l'inondation, des coups de vent et de tout ce qui peut lui faire tort.

BUBASTES, la Diane des Egyptiens, adorée dans la ville qui portait son nom, et où les habitans célébraient, en son honneur, l'une des fêtes les plus solennelles. On y accourait de toutes les contrées; et à cette époque le Nil était chargé d'une foule de barques remplies de dévots et de musiciens qui venaient consulter l'oracle de la déesse, et lui présenter leurs offrandes. Sa statue avait la tête d'un chat, parce que dans la guerre des Titans, Diane s'était revêtue de l'apparence de cet animal pour échapper aux poursuites de Typhon.

BUDDOU ou **BODDA** (*Myth. ind.*), divinité des Siamois, qu'ils croient avoir été le fondateur des Gymnosophistes. Ses prêtres gardent le célibat, tant qu'ils desservent son temple; mais ils peuvent le quitter. Ils ne tuent jamais d'animaux, cependant ils en mangent la chair. Ils le représentent sous les traits d'un géant. Lorsqu'une femme a fait un vœu pour avoir des enfans, si elle met au monde une fille, elle l'amène au temple de Buddou, et la lui consacre. Ces filles deviennent des danseuses ou femmes publiques, et s'appellent *femmes de l'idole*.

BUDDU (*Myth. ind.*), homme célèbre par sa sainteté de vie, que les habitans de l'île de Ceylan ont divinisé, et qu'ils adorent sous la forme d'un géant. Buddu, suivant les chroniques du pays, ne mourut pas à Ceylan, mais il alla finir ses jours sur la terre ferme; ce qui fait que bien des auteurs ont pensé qu'il n'était autre que ce philosophe fameux, dont la doctrine s'est répandue chez plusieurs peuples de l'Orient qui l'adorent sous des noms différens, et qui s'appelle *Fo*, en Chine, à Siam, *Sommona-codom*, *Thikka*, au Tonquin, *Xacà*, au Japon. La charge de Buddu est de soutenir le courage de l'homme à ses derniers momens. Selon les Chingulais, le monde ne peut être détruit tant que son temple subsistera; chaque insulaire place dans sa maison une corbeille de fleurs consacrées à ce dieu, ou dans des trous de rochers de petites statues représentant Buddu.

BUDHA, **BUDSDO**, **BUDZ**, ou **SIAHA** (*Myth. jap.*), né environ mille ans avant l'ère chrétienne, devint disciple d'un fameux ermite nommé Azara Sennin, et passa la vie la plus austère dans la contemplation et la méditation; aussi pénétra-t-il les points les plus importans de la religion, et transmit-il à ses sectateurs les opinions qu'il s'en était formées. Ces derniers, après sa mort, rassemblèrent ses principales pensées, et en firent un livre appelé *Sohekio, livre des belles fleurs*, aussi estimé des Japonais que la Bible l'est des chrétiens. Ce livre contient cinq préceptes principaux que voici : 1° Tu ne tueras point; 2° tu ne voleras pas; 3° tu ne commettras pas d'adultère; 4° tu ne mentiras point; 5° tu ne boiras point de liqueurs fortes.

BUFFINNA (*Myth. ind.*), substitut de Wishnou, apprend aux hommes à vivre suivant les lois de Dieu, et a soin des productions de la terre.

BUSIRIS, fils de Neptune et

de Libye, fille d'Epaphus, était roi d'Egypte ou d'Espagne. Ayant entendu vanter la beauté des filles d'Atlas, il les fit enlever par des pirates. Il gouvernait ses sujets en tyran, et faisait égorger tous les étrangers qui abordaient dans ses états, les offrant en sacrifice aux dieux. Il choisissait principalement ceux qui avaient le poil roux. Hercule allait être immolé comme les autres, lorsqu'il brisa ses liens, et sacrifia Busiris, son fils, et le prêtre qui prêtait son ministère à ces abominations.— Busiris, roi d'Espagne, tyran farouche et cruel, immolait à Jupiter tous les étrangers qui avaient le malheur d'aborder dans ses états. Il fut tué par Hercule.

BUSTERICUS (*Myth. celt.*), ancienne divinité des Germains, dont la statue se voit encore aujourd'hui dans la forteresse de Sondershusa, au territoire des comtes de Schwartzembourg.

BUTACIDE, athlète, natif de Crotone, fut souvent vainqueur aux jeux olympiques. Sa beauté égalait sa force. Ayant été tué en Sicile, il fut si regretté, que les habitans d'Egeste, quoique ses ennemis, lui élevèrent un tombeau, et lui rendirent les honneurs divins.

BUTÈS, fils de Borée, chassé par son père Borée, roi de Thrace, aborda dans l'île de Naxos où il fixa sa demeure. S'étant remis en mer avec une partie de ses compagnons pour aller chercher des femmes, il en enleva sur les côtes de Thessalie plusieurs qui célébraient une fête en l'honneur de Bacchus. De ce nombre était Coronis, nourrice du dieu du vin, que Butès prit pour lui; mais Bacchus irrité d'un pareil outrage, inspira au ravisseur une fureur si violente, qu'il courut se précipiter dans un puits où il périt.

BUTO ou BUTUS (*Myth. égyp.*) divinité adorée en Égypte dès les temps les plus reculés, avait été nourrice des enfans d'Isis et d'Osiris, c'est-à-dire d'Horus et de Bubaste. Buto, pour les soustraire aux poursuites de Typhon, les cacha dans une île flottante, appellée Chemnis. Cette fable égyptienne a, selon Hérode, donné lieu à la fable grecque de Latone et de ses enfans. Selon Plutarque, Buto étoit le symbole de la pleine lune, et était à cause de cela l'objet d'un culte particulier. — Buto ou Kobotus, le même que le Budda des Indiens apporta au Japon sur un cheval blanc, le *Kio* ou livre par excellence.

BYGOIS, vierge de l'antique Etrurie, avait, dit-on, écrit sur la foudre un ouvrage que les aruspices consultaient souvent pour leurs divinations.

BYZAS, fils de Céressa, et petit-fils d'Inachus, roi d'Argos, est regardé comme le fondateur de Byzance, l'ancienne Constantinople.

CAAN CAAN

CAANTHE, fils de l'Océan et de Téthis. Son père lui ordonna de poursuivre Apollon, ravisseur de sa sœur Mélia. Caanthe, ne pouvant le contraindre à la rendre, mit le feu à un bois consacré à ce dieu, qui, pour se venger, le tua à coup de flèches.

CABARNE, berger de l'île de Paros, apprit à Cérès l'enlèvement de sa fille Proserpine. Pour le récompenser, cette déesse le fit son grand-prêtre.

CABIRES. Les dieux Cabires étaient originairement Syriens ou Phéniciens. Sanchoniaton, qui les appelle aussi *Dioscures*, *Samotraces* et *Corybantes*, les fait fils de Sidick ou autrement Jupiter, et prétend qu'ils trouvèrent les premiers l'art de bâtir des navires. D'après cela, il y a lieu de croire que les Phéniciens, grands navigateurs, les déifièrent en récompense d'une aussi utile invention, et que les premiers de ce peuple qui passèrent en Grèce y introduisirent le culte des Cabires. Avant de passer dans le continent, ils abordèrent dans l'île de Samothrace, où ce culte fut d'abord établi; et bien que l'on ignore en quoi il consistait originairement, il y a toute apparence que les Grecs, qui ne voulaient rien devoir aux étrangers, y firent, en le recevant, les changemens, et y ajoutèrent les mystères dont l'histoire fait mention. Pour cet effet, ils commencèrent par forger aux Cabires diverses généalogies, par lesquelles il paraissait qu'ils étaient nés chez eux. De tous les dieux adoptés ainsi, il n'en est point auxquels ils aient donné tant de pères et de mères, tant de noms différens qu'aux Cabires. Suivant les uns, les Cabires étaient fils de Jupiter et d'Électre; d'autres voulaient qu'ils fussent nés de Jupiter et de Léda. Il y en avait qui mettaient Jupiter même et Bacchus au nombre des Cabires. D'après une autre tradition, Vulcain était leur père, et la nymphe Cabira, fille de Protée, leur mère; on voulut enfin qu'ils dussent le jour à Minerve et au Soleil. On les appelait grands dieux, *Dii magni*, et ceux qui furent nommés par excellence *Cabires*, chez les Grecs, furent sans contredit Castor et Pollux. Ceci ne doit pas sembler étonnant, si l'on fait attention que Castor et Pollux étaient révérés dans la Grèce, de même que les Cabires en Phénicie, comme les dieux auteurs et protecteurs de la navigation. On comprit aussi des déesses sous le nom générique de *Cabires*. Telles furent Cérès et Proserpine, mais particulièrement Cérès, dont le culte fut établi en Béotie sous le nom de Cérès-*Cabiria*, et accompagnée de mystères semblables à ceux des Cabires de Samothrace, dont nous allons parler. Le culte des dieux Cabires fut apporté par Enée en Italie, et d'Albe il passa à Rome, qui leur éleva trois autels dans le Cirque. Il est aisé de voir, au surplus, quelles idées confuses les peuples de l'antiquité avaient de ces dieux, sous le nom desquels ils comprenaient des divinités de tout sexe, de tout âge, célestes, terrestres, maritimes, infernales, auxquelles on donnait divers attributs. Chacune des nations qui adoptèrent leur culte les considéra d'ailleurs sous un point de vue différent. Quoi qu'il en soit, ce fut à Samothrace principalement que se célébraient les mystères des Cabires. Pausanias dit qu'ils n'étaient connus que des initiés, et qu'on ne pouvait les divulguer sans s'exposer aux plus grands malheurs. La plupart des princes et héros de l'antiquité, Cadmus, Hercule, Ulysse, Philippe de Macédoine, firent le voyage de Samothrace pour se faire initier à ses redoudables mystères. Ce qui les y porta, c'est qu'outre que l'on croyait recevoir des dieux Cabires des secours dans toutes sortes de périls, surtout dans les tempêtes, on voyait les peuples porter le plus grand respect à ceux qui avaient participé à ces mystères. On invoquait les Cabires dans les infortunes domestiques, aux funérailles de ses parens ou amis, et au milieu des tempêtes. Les Cabiries étaient des fêtes instituées en l'honneur des Cabires à Lemnos, Athènes, Imbros, et surtout à Samothrace. Les initiations aux mystères se pratiquaient en plaçant le prosélyte, couronné d'olivier et ceint d'une écharpe de pourpre, sur un trône autour duquel les prêtres formaient diverses danses. On appelait cette cérémonie intronisation.

CABRUS, CAPRUS, ou CALABRUS, dieu révéré à Phasélis en Pamphylie, recevait en hommage de petits poissons salés.

CACA, sœur de Cacus, découvrit à Hercule le vol de son frère. Son aversion extrême pour la rapine lui mérita les honneurs divins qu'on lui rendait à Rome dans un temple desservi par des Vestales.

CACUBAU (*Myth. jap.*), un des dieux du Japon, patron de la secte dite *Neugori*.

CACUS, fameux berger du mont Aventin, infestait tout le Latium par ses brigandages. Virgile et Ovide le font fils de Vulcain, parce qu'il mettait le feu partout. Hercule, après avoir tué Géryon en Espagne, avait emmené en Italie un troupeau de bœufs qu'il faisait paître dans le voisinage du mont Aventin. Cacus, pendant une nuit obscure, en vola plusieurs, qu'il tira par la queue, dans son antre, afin de mieux cacher son larcin. Le héros, à son réveil, s'apercevant qu'il lui manquait des bœufs, courut à la caverne voisine pour les chercher. Il la trouva fermée d'une grosse pierre, et remarqua d'ailleurs que les pas des bœufs regardaient la campagne. Il revenait sur ses pas, lorsque par hasard quelques génisses ayant beuglé, celles qui étaient dans la caverne leur répondirent. Aussitôt Hercule revint à l'antre. Cacus, le voyant approcher, vomit des tourbillons de fumée et de flammes pour se dérober à sa fureur. Mais le héros, l'ayant saisi, l'étrangla, et emmena les bœufs qu'il lui avait volés. Les habitans des lieux voisins, délivrés des violences de Cacus, élevèrent un temple à leur libérateur.

CADMUS, fils d'Agénor et de Telephassa, et frère d'Europe. Sa sœur ayant été enlevée par Jupiter, Agenor ordonna à Cadmus d'aller à sa recherche, et de ne revenir qu'après l'avoir trouvée. Cadmus consulta l'oracle d'Apollon, qui lui dit que dans un champ désert il trouverait une génisse qui n'avait point porté le joug. Suivez-la, dit l'oracle, et bâtissez une ville où elle s'arrêtera. A peine sorti de l'antre d'Apollon, Cadmus vit la génisse et la suivit jusqu'à ce qu'elle s'arrêtât. Alors il ordonna à ses compagnons d'aller puiser de l'eau pour offrir un sacrifice. Ils allèrent à une fontaine, dans une grotte consacrée à Mars, où un dragon redoutable les dévora. Cadmus tua le monstre, et, par le conseil de Minerve, en sema les dents, qui produisirent une moisson de guerriers, qui s'entretuèrent tous sur-le-champ, à l'exception de cinq, nommés Édéus, Hypérénus, Pelore, Ectonius et Echion, qui épousa depuis Agavé, fille de Cadmus. Il se servit d'eux pour bâtir la ville que l'oracle lui avait ordonné de fonder, et qu'il nomma Thèbes. La ville construite, il épousa Harmonie ou Hermione, fille de Mars et de Vénus. Tous les dieux assistèrent à cet hymen, excepté Junon, qui, par ressentiment, fit éprouver les plus grands malheurs à la maison de Cadmus. Peu après, il fut changé en serpent, ainsi que sa femme Harmonie. Cadmus fut père de Sémélé et aïeul de Bacchus. On attribue à Cadmus l'alphabet grec et l'art de fondre les métaux.

CADUCÉE, baguette entrelacée de deux serpens et surmontée de deux ailerons. Apollon la donna à Mercure, lorsque celui-ci lui fit présent de sa lyre. Cette baguette est ainsi appelée du mot *cadere* tomber, parce qu'elle avait la vertu d'apaiser toutes les dissentions. Mercure ayant rencontré un jour deux serpens qui se battaient, les sépara avec sa baguette, autour de laquelle ils s'entrelacèrent. Mercure voulut, dit-on, la porter depuis comme un symbole de paix, et il y ajouta des ailerons, parce qu'il est le dieu de l'éloquence, dont la rapidité est marquée par des ailes.

CÆCIAS, vent impétueux du nord-est, représenté sur les monumens tenant des deux mains un bouclier rond, d'où il fait tomber la grêle.

CÆCULUS, fils de Vulcain. Sa mère étant assise auprès de la forge de ce dieu, une étincelle vola du foyer dans le sein de Préneste, et lui fit mettre au monde, au bout de neuf mois, un enfant à qui elle donna le nom de Cæculus, parce qu'il avait de forts petits yeux. Ce fils ne vécut que de vols et de brigandages. Une partie de son butin fut employé à bâtir la ville de Préneste. Ayant donné des jeux publics, il exhorta les citoyens à aller fonder une autre ville. Mais, comme il ne pouvait les y engager, parce qu'ils ne le croyaient pas fils de Vulcain, il invoqua son père, et l'assemblée fut aussitôt environnée de flammes. Ce prodige la saisit d'une telle frayeur, qu'on lui promit de faire tout ce qu'il voudrait. Dans la guerre des Latins et des Troyens, Cæculus prit le parti de Turnus contre Enée.

CÆNEUS, fils d'Elate, Argonaute, fut un des Lapithes qui combattirent les Centaures. Il était né fille, sous le nom de Cænis ou Cenis, et avait rebuté tous ses amans. Mais Neptune ayant surpris au bord de la mer cette fière beauté, lui fit violence, et lui promit ensuite de lui accorder tout ce qu'elle demanderait. Cenis lui répondit que pour n'être plus exposée à un pareil outrage, elle voulait devenir homme, ce qui lui fut accordé sur-le-champ. A cette faveur, Neptune ajouta le privilége d'être invulnérable. Cæneus s'acquit beaucoup de réputation dans la guerre contre les Centaures. Un jour qu'il en avait tué plusieurs, il fut accablé sous une forêt d'arbres que ses ennemis lui jetèrent; et, comme il allait périr, on vit sortir de dessous ces arbres un oiseau à plumes jaunes, qui n'était autre que Cæneus, que Neptune avait ainsi métamorphosé.

CAIETE, nourrice d'Enée, suivit ce prince dans sa navigation, et mourut, en abordant en Italie, sur le rivage, où fut bâtie dans la suite la ville de Gaëte, près de son tombeau.

CAIUMARATH, l'un des plus célèbres monarques des Péris, fut, selon les Persans, le premier homme qui reçut le titre de roi. Caiumarath retira les hommes des cavernes qu'ils habitaient, leur fit bâtir des maisons et des villes, inventa les étoffes pour les substituer aux peaux dont jusqu'alors on s'était couvert, et donna à ses nouveaux sujets la fronde pour se défendre. Si Caiumarath est le premier qui ait monté sur le trône, il fut aussi le premier qui en descendit. Il quitta la couronne pour adorer l'Etre suprême, et se reposer en paix devant lui. En se retirant du monde, il céda la couronne à son fils Siameck. Mais ce jeune prince, l'unique espoir de son vertueux père, fut presque aussitôt assassiné par les géants. Caiumarath remonta sur le trône pour venger la mort de son malheureux fils, et il la vengea en effet. Il se mit ensuite en devoir de lui faire de magnifiques funérailles. En le faisant inhumer, il ordonna qu'on allumât un grand feu autour de sa fosse. Il souhaita que ce feu fût entretenu et conservé. De là naquit, dit-on, le culte du feu dans la Perse.

CALAIS, fils de Borée et d'Orithyie, était frère de Zéthès. Ces deux héros avaient des ailes comme leur père. Etant partis avec les Argonautes pour la conquête de la toison d'or, ils furent reçus avec bonté par Phinée, roi d'Arcadie ou de Thrace, qui, à leur retour, les pria de donner la chasse aux Harpies, qui le tourmentaient et gâtaient toutes les viandes qu'on servait sur sa table. Comme ils avaient des ailes et qu'ils étaient courageux, ils les poursuivirent jusqu'aux îles Plotes, où Isis vint les avertir de ne pas les chasser plus loi. Ils obéirent, et ces îles s'appelèrent *Strophades*, du nom de leur retour. Hercule tua ensuite les deux frères et les changea en vents. Les poètes les représentent les épaules couvertes d'écailles dorées, des ailes aux pieds, et portant une longue chevelure d'azur.

CALATHUS. C'est le nom d'un des attributs les plus ordinaires de Proserpine. C'est un vase, ou boisseau, ou panier, de jonc ou de bois léger, semblable à ceux dont se servaient les Grecs pour cueillir des fleurs. Il rappelait celui que tenait la déesse, lors de son enlèvement par Pluton.

CALCAS, ou CALCHAS, fils de Thestor, reçut d'Apollon la science du passé, du présent et de l'avenir. L'armée des Grecs, qui allait assiéger Troie, le prit pour son grand-prêtre et son devin. Il prédit que le siége durerait dix ans, et que la flotte, retenue par les vents contraires au port d'Aulide, ne ferait voile qu'après qu'Agamemnon aurait sacrifié sa fille Iphigénie à Diane. Apollon ayant envoyé une peste qui ravageait l'armée grecque campée devant Troie, il indiqua le moyen de faire cesser ce fléau, en conseillant à Agamemnon de rendre Briséis à son père, qui était prêtre de ce dieu. Après la prise de Troie, il retourna dans sa patrie avec Amphilochus, fils d'Amphiaraüs, et vint à Colophone, en Ionie; étant allé dans un bois consacré à Apollon, à Claros, il y trouva Mopsus, qui le surpassait dans l'art de tirer des augures. Le dépit qu'il en conçut le fit mourir de douleur.

CALCHUS, roi des Dauniens, épris de Circé, alla voir cette magicienne, qui, l'ayant énivré, le renferma dans une étable à porcs, et ne lui rendit la liberté qu'à condition qu'il ne reviendrait jamais dans son île.

CALENDERS. *Voy.* DERVICHES.

CALENUS (OLENUS), Etrurien, le plus fameux devin de son temps. Lorsqu'on creusait pour jeter les fondemens du capitole, on trouva une tête d'homme encore saignante. On alla consulter Calenus pour savoir ce que signifiait ce présage. Calenus, instruit par son art que ce prodige annonçait un grand bonheur, chercha à en faire tomber les effets sur sa patrie; mais les Romains, avertis par le fils du devin, se comportèrent de manière que sa supercherie fut inutile, qu'ils obtinrent sa réponse, et profitèrent du bonheur que leur présageait le prodige.

CALI, *le Temps* (*Mythol. ind.*) L'épouse de Mahadeva semble, dans la mythologie indienne, correspondre à la Proserpine des Latins. On la représentait entièment noire, avec un collier de crânes d'or; on lui offrait des victimes humaines.

CALISTO, fille de Lycaon et nymphe de Diane. Jupiter ayant pris la figure de cette déesse, Calisto devint enceinte et accoucha d'Arcas. Diane, ayant découvert sa grossesse, la chassa d'auprès d'elle; de son côté, Junon, toujours attentive aux démarches de Jupiter, et ennemie implacable de toutes ses rivales, métamorphosa la mère et le fils en ours. Jupiter les plaça dans le ciel: Calisto est la grande ourse, et Arcas la petite, ou Bootès. Mais Junon sentit redoubler sa fureur à l'aspect de ces nouveaux astres, et pria Neptune de ne pas permettre qu'ils se couchassent jamais dans son sein.

CALLINICUS, surnom d'Hercule, qui lui venait du premier siége de Troie. Télamon étant entré le premier dans la ville, Hercule, furieux qu'un autre fût regardé comme plus vaillant, alla, l'épée à la main, attaquer Télamon. Celui-ci, qui s'en aperçut, amassa un grand monceau de pierres autour de lui, et dit au fils d'Alcmène qu'il dressait un autel à Hercule Callinicus, c'est-à-dire *le beau ou l'excellent vainqueur.* Cette réponse désarma Hercule, qui donna à Télamon Hésione, fille de Laomédon, dont il eut Teucer.

CALLIOPE, une des neuf Muses, était, selon quelques poëtes, la mère d'Orphée et des Syrènes. Elle présidait à l'éloquence et à la poésie héroïque. On la représente comme une jeune fille couronnée de lauriers, ornée de guirlandes, avec un air majestueux, tenant en sa main droite une trompette, dans sa main gauche un livre, et trois autres auprès d'elle, l'Iliade, l'Odyssée et l'Énéide. Le peintre LeBrun l'a représentée à Versailles avec une couronne d'or sur la tête, pour désigner sa prééminence sur les autres Muses.

CALLIPATIRA était fille, femme et mère d'athlètes, vainqueurs aux jeux Olympiques; un jour, voulant y conduire un de ses fils, nommé Pisidore, elle se déguisa en homme, et l'introduisit dans la carrière où l'on combattait, mais son fils ayant remporté le prix, elle s'oublia et dans les transports de sa joie, trahit son sexe et se fit reconnaître. Pour éviter à l'avenir tout déguisement, les juges ordonnèrent que désormais les athlètes se dépouilleraient de leurs vêtemens, avant d'être admis à combattre.

CALLIPYGE, surnom de Vénus, qui vient des mots grecs et latins, *kallos, pulchritudo; pyge, nates.* On voit dans le palais Farnèse, une belle Vénus Callipyge; il y en a aussi une aux Tuileries, dans une niche près du bassin octogone; elle est du statuaire Thierry. Il y en avait une belle dans le grand jardin à Dresde, elle fut brisée, lors du siége de cette ville par les prussiens. On connaît aussi une très-belle statue antique de la Vénus Callipyge.

CALLIRHOÉ, jeune fille de Calydon, que Corésus, grand-prêtre de Bacchus, aima éperdument. Ce pontife, n'ayant pu toucher son cœur, s'adressa à Bacchus, pour qu'il le vengeât de cette insensibilité. Le Dieu frappa les Calydoniens d'une ivresse qui les rendit furieux. L'oracle consulté, répondit « que le mal ne finirait qu'en immolant Callirhoé, ou quelque autre qui s'offrirait à la mort pour elle. » Personne ne s'étant présenté, on la conduisit à l'autel : alors Corésus, privé de tout espoir, la voyant ornée de fleurs, et suivie de tout l'appareil d'un sacrifice, au lieu de tourner son couteau contre elle, se perça lui-même; et Callirhoé, touchée d'une tardive compassion, s'immola pour apaiser les mânes de Corésus. — Callirhoé, fille de Phocus, roi de Béotie, dont la beauté égalait la sagesse, avait été recherchée par trente jeunes gens des plus riches de la Béotie. Mais son père qui l'aimait tendrement, ne pouvant se résoudre à la quitter, éludait sans cesse, tantôt sous un prétexte et tantôt sous un autre. Enfin ces jeunes amans, offensés de ces délais, formèrent entre eux une conspiration contre Phocus et lui otèrent la vie. A cette triste nouvelle, Callirhoé s'enfuit secrètement, et demeura cachée jusqu'au temps d'une fête solennelle que les Béotiens célébraient en l'honneur de Pallas. Lorsqu'elle sut qu'ils étaient assemblés, elle sortit de sa retraite, et vint s'asseoir au pied de l'autel de la déesse, où, fondant en larmes, elle se plaignit d'une manière si touchante de la cruauté de ses amans, que les Béotiens lui promirent de l'en venger. En effet, on commença aussitôt à instruire le procès des meurtriers de Phocus, qui, craignant la peine de leur forfait, s'enfuirent à Hyppote, où ils furent assiégés sur le refus qu'on fit de les rendre. La ville ayant été prise, on éleva un grand bûcher au milieu de la place, et on y jeta tous les coupables. — Callirhoé, fille d'Achéloüs, aimée d'Alcméon ne consentit à l'écouter, que quand il lui eût donné le collier d'Eriphile sa femme, pour preuve de son amour. Ériphile instruite qu'elle avait une rivale, fit assassiner Alcméon, mais Callirhoé obtint de Jupiter que les deux enfans qu'elle avait eus d'Alcméon, passeraient tout à coup de l'enfance à l'adolescence, pour venger la mort de leur père.

CALYBÉ, vieille prêtresse du temple de Junon, dont la furie Alecto prit la figure pour exciter la haine de Turnus contre Enée.

CALYCÉ, jeune Grecque, trompée dans son amour, se précipita de désespoir dans la mer du haut d'un rocher. Le poète Stésichore l'a célébrée dans ses vers.

CALYCOPIS, fille d'Otréus, roi de Phrygie, épousa Thoas, roi de Lemnos. C'est la Vénus, mère d'Enée. Après sa mort, son mari la fit honorer comme une déesse, institua des fêtes en son honneur, et lui fit élever des temples à Paphos, à Amathonte et à Byblos.

CALYDON (Le sanglier de), est ainsi appelé parce qu'il ravageait les environs de Calydon. Diane avait envoyé cet animal furieux, pour se venger du roi OEnée qui l'avait oubliée dans un sacrifice solennel offert aux dieux. Il était d'une taille énorme, ses soies étaient comme des lances, ses défenses comme celles d'un éléphant, et il vomissait une vapeur infecte et pestilentielle. Méléagre, fils d'OEnée, assembla toute la jeunesse des villes voisines et tua ce monstre dont la peau et les défenses furent consacrées à Diane. Voy. les *Métamorphoses d'Ovide*, et l'article MÉLÉAGRE.

CALYPSO, nymphe, fille d'Atlas, selon Homère, ou de l'Océan et de Téthys, selon d'autres auteurs, habitait l'île d'Ogygie, où elle reçut favorablement Ulysse, qu'une tempête y avait jeté. Elle l'aima, et vécut sept ans avec lui; mais le héros préféra sa patrie et Pénélope à cette déesse, qui lui avait cependant promis l'immortalité, s'il voulait la partager avec elle. Elle eut du héros grec deux fils Nausithoüs et Nausinoüs.

CAMA (*Myth. ind.*), fils de Maya et de Casyapa, dieu du mariage chez les Indiens, qui lui consacrent la marjolaine. Il porte, comme l'Amour, un arc et des flèches.

CAMADÉNOU (*Myth. ind.*), vache née de la mer de lait, est représentée dans les temples de Wishnou, avec la tête d'une femme, trois queues et des ailes. Sa fête se célèbre le jour de la pleine lune du mois *Pangoumi* (mars).

CAMALTÉ (*Myth. mex.*), idole adorée par les Mexicains.

CAMÉPHIS, nom commun aux anciens dieux de l'Égypte. La mythologie égyptienne comptait trois Caméphis, dont Phthas ou Vulcain, que l'on regardait comme le principe de toutes choses, était le premier; Neith, ou Minerve le second, et le soleil le troisième. En langue cophte, *Caméphis* signifie *gardien de l'Egypte*.

CAMERTUS, chef des Rutules, dont Juturne, sœur de Turnus prit la forme pour dissuader les Rutules du combat entre Énée et Turnus.

CAMILLA, fille de Métabe, roi des Volsques et de Camilla, fut consacrée à Diane dès la plus tendre enfance, et nourrie, dans les forêts, de lait de cavale. Dans la guerre de Turnus et d'Énée, elle se distingua par sa légèreté à la course, et son intrépidité dans les combats. Étant venue au secours des Rutules contre les Troyens, elle périt de la main d'un guerrier nommé Aruns. Sa mort ne resta pas impunie, elle fut vengée par Diane dans le sang du lâche meurtrier.

CAMIRO et CLYTIE, filles de Pandare. Vénus les fit élever, après la mort de leur père; et pria Jupiter de les marier; mais ce dieu irrité contre leur père, loin de consentir à leur mariage, chargea les Harpies de les livrer aux Furies.

CAMIS, demi-dieux (*Myth. jap.*), les plus anciens objets du culte des Japonais, dont les temples ne sont autre chose que de petites chapelles dénuées d'ornemens. Ces Camis, dont l'histoire est remplie d'aventures merveilleuses, étaient originairement des personnages célèbres, que l'admiration des peuples a divinisés. On conserve encore dans quelques temples des armes dont on prétend qu'ils se servaient contre leurs ennemis. Les chapelles où on vient les adorer portent le nom de *Mia*, et le Dairi prétend descendre des Camis et en être visité une fois l'an.

CAMŒNA, divinité romaine, aimait la jeunesse et lui inspirait le goût du chant.

CAMŒNÆ, dénomination sous laquelle on désigne les Muses en général. Ce nom leur fut donné à cause de la douceur et de la mélodie de leurs chants. Elles avaient, sous ce nom un temple à Rome.

CAMPÉ, geôlière des Enfers, ne voulut pas en laisser sortir les Titans qui voulaient marcher au secours de Jupiter. Ce dieu, pour la punir, la plongea dans le Tartare. — CAMPÉ, monstre né de la terre, fut tué par Bacchus, après avoir exercé de grands ravages en Lybie.

CAMULUS, était dieu de la guerre chez les anciens Sabins, et est représenté sur leurs monumens, portant une pique et un bouclier.

CANACÉ, fille d'Eole, épousa secrètement son frère Macaré, et en eut un fils qui fut exposé par sa nourrice; mais ses cris découvrirent sa naissance à son aïeul. Eole, indigné de cet inceste, en fit manger le fruit par les chiens, et envoya un poignard à sa fille pour s'en punir elle-même; Macaré, son frère et son mari, se réfugia à Delphes, où il se fit prêtre d'Apollon.

CANDAULE, ou MYRSILUS, fils de Myrsus, roi de Lydie, eut l'imprudence de faire voir sa femme dans le bain à Gygès, son favori. Mais il fut victime de cette complaisance, car sa femme le fit assassiner par ce même Gygès, à qui elle donna sa main pour récompense.

CANDIOPE, fille d'Œnopion et mère d'Hippotagus, qu'elle avait eu par un inceste de son frère Rhéodotion, fut bannie par son père, à cause de ce crime. L'oracle ordonna au frère et à la sœur de s'établir en Thrace.

CANENTE, nymphe, fille de Janus, femme de Picus, roi des Laurentins, conçut une si vive douleur de ce que Circé l'avait changé en oiseau de son nom, que son corps disparut peu à peu et s'évapora dans les airs. Cette aventure rendit célèbre le lieu où cette métamorphose arriva, et les poètes l'ont appelé *Canente*, du nom de cette nymphe. Elle fut mise, dans la suite, avec son mari Picus, au nombre des dieux indigènes de l'Italie.

CANÉPHORES. C'étaient de jeunes vierges d'une haute naissance, qui habitaient le temple de Minerve, et qui paraissaient à la tête de la pompe sacrée dans les fêtes de cette déesse. On en voyait aussi dans les fêtes de Bacchus et de Cérès. A Athènes, on donnait aussi ce nom aux jeunes filles nubiles, qui venaient apporter des offrandes à Diane pour lui demander la permission de changer d'état.

CANG-Y (*Myth. chin.*), dieu des Chinois, régissant les cieux inférieurs, et ayant sur l'homme pouvoir de vie et de mort. Il est toujours suivi de trois génies subalternes, dont l'un, nommé Tanquam, dispense la pluie; le second, appelé Tsuiquam, fait prospérer les navigations; le troisième, nommé Teiquam, préside aux naissances et à l'agriculture.

CANON, QUANON, ou QUANWON, fils d'Amida, est un des dieux les plus célèbres du Japon. Il règne sur les eaux et les poissons, et il est représenté sortant de la geule d'un poisson qui l'engloutit jusqu'à moitié corps. Dans un temple du Japon, que l'on appelle *le temple des mille Idoles*, on voit Canon ayant sept têtes sur la poitrine, trente bras et autant de mains qui tiennent chacune une flèche. Une fleur, que les Japonais appellent *Tarate*, sert de siége à cette divinité. Kempfer pense que toutes ces figures marquent les diverses apparitions de Canon, et toutes les inventions utiles dont il est l'auteur.

CANOPE, ville et divinité égyptienne. Les Grecs, qui voulaient donner aux dogmes théologiques des autres nations une origine grecque, prétendaient que Ménélas, revenant de Troie, avait relâché en Egypte, et que Canobus, son pilote, y ayant péri, il avait bâti auprès de son tombeau une ville appelée Canope, du nom de ce pilote. Cette fable n'a aucun fondement. Le dieu qu'on adorait à Canope, sous la forme d'un vase à large ventre, n'était autre chose que le bon génie du Nil, ainsi représenté par un bocal d'une terre extrêmement poreuse, qui servait à filtrer l'eau du Nil, afin de la rendre claire et potable. Canope, dans l'ancien idiôme égyptien, signifie *terre-d'or*. Les habitans de Canope, qui trouvaient cette argile dans leur voisinage, et en faisaient, dans toute l'Egypte, un grand commerce de vases à filtrer, se crurent obligés, par reconnaissance, d'en faire une espèce de divinité, connue sous le nom de Canope. Voilà ce que l'on peut démêler de plus vraisemblable au milieu de toutes les fables que les mythologues ont débitées sur Canope. On adorait aussi, à Canope, Hercule et Sérapis, surnommés *Canopiens*. Le Cabinet des Antiques de la Bibliothèque royale possède un Canope très-bien conservé. Ses prêtres passaient pour magiciens et défiaient les divinités des autres peuples de pouvoir résister à leur dieu. Les Chaldéens, adorateurs du feu, réclamèrent la prééminence pour l'objet de leur culte, et acceptèrent le défi. On alluma un grand feu, au milieu duquel on plaça la statue de Canope : il en sortit une grande quantité d'eau qui éteignit le feu. Canope ne dut cet avantage d'être vainqueur qu'à l'artifice d'un de ses prêtres, qui, après avoir percé le vase de plusieurs trous, les avait fermés avec de la cire, et l'avait rempli d'eau : le feu fit fondre la cire et couler l'eau qui éteignit le feu.

CANTEVEN, divinité des peuples qui habitent la côte du Malabar et de Coromandel. Canteven est représenté sous la figure d'un beau jeune homme. C'est le Cupidon des Malabarois. Il obtint, dit-on, les bonnes grâces de Paramescéri, femme d'Ixora, mais celui-ci l'ayant réduit en cendres, Paramesceri mourut de douleur. quelque temps après, elle ressuscita : son époux alla la trouver pour la fléchir, mais elle refusa de l'entendre, jusqu'à ce qu'il eût rendu la vie à Canteven. Ixora y consentit, et c'est en mémoire de la mort et de la résurrection de Canteven, que les femmes du pays pratiquent tous les ans un jeûne solennel.

CAPANÉE, fils d'Hipponoüs et d'Astynome, l'un des commandans de l'armée des Argiens, se distingua pendant la guerre de Thèbes, par sa force et son courage. Ce fut lui qui, le premier, escalada les murailles de cette ville. C'était un impie qui avait coutume de dire qu'il ne faisait pas plus de cas des foudres de Jupiter que de la chaleur du midi, et qu'il prendrait Thèbes malgré son tonnerre. Il périt de la foudre; et lorsque Thésée fit faire de somptueuses funérailles aux autres guerriers morts devant Thèbes, on ne brûla point le corps de Capanée avec leurs cadavres, parce qu'il avait été frappé de la foudre; mais on lui éleva un bûcher particulier.

CAPHAURUS, berger lybien, descendu d'Apollon par Acacalis, fille de Minos, qui l'eut du dieu Amphithémis.

CAPHYRA, fille de l'Océan, et nourrice de Neptune.

CAPRICORNE, l'un des signes du zodiaque. On croit que c'est Pan qui, pour échapper à Typhon, se métamorphosa en bouc par le haut, et par le bas en poisson, et que Jupiter transporta au ciel. D'autres pensent que c'est Amalthée.

CAPROTINE, surnom donné à Junon par les Romains, en mémoire du service que leur rendirent les femmes esclaves, lorsque sous la conduite d'une d'elles, nommée Philotis, elles se présentèrent sous les habits de leurs maîtresses au camp des Fidenates, et enivrèrent officiers et soldats. Au signal qu'elles donnèrent de dessus un figuier, les Romains taillèrent en pièces leurs ennemis, récompensèrent leurs esclaves, et leur firent don d'une somme d'argent pour se marier. Le jour de la délivrance fut appelé *Nones Crapotines*, et l'on institua, sous les auspices de Junon, surnommée *Caprotine*, et en faveur des femmes esclaves, des fêtes appelées *Caprotines*, qui eurent lieu tous les ans au 9 de juillet.

CARANUS, premier roi de Macédoine, s'empara de la ville d'Edesse, à la faveur d'un brouillard épais, et y fixa son séjour vers l'an 804 avant J.-C.

CARDA CARNA ou CARDIA, divinité romaine qui présidait aux parties vitales de l'homme, telles que le foie, le cœur, la rate, et qu'on invoquait dans les maladies qui les affectaient. Elle avait un temple sur le mont Cœlius, où on lui offrait des fèves et du lard.

CARDEA CARDINEA, nymphe romaine, aimée de Janus, qui lui fit violence, présidait à la conservation des serrures, des gonds des portes, et protégeait la propriété.

CARIUS, fils de Jupiter et d'une nymphe nommée Torrébie, apprit la musique de sa mère, et l'enseigna aux Lydiens. Ces peuples, par reconnaissance, donnèrent son nom à l'une de leurs montagnes, et y bâtirent un temple magnifique en son honneur.

CARMANOR, Crétois, purifia Apollon encore souillé du sang du serpent Python. Ses fils Chrysotémis et Eubulus, remportèrent, les premiers, le prix des jeux Pythiques, institués pour célébrer la victoire de ce dieu.

CARMELUS (*Myth. syr.*), divinité de Syrie, qui donna son nom au mont Carmel, sur lequel on lui avait consacré un autel célèbre. Ce fut un prêtre de Carmélus, qui, suivant Tacite, prédit à Vespasien qu'il serait bientôt empereur.

CARMENTA ou CARMENTIS, prophétesse d'Arcadie et mère du roi Evandre, fut ainsi appelée à cause des oracles qu'elle rendait en vers. Son véritable nom était Nicostrate. Elle avait un temple dans le huitième quartier de Rome, où l'on ne pouvait pénétrer avec des vêtemens de cuir. Elle est représentée sur une médaille de Fabius-Maximus-Eburnus, comme une jeune vierge, ayant les cheveux frisés retombant sur ses épaules, et surmontés d'une couronne de fèves. Près d'elle est une cythare, pour désigner ses chants prophétiques. On faisait présider Carmente à la naissance des enfans, dont elle fixait les destinées. Les mères célébraient une fête solennelle en son honneur le 11 et le 15 janvier de chaque année; et elle avait quinze prêtres attachés à son culte. Il y avait à Rome une porte qui s'appelait Carmentale.

CARNABON, roi des Gètes, accueillit dans sa cour Triptolême et lui tendit des embûches; mais Cérès préserva son favori de sa perfidie, et inspira à Carnabon un tel accès de furie qu'il se donna la mort.

CARNUS, acarnanien, prêtre d'Apollon, prédit les plus grands malheurs aux Héraclides, qui marchaient dans l'Étolie contre les Athéniens. Les premiers le tuèrent à coups de flèches; aussi attribua-t-on à ce meurtre la peste qui ravagea leur territoire. Pour appaiser ses mânes, on institua les fêtes *carnées*, qui se célébraient lorsque la lune entrait dans son plein au mois athénien Metageitnion. Ces fêtes étaient une espèce de répétition de la vie militaire; on vivait et on s'habillait comme des soldats: on campait sous des tentes, et l'on obéissait à un hérault public. Les fêtes Carnées étaient accompagnées de jeux et des combats où l'on disputait un prix de vers que Terpandre gagna la première fois.

CARPO, fille d'un zéphyr, fut aimée de Camillus, fils du Méandre. S'étant noyée dans les eaux de ce fleuve, Jupiter la changea en fruits de toute espèce.

CARTHAGE (*Myth. syr.*), fille de l'Hercule de Tyr, et d'Astérie, sœur de Latone, donna son nom à la ville d'Afrique, que Didon augmenta dans la suite.

CARTICEYA (*Myth. ind.*), divinité indienne du second ordre, et fils de Shiva et de Parvati, a six visages et une multitude d'yeux. Monté sur un paon, il commande l'armée céleste. C'est le Mars des Indiens.

CARUN (*Myth. rabb.*), le même que le Coré dont il est question dans la Bible, apprit de Moïse, son parent, la chimie par le moyen de laquelle il s'acquit d'immenses richesses. Mais comme il refusait de payer la dîme de tous ses biens, Moïse, par l'ordre de Dieu, le maudit, et au même instant Coré fut englouti dans la terre avec ses trésors.

CARYATIDES, figures de femmes sans bras, revêtues de longues robes, servant de supports aux entablemens. Voici l'origine d'un usage qui, après avoir été long-temps en vigueur chez les anciens Grecs, a passé dans l'architecture moderne. Carye, ville du Péloponèse, ayant été prise et pillée par les autres Grecs vainqueurs des Perses avec lesquels les Caryates s'étaient ligués; les hommes furent égorgés, et les femmes emmenées en esclavage, où on les contraignit de garder leurs robes et leurs ornemens. Ce fut pour éterniser le souvenir de la trahison et de la honte de ces captives, que les architectes les représentèrent dans les édifices publics.

CARYSTUS, fils de Chiron et de Charyclée, fonda dans l'île d'Eubée la ville de Caryste.

CASIUS, surnom de Jupiter, sous lequel il était adoré à Casinus en Syrie près d'Antioche, à Cassiope ville de Corfou, et enfin sur une montagne élevée qui séparait l'Égypte de la Palestine, à douze lieues environ de Péluse, et où se trouvait le tombeau de Pompée. La forme ordinaire de ce dieu était celle d'un rocher ou d'une montagne escarpée, avec un aigle à côté de lui. C'était aussi un des surnoms d'Apollon.

CASSANDRE, fille de Priam, roi de Troie, et d'Hécube, avait le don de prophétie. Apollon de qui elle l'avait reçu, à condition que ses faveurs seraient le prix de ce don, irrité des dédains que son amour essuyait, décrédita ses prédictions, ne pouvant lui ôter le don d'en faire. Renfermée comme insensée dans une tour, elle annonça inutilement à sa famille ses malheurs : on ne la crut qu'après l'événement. Cassandre se réfugia dans le temple de Pallas durant le siége et l'incendie de Troie, et y fut violée par Ajax le Locrien au pied de l'autel même. Agamemnon, touché de son mérite et de sa beauté, l'emmena en Grèce pour la garder dans son palais. Clytemnestre sa femme fit assassiner l'amant et la maîtresse avec les deux jumeaux qu'elle en avait eus. On éleva un temple à Cassandre dans la ville de Leuctres. Sa statue y servait d'asile aux jeunes filles qui refusaient de se marier à des prétendans disgraciés par la nature; et dès-lors elles devenaient prêtresses de Cassandre.

CASSIOPE ou CASSIOPÉE, femme de Céphée, roi d'Ethiopie, et mère d'Andromède, fut assez vaine pour prétendre surpasser en beauté les Néréides. Neptune vengea ses nymphes, en suscitant un monstre marin qui désola le pays. Pour apaiser ce dieu, Andromède fut exposée sur un rocher. Le monstre s'élançait pour la dévorer, lorsque Persée, monté sur Pégase, le terrassa et délivra la princesse. Cassiope fut placée, avec sa famille, au nombre des constellations.

CASSIPHONE, fille de Circé et d'Ulysse, épousa Télémaque, qui par la suite ôta la vie à sa belle-mère. Cassiphone ; pour venger Circé, assassina son époux.

CASTALIE, nymphe aimée d'Apollon, fut métamorphosée par ce dieu en fontaine ; ses eaux inspiraient le goût de la poésie à ceux qui en prenaient. La Pythie en buvait avant de s'asseoir sur le trépied et de prononcer ses oracles.

CASTALIUS, fils de la terre, eut une fille nommée Thyias qui fut la première prêtresse de Bacchus.

CASTOR et POLLUX, frères d'Hélène et fils de Léda, eurent pour pères Pollux, Jupiter; et Castor, Tyndare. Ils s'aimaient tellement, qu'ils ne se quittaient jamais, ni dans leurs voyages, ni dans leurs autres expéditions. Ils suivirent Jason dans la Colchide, et eurent beaucoup de part à la conquête de la Toison d'or. Jupiter ayant donné l'immortalité à Pollux, ce dernier supplia son père de lui permettre de la partager avec Castor. Le dieu y consentit, à condition qu'ils vivraient et mourraient l'un après l'autre. Cette vie alternative dura jusqu'au temps que les deux frères furent métamorphosés en astres, et placés dans le Zodiaque, sous le nom de la constellation des Gémeaux. Ce qui a donné lieu aux poètes de feindre cette vicissitude au sujet de Castor et Pollux, c'est que ces étoiles ne paraissent jamais toutes deux à la fois sur l'horizon. Les Romains les honoraient dans la fête des Tyndarides, dans laquelle les chevaliers couronnés de branches d'oliviers, se rendaient solennellement du temple de Mars à celui de Castor et Pollux où on immolait des agneaux blancs. La ville de Céphalonie en Grèce leur rendait un culte particulier, ainsi que celle de Sparte, où ils avaient pris naissance, et d'Athènes qu'ils avaient préservée du pillage. On les croyait favorables aux navigateurs, et auteurs de ces feux follets qui paraissent quelquefois dans l'air et au haut des mâts. Castor était le patron de ceux qui disputaient le prix de la course à cheval ; et Pollux, celui des lutteurs, parce qu'il avait remporté le prix aux jeux olympiques. On les voit souvent sur les médailles antiques, tenant une pique, et ayant une flamme qui s'élève au-dessus de leurs casques. Les Lacédémoniens les représentaient par deux pièces de bois parallèles, jointes aux deux bouts, de manière à former l'hiéroglyphe astronomique actuel des gémeaux.

CASYAPA (*myth. ind.*), divinité indienne, créateur du ciel et de la terre. C'est l'Uranus des Grecs.

CATILLUS, fils d'Amphiaraüs, et frère de Tiburtus, bâtit la ville de Tibur en l'honneur de ce dernier, qu'il avait eu le malheur de voir périr.

CATIUS ou CAUTIUS, divinité romaine, qu'on invoquait pour rendre les jeunes gens prudens et rusés.

CAUCASE, berger scythe, menait paître ses troupeaux sur le mont Niphate, lorsqu'il fut tué par Saturne, qui était venu se réfugier sur cette montagne, qui prit depuis le nom de ce berger. ce fut sur ce mont que Jupiter fit enchaîner et déchirer Prométhée par un vautour.

CAUCHATES, sicilien voulut s'opposer au passage d'Hercule par la Sicile, mais il succomba sous les coups de ce demi-dieu.

CAUCON, fils de Clinus, fut

le premier qui introduisit les mystères d'Eleusis chez les Messéniens.

CAURUS, vent de nord-ouest, est représenté âgé, barbu, tenant un vase rempli d'eau, qu'il est prêt à verser.

CAUSATHAN, démon que Porphyre se vante d'avoir chassé d'un bain public.

CAYM, (Demono) diable Sophiste, eut une fameuse dispute avec Luther que ce dernier nous a conservée jusque dans les plus petits détails. Ce démon apprend à connaître le langage de tous les animaux.

CAYSTRIUS, Ephésien, célèbre par ses victoires, mérita après sa mort un temple sur les bords d'un fleuve qui, de son nom, fut appelé *Caystre;* les cygnes se plaisaient au milieu de ses ondes.

CEADE, prince de Thrace, dont le fils Euphemius, mena un corps de troupes au secours de Troie, assiégée par les Grecs.

CEB, CEBUS, CEPUS ou CEPHUS (*Myth. égyp.*) On nommait ainsi une espèce de singe qui avait, selon Pline, les pieds de derrière semblables à ceux de l'homme, et ceux de devant semblables à nos mains. On adorait ce monstre à Memphis.

CÉBRION, géant qui fit la guerre aux dieux et fut tué par Vénus. — Cébrion fils naturel de Priam conducteur du char d'Hector fut tué par Patrocle.

CÉCROPS, natif de Saïs, en Égypte, fondateur d'Athènes, s'établit avec une colonie dans l'Attique, où il épousa Agraule, fille d'Actée, et donna le nom de Cécropie à la citadelle qu'il construisit, ainsi qu'à tout le pays d'alentour. Il soumit les peuples par les armes et la douceur, les tira des forêts, les poliça, les distribua en douze cantons, et leur donna le sénat, si célèbre depuis sous le nom d'Aréopage, ainsi qu'on le voit dans les marbres d'Arundel. On croit que c'est vers l'an 1582 avant J. C. qu'il aborda dans l'Attique. C'est à cette époque que commence l'Histoire d'Athènes. On regarde Cécrops comme le premier qui ait donné une forme régulière à la religion des Grecs. Il leur apprit à appeler Jupiter le Dieu suprême, ou plutôt le Très-Haut. Après avoir réglé le culte des dieux, il donna des lois à ce pays. La première fut celle du mariage; avant lui ces peuples ne le connaissaient pas. Cécrops fit le dénombrement de ses nouveaux sujets, et il s'en trouva vingt mille. Il ordonna qu'on n'offrit aux dieux que du blé, des fleurs et des fruits. Il mourut après un règne de cinquante ans, et eut l'Athénien Cranaüs pour successeur. Cécrops était représenté moitié homme et moitié serpent, soit parce qu'il avait réglé par ses lois l'union régulière de la femme et de l'homme, soit parce que, étant Egyptien par sa naissance il était devenu grec par son établissement dans l'Attique. — Cécrops, septième roi d'Athènes, succéda à son père Erechthée, régna quarante ans, et eut pour fils Pandion. Il avait épousé la sœur de Dédale.

CÉDALION, cyclope que Vulcain donna pour guide à Orion, lorsque Œnopion lui eût crevé les yeux.

CÉDICUS, prince d'Italie, possédait une écharpe d'or qui passa de main en main jusqu'à Euryale, ami de Nisus.

CÉLÉNO, la principale des harpies que Virgile nomma *furia-*

rum maxima. Elle prédit aux Troyens qui abordèrent aux îles Strophades qu'ils ne parviendraient à s'établir en Italie, que lorsque, dans une famine cruelle, ils auraient dévoré leurs tables.

CÉLESTE (*Myth. syr.*), divinité de Carthage, dont Héliogabale fit apporter la statue à Rome pour l'épouser publiquement, en obligeant les sénateurs de lui faire des présens de noces. Céleste paraît la même que la lune; elle était quelquefois représentée montée sur un lion, et avait à Carthage un temple magnifique, dédié par un grand-prêtre nommé Aurélius, que Constantin fit détruire par un évêque chrétien du même nom. On a trouvé à Rome, sur une base de pierre où la statue de cette divinité avait été placée cette inscription : INVICTÆ COELESTI.

CÉLÉUS, fut roi d'Eleusis et père de Triptolême, à qui Cérès enseigna l'art de la culture. — CÉLÉUS, crétois, voulut enlever le miel de la caverne où Jupiter fut élevé, et fut changé, par ce dieu, en oiseau.

CELMIS, Thessalien, père du nourricier, de Jupiter fut changé en diamant pour avoir soutenu que ce dieu n'était qu'un simple mortel.

CELTINE' fille de Britannus, éprise d'Hercule, lui enleva quelques génisses, et ne les lui rendit que lorsque ce dieu eût cédé à ses instances, et l'eût rendue mère d'un fils nommé Celtus.

CENCHRÉUS, fils de Neptune et de Salamis, fut élu roi par les habitans de Salamine, pour les avoir délivrés d'un serpent qui dévastait le pays.

CENCHRIS, femme de Cynire, et mère de Myrrha. Ayant osé se vanter d'avoir une fille beaucoup plus belle que Vénus, cette déesse s'en vengea en inspirant à cette fille une passion infame pour son propre père. — CENCHRIS ou CENCHRÉE. Une jeune fille de ce nom fut tuée d'un dard que Diane lançait à une bête fauve. Sa mère Pirène fut inconsolable de la perte de sa fille, et versa tant de larmes, qu'elle fut changée en une fontaine de son nom.

CENTAURES, monstres de Thessalie, moitié hommes et moitié chevaux, nés d'Ixion et d'une nuée que Jupiter substitua à Junon. Ils assistèrent aux noces de Pirithoüs et de Déidamie, et s'y querellèrent avec les Lapithes; mais Hercule les extermina jusqu'au dernier.

CÉPHALE, fils d'Eole ou de Déion, ou, selon d'autres, de Mercure et de Hersé, et mari de Procris, fille d'Erechthée, roi d'Athènes. Aurore l'enleva, mais inutilement; cette déesse, outrée de son dédain, le menaça de s'en venger. Elle le laissa retourner auprès de Procris, sa femme, qu'il aimait passionnément. Doutant de la fidélité de cette épouse, il se déguisa, et chercha longtemps les moyens de s'introduire chez Procris. Enfin y ayant été admis, il lui offrit de si grands présens, qu'elle était sur le point de se rendre à ses sollicitations, lorsque, reprenant sa première figure, il se fit connaître, et lui reprocha sa faiblesse. Procris, couverte de honte et de confusion, quitta son mari et se retira dans les forêts. Enfin, s'étant réconciliée avec lui, elle lui fit présent d'un chien de chasse que Minos lui avait donné, et d'un javelot qui ne manquait jamais son coup, présent qui devait être funeste à l'un et à l'autre. Céphale avait beaucoup d'ardeur pour la chasse et s'y livrait tous les jours. Procris, mécontente de ses absences, et craignant que quelque nymphe ne l'attirât dans les bois, s'avisa de le suivre secrètement et de se cacher dans les broussailles. Son époux, excédé de fatigue et de chaleur, étant venu par hasard se reposer sous un arbre voisin, où il invoqua, selon sa coutume, l'haleine du zéphire (Aura) pour le rafraîchir, sa femme, qui l'entendit prononcer ce mot fatal Aura, soupçonnant qu'il parlait à une rivale, fit du bruit en se levant pour s'approcher : Céphale aussitôt, croyant que c'était quelque bête fauve, lança son javelot et la tua. Ovide dit que Jupiter, touché du malheur de Céphale le changea en rocher. Suivant Apollodore, il fut banni de sa patrie par l'aréopage, en punition du meurtre de Procris et se retira à Thèbes, puis dans les îles Fortunées.

CÉPHALON, fils d'Amphithémis et de la nymphe Tritémis tua deux Argonautes qui voulaient lui enlever son troupeau.

CÉPHÉE, roi d'Arcadie, fut, selon la fable, rendu invincible, à cause d'un cheveu que Minerve lui avait attaché sur la tête, après l'avoir tiré de celle de Méduse. On l'a dit fils de Lycurgue, et l'un des chasseurs qui tuèrent le sanglier de Calydon. — Un autre Céphée, roi d'Ethiopie, et père d'Andromède, se distingua dans l'expédition des Argonautes, et fut placé, après sa mort, au rang des constellations.

CÉPHISE, fleuve de l'Attique, était honoré comme un Dieu par les habitans d'Orope. On voyait sur ses bords un figuier sauvage, près duquel Pluton était descendu dans les enfers, après avoir enlevé Proserpine. C'est sur ces mêmes bords que Thésée tua Procuste.

CÉPHISUS, fleuve de la Phocide où les Grâces aimaient à se baigner. Ce dieu aima plusieurs nymphes, mais il en fut toujours méprisé.

CÉPHYRE, fille de l'Océan, devint nourrice de Neptune.

CÉRAMBE, habitant du mont Othrys en Thessalie, se retira sur le Parnasse, dans le déluge de Deucalion, pour échapper et se soustraire à l'inondation ; il y fut changé en escarbot.

CÉRAME, fils de Bacchus et d'Ariane, donna son nom au Céramique, faubourg d'Athènes.

CÉRANUS, fils d'Abas, habitant de l'île de Paros, voyant pêcher à Constantinople un grand nombre de poissons, les acheta pour les rendre à la mer. Quelque temps après, ayant fait naufrage, il fut sauvé, dit-on, à la faveur d'un dauphin qui l'avait porté jusqu'à la caverne de l'île de Zacynthe, qui de son nom fut appelée Céranion.

CÉRASTE, cyclope dont le tombeau était à Athènes. Un oracle ayant prédit aux Athéniens qu'ils seraient un jour délivrés d'une grande stérilité en sacrifiant des étrangers ; on immola sur le tombeau de Céraste les filles d'Hyacinthe, souverain depuis peu établi à Athènes.

CERBÈRE, chien à trois têtes, gardien des enfers, était couché à l'entrée du Tartare dans un antre, et empêchait par ses aboiemens et ses trois gueules béantes aucune âme vivante de pénétrer dans le séjour des mânes. Hercule parvint à l'enchaîner et à le trainer hors des enfers à la lumière du jour, et Orphée réussit à l'adoucir par les accords harmonieux de sa lyre lorsqu'il descendit sur les bords du Styx pour réclamer son amante Eurydice. On a cherché un fonds de vérité dans ces récits fabuleux; on a pensé que la caverne de Ténare avait recélé long-temps un serpent monstreux qui ravageait les environs; comme cette caverne passait pour l'entrée des enfers, on nomma le serpent Cerbère c'est-à-dire, le chien infernal. Aïdonée, selon d'autres, faisait garder ses mines par des dogues sauvages; Hercule qui survint enchaîna le plus furieux, et le conduisit à Eurysthée après avoir pillé les trésors du roi d'Epiré. Le fameux Dioscoride qui vivait du temps d'Auguste a représenté Cerbère sur une agate onix qui appartient au roi de Prusse; on y voit Hercule passant entre ses jambes la tête du monstre pour l'attacher plus commodément; Cerbère se défend et enfonce ses griffes dans la chair du héros. Annibal Carrache a pris ce trait pour sujet d'un de ses tableaux.

CERCAPHUS, fils du soleil, épousa Cydippe qui avait été promise à Ocridion, par la trahison d'un hérault qui le favorisa.

CERCYON, brigand fameux, qui exerçait ses brigandages dans l'Attique, et qui, forçant les passans à lutter contre lui, massacrait ceux qu'il avait vaincus. Il avait une force de corps et de bras si extraordinaire, qu'il faisait plier les plus gros arbres jusqu'à terre, et ensuite y attachait ceux qu'il avait terrassés. Ce voleur fut vaincu par Thésée, qui, après l'avoir abattu sous lui, le punit à son tour par le même supplice qu'il avait fait souffrir à tant d'autres malheureux.

CÉRÉALES, fêtes en l'honneur de Cères, instituées par Triptolême en mémoire de ce que Cères avait inventé l'art de cultiver le blé et d'en faire du pain. Chez les Grecs, on immolait des porcs à la déesse, et on faisait des libations de vin doux; chez les Romains, cette fête commençait le 15 des ides d'avril, durait 8 jours et se célèbrait dans le cirque.

CERÈS, fille de Saturne et d'Ops, ou Vesta, ou Cybèle, est la déesse de l'agriculture. Elle apprit aux hommes l'art de cultiver la terre, de semer le blé et d'en faire du pain. Elle voyagea long-temps avec Bacchus, enseignant partout l'agriculture. Pluton lui ayant enlevé sa fille Proserpine, elle alluma deux flambeaux sur le mont Etna pour la chercher la nuit comme le jour. Lorsqu'elle arriva à la cour de Triptolême, elle apprit particulièrement à ce prince l'art de labourer la terre, et se chargea du soin d'élever elle-même son fils appelé Déiphon, qu'elle nourrissait de son lait pour le rendre immortel, et qu'elle laissa brûler par l'indiscrétion de Méganire (*Voy.* Déiphon). Elle continua son voyage et rencontra Aréthuse à qui elle demanda des nouvelles de sa fille Proserpine, cette nymphe lui dit que Pluton l'avait enlevée, elle descendit aussitôt aux enfers, où elle trouva sa fille qui ne voulut pas en sortir; voyant qu'elle ne pouvait la persuader, elle eut recours à Jupiter qui s'engagea à la lui faire rendre, pourvu qu'elle n'eût rien mangé depuis qu'elle était dans l'empire ténébreux de Pluton. Ascalaphe soutint qu'elle avait cueilli une grenade dans les jardins des enfers, et qu'elle en avait mangé sept grains. Pour se venger d'Ascalaphe, Cérès le changea en hibou. Jupiter, pour la consoler, ordonna que Proserpine passerait six mois de l'année avec elle et les six autres avec son mari. Cérès avait plusieurs temples très-fréquentés. On lui sacrifiait ordinairement une truie pleine ou un bélier. Les guirlandes dont on faisait usage dans ses fêtes étaient de myrthe ou de narcisse; mais les fleurs étaient interdites parce que c'était en cueillant des fleurs que Proserpine avait été enlevée. On offrait à Cérès les premiers de tous les fruits, et il en coûtait la vie à ceux qui troublaient ses mystères; on la représente, vêtue d'une draperie jaune, par allusion au blé mûr, tenant une faucille d'une main, une poignée d'épis et de pavots de l'autre, avec une couronne semblable. Elle était aussi couverte de mammelles pleines. On a souvent confondu cette divinité avec Cybèle, la déesse de la terre.

CERNUNNOS. Cette divinité gauloise, invoquée par les chasseurs, se représentait avec des cornes, de longues oreilles, et un anneau passé dans chacune des cornes; c'est ainsi qu'elle est représentée sur un bas-relief trouvé en 1701, dans l'église Notre-Dame.

CERYCES, hérauts ou crieurs publics, dont les fonctions étaient d'annoncer au peuple les nouvelles, tant civiles que sacrées. Ils devaient être tirés d'une famille athénienne, qui descendait de Céryx; on en nommait deux, l'un pour l'aréopage, l'autre pour l'archonte. Les Céryces préparaient aussi les victimes et les immolaient.

CÉRYNÈS, fils de Témènus, roi d'Argos, fut tué d'un coup de flèche par son beau-frère Déiphonte.

CESTRINUS, fils d'Andromaque et d'Hélénus, s'établit après la mort de son père, avec un parti d'Epirotes dans une province voisine de la rivière de Thyamis.

CÉTO, fille de Neptune, épousa son frère Phorcus, et en eut les Phorcydes et les Gorgones.

CÉUS, fils de Titan et de la Terre, prit les armes contre Jupiter qui avait abusé de Latone sa fille; mais il fut foudroyé comme ses frères.

CEYX, fils de Lucifer et roi de Trachine, était mari d'Alcyone fille d'Eole. Ce prince, voulant aller consulter l'oracle de Claros, sur la métamorphose de son frère en épervier, sa femme qui l'aimait tendrement, craignit qu'il ne lui arrivât quelque malheur dans son voyage, et le conjura de renoncer à cette résolution Céyx de son côté la pria aussi avec instance de le laisser partir, lui promettant qu'il serait de retour avant deux mois. Enfin il s'embarqua. A peine son vaisseau était en pleine mer, qu'il fut battu d'une violente tempête, et périt dans le naufrage. Cependant Alcyone faisait nuit et jour des vœux pour le retour de son époux, lorsqu'un songe lui annonça qu'il était mort. A son réveil, elle courut sur le rivage, où, après avoir porté ses regards de tous côtés, elle aperçut de loin un cadavre au milieu des flots. Ayant bientôt reconnu que c'était Ceyx, elle allait se précipiter dans la mer, lorsque les dieux touchés de compassion, la changèrent en oiseau qui depuis porta son nom. Aussitôt elle vola sur la tête de son mari : et après lui avoir donné mille baisers, qui lui rendirent le sentiment, elle le vit tout-à-coup changé comme elle en Alcyon. Le calme régnait sur les mers dans le temps que ces oiseaux faisaient leurs nids, attachés aux algues marines et suspendus sur les flots.

CHABAR (*Myth. arab.*), idole pour laquelle les arabes avaient une vénération particulière, et que Mahomet renversa. Il y a dans le *Kôran* une formule par laquelle on renonce au culte de Chabar. On croit qu'elle est la même que la lune.

CHACABOUT (*Myth. jap.*), fameux solitaire, fondateur d'une secte qui porte son nom, et qui est répandue dans le royaume de Siam, dans le Japon et dans le Tonquin. La doctrine de Chacabout est fort sage, et les dix commandemens sur lesquels elle est fondée sont d'une sagesse admirable. L'homicide, le vol, le mensonge, l'impureté, la colère, la médisance sont les vices contre lesquels il s'élève avec le plus d'ardeur. Il promet une espèce de purgatoire pour ceux qui, ayant reçu sa loi, ne l'auraient pas observée avec toute l'exactitude ordonnée. Après trois mille ans d'expiation, ils seront admis parmi les bienheureux.

CHÆRON, fils d'Apollon, donna son nom à la ville de Chéronée en Grèce, qui, avant lui, se nommait Arné.

CHALCINUS, descendant de Céphale, vivait deux siècles après ce héros, banni d'Athènes pour avoir tué sa sœur Procris. Son petit-fils désirait revoir la patrie de ses ancêtres; mais avant de s'y présenter, il alla consulter l'oracle de Delphes, qui lui imposa une expiation avant de s'y rendre. Chalcinus parut ensuite à Athènes, où il reçut le droit de bourgeoisie.

CHALCIOPE, fils d'Eétès, roi de Colchide, et sœur de Médée. — CHALCIOPE, fille d'Euryale, roi de Cos, eut d'Hercule un fils nommé Thessalus.

CHALCO, gouverneur du jeune Antiloque, épris de Penthésilée, passa du côté des Troyens, fut tué par Achille, et mis en croix par les Grecs.

CHALCODON, père d'Elephénor, et compagnon d'Hercule, l'aida à nettoyer les étables d'Augias.

CHAM (*Myth. rabb.*), un des fils de Noé, a été pris par quelques auteurs pour le Saturne des latins, parce qu'il fit son père eunuque : on l'accuse d'inceste avec sa mère pendant le sommeil qui suivit l'ivresse de Noé.

CHAMEAU (*Myth. musulm.*); cet animal est en grande vénération chez les Turcs. Ils regardent comme un péché de le surcharger, parce qu'étant très-commun dans les lieux sacrés de l'Arabie, c'est lui qui porte le Coran dans les pélerinages de la Mecque. Leurs conducteurs recueillent soigneusement la bave qui découle de la bouche de cet animal lorsqu'il a bu dans un bassin : ils s'en frottent dévotement la barbe et répètent avec respect ces paroles : *Hadgi baba, hadgi baba! O père pélerin, ô père pélerin!*

CHAMIS (*Myth. jap.*), divinité des japonais, par laquelle ces peuples ont coutume de jurer lorsqu'ils font un serment de lui adresser des sacrifices pour détourner les périls.

CHAMOS ou **CHAMOSH** (*Myth. syr.*), idole des Chananéens et des Moabites, adorée sur les montagnes, répond, selon quelques-uns, au soleil, et selon d'autres au Comus des Latins.

CHAM-TI (*Myth. chin.*), *roi d'en haut*, tel est le nom que les Chinois donnaient au créateur du monde.

CHAMYNUS, citoyen de Pise, renommé par ses richesses et son amour pour la vérité, déplut à Pantaléon, fils d'Omphalion, tyran de sa patrie, qui le fit mourir. Tourmenté de remords, et croyant s'en affranchir, ce meurtrier consacra tous les biens du proscrit à élever un temple à Cérès, qui, de là, fut surnommé *Chamyne*.

CHANG-KO (*Myth. chin.*), divinité chinoise, particulièrement honorée par les célibataires, qui lui offrent des vœux, et les Lettrés qui la regardent comme leur protectrice.

CHAON, fils de Priam, que son frère Hélénus tua par mégarde à la chasse. Hélénus le pleura beaucoup; et, pour honorer sa mémoire, il donna son nom à une contrée de l'Epire, qu'il appela Chaonie, célèbre par les glands qu'elle produisait, et par des pigeons qui, dit-on, prédisaient l'avenir.

CHAOR-BOOS (*Myth. ind.*), dieu des Indiens, qui préside aux quatre vents. Les malades accourent dans son temple pour immoler, en son honneur, des oiseaux, et obtenir la santé. C'est particulièrement dans le royaume d'Asem, que son culte est établi.

CHAOS. C'était, selon les poètes, une matière première, existant de toute éternité sous une seule forme, dans laquelle tout était confondu. Ovide prétend que le Dieu créateur ne fit que débrouiller le chaos, en séparant les élémens, et les plaçant dans l'ordre qui convenait. Hésiode dit que le chaos engendra l'Erèbe et la Nuit.

CHARICLO, fille d'Apollon, épousa le centaure Chiron, dont elle eut une fille, nommée Ocyrhoé.

CHARILE, jeune fille de Delphes; se présenta au souverain de cette ville, dans une famine, pour en obtenir quelques secours. Celui-ci, importuné de ses prières, la chassa avec outrage: Charile alors se pendit de désespoir. Cet événement ne fit qu'accroître le fléau. Pour apaiser ses mânes, on institua les fêtes Charilées, qui se célébraient à Delphes tous les neuf ans, et pendant lesquelles le roi distribuait des denrées à tous les assistans.

CHARMUS, jeune homme d'Athènes, fut le premier, dit-on, qui consacra un autel à l'Amour; il fut contemporain de Pisistrate.

CHARON ou **CARON**, fils de l'Erèbe et de la Nuit, l'une des divinités infernales, était nautonnier des enfers. Les poètes ont feint que les âmes des morts allaient se rendre sur les bords du Styx; que Charon passait dans sa barque celles qui avaient eu les honneurs de la sépulture, et qui lui présentaient une obole, laissant impitoyablement errer toutes les autres pendant cent ans sur les bords de ce fleuve. Les pauvres et les riches étaient accueillis par ce batelier farouche. Virgile le représente sous la figure d'un vieillard rude et grossier. Le nom de Charon, qui signifie *gracieux*, lui a été donné par antiphrase. L'idée de cette fable est prise, selon Diodore, d'un usage des Egyptiens de Memphis, qui enterraient leurs morts au-delà du lac Achéron. Plusieurs ont regardé Charon comme un prince puissant, qui a donné des lois à l'Egypte, et levé le premier un droit sur les sépultures. Au moyen des trésors résultans de ce tribut, il fit construire ce labyrinthe célèbre où l'opinion commune plaçait le vestibule des enfers. Cet ouvrage, qui subsiste en partie, conserve le nom de son fondateur, et les Arabes le nomment *Qüellai Charon.* (l'édifice de Charon.) Sur un sarcophage antique du couvent de Saint-François de Palerme, Charon est représenté arrivant avec sa nacelle, pour emmener l'ombre d'une femme qui vient d'expirer. Ce monument a été gravé par Houel, dans son voyage de Sicile. Il a été peint sur cuivre par l'Albane. Le nautonnier infernal a été aussi représenté par Michel-Ange dans son tableau du Jugement dernier, où l'on voit sa nacelle sur l'Achéron, coulant au pied de la croix.

CHARYBDE, fut une femme adonnée à la rapine, qui, ayant volé des bœufs à Hercule, fut précipitée dans la mer de Sicile, et changée en un gouffre horrible. Le mugissement des flots qui se brisaient contre ses flancs, fit supposer aux poètes qu'elle était entourée de chiens furieux et de loups hurlant sans cesse. Cet écueil et celui de Scylla sont fort voisins, et à l'opposite l'un de l'autre, dans le détroit de Sicile, de sorte qu'il est très-difficile de les éviter tous deux à la fois; ce qui a donné lieu à ce proverbe, pour signifier qu'en voulant éviter un mal, on se jette dans un autre: *Incidit in Scyllam, cupiens vitare Charybdim.*

CHASSI (*Myth. ind.*), démon auquel les anciens habitans des îles Marianes attribuaient le pouvoir de tourmenter ceux qui tombaient dans ses mains.

CHECOKE (*Myth. afr.*) *Voy.* Kikokko.

CHELONÉ, nymphe que Jupiter changea en tortue, pour la punir de ce que, par dérision, elle n'avait pas assisté à la célébration de ses noces. Il la condamna à porter sa maison et à un éternel silence. Ce qui fit que la tortue en fut l'emblême chez les anciens.

CHEMENS (*Myth. amér.*), génies bienfaisans, honorés chez les Caribes ou Caraïbes. Ces peuples regardent les étoiles comme autant de Chemens, dont le soleil est le chef. Ils honorent les Chemens par des offrandes fréquentes, et pensent que les chauves-souris, qui volent pendant la nuit, sont autant de Chemens qui veillent à la sûreté des hommes, lorsque le sommeil les met hors d'état de se défendre. Ils placent les offrandes qu'ils font aux Chemens dans un coin de leur hutte, et croient entendre le bruit que ces démons font en buvant et en mangeant.

CHÉRUB (*Myth. égypt.*), c'était une figure symbolique couverte de plusieurs ailes, et d'un nombre infini d'yeux, emblême naturel de la piété et de la religion. Spencer pense que c'est à cette figure que Moïse a emprunté cette idée.

CHESSOUGAI-TOYON (*Myth. sib.*), divinité des Yakouts, peuple de Sibérie, procure à ceux qui l'implorent les biens et les commodités de la vie.

CHEVIKIS (*Myth. sib.*), dividité des Toungouses, est ordinairement représentée par une statue de cuivre. Pour se la rendre favorable, ils frottent le visage de cette idole avec de la crême ou de la graisse.

CHIAPPEN (*Myth. péruv.*), dieu des sauvages qui habitent les environs de Panama en Amérique. Ils l'honorent par des sacrifices sanglans, et par la privation de tout commerce avec les femmes : c'est leur dieu de la guerre. Ils ne partent jamais pour aucune expédition, sans avoir consulté les prêtres de Chiappen, et lui avoir immolé des esclaves.

CHIMÈRE. Ce monstre, né en Lycie de Typhon et d'Echidna selon la fable, avait une tête de lion, un corps de chèvre, une queue de serpent; il vomissait du feu, et ravageait la Lycie. Bellérophon, fils de Glaucus, roi de Corinthe, en délivra le pays par le secours de Neptune, qui lui donna Pégase, cheval ailé. On explique ce trait de mythologie, en disant que la Chimère était quelque montagne, dont le sommet recelait un volcan et nourrissait des lions; le milieu était couvert de pâturages où les chèvres paissaient, et le pied était hérissé de serpens. Bellérophon, sans doute, la rendit habitable. D'autres supposent que la chimère était un vaisseau de pirates dont la proue portait la figure d'un lion, le corps celle d'une chèvre, et l'arrière celui d'un serpent.

CHINA (*Myth. afr.*), divinité des peuples septentrionaux de la côte de Guinée en Afrique : protége la récolte du riz, et est honorée par une procession solennelle, qui s'exécute à minuit vers la fin de novembre. Sa représentation est une tête de bélier pétrie avec de la farine de millet, des plumes, du sang et des cheveux. On brûle du miel devant cette idole.

CHINES (*Myth. chin.*), idoles des Chinois qui ont la forme d'une pyramide. Il en existe encore une près de la ville de Fohien; elle a neuf étages de haut : à chacun de ces étages est une balustrade de fer à laquelle sont attachées une infinité de sonnettes, qui, agitées par le vent, produisent des sons très-harmonieux; à l'extrémité est une statue en cuivre.

CHIN-HOAN (*Myth. chin.*), génie chinois qui prend soin des cités. Chaque ville a le sien, et, dans le temple qui lui est consacré, une inscription en lettres d'or porte : « C'est ici la demeure du gardien spirituel de la ville. » Le mandarin qui prend possession du gouvernement de celle-ci ne manque jamais d'aller rendre solennellement hommage au Chin-Hoan, et de le prier de lui inspirer de bonnes vues pour la prospérité publique, en lui présentant les offrandes habituelles.

CHIO, nymphe, fille de l'Océan, célèbre par sa beauté, donna son nom à une île fertile de l'Archipel grec.

CHIONÉ, fille de Dédalion, aimée d'Apollon et de Mercure. Elle les épousa l'un et l'autre en même-temps, et eut du premier Philamon, grand joueur de luth; et du second, Autolyque, célèbre voleur comme son père. La beauté fatale de Chioné lui inspira une présomption si forte, qu'elle osa préférer sa fécondité à la chasteté de Diane; cette déesse, pour la punir, lui perça la langue avec une flèche : elle en mourut peu de temps après.

CHIRON, surnommé *le Centaure*, était fils de Saturne, métamorphosé en cheval, et de Phyllire. Son père ayant été surpris dans ses amours par sa femme Ops., se changea tout à coup en cheval pour n'être point reconnu; c'est pour cela que son fils fut un monstre, moitié homme et moitié cheval, qu'on appella *Centaure*. Dès que Chiron fut grand, il se retira sur les montagnes et dans les forêts, où il se livra à l'étude des plantes et à la connaissance des étoiles. C'était vraisemblablement un des plus anciens personnages célèbres de la Grèce, puisqu'il a précédé la conquête de la Toison d'or et la guerre de Troie. La fable, en fit un homme monstrueux. Quoi qu'il en soit, Chiron se rendit recommandable par ses connaissances et ses talens dans la médecine et la chirurgie. Suidas dit qu'il avait composé un livre de la médecine des chevaux. Il enseigna ces sciences à Esculape, et eut aussi pour élèves Achille, Castor et Pollux, Hercule, Jason, Méléagre, Diomède, Thésée et plusieurs autres. Hercule lui ayant fait, sans le vouloir, avec une de ses flèches, une plaie incurable qui lui causait des douleurs violentes, Chiron pria les dieux de le priver de l'immortalité, et de terminer ses jours. Jupiter exauça sa prière, et le plaça dans le Zodiaque. C'est la constellatiou du Sagittaire. On attribne à Chiron le premier *Calendrier grec*, employé par les Argonautes dans leur expédition. Un tableau antique, trouvé à Herculanum, représente Chiron, donnant des leçons de musique à Achille. Quelques savans prétendent que Chiron inventa la médecine; d'autres le regardent comme le premier qui ait trouvé des herbes et des médicamens pour la guérison des maladies, et particulièrement pour celles des plaies et des ulcères. Les Magnésiens, peuple voisin de la Thessalie, lui offrirent pour ce sujet les prémices des plantes, et le considérèrent comme le premier qui eût traité de la médecine. On croit qu'il a donné son nom à la *centaurée* et à quelques autres plantes. Certains auteurs lui attribuent uniquement l'invention de la chirurgie.

CHITA (*Myth. ind.*), femme de Ram, a un temple célèbre dans le Visapour, près de la ville de Chitanagor.

CHIUS, fils de Neptune et d'une nymphe que ce dieu trouva dans une île déserte, où il lui fit violence, fut ainsi nommé, parce que le jour qu'il vint au monde, il tomba une grande quantité de neige.

CHLORIS, fille d'Amphion et de Niobé, échappa à la vengeance d'Apollon. Son premier nom était Mélibée, et le nom de Chloris ne lui fut donné qu'à cause de la pâleur qui lui fut occasionnée par la frayeur que lui causa la mort de ses frères et sœurs; pâleur qu'elle conserva toute sa vie. Elle épousa Nélée, dont elle eut douze fils, qui furent tous tués par Hercule, à l'exception du célèbre Nestor.

CHONDARAVALI (*Myth. ind.*), une des filles du dieu Whisnou et de Latchimi.

CHONNIDÉE, gouverneur à qui Pitthée confia l'éducation de son petit-fils Thésée. Les Athéniens, reconnaissans des bienfaits de l'éducation qu'il avait donnée à ce prince, établirent des sacrifices en son honneur.

CHORIAS, prêtresse de Bacchus, conduisit les Ménades qui suivirent ce dieu venant assiéger Argos. Persée les repoussa : la plupart des Ménades périrent dans cette action, et obtinrent une sépulture commune ; mais Chorias eut un tombeau à part près des fortifications d'Argos.

CHORICUS, roi d'Arcadie, eut deux fils nommés Plexippus et Enétus, et une fille nommée Palestra. Les deux premiers ayant inventé l'art de la lutte, leur sœur en fit part à Mercure son amant. Sur leurs plaintes, leur père leur inspira le désir de s'en venger sur Mercure ; mais Jupiter irrité, ôta les entrailles à Choricus et le transforma en soufflet.

CHOUN (*Myth. péruv.*), dieu du Pérou, parut dans cette contrée sous la figure d'un homme, qui avait un corps sans os et sans muscles. Il aplanissait les montagnes, comblait des vallées, et civilisa les premiers Péruviens, en leur donnant les élémens de la culture. Ceux-ci l'ayant offensé, il rendit leur pays aride, et y desśécha les plantes; mais dans la suite, touché de leur repentir, il ouvrit les fontaines, et rétablit la fertilité.

CHRODOR (*Myth. celt.*), divinité des anciens Germains, que l'on représentait sous la forme d'un vieillard, la tête nue, appuyant les pieds sur un grand poisson. Il était couvert d'une robe qui ne laissait voir que les pieds. Il était ceint d'une écharpe, tenait de la main gauche une urne, et de la droite une corbeille pleine de fleurs et de fruits. Les Romains y ont reconnu Saturne, comme ils ont reconnu Hercule dans Ogmios, et en général dans tous les dieux germains et gaulois, des divinités grecques ou romaines.

CHRONOS (*Myth. syr.*), le Saturne des Syriens et des Egyptiens, fils d'Uranus et de Gé ou du Ciel et de la Terre, l'une des huit grandes divinités.

CHRYSAME, prêtresse thessalienne, nourrit un taureau d'alimens empoisonnés, et le lâcha ensuite dans le camp des ennemis: ceux-ci le mangèrent, tombèrent dans l'assoupissement, et leur armée, composé d'Erethriens, fut vaincue.

CHRYSAOR, né du sang répandu par Méduse, à qui Persée avait coupé la tête, parut dès sa naissance armé d'une épée d'or. Il épousa la nymphe Callirhoé, dont il eut Géryon, Echidna et la Chimère, trois monstres de l'antiquité. Chrysaor fut, dit-on, le premier qui sut travailler l'ivoire et l'unir à l'or.

CHRYSÉIS, surnom d'Astynoméo, fille de Chrysès, grand-prêtre d'Apollon. Achille l'ayant prise dans le sac de Lyrnesse, Agamemnon la garda pour lui. Chrysès, revêtu de ses ornemens pontificaux, vint redemander sa fille, offrant une riche rançon ; mais Agamemnon, amoureux de cette captive, chassa le père indignement. Le prêtre d'Apollon invoqua ce dieu, qui frappa l'armée grecque d'une maladie contagieuse. Les Grecs, affligés de ce fléau, renvoyèrent Chryséis, sur l'avis du devin Calchas, et la peste cessa. Quand on la rendit à son père, elle était enceinte, et prétendit l'être d'Apollon.

CHRYSÈS, fils de la précédente et d'Apollon, selon les uns, et d'Agamemnon, selon les autres.

ignora sa naissance jusqu'au temps où Oreste et Iphigénie se sauvèrent de la Chersonèse taurique, avec la statue de Diane, dans l'île de Sminthe. Chrysès avait succédé en cette île à son aïeul maternel, dans la charge de grand-prêtre d'Apollon, et c'est là qu'ils se reconnurent tous trois, dans un festin. Ils retournèrent dans la Taurique, puis à Mycènes pour prendre possession de l'héritage de leur père.

CHRYSIPPE était fils naturel de Pélops, roi d'Elide et de la nymphe Danaïs, qui l'aimait tendrement. Hippodamie, sa femme, craignant qu'un jour cet enfant ne régnât au préjudice des siens, le maltraita, et sollicita fortement ses fils Atrée et Thyeste de le tuer. Ceux-ci ayant refusé de se prêter à ce forfait, Hippodamie prit la résolution de l'égorger elle-même. Elle se saisit de l'épée de Laïus, prince étranger détenu prisonnier dans cette cour, en perça Chrysippe, tandis qu'il dormait, et la lui laissa dans le corps. Il vécut encore assez de temps, pour empêcher qu'on ne soupçonnât une main innocente de ce crime. L'horreur de cet assassinat, la honte et le dépit de se voir découverte, poussèrent Hippodamie à se donner elle-même la mort. D'autres disent qu'elle se réfugia à Midée, ville de l'Argolide, où elle mourut.

CHRYSIS, prétresse de Junon à Argos, causa par sa négligence l'incendie du temple de la déesse, et n'échappa qu'avec peine à la fureur des Argiens.

CHRYSOMALLON, nom du fameux bélier de la Toison d'or, était fils de Neptune, et fut immolé par Phryxus, qui consacra sa toison à Mars. Ce bélier avait deux qualités fort remarquables, celles de voler et l'usage de la parole.

CHRYSONOÉ, fille de Clytus, roi de Sidon, épousa Protéus, et eut de lui deux enfans qu'Hercule fit périr à cause de leur méchanceté.

CHRYSOPELEA, hamadryade, était sur le point de périr, parce qu'un torrent entraînait les racines de l'arbre auquel était attachée sa destinée, lorsqu'un chasseur, nommé Arcas, détourna ce torrent et la sauva; sa reconnaissance fit naitre l'amour, et l'amour la rendit mère de deux enfans.

CHRYSOR, dieu des Phéniciens. Il avait excellé, dit-on, dans l'éloquence, la poésie lyrique et la divination. On le regardait comme l'inventeur de la pêche, et l'on croyait qu'il avait perfectionné la navigation. Des mythologues ont dit que c'était le Vulcain de Grecs : ils auraient parlé plus convenablement en disant que Vulcain était le Chrysor des Phéniciens, attendu que les Grecs durent la plupart de leurs divinités aux Phéniciens, et que les Phéniciens n'en empruntèrent que peu, ou point aux Grecs. Ceci peut s'appliquer plus particulièrement encore aux divinités égyptiennes auxquelles on a supposé une origine grecque. Quoiqu'il en soit, Chrysor ressemblerait à l'Apollon plutôt qu'au Vulcain des Grecs.

CHRYSOTHÉMIS, fille de Clytemnestre, et sœur d'Oreste et d'Electre, ne se livrait point, comme cette dernière, suivant Sophocle, au plaisir d'accabler de reproches violens et mérités sa mère criminelle.

CHUDMAI, génie bienfaisant, dont les hérétiques sectateurs de Basilide gravaient le nom sur leurs *abraxas* ou talismans, pour le préserver des malheurs.

CHYNDONAX (*Myth. celt.*), pontife des Gaulois, appelé *Grand Druide*, dont le tombeau fut découvert en 1598, près de Dijon: on y trouva une pierre ronde et un vase de verre orné de peintures; sur la pierre était cette inscription écrite en grec : « Dans le bocage de Mithra ce tombeau couvre le corps de Chyndonax, chef des prêtres; impie, éloigne toi : les (dieux) libérateurs veillent auprès de ma cendre. »

CICHYRUS, fils d'un roi de Chaonie, tua à la chasse Panthippe son amante, qu'il prit pour une panthère ; mais ayant reconnu son erreur, il se précipita du haut d'un rocher dans la mer.

CILIX, fils d'Agénor et frère d'Europe, fonda une colonie dans cette contrée de l'Asie mineure qui, de son nom, fut appelée Cilicie.

CILLA, sœur d'Hécube, et épouse de Thymèthe, eut de Priam un fils nommé Munippus, qui fut immolé ainsi que la mère par l'ordre d'un oracle, pendant qu'Hécube accouchait de Pâris qui fut le fleau de son pays.

CINARE, femme de Thessalie, mère de deux filles d'une excessive vanité, qui, s'étant préférées à Junon, furent changées par cette déesse en marches, qu'on foulait en entrant dans l'un de ses temples.

CINCTA, CINXIA, ou CINGULA, nom qu'on donnait à Junon, qui présidait aux mariages; il venait de *cingere*, ceindre, parce que c'était la coutume d'ôter leurs ceintures aux nouvelles épouses.

CINYRAS, roi de Cypre, et père d'Adonis par sa fille Mirrha, compté parmi les anciens devins. Il était si opulent, que les richesses qu'il possédait ont donné lieu au proverbe *Cinyræ opes*. Son royaume fut ruiné par les Grecs, auxquels il ne voulut pas fournir les vivres qu'il leur avait promis pour le siége de Troie. On lui attribue la fondation de Paphos et de Smyrne, ainsi que l'*invention des tuiles, du marteau, des tenailles, du levier et de l'enclume*. Ses descendans furent successivement grands-prêtres du temple de Vénus à Paphos. Son inceste involontaire avec sa propre fille lui causa un chagrin si profond qu'il s'ôta la vie suivant quelques uns; quelques autres le font périr sous les coups d'Apollon, dont il avait eu la témérité de se déclarer l'antagoniste.

CIRCÉ, sœur de Pasiphaé et d'Eétès, fille du soleil et de la nymphe Persa, savante dans l'art de composer des poisons, se servit de ce dangereux secret contre le roi des Sarmates, son mari, qu'elle empoisonna pour régner seule. Ce crime l'ayant rendue odieuse à ses sujets, ils lui ôtèrent la couronne et l'obligèrent à prendre la fuite. Elle se retira sur les côtes d'Italie à l'extrêmité du Latium, et donna son nom au cap Circéen, sur lequel elle bâtit un palais enchanté. Ce cap retentissait, pendant la nuit, des hurlemens de mille bêtes féroces qui avaient été autrefois des hommes, que la force de son art avait changés en animaux. Ce fut là qu'elle changea en monstre marin la jeune Scylla, parce qu'elle était aimée de Glaucus, dieu marin, pour lequel elle avait conçu une violente passion. Elle en usa de même à l'égard de Picus, roi d'Italie, qu'elle changea en pivert, parce qu'il refusa de quitter sa femme Canente pour s'attacher à elle. Ulysse, poussé par la tempête, étant abordé sur cette côte, éprouva, dans ses compagnons changés en pourceaux, la puissance des enchantemens de Circé. Pour lui, elle le reçut avec bonté, et fut si charmée de le voir, que non-seulement elle rendit à ses compagnons leur première forme, mais elle lui témoigna de l'amour, et l'engagea à passer un an avec elle. Pendant ce temps, le roi d'Itaque eut d'elle deux enfans, Agrius et Télégone. Circé fut honorée comme une divinité dans l'île d'Ea, où elle faisait sa principale résidence. Malgré la dépravation de ses mœurs, on l'adorait encore dans cette île du temps de Cicéron.

CIRNUS, abandonna l'île de Théramène où il régnait, et qui était dévastée par la peste, pour aller s'établir en Afrique, où il fonda la ville de Cyra.

CISSUS, jeune homme aimé de Bacchus, fut tué par accident en jouant avec les satyres. Le dieu, inconsolable de sa perte, le changea en lierre, plante qui lui fut depuis consacrée, et que l'on découvrit pour la première fois dans le territoire d'Acharne, en Attique, patrie de Cissus. — Cissus, Egyptien, empoisonné par sa femme, qui lui avait fait manger des œufs de serpent, invoqua Sérapis pour être garanti de la mort. Ce dieu lui ordonna de mettre la main dans un vase où était une murène. Ce poisson le mordit, et Cissus fut guéri.

CITHÉRON, roi de Platée en Béotie, célèbre par sa sagesse, conseilla à Jupiter de feindre un nouveau mariage, pour ramener Junon, avec laquelle il était brouillé. L'expédient réussit, et Jupiter, pour récompenser ce prince, le métamorphosa en une montagne, qui fut depuis consacrée à Bacchus. Elle est auprès de la ville de Thèbes. Cette aventure fit prendre à Junon le surnom de *Cytheronia*, et à Jupiter celui de *Cytheronius*.

CITRA-POUTRIN (*Myth. ind.*), secrétaire du dieu Yama, tient les registres où sont inscrits les bonnes actions et les crimes de chaque mortel. On célèbre sa fête par des jeûnes, en se contentant de manger un peu de riz cuit au lait, le jour de la pleine lune du mois *chittéré*.

CLATHRA, divinité de l'Etrurie, qui présidait aux grilles et aux serrures. Les Romains adoptèrent son culte, et lui consacrèrent un temple en commun avec Apollon, sur le mont Quirinal. Selon quelques-uns, ce n'était qu'un surnom d'Isis.

CLAUDIA, vestale de la famille patricienne des Claude, étant accusée d'un inceste, Vesta, suivant la fable, fit un prodige en sa faveur pour manifester sa sagesse. Claudia tira seule avec sa ceinture le vaisseau sur lequel était la statue de Cybèle, qu'on venait de chercher en Phrygie, et qui, étant entré dans le Tibre, s'y trouvait tellement engravé, que plusieurs milliers d'hommes avaient inutilement essayé de le faire avancer. L'oracle avait dit qu'une fille vierge pourrait seule le faire mouvoir.

CLAUSUS, roi des Sabins, réunit ses forces à celles de Turnus contre Enée. C'est de ce prince que descendait Appius-Claudius, qui, peu après l'expulsion des Tarquin, vint habiter Rome. Telle est l'origine de la famille des Claudius, selon Virgile.

CLEINIS, berger qui demeurait près de Babylone, était aimé d'Apollon et de Diane. Il voulut dans son zèle pieux, immoler des ânes à ce dieu, qui le lui défendit. Cleinis n'en tint aucun compte, et n'en continua pas moins ses sacrifices, mais Apollon indigné, le changea lui et sa famille en oiseaux.

CLEOBIS et BITON, nom de deux frères célèbres par leur tendresse filiale; leur mère était prêtresse de Junon; un jour qu'elle devait se rendre au temple, on ne trouva point de bœufs pour traîner son char, mais ses deux fils s'attelèrent eux-mêmes et conduisirent leur mère au temple, au milieu des bénédictions de tout le peuple. Celle-ci demanda à Junon de leur accorder le plus grand bien que les dieux puissent accorder aux humains, et le lendemain on les trouva tous deux morts en même temps. Les habitans d'Argos, où l'évènement s'était passé, leur élevèrent des statues dans le temple de Delphes, en mémoire de leur piété filiale et de leur mort heureuse.

CLEOBULA, fille de Borée et et d'Orithye, épousa Phinée, fils d'Agénor, dont elle eut Plexippe et Pandion; elle en fut répudiée dans la suite.

CLEODÉE, fils d'Hyllus, et petit fils d'Hercule, fit après la mort de son pere des efforts inutiles pour entrer en possession de l'empire du Péloponèse. La Grèce lui érigea des monumens.

CLEOMÈDE, fameux athlète d'Astypalée, était d'une force extraordinaire furieux; d'avoir été privé du prix de la victoire qu'il avait remportée à la lutte sur un habitant d'Epidaure, il brisa une colonne qui soutenait une école, alors remplie d'enfans qui furent tous écrasés. Ayant été poursuivi, il s'enferma dans un tombeau qu'on ne pût jamais ouvrir sans le mettre en pièces; mais quand il fut ouvert, on n'y trouva pas Cléomède. L'oracle ayant été consulté sur cet évènement miraculeux, répondit que Cleomède était le dernier des demi-dieux. Les Grecs lui rendirent les honneurs divins.

CLEOSTRATE, jeune thessalien, fut choisi par le sort, pour être sacrifié à un dragon, qui ravageait le pays, mais il fut délivré par son ami Ménestrate, qui sauva à la fois son ami et son pays.

CLÉOTHÈRE, une des filles de Pandarée, fut enlevée par les harpies, et livrée aux furies, comme elle allait se marier.

CLÉTA, nom d'une des Graces chez les Lacédémoniens qui n'en comptaient que deux.

CLIO, l'une des neuf Muses, fille de Jupiter et de Mnémosyne: elle préside à l'histoire. On la représente couronnée de laurier, une trompette dans la main droite et un livre dans la gauche. On lui attribuait l'invention de la guitare. Clio osa un jour faire des remontrances à Vénus, sur son intrigue avec Adonis. La déesse s'en vengea en lui inspirant toutes les faiblesses de l'amour, et Clio devint mère. On place souvent près d'elle un globe et une image du temps pour marquer que l'histoire embrasse tous les lieux et tous les âges.

CLITOR, fils d'Azan, fondateur d'une ville d'Arcadie, où Cérès et Esculape avaient des temples. On voyait dans ses environs une fontaine dont l'eau avait le goût du vin. — CLITOR, fleuve de l'Arcadie, auquel Ovide (*méta.* 15) attribue la propriété de rendre le vin désagréable à ceux qui ont bu de ses eaux. On dit que cette propriété lui venait de ce que Mélampé ayant à force d'herbes et de charmes, délivré des furies les Prœtides, avait jeté dans les eaux du Clitor ce qui avait servi à les purifier.

CLITUMNE, fleuve de l'Ombrie, qui rendait des oracles, fut honoré comme un dieu. Son temple, suivant Pliné, était placé sur ses bords et l'on y voyait la statue du fleuve vêtue en habit romain. Un pont séparait la partie des eaux, qui était sacrée, de celle qui ne l'était pas. Dans la première on pouvait se baigner et se purifier, mais on ne pouvait passer en bateau que dans la seconde, Pline assure que ses eaux avaient la vertu de rendre blancs les animaux qui allaient s'y abreuver.

CLOACINE, divinité de Rome, qui présidait aux égoûts de cette ville. Titus-Tatius ayant trouvé une statue dans un cloaque, en fit la déesse Cloacine.

CLOSTER, fils d'Arachné, inventa, suivant Pline l'ancien, les fuseaux propres à filer la laine, la navette et quelques autres instrumens utiles à la tisseranderie et aux arts.

CLOTHO ou CLOTHON, la plus jeune des trois parques : elle tient la quenouille, et file la destinée des hommes. On la représente avec une longue robe de diverses couleurs, et une couronne ornée de sept étoiles. Restout l'a peinte dans son tableau d'Orphée venant aux enfers pour en retirer Eurydice, et il a donné à cette parque toutes les grâces de la jeunesse. Les Grecs croyaient qu'elle résidait souvent dans la lune pour en régler les mouvemens. Dans le concert des parques et des syrènes, c'était elle qui chantait les choses nouvelles. Les draperies de Clotho sont d'un bleu clair, celles de Lachésis, sa compagne, qui file nos jours, sont couleur de rose.

CLYMÈNE, nymphe, fille de l'Océan et de Thétis. Apollon l'aima et l'épousa. Elle eut de lui Phaéton et ses sœurs Lampétie, Phaétuse et Lampétuse. — CLYMÈNE, femme de Dyctis, avait élevé Persée dans l'île de Sériphe conjointement avec son mari.

CLYMENUS, eut entr'autres enfans, une fille d'une rare beauté, nommée Harpalyce, dont il devint éperdûment amoureux. Pour satisfaire ses désirs incestueux, il corrompit la nourrice de cette princesse, et s'étant introduit la nuit chez elle, il assouvit sa passion, ensuite il la donna en mariage à Alastor, qui fut bientôt massacré par son ordre. Harpalyce, déchirée par les remords et le désir de venger son époux, profita d'une fête solennelle, pour mettre en morceaux le fruit de son inceste avec son père, et le lui présenter à table.

CLYTA, fille de Mérope, et femme de Cyzique, roi des Doliens, s'étrangla pour ne pas survivre à la mort de cet époux chéri. Pleurée par les dryades, leurs larmes devinrent une source qui porta son nom.

CLYTEMNESTRE, fille de Tyndare et de Léda, sœur de Castor, Pollux et Hélène, épousa d'abord, selon quelques auteurs, Tantale, fils de Thyeste, dont elle eut un fils. Agamemnon tua Tantale, et enleva Clytemnestre. Castor et Pollux, frères de la princesse, déclarèrent la guerre au ravisseur; mais Tyndare les réconcilia. Clytemnestre eut de son mariage, avec Agamemnon, Oreste, Electre et Iphigénie. Furieuse contre son époux de ce qu'il avait voulu sacrifier sa fille, elle lui jura une haine irréconciliable. Pendant qu'il était au siége de Troie, elle vécut avec Egyste dans un commerce criminel, et à son retour, cachant sous de feintes caresses le crime qu'elle méditait, un jour qu'Agamemnon sortait du bain, elle lui fit donner une tunique serrée par le haut, qui lui ôtait l'usage de ses bras. Dans cet état, Egyste et elle se jettèrent sur l'infortuné prince, et le massacrèrent. Oreste, quelque-temps après, vengea cette mort en faisant périr Egyste et Clytemnestre. Les amours et le châtiment de cette reine ont été mis sur la scène chez les anciens par Sophocle et Euripide, et chez les modernes par Voltaire, Crébillon, MM. Lemercier et Soumet.

CLYTIE, fille de l'Océan et de Thétis, fut aimée du Soleil, et conçut une telle jalousie de s'en voir abandonnée pour Leucothoé sa sœur, qu'elle se laissa mourir de faim; Apollon la métamorphosa en une fleur appelée héliotrope ou tournesol, parce que cette plante regarde toujours l'astre de la lumière.

CLYTIUS, l'un des géans qui déclarèrent la guerre aux dieux. Vulcain, armé d'une massue de fer rouge, l'assomma. — CLYTIUS, fils d'Eurythus, roi d'Œchalie et d'Antiope, suivit les Argonautes dans leur expédition, et tua Ætes.

CLYTORIS, fille d'un Myrmidon : elle était si petite, que Jupiter, amoureux d'elle, fut obligé de se transformer en fourmi pour jouir de ses amours.

CNAGIUS, ami de Castor et Pollux, qu'il suivit dans leur expédition contre Aphidna : arrivé en Crète, il y séduisit la prêtresse de Diane, et l'enleva avec la statue de la déesse.

CNEPH (*Myth. égypt.*), nom de l'Être-Suprême chez les Egyptiens. Ils le représentaient sous la forme d'un homme au teint bleu, couronné de plumes éclatantes, et ayant à la bouche l'œuf primitif dont toutes les productions de la nature sont sorties. Quelquefois on le peignait sous la forme d'un serpent à tête d'épervier, et l'on disait qu'il répandait la lumière dans le monde en ouvrant les yeux, et que quand il les fermait, il replongeait la terre dans les ténèbres. Les peuples de la Thébaïde, suivant Plutarque, ne connaissaient anciennement que ce dieu, dont le temple était à Sienne dans l'île d'Elephantine.

COBALES, c'étaient des génies malins et trompeurs de la suite de Bacchus, dont ils formaient la garde, et pour ainsi dire, la cour. C'est probablement ce que nous appelons *esprits follets*, *farfadets*, *etc.*

COBOLI (*Myth. slav.*), nom de certains démons révérés chez les anciens Sarmates. Ces génies habitaient, à ce qu'ils croyaient, les parties les plus reculées de leurs maisons, et mangeaient les offrandes qu'on ne manquait pas de leur offrir.

COCALUS, roi de Sicile, donna l'hospitalité à Dédale, persécuté par Minos, roi de Crète, qui lui redemanda en vain le fugitif. Cocale ne voulut point trahir l'asile qu'il avait donné; et, malgré la guerre que lui fit Minos, il défendit et sauva son hôte. Il fit plus, sous prétexte d'une entrevue, il attira dans son palais ce prince trop confiant, le fit saisir et étouffer dans une étuve.

COCYTE, fleuve des enfers, représenté sous la forme d'un vieillard tenant une urne, d'où s'échappent des flots qui, après avoir formé un cercle, vont se perdre dans l'Achéron. Ces flots n'étaient formés que des larmes des méchans. Les mânes de ceux qui n'avaient point été inhumés, erraient pendant cent ans sur ses bords, avant que de pénétrer dans l'Elysée. La furie Alecton y faisait son principal séjour. Le Cocyte était un fleuve ou plutôt un marais d'Epire qui se déchargeait dans celui d'Achéruse. — COCYTE, médecin, disciple de Chiron, et qui guérit le bel Adonis de la blessure que lui fit, sur le mont Liban, un sanglier furieux.

COELUS, le plus ancien des dieux, était fils de la Terre. Il en eut quantité d'enfans qu'il tenait renfermés loin de la lumière du jour. Saturne, un d'eux, surprit son père pendant la nuit et le mutila avec une faux. Du sang qui coula de la plaie sur la terre naquirent les Géans, les Furies et les Nymphes Mélies; le reste fut jeté avec la faux dans la mer, et de l'écume qui s'y éleva fut formée Vénus, que les flots portèrent dans l'île de Cypre. Selon *Lactance* Cœlus ou Uranus était un prince puissant, qui, se donnant pour un dieu, prit lui-même le nom de Cœlus.

COERANUS, fils d'Abas, voyant un jour pêcher des dauphins dans la mer, Egée les acheta pour les rendre à la mer. Quelque temps après il fit naufrage et il aurait péri infailliblement si des dauphins ne l'avaient reçu sur leurs dos et porté dans l'île de Zacinthe; après sa mort on brûla son corps près de la mer et on vit des dauphins s'approcher du rivage comme pour assister à ses funérailles.

COEUS, un des Titans, frère de Saturne et de l'Océan, épousa Phœbé, qui donna le jour à Latone. *Voyez* LATONE.

COLAXÈS, fils de Jupiter et de la nymphe Ora, était roi des Bisaltiens. Ses sujets, en mémoire de son origine, prirent pour armoiries, les foudres de Jupiter.

COMBADAXUS (*Myth. jap.*), bonze japonais, annonça que, las de la vie, il allait se retirer dans une caverne, pour y dormir dix millions d'années. Après y être entré, on scella sur-le-champ l'entrée avec d'énormes rochers. Les peuples du Japon pensent que Combadaxus y dort encore, et ils l'honorent comme un Dieu.

COMBE, fille d'Azope, passait chez les Grecs pour avoir inventé les premières armures d'acier. Ses enfans ayant comploté de l'assassiner, elle s'échappa sous la forme d'un oiseau.

COMÉTHO, fille de Ptérélas, dont la vie dépendait de la conservation d'un cheveu. Amphitryon étant venu mettre le siége devant Taphos, capitale des états de Ptérélas, sa fille en devint amoureuse. Celle-ci priva son père du cheveu fatal, lui fit perdre aussitôt la vie, livra Taphos, et fut tuée par le vainqueur, indigné de sa perfidie.

COMPITALES, fêtes en l'honneur des dieux Lares ou Penates et de Mania ou la Folie, mère des Lares. On les célèbrait dans les carrefours; les ministres de cette fête étaient les affranchis et les esclaves; ces derniers jouissaient de la liberté pendant la solennité; cette fête était mobile, on en proclamait le jour tous les ans.

COMUS, dieu qui présidait aux réjouissances nocturnes, aux toilettes des femmes et des hommes qui aimaient à se parer. Ceux qui s'enrôlaient dans la milice de Comus couraient la nuit en masque à la clarté des flambeaux, la tête couronnée de fleurs, accompagnés de jeunes garçons et de jeunes filles qui chantaient et dansaient en jouant des instrumens. Ils allaient ainsi par troupes dans les maisons, comme les masques qui courent les bals. Ces débauches commençaient après souper, et se continuaient jusque bien avant dans la nuit. On représentait Comus en jeune homme chargé d'embonpoint, couronné de roses et de myrte, un vase d'une main, et un plat de fruits ou de viandes de l'autre.

CONCORDE, divinité, fille de Jupiter et de Thémis. Les Romains l'adoraient, et avaient élevé en son honneur un temple superbe sur le Capitole, où s'assemblait le sénat. On la représente couronnée d'une guirlande de fleurs, ayant dans une main deux cornes d'abondance entrelacées, et dans l'autre, un faisceau ou une grenade. Deux mains qui se joignent et tiennent quelquefois un caducée sont l'un de ses emblêmes.

CONDITOR, dieu des Romains, qui veillait, après la moisson, à la conservation des grains.

CONFUCIUS ou CONFUTZÉE (*Myth. chin.*), le père des philosophes chinois; les prêtres chinois disent qu'aussitôt après sa naissance, deux dragons vinrent le garder, et que toutes les étoiles s'inclinèrent pour le saluer. Ils l'ont mis au rang des dieux d'un ordre inférieur, et beaucoup de temples sont élevés en sa mémoire; on trouvera le détail des cérémonies faites en son honneur, dans les *Mémoires de l'Académie des inscriptions*, l. 5, 6, 10, 13, 14, 16. *Voy.* aussi le *Dict. histor.*

CONISATUS ou CONISALTUS, divinité que les Athéniens honnoraient avec les mêmes rites que les habitans de Lampsaque révèraient Priape: c'est pourquoi elle a été confondue avec lui.

CONNIDES, gouverneur donné au jeune Thésée par son père Pitthée, fit de son élève un héros. Les Athéniens, en reconnaissance, établirent en son honneur des sacrifices où l'on immolait des béliers.

CONSENTES, nom des douze dieux et déesses du premier ordre *quasi consentientes* C. A. D. qui délibéraient avec Jupiter; savoir, Jupiter, Neptune, Mars, Apollon, Mercure, Vulcain, Junon, Vesta, Minerve, Vénus, Diane, Cérès. Ces douze divinités présidaient aux douze mois de l'année. Chacune avait un mois qui lui était assigné; et leurs douze statues, enrichies d'or, étaient élevées dans la grande place de Rome. On appelait leurs fêtes *Consentia*.

CONSÉVIUS, divinité romaine, qui présidait à la conception des hommes. Son nom venait de *conserere*, *semer* Suivant Macrobe, c'était un surnom de Janus.

CONSUS, dieu des conseils. Les Romains lui avaient élevé un autel sous un petit toit, dans le grand cirque, à l'extrémité de la lice. Ce petit temple était enfoncé de la moitié en terre, pour montrer que les conseils doivent être secrets. On y célébrait en son honneur, le 22 août de chaque année, des fêtes magnifiques, pendant lesquelles les chevaux et les mulets ne travaillaient pas, et étaient couronnés de fleurs. On prétendait que ce dieu avait conseillé à Romulus d'enlever les Sabines.

COPPAL (*Myt. ind.*), idole célèbre, adorée dans la Pagode de Ganjam, ville sur la côte de Coromandel. Elle était desservie par des sacrificateurs et des dévadachi ou bayadères.

COPRÉE était, suivant Homère, le messager qui portait à Hercule les ordres injustes d'Eurystée. Il était d'Élide, et d'abord hérault de Pélops. Il se retira à Mycènes pour un meurtre qu'il avait commis, et qui fut expié par Eurysthée.

CORAX, fils de Coronus, succéda à son père au royaume de Sicyone, et régna trente ans, pendant lesquels il rendit ses peuples heureux; il mourut sans enfans, laissant Épopée pour successeur.

CORCYRE, nymphe aimée de Neptune, donna son nom à une île de la mer Ionienne. Ulysse y aborda après son naufrage, et y fut reçu amicalement par Alcinoüs, dont les jardins étaient célèbres dans l'antiquité.

CORDAX, satyre, inventeur d'une danse lascive, appelée *Cordace* de son nom, et qui était en usage chez les habitans du mont Sipyle.

CORIE, fille de Jupiter et de Coriphe, une des océanides, inventa, dit-on, les chars connus sous le nom de *quadriges*.

CORITUS, roi d'Étrurie, père de Jasius et de Dardanus. C'est par lui que les Troyens étaient originaires d'Italie.

COROEBUS, fils de Migdon et d'Anaximène, à qui Priam avait promis sa fille Cassandre. Etant venu au secours des Troyens contre les Grecs, Cassandre voulut en vain lui persuader de se retirer, pour éviter la mort infaillible qui l'y attendait. Il s'obstina à rester, et fut tué par Pénelée, la nuit où les Grecs se rendirent maîtres de Troie.

CORONIS, nommée aussi *Arsinoé*, fille de Phlégyas, roi des Lapithes. Apollon l'aima; mais un jour elle le quitta pour un jeune homme appelé Ischys. Cette infidélité irrita tellement le dieu, qu'il les tua l'un et l'autre. Cependant il tira des flancs de Coronis un enfant, qu'il fit élever par Chiron le centaure, et qu'il nomma Esculape. Apollon se repentit bientôt de la vengeance qu'il avait exercée sur Coronis; et pour punir le corbeau qui l'avait informé de son infidélité, il le changea de blanc en noir. Coronis avait une statue dans le temple d'Esculape et partageait avec son fils les honneurs divins. — CORONIS, fille d'un roi de la Phocide, pour fuir les importunités de Neptune, invoqua Minerve, qui la changea en corneille.

CORSA, femme de Ligurie, ayant observé qu'un taureau passait souvent dans l'île opposée, et en revenait beaucoup plus gras, le suivit dans un petit bateau, et découvrit cette île, dont la fertilité la frappa. Les Liguriens ne tardèrent pas à l'aller habiter et à lui donner le nom de *Corsica*, (Corse).

CORTINA ; on a cru que c'était la peau du serpent Pithon, dont la Pytonisse couvrait le trépied sur lequel elle s'asseyait pour rendre ses oracles ; on a cru aussi que c'était le trépied lui-même ; mais Cortina paraît avoir été un bassin d'or et d'argent, si peu évasé, qu'il ressemblait à une petite table qu'on mettait sur le trépied pour servir de siége à la Pytonisse.

CORYBAS, CORYBANTIQUES, CORYBANTES. Corybas était fils de Jasion et de Cybèle. Il célébra avec enthousiasme les mystères de sa mère, qui de là prirent le nom de *corybantiques;* et pour la même raison, on appela ceux qui l'imitèrent *Corybantes.* Les Corybantes étaient des prêtres voués au culte de la mère des dieux, et choisis pour danser armés, et sauter en cadence dans ses fêtes. Ces fêtes étaient fort dissolues, et la conduite des Corybantes l'était encore davantage. Au dernier jour, tout retentissait du bruit des tambours et des crotales, qui excitaient leur fureur. Un glaive et des torches de pin embrasées à la main, les Corybantes parcouraient les bois et les montagnes, les cheveux épars, et jetant des cris affreux. Ils poussaient même la rage jusqu'à se mutiler eux-mêmes, à l'exemple d'Atys, et porter en triomphe la marque déplorable de leur délire.

CORYNÈTE, fameux brigand, fils de Vulcain, ainsi nommé de la massue avec laquelle il assommait ses hôtes, car auparavant il s'appelait Périphate. Il infestait les environs d'Épidaure, où il fut tué par Thésée.

CORYTHUS, fils d'Œnone et de Pâris, devint amoureux d'Hélène, que son père venait d'enlever. Pâris, l'ayant trouvé sur un lit avec sa femme, le tua dans un accès de jalousie. Selon d'autres, il périt de la main de son propre père.

COSINGAS, prince des Cerrhéniens, peuple de Thrace, et en même-temps prêtre de Junon, voulant réprimer la rébellion de ses sujets, ordonna d'attacher de longues échelles les unes aux autres, et annonça qu'il allait monter au ciel pour prier la déesse de punir les révoltés. Aussitôt les Thraces, pleins d'effroi, demandèrent pardon à leur roi, et firent serment de lui rester toujours fidèles.

COTTUS, géant, fils du Ciel et de la Terre, frère de Briarée, avait comme lui cent bras et cinquante têtes ; il fut aussi comme lui précipité dans le Tartare.

COTYTTO, COTYS. *Cotys* ou *Cotytto*, était une divinité originaire de Thrace, dont le culte fut établi à Athènes, et surtout à Corynthe, où elle fut regardée comme une déesse tutélaire. A Epidaure elle eut un portique qui lui fut consacré. On célébra en son honneur, dans plusieurs endroits de la Grèce, des fêtes et des mystères appelés *Cotyttées.* Ceux qui célébraient ces infâmes mystères s'appelaient Baptes. De la Grèce, le culte et les cérémonies de Cotytto passèrent à Rome, et on l'y honora sous le nom de *Fatua, Fauna, Bonne déesse.* A l'article de *Bonne déesse*, nous avons dit que tout portait à croire que ses mystères, dont les hommes se trouvaient bannis, étaient de véritables parties de débauche; et ici nous ajouterons que Juvénal ne laisse là-dessus aucun doute. Ce poète a peint avec son énergie ordinaire, les abominations, les infamies de tous les genres qui se pratiquaient entre les femmes, aux abominables mystères de la *Bonne déesse*. On portait, dans ces fêtes, des rameaux auxquels étaient suspendus des gâteaux dont le premier venu pouvait disposer. Alcibiade s'était fait initier dans ces mystères.

COUBEREN (*Myt. ind.*), dieu indien, chargé de conserver la partie septentrionale de l'univers. On l'a représenté monté sur un cheval blanc, orné de panaches, symbole de la neige et des frimas. Il préside aussi aux richesses.

COUCOULAMPOU (*Myt. af.*), anges du deuxième ordre, très-vénérés des habitans de Madagascar. Ces démons sont invisibles, et ont une vie bien plus longue que celle des autres hommes.

COURILS (*Demonog*), espèce de sorciers malins, dont la croyance est encore établie sur les côtes du Finistère. Quand on les rencontre au clair de la lune, ils vous prennent par le bras et vous font sauter jusqu'à ce qu'on soit exténué. Quand ce sont des filles qu'ils rencontrent, ils les font danser, puis après finissent par leur faire violence. Ils ont des rapports avec les *Dusii* ou Thusses des anciens Gaulois.

CRAGALEUS, vieillard d'Ambracie, choisi pour arbitre dans un différend qui s'éleva entre Apollon, Diane et Hercule, fut changé en rocher par le premier, pour avoir osé prononcer contre lui.

CRAGUS, fils de Tremisete et de Praxidice, donna son nom à une montagne de l'Asie mineure.

CRAMBIS, fils de Phinée et de Cléopâtre, se vengea, avec l'aide des Argonautes, des mauvais traitemens dont l'avait accablé Idæa, sa marâtre.

CRANAUS, successeur de Cécrops au trône d'Athènes, fut détrôné par Amphictyon son gendre. Sous son règne arriva le fameux déluge de Deucalion en Thessalie, et fut rendu le fameux jugement de l'aréopage, entre Neptune et Mars.

CRANUS, fils de Janus et de Crané, régna cinquante-quatre ans sur les Aborigènes, peuples d'Italie, fit honorer sa mère Crané comme une divinité, et lui consacra un temple sur les bords du Tibre.

CRATÉE ou CRÉTÉE, fils de Minos et de Pasiphaé. Ayant consulté l'oracle sur sa destinée, il apprit qu'il serait tué par son fils Althemène. Ce jeune prince, instruit du malheur qui menaçait son père, tue une de ses sœurs, que Mercure avait outragée, marie les autres à des princes étrangers, et se bannit de sa patrie. Crétée semblait être en sûreté ; mais ne pouvant vivre sans son fils, il équipa une flotte, et l'alla chercher. Il aborda à Rhodes, ou Althemène s'était réfugié. Les habitans prirent les armes pour s'opposer à Crétée, croyant que c'était un ennemi qui venait les surprendre. Althemène, dans le combat, décocha une flèche qui alla frapper son père : ce malheureux prince en mourut, avec le chagrin de voir l'accomplissement de l'oracle; car, au moment où son fils s'approcha, ils se reconnurent. Althemène obtint des dieux que la terre s'entr'ouvrit pour l'engloutir sur-le-champ.

CRATÉIS, divinité, mère de Scylla : regardée comme la protectrice des sorciers, et présidant à leurs enchantemens.

CRATER. C'est le nom d'une constellation qui représente le vase ou cratère dans lequel le corbeau devait chercher de l'eau pour un sacrifice qu'Apollon avait à faire. D'autres disent que c'est le vase dans lequel Matuséus offrit à Demiphon le sang de sa fille mêlé avec du vin.

CREIUS, fils du Ciel et de la Terre, épousa Eurybie, fille de la Terre et de l'Océan, et en eut trois fils, Astræus, Pallas et Persès.

CRÉON, roi de Thèbes, et frère de Jocaste, s'empara du gouvernement après la mort de Laïus, mari de sa sœur. Œdipe, à qui il céda le sceptre, s'étant retiré à Athènes après s'être crevé les yeux, il le reprit encore, et se signala par des cruautés. Il fit mourir Argie et Antigone; celle-ci pour avoir donné la sépulture à Etéocle et Polynice ses frères, et l'autre à son époux. Les dames thébaines portèrent Thésée à lui déclarer la guerre; et ce héros lui ravit la couronne et le jour, l'an 1250 avant J.-C. — Créon, roi de Corinthe, qui reçut à sa cour Jason, et l'accepta pour gendre, quand il se fut dégoûté de Médée. Cette magicienne, pour se venger, mit le feu au palais de Créon, qui y périt avec toute sa famille. — Créon, roi de Thèbes, voulant reconnaître les services que lui avait rendus Hercule, lui donna en mariage sa fille Mégare; mais il fut mis à mort par Lycus, qui la lui enleva; Hercule tira vengeance de ce meurtrier.

CRÉOPHILE, ancien poète de l'île de Samos, fut, dit-on, le maître d'Homère, qui célébra ses vertus, et surtout son hospitalité, dans un poëme qui ne nous est pas parvenu.

CREPITUS (*Myth. égypt.*), divinité des anciens Egyptiens. On la représentait sous la figure d'un petit enfant accroupi, qui semblait se presser le ventre pour donner plus de liberté aux flatuosités qui l'incommodaient.

CRÈS, fils de Jupiter, régna après son père sur la Crète, et donna son nom à cette île où la plupart des dieux et des déesses avaient pris naissance, et qui était célèbre par sa fertilité, ses cent villes, les lois de Minos, son labyrinthe, et les cérémonies des Curètes et des Corybantes.

CRESPHONTE, arrière-petit-fils d'Hercule, rentré avec ses deux frères Aristodème et Témène, dans le Péloponèse, huit ans après la prise de Troie, se fit roi de la Messénie, et y devint la tige des Héraclides.

CRÉSUS, roi de Lydie. Quoique ce nom appartienne plutôt à l'histoire qu'à la fable, il y a cependant, dans la vie de ce prince, des circonstances que la fable doit revendiquer. On rapporte que, pour éprouver la véracité des oracles, il s'avisa un jour d'envoyer à tous ceux qui étaient les plus célèbres, des députés chargés de leur demander ce qu'il faisait, à telle heure qu'il indiqua à chacun de ces députés. L'oracle de Delphes ayant seul deviné qu'à l'heure indiquée, Crésus faisait cuire une tortue avec un agneau dans une marmite d'airain, ce prince en fut si satisfait, qu'il envoya à la Pithie des présens magnifiques. Peu après, il lui fit demander combien durerait son empire. La réponse fut, jusqu'à ce qu'un mulet montât sur le trône de Médie. Crésus ayant été ensuite détrôné par Cyrus, fit des reproches à l'oracle, qui lui fit dire que Cyrus était le mulet dont il avait entendu parler, puisque ce prince était Persan par son père, et Mède par sa mère.

CRÉTÉ, fille d'un Curete, épousa Ammon qui, dans une famine, fut obligé de la quitter, et de se retirer dans l'île d'Idœa, qu'il appela Créta, en l'honneur de son épouse.

CRÉTHEIS, femme d'Acaste, roi de Thessalie, conçut une violente passion pour Pélée. Ce jeune prince étant insensible à ses feux, elle persuada au roi, son époux, qu'il avait tenté de la corrompre. Acaste, irrité, exposa Pélée aux centaures ; mais le héros sortit vainqueur du combat, et tua de sa main et son accusatrice et son mari.

CRETHEUS, fils d'Eole et de Cyro, père d'Eson et aïeul de Jason, fonda la ville d'Iolchos en Thessalie, et en fit la capitale de ses états. Démodice, son épouse, accusa faussement le jeune Phryxus d'avoir voulu la séduire ; Créthéus voulut aussitôt se venger, et le faire périr, mais ce prince se sauva avec sa sœur Hellé.

CRÉUSE, fille de Priam, roi de Troie, et d'Hécube, femme d'Enée et mère d'Ascagne, disparut en fuyant avec son mari, pendant l'incendie de Troie, enlevée à ce qu'on dit par Cérès. —Créuse, fille de Créon, roi de Corinthe, épousa Jason après qu'il eut répudié Médée ; celle-ci irritée contre sa rivale, la fit mourir par une robe empoisonnée qu'elle lui envoya, et étendit sa vengeance sur presque toute la famille de Créon. La nouvelle épouse, se sentant brûler intérieurement, se précipita aussitôt dans une fontaine, pour éteindre le feu qui la dévorait ; mais elle en empoisonna l'eau, et périt ainsi misérablement. — Créuse, fille d'Erechthée, fut séduite par Apollon, et mit au jour un fils, qu'elle sut dérober aux yeux de son époux, en le faisant cacher dans une grotte écartée. Mercure l'en retira, et le fit élever dans le temple de Delphes. Xutus, qui épousa dans la suite Créuse, étant allé consulter l'oracle pour savoir quel héritier il devait choisir, la Pithie répondit que le premier enfant qu'il rencontrerait, au sortir du temple, serait son fils, et le premier qui s'offrit à ses regards, fut le fils que Créuse avait eu d'Apollon ; Xutus l'embrassa, l'adopta pour son fils, et lui laissa la couronne, après avoir reconnu qu'il était fils de sa femme.

CRIERIENS (*Myth. celt.*), fantômes des naufragés, qui, suivant la croyance superstitieuse de certains peuples de la Bretagne, venaient demander la sépulture. Quand ils entendaient ce murmure sourd, précurseur de l'orage, les anciens s'écriaient : « Fermons les portes, écoutez les Crieriens, le tourbillon les suit. »

CRINIS, prêtre d'Apollon. Ce dieu remplit ses champs de rats et de souris, parce qu'il avait négligé son devoir dans les sacrifices. Crinis montra plus de zèle dans la suite ; et Apollon, pour lui marquer sa satisfaction, tua tous ces animaux lui-même à coups de flèches. Cette bienfaisante expédition valut à Apollon le ridicule surnom de *Smintheus*, c'est-à-dire ; *destructeur des rats*.

CRINISE, prince troyen, employa, de concert avec Laomédon, Neptune et Apollon à relever les murs de Troie, et leur refusa le salaire qu'il leur avait promis. Neptune, pour se venger, suscita un monstre qui désolait la Phrygie. Il fallait lui exposer une fille lorsqu'il se présentait. On assemblait chaque fois toutes les jeunes Troyennes, et on les faisait tirer au sort. La fille de Crinise étant en âge de tirer pour être la proie du monstre, son père aima mieux la mettre furtivement dans une barque sur la mer, et l'abandonner à la fortune, que de l'exposer à être dévorée. Lorsque le temps du passage de ce monstre fut expiré, Crinise alla chercher sa fille, et aborda en Sicile. Mais n'ayant pu la trouver, il pleura tant, qu'il fut métamorphosé en fleuve. Les dieux, pour récompenser sa tendresse, lui donnèrent le pouvoir de se transformer de toutes sortes de façons. Il usa souvent de cet avantage pour surprendre des Nymphes, et combattit contre Achéloüs pour la nymphe Egesté, qu'il épousa, et dont il eut Aceste.

CRIOBOLE, sacrifice expiatoire qu'on faisait en l'honneur de la mère des dieux. Ces sortes de sacrifices ne remontent pas au-delà du 2eme. siècle de l'Église. On creusait dans la terre une fosse profonde que l'on recouvrait de planches percées; le grand-prêtre, revêtu de tout l'appareil de sa dignité, ou bien la personne qui avait besoin de l'expiation, descendait dans la fosse, et recevait sur ses habits, sur ses yeux, sur sa tête, dans la bouche et les oreilles, le sang de la victime qu'on immolait; la personne toute couverte de sang sortait alors de la fosse, et, dès ce moment, était regardée comme sanctifiée pour vingt ans. L'immolation d'un taureau s'appelait *taurobole*, celle d'un bélier *criobole*, celle d'une chèvre *égobole*.

CRISHNA, dieu du premier rang chez les Indiens; s'est incarné, suivant eux, comme Brama, fils de Dévaci. Sa beauté excita l'amour des princesses de l'Indostan, et sa force, l'admiration des hommes; à l'âge de 7 ans, il leva une montagne du bout de son doigt, tua l'énorme serpent Calya, fit des miracles, et descendit aux enfers pour y ressusciter les morts. Il prêchait en faveur des brames, et leur lavait humblement les pieds; il retourna au ciel, après avoir laissé ses instructions dans le livre sacré, appelé le *Giéta*. On le représente paré d'une guirlande de fleurs et de perles, avec un visage bleu et une abeille voltigeant autour de sa tête. L'Anglais Hastings a cru reconnaître dans Crishna l'Apollon des Grecs. La secte des Indous, qui l'adore avec l'enthousiasme le plus religieux, croit qu'il est Whisnou lui-même, sous une forme humaine. Crishna est le Cupidon et le dieu favori des Indiennes.

CRITOLAUS, fils de Reximachus, Tegéate, figure dans l'histoire des temps héroïques, par un trait absolument semblable au combat des Curiaces. Pour terminer, d'un seul coup, la guerre qui depuis long-temps durait entre les villes de Tegée et Phénis, il combattit avec ses deux frères, contre les trois fils de Démocrate, citoyens de Phénis. Critolaüs perdit ses deux frères, mais il tua Démoticlès dont les deux frères étaient hors de combat. Resté vainqueur, il rentra chez lui, et sa sœur Démodice, qui avait été promise à Démoliclès, fut la seule à qui cette victoire ne causât pas de joie. Critolaüs irrité la tua; sa mère l'accusa devant le sénat, mais il fut absous en considération du service qu'il avait rendu à la patrie.

CRIUS, gouverneur de Phryxus, le suivit dans la Colchide, y fut immolé aux dieux du pays, auxquels on consacra sa peau. Voilà, selon quelques auteurs, le fondement de la fable de Phryxus, et du bélier à la toison d'or.

CROCUS, aima tellement sa femme Smilax, que les dieux, pour récompenser leur tendresse, les changèrent, Crocus en safran, et Smilax en if.

CROMÉRUACH (*Myth. celt.*), principale divinité des Irlandais, avant qu'ils embrassassent le christianisme. Sa statue était d'or, et entourée des statues, en airain, de douze divinités inférieures. Les prières de saint Patrice, firent, à ce qu'on prétend, enfoncer ces idoles dans la terre et les firent disparaître.

CROTUS, fils de Pan et d'Euphème, chasseur habile, fut, après sa mort, métamorphosé en la constellation du sagittaire. Jupiter, pour retracer ses qualités, lui donna des pieds de cheval, emblême da sa célérité, une flèche dans la main, signe de sa profession, une queue de satyre, indice de sa lubricité, et une couronne à ses pieds.

CRYTIDAS, chef sicilien qu'Hercule tua, l'orsqu'il passait en Sicile avec les bœufs de Géryon. Dans la suite, ses compatriotes lui rendirent des honneurs comme à un héros.

CTESYLLA, fille d'Alcidamas; un jeune homme, nommé Hermocharès, l'ayant vue danser aux jeux pythiques, en devint éperduement amoureux : il écrivit sur une pomme le serment de l'aimer toujours, et la fit rouler aux pieds de Ctesylla, qui la ramassa, et promit de le payer du plus tendre retour. Les deux amans allaient être unis lorsqu'un homme, plus riche qu'Hermocharès, vint la demander, et l'obtint de son père. Ctesylla ne voulant pas consentir, à l'épouser, se livra à son amant, et se réfugia avec lui à Athènes, où elle mourut dans les douleurs de l'enfantement. Hermocharès lui fit faire de magnifiques funérailles, mais au milieu de la cérémonie, on vit sortir du cercueil où était Ctesylla, une colombe qui s'envola dans les airs, et on ne retrouva plus son corps qui avait disparu; l'oracle répondit qu'elle avait été changée en oiseau, et qu'on devait lui dresser des autels.

CUBA, divinité invoquée par les Romains, comme prenant soin des enfans dans leurs berceaux et les faisant bien dormir.

CUPAI (*Myth. amér.*), dieu des anciens habitans de la Floride, qui le faisaient présider au lieu où les crimes des méchans étaient punis après leur mort.

CUPIDON, EROS ou **l'AMOUR**, présidait à la volupté. Hésiode le fait fils du Chaos et de la Terre; Simonide, de Mars et de Vénus; Sapho, du Ciel et de Vénus; Sénèque, de Vénus et de Vulcain. Les Grecs mettaient de la différence entre Cupidon et l'Amour. Ils appelaient le premier Imeros, *Cupido*; et le second Eros, *Amor*. Celui-ci est doux et modéré, celui-là est emporté et violent; l'un inspire les sages, l'autre possède les fous. Cicéron écrit que l'Amour était fils de Jupiter et de Vénus, et

Cupidon de la Nuit et de l'Erèbe : ils étaient l'un et l'autre de la cour de Vénus : ils la suivirent aussitôt qu'elle fut née et qu'elle alla dans l'assemblée des dieux. Jupiter ayant jugé à la figure de l'Amour de tous les maux qu'il ferait aux hommes, voulut engager Vénus à s'en défaire ; mais elle le cacha dans un bois, où il suça le lait des bêtes féroces. Bientôt il se fit un arc de frène et des flèches de cyprès pour attaquer les cœurs. Souvent, au lieu de son carquois, il porte ou une lance avec laquelle il fait de profondes blessures, ou une torche ardente, dont il se sert pour embrâser l'âme, ou une rose, symbole des plaisirs qu'il procure. Il touche la lyre, conduit un char, ou monte sur des lions et des panthères qu'il sait dompter. On le représente ordinairement sous la figure d'un enfant nu, quelquefois avec un bandeau sur les yeux, car il ne voit jamais les défauts de l'objet qu'il aime, et toujours avec des ailes, parce que rien n'est si fugitif que les transports qu'il inspire. Il fut aimé de Psyché, et eut pour compagnon, dans son enfance, Antéros. Les Ris, les Jeux, les Plaisirs et les Attraits sont représentés autour de lui, sous la figure de petits enfans ailés. Dans la *villa* Albani près de Rome, on voyait Cupidon endormi ; au Capitole, il joue avec un cygne ; dans le petit palais Farnèse, Raphaël l'a peint montrant Psyché aux Grâces.

CURA, déesse de l'inquiétude, fit le premier homme avec de l'argile, et Jupiter anima cet ouvrage. Lorsqu'il fallut lui donner un nom, la Terre, la déesse Cura et Jupiter y prétendirent. Saturne décida que la Terre aurait ce droit, puisque l'homme, formé de ses parties, devait rentrer dans son sein ; mais que, pendant sa vie, Cura, dont le nom signifie l'*Inquiétude*, le posséderait sans cesse.

CURCHUS, dieu des anciens habitans de la Poméranie et de la Prusse, présidait à l'agriculture, et au boire et au manger ; aussi lui consacrait-on les prémices de tous les fruits. On lui rendait le même culte qu'à Vesta à Rome, en entretenant un feu continuel en son honneur. Chaque année on brisait sa statue pour la remplacer par une nouvelle.

CURÈTES, les premiers qui défrichèrent l'île de Crète, et travaillèrent à en civiliser les habitans. La Phrygie était leur berceau, et les Crétois, civilisés par leurs soins, reçurent encore d'eux les premières connaissances en astronomie, et les premières notions religieuses. On leur attribue l'art de fondre et de forger le fer : le feu ayant pris dans une des forêts du mont Ida, la violence de la chaleur fit fondre et couler des masses de fer qui s'y trouvaient : les Curètes, observant ce phénomène, en profitèrent pour fondre ce métal. On les a supposés enfans de la Terre et du Ciel, c'est-à-dire, qu'ils introduisirent en Crète le culte de ces divinités. D'autres leur ont donné pour mère Mélissa, parce qu'ils apportèrent les rites et les pompes sacrées introduits par cette reine dans les cérémonies religieuses. Quelques auteurs attribuent aux Curètes l'honneur d'avoir, en frappant sur leurs boucliers, empêché Saturne d'entendre les cris de Jupiter enfant. Par la suite les Curètes cessèrent d'être regardés comme les assistans de Rhéa, et devinrent, non-seulement des divinités subalternes, mais les grands dieux de la Crète, au nom desquels on jurait l'observation des traités. On institua, en leur honneur, des mystères qui avaient beaucoup de rapport avec ceux de Samothrace et d'Eleusis.

CUTTERI (*Myth. ind.*), l'un des quatre fils du premier homme, selon la doctrine des brames. Il était d'un tempérament de feu, aimait les combats, soupirait pour la gloire. Le Tout-Puissant lui ayant mis un glaive à la main, symbole de l'empire et de la guerre, il eut en partage le gouvernement des peuples, et dut maintenir le bon ordre entre les hommes. C'est le Dieu de la guerre des Indiens, et la divinité tutélaire des empires. Il rencontra, comme Brammon et ses deux autres frères, la femme que Dieu lui destinait. Lorsque les esprits se furent ouverts à la corruption, c'est lui qui prétendit élever ses lois au-dessus des lois divines. Il méprisa ses frères, les accabla de vexations sans nombre, et massacrait tout ce qui avait le malheur de lui déplaire. Ses égaremens continuèrent à provoquer ainsi le courroux céleste, jusqu'à la première destruction du monde. Il fut le fondateur de la seconde caste de l'Indostan, dite *des Cutteri.*

CUVERA (*Myth. ind.*), dieu des richesses chez les Indiens. Porté dans un char d'or, orné de diamans, il réside ordinairement dans le magnifique palais d'Alaca, d'où il répand des trésors sur ceux qu'il daigne favoriser; mais il est subordonné aux trois dieux principaux, ou plutôt à la divinité considérée sous ses trois rapports.

CYANE, nymphe de Syracuse, fut aimée du fleuve Anapis. Pluton, pour la punir d'avoir voulu s'opposer à l'enlèvement de Proserpine, la changea en fontaine, près de laquelle les Syracusains venaient chaque année offrir des sacrifices.

CYANÉE, fille du fleuve Méandre, et mère de Caunus et de Biblis, fut métamorphosée en rocher, pour n'avoir pas voulu écouter un jeune homme qui l'aimait passionnément, et qui se tua en sa présence, sans lui causer la moindre émotion.

CYANÉES, écueils situés à l'entrée du Pont-Euxin. Ce sont deux amas de rochers entre l'Asie et l'Europe, et qui ne sont séparés que par un espace de vingt stades. Les premiers navigateurs qui virent ces rochers, crurent qu'ils étaient mobiles, et qu'ils abîmaient les vaisseaux qui voulaient y passer. Les Argonautes eux-mêmes en furent effrayés, et ils ne tentèrent le passage qu'après avoir fait un sacrifice à Junon et à Neptune, qui les favorisèrent.

CYANIPPE, prêtre et prince de Syracuse, ayant méprisé les fêtes de Bacchus, fut frappé d'une telle ivresse, qu'il fit violence à Cyane, sa fille. L'île de Syracuse fut désolée aussitôt par une peste horrible. L'oracle répondit que la contagion ne finirait que par le sacrifice de l'incestueux. Cyane traîna elle-même son père à l'autel et se tua, après l'avoir égorgé.

CYATHUS, fils d'Architélès, échanson d'Œneus, ayant versé par mégarde, dans un festin, de l'eau sur les pieds d'Hercule, au lieu de lui en verser sur les mains, celui-ci le frappa du bout du doigt à la tête, et lui ôta la vie. Les Phasiens lui bâtirent un sanctuaire à côté du temple d'Apollon.

CYBÉBÉ, divinité ainsi appelée, parce qu'elle avait, dit-on, le pouvoir de faire entrer en fureur. On croit que c'est la même que Cybèle, dont l'article suit.

CYBÈLE ou VESTA l'ancienne, femme de Saturne, et fille du Ciel et de la Terre, exposée dans une forêt où les bêtes féroces prirent soin de son enfance, et la nourrirent, aima passionnément Atys, jeune berger phrygien, qui la dédaigna, et dont elle se vengea en le métamorphosant en pin. On la représente avec une tour sur la tête, une clef et un disque dans la main, couverte d'un habit vert et semé de fleurs : tantôt entourée d'animaux sauvages, tantôt assise sur un char traîné par quatre lions. On lui offrait en sacrifice un taureau, une chèvre ou une truie. Quelques-uns de ses prêtres se faisaient eunuques, pour imiter Atys que Cybèle trouva infidèle, et qui se transporta d'une telle fureur, que dans ce moment il se mutila lui-même. Ils portaient la statue de la déesse par les rues au son des timbales, faisaient des contorsions, se déchiraient le corps en sa présence, pour s'attirer les aumônes du peuple, et frappaient la déesse avec les parties qu'ils s'étaient retranchées. (*Histoire de l'Église gallicane*, tome 1, page 35.) Ils habitèrent d'abord le mont Ida en Phrygie, puis ils vinrent demeurer dans l'île de Crète sur une haute montagne à laquelle ils donnèrent le même nom d'Ida. Ce fut là qu'ils nourrirent Jupiter enfant, et qu'à la faveur du bruit qu'ils faisaient avec leurs instrumens lorsqu'il pleurait, il le sauvèrent de la fureur de Saturne, qui l'aurait dévoré comme ses autres enfans. On les appelait *Galli*, du nom d'un fleuve de Phrygie. Les nations adorèrent Cybèle sous le nom de *Déesse de la Terre*. Les Romains ignoraient son culte jusqu'au temps d'Annibal; mais sur une réponse de l'oracle de Delphes, ils envoyèrent des députés à Attale, roi de Pergame, pour lui demander la mère Idéenne ou Cybèle. Ce prince leur fit donner une grosse pierre que l'on conservait à Pessinonte en Phrygie; et que les habitans disaient être la mère des Dieux. On l'apporta à Rome avec beaucoup de cérémonie, et on la plaça dans le temple de la Victoire sur le mont Palatin. Elle y était regardée comme un gage de la stabilité de l'empire. On lui consacrait le cube et toutes les figures cubiques et à six faces. Les poètes l'ont désignée sous différens noms, tirés la plupart des montagnes de Phrygie; les principaux sont, *Ops*, *Rhée*, *Vesta*, *Dindymène*, *Bérécynthe*, la *Bonne Déesse*, la *Mère des Dieux*.

CYCHRÉE, fils de la nymphe Salamis et de Neptune, fut surnommé le *Serpent*, à cause de la férocité de ses mœurs, et honoré comme un dieu dans l'Attique et à Salamine.

CYCINNIS, satyre de la suite de Bacchus, inventa une danse, moitié grave, moitié gaie, qui prit son nom.

CYCLÉE, ancien héros, habitant de Platée en Béotie, Honoré comme un héros par ordre de la Pythie dans la guerre contre les Mèdes.

CYCLOPES, géans monstrueux, étaient selon Hésiode, fils du Ciel et de la Terre; selon Homère, de Neptune et d'Amphitrite. Ils travaillaient sous les ordres de Vulcain, à forger dans l'Étna les foudres de Jupiter.

Lorsque cette montagne jettait des flammes, c'était le feu des forges des Cyclopes; le bruit de ses éruptions c'étaient les coups que les Cyclopes donnaient sur leurs enclumes. Les Cyclopes étaient des géans énormes; allusion à la hauteur des montagnes volcaniques, dont les Cyclopes n'étaient que le symbole. Ils avaient un œil étincelant au milieu du front: allégorie du cratère des volcans, et traduction même de leur nom, qui signifie *œil rond*. (*Kuclos*, cercle; *ops* œil.) Ils forgeaient les foudres de Jupiter, formés de trois rayons d'eau, trois de brouillards, et trois de feu: allusion aux phénomènes qui accompagnent les éruptions volcaniques. On plaçait leurs forges en Sicile, dans l'île de Lemnos, et celle de Lipari, trois îles à volcans. Ils étaient fils du Ciel et de la Terre, à cause de la hauteur et des profondes racines des montagnes volcaniques; ou ils étaient fils de Neptune, parce qu'ordinairement la mer baigne le pied de ces mêmes montagnes. A ce que nous venons de dire relativement aux Cyclopes, la fable ajoute qu'Esculape ayant été frappé de la foudre, Apollon n'osant se venger sur Jupiter, perça à coups de flèches les Cyclopes qui l'avaient fabriquée. Les Cyclopes avaient à Corinthe un temple dans lequel on leur offrait des sacrifices. Les principaux étaient Polyphème, Brontès, Stéropes et Pyracmon. Brontès forgeait la foudre, Stéropes la tenait sur l'enclume et Pyracmon la frappait à coups redoublés.

CYCNUS, fils de Sthénélus, roi de Ligurie, ressentit tant de douleur de la mort de Phaéton son ami et son parent, que les dieux, touchés de compassion, le changèrent en cygne. — Cycnus, fils de Mars et de Pirène, fut tué par Hercule: Mars irrité voulut venger la mort de son fils et frapper le meurtrier; mais Jupiter l'en empêcha. — Cycnus, fils de Neptune et d'une Néréide, allié des Troyens, était invulnérable. Achille, ne pouvant le percer de coups, se jeta sur lui, et allait l'étouffer en lui serrant la gorge; mais le corps de Cycnus fit place à un cygne qui se trouva dans les bras du fils de Pelée.

CYDON, un des fils de Thégéates, alla fonder une colonie dans l'île de Crète, et y fonda l'île de Cydonie. Les Crétois le disaient fils de Mercure et d'Acacallis fille de Minos.

CYDROLAUS, fils de Macarée, vint s'établir dans la ville de Samos, et en devint roi.

CYGNE, oiseau consacré à Apollon comme au dieu de la musique. On croyait alors que le cygne, près de mourir, faisait entendre des chants mélodieux; c'est ce qui fait que toujours, en parlant du dernier essor et du dernier élan d'un beau génie prêt à s'éteindre, on rappellera cette expression touchante: c'est le *chant du cygne!* Pythagore et Platon croyaient que le cygne avait une ame immortelle. Cet oiseau était aussi consacré à Vénus, dont il traînait quelquefois le char dans les plaines de l'Empirée.

CYLLABARE, fils de Sthénélus, régna dans la ville d'Argos, et réunit par sa valeur un très-grand territoire à son empire, qui passa, après lui à la famille de Pélops. Cyllabare sut inspirer de l'amour à l'épouse de Diomède, pendant que ce prince était au siége de Troie; et quand il en revint, il trouva Cyllabare si puissant qu'il n'osa pas l'attaquer, et se retira dans un autre pays

CYMODOCÉE, une des nymphes qui durent leur naissance à la métamorphose des vaisseaux d'Enée, et en donna avis à ce prince.

CYNOCÉPHALE, divinité égyptienne, qu'on croit être la même qu'Anubis. On donnait aussi quelquefois ce surnom à Mercure, parce que le chien lui était consacré.

CYNOSURA, nymphe du mont Ida, l'une des nourrices de Jupiter, qui, en reconnaissance de ses soins, la changea en étoile, et la plaça près du pôle.

CYNURE, fils de Persée, prince d'Argos, conduisit une colonie de ses compatriotes dans le Péloponèse, et y fonda la ville de Cynure.

CYPARISSA, fille de Borel, roi des Celtes, étant morte, son père planta sur sa tombe un arbre qui prit d'elle le nom de Cyprès (*cyparissus*). — CYPARISSA, jeune garçon très-beau, fils d'Amyclée, de l'île de Cée, fut aimé d'Apollon. Il nourrissait un cerf qu'il tua par mégarde, et en eut tant de regret qu'il voulut se donner la mort. Apollon, touché de pitié, le métamorphosa en cyprès, arbre dès-lors consacré au deuil, et destiné à entourer les tombeaux. On en portait des branches dans les cérémonies funèbres.

CYPRÈS. *Voyez* CYPARISSA.

CYPRIS ou CYPRINE, surnom de Vénus, parce que l'île de Cypre lui était consacrée.

CYRÈNE, fille d'Hypsée, roi des Lapithes, fut enlevée par Apollon, qui la transporta en Libye, où elle devint mère d'Aristée, célébré par Virgile.

CYRNUS, navigateur grec, donna le nom de Cyrno à l'île Térapné où il aborda. Cette île prit dans la suite le nom de Corsa, de la nymphe Corsa. — CYRNUS, officier d'Inachus, envoyé à la recherche d'Io, et qui, ne l'ayant pas trouvée, n'osant retourner sans elle auprès de son roi, bâtit en Carie la ville de Cyrnus, où il s'établit.

CYTHÉRON, jeune homme aimé de Tisiphone, qui, furieuse de ses mépris, l'étrangla. Il fut métamorphosé en montagne. La fable métamorphose encore en montagnes d'autres personnages de ce nom, et toutes ces métamorphoses ont rapport au fameux mont Cythéron. — CYTHÉRON, homme d'une avarice sordide, qui tua son père dont la pauvreté extrême ne lui laissait pas l'espoir d'une succession. Il se précipita ensuite du haut d'une montagne, entraînant avec lui son frère Hélicon qu'il détestait: de là les noms de Cythéron et d'Hélicon que portent ces deux montagnes.

CYTORUS, fils de Phryxus, arriva dans une contrée couverte de bois, qui est la Galatie, et y donna son nom à une montagne et à une ville.

CYZÉNIS, fille du féroce Diomède, roi de Thrace. Aussi cruelle que son père, elle se plaisait à faire disséquer des hommes vivans, et à faire manger les enfans par les pères.

CYZIQUE, roi de la presqu'île de la Propontide, reçut avec beaucoup de magnificence les Argonautes qui allaient à la conquête de la Toison d'or. Ces héros étant partis furent repoussés pendant la nuit par un coup de vent sur la côte de la presqu'île. Cyzique les prenant pour des pirates, et voulant les empêcher de prendre terre, fut tué dans le combat. Jason le reconnut le lendemain parmi les morts, et lui fit de superbes funérailles. Il donna son nom à la ville de Cyzique.

DACT DAGG

DABAIBA (*Myth. amér.*), divinité particulièrement révérée par les peuples idolâtres de Panama. Quoiqu'elle fût mortelle originairement, elle parvint, par une constante sagesse, à être placée au rang des Dieux, dont elle fut ensuite appelée la mère. Le tonnerre et les éclairs sont, pour ses adorateurs, des preuves de la colère de Dabaiba; pour la prévenir, ils lui font différens sacrifices, et passent plusieurs jours dans les gémissemens et la consternation.

DABIS (*Myth. jap.*), idole des Japonais, dont on voit la représentation monstrueuse sur la route de Sorungo à Osacia. On lui présente chaque année une jeune vierge pour épouse. Comme la statue est creuse en dedans, un bonze répond pour le dieu aux questions qu'on lui fait. Les dévotes, après avoir reçu les faveurs du dieu, ne manquent pas de lui laisser quelque marque de leur reconnaissance.

DACTYLES IDÉENS. Les Dactyles idéens furent les premiers habitans de l'Ida en Phrygie, et non de l'Ida de Crète, où jamais ils ne furent établis. Les uns étaient enfans du Soleil et de Minerve, les autres de Saturne et d'Alciopé. Ils empêchèrent, par leurs chants et par leurs cris, Saturne d'entendre la voix de Jupiter, enfans qu'on élevait secrètement sur le mont Ida. Les Dactyles idéens civilisèrent la Phrygie, de même que les Curètes avaient civilisé la Crète, et leur histoire devint à peu près la même; c'est-à-dire, que, comme les Curètes, les Dactyles finirent par partager le culte des divinités qu'ils avaient fait connaître. Les Dactyles exercèrent d'abord la médecine; et leur nom désigna long-temps en Grèce ceux qui s'étaient rendus célèbres dans cet art. Les Dactyles augmentèrent, par des prestiges et des enchantemens, la considération dont ils jouissaient déjà; et ce fut chez eux, selon Diodore de Sicile, qu'Orphée s'instruisit des mystères des initiations qu'il répandit dans la Grèce. Le culte des Dactyles, au surplus, ne fut jamais aussi étendu que celui des Cabires, et même des Curètes, quoiqu'ils aient ainsi que ces derniers, passé pour les Parèdres ou assistans de la mère des dieux, dont ils avaient introduit le culte en Phrygie.

DAGEBOG, DACHOUBA ou DAGEBA (*Myth. sav.*), déesse adorée à Kiew. Elle répond, d'après son nom, au dieu des richesses ou à la fortune.

DAGGIAD (*Myth. mus.*),

l'ante-christ des Musulmans ; il doit selon eux, faire son apparition monté sur son âne, mais Jésus-Christ le combattra et lui ôtera la vie.

DAGON (*Myth. syr.*), divinité des Philistins, qui avait un temple à Azoth et un à Gaza. Les savans sont partagés sur cette divinité. Les uns croyent que c'est la même que l'Oannis ou Oannès babylonien ; les autres ont dit que Dagon n'était autre que l'Astarté des Phéniciens, et l'Isis des Égyptiens. Les docteurs juifs ont représenté Dagon sous la forme d'un triton. Ce qu'il y a de certain, c'est qu'en langue phénicienne Dagon signifie froment, et qu'il pourrait bien se faire que ce Dagon, après avoir enseigné le labourage aux Phéniciens, ait été, après sa mort, déifié. Néanmoins, il est aussi très-possible qu'il n'ait point existé de Dagon, et que les Phéniciens aient adoré sous ce nom la puissance créatrice et conservatrice des biens de la terre, parmi lesquels le froment tient assurément le premier rang. Les uns veulent que ce soit Saturne ; d'autres, Jupiter ; et d'autres, Vénus. Jurieu pense que c'est Noë, fabricateur de l'arche, et qui flotta long-temps sur les eaux, parce que les Philistins attribuaient à Dagon l'empire de la mer.

DAGUN (*Myth. ind.*), dieu du Pégu. Ses prêtres cachent cette idole avec tant de soin et de mystère, qu'on ignore en quoi consiste sa représentation. Tout ce qu'on sait, c'est qu'au jour de la destruction du monde, Dagun en rassemblera les débris et en formera un monde nouveau.

DAI-BOTH (*Myth. jap.*), l'une des plus célèbres divinités du Japon. Ce nom signifie, à la lettre, la grâce de Dieu. On voit à Méaco un temple de Dai-Both, fameux dans tout le Japon, et dans lequel on entre par un portail, de chaque côté duquel sont placés deux monstres hideux qui se regardent d'un air menaçant, et semblent vouloir s'attaquer. Au milieu de ce temple, et sur un autel fort peu élevé, se voit la statue de Dai-Both ; laquelle est d'une hauteur si démesurée que, bien qu'assise, la tête touche au faîte du temple. Elle a les traits, le sein d'une femme, et les cheveux noirs et crépus comme ceux d'un nègre. Elle est entourée de rayons d'or, avec une couronne d'or sur la tête. Sur l'autel brûlent quantité de lampes.

DAIKOKU (*Myth. jap.*), dieu que les habitans du Japon, mais particulièrement les artisans, invoquent avec confiance, parce qu'il peut leur procurer toutes les choses dont ils ont besoin. Il est représenté assis sur une balle de riz, avec un marteau à la main et un sac près de lui. Chaque fois qu'il frappe de son marteau, on croit que le sac se remplit d'argent.

DAIMONOGINI (*Myth. jap.*), divinité en grande vénération parmi les Japonais. On célèbre tous les ans en son honneur au mois de juillet une fête solennelle qui attire une foule innombrable.

DAIRA, mère de la nymphe Eleusis, fut elle-même une nymphe de l'Océan.

DAIRI, DAIRO ou DAIRE, souverain pontife du Japon. On lui donne aussi le nom de *Tensin*, qui signifie fils du ciel. Sa personne est réputée sacrée, et on le regarde comme un dieu sur la terre. Depuis la fondation de l'empire du Japon, vers le milieu du douzième siècle, le Dairi avait réuni en sa personne les deux pouvoirs spirituel et temporel; et même quand il eût été dépouillé de l'autorité civile, les empereurs du Japon prirent pendant long-temps le titre de vicaires du *Dairi;* mais en 1585, l'empereur Taiko s'affranchit de cette sujétion, et ôta au dairi qu'il réduisit au seul pouvoir ecclésiastique, toute autorité dans les affaires civiles. La profonde vénération du peuple le dédommagea de la perte de cette autorité : cette vénération est excessive, et devient même gênante pour celui qui en est l'objet. Le dairi réside à Méaco, et il conserve encore dans cette ville une partie de son ancienne autorité temporelle.

DAITÈS, mis par les Troyens au nombre des dieux qui aiment à faire le bien, parce qu'il établit le premier l'usage des repas splendides chez ces peuples, qui regardaient cette institution comme une faveur divine.

DALAI-LAMA, ou LAMASEM (*Myth. Tart.*), plus connu sous le nom du *grand-Lama* est le chef de la religion de tous les Tartares idolâtres, ou plutôt leur dieu vivant. Il fait sa résidence habituelle près de la ville de Potala, vers les frontières de la Chine. Il a des prêtres nommés *Lamas,* qui sont au nombre de 20,000. Il est tout à la fois, souverain spirituel et temporel, et n'use de son pouvoir qu'avec beaucoup de modération. Le grand Lama n'expose jamais sa divinité au grand jour, et se tient renfermé dans le fond d'un temple, entouré de ses prêtres qui lui rendent les honneurs divins. On pousse si loin la vénération qu'on a pour lui, que ses excrémens sont regardés comme sacrés. Son urine est conservée comme un élixir divin, propre à guérir toutes les maladies. Les peuples croient qu'il ne meurt pas, et les prêtres ne manquent pas de moyens pour entretenir cette pieuse croyance. Ils substituent ordiniarement au Lama un homme qui lui ressemble.

DAMASIAS, fils de Penthilus, petit-fils d'Oreste, partageait avec ses cousins-germains le pouvoir absolu sur les Achéens, lorsque ce peuple s'empara du pays que le départ des Ioniens avait laissé vacant.

DAMASICHTHON, fils de Codrus, chef d'une colonie ionienne, rompit ses liens d'amitié avec son frère Prométhus, qui lui donna la mort. — DAMASICHTHON, fils de Niobé et d'Amphion, succomba sous les flèches de Diane et d'Apollon.

DAMASTOR, Troyen intrépide, s'étant trop avancé sur les murs de sa patrie, mourut atteint d'une flèche de Patrocle. — DAMASTOR, un des géants qui escaladèrent le ciel : ne trouvant pas d'armes sous ses mains, il saisit Pallas, autre géant, que Minerve venait de pétrifier, et le lança contre les dieux.

DAMASTORIDÈS, un de ceux qui cherchèrent à séduire Pénélope, fut tué par Ulysse, lorsque celui-ci, de retour de la guerre de Troie, parvint à tendre l'arc dont lui seul connaissait l'usage, et dont il se servit pour tuer les amans de sa femme.

DAMBAC, roi d'Orient, vivait dans le temps fabuleux de ce pays. La mythologie de cette contrée fait remonter son règne beaucoup plus haut qu'Adam. Il régnait, dit-on, sur des peuples à têtes plates, que les Persans ont appelés Demi-têtes. Ils faisaient leur demeure dans une des îles Maldives. Lorsqu'Adam vint habiter celle de Ceylan, ils eurent pour lui la déférence la plus respectueuse, et gardèrent soigneusement son tombeau après sa mort, de crainte que les dives ou mauvais génies ne l'enlevassent.

DAMEON, fils de Phlius, accompagna Hercule dans son expédition contre Augée, et fut tué avec son cheval par Ctéatus, fils d'Actor. Les Eléens lui érigèrent un cénotaphe pour lui et sa monture.

DAMETHUS, roi de Carie, avait une fille qui fut guérie d'une maladie grave par Podalyre qui avait été jeté sur les côtes de ce pays, en revenant du siége de Troie. Damethus, par reconnaissance la lui donna en mariage. Podalyre eut de ce mariage Hippolochus, dont Hippocrate disait qu'il descendait.

DAMIA, divinité honorée chez les Romains et à Epidaure, dans des mystères célébrés à huis clos. Les hommes n'y étaient point admis, et les femmes étaient obligées, pour y assister, de s'engager à ne point déclarer ce qui s'y passait. Plusieurs jours s'y écoulaient dans les réjouissances et les plaisirs.

DAMITHALÉS, habitant de la Grèce, qui donna l'hospitalité à Cérès, lorsque cette déesse parcourut la terre, pour chercher Proserpine.

DAMOCRATE, demi-dieu que les Grecs révéraient, et auquel ils faisaient différens sacrifices.

DAMYSE, un des géans qui escaladèrent le ciel. On prétend que le centaure Chiron, ayant découvert son corps, appliqua l'os de son talon à celui d'Achille. Héphestion, qui rapporte cette aventure, s'exprime ainsi: « Thétis avait fait disparaître, par le moyen du feu, les six premiers enfans qu'elle avait eus de Pélée. Elle voulait en faire autant du septième, qui était Achille; mais son père survint, le retira du feu qui ne lui avait encore consumé que le talon droit, et le porta dans la grotte de Chiron, qui entreprit de le guérir. Il déterra dans cette vue, le cadavre de Damyse, le plus léger de tous les géans à la course, lui ôta l'os du talon, et l'adapta au pied d'Achille avec tant de justesse, qu'à l'aide de quelques médicamens, cet os prit corps, et répara la perte du premier. » Dans la suite, lorsqu'Achille fuyait devant Apollon, ce talon se détacha et le fit tomber ce qui donna au dieu le temps de le percer.

DANAÉ, fille d'Acrisius, roi d'Argos, fut enfermée, par ordre de son père, dans une tour d'airain, parce que l'oracle lui avait prédit qu'il serait tué par l'enfant qui naîtrait de sa fille. Jupiter, devenu amoureux de Danaé, descendit dans sa prison sous la forme d'une pluie d'or. La belle captive se rendit à ses désirs, et de ce commerce naquit le célèbre Persée. Aussitôt qu'Acrisius eût appris que sa fille était accouchée, il la fit enfermer dans un coffre avec son fils, et jeter dans la mer. Les flots ayant porté le coffre sur les bords de l'île de Séryphe, un pêcheur qui l'aperçut l'amena à bord, l'ouvrit, et y trouva Danaé et son fils. Il les conduisit sur-le-champ au roi Polydecte, qui épousa la princesse et prit soin de l'éducation du jeune Persée. Cette fable est fondée sur une histoire véritable, chargée d'incidens merveilleux par les poètes. Prætus, frère d'Acrisius, touché des charmes de sa nièce, se fit ouvrir les portes de la tour, à force d'argent. Les gardes de Danaé introduisirent chez elle son amant, qui en eut Persée. Annibal Carrache a représenté Danaé nue, couchée, et regardant tomber la pluie d'or avec complaisance. Ce sujet a exercé aussi le pinceau de M. Girodet : des bijoux, des fleurs, flottent dans les airs, un collier s'enlace autour de son col, un miroir, où elle voit l'éclat que cette parure ajoute à ses charmes, achève sa défaite.

DANAIDES, cinquante filles de Danaüs, neuvième roi d'Argos. Ce prince ayant régné neuf ans, en parfaite intelligence, en Egypte, avec son frère Egyptus, celui-ci s'empara du trône, et soumit Danaüs à ses lois. Egyptus avait cinquante fils, et Danaüs cinquante filles. Le premier voulut faire épouser à ses fils leurs cousines-germaines; mais, pour éviter ce mariage, les Danaïdes s'enfuirent avec leur père à Argos, où elles furent bien reçues du roi Pelasgus, qui nomma Danaüs son successeur. Après que Pelasgus fut mort, et que Danaüs fut monté sur le trône d'Argos, Egyptus craignant que l'alliance des cinquante filles de son frère, avec cinquante princes grecs ne le rendît trop puissant, envoya ses fils à Argos, pour demander, à la tête d'une armée, la main de leurs cousines. Danaüs, trop faible pour résister, consentit à ce mariage; mais il fit jurer secrètement à ses filles, qu'elles assassineraient leurs maris la première nuit de leurs noces. Toutes obéirent, à l'exception d'Hypermnestre, qui sauva son mari Lyncée. En punition de cette barbarie, Jupiter condamna les Danaïdes à travailler éternellement dans le Tartare, à remplir un tonneau percé. Ce qui a fait imaginer ce châtiment fabuleux, c'est qu'on prétend que les Danaïdes communiquèrent aux Argiens l'invention des puits qu'elles avaient apportée d'Egypte.

DANAUS, fils de Bel, et frère d'Egyptus, dressa des embûches à son frère, lorsqu'après ses conquêtes il revint en Egypte. La conjuration étant découverte, il fut obligé de prendre la fuite. Il se retira dans le Péloponèse, chassa Sthénélus d'Argos, vers l'an 1475 avant J.-C., et s'empara de son royaume, où il régna cinquante ans. C'est de lui que les Grecs furent appelés *Danaï*. L'oracle lui ayant annoncé qu'il serait détrôné par un de ses gendres, il donna l'ordre barbare dont il est parlé dans l'article précédent, Lyncée, mari d'Hypermnestre, le chassa de son trône où il s'assit.

DANOUVANDRI (*Myth. ind.*). Ce dieu est très-révéré des Indiens, comme médecin. Ces peuples ne lui ont consacré aucun temple, mais son image est placée près de celle de Whisnou, sous la figure d'un savant qui lit. Ce dieu est regardé comme une transformation de Whisnou, mais accidentelle et momentanée.

DAOLA (*Myth. ind.*), idole tunquinoise, sous la protection de laquelle sont les voyageurs. Ce dieu est très-révéré des paysans et du menu peuple.

DAPHIDAS, ayant demandé à la Pythie, s'il retrouverait bientôt son cheval, qu'il avait perdu, quoiqu'il n'eût pas de cheval, la Pythie lui répondit que oui, mais qu'il en serait la victime. Peu après Daphidas fut, par l'ordre d'Attalus, précipité du haut d'un rocher appelé le *Cheval*, pour des satires qu'il avait publiées contre lui.

DAPHNÉ, fille du fleuve Pénée, fut le premier objet de l'amour d'Apollon, exilé du ciel par Jupiter. Ce dieu berger, poursuivant sa maîtresse, l'atteignit sur les bords du Pénée. La nymphe, vaincue de fatigue, implora la puissance de son père, le conjurant de la mettre à couvert des attentats d'un audacieux. Il exauça sa prière, et métamorphosa sa fille en laurier. Apollon, n'embrassant plus qu'un tronc inanimé, en détacha un rameau, dont il se fit une couronne, et depuis cette aventure le laurier lui fut consacré. Daphné fut honorée comme une divinité, par les habitans de Sparte. Une peinture d'Herculanum, offre Daphné changée en laurier; cette fable a aussi été le sujet d'un tableau du Poussin. — DAPHNÉ, fut, suivant quelques auteurs, une ancienne sybille grecque, qui vivait immédiatement après la guerre de Troie, et rendait ses oracles en vers excellents. Larrey prétend qu'Homère lui doit toutes les beautés de ses deux poëmes, et qu'il anéantit l'ouvrage de Daphné, pour cacher son larcin.

DAPHNIS était fils de Mercure. Il aima une nymphe et l'épousa. Les deux époux obtinrent du ciel que celui des deux qui violerait le premier la foi conjugale deviendrait aveugle. Daphnis ayant tout oublié dans les bras d'une autre nymphe, fut privé de la vue sur-le-champ. — DAPHNIS, berger de Sicile, apprit de Pan lui-même à chanter et à jouer de la flûte; il fut le premier, dit-on, qui excella dans la pastorale.

DARDANUS, fils de Jupiter et d'Electre, naquit à Corythe en Tyrrhénie. Ayant tué son frère Jasius, il fut obligé de sortir d'Italie et de s'enfuir en Samothrace, d'où il passa en Phrygie pour y fixer sa demeure. Il y épousa la fille du roi Teucer, et bâtit, vers l'an 1480 avant J.-C., une ville près du détroit de l'Hellespont, qu'il appela Dardane de son nom. Cette ville prit dans la suite le nom de Troie. — DARDANUS, fils de Priam et d'Hécube, fut tué par Achille sous les murailles de Troie, quelque temps avant la prise de cette ville.

DARÈS, athlète troyen, courageux et présomptueux, ayant excité par ses défis l'indignation d'Entelle, celui-ci le terrassa; il fut tué quelque temps après par Turnus, roi des Rutules.

DARMA (*Myth. jap.*), fils d'un roi des Indes, un des zélés partisans de la secte de Budsod qui domine dans presque tout le Japon, vivait vers l'an 519 de l'ère chrétienne. D'abord prédicateur, de sa doctrine, sa manière de vivre, gênante et bizarre et ses nombreuses privations, n'apportaient que plus de force à ses discours. Comme les premiers hommes, ses seuls alimens étaient des herbes et des racines. On prétend que, pour mettre le comble à ses tourmens volontaires, il forma un vœu par lequel il s'engageait à veiller jour et nuit. Le sommeil l'ayant un jour fait succomber sous le poids des profondes rêveries auxquelles il était toujours livré, Darma fut si humilié d'avoir manqué à son serment, qu'il se coupa les paupières. D'elles naquit l'arbrisseau qui porte le thé, dont on ne connaissait point encore l'usage. Une pareille découverte ne resta pas infructueuse; Darma la fit connaître d'abord à ses disciples, et peu à peu aux Japonais et aux Chinois On représente ordinairement Darma sans paupières, ayant à ses pieds un roseau à l'aide duquel on assure qu'il passe souvent à pied sec des mers et des rivières.

DARMADEVÉ (*Myth. ind.*), dieu de la vertu, que les Indiens représentent sous la figure d'un bœuf, et qu'ils disent sorti du côté droit de la poitrine de Brouma. Ils lui bâtissent toujours une chapelle devant celle de Shiva, parce qu'il est la monture de ce dieu.

DASCYLUS, fils de Lycus, roi des Mariandynes, conduisit les princes grecs jusque sur le rivage du Thermodon, lorsqu'ils allèrent conquérir la toison d'or.

DAUCUS donna naissance à Laride et à Tymber, deux capitaines fameux des Latins, et qui furent tués par Pallas, fils d'Evandre, qui commandait les troupes d'Enée.

DAULIS, nymphe qui habitait, dit-on, les environs de Daulie, ville à laquelle elle donna son nom.

DAUNUS, fils de Pilumnus et de Danaé, se transporta de la Dalmatie dans l'Apulie, et eut un fils nommé comme lui Daunus qui, ayant épousé Vénilie, devint le père de Turnus. — DAUNUS habitant l'Illyrie, ayant été chassé de son pays par une sédition, vint s'établir dans l'Apulie, où il donna l'hospitalité à Diomède, et lui accorda sa fille en mariage.

DAVID-JONES, être fantastique, que les marins anglais regardent comme un esprit malfaisant qui commande aux orages et aux tempêtes. Leur imagination lui donne de grands yeux, trois rangées de dents, des cornes et de larges narines d'où sort un feu bleuâtre.

DEBIS; c'est le nom d'une idole japonaise, de forme humaine et d'une taille gigantesque. Elle n'a ni temple ni pagode; on l'adore sur les grandes routes. Les jeunes filles la consultent pour savoir quand elles se marieront.

DECIMA, déesse des Romains, dont l'emploi était de garantir le fœtus de tout danger, quand il approchait du dixième mois.

DÉDALE, fils d'Hymétion, disciple de Mercure, artiste athénien, le plus industrieux de son temps, inventa plusieurs instrumens, et fit même des statues supérieures à toutes celles qu'on avait vues jusqu'alors. Ses grands talens ne l'empêchèrent pas de se livrer aux bassesses de l'envie. Talus, fils de sa sœur, inventeur d'une sorte de roue pour les potiers, excita sa jalousie; il le précipita du toit d'une maison. Obligé de s'enfuir, il se réfugia à la cour de Minos, roi de Crète. C'est là qu'il construisit le labyrinthe, si célébré par les poëtes. Dédale fut la première victime de son invention: car ayant favorisé les amours de Pasiphaé, fille de Minos, éprise d'un taureau, il fut enfermé avec son fils dans le labyrinthe. Ils en sortirent l'un et l'autre par le secours des ailes artificielles, qu'il colla à ses épaules et à celles de son fils Icare: ces ailes sont peut-être les voiles du vaisseau sur lequel il monta pour fuir. Cocale, roi de Camique, dans la Sicile, lui donna un asile où il demeura jusqu'à sa mort. Les poëtes ont donné de grands éloges à Dédale. On lui a attribué l'invention de la coignée, du niveau et des voiles de navires. On a dit que ses statues étaient autant d'automates mouvans, au moyen du mercure qu'elles renfermaient. Il fut le premier sculpteur grec qui détacha les pieds, les mains et les yeux du bloc. On peut penser avec raison, que ces ouvrages, tant vantés dans l'antiquité, durent la plus grande partie de leur réputation à la grossièreté et à l'ignorance des siècles dans lesquels ils parurent. Pausanias, qui avait vu plusieurs de ces statues, avouait qu'elles étaient choquantes; les proportions en étaient outrées et colossales. Quant à son labyrinthe, on le voit encore aujourd'hui : il n'a rien de merveilleux. « Ce n'est, dit un célèbre observateur, qu'un conduit naturel que des personnes curieuses ont pris plaisir à rendre praticable, en faisant agrandir la plupart des routes trop resserrées, pour servir d'asile à plusieurs familles dans les guerres civiles. » Un bas-relief antique représente Dédale fabricant des ailes pour Icare. Jules Romain l'a représenté dans le moment où il lui indique la route qu'il doit tenir.

DEDALION, fils de Lucifer, frère de Ceïx, fut si touché de la mort de Chioné sa fille, tuée par Diane, à qui elle avait osé se préférer pour la beauté, qu'il se précipita du haut du mont Parnasse. Apollon le changea en épervier.

DÉICOON, roi des Troyens, un des plus fidèles amis d'Enée, fut tué par Agamemnon avant la prise de Troie.

DÉIDAMIE ou HIPPODAMIE, fille d'un prince d'Argos, femme de Pirithoüs, roi des Lapithes. Ce fut à leurs noces que commença la fameuse querelle contre les Centaures. — DÉIDAMIE, fille de Lycomède, roi de Scyros, de laquelle Achille eut Pyrrhus, lorsqu'il était caché dans la cour de ce prince, sous les habits de fille, et sous le nom de Pyrrha.

DÉILÉON, compagnon d'Hercule dans son expédition contre les Amazones.

DÉIMACHUS, père d'Autolycus, fut un de ceux qui quittèrent la Thessalie, pour suivre Hercule dans son expédition contre les Amazones.

DÉION, un des fils d'Eole, fut roi des Phocéens. S'étant uni avec Dioméda, fille de son oncle Xuthus, il naquit de ce mariage, plusieurs enfans, entre autres Céphale.

DÉIOPÉE, fille d'Asius, l'une des plus belles nymphes de la suite de Junon, qui la promit à Eole, à condition qu'il ferait périr la flotte d'Enée.

DEIPHOBE, sibylle de Cumes, fille de Glaucus et prêtresse d'Apollon. On raconte que Déiphobe avait demandé à Apollon, pour prix des faveurs qu'elle consentait de lui accorder, de vivre autant d'années qu'elle avait de grains de sable dans la main. Apollon y consentit; mais Déiphobe, ayant oublié de demander en même temps de conserver sa première fraîcheur, une triste et languissante vieillesse succéda à ses belles années. Cette sibylle rendait ses oracles au fond d'un antre placé dans le temple d'Apollon à Delphes. Elle était aussi prêtresse d'Hécate, qui lui avait confié la garde des bois de l'Averne. Les Romains élevèrent un temple à cette sibylle, dans le lieu même, où elle avait rendu les oracles, et l'honorèrent comme une divinité. — DEIPHOBE, fils de Priam, épousa Hélène, après la mort de Pâris; mais lorsque Troie fut prise, Hélène se livra à Ménélas, pour rentrer en grâce avec son premier mari. Les Grecs le mutilèrent cruellement, et le firent mourir. Enée, qui le vit en cet état aux enfers, lui éleva un monument à son retour.

DEIPHON, fils de Triptolème et de Méganire, ou, selon d'autres, fils d'Hyppothoon. Cérès l'aima tellement, que, pour le rendre immortel, et pour le purifier de toute humanité, elle le faisait passer par les flammes. Méganire, mère de ce prince, alarmée d'un tel spectacle, troubla par ses cris les mystères de cette déesse, qui furieuse remonta aussitôt sur un char traîné par des dragons, et laissa brûler Déiphon.

DEIPILE, fille d'Adrasse, roi d'Argos, devait épouser un sanglier suivant la prédiction d'Apollon. En effet, son père la maria à Tydée, qui se faisait honneur d'être revêtu de la peau d'un de ces animaux, en mémoire de celui que Méléagre avait tué aux environs de la ville Calydon.

DEIPILUS, fils de Sténélus, un des principaux chefs de l'armée grecque, était l'ami de Capanée, brave et courageux guerrier. Tous deux se trouvèrent à la guerre de Thèbes.

DEIPNUS, dieu qui fut regardé par les Achéens comme le premier qui établit les festins sur la terre.

DÉJANIRE, fille d'Ænée, roi de Calydon en Etolie, fut d'abord fiancée à Achéloüs, puis à Hercule; ce qui excita une querelle entre ces deux héros. Achéloüs ayant été vaincu dans un combat singulier, la jeune princesse fut le prix du vainqueur, qui l'emmenait dans sa patrie, lorsqu'il fut arrêté par le fleuve Évène, dont les eaux étaient extrêmement grossies. Comme il délibérait s'il rétournerait sur ses pas, le centaure Nessus vint s'offrir pour passer Déjanire sur son dos. Hercule, y ayant consenti, traversa le fleuve le premier; arrivé à l'autre bord, il aperçut le centaure, qui, loin de passer Déjanire, se disposait à lui faire violence. Alors le héros, indigné de son audace, lui décocha une flèche teinte du sang de l'hydre de Lerne, et le perça. Nessus se sentant mourir, donna à Déjanire sa tunique ensanglantée, et lui dit que, « si elle pouvait persuader à son mari de la porter, ce serait un moyen sûr de se l'attacher inviolablement, et de lui donner du dégoût pour toutes les autres femmes. » La jeune épouse trop crédule, accepta ce présent à dessein de s'en servir dans l'occasion. Quelque temps après ayant su qu'Hercule était retenu en Eubée par les charmes d'Iole, fille d'Euryte, elle lui envoya la tunique de Nessus par un jeune esclave appelé Lycas, à qui elle recommanda de dire de sa part à son mari les choses les plus touchantes. Hercule, qui ne soupçonnait rien du dessein de sa femme, reçut avec joie ce fatal présent; mais il n'en fut pas plutôt revêtu qu'il se sentit déchiré par des douleurs si cruelles, que, devenu furieux, il saisit Lychas, et le lança dans la mer, où il fut changé en rocher. Après quoi, le héros, toujours en proie aux douleurs qui le dévoraient, et ne pouvant plus les supporter, coupa des arbres sur le mont Œta, en dressa un bucher, sur lequel s'étant couché, il pria son ami Philoctète d'y mettre le feu. Quand Déjanire eut appris la mort d'Hercule, elle en conçut tant de douleur et de regret, qu'elle se tua elle-même. Les poètes disent que de son sang sortit une plante appelée Nymphée ou Héracléon.

9

DELA, chef d'une colonie grecque, qui vint peupler l'Irlande.

DELPHUS, fils d'Apollon et de Thyas, habitait les environs du mont Parnasse. Il bâtit Delphes, à laquelle il donna son nom. Il fut pere de Pythis, qui donna aussi le sien à cette même ville.

DELPHYNE, monstre moitié fille et moitié serpent, auquel Typhon confia Jupiter blessé pour le garder dans l'antre corycien.

DELUENTINUS, dieu des Crustumiens, qu'ils invoquaient pour être garantis des ravages de la guerre.

DÉMARCHUS, de la ville de Parrhasie en Arcadie, fut transformé en loup par Jupiter, pour avoir osé manger une victime humaine qu'on sacrifiait à ce Dieu. Les anciens Grecs affirmaient qu'après dix ans de métamorphose, il était rentré dans son état primitif, et avait concouru avec succès aux jeux olympiques.

DEMARMÈNE, pêcheur de la ville d'Erétrie, pêcha, quelques années après la prise de Troie, l'omoplate de Pélops que Philoctète avait été cherchée à Pise pendant le siége de Troie, mais qu'il avait perdue, avant d'avoir rejoint les Grecs, le vaisseau qu'ils portait ayant fait naufrage à la hauteur de l'île d'Eubée. Cet os de Pélops avait été demandé par les devins comme nécessaire pour la prise de la ville. Démarmène l'ayant trouvé, le donna, par ordre de l'oracle, aux habitans de l'Elide qui étaient désolés par la peste. Demarmène obéit, et le fléau cessa.

DEMAROON, fils d'une maîtresse d'Uranus, que Dagon épousa lorsqu'elle était grosse, et qui accoucha peu de temps après de Démaroon.

DEMETZ, divinité arménienne, frère de Kissané : tous les deux étaient Indiens d'origine, et descendaient d'une famille de princes. A la suite d'une trahison qu'ils ourdirent contre leur roi, ils se sauvèrent en Arménie avec leur suite, vers l'an 144 avant J.-C. Volarsace ou Vagharcha, premier roi arsacide dans ce pays, les accueillit et leur donna des terres en apanage dans la province de Daron : ils y bâtirent ensuite la ville de Vichab, et obtinrent de ce prince des dignités et des charges. Mais au bout de quinze ans, le roi les trouva coupables dans une affaire, et les fit mourir tous deux. Les habitans, qui les avaient regardés comme des hommes surnaturels, ne tardèrent pas à les diviniser, à élever des temples et des statues en leur honneur. Demetz était considéré comme le dieu protecteur de Daron. On lui donnait le titre de *très-clément*, et on célébrait sa fête le premier de Navassurty, mois arménien, c'est-à-dire, le 11 d'août. Sa statue, élevée dans l'endroit nommé Innaghian, avait quinze coudées de long, d'après l'historien Clag. *Voyez* KISSANÉ.

DÉMIPHON, roi de Phlagusa reçut de l'oracle l'ordre de sacrifier une jeune fille pour être délivré d'une maladie contagieuse qui désolait son royaume. Il fit assembler toutes les vierges de Phlagusa, à l'exception de ses filles. Matusius un de ses sujets se plaignit de cette injustice, mais Démiphon lui enleva sa fille, et la fit immoler. Matusius dissimula son ressentiment, et, quelque temps après, il invita le roi à un festin, où il lui présenta dans une coupe le sang des jeunes princesses qu'il venait de tuer. Démiphon, pour se venger, fit jetter Matusius, dans la mer.

DÉMO, sybille de Cumes. On montrait dans le temple d'Apollon une urne qui contenait ses cendres renfermées.

DÉMOCOON, fils naturel de Priam, prince troyen, gardien de ses haras à Abydos, ville d'Asie sur l'Hellespont, emporté par l'ardeur de combattre et par l'exemple de son père, alla à la guerre de Troie, où il fut tué par les Grecs. — Démocoon, fils d'Hercule et de Mégare, subit le même sort que sa mère et ses frères, qui furent tués par Hercule, dans un transport de fureur que Junon lui avait inspiré, pour se venger de la mort de Lycus.

DÉMODICE, épouse de Crétheus, roi d'Iolchos, ville de Thessalie, accusa injustement Phrixus, d'avoir voulu attenter à son honneur, et l'obligea de fuir pour se dérober au ressentiment de son père.

DÉMODOCUS, chantre fameux, dont Homère nous a transmis le nom, célébra en présence d'Ulysse et d'Alcinoüs, chefs de l'armée grecque, les amours de Mars et de Vénus. On prétend que les Muses, l'ayant privé de la vue, voulurent le dédommager en le faisant exceller dans le chant. — Demodocus, guerrier troyen, s'étant attaché à Enée, accompagna ce héros fugitif, après l'incendie de sa patrie, et s'établit en Italie, sous la protection de Latinus.

DEMOGORGON, divinité ou génie de la terre. C'était, dit Boccace, sur la foi de Théodotion, un vieillard crasseux, qui habitait dans les entrailles de la terre. Il avait pour compagnon le Chaos et l'Eternité. S'ennuyant dans cette solitude, il fabriqua une petite boule sur laquelle il s'assit; et s'étant élevé en l'air, il forma le ciel et la terre. Il forma aussi le soleil, auquel il donna la terre en mariage. De cette union naquirent la Nuit et le Tartare. On donne encore pour enfants à Démogorgon les Parques, Pan, l'Erèbe, etc. La plupart de ces personnages ont, il est vrai, à leur article, une origine différente; mais on ne voit dans les anciennes mythologies que pareilles contradictions.

DÉMOLÉON, fils d'Anténor, un des principaux chefs de l'armée troyenne, périt par la main d'Achille. — Démoléon, compagnon d'Hercule, qui suivit ce héros à la conquête des Amazônes, portait le même nom.

DÉMOLÉUS, soldat de l'armée grecque; soutint long-temps et avec courage un combat opiniâtre contre Enée sous les murs de Troie.

DÉMONS. Chez les anciens, cette dénomination n'était pas prise en mauvaise part. On regardait les démons comme certains êtres intermédiaires entre les dieux et les hommes. En naissant, chaque homme avait un démon; un bon génie qui devait veiller sur toutes ses actions, et lui servir de guide. C'est ce qu'on peut aussi entendre par le démon de Socrate.

DÉMOPHILE. *Voyez* le *Dictionnaire historique*, tom. VIII.

DÉMOPHON ou DÉMOPHOON, fils de Thésée et de Phèdre, revenant du siège de Troie par un vent contraire, aborda sur les côtes de Thrace, et se rendit chez le roi Lycurgue dont il épousa la fille appelée Phyllis. Après y être resté long-temps caché, la mort de son père l'ayant rappelé à Athènes pour lui succéder, il oublia sa femme, à qui cependant il avait juré, en partant, de revenir sous peu de temps. Cette princesse, si lâchement abandonnée, se pendit de désespoir. Démophoon accorda sa protection aux Héraclides persécutés par Eurysthée, et fit même périr leur ennemi.

DEMRUSCH (*Myth. per.*), géant célèbre, commandait avec Argenk, autre Géant fameux, les Dives, lors de la guerre que leur déclara Thahamurath. Argenk et Demrusch furent vaincus et tués par ce prince.

DEN ou DAN, ancien dieu des Germains. Il est impossible d'imaginer la torture que certains savans ont donnée à leur imagination pour prouver que *Dan* était le Jupiter de la Grèce, et cela en comparant les différentes lettres qui composent le mot esclavon *Dan*, et le mot grec *Zeus*. Comme pas une des lettres qui composent le mot grec ne se trouve dans le mot esclavon, ils ont changé *Zeus* d'abord en *Zan*, *Zan* en *Dan*, et ils ont conclu que *Zeus*, *Zan* et *Dan* étaient la même chose. Et c'est en raisonnant de la sorte, que la plupart des mythologues ont démontré que les Germains et les Gaulois adoraient des divinités grecques et romaines, long-temps avant que ces peuples eussent eu des communications ensemble. Sans doute après les conquêtes de César, et les invasions successives des Romains dans le nord de l'Europe, les peuples conquis ont adopté la plupart des divinités de leurs vainqueurs; mais on aurait, ce nous semble, tort d'en conclure que jusqu'à cette époque, ces peuples ne connaissaient aucune divinité, ou bien avaient emprunté celles qu'ils adoraient, aux Grecs et aux Romains. On objectera que long-temps avant César, les Gaulois avaient fait des incursions en Grèce et en Italie. C'est vrai; mais si les Gaulois avaient honoré Apollon, que l'on a voulu retrouver dans leur Bélénus, ils n'eussent pas saccagé aussi irréligieusement le fameux temple de Delphes, et ils auraient témoigné, si leurs divinités avaient été Romaines, plus de respect qu'ils ne leur en marquèrent lorsqu'ils mirent Rome à feu et à sang. *Voyez* TEUT, DRUIDES, OGMIOS.

DENICHI ou DENIX (*Myth. japon.*), une des trois divinités japonaises qui président à la guerre, est représentée avec trois têtes et quarante mains. Les trois têtes désignent le soleil, la lune et les élémens, et les quarante mains représentent les qualités célestes et élémentaires.

DÉOMENÉE, fille d'Arias, avait une statue en bronze dans la ville de Mantinée.

DERCETIS, *voy.* ATERGATA, jeune fille qui, s'étant repentie de s'être abandonnée à un jeune homme, à la sollicitation de Vénus, se précipita dans un étang, où son corps n'ayant pas été retrouvé, on présuma qu'elle avait été changée en poisson; et on l'adora comme déesse chez les Sidoniens.

DERCINUS était fils de Neptune et d'Amphitrite. Après s'être emparé furtivement des bœufs qu'Hercule avait enlevés à Géryon qu'il avait vaincu, il les emmena en Italie avec son frère Alébion.

DÉROUDI (*Myth. pers.*), le diable opposé à l'ange de l'agriculture. On regarde comme ses œuvres le manquement à sa parole, le refus fait aux serviteurs de leur payer leurs gages, et aux animaux consacrés au labour, de leur donner leur nourriture, en un mot, tout acte d'extorsion, de friponnerie et de mauvaise foi.

DERVICHES ou DERVIS, moines musulmans qui semblent former plusieurs classes. Les uns passent leur vie dans une contemplation continuelle, ou dans une indolence méprisable; d'autres se placent aux coins des rues ou sur la voie publique, et reçoivent l'aumône, sans la demander; d'autres, montés sur des échasses et armés d'une demi-pique, courent la ville, nus en chemise, en criant comme des forcénés qu'il *n'y a de Dieu que Dieu.* Il en est qui font les baladins et les charlatans, et qui amusent ainsi la populace. Ils passent aussi pour de grands sorciers; et pour le faire croire, ils font mille extravagances et quelquefois des choses extraordinaires. On en a vu se frapper la poitrine si rudement avec une pierre, qu'ils auraient pu du même coup assommer un bœuf; d'autres mettent entre leurs dents des barres de fer rouge, sans se brûler. Les Derviches jouent toujours des rôles importans dans les contes arabes et turcs.

DESMONTÈS, père de Ménalippe, lui fit crever les yeux pour s'être laissée séduire par Neptune. Eolus et Béotus, ses fils, la délivrérent, et tuèrent Desmontès.

DESTIN, divinité allégorique qu'on fait naître du Chaos. On le représente tenant sous ses pieds le globe de la terre, et dans ses mains l'urne dans laquelle est le sort des hommes. On croyait ses arrêts irrévocables, et son pouvoir si grand, que tous les autres dieux lui étaient subordonnés. Jupiter lui-même ne pouvait rien faire contre les arrêts du Destin: ce qui devait arriver à chaque homme était écrit de toute éternité dans le palais du Destin. Ses ministres étaient les trois Parques que l'on chargeait du soin d'exécuter les ordres de l'aveugle destinée: l'une dictait les ordres de son maître, l'autre les écrivait avec exactitude; et la dernière les exécutait, en filant nos destinées. Homère a fourni une belle image du Destin, qu'on trouve sur une patère étrusque; la destinée d'Hector et d'Achille y est pesée dans la balance de Jupiter; et comme celle du héros grec l'emporte, sa mort est arrêtée, et Apollon lui retire l'appui qu'il lui avait accordé jusqu'alors.

DÉTINETZ, *Myth. slav.*), jeune homme, qui, ayant été pris par des Slavons sortis des bords du Danube, fut sacrifié à leurs dieux. Son sang cimenta les fondemens d'une ville à laquelle ils donnèrent son nom.

DEUCALION, roi de Thessalie, fils de Prométhée et de Pandore, épousa Pyrrha, fille d'Epiméthée, son oncle. Dans le temps qu'il régnait en Thessalie, un grand déluge inonda toute la terre et fit périr tous les hommes. Jupiter irrité de leur méchanceté résolut de les faire tous périr: et, à son ordre, toute la terre fut couverte par les eaux; sa femme et lui furent sauvés dans une barque qui s'arrêta sur le Mont Parnasse. Lorsque les eaux furent retirées, ils allèrent consulter l'oracle de Thémis, pour savoir comment on pourrait réparer la perte du genre humain, ne le pouvant eux-mêmes à cause de leur grand âge. L'oracle leur ordonna de sortir du temple, de voiler leur visage, et de jeter derrière eux les os de leur grand'mère. Deucalion, après avoir réfléchi mûrement sur les paroles de l'oracle, comprit que les pierres étaient les os de la terre, la mère commune de tous les hommes. Ils en ramassèrent donc; et les ayant jetées derrière leur dos, ils aperçurent, dans le moment, que celles que jetait Deucalion étaient changées en hommes, et celles de Pyrrha en femmes. Cette fable est fondée sur l'histoire. Le cours du fleuve Pénée, sous le règne de Deucalion, roi de Thessalie, fut arrêté par un tremblement de terre, à l'endroit où ce fleuve, grossi des eaux de quatre autres, se décharge dans la mer. Il tomba, cette année, une pluie si abondante, que toute la Thessalie fut inondée, vers l'an 1500 avant J.-C. Les pierres mystérieuses qui repeuplèrent le pays, sont probablement les enfans de ceux qui se sauvèrent avec Deucalion sur le Mont-Parnasse. — Deucalion, fils de Minos, roi de Crète, gouverna l'île de Crète après la mort de son père, et décida l'union de Phèdre sa sœur avec Thésée, fils d'Egée, roi d'Athènes. Il suivit les princes grecs lorsqu'ils s'embarquèrent pour la conquête de la toison d'or.

DEUTAS (*Myth. ind.*), génies ou demi-dieux chez les Indiens, sont nés du premier bramine qui ait existé; les âmes des hommes vertueux sont mises, après leur mort, au rang des Deutas. Ils font leur demeure au paradis de Devendren.

DÉVA (*Myth. tart.*), roi de Tanchuth dans la Tartarie, gouverna ses peuples avec gloire, et mérita après sa mort d'en être honoré comme un dieu.

DEVENDIREN ou **DEVENDREN** (*Myth. ind.*), divinité des Indiens, fut le prince des demi-dieux. Ils le placent dans un lieu de délices appelé Sorgon, et lui donnent, pour compagnes, deux femmes et quelques concubines, d'une beauté rare. C'est dans un palais magnifique et spacieux qu'il occupe le premier rang parmi tous les dieux. Il eut différens combats à supporter de la part des géans, qui le forcèrent souvent d'abandonner sa demeure; mais aidé des secours de Shiva, de Whisnou et de Brahma, il les défit, et n'ayant plus à redouter leurs incursions, il devint paisible possesseur du Sorgon. Lassé des plaisirs dont il jouissait, il revint sur la terre, où il devint amoureux de la femme d'un pénitent nommé Guadamen. Ce saint ayant coutume de se lever tous les matins au chant du coq pour se purifier dans les eaux du Gange, Devendiren prit la forme de cet oiseau, et chanta avant l'heure accoutumée. Le pénitent, trompé, se leva pour aller se baigner; mais s'apercevant qu'il n'était que minuit, il retourna chez lui, et surprenant le dieu avec sa femme, non-seulement il le maudit, mais encore souhaita que tout son corps fût couvert de marques analogues à ses désirs adultères. Ces imprécations eurent leur effet; et le dieu, fort embarrassé de sa nouvelle décoration, et n'osant plus se montrer, sollicita et obtint son pardon de Guadamen, qui consentit à ce que ses marques honteuses fussent changées en autant d'yeux. On l'a représenté couvert d'yeux, ayant quatre bras, portant entre ses mains un croc, et monté sur un éléphant.

DEVERRA, divinité romaine, présidait à la propriété des maisons. On l'honorait particulièrement en ramassant en tas le blé séparé de la paille, et en balayant, après la naissance d'un enfant, la chambre de l'accouchée, de crainte que le dieu Sylvain n'y pénétrât pour la tourmenter.

DEXICRÉONTE, négociant grec, aborda dans l'île de Chypre pour les affaires de son négoce ; ayant consulté l'oracle de Vénus, la prêtresse lui conseilla de ne prendre que de l'eau dans l'île. Les autres marchands plaisantèrent Dexicréonte sur sa cargaison; mais bientôt un calme étant survenu sur la mer, le marchand d'eau l'échangea contre les objets les plus précieux. Pénétré de reconnaissance, il consacra une partie de son gain à faire élever un temple à Vénus.

DEXITHÉE, fille de Phorbas, fameux brigand, tué par Apollon dans un combat au pugilat, devint la femme d'Énée, et en eut plusieurs fils.

DHU'L CAFFAIN et **DHU'L KHALA** (*Myth. arab.*), idoles de bois, adorées dans un canton de l'Arabie, et que Mahomet fit réduire en cendres.

DIA (*Myth. tyr.*), nom sous lequel Hébé était honorée à Sicyone et chez les Sidoniens. Dia fut aussi connue à Rome, et même, dit-on, dans les Gaules; jusque-là qu'on prétend que *Die* en Dauphiné lui est redevable de son nom. Du reste on ne sait ce que c'était que la déesse Dia; on ne connaît pas davantage ses fonctions, et les mythologues ne sont pas plus d'accord sur cette divinité que sur la plupart de celles dont il ne nous est resté que le nom. — DIA (*Myth. sibér.*), une des principales divinités des Sibériens donc on voit la représentation sur plusieurs de leurs médailles. Cette idole a les jambes croisées et paraît être assise sur un siége élevé; un arc est couché à ses pieds, elle est escortée de deux autres figures, l'une dans la fleur de la jeunesse, l'autre sous les traits qui caractérisent la vieillesse; cette image au reste ressemble beaucoup à celle du *Pussa* du Tangut et du *Xaca* du Japon.

DIABLE (le). Il n'est presque pas de pays où le Diable ne soit regardé, par le vulgaire, comme l'être le plus malfaisant, comme l'auteur de tous les maux. Les nègres de la Côte-d'Or le respectent et le craignent comme un mauvais génie. Ils pratiquent une foule de cérémonies bizarres par lesquelles ils prétendent chasser le Diable. Les partisans de la secte de Sintos, au Japon, sont persuadés que le Diable n'est autre chose que le renard, et ils exorcisent cet animal comme un esprit malin. Dans bien des pays, on représente le Diable comme un monstre noir, et les peuples noirs lui attribuent la couleur blanche.

DIANE, déesse de la chasse, fille de Jupiter et de Latone, était sœur d'Apollon. La fable l'appelait Lune ou Phœbé dans le ciel, Diane sur la terre, Hécate dans les enfers. C'est à cause de ces différentes dénominations qu'on la dépeignait avec trois têtes et sous trois figures, et qu'on lui donnait le nom de la triple Hécate. On la représentait ordinairement sur un char d'or, traîné par des biches, armée d'un arc et d'un carquois rempli de flèches, vêtue d'une robe de couleur de pourpre, retroussée jusqu'au genou, avec un croissant sur la tête. On la regardait comme la déesse de la chasteté, parce qu'elle avait changé en cerf le chasseur Actéon, qui avait eu l'indiscrétion de la regarder dans le bain. (*Voy:* DICTYNNE *et* ENDYMION.) Le plus célèbre de tous les temples érigés à Diane était à Ephèse. Cet édifice, que Pline appelle le prodige de la magnificence grecque, passait pour une des sept merveilles du monde. On avait employé 220 ans à mettre ce fameux ouvrage dans sa perfection, quoiqu'il se fît aux dépens de toute l'Asie mineure. Pline observe que l'usage de mettre des colonnes sur un piédestal, et de les orner de chapiteaux et de bases, commença dans ce temple. Il y avait 227 colonnes, faites par autant de rois. Sa longueur était de 425 pieds, et sa largeur de 220; ses portes de bois de cyprès, toujours luisant et poli; la charpente de bois de cèdre. Ce temple était orné d'une foule de statues et de tableaux d'un prix inestimable, et l'on y avait épuisé l'industrie des meilleurs ouvriers pendant deux siècles. Un fou, nommé Erostrate, le brûla, pour immortaliser son nom, la même nuit que naquit Alexandre-le-Grand, 336 ans avant J.-C. Ce temple fut brûlé sept fois. Alexandre offrit aux Ephésiens tout ce qu'ils voudraient pour lui rendre son premier éclat, s'ils lui permettaient de mettre son nom dans l'inscription du frontispice. Ils le refusérent poliment; Néron le dépouilla de ses richesses; et sous l'empire de Gallien, les Scythes le ruinèrent entièrement. Plusieurs savans pensent que la Diane, à laquelle ce célèbre édifice était consacré, n'était pas la Diane, déesse de la chasse, mais une autre que les Grecs regardaient comme la mère nourrice de tous les animaux. Ils l'appelaient, à cause de cela, Multimamma; aussi, la représentaient-ils avec des mamelles par tout le corps, comme nos Gaulois la déesse Isis. L'une des plus belles représentations de Diane, qui nous ait été transmise par l'antiquité, est la belle statue de cette déesse qu'on a placée, en 1802, dans la galerie des Antiques, au Musée central des arts, à Paris. Diane est vêtue en chasseresse, tenant son arc d'une main, cherchant de l'autre une flèche dans son carquois, tandis qu'une biche vient se réfugier près d'elle. Ce beau groupe était en France depuis Henri IV, et ornait la galerie de Versailles. Les connaisseurs ont cru reconnaître quelque rapport entre lui et l'Apollon du Belvédère.

DICÆUS, fils de Neptune, donna l'hospitalité à Hercule, et son nom à la ville de Dicœa.

DICÉ, fille de Jupiter et de Thémis; c'était elle qui accusait les coupables auprès de Jupiter, et qui procurait de bons succès aux entreprises des hommes. On la faisait vierge pour marquer que les juges doivent être d'une intégrité parfaite.

DICTYNNE, nymphe de l'île de Crète, à laquelle on attribue l'invention des filets de chasseurs. On croit que c'est la même que Britomartis, fille de Jupiter, qui se jeta dans la mer pour éviter les poursuites de Minos, et qui fut mise au nombre des immortelles à la prière de Diane, qui elle-même avait aussi le surnom de Dictynne.

DICTYS, matelot fameux dans l'antiquité par son extrême agilité: il a été célébré par Ovide. — DICTYS, fils de Magnès, reçut le coffre où étaient Danaé et Persée, et monta sur le trône de Sériphe. Les Athéniens avaient consacré à ce prince et à son épouse un autel dans le temple de Persée. — DICTYS de Gnos en Crète suivit Idoménée et Mérion au siége de Troie.

DIDE ou DIDO (*Myth. slav.*), dieu adoré à Kiew, était fils de Lada, Vénus slavonne, et n'avait d'autre occupation que d'éteindre les feux que l'Amour son frère allumait.

DIDON, *voy.* le DICTIONNAIRE HISTORIQUE.

DIOCLÈS, héros révéré chez les Mégariens, qui célébraient en son honneur des jeux nommés *Dioclès* ou *Dioclèides*. — DIOCLÈS fut un de ceux que la déesse des moissons commit pour présider à la célébration de ses mystères. L'historien Pausanias, dans une citation tirée d'Homère, le fait connaître comme très-habile à conduire les chevaux.

DIOCLEUS, descendant d'Alphée, gouvernait Pharès, où abordèrent Télémaque et Pisistrate, fils de Nestor, auxquels il fit une pompeuse réception.

DIODORE, fils de Sophax, et petit-fils d'Hercule, soumit plusieurs nations dans l'Afrique avec une armée de Grecs d'Olbye et de Mycènes.

DIOMÉDA, fille de Phorbas, qu'Achille prit pour maîtresse, lorsqu'Agamemnon lui eut enlevé Briséis.

DIOMÈDE, roi des Thraces Bistons, fils de Mars et de Cyrène, avait des chevaux cruels qu'il nourrissait de chair humaine. Hercule s'empara de Diomède, par ordre d'Eurysthée et le fit dévorer par ces mêmes chevaux, qu'il lâcha ensuite sur le mont Olympe, où ils furent déchirés par les bêtes sauvages. — DIOMÈDE, fils de Tydée et de Deiphile, fille d'Adraste, roi d'Argos, était roi d'Etolie. Il partit avec les princes grecs pour la guerre de Troie; ses exploits l'y firent regarder comme le plus brave de toute l'armée, après Achille et Ajax, fils de Télamon. Homère représente ce héros comme le favori de Pallas. Cette déesse le suit partout; c'est par son secours qu'il tue plusieurs rois de sa main; qu'il soutient des combats singuliers contre Hector, contre Enée et les autres princes troyens; qu'il se saisit des chevaux de Rhésus; qu'il enlève le palladium; enfin, qu'il blesse le dieu Mars, et ensuite Vénus même, qui s'était présentée pour secourir son fils. La déesse en fut si outrée de dépit, que, pour s'en venger, elle inspira à sa femme Egiale une violente passion pour un autre. Diomède, instruit de cet affront, ne voulut point retourner dans sa patrie: il alla aborder sur les côtes d'Apulie, ou de la Pouille, en Italie, où le roi Daunus lui ayant cédé une partie de ses états, il bâtit des villes, et mourut. Après sa mort il fut regardé comme un dieu et eut un temple et un bois sacré sur les bords du Timave.

DIONÉE, suivant Hésiode, était fille de l'Océan et de Téthys. Homère qui l'a fait naître de Saturne et de Cybèle, dit que Jupiter son frère la rendit mère de la belle Vénus, surnommée à cause de cela Dionée. La fable qui fait naître Vénus de l'écume de la mer n'a donc pas été en cette circonstance adoptée par ce poète.

DIORÈS, de la race d'Amaryncée, fut choisi par les Grecs, pour conduire dix vaisseaux au siége de Troie. Cet armement faisait partie des forces dont Epéus, excellent ingénieur, avait le commandement. Diorès fut blessé mortellement par un Thrace nommé Pirus. — DIORÈS, jeune Troyen, parent de Priam, accompagna Enée qui fuyait sa patrie en cendres ; il périt de la main de Turnus, prince des Rutules. — DIORÈS, fils d'Eole, épousa du consentement de son père sa sœur Polymela qu'Eole avait voulu faire périr pour la punir d'avoir eu commerce avec Ulysse.

DIORPHUS, né d'une pierre et de Mithras qui désirant un enfant mâle, avait fait vœu de n'avoir aucun commerce avec les femmes.

DIOSCURES. Ce nom signifie *fils de Jupiter.* C'est le surnom de Castor et de Pollux. Glaucus les appela ainsi lorsqu'il apparut aux Argonautes dans la Propontide. On a aussi donné ce nom aux Annaces et aux Cabires.

DIPSACUS, fils du fleuve Phyllis, accueillit Phryxus en Colchide.

DIRCÉ, seconde femme de Lycus, roi de Thèbes, voyant Antiope enceinte, quoique répudiée, crut qu'elle vivait toujours avec son ancien mari. Poussée par la jalousie, elle la fit enfermer dans une prison, d'où Jupiter l'a fit sortir. Elle alla se cacher sur le mont Cithéron, et y mit au monde deux jumeaux, Amphion et Zétus, qui, dans la suite, firent mourir Lycus, et attachèrent Dircé à la queue d'un cheval indompté, qui l'emporta sur des rochers où elle fut mise en pièces. Les dieux, touchés de son malheur, la changèrent en fontaine qui porta son nom. — DIRCÉ, ayant osé comparer sa beauté à celle de Pallas, fut changée en poisson.

DIRES, fille de l'Achéron et de la Nuit : elles étaient au nombre de trois. Ce sont les mêmes que les furies ou Euménides. Leur nom de Dires venait de *Deorum iræ.*

DISCORDE, déesse malfaisante, que Jupiter chassa du ciel, parce qu'elle brouillait continuellement les dieux. Elle fut si piquée de n'avoir pas été invitée aux noces de Thétis et de Pélée, avec les autres divinités, qu'elle résolut de s'en venger, en jetant sur la table une pomme d'or sur laquelle étaient écrits ces mots : *A la plus belle.* Junon, Pallas et Vénus disputèrent cette pomme, et causèrent depuis la ruine de Troie. On représentait la Discorde coiffée de serpens, tenant une torche ardente d'une main, une couleuvre et un poignard de l'autre, ayant le teint livide, les yeux égarés, la bouche écumante et les mains ensanglantées. Elle était sœur et compagne de Mars, et, quoique marchant sur la terre, elle portait sa tête jusqu'aux cieux.

DISEN (*Myth. Scand.*). Epithète commune à toutes les Walkiries et même à toutes les déesses. Elle désigne la puissance. Les montagnards d'Islande en ont fait une déesse à laquelle ils attribuent la puissance de décider du sort des humains.

DIUS-FIDIUS ou **MEDI-EDI**, ancien dieu des Sabins, dont le culte fut dans la suite en honneur à Rome. On le regardait comme le dieu de la bonne foi, et les anciens juraient par cette divinité. Il passait pour fils de Jupiter; d'autres l'ont confondu avec Hercule. *Voy.* me HERCULES.

DIVES (*Myth. pers.*). Il y eut

autrefois dans l'Orient une race de créatures nommées *Dives* et *Péris* par les Persans, *Giun* par les Arabes. Les Dives parurent les premiers, et gouvernèrent le monde, l'espace de sept mille ans. Les Péris vinrent ensuite, et eurent l'empire de l'univers, les deux mille années suivantes. Les Dives étaient une espèce de géants forts et courageux; les Péris étaient remplis de douceur et de sagesse, et l'on se souvient encore avec reconnaissance de leur règne dans la plus grande partie de l'Orient. Les Dives et les Péris furent, au surplus, dans un état de guerre continuelle. Tandis que ces derniers occupèrent la Perse, les Dives, retirés dans les montagnes de Caf, en descendaient à chaque instant, et désolaient le pays par leurs invasions continuelles. Les Péris furent tantôt vainqueurs, tantôt vaincus. Les plus célèbres de leurs monarques furent Caiumarath, Huschenk, Thahamurath et Giamschid. Sous leurs règnes, les Péris rendirent toujours impuissans les efforts que firent les Dives pour les vaincre et les asservir

DJEMSCHID (*Myth. pers.*), héros persan, roi de la dynastie des Parsis, fut enlevé au ciel où Ormusd lui mit entre les mains un poignard d'or, avec lequel il coupa la terre. Djemschid fut le premier qui envisagea l'Être-Suprême, et produisit des prodiges par la voix d'Ormusd.

DJOSIE (*Myth. chin.*), idole que les Chinois placent dans leurs jonques. Ils entretiennent sans cesse devant elle de la lumière, et brûlent de l'encens le soir, et un papier argenté devant sa chapelle.

DOGODA (*Myth. slav.*), dieu chez les Slavons, qui envoie les vents tempérés et le beau temps.

DOLIUS, fidèle serviteur d'Icare, accompagna Pénélope, fille de ce dernier, à Ithaque, et fut le premier qui reconnut Ulysse revenant de Troie.

DOLON, Troyen, fils du héraut Eumèdes, extrêmement léger à la course, ayant été envoyé comme espion au camp des Grecs, fut surpris et tué par Diomède et Ulysse.

DOLOPS, fils de Lampus, de la famille de Laomédon, grièvement blessé au siège de Troie, sa patrie, par un Grec nommé Mégès, succomba ensuite sous les coups de Ménélas.

DOLUS, de la ville de Bisalte, ayant été fait prisonnier par les Chalcidiens, avec Bucolus leur facilita la prise de cette cité. Mais loin de les récompenser, la plus cruelle ingratitude devint le prix d'un service si important, ils condamnèrent à mort Dolus. On dit que la fureur des dieux se déchaîna contre eux, jusqu'au moment où, d'après l'ordre de l'oracle, ils érigèrent à leur victime un tombeau superbe.

DOMASCHNIE DOUGHI ou **DOMOWYE** (*Myth. slav.*), Demis dieux qui répondaient aux génies tutélaires des demeures, et qu'aujourd'hui le peuple Russe prend pour les diables des maisons.

DOMICIUS, dieu invoqué par les Romains au moment des noces, pour que l'épousée habitât assidument dans la maison de son mari.

DOMIDUCUS, dieu qu'on invoquait quand on conduisait la nouvelle mariée dans la maison de son mari. C'est pour la même raison, que Junon est aussi surnommée *Domiduca*.

DONDASCH (*Myth. orient.*),

géant contemporain du Patriarche Seth, ne se servait d'aucune arme, et combattait nu depuis la tête jusqu'au nombril par la seule force de son bras.

DONINDA (*Myth. celt.*), divinité celtique, dont le nom seul n'est venu jusqu'à nous que par la découverte d'une inscription aux environs du lac de Genève et près de Lausanne.

DOORGA (*Myth. ind.*), nom de Bhavani, femme de Shiva, naquit du souffle enflammé de Brahma, Whisnou et Shiva. Sous ce nom, l'épouse de Shiva paraît avoir une certaine identité avec la Pallas des Grecs. Après avoir fait le bonheur de l'Inde, elle s'est retirée dans le Gange, où elle reçoit ceux qui s'y précipitent.

DORIS, fille de l'Océan et de Téthys, épousa son frère Nérée, dont elle eut cinquante nymphes appelées les Néréides.

DORUS, second fils d'Hellen, suivant quelques mythologues, et, selon d'autres, de Neptune et d'Alope, fut exposé par sa mère, et nourri par des jumens. Il abandonna la Phthiotide où régnait son père, pour aller établir une colonie au bas du mont Ossa, entre l'Acarnanie, l'Etolie, la Phocide et la Thessalie, et qu'on appela *Doride*, du nom de ce fondateur.

DORYCLÈS, Grec, qui, par ses talens militaires et son intrépidité dans les combats, mérita l'honneur d'un monument public qu'on lui consacra dans la Laconie.

DORYLAS fut un de ceux qui embrassèrent les intérêts de Persée, à la cour de Céphée, roi d'Arcadie. Ses richesses immenses surpassaient celles des plus opulens Libyens. Il mourut par la main d'Alcyonée, géant qui habitait les environs de Corinthe.

DOTO, une des Néréides à laquelle les Grecs consacrèrent un temple élevé dans la ville de Gabalès.

DOUMASSA (*Myth. orient.*), prophète des Druses, qui parut successivement sous les noms d'Adam, d'Hermès, de Noch, de Jean-l'évangéliste, d'Ismaël, et enfin de Mikdad, dans le temps de Mahomet.

DRAC, on donne ce nom en Languedoc, aux esprits follets. Suivant M. Astruc, on leur attribue le pouvoir de se rendre invisibles, ou de se montrer sous telle forme qu'il leur plaît. (*Voyez* les *Mémoires* pour servir à l'*histoire naturelle du Languedoc.*)

DRACIUS, capitaine grec, auquel Epeus confia le commandement d'une partie de ses troupes, lorsqu'il marcha contre les Troyens.

DRACON, berger auquel ont avait confié la garde des troupeaux des Hespérides. On l'appelait ainsi parce qu'il avait la vigilance de l'animal dont il portait le nom.

DRANCÈS, courtisan du roi Latinus, haïssait mortellement Turnus, dont les nombreux exploits excitaient sa jalousie. Il excellait dans la politique et l'éloquence, mais il était plus propre à décrire une entreprise périlleuse qu'à en suivre l'exécution.

DRIMAQUE, esclave qui gémissait sous le joug d'un maître rigoureux, parvint à briser ses chaînes, et se réfugia sur les hautes montagnes de l'île de Chio, où il devint chef d'une troupe de vagabonds qui ravagèrent le pays, et forcèrent le peuple à mettre à prix sa tête. Drimaque ayant appris cette nouvelle, et se sentant déjà affaibli par les années, pria un jeune homme de le tuer, et d'aller recevoir la somme promise. Celui-ci refusa d'abord cette proposition, et ne consentit à l'exécuter qu'après les plus vives sollicitations. Les habitans de Chio, admirant le courage de Drimaque, lui élevèrent un temple et le surnommèrent *le Héros pacificateur*. Il était honoré par les fripons et les escrocs, qui le croyaient leur protecteur, et lui faisaient offrande d'une partie de leurs vols.

DRUIDES(*Myth.celt.*), étaient chez les anciens Gaulois, les principaux ministres de la religion. Cachés dans le fond des forêts, ils y menaient une vie fort retirée, et c'était là qu'on venait les consulter. Ils avaient une autorité si étendue, qu'on n'entreprenait rien sans leur avis. Ils déposaient à leur gré les magistrats, et même les rois. La justice ne se rendait que par leur ministère, et ceux qui refusaient d'obéir à leurs ordres étaient frappés d'anathème. Ils avaient dans les Gaules un nombre infini de collèges, et notamment dans le pays Chartrain. La ville de Dreux leur doit encore son nom. Les Druides nécrivaient rien ; mais ils chargeaient la mémoire de leurs disciples, d'une foule de dogmes théologiques, dont ils ne donnaient l'explication qu'avec de grandes réserves. Ils s'adonnaient à la magie, l'astrologie et la divination. Mais de toutes leurs superstitions, la plus cruelle était celle qui les portait à sacrifier à leur dieu Teutatès, des victimes humaines. C'étaient eux aussi qui coupaient le gui au premier janvier. On croit que le nom de Druides leur venait du mot celtique *derw*, qui signifie chêne, parceque la vénération pour cet arbre était un des points fondamentaux de leur religion. Les Druides étaient aussi anciens que les mages et les brachmanes, et plusieurs auteurs, du nombre desquels est Sainte-Foix, font remonter leur établissement dans les Gaules, au déluge d'Ogygès. Cette haute antiquité, ainsi que le peu de commerce qu'ils ont toujours eu avec les autres nations, est une assez forte preuve que les dieux dont ils étaient les ministres n'avaient rien de commun avec les divinités grecques et romaines. Leur principal dogme était l'immortalité de l'âme, et pour l'inculquer plus vivement dans l'esprit du peuple, ils avaient recours à certaines pratiques capables de faire impression sur la multitude. Ils écrivaient des lettres aux morts, et les déposaient dans leurs tombeaux. Ils s'attachaient aussi particulièrement à rechercher les propriétés et les usages des simples, et mêlaient à cette étude plusieurs superstitions.

DRUIDESSES (*Myth. celt.*), femmes des druides, partageaient la considération qu'on avait pour leurs maris, et avaient la réputation d'être de grandes devineresses ; leur principale occupation était de consulter les astres, de tirer des horoscopes, et de prédire l'avenir, le plus souvent par l'inspection des entrailles des victimes humaines qu'elles égorgeaient. Strabon nous a conservé le détail de ces sanglantes cérémonies, telles qu'elles les pratiquaient.

DRYADES, nymphes qui présidaient aux bois et aux forêts, sans être attachées à certains arbres, comme les Hamadryades. On les représentait sous la figure d'une femme robuste et fraîche, dont la partie inférieure se terminait en une sorte d'arrabesques exprimant par ses contours un tronc et les racines d'un arbre ; la tête était ombragée d'une couronne de feuilles de chêne.

DRYAS, fille de Faune, honorée comme déesse de la chasteté et de la pudeur. Les femmes lui faisaient des offrandes dans un temple magnifiquement décoré, dont l'entrée était interdite aux hommes.

DRYOPE, fille d'Euryte, aimée d'Apollon, tenant un jour son fils entre ses bras, elle arracha une branche de lotos pour l'amuser. Bacchus, à qui cette plante était consacrée, en fut si irrité, qu'il la métamorphosa en arbre. Elle n'eut que le temps d'appeler sa sœur pour prendre l'enfant, qui aurait été enfermé avec elle sous l'écorce. — Dryope, femme qui habitait l'île de Lemnos, et dont Vénus emprunta la figure pour engager toutes celles du pays à se défaire de leurs époux. — Dryope, nymphe à qui Junon inspira un tendre amour pour Hylas.

DSISOO, dieu qui, selon les Japonais, préside aux grandes routes, et met les voyageurs à l'abri de tout danger. On trouve souvent sur les chemins sa statue couronnée de fleurs, au pied de laquelle sont trois singes, dont l'un se bouche les yeux, l'autre les oreilles, le troisième la bouche ; cette espèce d'emblême désigne les trois sortes d'impuretés que l'on peut contracter soit en voyant, soit en entendant, ou en parlant.

DUIS ou DUS (*Myth. celt.*), idole adorée autrefois dans la grande Bretagne ; qu'on ne connaît que par une inscription d'un autel antique, trouvé à Gretland.

DUSIENS (*Myth. celt.*), nom que les Gaulois donnaient aux génies impurs, que les Latins nommaient incubes : ces démons venaient la nuit attaquer la pudeur des filles pendant leur sommeil.

DWERGAR (*Myth. scand.*), demi-dieux d'une très-petite taille; leur langue est l'écho.

DYMAS, Troyen courageux, se revêtit d'une armure grecque pour combattre avec plus d'avantage les ennemis de sa patrie ; mais ses compatriotes, trompés par ce déguisement, le firent périr sous leurs coups.

DYMON (*Myth. égypt.*), un des dieux Lares révérés par les Egyptiens.

DYRRACHUS, fils de Neptune et de la fille d'Epidamnus, joignit à la ville de Dyrrachium un port magnifique et spacieux. Ayant une guerre cruelle à soutenir contre ses frères, il implora l'assistance d'Hercule, qui, pour prix de ses services, reçut de lui une portion considérable de ses états, et fut regardé par les peuples de cette contrée comme leur fondateur.

DYSARES (*Myth. arab.*), dieu des Arabes que l'on croit être le Bacchus des Grecs ou le soleil. Le simulacre de cet idole étoit une pierre noire quadrangulaire, haute de quatre pieds et posée sur une base d'or.

DYSAULÈS, frère de Céléus, roi d'Eleusis, selon Pausanias, contraint de sortir de cette ville, d'après les ordres d'Ion, se réfugia à Célée, et enseigna au peuple de cette cité à solenniser les mystères de Cérès : on ne les célébrait que tous les quatre ans, et le prêtre qui en avait la direction n'était pas perpétuel. A sa mort, ils lui élevèrent un tombeau.

DYSER (*Myth. scand.*), déesse des anciens Goths qui était chargée de conduire les âmes des héros au palais d'Odin. La bière recueillie dans les crânes de leurs ennemis faisait leur boisson.

DZOHL (*Myth. arab.*), dieu des Arabes que Banier croit le même que Saturne.

EAQU EBLI

EA, nymphe qui implora le secours des dieux, pour éviter les pousuites du fleuve Phasis. Ils la changèrent en île.

EANUS (*Myth. syr.*), divinité des Phéniciens qui la représentaient par un dragon tourné en cercle, et mordant sa queue. C'était l'emblème du monde qui tourne sur lui-même.

EAQUE, fils de Jupiter et d'Egine, régna dans l'île d'Egine, aujourd'hui Lépante. Son équité fut si remarquable, qu'après sa mort on en fit un des juges infernaux. Il était particulièrement chargé de juger les européens; ses descendants furent nommés les *Eacides*. Une singularité observée par Justin fut que la plupart d'entr'eux mouraient à la trentième année de leur âge. Les poètes disent que la peste ayant dépeuplé les états d'Eaque, celui-ci obtint de Jupiter que des fourmis seraient changées en hommes; ce qui leur mérita le nom de *Myrmidons*. Mais ce qui ajouta à sa gloire, c'est que l'Attique étant affligée d'une grande sécheresse, ce fléau ne cessa que par les prières de ce roi équitable. — EAQUE, fils d'Hercule et frère de Polyclée. L'oracle ayant décidé que le royaume appartiendrait à celui des deux qui mettrait pied à terre le premier, après avoir passé l'Achéloüs, Polyclée feignit d'être boiteuse, et s'étant fait porter sur les épaules de son frère, pour passer le fleuve, sauta à terre dès qu'elle eut touché l'autre bord, en s'écriant *Le royaume est à moi.* Eaque, charmé de son esprit, l'épousa et régna avec elle.

EASTER (*Myth. celt.*), déesse des anciens Saxons, dont les fêtes se célébraient au commencement du printemps, et dont le nom signifie résurrection. La ressemblance des noms a fait croire que c'était l'Astarté des Phéniciens.

EATUAS (*Myth. taït.*), dieux subalternes des Taïtiens, enfans de leur divinité suprême Taroataihétoomoo. Ces dieux, de race inférieure, sont des deux sexes; les hommes adorent les dieux mâles, et les femmes les dieux femelles. Le nom d'Eatua est aussi donné à des oiseaux, tels que le héron, le martin-pêcheur.

EBLIS ou IBBA, démon infernal qui, suivant la doctrine des Mahométans, régnait sur l'univers avant Mahomet. Au moment de la conception de ce prophète, le trône d'Eblis fut renversé au fond des enfers. C'est le satan des Hébreux, le lucifer des chrétiens sous un autre nom. On l'appelle encore *Schéithân*, démon. Les Orientaux le nomment aussi *Azazel*, nom consacré dans l'Ecriture. Dieu, suivant leur tradition, ayant ordonné à tous les anges de se proterner devant Adam, ceux-ci obéirent tous, à l'exception d'Eblis, qui déclara qu'ayant été formé de l'élément du feu, il ne pouvait s'avilir à rendre hommage à une créature tirée du limon terrestre; aussi Dieu ordonna-t-il que le feu, qui avait été la cause de l'orgueil d'Eblis, deviendait celle de sa punition : il sera tourmenté éternellement dans les enfers après le jugement dernier.

ÉCHÉCHIRIA, déesse grecque, adorée à Olympie, représentée recevant une couronne d'olivier. Elle présidait aux trèves ou suspensions d'armes.

ÉCHÉCRATE, jeune Thessalien, vivement épris de la beauté d'une jeune prêtresse de Delphes, l'enleva. Pour éviter à l'avenir une pareille violence, on ordonna qu'on n'admettrait plus aux fonctions de prêtresses, que des femmes âgées de 50 ans.

ÉCHÉMON, fils de Priam et d'Hecube, fut précipité de dessus son char par Diomède, qui après l'avoir tué le dépouilla de ses armes et prit ses chevaux.

ECHEMUS, fils d'Acropus, tua dans un combat singulier Hyllus, fils d'Hercule : on voyait à Tegée son tombeau, sur lequel était représenté ce combat.

ÉCHENÉE, Phéacien, célébré par Homère, comme le plus sage, le plus éloquent et le plus vertueux de ses compatriotes.

ÉCHEPOLUS, fils d'Anchise, avait donné à Ménélas une belle cavale pour s'exempter de le suivre à la guerre.

ÉCHETLÉE, dieu des Athéniens, dont le nom signifiait le manche d'une charrue. A la bataille de Marathon, un homme armé de cet instrument, se rangea du côté des Athéniens et renversa un grand nombre de leurs ennemis. Ces derniers, ayant consulté l'oracle pour connaître le nom de leur défenseur, reçurent ordre d'honorer Echetlée.

ÉCHÉTUS, roi d'Epire, punit sévérement sa fille qui s'était laissé séduire. Il lui fit crever les yeux, et la condamna pour la vie à des travaux pénibles. La tradition prétend qu'Homère ayant à se plaindre de cet Échétus, le plaça dans son poëme comme un tyran auquel on envoyait tous ceux que l'on voulait punir.

ÉCHIDNA, monstre moitié femme et moitié serpent, fut mère du chien Cerbère, de l'Hydre de Lerne, de la Chimère, du Lion de Némée, et du Sphinx. Elle était fils de Chrysaor et de Callirhéé. — ÉCHIDNA, reine des Scythes, qu'Hercule épousa, et de laquelle il eut trois enfans, Agathyrse, Gélon et Scythe, de qui l'on dit que sont sortis les rois de Scythie.

ÉCHINADES, nymphes qui furent métamorphosées en îles, pour n'avoir pas appelé Achéloüs à un sacrifice de dix taureaux, auquel elles avaient invité tous les dieux des bois et des fleuves. Elles donnèrent leurs noms à dix îles, situées près du golfe de Lépante.

ÉCHION, roi de Thèbes. Ses deux filles se laissèrent immoler, pour appaiser les dieux qui affligeaient la contrée d'une sécheresse horrible. Il sortit de leurs cendres des jeunes gens couronnés, qui célébrèrent la mort généreuse de ces princesses. — Echion fut un de ceux qui aidèrent Cadmus à bâtir Thèbes; et c'est de son nom que les Thébains ont été appelés Echionides.

ECHMAGORAS, fils d'Hercule, fut exposé aux bêtes sauvages avec sa mère Philone, par ordre d'Alcimédon son aïeul; mais ils furent délivrés par Hercule.

ÉCHO était fille de l'Air et de la Terre. Cette nymphe habitait les bords du fleuve Céphise. Junon la condamna à ne répéter que la dernière parole de ceux qui l'interrogeaient, parce qu'elle avait parlé d'elle imprudemment, et qu'elle l'avait amusée par des discours agréables, pendant que Jupiter était avec ses maîtresses. Echo voulut se faire aimer de Narcisse; mais s'en voyant méprisée, elle se retira dans les grottes, dans les montagnes et dans les forêts, où elle sécha de douleur, et fut métamorphosée en rocher.

ÉDITH (*Myth. rabb.*), nom que les rabbins donnent à la femme de Loth. Ce nom signifie *témoignage*, parce que cette femme, changée en statue de sel, est un monument qui rend témoignage de son incrédulité.

ÉDRIS, dont le nom vient d'un mot arabe qui signifie *méditation*, *étude*, fut l'un des plus anciens prophètes, suivant les Mahométans. Dieu lui envoya, disent-ils, trente volumes qui renfermaient les principes de toutes les sciences et de toutes les connaissances humaines; il fit la guerre aux infidèles descendus de Caïn, et réduisit le premier en esclavage ses prisonniers de guerre: il inventa *la plume* et *l'aiguille*, *l'arithmétique* et *l'astronomie*. Edris vécut 575 ans, et fut enlevé au ciel. Les chrétiens d'Orient pensent que le Mercure Trismégiste des Egyptiens est l'Enoch des Hébreux, dont les Mahométans ont accommodé l'histoire à leur manière. Le nom d'*Akhnokh* qu'il porte aussi en arabe en fait foi. On dit qu'il fût la cause innocente de l'idolâtrie, parce qu'un de ses amis lui éleva après son ascension, une statue à qui il rendait chaque jour des honneurs, d'où naquit le culte des idoles.

ÉDUSA, ÉDUCA, ÉDULIA ou ÉDULICA, divinité qui présidait aux alimens des enfans, comme *Potina* ou *Potica*, à leur boisson.

ERIBÉE, belle-mère d'Otus et d'Ephialte, instruisit Mercure du sort de Mars, que ces deux géants avaient renfermé dans une prison d'airain. (Dubas).

EETA ou EETES, roi de Colchos; fils du Soleil et de Persa, était gardien de la toison d'or que Phryxus lui avait confiée; elle lui fut enlevée par les Argonautes, qui avaient pour chef Jason. Ce héros fut aimé de Médée, fille d'Eetès, laquelle prit la fuite avec son amant. La fable raconte qu'elle coupa par morceaux un de ses frères pour arrêter la poursuite de son père, vers l'an 1292 avant Jésus-Christ.

EETION, roi de Cilicie; et père d'Andromaque. — Eetion, fils de Mélas, et père de Cypsèle, qui chassa les Bacchiades de Corinthe, et s'empara du gouvernement.

ÉGA, nymphe nourrice de Jupiter, fut placée dans le ciel par ce dieu, qui en fit la constellation nommée *la Chèvre*.

EGEA, reine des Amazones, passa de la Libye en Asie, à la tête d'une armée, et vainquit

Laomédon, roi de Troie; mais, après avoir fait un butin immense, elle périt dans un naufrage, en repassant la mer pour retourner dans son pays.

ÉGÉE, 9me roi de l'Attique, et mari d'Ethra, dont il eut Thésée. C'est sous son règne que Minos, roi de Crète, déclara la guerre aux Athéniens, pour venger le meurtre de son fils Androgée. Les ayant vaincus, il leur imposa un tribut qui les obligeait d'envoyer tous les neuf ans en Crète sept jeunes garçons et autant de jeunes filles, des plus nobles familles, pour y être exposés à la fureur du minotaure renfermé dans le labyrinthe. La quatrième fois, le sort tomba sur son fils Thésée, qui fut obligé de s'embarquer avec les autres. Comme c'était l'usage de mettre des voiles noires au vaisseau qui portait ces malheureuses victimes, Egée, pénétré de douleur et fondant en larmes, recommanda à son fils, s'il échappait au danger, d'en faire mettre de blanches, afin qu'il pût connaître son sort de loin. Thésée, vainqueur du minotaure, oublia la prière de son père, et revint avec des voiles noires. Dès que ce malheureux prince les aperçut du haut du rocher où il était monté, croyant son fils mort, il se précipita dans la mer, qui fut appelée de son nom, mer Egée.

EGEON, le même que Briarée, (*Voyez* ce nom).

ÉGÉRIE, nymphe d'une beauté singulière, que Diane changea en fontaine. Les Romains l'adoraient comme une divinité. Numa Pompilius, second roi des Romains, pour donner plus d'autorité aux lois qu'il voulait établir, faisait croire à ses sujets qu'il avait avec elle des conférences secrètes, et qu'elle lui révélait tout ce qu'il devait faire. Ovide prétend que la mort de ce prince causa une si grande douleur à Egérie, que les dieux crurent devoir la métamorphoser en fontaine. En effet, il y en avait une hors de Rome, près la porte Capène, qui portait ce nom.

ÉGESTA, fille d'Ippotès, prince troyen, fut exposée sur un vaisseau par son père, de peur que le sort ne tombât sur elle pour être dévorée par un monstre marin, auquel les Troyens étaient obligés de donner tous les ans une jeune fille pour expier le crime de Laomédon. Egesta aborda en Sicile, où le fleuve Crinise, sous la figure d'un taureau, puis sous celle d'un ours, combattit pour l'épouser, et en eut Aceste.

ÉGHO (*Myth. afr.*), idole des Nègres qui habitent les bords du vieux Kallabar, en Guinée. On fait, suivant un voyageur anglais, des sacrifices humains à cette divinité.

ÉGIALÉE, sœur de Phaéton, à force de verser des larmes sur le malheur de son frère, fut métamorphosée, avec ses sœurs, en peuplier. On croit que c'est la même que Lampétie. — ÉGIALÉE, fille d'Adraste, roi d'Argos, et femme de Diomède. Vénus fut si irritée de la blessure que lui fit Diomède au siége de Troie, que pour s'en venger, elle inspira à Egialée le désir effréné de s'abandonner à tout le monde.

ÉGIÈS, monstre formidable et terrible, né de la Terre, vomissait des tourbillons de flammes, et mettait le feu aux forêts de la Phrygie, de la Phénicie et de la Libye. Minerve, par l'ordre de Jupiter, alla combattre ce monstre, et, après l'avoir vaincu, en porta la peau sur son bouclier appelé égide, à cause de cette circonstance.

ÉGINE, fille d'Asope, roi de Béotie, fut si tendrement aimée de Jupiter, que ce dieu s'enveloppa plusieurs fois d'une flamme de feu pour la voir. Il eut d'elle Eaque, juge des enfers, et Rhadamante. Pour la dérober à la vengeance de son père, il la changea en une île du golfe Saronique, qui prit le nom d'Egine.

ÉGIPANS, divinités champêtres des montagnes et des bois, étaient représentées tantôt avec des cornes et des pieds de chèvre, tantôt avec le museau de cet animal et une queue de poisson, parce qu'on leur attribuait l'invention de la trompette faite avec une conque marine. La figure égyptienne du capricorne est celle d'un égipan. On trouve cette même figure dans plusieurs monumens égyptiens et romains.

EGISTE ou EGISTHE, fruit de l'inceste de Thyeste, avec sa fille Pélopée ; Thyeste, à qui l'oracle avait prédit que le fils qu'il aurait de sa propre fille Pélopée vengerait un jour les crimes d'Atrée, fit cette fille prêtresse de Minerve dès sa tendre jeunesse, ordonna de la transporter dans des lieux qu'il ne connaîtrait pas, et défendit de l'instruire de sa naissance. Il crut par cette précaution éviter l'inceste dont il était menacé ; mais quelques années après, l'ayant rencontrée dans un voyage, il la viola sans la connaître. Pélopée lui arracha son épée et la garda ; elle eut un fils, dont elle confia l'éducation à des bergers, qui le nommèrent Egiste. Lorsqu'il fut en âge de porter les armes, elle lui fit présent de l'épée de Thyeste. Ce prince s'avança dans la cour d'Atrée, qui le choisit pour aller assassiner son frère, dont il voulait envahir les états. Thyeste, en voyant Egiste à sa cour, reconnut son épée : il fit plusieurs questions à Egiste, qui lui répondit qu'il la tenait de sa mère. On la fit venir, et on découvrit que l'oracle était accompli. Egiste, indigné de ce qu'on l'eût destiné à égorger son père, retourne à Mycènes, où il tue Atrée. Agamemnon en partant pour la guerre de Troie, lui donna la garde de de ses enfans et de sa femme, et la régence du royaume, mais cette imprudente confiance fut mal récompensée. Egiste après avoir éloigné de Clytemnestre, le poëte que son mari lui avait laissé pour l'entretenir par ses chants, dans les principes de la vertu, vint à bout de la séduire, persécuta et exila les enfans, fit périr leur père à son retour, et s'empara du trône dont il jouit sept ans. Mais le jeune Oreste vint venger la mort de son père et de son aïeul, et tua le tyran dans son propre palais : Eschile, Sophocle et Euripide ont mis sur la scène les divers événemens de la vie de ce petit-fils de Tantale, et parmi les français, Voltaire, Crébillon et M. Soumet ont transporté la mort de ce tyran sur le théâtre, avec beaucoup de talent.

EGLÉ, nymphe, fille du Soleil, se plaisait à faire des tours de malice aux bergers. Ayant un jour trouvé le vieux Silène ivre, elle se joignit aux deux satyres Chromis et Mnasile pour lui lier les mains avec des fleurs, après quoi elle lui barbouilla le visage avec des mûres.

EGLEIS, une des filles d'Hyacinthe que les Athéniens immolèrent, pour détourner de leur pays la peste et la famine qui le désolaient.

EGNATIA, déesse révérée à Gnatie, ville de l'Apulie, lui avait donné son nom. On croyait que le feu prenait de lui-même au bois consacré à ses sacrifices.

EGOLIUS, jeune homme qui, étant allé dans un antre, pour y recueillir le miel des abeilles consacrées à Jupiter, fut métamorphosé par ce dieu en oiseau.

EGON, athlète fameux dans la fable. Il traina par les pieds, au haut d'une montagne, un taureau furieux, pour en faire présent à sa bergère, la belle Amaryllis. Son appétit égalait sa force; car, dans un seul repas, il mangea quatre-vingts gâteaux. — EGON, roi des Argiens fut désigné par le sort pour régner.

EGYPIUS, jeune homme de Thessalie, obtint, à force d'argent, les faveurs de Tymandra, la plus belle femme qui fût alors. Néophron, fils de Tymandra, indigné d'une convention aussi odieuse, corrompit par le même moyen Bulis, mère d'Egipius. S'étant informé ensuite de l'heure à laquelle il devait venir trouver Tymandra, il la fit sortir, et mit adroitement Bulis à sa place. Egypius vint au rendez-vous, et eut ainsi commerce avec sa propre mère, qui ne le reconnut qu'après. Ils eurent tant d'horreur de cette action, qu'ils voulurent se tuer; mais Jupiter changea Egypius et Néophron en vautours, Bulis en plongeon, et Tymandra en épervier.

EGYPTUS, fils de Neptune et de Lybie, et selon les Grecs de Bélus, et frère de Danaüs, avait cinquante fils, qui épousèrent les cinquante filles de son frère, appelées Danaïdes. Ce prince mérita par sa sagesse, sa justice et sa bonté, que le pays dont il était souverain prît de lui le nom d'Egypte. Il régnait environ 320 ans avant la guerre de Troie. Ayant appris la catastrophe qui le privait de ses fils, il en fut inconsolable, et se réfugia à Aroé.

EIDOTHÉE, fille de Prothée sortit de la mer pour secourir Ménélas, jeté par la tempête dans une île déserte près de l'Egypte, et favorisa son retour parmi les siens.

EIMARMENÉ, déesse qui, chez les grecs, était la même que la Destinée

EIRA, (*Myth. celt.*) déesse qui fait la fonction de médecin des dieux, c'est la déesse de la santé, et la patrone des médecins.

ÉLAGABALE (*Myth. syr.*), *Voyez* AGLIBOLUS.

ÉLARA, fille d'Orchomène, fut aimée de Jupiter, et en eut le géant Tityus. Craignant la jalousie de Junon, elle se réfugia dans les entrailles de la terre pour y accoucher.

ELCHOT (*Myth. mahomét.*), le premier homme, suivant les marabouts, prêtres mahométans répandus dans toute l'Afrique.

ÉLECTRE, fille d'Agamemnon et de Clytemnestre, sœur d'Oreste et d'Iphigénie. Son premier nom avait été Laodice: Elle sauva le jeune Oreste son frère de la fureur d'Egisthe, et fut long-temps exposée elle-même aux cruautés de ce tyran. Après le retour d'Iphigénie et d'Oreste de la Tauride, Electre revint avec eux à Mycènes, et les aida à égorger Clytemnestre et le tyran. Cette mort a fait le sujet de plusieurs tragédies traitées par Euripide, Sophocle; et, de nos jours, par

Voltaire et Crébillon. Après la mort d'Egisthe, Electre épousa Pylade dont elle eut Strophius et Médon.

ÉLECTRYON, fils de Persée et d'Andromède, roi de Mycènes, revenant vainqueur d'une guerre contre les Téléboens, ramenait de grands troupeaux pris sur ses ennemis ; Amphitryon, son neveu, alla à sa rencontre, et voulant arrêter un taureau qui fuyait, jeta sa massue qui tomba sur Electryon, et le tua.

ÉLÉPHÉNOR ou ELPHÉNOR, fils de Chalcodon, descendant de Mars, conduisit les Abantès au siége de Troie. Il avait été un des princes grecs qui disputèrent la main d'Hélène.

ÉLEUSIS, héros grec, fonda la ville de son nom, rendue si célèbre par les mystères qui s'y célébraient en l'honneur de Cérès.

ÉLEUSINIES, mystères de Cérès. *Voyez* l'article Cérès.

ÉLEUTHER, fils d'Ethuse, donna son nom à une ville de Béotie, et fut couronné aux jeux pythiques pour sa belle voix, quoiqu'il eût chanté un hymne qui n'était pas de sa composition.

ÉLEUTHO, déesse qui présidait aux accouchemens.

ELPENOR, compagnon d'Ulysse, fut changé en pourceau par Circé.

ELPIS, déesse de l'Espérance, honorée par les Grecs, qui la représentaient appuyée sur une ancre, assise sur une proue de navire, et considérant le ciel. On lui donnait souvent des ailes, et on lui avait élevé plusieurs temples à Rome. — Elpis, né à Samos, aborda en Afrique, où il rencontra un lion qui, la gueule béante, s'approchait de lui. Tremblant, il monta sur un arbre, en invoquant Bacchus. Le lion vint se coucher sous ses pieds, paraissant implorer sa pitié. Celui-ci descendit, et retira de la gueule de l'animal un os qui le blessait. Le lion reconnaissant suivit son bienfaiteur, pour le défendre contre les attaques de tout autre animal féroce. Elpis, de retour dans sa patrie, y fit élever un temple à *Bacchus à gueule béante*, en mémoire de cet événement.

ÉLYMAITIS, surnom d'une déesse adorée en Syrie, et que l'on croit être la même que Diane ou Vénus.

ÉLYSÉE ou CHAMPS ÉLYSÉES ou ÉLYSIENS. Dans la théologie des anciens, c'était l'endroit où demeuraient les ames des justes après leur mort. Virgile et Homère ont épuisé tout ce que l'imagination a de plus gracieux, et la mythologie de plus séduisant, pour faire des Champs-Elysées un portrait enchanteur. D'après eux, Fénélon en a donné, dans son immortel *Télémaque*, une peinture pleine du charme le plus délicieux et le plus exquis. En quel endroit était cette demeure fortunée? Sur cet objet, les anciens n'étaient point d'accord. Les uns la plaçaient au milieu des airs, les autres dans la lune ou dans le soleil; d'autres, au centre de la terre. Voici, au surplus, selon Diodore de Sicile, ce qui avait donné lieu à la fable des Champs-Elysées. La sépulture commune des Egytiens était, dit-il, au-delà d'un lac nommé *Achérusie*. On apportait, sur les bords de ce lac, les cadavres de ceux qui venaient de mourir, et ils y étaient jugés selon leurs œuvres. Si le mort avait violé les lois, on le jetait dans une espèce de voierie appelée *Tartare;* si, au contraire, il avait été vertueux, un batelier le transportait au-delà du lac, dans une prairie charmante, embellie de fleurs, de ruisseaux, de bosquets, etc., où il recevait la sépulture. Ce lieu se nommait *Elysion*, c'est-à-dire *Séjour du repos et de la joie*. *Voyez* SÉTHOS, par Terrasson. La fable du tartare, celle des trois juges des enfers, de Caron et de sa barque, ont également dû leur origine à cette ancienne coutume des Egyptiens,

EMAGUINGUILLIERS (*Myth. ind.*), race de géans, ministres d'Yamen, dieu de la mort; sont chargés de tourmenter les méchans dans les enfers.

EMATHION, fils de Tithon, fameux brigand de Thessalie, égorgeait tous ceux qui tombaient dans ses mains. Hercule le tua, et les campagnes que ce barbare parcourait furent appelées Emathiennes ou Emathies. C'est une partie de la Macédoine.

EMETH (*Myth. égypt.*), la première divinité après Noétarque; on l'adorait par le silence.

EMON, grec, qui, ayant conçu une passion criminelle pour sa fille, fut changé en une montagne de la Thessalie qui porta son nom.

EMPANDA, déesse, protégeait particulièrement les villages, les hameaux, et ceux qui venaient s'y établir.

EMPOLEUS, surnom de Mercure, dieu des marchands et des cabaretiers.

EMPUSA, spectre horrible qu'Hécate envoyait aux hommes pour les effrayer et les punir. Il prenait toutes sortes de formes hideuses, mais il n'avait jamais qu'un pied. La manière de conjurer ce spectre était de lui dire des injures.

EMYLUS, fils d'Ascagne, acquit par son courage un assez grand territoire dans le Latium. La famille Emilienne à Rome prétendait en descendre.

ENACHSYS, déesse malfaisante fort redoutée des Yakouts; elle leur enlève soi-disant leurs troupeaux ou les frappe de maladies. On lui adresse souvent des sacrifices pour l'apaiser.

ENCELADE, le plus redoutable et le plus puissant des géans qui voulurent escalader le ciel, était fils du Tartare et de la Terre. Jupiter renversa sur lui le mont Etna. Les poètes ont feint que les éruptions de ce volcan venaient des efforts que faisait ce géant pour se retourner, et que, pour peu qu'il remuât, la montagne vomissait des torrens de flammes.

ENDEER, déesse de la bonté, chez les Indiens, toujours opposée à Moisasour, le dieu du mal.

ENDEIS, fille de Chiron, épousa Eaque, roi de l'île d'Egine, en eut Télamon et Pélée. Répudiée ensuite pour une seconde femme nommée Bamathe, elle voulut faire périr le fils de sa rivale: mais Eaque, ayant découvert son complot, la chassa de ses états.

ENDOCUS, athénien, disciple de Dédale, resta fidèle à son maître dans sa disgrâce, et le suivit partout.

ENDOVELLICUS, dieu des anciens Espagnols, qui le réunissaient à Hercule, sous le titre de dieu tutélaire. On a trouvé en Espagne un grand nombre d'inscriptions qui prouvent que le culte de ce dieu était très-répandu.

ENDYMION, fils d'Ethlius et de Chalyce, berger d'une rare beauté, que Jupiter aima au point de lui donner une place dans le ciel; mais ayant attenté à l'honneur de Junon, le maître des dieux, indigné de son audace, le chassa honteusement, et le condamna à un sommeil continuel. Dans la suite, la Lune qui avait conçu pour lui une violente passion, le transporta dans un antre du mont Latmus en Carie, où elle allait souvent le visiter. Elle en eut Ethole et plusieurs autres enfans. Voilà ce que la fable rapporte; mais ceux qui, à travers ces voiles cherchent les vérités qu'elles cachent quelquefois, prétendent qu'Endymion était un astrologue qui, le premier, observa le cours de la lune.

ENÉE, fils de Vénus et d'Anchise, était du sang royal de Troie par Assaracus, fils cadet de Tros, fondateur de Troie. Pendant le siége de Troie, Enée se battit contre Diomède, et aurait succombé, si Vénus ne l'eût dérobé aux coups de ses ennemis. Il se battit même contre Achille, auquel il n'échappa également que par la protection de la déesse sa mère. La nuit de la prise de Troie, Enée entra dans la citadelle d'Ilium, et la défendit jusqu'à la dernière extrémité. Enfin, accablé sous le nombre, il sortit par une fausse porte, et battit en retraite jusqu'au mont Ida, où s'étant joint à ceux des Troyens qui avaient échappé à l'embrâsement, il équipa une flotte de vingt vaisseaux, sur laquelle il s'embarqua, et fit voile pour l'Italie. Jusqu'à l'époque du poëme de Virgile, on avait regardé, non sans quelque vraisemblance, Enée comme un traître qui, de concert avec Antenor, avait livré sa patrie aux Grecs. Et, en effet, comment croire que s'il n'eût pas eu d'intelligence avec eux, il eût équipé sans obstacle vingt vaisseaux sous leurs yeux, pour se retirer avec toutes ses richesses en Italie? Quoi qu'il en soit, il y aborda au bout de sept ans de navigation, et y fut bien accueilli de Latinus, roi des Aborigènes, qui le nomma son gendre et son successeur. Après la mort de Latinus, Enée régna sur les Troyens et les Aborigènes, qui ne firent plus qu'un même peuple sous le nom de Latins. Il eut des guerres à soutenir contre ses voisins, et perdit la vie à trente-huit ans; dans un combat contre les Etruriens. Comme on ne trouva point son corps, on répandit le bruit que Vénus, après l'avoir purifié dans les eaux du Numicus, l'avait enlevé au ciel. On lui éleva un tombeau sur les bords de ce fleuve; et on l'honora sous le nom de *Jupiter-Indigète.*

ENFER, *infer-inferorum*, lieu de ténèbres et de tourmens, où les méchans doivent expier leurs crimes par des supplices éternels. Cette croyance est commune à toutes les religions. Les Druses croient que c'est le lieu réservé aux méchans, et que tout ce qu'ils y boivent et mangent a un goût de fiel et d'amertume. L'enfer des Grecs renfermait à-la-fois les Champs-Elysées, séjour des justes, et le Tartare, cachot affreux où étaient retenus les criminels. Suivant les Rabbins, deux classes de gens iront dans l'enfer; les méchans et ceux qui sont dans un état mitoyen, c'est-à-dire, qui ne sont ni tout-à-fait justes, ni tout-à-fait méchans; ces derniers y descendront avec leurs corps, et y pleureront pendant douze mois. Leurs corps seront ensuite consumés, et leurs ames brûlées, et le vent les dispersera sous les pieds des justes. Quant aux méchans, leur supplice sera éternel.

ÉNIPÉE, berger de la Thessalie, qui se métamorphosa en

fleuve pour jouir de Tyro. Cette nymphe, voyant les eaux d'Enipée extrêmement claires, eut envie de s'y baigner; alors Enipée la surprit, et eut d'elle Pélias et Nélée.

ENNOMUS, capitaine mysien, et savant augure que tout son art ne put garantir des coups d'Achille, qui les tua sur les bords du Xanthe.

ENTELLE, fameux athlète, célébré par Virgile, parut avec éclat aux jeux funèbres donnés en Sicile en l'honneur d'Anchise, et y obtint, pour prix de sa victoire, un taureau auquel il brisa le crâne d'un coup de ceste.

EOLE, fils d'Hellen et d'Orseide, petit-fils de Deucalion, succéda à son père au royaume de Phtiotide, et donna le nom d'Eolins à ses sujets qui s'appelaient Helléniens. Il épousa Enarète dont il eut sept fils, Crethece, Sisyphe, Athamas, Salmonée, Déçon, Magnés et Périerès; il en eut aussi cinq filles.

EOLE, arrière petit-fils du précédent, fils de Jupiter ou d'Hippotas, descendant de Deucalion, vivait du temps de la guerre de Troie, et régnait à Lipari dans les îles Eoliennes, situées au nord de la Sicile, les mêmes que celles où Vulcain tenait ses forges. C'était un prince assez habile, pour son temps, dans l'art de la navigation. Il s'était appliqué à connaître les vents et à juger par l'inspection du ciel lequel devait souffler. L'imagination des poètes faisant valoir ce talent, établit Eole dieu des vents et des tempêtes. Il dut à Junon l'honneur d'être admis dans l'Olympe au nombre des dieux. On le représentait avec un sceptre, symbole de son autorité, tenant les Vents enfermés dans une profonde caverne, et les repoussant de sa main pour les empêcher de troubler le monde.

EPALIUS, roi de la Tetrapole Dorique, légua sa couronne à Hyllus, fils d'Hercule, pour récompenser ce demi-dieu du service qu'il lui avait rendu en le rétablissant sur le trône.

EPAPHUS, fils de Jupiter et d'Io, envieux du jeune Phaéton, lui reprocha de n'être pas réellement fils d'Apollon. Phaéton, piqué de ce propos, alla trouver sa mère Clymène qui le renvoya au Soleil dont il sortait, pour s'assurer de sa naissance : ce qui fut cause de sa perte. On a cru Epaphus l'un des premiers rois d'Egypte, et le même qu'Apis.

EPEUS, fils d'Endymion et d'Hyperminie. Endymion ayant proposé à ses trois fils, pour prix de la course, la succession à son trône, Epéus fut vainqueur, et régna après son père, sur les Eléens, qui prirent depuis le nom d'Epéens.—Epéus, frère de Péon, et roi de la Phocide, successeur de son père Panopée, inventa, selon Pline, le bélier pour l'attaque des places. On dit qu'il construisit le cheval de Troie, et qu'il fonda la ville de Métapon, où les habitans montraient les outils dont il s'était servi pour la construction de ses ouvrages.

ÉPHÉBÉIES, fêtes qui se célébraient à la puberté des enfans.

EPHÈDRE, athlète qui restait sans antagoniste après que le sort avait réglé ceux qui devaient combattre ensemble, il était obligé de se battre avec le dernier vainqueur.

EPHIDATIE, naïade, devenue amoureuse d'Hylas, épia le moment où il venait puiser de l'eau, pour l'entraîner au fond de la source où elle faisait son séjour.

EPIDAMNIUS, père de celle des suivantes de Vénus, qui servit la déesse dans ses amours avec Adonis. Elle fut adorée dans la suite chez les épidauriens.

ÉPIDAURUS, héros grec, donna son nom à la ville d'Epidaure, où Esculape fut particulièrement honoré. Son temple y était toujours plein de malades dont on décrivait la guérison sur des tablettes qui furent, dit-on, communiquées à Hippocrate.

EPIGEUS, capitaine thessalien, ayant tué par mégarde son cousin germain, fut obligé de s'exiler de sa patrie, et de chercher un asyle à la cour de Pélée. Il suivit Achille au siége de Troie, et périt sous les coups d'Hector.

ÉPIMENIDE, fils de Dosjade et de Plasta, prophète des Crétois, contemporain de Solon. Dans sa jeunesse, gardant les troupeaux de son père, il s'égara, et se réfugia dans une caverne, où il fut surpris d'un sommeil qui dura cinquante-sept ans. Réveillé, il retourna à son village, où personne ne le reconnut, excepté son frère cadet, qui était déjà vieux, et auquel il raconta son histoire. Le bruit s'en étant répandu dans la Grèce, on regarda Epiménide comme un homme favorisé des dieux, et on vint le consulter comme un oracle. Il devint vieux en autant de jours qu'il avait vécu d'années. Enfin il mourut âgé de deux cent quatre-vingt neuf ans, selon la tradition des Crétois, qui lui rendirent les honneurs divins après sa mort. Les Lacédémoniens qui se vantaient aussi d'avoir son corps, lui élevèrent dans leur ville des monumens héroïques.

ÉPIMÉTHÉE, fils de Japet et frère de Prométhée. Ce dernier avait formé les hommes prudens et ingénieux; Epiméthée, les imprudens et les stupides. Il épousa Pandore, statue que Minerve anima, et à qui tous les dieux firent quelque don. Jupiter ayant donné à cette femme une boîte magnifique, lui ordonna d'aller la présenter de sa part à Epiméthée. Celui-ci, quoique averti par son frère de ne rien recevoir de Pandore, fut ébloui par la beauté de cette femme. Non seulement il reçut la boîte, mais, ayant eu l'imprudence de l'ouvrir, il en sortit un déluge de maux qui inonda tout l'univers. Il eut de son mariage Pyrrha, qui épousa Deucalion, fils de Prométhée. La fable ajoute qu'il fut métamorphosé en singe.

EPIPOLA, fille de Trachion, se déguisa en homme pour aller au siége de Troie, et fut lapidée par les Grecs, après que Palamède eut découvert son sexe.

ÉPITUS, fils d'Alba régna dans le Latium, rendit ses peuples heureux, et eut pour successeur Capys. — Epitus, Mantinéen, ayant eu la hardiesse d'entrer dans le temple de Neptune à Mantinée, dont les hommes étaient exclus, devint, dit-on, sur le champ aveugle.

ÉRATO, l'une des neuf muses, présidait aux poésies lyriques. On la représente sous la figure d'une jeune fille enjouée, couronnée de myrtes et de roses, tenant d'une main une lyre, et un archet de l'autre, et ayant à côté d'elle un petit Cupidon ailé, avec son arc et son carquois, ou des tourterelles qui se becquetent. Erato, était invoquée par les amans, surtout au mois d'avril, qui chez les romains, était particulièrement consacré à l'amour.

ERDAVIRAH (*Myth. pers.*), célèbre mage persan, qui fut mandé devant Artaxerxès pour lui expliquer le vrai sens de la doctrine de Zoroastre. Ce mage, pour donner plus de poids à ses oracles, dit qu'il allait envoyer son ame au ciel pour y consulter l'Être-Suprême, et son corps commença en effet à tomber dans une léthargie profonde qui dura sept jours, pendant lesquels le roi demeura constamment auprès du corqs d'Erdavirah; enfin, lorsque l'ame fut rentrée dans son corps, on reçut avec le plus grand respect toutes les paroles qui sortirent de sa bouche.

ÉRÈBE, fils du Chaos et des Ténèbres, épousa la Nuit, et en eut l'Æther et le Jour. Il fut métamorphosé en fleuve et précipité dans le fond des enfers, pour avoir secouru les Titans. L'Erèbe se prend aussi pour la partie de l'enfer habitée par ceux qui ont bien vécu et qui n'entraient dans l'Elysée qu'après avoir été purifiés.

ÉRECHTHÉE, sixième roi d'Athènes, successeur de Pandion, son père, vers l'an 1400 avant J.-C., partagea tous les habitans de son royaume en quatre classes, c'est-à-dire en guerriers, artisans, laboureurs, et pâtres, pour éviter la confusion qui pouvait naître du mélange des conditions. Il fut père de Cécrops, 2me du nom qui, après avoir été détrôné par ses neveux, se retira chez Pylas, son beau-père, roi de Mégare. Ce prince régna cinquante ans. Après sa mort, il fut placé au rang des dieux, et on lui érigea un beau temple à Athènes C'est sous son règne que les marbres d'Arundel placent l'époque de l'enlèvement de Proserpine, et de l'institution des mystères éleusiniens, qui se célébraient en l'honneur de Cérès, à Éleusis, ville de l'Attique, d'où ils furent portés à Rome par Adrien. — Erechthée, chasseur que Minerve, dit-on, prit soin d'élever et de faire proclamer roi des Athéniens, et qui donna son nom à la ville d'Athènes. On dit qu'il savait tirer de l'arc avec tant d'adresse, qu'Alcon, son fils, étant entouré d'un dragon, il perça le monstre d'un coup de flèche, sans blesser son enfant.

ÉRÉSICHTHON ou **ÉRISICHTHON**, Thessalien, fils de Triopas. Cérès, pour le punir d'avoir osé abattre une forêt qui lui était consacrée, lui envoya une faim si horrible, qu'il consuma tout son bien sans pouvoir la satisfaire. Réduit à la dernière misère, il vendit sa propre fille, nommée Métra. Neptune, qui avait aimé cette fille, lui ayant accordé le pouvoir de se changer en ce qu'elle voudrait, elle échappa à son maître sous la forme d'un pêcheur. Rendue à sa figure naturelle, son père la vendit successivement à plusieurs maîtres. Elle n'était pas plutôt livrée à ceux qui l'avaient achetée, qu'elle se dérobait à eux par une métamorphose. Malgré cette ressource pour avoir de l'argent, elle ne put jamais rassasier la faim de son père, qui mourut enfin misérablement en dévorant ses propres membres.

ÉREUTHALION, guerrier arcadien, d'une taille et d'une force prodigieuses, avait longtemps procuré la victoire à ses compatriotes, lorsqu'il fut tué par Nestor.

ERGAMÈNE (*Myth. égypt.*), roi d'Ethiopie, fit périr tous les prêtres de Méroé, devenus assez puissans pour faire assassiner leur roi, et abolit le sacerdoce.

ERGINUS, roi d'Orchomène, fils de Clyménus, fut en guerre avec Hercule, qui le vainquit, le tua, et pilla ses états. Pindare fait un éloge pompeux d'Erginus dans une de ses Odes. Il avait imposé aux Thébains un tribut de cent bœufs pour venger la mort de son père, que ces derniers avaient tué.

ERIBOTÈS, fils de Télon, fit de grands progrès dans la médecine. Il accompagna les Argonautes dans leur expédition, et guérit Oïlée, qu'un oiseau monstrueux avait rendu aveugle.

ÉRICHTHONIUS, fils de Vulcain et de Minerve, fut le quatrième roi d'Athènes. Après sa naissance, Minerve voyant qu'il était contrefait, l'enferma dans un panier qu'elle donna à garder aux filles de Cécrops, Aglaure Hersé et Pandrose, avec défense de l'ouvrir; mais Aglaure et Hersé n'eurent aucun égard à la défense. Minerve les punit de leur curiosité, en leur inspirant une telle fureur qu'elles se tuèrent. Erichthonius avait les jambes si tortues qu'il n'osait paraître en public, il inventa les chars, et se servit si utilement de cette nouvelle invention, où la moitié de son corps était cachée, qu'après sa mort, il fut placé parmi les constellations, sous le nom du Charretier ou Bootès. Il succéda à Amphictyon vers 1513 avant J.-C., et régna cinquante ans. Il institua les jeux panathénaïques en l'honneur de Minerve.

ÉRIGONE, fille d'Icare, se pendit à un arbre, lorsqu'elle sut la mort de son père, que Mœra, chienne d'Icare, lui apprit en allant aboyer continuellement sur le tombeau de son maître. Elle fut aimée de Bacchus, qui, pour la séduire, se transforma en grappe de raisin. Les poètes ont feint qu'elle fut changée en cette constellation qu'on appelle la Vierge. — Erigone, fille d'Egisthe et de Clytemnestre, échappa à la fureur d'Oreste, par la protection de Diane qui la transporta dans l'Attique, et en fit une de ses prêtresses. Suivant Pausanias, Oreste l'épousa, et en eut un fils nommé Penthile qui lui succéda.

ERINNYS, une des trois furies. Homère lui donne des ailes. Elle avait une statue chez les Arcades, où elle était représentée tenant de la main gauche une boîte de l'espèce de celles dont les juges se servaient pour y jeter leurs suffrages.

ÉRIPHANIS, jeune Grecque qui aima passionnément le chasseur Ménalque, et qui mourut de désespoir de n'avoir pu l'attendrir par des chansons: elles furent long-temps répétées dans la Grèce, où elles faisaient les délices des ames sensibles.

ÉRIPHYLE, femme du devin Amphiaraüs, et sœur d'Adraste, roi des Argiens, reçut de Polynice un collier d'or pour lui découvrir son mari qui s'était caché de peur d'aller à la guerre de Thèbes, d'où il savait qu'il ne reviendrait pas. Amphiaraüs, indigné de la perfidie de sa femme, partit malgré lui; mais il recommanda à son fils Alcméon de tuer sa mère à la première nouvelle de sa mort; ce qui fut exécuté.

ERMENSUL ou IRMINSUL, (*Myth. celt.*) nom d'une divinité des anciens Saxons. Quelques auteurs ont prétendu que c'était l'Arès des Grecs, ou le Mars des

Romains, et se sont fondés sur ce que le temple d'Irminsul était placé dans une bourgade nommée Heresburg ou Mersburg, c'est à dire, le fort de Mars. D'autres ont dit qu'Irmin et Hermès étant la même chose, Irminsul n'était autre que Mercure. D'autres enfin, et c'est le plus grand nombre, pensent, et nous ne sommes pas éloignés de le croire, qu'Irminsul était un dieu indigène, et que les Saxons adoraient sous ce nom le fameux Arminius, général des Chérusques, qui défit les légions romaines, obligea Varus à se passer son épée au travers du corps, et fut le libérateur de la Germanie. Cette dernière opinion est d'autant plus vraisemblable, qu'il y a certes autant d'analogie de nom, entre Irminsul et Arminius, qu'entre Irminsul et Hermès ou Heresburg, et que d'ailleurs Arminius mourut, objet de l'adoration de ses compatriotes, dans un temps où l'on élevait volontiers au rang des dieux ceux qui s'étaient illustrés par des actions éclatantes. Il avait un temple magnifique sur la montagne d'Héresburg; la statue du dieu, placée sur une colonne, tenait d'une main un étendard sur lequel était une rose, symbole du peu de durée de la gloire militaire, et de l'autre une balance, emblême de l'incertitude de la victoire. La figure d'un ours, qu'Irmensul portait sur sa poitrine, et celle d'un lion sur son bouclier, indiquaient la force, le courage et l'adresse qu'exigent les grandes entreprises. Ce dieu avait ses prêtres et ses prêtresses, dont les fonctions étaient partagées.

EROPE, femme d'Atrée, succomba aux sollicitations de Thyesthe son beau-frère. Elle en eut deux enfans qu'Atrée fit manger dans un festin à leur propre mère. — Erope, fille de Céphée, femme d'Atrée, et petite fille d'Aleus : ayant eu commerce avec Mars, elle mourut dans les douleurs de l'enfantement. Le fils qu'elle venait de mettre au monde ne laissa pas de trouver ses mamelles pleines de lait.

ÉRYMANTHUS, fils d'Aruns et père de Xanthus, donna son nom à la montagne et au fleuve du même nom, dans l'Arcadie. — Erymanthus, fils d'Apollon, que Vénus priva de la vue, pour avoir été surprise par lui au bain, au sortir des bras d'Adonis. Ce fut pour venger son fils, qu'Apollon le métamorphosa en sanglier, et tua Adonis.

ÉRYTHRAS, fils de Persée et d'Andromède, donna son nom à la mer Erythréenne, maintenant la mer Rouge, parce qu'il régna sur ses côtes, et s'y noya.

ÉRYTHRUS, fils de Rhadamanthe, conduisit une colonie dans l'Ionie, et y fonda la ville d'Érythrée.

ÉRYX, fils de Butès et de Vénus. Fier de sa force prodigieuse, il luttait contre les passans, et les terrassait; mais il fut tué par Hercule, et enterré dans le temple qu'il avait dédié à Vénus sa mère. Virgile en fait un dieu.

ÉSACUS, fils de Priam et d'Alexirhoé, aima tellement la nymphe Hespérie, qu'il quitta Troie pour la suivre. Sa maîtresse ayant été mordue d'un serpent, mourut de sa blessure. Esacus, de désespoir, se précipita dans la mer : mais Thétis le métamorphosa en plongeon. Esacus avait appris de sa grand'mère Mérope à connaître l'avenir, et laissa dans sa famille les principes de son art, dont Hélénus et Cassandre ses frères et sœur profitèrent dans la suite.

ESCULAPE, fils d'Apollon et de la nymphe Coronis. Ovide dit que ce dieu, informé qu'elle aimait le jeune Iphys, en fut si courroucé, que, sans considérer sa grossesse, il la perça d'une flèche, et la tua. Il s'en repentit aussitôt, mais il ne put lui rendre la vie. Pendant qu'on se disposait à la mettre sur le bûcher, il tira promptement de son sein le petit Esculape, et le donna à élever à Chiron le centaure, qui lui apprit tous les secrets de la médecine. Il y fit de si grands progrès, que dans la suite il fut honoré comme le dieu de cet art. Jupiter, irrité contre lui de ce qu'il avait rendu la vie au malheureux Hippolyte, le foudroya. Apollon pleura amèrement la perte de son fils; Jupiter, pour l'en consoler, plaça Esculape dans le ciel, où il forme la constellation du serpentaire. Les plus habilles médecins de l'antiquité ont passé pour les fils d'Esculape. Ce dieu fut principalement honoré à Epidaure, ville du Péloponèse, où on lui éleva un temple magnifique. Ce fut aux habitans de cette ville que les Romains, dans une peste qui ravageait Rome, envoyèrent des députés pour demander la statue de ce dieu, afin de l'apporter à Rome. N'ayant pu l'obtenir des Epidauriens, ils étaient sur le point de remettre à la voile, lorsqu'ils virent entrer dans leur vaisseau un grand serpent, qu'ils prirent pour le dieu Esculape, et qu'ils emmenèrent avec eux. Quand ils furent arrivés à l'embouchure du Tibre, le serpent sortit du vaisseau, et s'en alla dans l'île formée par les deux bras de ce fleuve, que l'on appela Sacrée, parce qu'on y bâtit un temple en l'honneur de ce dieu, où il était représenté sous la figure d'un serpent. On lui offrait des œufs, et on lui immolait des poules et des coqs. Esculape eut deux fils, Machaon et Podalire, qui se rendirent célèbres dans la médecine. Il eut aussi trois filles, Hygiée, Eglée et Panacée. Cicéron compte plusieurs Esculape, dont l'un avait inventé la sonde et la manière de bander les plaies; et un autre, l'usage des purgations et l'art d'arracher les dents. On le représentait tenant un bâton entortillé d'un serpent, la tête couronnée de lauriers, et ayant quelquefois un chien, un coq ou une tortue à ses pieds. Sur une médaille de S. Licinius Valérianus, on le voit présenter, d'une main, une patère à un serpent qui est devant lui, et de l'autre, il est appuyé sur une massue, comme Hercule.

ÉSON, père de Jason, fils de Créthée, était frère de Pélias, roi d'Iolchos ou de Thessalie. Parvenu à une extrême vieillesse, il fut rajeuni par Médée, à la prière de Jason, son mari. Celle-ci, dit-on, après avoir épuisé le sang du vieillard par une abondante saignée, le remplaça par le suc d'herbes aromatiques. On a cherché à expliquer cette fable par l'effet de la transfusion du sang; mais l'histoire détruit toutes les explications des mythologues; car il paraît qu'Eson était mort avant l'arrivée de Jason, qui, à son retour, fit célébrer des jeux funèbres en son honneur, par les Argonautes.

ESWARA (*Myth. ind.*), divinité des indiens, la même que Shiva, particulièrement honorée par la secte des scyvias. Une goutte de sa sueur donna naissance à Virrépudra, qui battit le Soleil et lui fit sauter une dent, et qui souffleta si fortement la Lune, que sa face en porte encore les marques.

ESYMNUS, nom d'un guerrier grec, qui périt sous les coups d'Hector, devant les murs d'Ilion. — ESYMNUS, héros qui avait un monument à Mégare.

ETÉOCLE, roi de Thèbes, frère de Polynice, né de l'inceste d'Œdipe et de Jocaste, partagea le royaume de Thèbes avec son frère Polynice, après la mort de leur père, qui ordonna qu'ils régneraient tour à tour. Etéocle, étant sur le trône, n'en voulut pas descendre; et Polynice lui fit cette guerre qu'on appela l'*Entreprise des sept preux*, ou *des sept chefs devant Thèbes*. Ces deux frères se haïssaient si fort, qu'ils se battaient déjà dans le ventre de leur mère. Ils se tuèrent l'un l'autre en même temps dans un combat singulier. La mort même ne put éteindre cette inimitié horrible; car leurs corps ayant été mis sur un bûcher, on vit, disent les poëtes, tandis qu'ils brûlaient, les flammes se séparer, et former jusqu'à la fin une espèce de combat. Créon, qui leur succéda, fit rendre les honneurs de la sépulture aux cendres d'Etéocle, comme ayant combattu contre les ennemis de la patrie, et ordonna que celle de Polynice seraient jettées au vent, pour avoir attiré sur sa patrie une armée étrangère. Racine a fait une tragédie sur la haine d'Etéocle et de Polynice intitulée : *Les Frerès ennemis*. — ETÉOCLE, fils d'Iphis, et frère d'Evadné, était un des chefs de l'armée argienne, lors de la première guerre de Thèbes, il périt sous les murs de cette ville. — ETÉOCLE, roi d'Orchomène, en Béotie, était appelé le père des *Grâces*, parce qu'il fut le premier qui leur éleva un temple, et des autels.

ÉTÉONÉE, fils de Boéthas, un des principaux officiers de Ménélas, que ce prince chargea de recevoir Télémaque et Pinitraté à sa cour.

ÉTERNITÉ, divinité que les anciens adoraient, et qu'ils représentaient à peu près comme le *Temps*, sous l'image d'un vieillard, tenant à sa main un serpent qui forme un cercle de son corps en se mordant la queue, emblême de l'*Eternité*. Sur les médailles de Vespasien, de Domitien, de Trajan, l'éternité est désignée par une déesse qui tient dans ses mains les têtes rayonnantes du soleil et de la lune; les symboles les plus ordinaires sont le phénix, l'éléphant, et le cerf à cause de leur longévité.

ETHÉTA, habitante de Laodicée, ville de Syrie, aima si tendrement son mari, qu'elle obtînt des dieux le pouvoir de devenir homme, pour l'accompagner partout sans crainte. Elle fut alors nommée *Ethetus*.

ETHALIDES, fils de Mercure, obtint de son père la liberté de demander tout ce qu'il voudrait: excepté l'immortalité. Il demanda le pouvoir de se souvenir de tout ce qu'il aurait fait lorsque son ame passerait dans d'autres corps. Diogène-Laërce rapporte que Pythagore, pour établir la métempsycose, disait que lui-même avait été cet Ethalides.

ETHEMCA, femme de Mérops, roi de l'île de Cos, fut percée d'une flèche par la sœur d'Apollon, pour avoir négligé le culte de cette déesse. Proserpine la fit descendre aux enfers. Junon touchée du désespoir de Mérops, la changea en aigle et la plaça parmi les étoiles.

ETHILLA, fille de Laomédon et sœur de Priam, fut emmenée captive par Protésilas, après le siége de Troie. Celui-ci ayant relâché sur une côte pendant une tempête, Ethilla, aidée de ses compagnes, mit le feu aux vaisseaux grecs, et força Protésilas à s'établir dans la contrée, où il bâtit la ville de Sycione.

ÉTHRA, fille de Pitthéus, roi de Trézène, ayant épousé Egée, roi d'Athènes, qui avait logé chez son père, devint grosse de Thésée. Egée, étant obligé de s'en retourner sans elle, lui laissa une épée et des souliers, que l'enfant qu'elle mettrait au monde devait lui apporter lorsqu'il serait grand afin de se faire connaître. Thésée, dans la suite, alla voir son père, qui le reçut et le nomma son héritier. Castor et Pollux, irrités de l'enlèvement de leur sœur Hélène par Thésée, firent Ethra captive: mais elle fut délivrée par ses petits-fils Acamas et Démophoon. — ÉTHRA, fille de l'Océan et de Thétis, femme d'Atlas, fut mère d'Hyas et de sept filles. Hyas ayant été dévoré par un lion, ses sœurs en moururent de douleur; mais Jupiter les métamorphosa en étoiles, qu'on nomme pluvieuses; ce sont les Hyades.

ÉTOLUS, fils de Diane et d'Endymion, obligé de quitter le Péloponèse où il régnait, s'empara de cette partie de la Grèce qu'on appela depuis Etolie. Elle se nommait auparavant Curéis et Hyantis.

EUBOTAS, athlète, natif de Cyrène, ayant appris d'un oracle qu'il remporterait le prix de la course, fit faire d'avance sa statue. Il eut le prix; et sa statue fut posée le jour même qu'il triompha.

EUBULIE, déesse des bons conseils, avait un temple à Rome.

EUCHÉCRATE, jeune Thessalien, devint amoureux de la prêtresse de Delphes, qu'il était venu consulter, et l'enleva. Depuis ce temps on ordonna que la prêtresse aurait toujours 50 ans.

EUCHÉNOR, corinthien, partit pour le siége de Troie, quoique l'oracle lui eut appris le sort qui l'y attendait. Pâris le tua d'un coup de flèche au-dessous de l'oreille.

EUCHIDAS, Platéen, se rendit à Delphes, après la bataille de Platée, afin d'y prendre du feu pur, pour offrir un sacrifice en actions de grâces de la victoire remportée sur les ennemis. Aussitôt qu'il eut pris le feu sacré, il reprit le chemin de Platée à toutes jambes, et y arriva avant le coucher du soleil, ayant fait ce jour-là mille stades; en arrivant, il salua ses concitoyens, leur remit le feu, tomba à leurs pieds, et expira quelques instans après. Il fut enterré dans le temple de Diane, et on mit sur son tombeau, une épitaphe qui expliquait la cause et le genre de sa mort.

EUGÉNIE, déesse de la noblesse chez les Grecs, est représentée debout, tenant de la main gauche une pique, et de la main droite une petite statue de Minerve.

EUGÉRIE, divinité romaine, invoquée par les femmes enceintes, pour être délivrées de tout accident pendant leur grossesse

EULIMÈNE, fille de Cydon, roi de Crète, entretint une intrigue amoureuse avec Licastus quoique promise à Aptérus. L'oracle ayant ordonné d'immoler une vierge, le sort tomba sur Eulimène. Alors Licastus déclara ses liaisons avec elle; mais le peuple exigea néanmoins qu'elle fût sacrifiée. Apterus pour se venger tua de sa main Lycastus son rival.

EUMÉE, fils du roi de l'île de Scyros dans la mer Égée, devint favori d'Ulysse, et ce prince lui confia le soin de ses états, lorsqu'il partit pour Troie. Ce fut aussi celui auquel ce héros se fit connaître le premier à son retour, après vingt ans d'absence, et avec le secours duquel il vint à bout d'exterminer tous les amans de Pénélope.

EUMÉLUS, fils d'Admète et d'Alceste, alla au siège de Troie, et y conduisit onze vaisseaux. Aux jeux funèbres, célébrés en honneur de Patrocle, il disputa le prix de la course des chars à Diomède. Ses cavales, dit-on, avaient dans leurs courses l'agilité du vol des oiseaux. Il reçut de la main d'Achille une belle cuirasse d'airain.

EUMÉNIDES, (*Voyez* FURIES.)

EUMOLPE, fils du poète Musée, fut l'un des premiers prêtres de Cérès dans les mystères d'Eleusis. Il disputa le trône d'Athènes à Erechthée, et périt, ainsi que ce dernier, dans le combat. Les Athéniens, pour terminer les différens de leurs familles, attribuèrent la couronne à celle d'Erechthée, et le sacerdoce, c'est-à-dire la dignité perpétuelle d'hiérophante, à celle d'Eumolpe. Celle-ci en jouit pendant douze cents ans. Elle déterminait souverainement les cérémonies religieuses, et tout ce qui avait rapport au culte des dieux. Eumolpe, dit-on, apprit la musique à Hercule.

EUNÉE, fils de Jason et d'Hypsipyle, fille d'un roi de Thrace, régna sur l'île de Lemnos, et envoya des chevaux chargés de vin aux Grecs qui assiégeaient Troie. Les Eunides, musiciens renommés d'Athènes, prétendaient descendre d'Eunée.

EUNOMUS, célèbre musicien de Locres en Italie. Comme il disputait le prix de son art à Aristoxène, une cigale vint, à ce qu'on dit, se poser sur sa lyre, pour suppléer à une corde qui s'était rompue : ce qui lui fit obtenir le prix. En mémoire de cette singularité, les Grecs élevèrent une statue à Eunomus, tenant un sistre ou une cythare, sur laquelle se reposait une cigale.

EUNOSTUS, dieu honoré par les habitans de Tanagra, ville située en Achaie, sur les bords du fleuve Asope. Il était rigoureusement défendu aux femmes de pénétrer dans l'enceinte de son temple; et celle qui transgressait cette loi, même par distraction ou par mégarde, était punie de mort.

EUPHÊMÉ, mère de Crocas, fut la nourrice des Muses. On lui avait élevé une statue de marbre au pied du mont Hélicon.

EUPHÉMUS, fils de Neptune et d'Europe, accompagna les Argonautes dans leur expédition, et fut aussi léger à la course qu'adroit à conduire les chars. Il remporta le prix aux jeux funèbres célébrés en l'honneur de Pélias. Après la mort de Typhys, il devint le pilote des Argonautes. Un roi de Libye lui fit présent d'une motte de terre miraculeuse. Euphémus l'ayant jetée dans la mer, elle fut à l'instant changée en une île agréable, couverte d'arbres et de verdure ; ce fut l'île Théra.

EUPHORBE, fils de Parthus, illustre troyen, fut tué par Ménélas à la guerre de Troie. Pythagore assurait que son ame était celle d'Euphorbe, qu'elle avait passé dans son corps par la métempsycose, et qu'il avait reconnu dans le temple de Junon à Argos le bouclier que Ménélas lui avait enlevé.

EUPHORION, fils d'Achille et d'Hélène. Jupiter touché de sa beauté, et ne pouvant se rendre maître de lui, le foudroya dans l'île de Mélos, et changea en grenouilles les nymphes qui l'avaient enseveli.

EUPHRADÈS, génie qui présidait aux festins. On mettait sa statue sur les tables lorsqu'on voulait se livrer à la joie.

EUPHROSYNE, l'une des trois Grâces, celle qui désigne la joie.

EUROPE, fille d'Agénor, roi de Phénicie, et sœur de Cadmus, joignait à sa beauté une telle blancheur, qu'on disait qu'une des compagnes de Junon avait dérobé un petit pot de fard sur la toilette de la déesse, pour le donner à Europe. Elle fut aimée de Jupiter, qui, ayant pris la forme d'un taureau pour l'enlever, passa la mer, la tenant sur son dos, et l'emporta dans cette partie du monde à laquelle elle donna son nom. On explique ainsi cette fable: Des marchands Crétois, ayant vu la jeune Europe, dont la beauté les frappa, l'enlevèrent pour leur roi Astérius, et comme leur vaisseau portait sur la proue un taureau, on publia que Jupiter s'était changé en taureau pour enlever cette princesse.

EUROTAS, fils de Lelex, se distingua par son courage dans une guerre que les Lacédémoniens avaient déclarée à un peuple voisin. Ils attendaient la pleine lune pour livrer bataille; mais Eurotas, sans écouter de vains présages, combattit et fut défait. Désespéré, il se jeta dans le fleuve Himère, qui prit dès-lors le nom d'Eurotas. Ce fleuve, célèbre par les vers des poètes anciens, offrait des bords ornés de myrtes et de lauriers. Ils furent témoins de l'enlèvement d'Hélène, et ce fut près d'eux, que Jupiter, prenant la figure d'un cygne, séduisit Léda. Les Lacédémoniens y plongeaient leurs enfans pour les endurcir de bonne heure aux fatigues de la guerre, et les Turcs s'y baignent dans l'espoir de gagner le royaume des cieux.

EURUS, l'un des quatre principaux vents; on le peint d'une couleur noire, parce que cette couleur est celle des Ethiopiens ou des habitans du Levant d'où il souffle. Il était représenté sur la Tour des Vents, à Athènes, sous la figure d'un jeune homme ailé.

EURYALE, fils d'Opheltès, héros troyen, suivit Enée après la ruine de Troie, et fut célèbre par sa tendre amitié pour Nisus. Ces deux jeunes guerriers, étant entrés de nuit dans le camp des Rutules, y firent un grand carnage. Euryale fut investi en retournant à la ville; Nisus courut au secours de son ami, et offrit même sa vie pour lui; mais voyant qu'il ne pouvait rien obtenir, et qu'Euryale venait d'expirer à ses yeux, il se perça de son épée, et mourut sur le corps de son ami. Cet épisode du poëme de l'Enéide est aussi touchant qu'agréable.—Il y a eu plusieurs autres héros de ce nom cités par les poètes.

EURYALÉ, fille de Minos, et mère d'Orion, fut aimée de Neptune.—EURYALÉ, reine des Amazones, qui secourut Eétes, roi de

Colchide, contre Persée.--EURYALÉ fille de Prœtus, roi des Argiens.

EURYBATES, un des Argonautes, célèbre au jeu du disque, ainsi que dans l'art de guérir les plaies; guérit celle qu'Oïlée avait reçue en donnant la chasse avec Hercule aux oiseaux du lac Stymphale.—EURYBATES, héraut d'Agamemnon enleva Briséis à Achile.

EURYCLÉE, fille d'Ops, petite-fille de Pisénor, était d'une rare beauté. Laërte, roi d'Ithaque, l'acheta fort jeune pour le prix de vingt bœufs, mais il ne la traita point en esclave; il eut pour elle les mêmes égards que pour sa femme, et lui confia l'enfance d'Ulysse. Ce fut elle qui la première reconnut ce prince au retour de ses longs voyages, et qui annonça son arrivée à Pénélope.

EURYCLÈS fut un célèbre devin d'Athènes. On croyait qu'il portait dans son ventre le génie qui l'inspirait, ce qui le fit surnommer *Engastrimathe*. Il eut des disciples qui furent appelés de son nom Eurycléïdes et Engastrides.

EURYDICE, femme d'Orphée. En fuyant les poursuites d'Aristée, Eurydice fut piquée par un serpent, de la morsure duquel elle mourut le jour même de ses noces. Orphée, inconsolable de cette mort, l'alla chercher jusque dans les enfers, et toucha, par les charmes de sa voix et de sa lyre, les divinités infernales. Pluton et Proserpine la lui rendirent, à condition qu'il ne regarderait point derrière lui, jusqu'à ce qu'il fût sorti des sombres royaumes. Orphée, selon le récit de Virgile, ne put maîtriser ses regards, et perdit sa femme pour toujours. Cet épisode touchant se trouve dans le 4ᵉ livre *des Georgiques* de Virgile.

EURYLOQUE, compagnon d'Ulysse, fut le seul qui ne but point de la liqueur que Circé fit prendre aux autres pour les changer en bêtes. Ayant enlevé en Sicile les troupeaux consacrés à Apollon, le dieu punit son impiété en brisant son vaisseau contre des écueils.

EURYMAQUE, parent d'Ulysse, un des plus audacieux amans de Pénélope, insulta Ulysse à son retour, le prenant pour un mendiant; mais celui-ci, ayant tendu l'arc que personne n'avait pu courber, lui perça le cœur d'une flèche, au moment qu'Eurymaque fondait sur lui l'épée à la main.

EURYMÉDON, géant qui rendit Junon mère de Prométhée, eut part à la guerre des géants contre les cieux, et fut précipité dans les enfers.

EURYNOME, dieu des enfers, se nourrissait de la chair des morts. On lui avait élevé dans le temple de Delphes une statue où il était représenté avec un visage noir, montrant de longues dents et assis sur la peau d'un vautour.

EURYNOME, fille de l'Océan, fut aimée de Jupiter qui la rendit mère des Grâces. On la représentait comme femme jusqu'à la ceinture, et comme poisson pour le bas du corps. Elle avait un temple en Arcadie, où sa statue était suspendue par des chaînes d'or. Ce temple ne s'ouvrait jamais qu'une fois l'an à un jour marqué.

EURYPYLE, roi de la Cyrénaïque, renommé pour la sagesse de ses conseils, fournit aux Argonautes les moyens de se garantir des écueils, et de se dégager des bancs de sable qui se trouvaient sur leur passage dans le lac Tritonide. La fable a altéré ce récit, et a changé Eurypyle en un triton qui se présente aux Argonautes et qui moyennant un trépied, consent à leur faire retrouver leur route.—Eurypyle, capitaine grec au siége de Troie. Dans le partage des dépouilles de cette ville, Eurypyle eut le coffre qui renfermait la statue de Bacchus donnée par Jupiter à Dardanus (*voyez* Esymnète.) Ayant ouvert le coffre et regardé la statue, il tomba en démence. Dans un moment de lucidité, il alla consulter l'oracle de Delphes, qui lui ordonna de continuer sa route, jusqu'à l'endroit où il trouverait des gens près d'offrir un sacrifice barbare, et que là il recouvrerait entièrement la raison. Eurypyle obéit; arrivé à Patras, il rencontra sur le rivage, des prêtres accompagnés d'une multitude de peuple, qui allaient immoler un jeune garçon et une jeune fille, en l'honneur de Diane Trinacria. Il ouvrit son coffre, sauva la vie aux deux victimes, et guérit de sa folie. Depuis ce temps, les habitans de Patras célébraient tous les ans les funérailles d'Eurypyle, et rendaient de grands honneurs au dieu renfermé dans le coffre.

EURYSACE, fils d'Ajax, combattit son oncle Teucer, et lui ravit ses états. Les Athéniens ne lui en rendirent pas moins les honneurs divins.

EURYSTHÉE, roi de Mycène, fils d'Alcmène et d'Amphytrion. Ce prince, d'après les ordres de Junon, persécuta sans relâche Hercule, et exerça son courage dans les entreprises les plus périlleuses. C'est ce que nous appelons les travaux d'Hercule. Néanmoins, il redoutait tellement ce héros, que lorsqu'il revenait avec quelques-uns des monstres qu'il avait vaincus, il ne le laissait point entrer dans la ville, et lui envoyait ses ordres par un héraut. Après la mort d'Hercule, Eurysthée poursuivit ses descendans, jusqu'à ce qu'enfin il fût tué dans un combat par Hyllus, fils d'Hercule, qui lui coupa la tête, et l'envoya à Alcmène.

EURYTHION, centaure, ayant voulu faire violence à Hippodamie, fut la cause du combat sanglant que les lapithes livrèrent aux centaures lorsqu'on célébrait les noces de Pirithoüs Eurythion eut les oreilles et le nez coupés par les lapithes; d'autres disent qu'il fut tué par Thésée, qui l'assomma sous le poids d'un énorme vase.

EURYTHUS, roi d'Œchalie, et père d'Iole. Ayant promis sa fille à celui qui remporterait sur lui la victoire à la lutte, Hercule se présenta, et le vainquit; mais Eurythus ne voulut pas la lui donner. Hercule le tua d'un coup de massue, et enleva Iole. Homère fait périr ce roi sous les flèches d'Apollon, parce qu'il avait eu l'audace de défier un dieu. — Eurythus, fils, ou suivant d'autres, neveu d'Augée; un jour qu'il célébrait une fête en l'honneur de Neptune, il fut attaqué et tué par Hercule.

EUTERPE, l'une des neuf Muses, inventa la flûte: c'est elle qui préside à la musique. On la représente ordinairement sous la figure d'une jeune fille couronnée de fleurs, tenant des papiers de musique, une flûte, des hautbois, et ayant d'autres instrumens de son art auprès d'elle. Son nom signifiait *celle qui sait plaire*, allégorie charmante par laquelle les anciens ont voulu exprimer combien les lettres ont d'attraits pour ceux qui les cultivent.

EUTHYMICA, déesse de la joie et de la tranquillité de l'ame, la même que Vitula chez les Romains.

EUTHYMUS, fameux athlète, combattit long-temps, suivant la fable, contre un fantôme qui, se voyant vaincu, s'évanouit. Les Témésiens donnaient chaque année à ce fantôme une fille pour sa nourriture, afin qu'il ne tuât plus ceux qu'il rencontrait. Euthymus parvint à une extrême vieillesse, et disparut sans qu'on pût assurer sa mort. On lui érigea deux statues, l'une à Témèse, l'autre à Olympie. Pline rapporte qu'elles furent toutes les deux frappées de la foudre le même jour.

ÉVADNÉ, fille de Mars et de Hyphie, insensible aux poursuites d'Apollon, épousa Canapée, tué d'un coup de tonnerre au siége de Thèbes. Evadné se jeta sur le bûcher de son mari, pour ne pas lui survivre.

ÉVANDRE, Arcadien d'origine, qui passait pour le fils de Mercure, à cause de son éloquence, aborda en Italie, selon la fable, environ soixante ans avant la prise de Troie. Faune, qui régnait alors, sur les Aborigènes, lui donna une grande étendue de pays, où il s'établit avec ses amis. Il bâtit, sur les bords du Tibre, une ville à laquelle il donna le nom de *Pallanteum*, et qui, dans la suite, fit partie de celle de Rome. Ce fut lui qui enseigna aux Latins l'usage des lettres et l'art du labourage. Il institua les prêtres saliens, la fête des Lupercales, et bâtit un temple à Cérès sur le mont Palatin. Son régne fut celui de l'âge d'or pour les peuples du Latium; aussi après sa mort leur reconnaissance le plaça au rang des immortels. Virgile suppose qu'il vivait encore du temps d'Enée, avec qui il fit alliance, et qu'il aida de ses troupes.

ÉVÈMERION, dieu de la médecine, honoré par les habitans de Sicyone, qui lui offraient des sacrifices après le coucher du soleil. Son nom signifiait *celui qui fait passer d'heureux jours*. On le croit le même que Télesphore.

ÉVÈNUS, roi d'Etolie, fils de Mars et de Stérope, fut si piqué d'avoir été vaincu à la course par Idas, qui lui avait promis Marpesse sa fille, s'il remportait la victoire, qu'il se précipita dans un fleuve, qu'on appela depuis Evènus.

ÉVIPPE, fille de Tyrimmas, eut un fils d'Ulysse, nommé Euryale, à son passage en Epire, après la prise de Troie. Sa mère l'ayant envoyée à Ithaque, la jalouse Pénélope sut tellement prévenir Ulysse, que ce prince fit périr son fils, comme ayant formé le projet d'attenter à ses jours. — Evippe, épouse de Piérus, roi de Macédoine, célèbre par sa sagesse, sa beauté et sa fécondité, eut de son époux neuf filles, dont la naissance exposa ses jours. Ce furent les Piérides.

ÉVITERNE. Les anciens adoraient sous ce nom un dieu, de la puissance duquel ils se formaient une très-grande idée, et qu'ils paraissaient mettre au-dessus de celle de Jupiter. Quelques mythologues croient que ce dieu était Jupiter même. Eviterne signifie immortel, et l'on appelait quelquefois les dieux *Æviterni* et *Ævintegri*, pour marquer leur immortalité.

EXAEL, le dixième des premiers anges, apprit aux hommes,

suivant Enoch, l'art de fabriquer des épées et des cuirasses, les ouvrages d'or et d'argent, enfin l'usage des pierres précieuses et du fard.

ÉXÉCESTUS, tyran de Phocée, avait deux bagues dont il se servait pour prédire l'avenir. Il les frappait l'une contre l'autre, et prétendait reconnaître au son ce qu'il devait faire. Après les avoir consultées, il annonça le jour de sa mort.

FACHIMAN (*Myth. jap.*), cami célèbre par ses conquêtes, et le dieu de la guerre dans la *Sinto*. Tayco-Lama, un des plus grands princes qu'ait eu le Japon, avait fait élever à Méaco un temple superbe, pour y être adoré lui-même sous ce nom. Les ferremens de ce temple n'étaient que des lames de sabres; n'étant pas convenable, disait cet empereur, qu'aucune autre sorte de fer fut employée dans la fabrique d'un sanctuaire destiné à un dieu guerrier.

FAKIRS, moines vagabonds de l'Indostan, se divisent en plusieurs espèces. Les uns sont couverts de haillons comme des mendians. Ils marchent ordinairement par bandes, qui ont toutes chacune leur chef. Ces hypocrites sont très-respectés du peuple, et, pour y parvenir, ils emploient à-peu-près les mêmes moyens que les dervis ou derviches. *Voy.* ce mot.

FALACER, dieu des Romains. Les uns ont cru qu'il présidait aux colonnes du cirque appelées en latin *falæ*. D'autres ont vu dans Falacer une divinité champêtre qui présidait aux pommiers.

FA-MIT-TAY (*Myth. ind.*), c'est le nom que donnent les Indiens au dieu qui doit succéder à Xaca, quand le règne de ce dernier, qui doit être de cinq mille ans, sera expiré. Fa-mit-tay alors détruira la religion établie par son prédécesseur, pour en élever une nouvelle sur ses débris.

FASCINUS, divinité tutélaire de l'enfance. On lui attribuait le pouvoir de garantir des maléfices. Dans les triomphes, on suspendait sa statue au-dessus du char, comme ayant la vertu de préserver le triomphateur des prestiges de l'orgueil. Son culte était confié aux vestales.

FAUNA ou FATUA, la même que Fatuca et Marica, fille de Picus, femme du dieu Faunus, qui, l'ayant trouvée un jour ivre, la frappa si cruellement avec des verges de myrtes, qu'elle en mourut. Faunus, au désespoir d'avoir châtié trop sévèrement sa femme, pria Jupiter de la mettre au rang des déesses, ce qui lui fut accordé. Ressuscitée sans doute par ce dieu, on disait que Fauna, depuis son mariage, avait été si fidèle à son mari, que, dès qu'il fut mort, elle se tint enfermée le reste de sa vie, sans parler à aucun homme. Les dames romaines instituèrent une fête en son honneur, et l'imitaient en faisant une retraite austère pendant ses solennités. Elles lui faisaient des sacrifices secrets pendant la nuit. C'était un crime capital pour un homme, non-seulement de s'introduire dans cette assemblée, mais même de jeter les yeux sur ce qui se faisait dans le temple de la déesse. On ôtait jusqu'aux portraits des hommes. Sénèque dit cependant qu'avec ces dehors de modestie et de pudeur, il se passait des abominations dans les sacrifices qu'on y faisait.

FAUNES, demi-dieux, habitaient les campagnes et les forêts; c'est pour cela qu'on les appelait également Sylvains. Les poètes latins, car ils n'étaient pas connus des Grecs, leur donnent des cornes, des oreilles, des pieds et une queue de bouc. Arnobe dit qu'ils mouraient après une vie de plusieurs siècles. Le pin et l'olivier sauvage leur étaient consacrés. Parmi les monumens conservés par D. Bernard de Montfaucon, on voit un faune qui a la forme humaine, hors la queue et les oreilles; il étend son bras gauche sur lequel est une peau de tigre ou de panthère, de l'autre main il tient un bâton pastoral. — Selon les rabbins, les Faunes craignent le jour du sabbat, et se cachent dans les ténèbres jusqu'à ce qu'il soit passé. Ils prennent quelquefois des corps pour effrayer les hommes, et peuvent changer les influences des astres.

FAUNE ou FATUELUS, troisième roi d'Italie, fils de Picus, auquel il succéda, et petit-fils de Saturne, régnait au pays des Latins, vers l'an 1300 avant l'ère chrétienne. C'était un prince rempli de bravoure et de sagesse. Comme il s'appliqua, durant son règne, à faire fleurir l'agriculture et la religion, on le mit, après sa mort, au rang des divinités champêtres, et on lui donna une origine céleste. Adoré comme fils de Mercure et de la Nuit, il fut représenté avec de longues oreilles, des cornes de chèvre, sans poil à la partie supérieure du corps, et de la ceinture en bas ressemblant à un bouc. Les poètes le confondent quelquefois avec le dieu Pan.

FAUSTULUS, intendant des troupeaux de Numitor roi d'Albe, découvrit la caverne où une louve allaitait Rémus et Romulus, les emporta chez lui, et les donna à sa femme Acca-Laurentia, pour les nourrir. Comme nourricier de Romulus, Faustulus avait une statue dans le temple de ce dieu, où il était représenté tenant son bâton courbé par le bout, en forme de bâton augural, et observant le vol des oiseaux pour en tirer des présages.

FAVEUR, divinité allégorique, fille de l'Esprit et de la Fortune. Les poètes la représentent avec des aîles, toujours prête à s'envoler, aveugle, ou un bandeau sur les yeux, au milieu des richesses, des honneurs et des plaisirs; ayant un pied sur une roue, et l'autre en l'air, pour dire qu'elle ne tient à rien de solide. Ils disent que l'Envie la suit d'assez près, elle est entourée de l'Opulence, du Faste, des Honneurs et de la Volupté, mères des crimes. La Flaterie est à ses côtés.

FEBRUA, FÉBRUALIS, déesse des purifications chez les Romains. On croyait qu'elle avait soin de délivrer les mères de leurs fardeaux: on la confondait souvent avec Junon, et on l'honorait d'un culte particulier au mois de Fevrier.

FÉCONDITÉ. Les Romains

en avaient fait une divinité, que leurs femmes invoquaient pour avoir des enfans. Des auteurs ont cru que ce n'était autre que Junon, et quelquefois on l'a confondue avec Cybèle ou la Terre.

FÉES, divinités modernes qui ont succédé aux nymphes des anciens. Les romanciers les ont divisées en fées bienfaisantes et malfaisantes ; ils leur ont donné une reine qui convoque, tous les ans, une assemblée générale des Fées, leur fait rendre compte de leurs actions, punit celles qui ont abusé de leur pouvoir, et récompense celles qui n'en ont usé que pour protéger l'innocence. Leurs attributs et leur puissance sont extraordinaires, mais elles sont assujetties à une loi bizarre qui les condamne à se métamorphoser tous les ans pendant quelques jours en un animal sous la forme duquel elles sont exposées à tous les hazards de sa condition et même à la mort.

FÉLICITÉ ou EUDEMONIE, divinité allégorique, à laquelle on fit bâtir un temple à Rome. On la représentait comme une reine assise sur son trône, tenant un caducée d'une main, et une corne d'abondance de l'autre. On la peint encore debout, tenant une pique au lieu de corne. Sur des médailles elle est représentée sur un vaisseau voguant à pleines voiles.

FENRIS (*Myth. celt.*), monstre effroyable né de Loke et de la géante Augerbode. Tyr l'ayant enchaîné par l'ordre d'Odin, les dieux le firent passer par le milieu d'un grand rocher plat qu'ils mirent dans la terre, et lui enfoncèrent une épée jusqu'au fond de la mâchoire. Depuis ce temps, la rage lui fait sortir l'écume de la gueule avec tant d'abondance, qu'elle forme le fleuve Vam, ou le fleuve des Vices. Il est dit néanmoins qu'à la fin du monde, lorsque le grand dragon se roulera dans l'Océan, le loup Fenris déchaîné ouvrira sa gueule énorme, qui touche à la terre et au ciel ; le feu sortira de ses yeux et de ses nazeaux ; il dévorera le soleil et le grand dragon qui le suit. Alors les étoiles s'enfuiront, et l'armée des mauvais génies, conduite par leur prince, viendra attaquer les dieux. Mais au son de la trompette d'Heimdall, les dieux se réveilleront et se rangeront en bataille. Odin attaquera Fenris, qui le dévorera, et qui périra au même instant. Le feu, bientôt après, consumera tout ; une terre riante sortira du sein des flots. Odin jugera les bons et les méchans, punira les uns, et accordera aux autres des siècles de félicité.

FÉRIDOUN (*Myth. pers.*), fils de Giamzchid gouverna les Peris après la mort de son père : monarque sage et bienfaisant, il fut chéri de ses sujets ; ce fut un des derniers rois de la race des Pilschdadiens.

FÉRONERS (*Myth. pers.*), premiers modèles des êtres qu'Ormusd créa pour combattre Ahriman, et dont les plus précieux à ses yeux sont les Féroners de la loi et celui de Zoroastre, chargé de rétablir, en publiant cette loi, la gloire du maître de la nature : c'est en faveur de ces Féroners qu'a été opérée la production successive des différents êtres spirituels qui forment le monde d'Ormusd auquel Ahriman oppose un monde méchant et corrompu comme lui.

FÉRONIE, déesse des bois et

des vergers, tirait son nom de la ville de Féronie, située au pied du mont Soracte, aujourd'hui Saint-Sylvestre. Le feu prit un jour dans un bois où elle avait un temple ; ceux qui voulurent emporter sa statue, s'étant aperçus que le bois dont elle était faite reprenait sa verdure, la laissèrent. C'était aussi la déesse des affranchis, parceque lorsqu'ils étaient mis en liberté, c'était dans son temple qu'ils prenaient le bonnet, marque de leur nouvelle condition.

FESSONIE ou **FESSORIE**, déesse des voyageurs fatigués. Les gens de guerre surtout l'invoquaient dans les travaux et les fatigues de leurs métiers, parcequ'ils croyaient que son emploi était de donner du soulagement aux hommes.

FÉTICHES (*Myth. afr.*). Les peuples qui habitent les côtes de Guinée, se choisissent pour divinité le premier objet venu, tel qu'un arbre, une plante et un oiseau; et ils appelent cela des *Fétiches*. Un énorme rocher, nommé *Tabra*, qui s'avance dans la mer en forme de presqu'île, est le *Fétiche* public du Cap-Corse: On lui rend des honneurs particuliers, comme au chef et au plus puissant des *Fétiches*. Les nègres attribuent à leurs *Fétiches* une puissance sans bornes, et les regardent comme les auteurs de tous les biens et de tous les maux qui leur arrivent, ils en ont de plus petits qu'ils portent au cou ou au coude, ce sont de petits fragmens de métaux ou de coquillages. Le jour qui répond au dimanche des chrétiens, les nègres se rassemblent autour d'un arbre sacré qu'ils appellent l'arbre des fétiches au pied duquel ils placent une table couverte de mets; le jour se passe à danser au son du tambour; la cérémonie se termine par de bruyantes acclamations.

FEU (*Myth. pers.*), le culte du Feu suivit de près celui qu'on rendit au Soleil. Comme le Feu passait pour le plus noble des élémens, et une vive image du Soleil, toutes les nations s'accordérent pour l'adorer. Mais de tous les endroits du monde, la Perse est celui où le Feu reçut le culte le plus solennel. Les Persans croyaient que Zoroastre avait apporté le Feu du ciel. On n'y jetait rien de gras et d'impur; on n'osait pas même le regarder fixement. Les Grecs et les Romains adoptèrent aussi le culte du Feu. Chez ces derniers peuples, Prométhée passait pour avoir dérobé le Feu du ciel, et en avoir appris l'usage aux hommes. Le culte du Feu subsistait encore, il n'y a pas long-temps chez les Guèbres ou Parsis. Malgré leur dispersion ces peuples ont toujours conservé leur religion dans toute sa pureté. Ce culte est encore établi chez quelques peuplades de la Virginie, et chez les Tartares idolâtres, qui croient qu'il existe dans le Feu un être auquel ils supposent le pouvoir de dispenser les biens et les maux, et ils lui offrent des sacrifices perpétuels.

FIDÉLITÉ, déesse des Romains, qui présidait à la bonne foi dans le commerce de la vie, et à la sûreté dans les promesses. Le serment qu'on faisait par la Fidélité était le plus inviolable de tous. Numa fut le premier qui bâtit un temple en l'honneur de la Fidélité. On ne répandait point le sang des victimes, dans les sacrifices que l'on offrait à la Fidélité, et les prêtres qui célébraient ses fêtes, étaient conduits au lieu du sacrifice dans un char rond, la tête et les mains enveloppées dans un manteau. Le temple de cette déesse était sur le Capitole, auprès de celui de Jupiter. On reconnaît aisément la Fidélité à la clé qu'elle tient, à son habit blanc, et au chien qui est à ses côtés.

FIDIUS, ancien dieu des Sabins, dont le culte passa à Rome. Ce Dieu ou Deus-Fidius, et quelquefois simplement Fidius, était regardé comme le Dieu de la bonne foi; d'où était venu chez les anciens l'usage si fréquent de jurer par cette divinité. La formule du serment était: Me Dius-Fidius; qu'on doit entendre dans le même sens que *Me Hercules*. On le croyait fils de Jupiter, et quelques uns l'ont confondu avec Hercule.

FIEL-TENCK-SER (*Myth. ind.*), saint honoré d'un culte particulier par les Ceurawaths, une des quatre principales sectes des Banians.

FIÈVRE, divinité connue chez les Romains, particulièrement dans les provinces où les fièvres étaient fréquentes et dangereuses. On lui dressait des autels avec les inscriptions les plus flatteuses. C'est ainsi qu'on lit sur un ancien monument, à Ostrohow, en Transilvanie :

Febri divæ
Febri sanctæ
Febri magnæ.

On la représentait quelquefois par une femme couchée sur un lion, de la bouche duquel sort une vapeur.

FLAMINES, prêtres de Rome, qui avaient été institués par Romulus ou par Numa Pompilius. D'abord ils n'étaient que trois; mais, dans la suite, leur nombre s'accrut jusqu'à quinze. Les trois premiers étoient nommés *Flamines majeurs*, parce qu'ils étaient d'un rang supérieur aux autres. C'était le peuple qui élisait les flamines. Ils étaient perpétuels, à moins qu'on n'eût de fortes raisons de les déposer. Chacun n'était que pour un dieu. On fait venir leur nom d'une grosse houpe de laine qui surmontait leurs bonnets, ou bien encore de *flammeum*, nom latin, de leur couleur qui était de feu.

FLATH-INNIS (*Myth. celt.*), paradis des Gaulois. Les Druides reconnaissaient l'immortalité de l'âme, ainsi que des récompenses et des peines après la mort. Le séjour où les Druides plaçaient les âmes des hommes braves et vertueux, était nommé *Flath-Innis*, c'est-à-dire île des braves. Dans cette île régnait un éternel printemps et une jeunesse immortelle; de doux zéphirs y tempéraient les feux du jour, et des ruisseaux d'un cours toujours égal, y entretenaient la vie et la fraîcheur. Les délices qu'on y goûtait étaient tels, que la mort était douce pour le peuple soumis à cette croyance. De là, l'intrépidité avec laquelle les nations celtiques affrontaient la mort, lorsque les Druides avaient prononcé que telle entreprise guerrière était approuvée des Dieux.

FLORE, déesse des fleurs, nommée chez les Latins *Flora*, et chez les Grecs *Chloris*, épousa Zéphire, qui lui donna l'empire sur toutes les fleurs, et la fit jouir d'un printemps perpétuel. Son culte passa des Grecs aux Sabins, et des Sabins aux Romains. On la représentait ornée de guirlandes et couronnée de fleurs. Lactance raconte que Flore était une courtisane qui, ayant amassé des ririchesses immenses, fit le peuple romain son héritier, à condition qu'il ferait célébrer, tous les ans, le jour de sa fête, en son honneur, des jeux qui s'appelleraient Floraux. Dans la suite, le sénat, réfléchissant sur l'origine de ces jeux, et voulant leur en donner une plus honorable, fit de Flore une déesse, lui bâtit un temple, et institua des fêtes qui se célébraient dans le mois de mai, avec une licence si outrée, qu'on y faisait paraître des courtisanes toutes nues aux yeux des spectateurs. Varron dément ce récit de Lactance, et soutient que les Sabins reconnaissaient Flore pour déesse, avant qu'ils vinssent s'établir à Rome, puisque leur roi Tatius, sur le point de livrer bataille aux Romains, fit un vœu à cette divinité. Flore était l'amante de Zéphire.

FO ou **FOÉ** (*Myth. chin.*), l'un des principaux dieux des Chinois, naquit dans les Indes à peu près mille ans avant J.-C. Son père, nommé In-Sang-Vao, régnait dans une partie de l'Inde, appelée Chan-Tien-Cho, sa mère, nommée Moyé, étant enceinte de lui, rêva qu'elle accouchait d'un éléphant blanc. De là l'origine du culte que l'on rend dans certaines parties de l'Inde aux éléphants blancs. Fo sortit du sein de sa mère par le côté droit, et fut d'abord nommé *Chékia*. Dès le moment de sa naissance il se trouva assez fort pour marcher, et dire qu'il était seul digne d'être honoré sur la terre et dans le ciel. Parvenu à l'âge de trente ans, il se sentit inspiré, prit le nom de Fo, et se mit à prêcher dans les Indes sa doctrine, qui consiste à ne tuer personne, ne point prendre le bien d'autrui, être chaste, ne point mentir, et ne pas boire de vin. Cette doctrine s'établit peu à peu dans la Chine, où le culte de Fo est encore aujourd'hui très-accrédité. Malgré la divinité que les Indiens et les chinois attribuaient à Fo, il ne fut pas exempt de la mort. Il termina sa carrière à soixante-dix-neuf ans, et les Bonzes ayant recueilli sa doctrine, le divinisèrent, et le firent regarder comme le sauveur du monde. On prétend qu'il dit en mourant, à ses disciples assemblés autour de lui : « Jusqu'ici ma doctrine a été enveloppée sous des figures et des énigmes ; apprenez aujourd'hui, de ma bouche, le véritable sens de tout ce que je vous ai enseigné. Le vide et le néant sont le principe de tout ce qui existe ; tout est sorti du néant, tout doit y retourner. » Ce discours divisa ses disciples en deux partis. Les uns s'en tinrent aux dernières paroles de leur maître, et formèrent une secte d'Athées qui subsiste encore à la Chine ; les autres ne voulurent pas abandonner la doctrine que Fo leur avait enseignée durant sa vie. Ces mêmes Bonzes assurèrent que Fo était né huit mille fois, et qu'il avait passé successivement dans le corps d'un grand nombre d'animaux avant de s'élever à la divinité. Entre les diverses formes sous lesquelles on représente Fo, la plus majestueuse est celle de dragon, ensuite d'éléphant. Kircher pense que Fo est le même qu'un certain brachmane, instituteur des Brachmanes. D'autres confondent Fo avec Pythagore; quelques-uns y retrouvent l'Hermès trimégiste, législateur des Egyptiens.

FOI, divinité allégorique que

les poètes représentent habillée de blanc, ou sous la figure de deux jeunes filles se donnant la main; ou sous celle de deux mains seulement, enlacées l'une dans l'autre. La Foi, comme Vertu théologale, est peinte sous la figure d'une femme qui tient une croix posée sur une pierre angulaire; l'Espérance est appuyée sur une ancre, qui est son attribut; la Charité, dont le front est surmonté d'une flamme, embrasse et tient sur son sein un groupe d'enfans qu'elle allaite. La bonne-foi avait un temple à Rome qui avait été élevé par Numa Pompilius, suivant quelques-uns, et par un certain Calatinus, si l'on en croit Cicéron.

FORSÉTE (*Myth. celt.*), douzième dieu, fils de Balder. Son palais se nomme Glitner. Son tribunal est le meilleur qu'il y ait parmi les dieux et les hommes, et son esprit de conciliation adoucit toutes les querelles.

FORTUNE, déesse, fille de Jupiter et de Némésis; elle présidait au bien et au mal. On la représentait aveugle et chauve, toujours debout, avec des ailes aux deux pieds, l'un sur une roue qui tourne avec vitesse, et l'autre en l'air; quelquefois au milieu des flots agités, cherchant à fixer son pied sur un globe mobile et glissant. On l'appelait autrement *Sort*. Elle avait des temples superbes à Antium et à Préneste dans le pays latin, et à Ramnus dans l'Attique. De toutes les divinités du paganisme, c'était la plus fantasque, la plus absolue, et la plus universelle. Tous les événemens de la vie étaient de son ressort. Elle réunissait tous les hommes au pied de ses autels, les heureux par la crainte, et les malheureux par l'espérance. Ses caprices même étaient redoutables aux plus honnêtes gens, selon ce beau mot d'un ancien poëte : « *Legem veretur nocens, Fortunam innocens....* » Plutarque observe que les Romains eurent plus de vénération pour la Fortune que pour la Vertu. Ancus Marcius, quatrième roi de Rome, fut le premier qui lui fit bâtir un temple. Elle en eut depuis beaucoup d'autres dans toute l'italie. On a remarqué que la Fortune était inconnue aux Grecs dans la haute antiquité, parce qu'on ne trouve son nom ni dans Homère, ni dans Hésiode. C'est que les hommes, dit Juvénal, n'avaient point encore inventé cette divinité. Zucchiéri a peint la Fortune à califourchon sur une autruche, idée bizarre dont il est difficile de découvrir le sens, mais qui signifie peut-être que cette déesse favorise les sots de préférence. J.-B. Rousseau a adressé, à l'aveugle déesse, une Ode qui est fameuse dans les écoles.

FOSTE (*Myth. celt.*), divinité des Frisons, avait son temple dans le Posteland, temple si respecté, que c'eût été un sacrilége que de boire de l'eau d'une fontaine qui s'y trouvait, ou de tuer les bestiaux qui paissaient dans le voisinage.

FOTOQUES (*Myth. jap.*), divinités étrangères, introduites au Japon par la secte de Budso ou de Xaca. Un dieu de ce nom sépara l'île de Fungo de la Terre-Ferme. L'idole était d'or massif: des voleurs l'enlevèrent et portèrent leur proie en des lieux si cachés, qu'il fut impossible de la retrouver. Fotoques irrité se vengea en faisant abîmer la langue de terre qui liait l'île au continent; ensuite il eut soin de retirer son idole de ses mains profanes, et toute massive qu'elle était, il la fit flotter sur les eaux et aborder sans secours humain à l'île de Mettogawma.

FRANCUS, nom d'un prince fabuleux qu'on faisait naître Troyen et qu'on disait être fils d'Hector. Dans les temps d'ignorance et de barbarie on ajouta, qu'après la destruction de la ville de Troie sa patrie, il passa dans la Germanie, et que c'est de lui que les Français tirèrent leur origine.

FRAUDE, divinité qu'on représentait avec une tête humaine d'une physionomie agréable, et le reste du corps en forme de serpent, avec la queue d'un scorpion.

FRÉA ou FRIGGA (*Myth. celt.*), *dame par excellence*, épouse d'Odin, fille de Fiorgun et mère des divinités inférieures, la Terre. Elle prévoit les destinées des humains, sans jamais révéler l'avenir; c'est la reine des dieux et la Junon des peuples du Nord; elle formait, avec Odin son époux, et Thor son fils aîné, le trio sacré adoré dans le temple d'Upsal. On l'y représentait étendue sur des coussins, entre Odin et Thor, avec les attributs de l'abondance, de la fécondité et de la volupté. Elle a donné son nom au vendredi, comme Vénus chez les Romains; ce jour étant encore appelé, dans les langues du nord, le jour de *Fréa*, *friday*. Etant la mère du genre-humain, les hommes se regardaient comme des frères et vivaient dans la plus étroite union pendant la durée de ses fêtes. Elles avaient lieu dans le croissant de la deuxième lune de l'année. On lui sacrifiait le plus grand porc que l'on pût trouver.

FREY, et FREYA (*Myth. celt.*) fils de Niord et de Sckada, l'une des premières divinités des Scandinaves. Frey gouvernait la pluie et le soleil, et toutes les productions de la terre; on le regardait généralement comme le plus doux des dieux. On lui donnait pour sœur Freya, qui était honorée principalement chez les Scandinaves, comme déesse de l'amour et de la volupté, et qui se faisait porter ordinairement sur un char traîné par deux chats. Aux attributs et aux fonctions, qui sont absolument pareils, aux noms mêmes qui se ressemblent entièrement, à une lettre près, on peut conjecturer que Freya n'était autre que Fréa, femme d'Odin, quoique plusieurs mythologues en aient fait deux divinités différentes. On ajoute, au surplus, que Freya eut pour époux, Odrus qui, l'ayant délaissée pour voyager, n'a point reparu. Depuis ce temps Freya ne cesse de pleurer, et ses larmes sont de pur or.

FRISON (*Myth. celt.*), héros romanesque que les Frisons font fils d'Adet, roi des Prasiens dans l'Inde, et qui, poursuivi par ce tyran époux de sa mère, suivit Alexandre-le-Grand, passa en Allemagne avec ses deux frères, Saxon et Brunon, et donna son nom à la Frise.

FRO, dieu des anciens peuples du nord. C'était le dieu de l'air et des tempêtes. Il avait auprès d'Upsal un temple dans lequel on lui immola d'abord des animaux noirs, et où l'on finit par lui immoler des hommes.

FUDO, célèbre ermite de l'ordre des Jammabos, au Japon. Il s'était tellement familiarisé avec le feu, qu'il restait intact au milieu d'un brasier ardent. Après sa mort il fut divinisé, et il préside aux épreuves qui se font par le feu. On place sa statue au milieu d'un grand feu, que l'accusé est obligé de parcourir; et l'on est convaincu que s'il est innocent, Fudo amortira l'action du feu, et le laissera agir, s'il est coupable.

FURIES ou EUMÉNIDES; déesses infernales, regardées comme les ministres de la vengeance des dieux, contre les méchans. Ce nom de furies, leur vient de la fureur qu'elles inspirent. Elles étaient filles de l'Achéron et de la Nuit, ou de Pluton et de Proserpine. Elles se nomment Tysiphone, Mégère et Alecton. Cette dernière est la plus implacable des trois. On les représente ordinairement ayant des serpens entrelacés dans leurs cheveux, tenant une torche ardente dans une main, et une fouet de couleuvres dans l'autre. Ces redoutables divinités étaient très-révérées, et elles avaient un grand nombre de temples et d'autels.

FURINA, déessé des filous, était aussi déesse des sorts pour terminer les procès. Ses fêtes appelées *furinales*, *furinalia*, se célébraient le 25 de juillet. Quelques savans la regardent comme la première des furies, parcequ'il font dériver son nom de *furere*.

FYLLA (*Myth. celt.*), déesse vierge, qui porte ses cheveux flottans sur ses épaules; sa tête est ornée d'un ruban d'or. C'est à elle qu'est confiée la toilette et la chaussure de Frigga, elle est de plus la confidente de ses secrets les plus cachés.

GAET GAET

GABRIEL (*Myth. mus.*), suivant le Koran, c'est cet ange qui est gardien des trésors célestes, c'est-à-dire des révélations. C'est lui qui apporta à Mahomet celles que ce prophète a publiées; c'est lui qui l'a conduit au ciel, monté sur l'Al-Borac. Son nom se rencontre quelquefois sur les Abraxas.

GAETCH, divinité des Kamtschadales. Bérenger nous l'a fait connaître dans l'hymne suivant, imité de Steller: «Gaëtch, fils de Touïla, fils de Piliat-Chout-Chi, dieu du monde souterrain, où les hommes vont habiter après leur mort, s'ils se sont purifiés dans cette vie, préserve-nous des éruptions des volcans et du débordement des rivières; parle aux vents qui grondent dans tes cavernes, et défends-leur d'abattre les iourtes (cabanes souterraines) que nous habitons; préserve-nous de la foudre et des incendies; chasse les fantômes qui errent durant la longue nuit de l'hiver autour de nos cheminées fumantes; chasse-les ces génies malfaisans, afin que nos femmes dorment en paix sur leurs nattes avec nos enfans et nos chiens. O Gaëtch! daigne nous accorder la santé, qui dépend du feu, ton emblême:

et s'il est vrai que dans ton empire il y ait des bosquets de bouleau, des près verdoyans et un printemps éternel, accorde nous une place dans ces douces régions, et condamne les ingrats et les paresseux à vivre éternellement sur les glaces flottantes qui roulent autour du pôle. Écarte loin de nous les lézards vénimeux, et le Russe dominateur, et le Cosaque impitoyable qui nous accable de coups et d'impôts, livre-les à la lèpre et à la vermine, et nous t'immolerons un loup blanc.

GALANTHIS fut une servante d'Alcmène, femme d'Amphitryon, roi de Thèbes. Lorsque cette princesse, enceinte d'Hercule, était dans les douleurs de l'enfantement, Junon, déguisée sous la figure d'une vieille femme, se tint assise à la porte, les mains croisées sur ses genoûx, pour empêcher par ses enchantemens la délivrance d'Alcmène, qu'elle détestait. Galanthis, soupçonnant quelque mystère dans cette posture, alla lui dire que la reine venait enfin d'accoucher. Junon irritée se leva, décroisa ses bras, et Alcmène fut délivrée dans le même instant; mais pour punir la fourberie de Galanthis, elle la métamorphosa en belette.

GALATHÉE, nymphe de la mer, fille de Nérée et de Doris, fut aimée de Polyphème; elle lui préféra Acis, que le géant écrasa sous un rocher qu'il lança sur lui, mais les dieux, touchés de compassion pour ce berger, le changèrent en fleuve. Galathée désespérée, se jeta dans la mer et rejoignit les Néréides, ses sœurs. — GALATHÉE, fille d'un Roi de la Celtique, d'une taille et d'une beauté extraordinaire, rebutait tous ses amans; mais Hercule étant venu dans le pays, elle se prit pour lui du plus violent amour et donna le jour à un fils.

GALATES, fils d'Hercule et de Galatée, surpassa tous ses compatriotes en force et en vertu, et se fit une grande réputation par sa bravoure. Il donna à ses sujets le nom de *Galates*, et au pays qu'il habitait celui de *Galatie* ou *Gaules*.

GALLES, prêtres de Cybèle, ainsi nommés, ou d'un fleuve de Phrygie, appelé *Gallus*, ou d'un certain *Gallus*, premier prêtre de Cybèle, qui se fit eunuque, et dont ils suivirent l'exemple. Quoi qu'il en soit, les Galles étaient des charlatans qui allaient de ville en ville, jouant des cymbales et des crotales; portant des images de leur déesse, et recevant des gens simples des aumônes qu'ils tournaient à leur profit. La loi des douze tables à Rome leur avait permis de demander à certain jour l'aumône, à l'exclusion des autres mendians. Ils menaient avec eux de vieilles femmes qui jetaient des charmes pour troubler les familles

GANESA (*Myth. ind.*), dieu de la sagesse, dans l'Indostan. On le représente avec une tête d'éléphant et accompagné d'un rat que les Indiens considèrent comme un animal sage et prévoyant. Il préside à toutes les cérémonies religieuses, aux prières même adressées aux divinités supérieures, et à toutes les affaires importantes. Sonnerat en parle comme d'une divinité très-respectée sur la côte de Coromandel. Quand les habitans veulent élever une maison, ils commencent par orner son image de fleurs et l'arroser d'huile.

GANGA-GRAMMA, divinité

malfaisante, que les Indiens craignent beaucoup, et à la quelle, en conséquence, ils rendent de grands honneurs. On représente *Ganga-Gramma* avec une seule tête et quatre bras, une petite jatte dans la main gauche, une fourche dans la droite. On célèbre sa fête avec pompe, et les fanatiques se torturent de toutes les manières pour lui plaire.

GANGAS, prêtres du Congo, qui jouissent du plus grand crédit. Les peuples ont pour eux une vénération incroyable, fondée sur ce que ces prêtres leur ont persuadé que la moindre désobéissance envers eux, serait punie par les dieux de la manière la plus sévère. Le chef des *Gangas* se nomme *Chalombe*, et le plus considérable après lui, *Ngombo*. Ce *Ngombo* vend des charmes pour guérir les maladies. Dans chaque ville du vaste royaume de Congo, il y a un corps de *Gangas* qui a son *Chalombe* particulier.

GANGE, fleuve très-révéré des Indiens. Il prend sa source dans une montagne dont la figure ressemble à une tête de vache. Les Indiens y jettent de l'or, des perles et des pierreries, comme s'ils lui en faisaient des offrandes. C'est la ville de Benarès et ses environs qui sont le rendez-vous ordinaires des dévots pélerins.

GANYMÈDE, jeune prince troyen, fils de Tros, était d'une rare beauté. Étant à la chasse sur le mont Ida, il fut enlevé par l'aigle de Jupiter, ou par Jupiter lui-même changé en aigle, et transporté au ciel pour y servir le nectar à la table des Dieux. Homère dit qu'Hébé, déesse de la jeunesse, servant les Dieux à un festin que Jupiter leur donnait en Ethiopie, fit un faux pas, et tomba de façon qu'elle fit rire tous les convives. Jupiter, choqué de cette indécence, résolut d'enlever Ganymède pour lui verser le nectar. Il fit présent à son père de chevaux très-légers pour le consoler.

GARUDA, oiseau fabuleux, que les Indiens représentent avec la tête d'un beau jeune homme, ornés d'un collier blanc, et le corps d'un aigle. Il sert de monture à Wishnou, comme l'aigle à Jupiter. On lui rend les honneurs divins dans l'Inde. Sonnerat prétend que c'est l'aigle de Pondichéri que les Européens nomment Miote. Dans certains temples, les Brames leur donnent à manger.

GATELO, roi fabuleux d'Athènes, qui épousa Escora, fille de Pharaon; mais craignant les prodiges que faisait Moïse, pour la délivrance des Hébreux, il s'embarqua sur le Nil, et vint aborder à l'endroit où est Porto, en Portugal. Il donna à la ville qu'il y fonda le nom de *Portus-Gateli.*

GAURIC, génie que la superstition des villageois bas-bretons croit voir danser autour des amas de pierres ou monumens Druidiques, désignés dans la langue des anciens insulaires par le mot Chior Gaur que les premiers moines traduisirent par ces mots: *Chorea Gigantum* ou Géants Dance.

GÉ ou GEA, fille d'Élion, ayant épousé Uranus, son frère, elle en eut quatre enfans, Chronus, Betylus, Atlas et Dagon. Son mari ayant eu d'autres enfans, elle s'en plaignit amèrement. Uranus irrité la répudia, mais la reprit ensuite et eut d'elle encore d'autres enfans. Gé est la même divinité que Tellus. On lui avait élevé un autel dans la citadelle d'Athènes.

GÉANS (les) étaient enfans du Ciel et de la Terre qui les produisit pour déclarer la guerre aux dieux du Ciel et détrôner Jupiter. On les confond souvent avec les Titans qui entreprirent d'escalader le Ciel. Macrobe dit que les Géans étaient une nation d'hommes impies, qui niaient qu'il y eût des Dieux: ce qui a fait dire qu'ils avaient voulu les chasser du Ciel. Les plus fameux dans les poètes sont Encélade, Alcionée, Porphyrion, les deux Aloïdes, Ephialte, Eurytus, Tityus... et Typhon, qui, selon Homère, donna plus de peine aux Dieux à lui seul que tous les Géans réunis. Selon la Mythologie Indienne, plusieurs Géans sont obligés d'errer dans le monde, et ne peuvent rentrer en grâce avec Dieu, qu'après avoir recueilli un certain nombre de prières que les Indiens adressent à l'Être suprême.

GÉNIE ou GÉNIUS, dieu de la nature, qu'on adorait comme la divinité qui donnait l'être et le mouvement à tout, était surtout regardé comme l'auteur des sensations agréables et voluptueuses: d'où est venue cette espèce de proverbe, si commun chez les anciens : *Genio indulgere.* On croyait que chaque lieu avait un Génie tutélaire, et que chaque homme avait aussi le sien. Plusieurs même prétendaient que les hommes en avaient chacun deux, un bon qui guidait vers le bien, et un mauvais qui inspirait le mal et qui avait toujours un air terrible, au lieu que le Génie bienfaisant avait toujours un air riant et agréable, portait les hommes à la vertu et aux plaisirs honnêtes. Le Génie était en si grande vénération chez les anciens, que, quand on demandait une grâce, on s'adressait au Génie de la personne de qui on l'attendait; on jurait par son Génie et par celui des autres pour affirmer quelque chose. On représentait diversement les Génies, tantôt sous la figure d'un jeune homme nu, tenant une corne d'abondance, quelquefois avec une patère d'une main et un fouet de l'autre. On honorait aussi le Génie sous la figure d'un serpent. Les Chaldéens croyaient que, depuis le Ciel où paraît la Lune jusqu'au séjour de l'Être suprême, il y avait plusieurs espaces habités par des Génies de différens ordres; que ces Génies descendaient souvent sur la terre et qu'ils pouvaient avoir commerce avec les habitans; cette croyance ne tarda pas à se répandre dans tout l'Orient et dans l'Inde. Les chinois ont des génies qui président aux eaux, aux montagnes, aux forêts, etc.

GENITA MANA, déesse qui présidait à tout ce qui venait de naître et même aux enfantemens. On lui immolait un chien en lui faisant cette prière : *Que de tout ce qui naît dans la maison rien ne devienne bon.*

GÉRYON, fils de Chrysaor et de Callirhoé, roi des trois îles Baléares, selon quelques-uns, et, selon d'autres, de trois royaumes en Espagne. Il y en a qui disent qu'ils étaient trois frères si parfaitement unis, qu'ils semblaient n'avoir qu'une ame : c'est ce qui a donné lieu aux poètes de feindre que Géryon avait trois corps. Il fut tué dans un combat singulier par Hercule, parce qu'il nourrissait des bœufs avec de la chair humaine. Un chien à triple tête et un dragon gardaient ces bœufs;

Hercule tua aussi ces monstres et emmena les bœufs.

GIAMSCHID (*Myth. pers.*), frère ou neveu de Thaamurath, régna après lui sur les Péris. Ce prince, après avoir régné sept cents ans, se crut immortel, et voulut qu'on lui rendît les honneurs divins. Dieu le punit en le détrônant. Giamschid se mit alors à parcourir le monde, qu'il subjugua, ce qui lui valut le surnom de *Dhulcarnein*, c'est-à-dire, *aux deux cornes*, épithète des conquérans qui ont subjugué les deux extrémités du monde, l'Orient et l'Occident.

GIAN ou GIAN-BEN-GIAN (*Myth. pers.*), monarque des Péris (*voy.* DIVES). Gian-Ben-Gian immortalisa son règne par des expéditions militaires, et des monumens magnifiques. Son bouclier, qui neutralisait les effets de la magie, fut conservé fort longtemps, et passa, comme un héritage de génération, en génération. Gian-Ben-Gian régna deux mille ans. Après ce temps, Eblis fut envoyé par Dieu pour chasser les Péris et leur monarque, à cause de leurs désordres, et les confiner dans la partie de la terre la plus éloignée. Gian-Ben-Gian fut attaqué, vaincu et tué dans un combat général, et sa nation dispersée pour toujours.

GIENNO-GIOSSA (*Myth. jap.*), fondateur de l'ordre des *Jammabos*, espèce de moines japonais. Il embrassa une vie austère et passa ses jours dans des lieux déserts et inaccessibles. Après sa mort, les disciples qui l'avaient suivi, imitèrent son genre de vie et se répandirent dans le Japon, où ils devinrent très-nombreux.

GINNES (*Myth. pers.*), génies femelles chez les Perses modernes qui les disent maudites par Salomon, et formées par Dieu d'un feu liquide, avant qu'il eût formé le projet de créer l'homme.

GIR (*Myth. sibér.*), idoles d'une peuplade Kamtschadale, qui ne sont autre chose que de petits morceaux de bois, avec une tête sculptée au bout; dans leurs cérémonies religieuses, ils frottent ces idoles de graisse de rennes.

GIWON (*Myth. jap.*), divinité japonaise qui préserve des maladies et des accidens fâcheux, et dont l'image est sur la porte de presque toutes les maisons.

GLAUCÉ, *Voy.* CREUZE.

GLAUCIA, eut d'Hercule un fils qu'elle appela Scamandre, et qui donna son nom au fleuve Inachus.

GLAUCUS, pêcheur célèbre dans la mythologie. Ayant un jour remarqué que les poissons qu'il posait sur une certaine herbe, reprenaient de la force et se rejetaient dans l'eau, s'avisa de manger de cette herbe, et sauta aussitôt dans la mer; mais il fut métamorphosé en triton, et regardé comme un dieu marin. Circé l'aima inutilement : il s'attacha à Scylla, que la magicienne, par jalousie, changea en monstre marin, après avoir empoisonné la fontaine où ces deux époux allaient se cacher. Glaucus était une des divinités qu'on nommait *littorales*, nom qui vient de ce que les anciens avaient coutume de remplir, sitôt qu'ils étaient au port, les vœux qu'ils avaient faits sur mer. — GLAUCUS, fils de Sisyphe, natif de Potnie dans la Béotie, qui voulut empêcher que ses cavales ne fussent couvertes, pour les rendre légères à la course. Vénus leur inspira une telle fureur, qu'elles le déchirèrent; *scilicet*, dit Virgile:

Scilicet ante omnes furor est insignis equarum,
Et mentem Venus ipsa dedit, quo tempore Glauci
Potniades malis membra absumsere quadrigæ. (Georg.)

— GLAUCUS, fils d'Ippolochus, conduisit les Lyciens au siége de Troie. Dans un des combats, il fut blessé par Teucer, mais Apollon, qu'il invoqua, arrêta l'écoulement du sang et lui rendit ses forces ; il fut enfin tué par Ajax. Enée le rencontre, dans l'*Enéide*, aux enfers.

GNOMES (*Myth. cabal.*), agens ou génies invisibles que les cabalistes prétendent être placés au centre de la terre et animer les végétaux, les animaux et jusques aux insectes. Il les représentent comme difformes et d'une petite stature, mais amis de l'espèce humaine.

GOBELINS (*Démonogr.*), espèce de diables domestiques que l'on a soin de nourrir des mets les plus délicats, parce qu'ils apportent à leurs maîtres du blé volé dans les greniers d'autrui.

GONDULA (*Myth. celt.*), une des déesses qui présidaient aux combats et conduisaient vers Odin les ames des héros morts dans les batailles.

GORDIUS, roi de Phrygie et père de Midas, simple laboureur, qui parvint de la charrue au trône. Tout son bien consistait en deux attelages de bœufs, l'un pour labourer, l'autre pour traîner son chariot. Les Phrygiens, ayant appris de l'oracle que celui qu'ils rencontreraient sur un char serait leur roi, décernèrent la couronne à Gordius. Midas, son fils, offrit le chariot de son père à Jupiter. Le nœud qui attachait le joug au timon était fait, dit-on, avec tant d'adresse, que le peuple étonné fit courir le bruit que l'empire de l'Asie appartiendrait à celui qui le dénouerait. Alexandre-le-Grand, passant à Gordium, capitale de la Phrygie, fut curieux de voir cet ouvrage, qu'on disait être si merveilleux. Il vit le nœud; et sans s'amuser à le défaire méthodiquement, comme l'avaient essayé en vain tant d'autres, il éluda la difficulté, en le coupant d'un coup d'épée.

GORGONES (les) étaient trois sœurs, filles de Phorcus et de Ceto, qui demeuraient, suivant Hésiode, près du jardin des Hespérides, et transformaient en pierres ceux qui les regardaient. Elles n'avaient qu'un œil, dont elles se servaient tour-à-tour. On les peint coiffées de couleuvres, avec de grandes ailes, des défenses de sanglier pour dents, et des griffes de lion aux pieds et aux mains. Persée délivra la terre de ces trois monstres, connus dans la fable sous les noms de *Méduse*, *Euryale* et *Thénée*. Il coupa la tête à Méduse, avec le secours de Minerve, et la déesse l'attacha à son égide ou bouclier. Quelques modernes ont cherché à expliquer cette fable, et ont prétendu que les Gorgones étaient des cavales de la Lybie enlevées par des Phéniciens, dont le chef se nommait Persée. Fourmont trouve dans le nom oriental des trois Gorgones celui de trois vaisseaux de charge, qui faisaient commerce sur la côte d'Afrique. Ces vaisseaux pouvaient avoir quelques noms et quelques figures de monstre : Persée, qui courait les mers, s'empara de ces vaisseaux marchands et en apporta les richesses dans la Grèce. D'autres auteurs prétendent que ces Gorgones étaient de belles filles qui faisaient sur ceux qui les regardaient des impressions si surprenantes qu'on disait qu'elles les changaient en rochers.

GORGOPHONE, fille de Persée et d'Andromède, et femme de Périérès, roi des Messéniens, se remaria, après la mort de son époux, avec Œbalus. C'est la première femme engagée dans de secondes noces dont parle l'histoire profane.

GORGORIS, roi des Cynètes, peuple d'Espagne, le premier, dit-on, qui trouva l'usage du miel. Ayant eu un fils d'un mariage clandestin, il tenta plusieurs fois, mais vainement, de s'en défaire, et finit par le désigner son successeur, sous le nom d'Habis.

GOUNJA-TICQUOA, nom de l'Être-Suprême chez les Hottentots. Ils placent sa demeure au-dessus de la lune, et disent qu'il s'est autrefois rendu visible sous la figure d'un jeune et beau Hottentot. Il ne paraît pas que ces peuples lui rendent aucun culte: et lorsqu'on les presse sur cet article, ils répondent que pour eux, ils sont maudits ainsi que leurs descendans.

GRACES (les), autrement **CHARITÈS**. Entre les déesses de l'antiquité, aucune ne compta autant d'adorateurs que les Grâces, parce que les biens dont on les croyait dispensatrices sont recherchés par tout le monde, et dans tous les états. Elles étaient filles, selon les uns, de Jupiter et d'Eurymone; du Soleil et d'Eglé, selon les autres: mais la plus commune opinion les fait naître de Bacchus et de Vénus. Homère, créateur de tout ce qu'il y a de plus sublime et de plus séduisant dans la mythologie païenne, a fixé à trois le nombre des Grâces; et les poètes qui sont venus après cet étonnant génie, ont adopté son opinion. Elles s'appelaient *Aglaé*, *Thalie* et *Euphrosine*. Les Lacédémoniens, cependant, n'en reconnaissaient que deux, qu'ils honoraient sous le nom de *Clita* et *Phaenna*. Les Athéniens n'en admettaient non plus que deux, qu'ils nommaient *Auxo* et *Hégémone*. Quoi qu'il en soit, les Grâces étaient les compagnes inséparables de Vénus; et, par cette allégorie charmante, les anciens donnaient à entendre que la beauté elle-même n'est rien sans les Grâces. On les représentait toutes nues, pour signifier que les Grâces ne doivent point emprunter d'ornemens étrangers, et que rien n'est plus aimable que la simple nature. On les peignait jeunes, parce qu'on a toujours regardé les agrémens comme le partage exclusif de la jeunesse. On les croyait vierges, et néanmoins Homère en marie une au dieu du sommeil, et l'autre à Vulcain. Assez souvent on les représentait dansant et se tenant par la main; double symbole d'une joie innocente et d'une union pure, qui fait le charme de la société. Un usage fort singulier chez les anciens, c'était de placer les Grâces au milieu des plus laids satyres; mais peut-être ont-ils, par ce contrase bizarre, voulu nous faire entendre que les défauts de la figure peuvent se réparer par les agrémens de l'esprit, et qu'assez souvent un extérieur disgracié cache de grandes qualités. Ces charmantes divinités eurent à Rome et dans le Grèce, une foule de temples. Etéocle, roi d'Orchomène, fut le premier qui leur en éleva. A Paros, elles eurent un temple et un prêtre particulier. Les temples consacrés à Vénus et à l'Amour, l'étaient aussi presque toujours aux Grâces. Elles avaient place dans ceux de Mercure, pour apprendre que le dieu même de l'éloquence a besoin de leurs secours. Mais surtout les Muses et les Grâces n'avaient qu'un même temple, à cause de l'union intime qui doit exister entre ces deux sortes de divinités. Le printemps était consacré aux Grâces; on les invoquait dans chaque repas, et l'on buvait trois coups en leur honneur. On croyait qu'elles dispensaient aux mortels, non-seulement la bonne grâce, la gaîté de l'humeur, mais encore la libéralité, l'éloquence, la sagesse. La plus belle de toutes leurs prérogatives, c'est qu'elles présidaient aux bienfaits et à la reconnaissance, jusque-là que dans toutes les langues on se sert de leur nom pour exprimer la reconnaissance et les bienfaits. Les Athéniens ayant secouru, dans un besoin pressant, les habitans de Chersonèse, ceux-ci élevèrent un autel avec cette inscription : *A celle des Grâces qui préside à la reconnaissance.* En suivant cette idée, on trouve dans cet attribut particulier des Grâces une foule d'allégories. Elles sont gaies, pour marquer que l'on doit avoir du plaisir à obliger; jeunes, parce que la mémoire d'un bienfait ne doit jamais vieillir; vives et légères, parce qu'un bienfait ne doit jamais se faire attendre; vierges, parce que la bienfaisance doit être prudente. Aussi voyons-nous Socrate dire à un homme qui prodiguait ses bienfaits sans distinction: *Que les dieux te confondent! les Grâces sont vierges, et tu en fais des courtisanes.*

GRANNUS (*Myth. scand.*), roi fabuleux du Danemarck, enleva la fille de Sygthun, roi des Goths, et tua le père dans un combat. Sibdager, roi de Norwège, entra en Danemarck et fit prisonnières la sœur et la fille de Grannus; celui-ci leva une puissante armée, et livra bataille à Sibdager, mais il y perdit la vie. Les Scandinaves placent ces événemens du temps de la guerre de Troie.

GRÉES; *Nyco Pephrédo* et *Dinon.* C'étaient les trois sœurs aînées des Gorgones. Elles reçurent ce nom, parce que leurs cheveux blanchirent au moment de leur naissance. R. *Graiai*, vieilles.

GRYLLUS, l'un des compagnons d'Ulysse; ayant été changé en pourceau, il ne voulut jamais consentir à reprendre son ancienne forme, malgré tous les efforts d'Ulysse.

GRYNUS, fils d'Eurypyle, et roi de Mœsie, ayant été secouru, pendant une guerre qu'il avait à soutenir, par Pergamus, fils de Neoptolême, bâtit, en l'honneur de son allié, la ville de Pergamus, puis celle de Grynium.

GRYPHON, animal fabuleux qui par-devant ressemblait à l'aigle, et par-derrière au lion. Il avait des oreilles droites, quatre pieds et une longue queue, quelques anciens ont cru qu'il existait dans la nature, mais c'est une chimère. Le Gryphon n'est simplement qu'un animal allégorique ou symbolique.

GUÈBRES ou PARSIS, perses dispersés dans les Indes, et qui conservent avec un scrupuleux attachement la religion de leurs pères, et leur vénération pour le feu sacré, qu'ils entretiennent en tout temps, n'éteignent pas même dans leurs lampes, et s'efforcent d'étouffer avec la terre dans les ncendies, plutôt que de jeter de 'eau dessus.

GYAS, un des compagnons d'Enée, montait la *Chimère* dans les courses de vaisseaux faites en l'honneur d'Anchise en Sicile.

GYGÈS, officier et favori de Candaule, roi de Lydie, qui lui fit voir sa femme toute nue. La reine aperçut Gygès, et soit amour, soit vengeance, elle ordonna à cet officier de tuer son mari, lui offrant à ce prix sa main et sa couronne. Gygès devint roi de Lydie par ce meurtre, vers l'an 718 avant J.-C. Platon raconte différemment cette usurpation. Il dit que la terre s'étant entr'ouverte, Gygès, berger du roi, descendit dans cet abîme: que là, il vit un grand cheval dans les flancs duquel était un homme qui avait à son doigt un anneau magique, doué de la vertu de rendre invisible; qu'il le prit et s'en servit pour ôter, sans péril, la vie à Candaule, et pour monter sur son trône. Mais ce récit ne peut être admis que dans la fable. — GYGÈS, un des Titans, fils du Ciel et de la Terre, avait cent mains et cinquante têtes; il mit Jupiter en liberté, mais ensuite s'étant réuni à ses frères pour lui faire la guerre, il fut précipité au fond du Tartare.

GYMNOSOPHISTES, philosophes indiens, ainsi appelés parce qu'ils se promenaient tout nus en regardant fixement le soleil pendant tout le jour. Ils supportaient sans douleur le plus grand froid et la plus grande chaleur, s'abstenant de tous les plaisirs et se livrant tout entiers à la contemplation de la nature. Lorsqu'ils étaient las de la vie, ils se jetaient dans un brasier ardent. On leur attribue l'invention des caractères hiéroglyphiques. Cicéron rapporte qu'Alexandre étant allé les visiter, leur fit offre de services en les invitant à lui demander ce qu'ils jugeraient à propos. L'un d'eux, prenant la parole, lui dit de leur accorder l'immortalité qu'ils désiraient uniquement. « Je suis mortel, leur répondit le roi, je ne puis donner l'immortalité. » — « Pourquoi donc, répliqua le philosophe, puisque vous n'êtes qu'un mortel, ne restez-vous pas dans le royaume de vos pères, et venez-vous, comme l'ennemi du genre humain, ravager l'univers? » Alexandre se retira confus et piqué de cette réponse.

HABA HABI

HABAND, reine des femmes blanches ou spectres qui apparaissent dans les écuries en tenant des bougies allumées, d'où elles laissent tomber des gouttes sur le crin des chevaux, qu'elles peignent et tressent proprement.

HABIS, petit-fils de Gorgoris, régna sur les Cynètes, les lia par des lois qu'il établit, leur apprit à labourer la terre, et les divisa en plusieurs villes. Après sa mort, la couronne fut héréditaire dans sa famille.

HAFEDAH (*Myth. arab.*), idole des Adites, tribu arabe qui habitait l'Yemen et qui fut détruite au temps du prophète Houd, c'est-à-dire du patriarche Heber. On l'invoquait pour obtenir un heureux voyage.

HAFVA (*Myth. celt.*), divinité de la Belgique, dont on lit le nom sur une inscription ancienne. Il est probable que le ciel est désigné par ce nom.

HAKEM, calife qui régnait environ 400 ans après Mahomet, et que les Druses regardent comme leur législateur ou plutôt comme leur messie; ils disent que mécontent de la conduite des hommes, il s'est retiré du milieu d'eux, et n'a plus paru depuis. Ils attendent encore son retour. Toutes les fables extravagantes qu'on a débitées sur son compte sont démenties par l'histoire, qui ne parle que de ses folies et de ses débauches.

HALESUS, fils d'Agamemnon, effrayé de la mort de son père, s'enfuit en Italie, où il bâtit la ville des Falisques.

HALITHERSE, fils de Meastor, devin, prédit le retour d'Ulysse et la punition des amans de Pénélope.

HAMADRYADE, sœur et femme d'Oxilus, engendra huit filles, qui furent toutes nommées nymphes *Hamadryades*. Ce ne sont point les mêmes que celles dont nous allons parler à l'article suivant.

HAMADRYADES, d'*Ama*, ensemble et *Drus*, chêne. Les Hamadryades étaient des nymphes dont le destin dépendait des arbres avec lesquels elles naissaient et mouraient; différentes en cela des Dryades.

HAMULL. C'est ainsi que les Guèbres nomment l'ange qui a l'inspection des cieux.

HAMZAH, prophète d'Hakem, divinité des Druses, est descendu sept fois sur la terre. Dans l'âge d'Adam, il a paru sous le nom de *Chatnil*; dans l'âge de Noé, sous celui de *Pythagore*; dans l'âge d'Abraham, sous celui de *David*; dans l'âge de Moïse, sous celui de *Chaïl*; dans le siècle de Jésus, sous celui de *Messie*, ou d'*Héliasar*; dans l'âge de Mahomet, sous celui de *Selman* et de *Farsi*; et dans le temps de Saïd, sous celui de *Salih*.

HAN, roi de Tanchutu, que les Tartares adorent aujourd'hui comme un dieu en reconnaissance de sa justice, de sa bonté, et de la sainteté de sa vie.

HANAN-PACHA, en péruvien le *Haut-Monde*. C'est ainsi que les Amautas ou docteurs du Pérou, appelaient l'endroit où devaient aller après la mort les ames des gens de bien. Ils faisaient consister le bonheur suprême à y mener une vie paisible et exempte des inquiétudes du corps et de l'esprit.

HANUMAN ou **HANUMON** (*Myth. ind.*), singe adoré chez les Indiens, qui lui ont fondé une petite chapelle dans l'enceinte du temple consacré à Wishnou, et cela en raison des importans services qu'il rendit à ce Wishnou, pendant qu'il fut incarné sous le nom de *Ram*. Dans la ville de Calicut, sur la côte du Malabar, on voit une superbe pagode élevée en l'honneur de ce fameux singe, et dont le portique est soutenu par 700 piliers de marbre.

HAR (*myth. ind.*), nom de la deuxième personne de la trinité indienne. A la dixième incarnation, elle paraîtra sous la forme d'un paon, ensuite sous celle d'un cheval aîlé, et tous les sectateurs de la loi de Mahomet seront alors détruits.

HARIDI (*Myth. mah.*), serpent honoré à Achmim, ville de la Haute-Egypte. Ce serpent guérit toutes les maladies. De toutes les parties de l'Egypte, il vient des malades pour le prier et en obtenir la santé.

HARMONIA ou HERMIONE, fille de Mars et de Vénus, femme de Cadmus, apporta les sciences et les arts dans la Grèce, et fut, ainsi que son mari, changée en serpent. Elle eut un fils nommé Polydore, et quatre filles, Ino, Agavé, Autonoé et Sémélé.

HARPALYCE, la plus belle fille d'Argos, aimée éperduement de Clyménus son père, qui assouvit sa flamme incestueuse après avoir gagné sa nourrice, et qui en eut un fils. Il la maria avec beaucoup de peine, et fit ensuite mourir son gendre pour la reprendre; mais Harpalyce, outrée de ce double crime, lui fit manger son propre fils, à l'exemple de Procné. Elle fut changée en oiseau, selon la fable. Clyménus se tua de désespoir. — HARPALYCE, jeune fille, aima avec passion Iphicus, et mourut de chagrin de s'en voir méprisée : c'est d'elle qu'un certain cantique fut appelé *Harpalyce*. — HARPALYCE, fille d'Harpalycus, qui la nourrit de lait de vache et de jument, et qui l'accoutuma de bonne heure au maniement des armes. Elle le secourut contre Néoptolème, fils d'Achille, qu'elle mit en fuite. Harpalycus ayant été tué quelque temps après par ses sujets, Harpalyce se retira dans les bois, d'où elle fondait sur les bestiaux du canton et les enlevait. Elle fut prise dans des filets qu'on lui avait tendus; et après sa mort, les paysans se tirent la guerre pour avoir les troupeaux qu'elle avait ravis. On établit des assemblées et des jeux au tombeau de cette fille, pour expier sa mort.

HARPOCRATE, divinité égyptienne. Il était fils d'Osiris et d'Isis, qui l'avait mis au jour avant terme. Harpocrate naquit avec une grande faiblesse dans les parties inférieures du corps, et demeura dans l'attitude où sont les enfans dans le sein maternel, c'est-à-dire les mains sur la bouche. Les Grecs donnèrent à cette attitude d'Harpocrate une interprétation différente; ils la prirent pour le commandement du silence, et en formèrent leur Pigalion ou dieu du silence. Devenu divinité grecque et romaine, Harpocrate eut des statues dans les places publiques, et surtout à l'entrée des temples, pour apprendre, dit Plutarque, que l'on doit honorer les dieux par le silence. On le représentait ordinairement sous la figure d'un jeune homme nu, couronné d'une mitre à l'égyptienne, tenant d'une main une corne d'abondance, de l'autre une fleur de lotus.

HARPYES, monstres, filles de Neptune et de la Terre, avaient un visage de femme, le corps d'un vautour, avec des aîles, des griffes aux pieds et aux mains, et des oreilles d'ours. Les principales étoient Aëllo, Ocype et Célæno. Junon les envoya pour infecter de leurs ordures et enlever les viandes de dessus la table de Phinée. Zethès et Calaïs les chassèrent, mais Iris, par l'ordre de Junon, les fit revenir dans la Thrace. Les Troyens de la suite d'Enée, ayant tué des troupeaux qui appartenaient aux Harpyes, ils eurent une espèce de guerre à soutenir contre elles, et Célæno, dans sa fureur, fit à Enée les plus terribles prédictions.

HAUDA (*Myth. ind.*), nom sous lequel les Chingulais adorent la lune; ils joignent souvent à ce nom celui de Hamui ou Dio, qui est chez eux un titre d'honneur.

HÉBÉ, fille de Jupiter et de Junon, et déesse de la jeunesse. Les poètes disent qu'Apollon invita Junon à un souper où il fit servir, entre autres mets, une espèce de laitue sauvage; la déesse en ayant mangé avec appétit, de stérile qu'elle était auparavant, devint féconde, et enfanta Hébé. D'autres disent que Junon, piquée de ce que Jupiter avait tiré Minerve de son cerveau, tira du sien la jeune Hébé. Quoi qu'il en soit, le maître des dieux prit la jeune déesse à cause de sa beauté, pour lui servir le nectar. Elle s'acquitta de cette fonction avec grâce, jusqu'à ce qu'étant tombée un jour en lui présentant à boire, ce dieu lui défendit de le servir davantage, et mit Ganymède à sa place. Homère dit qu'en prenant Ganymède pour échanson, il permit à Hébé de verser le nectar aux autres dieux. Cette déesse avait aussi le soin d'atteler le char de Junon. Dans la suite, elle épousa Hercule lorsqu'il fut mis au rang des dieux, et rajeunit le vieux Iolas, cocher de son nouvel époux. On l'appelait aussi *Juventa.*

HEBRUS, fils de Cassandre, roi de Thrace, s'étant jeté dans le Rhombus, lui donna le nom d'Hèbre.

HÉCAERGE, nymphe des bois, passionnée pour la chasse, et habile à frapper de loin les bêtes sauvages, ainsi que l'indique son nom. Hécaerge pourrait bien n'être au fond qu'un surnom de Diane. C'était aussi un surnom de Vénus.

HÉCALÉ, HÉCALÈNE, vieille femme pauvre, avait voué un sacrifice à Jupiter si Thésée revenait vainqueur des Sarmates. Étant morte avant le retour du héros, celui-ci ordonna que le sacrifice eût lieu, et que l'on rendît de grands honneurs à *Hécalé.*

HÉCATE, fille de Jupiter et de Latone; cette divinité infernale est souvent confondue avec Proserpine; et ces deux divinités ont en effet les plus grands rapports entr'elles. Comme Proserpine, Hécate habite les enfers; comme Proserpine, elle préside à la distribution de la peine due aux crimes. Hécate a beaucoup d'analogie également avec Diane ou la lune; et les anciens poètes ont supposé que dans cette dernière planète, il y avait divers astres, dont le plus grand portait le nom d'Hécate, et où les ames des criminels étaient punies des plus cruels supplices. Néanmoins, il est avéré que dans le culte public, on séparait formellement Proserpine et Diane, d'Hécate, à laquelle plusieurs auteurs donnèrent une généalogie différente. Théocrite la fait naître de Jupiter et de Cérès, qui l'envoya à la recherche de Proserpine. D'autres prétendent qu'elle était fille de Jupiter et de Pharaia, fille d'Éole, qui l'exposa dans un carrefour, d'où vint que les carrefours lui furent consacrés. D'autres enfin, en lui donnant le même père, veulent qu'elle ait dû le jour à Junon ou Latone. Quoi qu'il en soit de ces diverses généalogies qui prouvent que l'on n'a pas considéré généralement Hécate, Diane et Proserpine comme une seule et même divinité, Hésiode est le premier qui ait parlé d'Hécate. Le portrait qu'il en fait ne ressemble en rien à ceux que l'on s'en est formé depuis. L'Hécate d'Hésiode avait un pouvoir qui s'étendait dans le ciel, sur la terre et sur la mer. Elle accordait la victoire aux guerriers, le prix aux athlètes; elle inspirait la justice aux rois, exauçait les prières des cavaliers, des chasseurs et des navigateurs. Enfin, dispensatrice des richesses, elle multipliait ou diminuait les troupeaux à son gré. On la représentait avec un seul visage et un seul corps. Vers l'an 440 avant Jésus-Christ, Alcamène s'avisa le premier de faire une statue de cette déesse, avec trois visages et trois corps, adossés les uns contre les autres. On enchérit ensuite sur cette invention, et l'on représenta Hécate avec six mains qui tenaient des fouets, des poignards, des cordes, etc. Son culte alors changea de motif, et l'on n'adora plus en elle une divinité bienfaisante, mais plutôt une divinité redoutable aux méchans, et quelquefois aux bons. Le surnom de *Brimo*, qu'elle reçut chez les Grecs, désigne la terreur dont elle pénétrait les hommes. On lui accordait le pouvoir de faire venir des enfers des spectres d'une grandeur prodigieuse, qui portaient en général, à cause d'elle, le nom d'*Hécatéens*. Elle seule avait le pouvoir de les dissiper, ou d'arrêter leur fureur. Elle apparaissait en songe à ceux qui l'invoquaient, et se trouvait forcée par des paroles mystérieuses à venir sur la terre, où elle paraissait armée d'un fouet, d'une torche ardente et d'un glaive. Les magiciennes juraient par son nom, et c'était d'elle que Médée et Circé tenaient leur savoir. Le chien, dont elle prenait souvent la figure, lui était consacré, et dans les fameux mystères de Samothrace; on lui en immolait une quantité considérable, ce qui lui valut le surnom de *Canicida-Dea*. Ces chiens, ainsi que ceux qu'on lui sacrifiait ailleurs, devaient être noirs. On les égorgeait au milieu de la nuit, et leurs hurlemens, dit Strophon, éloignent les spectres, *qui redoutent la présence de la souterraine Hécate, lorsqu'elle marche parmi les flots d'un sang noir, au milieu des tombeaux*. Hécate, chez les poètes, est souvent appelée *la triple Hécate*, parce qu'alors ils la considèrent comme étant la Lune au ciel, Diane sur la terre, et Proserpine aux enfers. Nous croyons cependant avoir démontré suffisamment qu'Hécate était une divinité essentiellement distincte de ces trois autres divinités. —Hécate, magicienne de l'antiquité, qui, après avoir empoisonné plusieurs personnes qu'elle haïssait, et même son père, cherchaun asile chez Æétès, son oncle, roi de Colchos, qu'elle épousa, et dont elle eut la fameuse Médée.

HÉCATONCHIRES, noms des trois géans, Cottus, Briarée et Gygès, fils du Ciel et de la Terre, avaient chacun cinquante têtes et cent bras. Ils secoururent Jupiter dans la guerre contre les Titans, et poussèrent ces derniers jusqu'au fond du Tartare, où ils continuèrent de les garder à vue.

HECTOR, fils de Priam et d'Hécube, le plus fort et le plus vaillant des Troyens. L'oracle avait prédit que tant qu'il vivrait, l'empire de Priam ne pourrait être détruit. Pendant la retraite d'Achille, il porta le feu jusqu'aux vaisseaux des Grecs, et tua Patrocle. Le désir de venger la mort de son ami, rappela Achille au combat; il attaqua Hector, le tua, et par une barbarie sans exemple, attacha le cadavre à son char, le traîna indignement autour de la ville, et ne le rendit qu'à Priam, qui l'acheta par de riches présens. Apollon empêcha néanmoins que le cadavre d'Hector fût défiguré par les mauvais traitemens d'Achille; et les Troyens, après avoir rebâti leur ville, rendirent à leur héros, les honneurs divins. Leurs médailles le représentent monté sur un char tiré par deux chevaux, tenant une pique d'une main et le Palladium de l'autre.

HÉCUBE, fille de Cisséis, roi de Thrace, et sœur de Théano, prêtresse d'Apollon, épouse de Priam, roi de Troie, dont elle eut cinquante enfans, qui presque tous, périrent sous les yeux de leur mère, pendant le siége, ou après la ruine de Troie. Dans le partage des esclaves, elle échut à Ulysse; et, avant de quitter Troie, elle eut la douleur de voir périr son petit-fils Astyanax, dont elle fit les funérailles. Conduite chez Polymnestor, roi de Thrace, auquel elle avait confié son fils Polydore, elle apprit que ce barbare avait égorgé le jeune prince. Transportée de rage, elle l'attire au milieu des femmes troyennes, qui l'aveuglent avec leurs aiguilles, tandis qu'elle-même tue les enfans du roi. On accourt, on l'accable de pierres, et après avoir été métamorphosée en chienne, on lui fait des funérailles dans un endroit qui fut appelé ensuite le tombeau du chien.

HÉGÉMONE, une des deux Grâces chez les Athéniens.

HÉGIRE, *Fuite.* L'an 622, la nuit du 15 au 16 juillet, Mahomet se sauva de la Mecque, où sa vie était menacée, et se réfugia à Médine, distante de 88 lieues. Cette fuite célèbre devint l'époque de sa gloire; et c'est de là que les Musulmans comptent leurs années.

HEIA (*Myth. tart.*), c'est le nom que les tartares Samoïèdes donnent à l'Être-Suprême.

HEIMDALL (*Myth. scand.*), fils de neuf vierges qui étaient sœurs, était le portier des dieux scandinaves. Ceux-ci avaient fait un pont (l'arc-en-ciel), qui communiquait du Ciel à la Terre. Heimdall veillait à l'une des extrémités, de peur que les géants ne voulussent s'en servir pour escalader le Ciel. Il dormait plus légèrement qu'un oiseau, et apercevait nuit et jour les objets à la distance de plus de cent lieues. Il avait l'oreille si fine, qu'il entendait croître l'herbe des prés et la laine des brebis. Il portait d'une main une épée et de l'autre une trompette, dont le bruit se faisait entendre dans tous les mondes.

HELA ou la **MORT** (*Mythol. scand.*), elle était fille de Loke et de la géante Angerbode. On l'avait reléguée dans les enfers, où on lui donna le gouvernement des neufs mondes, afin qu'elle y distribuât des logemens à ceux qui mouraient de vieillesse ou de maladie. La moitié de son corps était bleu, et l'autre revêtu de la peau et de la couleur humaine.

HÉLACATAS, favori d'Hercule, en l'honneur duquel les Lacédémoniens célébraient les Hélacatées.

HELAS, fils de Persée et d'Andromède.

HÉLÈNE, était, selon l'opinion la plus commune, fille de Jupiter et de Léda, femme de Tyndare, sœur de Clytemnestre, Castor et Pollux. Dès son enfance, sa beauté fut regardée comme un prodige; et Thésée en étant devenu éperduement amoureux, l'enleva du temple de Diane, où elle dansait. Castor et Pollux, ses deux frères, entrèrent sur-le-champ à main armée dans l'Attique, et se préparaient à des hostilités, quand un certain Académus leur découvrit qu'elle était à Aphidnes. Ils prirent la ville d'assaut, et ramenèrent à Lacédémone Hélène, qui fut recherchée par une foule de prétendans. Tyndare, par le conseil d'Ulysse, leur fit jurer, sur les entrailles d'un cheval immolé, que dès que sa fille aurait fait choix d'un époux, ils se réuniraient tous à cet époux pour le défendre contre ceux qui voudraient la lui enlever. Hélène fixa son choix sur Ménélas, que Tyndare nomma dès-lors son successeur. Les commencemens de ce mariage furent heureux; mais Pâris ayant eu occasion de voir Hélène pendant l'absence de Ménélas, s'en fit aimer, la séduisit, l'emmena avec lui à Troie, et attira ainsi sur sa patrie cette guerre si fameuse sous le nom de guerre de Troie. Arrivée dans cette ville, Hélène se laissa séduire par Corytus, fils de Pâris et d'Œnone; et l'on prétend qu'à l'époque du siége, elle eut commerce avec Achille, qui la rendit mère. Pâris étant mort la dixième année du siége, Hélène lui donna pour successeur Deïphobe, qui fut massacré par Ménélas à la prise de la ville. Ménélas se réconcilia avec sa femme, et la ramena avec lui; mais étant mort peu après, Nicostrate et Mégapenthe, ses deux fils, la chassèrent de Lacédémone. Elle se retira chez Polixo, dont les femmes la pendirent à un arbre. D'autres prétendent qu'elle se pendit elle-même, et que sous le chêne qui lui servit de gibet il crut une herbe nommée *Hélénéion*, qui embellissait les femmes et rendait gais ceux qui en mettaient dans leur vin. Suivant Hérodote, Hélène n'était pas à Troie, elle était en Egypte où son mari la retrouva après la prise d'Ilion. Euripide s'est conformé à cette tradition. Il va plus loin; selon lui, la véritable Hélène était en Egypte, et celle enlevée par Pâris et menée à Troie, n'était qu'une image, un fantôme fait pour abuser les esprits, et envoyé par Junon. — HÉLÈNE, fille de Pâris et d'Hélène, tuée par Hécube. — HÉLÈNE, fille d'Egyste et de Clytemnestre, tuée par Oreste. — HÉLÈNE, servit les amours de Vénus et d'Adonis, et fut honorée sous le nom de Vénus.

HÉLÉNOR, fils d'un roi de Méonie, suivit Enée en Italie.

HÉLÉNUS, fameux devin, fils de Priam et d'Hécube, outré de dépit de n'avoir pu obtenir Hélène en mariage, quitta Troie, et fut fait prisonnier de guerre par les Grecs. Poussé par son ressentiment, il leur découvrit, dit-on, un moyen sûr pour surprendre cette ville. Il prédit depuis à Pyrrhus une navigation heureuse, et reçut de lui la Chaonie, où il bâtit beaucoup de villes. Le fils d'Achille lui céda aussi Andromaque, veuve d'Hector, qu'il avait épousée par violence; et il en eut un fils qui régna dans la suite, conjointement avec le fils de Pyrrhus, Molossus.

HÉLIADES, filles du Soleil et de Clymène, et sœurs de Phaéton, furent si sensiblement touchées de la mort de leur frère, que les dieux les métamorphosèrent en peupliers, et leurs larmes en ambre. Leurs noms étaient Lampétie, Phaétuse et Phœbé. — HÉLIADES, fils du Soleil et de la nymphe Rhodès. Ils étaient sept, Ochimus, Cercaphus, Macar, Actis, Tenagès, Triopus et Candalus. Ils se distinguèrent dans l'astronomie et la navigation. Tenagès, le plus habile d'entre eux, ayant péri par la jalousie de ses frères, ils s'enfuirent chacun de leur côté. Actis se sauva en Egypte, y bâtit la ville d'Héliopolis en l'honneur du Soleil son père, et enseigna l'astronomie aux Egyptiens.

HÉLICE, fille d'Olénus, eut soin de l'enfance de Jupiter, et fut mise après sa mort au rang des constellations.

HÉLICON, fleuve de Macédoine, qui, après avoir disparu, reparaissait vingt-deux stades plus loin, sous le nom de *Baphyre*. On dit que les femmes qui tuèrent Orphée, ayant voulu se purifier dans ce fleuve, il resta sous terre, pour que ses eaux ne servissent pas à cet usage. — HÉLICON, montagne de Béotie, consacrée aux Muses par les Ephialtes et Otus, qui, les premiers, leur avaient sacrifié sur cette montagne entre le Parnasse et le Cythéron.

HÉLIOS ou HÉLIUS, fils d'Hypérion et de Basilée, fut noyé dans l'Eridan par les Titans ses oncles. Basilée cherchant le corps de son fils, s'endormit de lassitude, et vit en songe Hélius, qui lui dit de ne point s'affliger de sa mort, qu'il était admis au rang des dieux, et que le feu sacré s'appellerait désormais Hélius ou le Soleil. — Un autre HÉLIUS, amoureux de Rhodes, dessécha l'île qui depuis a porté ce nom. — Persée eut un fils nommé Hélius, qui donna son nom à la ville d'Hélios, en Laconie.

HELLÉ, fille d'Athamas, roi de Thèbes et de Néphélé, fuyant avec son frère Phrixus la fureur et les embûches de sa marâtre, voulut traverser le détroit qui est entre la Propontide et la mer Egée, sur le dos d'un bélier à toison d'or que son père lui avait donné. Mais elle fut si effrayée quand elle se vit au milieu des flots, qu'elle s'y noya, et donna son nom à ce détroit, qui fut appelé mer d'Hellé ou Hellespont. Les poètes ont placé le belier au rang des signes du zodiaque.

HELLEN, fils de Deucalion et de Pyrrha, roi de Phthiotide, donna le nom d'Helléniens à ses sujets. Les autres peuples de la Grèce adoptèrent ce nom au commencement des olympiades.

HELLOTIS, prêtresse de Minerve à Corinthe, se réfugia dans le temple de cette déesse, lorsque les Doriens mirent le feu à la ville; elle y fut brûlée. Quelque temps après, la peste désolant le pays, l'oracle déclara que, pour faire cesser ce fléau, il fallait honorer Hellotis, et lui élever un temple.

HÉMITHÉE, divinité de Castalie, ville de Carie, où elle était en grande vénération. On venait de fort loin lui offrir des sacrifices, parce que l'on croyait que les malades qui dormaient dans son temple étaient guéris sur-le-champ. On avait de son pouvoir une opinion si grande dans toute l'Asie Mineure, que son temple, quoique renfermant de grandes richesses, était sans murailles et sans gardes, et cependant ne fut jamais pillé. Hémithée, dont le premier nom était Malpadie, n'avait que le titre de demi-déesse, ce que signifie son nom *Emi-Thea*. — Emithée, fille de Cycnus, et sœur de Ténès, jetée par les vents sur la côte de Ténédos, essuya les violences d'Achille, et implora le secours des dieux qui l'engloutirent dans le sein de la terre.

HÉMON, prince thébain, fils de Créon, aima tellement Antigone, fille d'Œdipe et de Jocaste, qu'il se tua lui-même sur le tombeau de cette princesse mise à mort par les ordres du tyran Créon, qui cherchait à la punir des honneurs funèbres qu'elle avait rendus à son frère Polynice.

HÉMUS, EMUS ou ENUS, roi de Thrace, fils de Borée et d'Orythie, avait épousé Rodope, fille du fleuve Strymon. Ils étaient l'un et l'autre si orgueilleux de leur origine, qu'ils voulurent se faire rendre les honneurs divins, Hémus sous le nom de Jupiter, et Rhodope sous celui de Junon. Le père des dieux indigné de leur insolence, les changea en montagnes. Hémus est la plus haute montagne de la Thrace; il la divise presque tout entière en deux parties. Le Rodope est aussi une montagne de Thrace.

HENNIL, idole des Vandales. On la représentait sous la forme d'un bâton, avec une main, et un anneau de fer. Quand le pays était menacé de quelque danger, on la portait en procession, et les peuples criaient : *Réveille-toi, Hennil, réveille-toi !*

HENOCH (*Myth. Rabb.*) Les Rabbins croient qu'Hénoch, transporté au ciel, est celui désigné sous le nom de Metatrou et Michel. Les chrétiens Orientaux croient qu'il est le Mercure trismégiste des Égyptiens.

HÉRACLIDES, les descendans d'Hercule par Alcée son fils. Après la mort de ce héros, Eurysthée voulut exterminer jusqu'au dernier de sa race. En conséquence, il poursuivit jusqu'à Athènes, les Héraclides, qui s'y étaient réfugiés autour de l'autel de Jupiter. Les Athéniens prirent leur défense et tuèrent Eurysthée. Après sa mort, ils se rendirent maîtres du Péloponèse ; mais le peste ayant désolé leur armée, l'oracle de Delphes, consulté, leur ordonna de sortir du pays, et ce ne fut qu'environ un siècle après, qu'ils parvinrent à s'y établir.

HERCULE, nom que les anciens ont donné à quelques hommes d'une force et d'une valeur extraordinaires. Diodore, liv. IV, en compte trois ; Cicéron en nomme six dans le quatrième livre de la nature des Dieux, et Varron quarante-trois, dont plusieurs à la vérité sont symboliques ; car, chaque pays voulait avoir le sien. Mais le plus fameux de tous est le Thébain, c'est-à-dire, celui que les poètes font fils de Jupiter et d'Alcmène, femme d'Amphitryon. Les auteurs grecs, pour le rendre plus merveilleux, lui ont attribué les belles actions et les grands exploits de tous les autres; en quoi ils ont été suivis des Latins. Tous racontent que Junon, pour se venger des infidélités de Jupiter, et empêcher l'accomplissement des hautes destinées promises au jeune Hercule, le transporta d'un tel accès de fureur, qu'il en perdit la raison. Etant revenu à son bon sens, il alla consulter l'oracle, qui lui répondit que, « pour guérir de cette maladie, il devait se soumettre à son frère Euristhée et faire tout ce qu'il lui ordonnerait. » Alors Euristhée, qui voulait régner seul et faire périr Hercule, lui commanda des choses qui paraissaient impossibles à un mortel ; c'est ce qu'on appelle les *Travaux d'Hercule.* Il y en a douze que l'imagination des poètes a rassemblés sans doute sur un seul. Etant encore au berceau, il étouffa deux serpens que Junon avait envoyés contre lui ; tua dans la forêt ou dans le marais de Lerne une hydre épouvantable, qui avait plusieurs têtes, lesquelles renaissaient à mesure qu'on les coupait ; prit et tua à la course une biche qui avait des cornes d'or et des pieds d'airain ; étrangla dans la forêt de Némée un lion extraordinaire, dont il porta depuis la peau pour se couvrir ; mit à mort Busiris, roi d'Egypte, qui faisait immoler tous les voyageurs ; punit Diomède, roi de Thrace, qui nourrissait ses chevaux de chair humaine, en le faisant manger par ses propres chevaux ; prit sur la montagne d'Erimanthe, en Arcadie, un sanglier qui désolait toute la contrée, et qu'il mena à Euristhée ; tua à coups de flèches tous les horribles oiseaux du lac de Stymphale ; dompta un taureau furieux qui désolait la Crète ; vainquit le fleuve Achelöus, auquel il arracha une corne, qu'il lui rendit néanmoins en recevant celle de la chèvre Amalthée ; combattit avec gloire Erix, les géans Albion et Bergion ; étouffa dans ses bras le géant Anthée ; déroba les pommes d'or du jardin des Hespérides, après avoir tué le dragon qui les gardait ; soulagea Atlas, en soutenant fort long-temps le ciel sur son dos ; massacra plusieurs monstres, comme Gérion, Cacus, Tyrrhène et d'autres ; dompta les Centaures, et nettoya les étables d'Augias ; tua un monstre marin, auquel Hésione, fille de Laomédon, était exposée ; et pour punir Laomédon, qui lui refusa les chevaux qu'il lui avait promis, renversa les murailles de Troie, et donna Hésione à Télamon ; défit les Amazones, et donna leur reine Hippolyte à Thésée, son ami ; descendit aux enfers, enchaîna le chien Cerbère, et en retira Alceste, qu'il rendit à son mari Admète ; tua le vautour qui mangeait le foie de Prométhée attaché au mont Caucase ; sépara les deux montagnes Calpé et Abyla, et joignit par ce moyen l'Océan à la Méditerranée. Croyant que c'était là le bout du monde, il y éleva deux colonnes, qu'on appela depuis *Colonnes d'Hercule*, sur lesquelles on dit qu'il grava une inscription dont le sens est : *Non plus ultrà.* Ce héros avait épousé Déjanire, qu'il avait enlevée à Achélöus ; peu après il s'attacha si follement à la jeune Omphale, reine de Lydie, qu'il s'habillait en femme pour lui plaire, et filait avec elle. Il aima aussi Iole, fille d'Euryte, et oublia entièrement Déjanire. Cette dernière infidélité détermina sa femme à lui envoyer, par un esclave appelé Lycas, la tunique du centaure Nessus, comme un présent qu'elle lui faisait. Hercule ne l'eut pas plutôt revêtue, qu'il sentit ses entrailles déchirées par un feu dévorant, qui le mit dans une fureur si épouvantable, qu'ayant saisi le malheureux Lycas, il le lança dans la mer. Enfin ne pouvant soutenir plus long-temps les douleurs aiguës qui le dévoraient, il dressa promptement un bucher, sur lequel il s'étendit, en priant son ami Philoctète d'y mettre le feu. Ainsi mourut ce héros. Les dieux l'immortalisèrent, et il fut reçu dans le ciel, où il épousa Hébé, déesse de la jeunesse. On le représente ordinairement sous la figure d'un homme fort et robuste, la massue en main, et couvert de la peau du lion de Némée. Il a quelquefois l'arc ou la corne d'abondance sous le bras; fort souvent on le trouve couronné de feuilles de peuplier blanc. Il passait pour être l'inventeur des jeux olympiques et de ceux du cirque; on lui attribuait aussi les combats des athlètes et des gladiateurs. Il était invoqué par les voyageurs, parce qu'il avait parcouru l'univers pour le purger de tous les brigands; c'est pour cela qu'on lui dressait des autels sur les grands chemins, et qu'on y faisait des sacrifices. On donna à Hercule plusieurs femmes et plusieurs maîtresses; entre autres, Astidamie, Astioche, Augé, Epicaste, Mégare, Parthénope, Pyrène, Déjanire, les cinquante filles de Thespius, qu'il rendit mères dans une seule nuit, et d'autres que nous avons citées dans le courant de cet article.

HERCYNE, compagne de Proserpine et fille de Trophonius. On l'honorait à Lébadie, et on lui élevait des statues, tenant une oie dans la main.

HÈRES, divinité des héritiers, à laquelle on faisait de pompeux sacrifices quand on recueillait une ample succession.

HERMAPHRODITE, fils de Mercure et de Vénus, comme son nom le signifie; car les Grecs appelaient Mercure *Ermes*, et Vénus *Aphrodite*. Étant venu se baigner dans la fontaine de la nymphe Salmacis, elle le trouva si beau qu'elle voulut l'engager à y demeurer avec elle; mais Hermaphrodite résista à toutes ses sollicitations. Alors la nymphe se jeta elle-même dans l'eau; et le tenant embrassé, elle demanda aux dieux qu'ils demeurassent toujours unis, et ne fissent plus qu'un. On les appela depuis *Androgyne*, c'est-à-dire, homme et femme.

HERMÈS, nom grec de Mercure. Il fut donné par suite à certaines statues de ce dieu, que l'on représentait sous la forme d'une pierre quarrée sans pieds, sans bras; seulement avec la tête, en mémoire, dit-on, de ce que des bergers ayant rencontré Mercure endormi sur une montagne, lui lièrent les pieds et les mains pour se venger d'un tort qu'il leur avait fait. Quoi qu'il en soit, on plaça les hermès dans les carrefours et les grands chemins, parce que Mercure y présidait. Quand, au lieu de la tête de Mercure, on y mettait celle d'un autre dieu, le pilastre ainsi composé prenait le nom des deux divinités, et l'on disait: *Hermapollon*, Mercure et Apollon; *Hermathène*, Mercure et Minerve; *Hermanubis*, Mercure et Anubis; *Hermeroclè*, Mercure et Hercule; *Hermeros*, Mercure et l'Amour, etc. On célébrait dans toute la Grèce, en l'honneur d'Hermès, les *Hermées*, pendant lesquelles les maîtres servaient les esclaves.

HERMION (*Myth. celt.*), divinité des anciens Germains. On croit que c'est un de leurs rois, qui, par sa sagesse et sa valeur, avait mérité d'être mis au rang des dieux de la Germanie.

HERMIONE, fille de Ménélas et d'Hélène, promise à Oreste par son aïeul Tyndare, et donnée depuis à Pyrrhus par Ménélas. Ovide prétend que, de concert avec Oreste, elle fit mourir Pyrrhus, épousa ce même Oreste, et lui porta en dot le royaume de Sparte. Euripide, au contraire, représente Hermione aimant Pyrrhus, à la fureur, et jalouse de la veuve d'Hector jusqu'à la rage. Racine, dans son *Andromaque*, a suivi à peu près la fable d'Euripide.

HERMODE (*Myth. scand.*), divinité des anciens peuples du Nord. Hermode, surnommé l'*Agile*, était fils d'Odin; il descendit aux enfers pour en retirer Balder son frère, qui avait été tué.

HERMOTIMUS, habitant de Clazomène. Son ame allait voir ce qui se passait dans des pays éloignés, et venait lui en rendre compte. Il le disait aux Clazoméniens, qui le croyaient, et après sa mort, lui élevèrent un temple où il était défendu aux femmes d'entrer.

HÉRO était une jeune prêtresse de Vénus, qui demeurait à Sestos, ville située sur les bords de l'Hellespont, du côté de l'Europe. Sur l'autre bord, du côté de l'Asie, à Abydos, demeurait Léandre, qui l'aimait passionnément. Toutes les nuits, il traversait à la nage, pour aller voir sa maîtresse : ce trajet était de 875 pas. Héro tenait un flambeau allumé pour lui servir de guide. Une nuit que la mer était orageuse, Léandre, consultant moins la prudence que l'amour, se confia aux flots et y fut englouti. Son corps fut jeté sur le rivage de Sestos, et à la vue de cet objet fatal, Héro se précipita dans la mer.

HÉROPHILE, nom de la Sybille Erytréenne, prédit à Hécube, enceinte de Pâris, les malheurs que causerait l'enfant qu'elle portait dans son sein.

HERSÉ, fille de Cécrops et sœur d'Aglaure, fut fort aimée de Mercure. Ce dieu fit présent à Aglaure d'une somme d'argent pour qu'elle lui facilitât l'entrée chez sa sœur. Mais Pallas ayant ordonné à l'Envie de rendre Aglaure jalouse, elle refusa la porte au dieu lorsqu'il se présenta, et Mercure, pour la punir de sa perfidie, la changea en pierre.

HERSILIE, fille de Tatius, roi des Sabins. Romulus la prit pour lui, lorsque les Romains enlevèrent les Sabines. Son père ayant déclaré la guerre à ce prince, elle fit en sorte que ces deux rois fissent la paix, et elle épousa Romulus. Celui-ci ayant disparu, elle crut qu'il était mort, et en eut une si grande douleur, que Junon, pour la consoler, la fit aussi monter au ciel, où cette princesse retrouva son mari. Les Romains leur dressèrent des autels sous les noms de Quirinus et d'Hora ou Horta, parce qu'elle exhortait les jeunes gens à la vertu et aux actions glorieuses.

HERTHA (*Myth. celt.*), déesse des anciens Germains, et sous le nom de laquelle ils adoraient la terre, avait sa statue sur un chariot couvert, au milieu des sombres forêts. Un prêtre unique desservait son culte, et marchait devant le char attelé de deux génisses blanches, lorsqu'on promenait la divinité. Pendant ce temps, le peuple dansait et se livrait au repos et aux plaisirs. Tacite fait mention d'Hertha, dans son ouvrage *de Moribus German.*

HÉSIONE, fille de Laomédon, roi de Troie. Hercule la délivra d'un monstre marin auquel elle était exposée par ordre de l'oracle. Mais Laomédon ayant refusé de donner au héros les chevaux qu'il lui avait promis pour récompense de ce service, celui-ci enleva Hésione, et la donna à son ami Télamon.

HESPER ou HESPÉRUS, fils de Japet et frère d'Arias, eut trois filles, qu'on nomma les Hespérides, et fut changé en une étoile appelée Phosphorus quand elle précède le lever du soleil, et Hespérus quand elle paraît après son coucher.

HESPÉRIDES, trois sœurs, filles d'Hespérus : leur nom était Églé, Aréthuse et Hespéréthuse. Elles possédaient un beau jardin rempli de pommes d'or, et gardé par un dragon qu'Hercule tua pour en aller cueillir par ordre d'Eurysthée, les pommes qu'elles gardaient avaient une vertu particulière. Ce fut avec une de ces pommes que la Discorde brouilla les trois déesses aux noces de Pélée. Ce fut avec ce même fruit qu'Hippomène adoucit la fière Atalante. Plusieurs savans ont entendu par ces pommes d'or, les oranges ou les citrons.

HÉSUS (*Myth. celt.*), divinité des Gaulois que l'on croit répondre au dieu Mars. On lui immolait des victimes humaines; il était représenté à demi-nu dans l'attitude d'un homme qui veut abattre quelque chose avec une hache.

HEURES, déesses, trois sœurs, filles de Jupiter et de Thémis; on les appelait Eunomie, Dicé et Irène. Homère les fait naître au printemps, et leur donne la fonction d'ouvrir les portes du ciel; Ovide celle d'atteler les chevaux du soleil. Ce sont elles qui couvrent le ciel de nuages, ou le rendent serein, suivant qu'il leur plaît. Théocrite leur donne des pieds délicats et une marche fort lente, et leur fait apporter toujours quelque chose de nouveau. Les peintres et les sculpteurs les représentent tenant des horloges et des cadrans.

HILAIRE et PHŒBE, nièces de Tyndare, prièrent à leurs noces Castor et Pollux, leurs cousins germains, qui les enlevèrent. Les prétendus des deux sœurs coururent aux armes. Castor tua l'un, mais il fut tué par le second, qui perdit la vie ensuite sous les coups de Pollux. Après leur mort, les deux princesses reçurent les honneurs divins.

HIMÈRE, fils de Lacédémon. Pénétré de douleur d'un inceste qu'il avait commis sans le savoir, il se jeta dans le Marathon, fleuve de la Laconie, auquel il donna son nom.

HIPPA, nymphe, prit soin de l'éducation du jeune Bacchus, sur les bords du Tmolus.

HIPPÉ, fille du Centaure Chiron. Ayant reçu un affront déshonorant, elle ne le put supporter et elle eut recours aux Dieux qui la changèrent en cavale et la mirent au rang des astres.

HIPPODAMIE, fille d'Œnomaüs, roi d'Élide. Ce prince, ayant appris de l'oracle que son gendre lui ôterait le trône et la vie, ne la voulut donner en mariage qu'à celui qui le vaincrait à la course, parce qu'il était assuré que personne ne pouvait le surpasser dans cet exercice. Œnomaüs massacrait tous ceux qui en sortaient vaincus : il tua jusqu'à treize princes. Pour les vaincre plus facilement, il faisait placer Hippodamie sur le char de ses amans, afin que sa beauté, qui les occupait, les empêchât en courant d'être attentifs à leurs chevaux. Mais Pélops entra dans la lice et le vainquit par adresse. Œnomaüs se tua de désespoir, laissant Hippodamie et son royaume à Pélops, qui donna son nom à tout le Péloponèse. — HIPPODAMIE, femme de Pirithoüs, que Plutarque appelle Déidamie. Les Centaures et les Lapithes ayant été invités à ses noces avec les princes de Thessalie, et le vin ayant échauffé les têtes, les Centaures entreprirent d'enlever non-seulement la jeune épouse à son mari, mais aussi toutes les femmes qui étaient du festin. Alors il se livra un combat furieux, où les Centaures furent massacrés par Hercule, Thésée et Pirithoüs.

HIPPOLYTE, fils de Thésée et d'Antiope, reine des Amazones. Phèdre, sa belle-mère, devenue éperdument amoureuse de ce jeune prince, osa lui déclarer la passion dont elle brûlait. Comme elle vit qu'elle ne lui inspirait que de l'horreur, sa rage la porta à l'accuser près de Thésée d'avoir voulu attenter à son honneur. Ce malheureux roi la crut et, dans un mouvement de colère, pria Neptume de le venger. Le dieu l'exauça, et Hippolyte, se promenant dans un char sur le rivage auprès de Trézène, rencontra un monstre affreux qui sortait de la mer et qui effraya tellement ses chevaux, qu'ils le traînèrent à travers les rochers. Esculape le ressuscita. Phèdre, déchirée par les remords, découvrit son crime à Thésée et se donna la mort. On sait avec quelle supériorité de talent Racine a fait de cet événement le sujet d'une de ses plus belles tragédies. Dans le salon de l'an 10, M. Guérin a exposé un superbe tableau représentant Hippolyte accusé par Phèdre. — HIPPOLYTE, reine des Amazones fut vaincue et enlevée par Hercule qui la donna en mariage à son ami Thésée. Elle eut de ce prince un fils nommé comme elle et qui fait le sujet de l'article précédent.

HIPPOCRÈNE, fontaine du mont Hélicon, en Béotie, jaillit de terre d'un coup de pied du cheval Pégase. Elle fut découverte par Cadmus, qui avait apporté aux Grecs les sciences et les arts de Phénicie; c'est sans doute, pourquoi on a nommé cette fontaine, la fontaine des Muses.

HIPPOMANE (l'), jouait un rôle important dans les enchantemens, et surtout dans les philtres. On rapporte qu'une cavale de bronze, placée auprès du temple de Jupiter Olympien, excitait dans les chevaux des désirs amoureux, comme si elle eût été vivante, parce qu'on avait mêlé de l'Hippomane, avec le cuivre dont elle était formée.

HIPPOMÉDON, fils de Nesimachus et de Mythidice, fut un des sept capitaines qui firent partie de l'expédition de Thèbes.

HIPPOMÈNE, fils de Macarée et de Mérope, aimait éperdument Atalante, fille de Schénée; mais cette jeune princesse, ayant résolu de ne point se marier, avait déclaré qu'elle ne donnerait sa main qu'à celui qui la vaincrait à la course, et qu'elle percerait du trait qu'elle portait celui qui serait vaincu. Plusieurs jeunes princes avaient déjà été punis de leur témérité, lorsque Hippomène se mit sur les rangs. Mais comme il se défiait de ses forces, il implora le secours de Vénus, qui lui donna trois pommes d'or, et lui apprit l'usage qu'il en devait faire. Rassuré par ce stratagème, Hippomène entra dans la lice, et lorsqu'il vit Atalante près de l'atteindre pour le percer il jeta fort loin les pommes d'or à droite et à gauche. La jeune princesse, éblouie de l'éclat de ces pommes, se détourna pour les ramasser; et tandis qu'elle en admirait la beauté, elle laissa la victoire à Hippomène. Ovide dit que dans la suite ils furent changés en lion et en lionne; pour avoir profané par leurs caresses conjugales, le temple de Cybèle.

HIPPONA, ÉPONA, déesse des chevaux et des écuries. Un certain Fulvius se prit, dit-on, de passion pour une jument, et une belle fille nommée Hippona, fut le fruit de ces bizarres amours.

HIPPOTHOON, fils de Neptune et d'Alope, exposé par Cercyon son aïeul, et allaité par des jumens, régna à Eleusis après la mort de Cercyon tué par Thésée.

HIRIE, nymphe d'Arcadie, eut tant de douleur de la mort de son fils, qu'elle fondit en larmes, et fut changée en un lac de son nom.

HOBAL (*Myth. arab.*), idole des anciens arabes; fut détruite par Mahomet, après la prise de la Mecque; elle était formée de pierre rouge, et placée auprès du marche-pied d'Ibrahim. Elle représentait un vieillard vénérable avec une longue barbe.

HODER (*Myth. celt.*), dieu des anciens Celtes ou Germains, dont le nom était de sinistre présage.

HOM (*Myth. pers.*), prêtre célèbre chez les Parsis, qui a reçu les honneurs divins après sa mort. « Lorsque cinq personnes pieuses sont rassemblées dans un même lieu, je suis au milieu d'elles » dit Hom. Il n'a rien laissé par écrit; il fut le législateur des montagnes.

HONORINUS, divinité de Rome, à laquelle sacrifiaient les femmes de ceux qui se mettaient en voyage, pour qu'ils reçussent un accueil favorable des peuples chez lesquels ils voulaient aller.

HOREY (*Myth. afr.*), nom que les nègres de la côte occidentale d'Afrique donnent au diable. Les nègres prétendent que le Horey dévore les jeunes gens qui n'ont pas été circoncis, et que plusieurs nègres ont passé plusieurs jours dans son ventre.

HORMÉNIUS, père d'Astydamie, l'ayant refusée à Hercule, fut attaqué et tué par le héros qui s'empara d'Astydamie dont il eut Ctésippus.

HOSTILINA, divinité romaine qu'on invoquait pour obtenir une abondante moisson; on l'invoquait principalement quand l'épi et la barbe de l'épi étaient de niveau.

HOURIS, beautés merveilleuses dont Mahomet a peuplé son paradis. Il promet la jouissance éternelle de ces divines vierges aux zélés sectateurs de l'islamisme. Le coran dit qu'il y a dans le paradis quatre espèces de ces filles: les premières sont blanches; les secondes, vertes; les troisièmes, jaunes, et les quatrièmes, rouges. La beauté de ces beautés célestes surpasse tout ce que peut concevoir l'imagination.

HUDEKIN, nom d'un esprit follet, que la tradition dit avoir paru autrefois au diocèse de Hildesheim, dans la Saxe. On en raconte des choses merveilleuses. Tantôt il paraissait en habits de paysan, et se plaisait surtout dans la conversation des hommes, et tantôt il les entretenait sans se faire voir. Il donnait souvent des avis aux grands seigneurs sur ce qui leur devait arriver, et rendait service aux uns et aux autres. Sa retraite ordinaire était la cuisine de l'évêque, où il se familiarisait avec les cuisiniers, et les aidait en tout ce qui regardait leur métier. Il ne nuisait à personne, à moins qu'on ne l'attaquât; mais il pardonnait rarement. C'est ce qu'éprouva un garçon de cuisine de l'évêque, qui l'avait accablé d'injures. Hudekin en avertit le chef de cuisine; et voyant qu'il ne lui faisait point satisfaction, il étouffa son ennemi lorsqu'il dormait, le coupa en morceaux, et le mit cuire sur le feu. Non content de cette vengeance, il s'attacha depuis à tourmenter les officiers de cuisine, et les seigneurs même de la cour de l'évêque, qui, par la force de ses exorcismes, le contraignit de sortir de son diocèse.

HUJUMSIN (*Myth. chin.*), célèbre alchimiste qui trouva, dit-on, la pierre philosophale. Après avoir tué un dragon qui ravageait le pays, il s'éleva au ciel. Les Chinois lui élevèrent un temple dans l'endroit même où il avait tué le dragon.

HUSCHENK, fils de Siamek, et petit-fils de Caïumarath, gouverna les Péris (*Voyez* Dives), après la mort de son aïeul. Ses peuples le surnommèrent *Pischdad*, qui signifie le *juste* et le *législateur*, parce qu'il fut l'auteur des plus anciennes et des plus sages lois de l'Orient. Ce titre honorable passa à ses successeurs, qui formèrent l'ancienne dynastie des Pischdadiens. Huschenk fut le premier qui apprit à fouiller les mines, et à en tirer des métaux pour le service de l'agriculture et de la guerre. Il creusa des canaux dans toute l'étendue de son empire, fonda la ville de Sous, aujourd'hui Suze, celles de Babylone et d'Ispahan, et fut auteur d'un livre intitulé : *La sagesse éternelle*, que l'on surnomma dans la Perse et dans tout l'Orient, *le Testament d'Huschenk*. Huschenk fut aussi l'un des plus célèbres conquérans de son temps; il fit tous ses exploits, monté sur un cheval à douze pieds, qu'il eut beaucoup de peine à dompter. Cet animal, né de l'accouplement d'un crocodile avec la femelle d'un hyppopotame, fut trouvé dans l'île Sèche, et il fallut user de force et de stratagême pour le soumettre. Mais aussitôt qu'Huschenk s'en fut rendu maître, il n'y eut point de géants qu'il ne terrassât, point de peuples qu'il ne vainquît. Cela n'empêcha pas, néanmoins, ce conquérant d'être tué par un quartier de roche, que les Dives ou Géans, ses ennemis, lui lancèrent dans les détroits des montagnes de Damavend.

HYACINTHE, fils d'Amyclas, roi de Sparte, d'autres disent d'Æbalus, fut aimé d'Apollon et de Zéphire. Comme il montrait plus d'inclination pour le dieu des Muses, Zéphire en conçut de la jalousie; et, pour s'en venger, un jour qu'Apollon jouait au disque ou au palet avec Hyacinthe, il poussa violemment contre la tête de celui-ci le palet qu'Apollon venait de lancer, et le tua. Le dieu, inconsolable de la mort de son ami, changea son sang en une fleur qui porte son nom, et sur laquelle on prétend lire les deux premières lettres du nom d'Hyacinthe.

HYACINTHIDES, filles d'Erechthée, roi d'Athènes, s'étant généreusement dévouées pour le salut de leur patrie, reçurent ce surnom à cause du lieu où elles furent immolées; cet endroit étant appelé Hyacinthe.

HYADES (les), étaient filles de Cadmus ou d'Erechthée, ou bien d'Atlas et d'Ethra. On ne sait pas d'une manière précise, combien elles étaient; Euripide en reconnaît trois; Phérréyde sept, qu'il nomme: Ambrosié, Eudore, Phrésyle, Coronis, Polyxo, Phœo, Thyené ou plutôt Dioné. Elles eurent un si grand chagrin de la mort de leur frère Hyas qui avait été déchiré par une lionne, que les dieux, touchés de compassion, les transportèrent au ciel, et les placèrent sur le front du taureau où elles pleurent encore.

HYAGNIS, phrygien, père de Marsias, vaincu par Apollon, inventa, selon Plutarque, la flûte et l'harmonie phrygienne.

HYAS, fils d'Ethra, dévoré par un lion, avait sept sœurs, qui en moururent de douleur; mais Jupiter les changea en sept étoiles, qu'il plaça sur le front du taureau, où elles continuèrent de pleurer. C'est pour cela qu'on les appela *Hyades*, d'un nom grec signifiant *pleuvoir*. D'autres disent que les Hyades étaient les nourrices de Bacchus, et les mettent au nombre des nymphes appelées *Dodonides*, de Dodone, ville d'Épire; ils ajoutent que Jupiter, pour les soustraire à la colère de Junon, les changea en étoiles.

HYDRE DE LERNE, monstre, né de Typhon et d'Echidna, avait sept têtes, et quand on en coupait une, on en voyait naître autant qu'il en restait, à moins qu'on n'appliquât le feu à la plaie. Son venin était si subtil, qu'une flèche qui en était frottée, donnait la mort. Ce monstre ravageait les moissons du marais de Lerne; mais il fut tué par Hercule, qui, après sa mort, trempa des flèches dans son sang, pour en rendre les blessures mortelles.

HYGIE, fille d'Esculape et de Lampétie, déesse de la santé. De la Grèce, son culte passa chez les Romains qui lui élevèrent un temple magnifique. On la représentait couronnée de lauriers, tenant un sceptre de la main droite; sur son sein était un grand dragon qui avançait la tête pour boire dans une coupe.

HYLAS, fils de Thiodamas, roi de Mysie, fut enlevé par Hercule. Ce héros s'étant enfui de Calydon avec Déjanire et son fils Hyllus, envoya demander, en passant, au roi Thiodamas, de quoi donner à manger au jeune Hyllus. Le roi l'ayant refusé, Hercule lui prit un de ses bœufs, l'égorgea et le fit cuire. Thiodamas, irrité de cette violence, fit prendre les armes à ses sujets, et marcha contre Hercule. Le héros les mit en fuite, tua Thiodamas, et emmena son fils Hylas, qu'il aima si tendrement, qu'il fut de tous ses voyages, et même de celui des Argonautes, pour la conquête de la toison d'or. Hercule ayant cassé sa rame, sortit du vaisseau avec Hylas pour couper, dans les forêts de la Mysie, de quoi en faire une autre. La chaleur était extrême, et le héros, tourmenté de la soif, envoya Hylas avec un vase puiser de l'eau dans le fleuve Ascanius, qui était proche, mais dont les rives étaient escarpées. Hylas, en se baissant, tomba dans le fleuve et se noya. C'est ce qui a donné lieu aux poètes de dire que les nymphes l'avaient enlevé. Hercule ne le voyant point revenir, fut si touché de l'avoir perdu, que laissant les Argonautes continuer leur route, il parcourut toute la Mysie pour le chercher.

HYLÉE, nom d'un centaure que Pirithoüs avait invité à ses noces. On dit qu'étant échauffé par les fumées du vin, il voulut faire violence à une des nymphes qui étaient du festin, et qu'il fut assommé par les Lapithes.

HYLLUS était fils d'Hercule et de Déjanire. Après la mort de son père, il épousa Iole; mais Euristhée le chassa, aussi bien que le reste des Héraclides. Il se sauva à Athènes, où il fit bâtir un temple à la Miséricorde, dans lequel les Athéniens voulurent que les criminels trouvassent un refuge assuré.

HYMÉNÉE ou **HYMEN**, divinité qui présidait aux noces; il était fils de Bacchus et de Vénus. Catulle et d'autres disent, d'Uranie. Comme on croyait qu'il avait institué le mariage, on l'invoquait dans ces circonstances et on lui adressait des prières dans les épithalames, comme on le voit dans Catulle et ailleurs. Quelques auteurs ont écrit qu'Hymen était un jeune homme qui fut écrasé le jour de ses noces dans sa maison; et que, pour expier ce malheur, les Grecs avaient établi qu'on l'invoquerait dans ces sortes de cérémonies, comme on invoquait Thalassius à Rome. Les peintres et les sculpteurs représentaient le dieu Hymen sous la figure d'un jeune homme couronné de roses, avec un flambeau à la main. On appelait aussi de ce nom les vers qu'on chantait dans les noces.

HYMETTE, montagne de l'Attique, fameuse par l'excellent miel qu'elle produisait en abondance et par le culte qu'on y rendait à Jupiter. Les Athéniens crurent long-temps qu'il y avait des mines d'or.

HYPÉRION, Titan, fils de Cœlus, frère de Neptune et époux de Thia, fut chargé, dit-on, de conduire le char du Soleil : ce qui l'a fait regarder par quelques-uns comme père du Soleil, et par d'autres, comme le Soleil lui-même. Diodore lui fait épouser sa sœur Basilée, dont il eut un fils et une fille.

HYPERMNESTRE, celle des cinquante filles de Danaüs, roi d'Argos, qui ne voulut point obéir à l'ordre cruel que Danaüs avait donné à toutes ses filles, de poignarder leurs maris la première nuit de leurs noces. Cette princesse sauva la vie à Lyncée, son époux, après qu'elle lui eut fait promettre de ne point lui ravir sa virginité.

HYPOCRISIE. On la représente avec une figure maigre et pâle, la tête baissée et voilée. Elle porte à la main un chapelet et semble glisser son aumône dans un tronc, quoiqu'elle mette de l'adresse à se faire voir. Ses pieds sont ceux d'un loup. Elle porte aussi quelquefois un masque. J.-B. Rousseau, qui avait eu à se plaindre des hypocrites, en a tracé ce portrait énergique :

Humble au-dehors, modeste en son langage,
L'austère honneur est peint sur son visage :
Dans ses discours règne l'humanité,
La bonne foi, la candeur, l'équité.
Un miel flatteur sur ses lèvres distille,
Sa cruauté paraît douce et tranquille;
Ses vœux au ciel semblent tous adressés,
Sa vanité marche les yeux baissés.
Le zèle ardent marque ses injustices,
Et sa mollesse endosse les cilices.

Ailleurs le même poète peint ainsi l'hypocrite :

L'hypocrite en fraudes fertile,
Dès l'enfance est pétri de fard,
Il sait colorer avec art
Le fiel que sa bouche distile ;
Et la morsure du serpent
Est moins aigu et moins subtile,
Que le venin caché que sa langue repousse.

HYPSIPILE, fille de Thoas, roi de Lemnos, sauva la vie à son père lorsque les femmes de cette île firent un massacre général de tous les hommes qui l'habitaient. Hypsipile cacha son père avec soin et fit accroire qu'elle s'en était défaite; alors les femmes l'élurent pour leur reine. Quelques temps après, les Argonautes abordèrent dans l'île de Lemnos, où, trouvant toutes les femmes sans maris, ils eurent commerce avec elles. Hypsipile s'attacha à Jason, leur chef, et en eut deux enfans jumeaux, dont l'un fut nommé Thoas, comme son grand-père, et l'autre Enneus, le même qui conduisit les troupes des Lemniens au siège de Troie. Jason l'abandonna avec ses enfans et continua son voyage. Après son départ, les Lemniennes, ayant découvert qu'elle avait épargné son père, Thoas, la chassèrent de l'île, et elle se retira dans le Péloponèse.

HYPSISTUS épousa Beruth, dont il eut un fils et une fille, Uranus et Gé. C'est le nom de ces deux enfans que les Grecs ont donné au ciel et à la terre. Hypsitus étant mort à la chasse, les Phéniciens l'adorèrent comme un dieu et même comme le premier des dieux.

HYPSURIANUS, fils des premiers géans, bâtit le premier des cabanes, et fut honoré comme un dieu, après sa mort.

HYRIÉUS, Jupiter, Neptune et Mercure, ayant été fort bien reçus chez lui, promirent d'accomplir le souhait qu'il formerait. Hyrieus demanda un enfant, sans néanmoins avoir de femme, et dix mois après, de la peau d'une genisse qu'il avait immolée à Jupiter, naquit Orion.

HYRNETHO, femme de Déiphon, reçut les honneurs divins.

HYRPACE, fille de Borée et de Cloris.

IACC IACC

IA, fille d'Atlas, couvrit de laine Achille expirant. La fable rapporte qu'elle fut changée en violette.— **IA**, (*Myth. tart.*), nom que les Tartares Kalmouks et les mongols donnent à l'être suprême.

IACCHUS, était fils de Cérès. Cette déesse, cherchant sa fille Proserpine, arriva à Eleusis chez la vieille Baubo, où Iacchus consola sa mère et lui fit oublier, pour un peu de temps, sa douleur, en lui faisant boire d'une liqueur appelé Cycéon, qu'il avait composée; et c'est pour cela que dans les sacrifices qu'on faisait à Eleusis on invoquait Iacchus avec Cérès et Proserpine. C'est aussi un des noms de Bacchus. Les bacchantes prononçaient ce mot parmi les cris qu'elles poussaient en célébrant les orgies; ce qui a donné lieu aux poëtes de l'attribuer à ce dieu.

IALÈME, fils de Calliope, présidait aux funérailles et à tous les devoirs funèbres que les vivans rendent aux morts.

IAMBE, fille de Pan et d'Écho, fut servante de Métanire, femme de Céléus, roi d'Eleusine. Personne ne pouvant consoler Cérès, affligée de la perte de sa fille Proserpine, elle sut la faire rire par ses bons mots, et adoucir sa douleur par des contes plaisans dont elle l'entretenait. On lui attribue l'intention des vers iambiques.

IAO, nom que les habitans de Claros donnaient à Pluton. Le savant Barthélemy voit dans ce mot, une désignation de la puissance du soleil et de la chaleur. D'autres érudits ont trouvé des rapports entre ce nom, le ieoua des hébreux et l'iou ou juve des Étrusques. Ce nom se lit souvent sur les Abraxas.

IAPIS, fils d'Iasus, reçut d'Apollon dans sa jeunesse l'arc, les flèches, la lyre et la science augurale qui lui servit à prolonger les jours de son père, et à guérir Énée d'une blessure.

IAPYS, Étolien chassé de sa patrie, vint se réfugier dans le golfe adriatique, et y bâtit une ville.

IAPYX, fils de Dédale, conquit une partie de la Pouille ou Apulie; ce qui fit donner le nom d'Iapygie à cette contrée d'Italie.

IARBAS, roi de Gétulie, fils de Jupiter et de la nymphe Garamanthide. Ce prince, irrité du refus que Didon faisait de l'épouser, déclara la guerre aux Carthaginois, qui, pour avoir la paix, obligèrent leur reine à consentir à ce mariage. Cette princesse, voyant qu'elle ne pouvait se dispenser de satisfaire ses sujets, feignit de vouloir apaiser, par un sacrifice, les mânes de Sichée, son premier mari, et après s'être enfoncé un poignard dans le sein, se jeta dans un bûcher qu'elle avait allumé. Virgile feint que ce fut Enée qui causa ce désespoir par sa fuite.

IASIUS, fils de Coritus, roi de Toscane ou Etrurie, après la mort de son père, disputa la succession du trône à son frère Dardanus, et périt dans cette querelle jalouse.

IBIS, oiseau d'Egypte ressemblant beaucoup à la cigogne, et à qui on rendait des honneurs divins, parce qu'à chaque printemps, il détruisait un grand nombre de serpens ailés qui venaient fondre sur l'Égypte. Il détruisait aussi les chenilles et les sauterelles. On prétend que cet oiseau a introduit l'usage des lavemens. En Égypte, ceux qui tuaient un Ibis étaient punis de mort.

ICARE, fils de Dédale, prit la fuite avec son père, de l'île de Crète, où Minos les persécutait. On prétend que, pour se sauver plus promptement, ils inventèrent les voiles de vaisseaux. Ce fait a donné lieu aux poëtes de feindre que Dédale avait ajusté des aîles de cire à Icare son fils. Les historiens ajoutent que ce jeune homme fit naufrage. Les poëtes ont imaginé que le soleil avait fondu ses aîles, et qu'il était tombé dans la mer, qui, depuis, fut nommée la *Mer d'Icare* ou *Icarienne*, pour éterniser son infortune. Dédale et Icare ont été représentés dans un tableau renommé de Garnier, peintre moderne. — ICARE, fils d'Œbalus, et père d'Érigone. Ayant fait boire du vin à des paysans qui ne connaissaient pas cette liqueur, ils en furent enivrés jusqu'à perdre la raison; et se croyant empoisonnés, ils se précipitèrent sur Icare, le tuèrent et le jetèrent dans un puits. Les femmes des assassins furent saisies aussitôt d'une fureur qui dura jusqu'à ce que l'oracle eût ordonné des fêtes en l'honneur d'Icare; de là vinrent les *Jeux Icariens*. Lorsqu'Icare fut tué, il y avait près de lui une chienne appelée Méra, qui retourna promptement à la maison trouver Érigone, fille d'Icare; et prenant le bas de sa robe avec les dents, elle la tira malgré elle jusqu'au puits où l'on avait jeté son maître. Erigone, après mille imprécations contre les meurtriers de son père, se pendit de désespoir. La chienne demeura constamment auprès du puits, et y périt de douleur. Jupiter, touché de compassion pour ses maîtres et pour elle, les transporta au ciel, et les mit au rang des constellations: Icare est le Bootès ou Bouvier; Erigone, le signe de la Vierge dans le zodiaque; et la chienne, la Canicule. — ICARE, roi de Laconie, père de Pénélope. Ne pouvant se résoudre à se séparer de sa fille, il conjura, mais vainement, Ulysse de fixer sa demeure à Sparte. Ulysse étant parti avec sa femme, Icare monta sur son char, et fit si grande diligence, qu'il atteignit sa chère fille, et redoubla ses instances auprès d'Ulysse pour l'engager à retourner à Sparte. Ulysse ayant alors laissé à sa femme le choix, ou de retourner chez son père, ou de le suivre à Ithaque, Pénélope ne répondit rien; mais, baissant les yeux, elle se couvrit de son voile. Alors Icare n'insista plus, il la laissa partir, et fit élever en cet endroit un autel à la Pudeur.

ICÈLE, fils du Sommeil, frère de Morphée et de Phantase, avait la propriété de se changer en toutes sortes de formes ressemblantes. C'est celui que les hommes appèlent *Phobétor*.

IDA, montagne fameuse par le jugement de Pâris, est situé en Phrygie, auprès de l'endroit où était la ville de Troie. Elle était consacrée à Cybèle. Il y a une autre montagne de ce nom dans l'île de Candie ou de Crète, sur laquelle Jupiter fut élevé par les Dactyles.

IDALIE, IDALION et IDALUS, ville de l'île de Chypre, située sur une montagne, était consacrée à Vénus; c'est de là que cette déesse est quelquefois appelée *Idalia*.

IDAS, fils d'Apharée, roi de Messénie, suivit son parent Jason en Colchide. Il prit les armes contre Apollon qui lui avait enlevé Marpesse son épouse, tua Castor, qui lui avait ravi Phébé, sa seconde femme, et fut lui-même tué par Pollux, d'autres disent par Jupiter.

IDMON, un des Argonautes, fameux devin, fils d'Apollon et d'Astérie, mourut dans le cours de l'expédition, quoiqu'il eut prévu par les principes de son art, qu'il y périrait infailliblement.

IDOMÉNÉE, roi de Crète, fils de Deucalion, et petit-fils de Minos, se signala au siége de Troie. En retournant dans ses états, son vaisseau fut battu par une tempête violente; dans son trouble, il s'adressa aux dieux, et fit vœu à Neptune de sacrifier la première personne qui se présenterait à lui, s'il en échappait. Ce prince se repentit bientôt de cette promesse téméraire, car le premier mortel qui se rencontra sur le rivage, fut son fils qu'il immola. Ce sacrifice fut cause d'une peste si cruelle, que ses sujets indignés le chassèrent. Il alla fonder un nouvel empire dans l'Italie, y bâtit la ville de Salente, et rendit son peuple heureux. L'aventure d'Idoménée a fourni le sujet d'une mauvaise tragédie à Crébillon, et d'un bel et touchant épisode à Fénélon, dans son *Télémaque*.

IDUNA, femme de Brager, dieu de l'Eloquence chez les anciens Scandinaves, avait la garde de certaines pommes dont les dieux goûtaient quand ils se sentaient vieillir, et qui avaient le pouvoir de les rajeunir. Elle fut enlevée par Loke, mais les dieux le forcèrent à la rendre.

IFURIN (*Myth. Celt.*), l'enfer des anciens Gaulois, infesté de reptiles, d'animaux carnassiers et de monstres dévorans. Les prêtres avaient épuisé leur imagination, pour en faire le portrait le plus effrayant. Les grands criminels étaient plongés dans des cavernes remplies de couleuvres et de poisons. Ceux qui n'avaient été d'aucune utilité sur la terre demeuraient au milieu de vapeurs épaisses et pénétrantes, et le plus grand supplice était un froid insupportable.

ILIONE, fille de Priam, épousa Polymnestor, roi de Thrace. Ce scélérat ayant fait périr le jeune Polydore, frère de son épouse, que Priam lui avait confié, l'infortunée princesse en mourut de douleur. Selon Hygin, Ilione mit son propre fils à la place de Polydore, qui fut conservé secrètement, et qui, dans la suite vengea et lui et Ilione.

ILIONÉE, un des fils de Niobé, tué par Apollon.

ILITHIE, fille de Junon et sœur d'Hébé, présidait aux accouchemens. Elle avait à Rome un temple, dans lequel on portait une pièce de monnaie, à la naissance et à la mort de chaque personne, afin que l'on pût avoir un dénombrement exact des habitans de Rome.

ILLAPA ou INTIRAPA (*Myth. péruv.*), le troisième des grands dieux; les Péruviens se le représentent sous les traits d'un homme tenant en sa main la pluie, la grêle, le tonnerre. A Cusco, on lui sacrifiait de jeunes enfans.

ILLUS, quatrième roi des Troyens, fils de Tros, et frère de Ganymède et d'Assaracus, aïeul d'Anchise, reçut ordre de l'oracle de bâtir une ville au lieu où se coucherait le bœuf dont lui avait fait présent Bysis, roi de Phrygie. Cette ville fut appelée *Ilium* de son nom. Illus continua contre Pélops, fils de Tantale, la guerre que Tros avait déclarée à Tantale, et le chassa de ses états. Ayant sauvé le Palladium des flammes du temple de Minerve, il fut privé de la vue que les dieux lui rendirent dans la suite.

INACHUS, premier roi des Argiens dans le Péloponnèse, vers l'an 1858 avant J.-C., père de Phroronée qui lui succéda. — INACHUS, fleuve de l'Argolide, fut le père de la nymphe Io, aimée de Jupiter.

INCUBES, esprits malfaisans,

qu'on supposait venir la nuit tourmenter par des images obscènes les femmes qui avaient fait vœu de chasteté. Ils les pressaient du poids de leurs corps, et les étouffaient : c'est ce qu'on nomme le *cauchemar*.

INDRA (*Myth. ind.*), répond au Jupiter des Grecs, et préside aux divers phénomènes de l'air, tels que les vents, la pluie, le tonnerre. Malgré cela, il est de beaucoup inférieur à la Trinité indienne, Brahma, Whisnou et Shiva.

INGEN (*Myth. jap.*), japonais, qui vivait dans le seizième siècle, et qui parvint par une vie exemplaire et des miracles à s'attirer la vénération des Japonais. Après sa mort, il fut mis au nombre des divinités du pays.

INO, fille de Cadmus et d'Hermione, épouse d'Athamas, roi de de Thèbes, traita en marâtre les enfans du premier lit, qui étaient Phrixus et Hellé; les obligea de s'enfuir et d'implorer la protection de Junon. La déesse, pour punir Ino de ses mauvais traitemens, rendit Athamas furieux, de façon que, dans ses accès, prenant Ino pour une lionne, et les deux fils qu'il avait eus d'elle pour des lionceaux, il les poursuivait pour les tuer. Il avait déjà écrasé Léarque, l'aîné de ses fils, contre un rocher, et aurait traité de même le plus jeune, si sa mère ne l'eût pris entre ses bras, et, dans sa frayeur, ne se fût précipitée avec lui dans la mer. Les poëtes disent que les dieux, touchés de compassion, changèrent Ino en nymphe, que les Grecs révéraient sous le nom de *Leucothoé*, et les Latins sous celui de *Matuta*, et que son fils Mélicerte fut appelé *Palémon* ou *Portunus*, ou dieu des ports. La Grange a puisé dans cette fable le sujet d'une tragédie intéressante, mais malheureusement très-médiocre.

INTIAQUACQUI, (*Myth. péruv.*), une des trois statues du soleil, que les Péruviens adoraient, et à laquelle ils offraient des sacrifices, le jour de fête qui commençait leur année : les deux autres étaient Apointi et Churiunti.

IO, fille du fleuve Inachus. Jupiter la métamorphosa en vache pour la soustraire à la vigilance de Junon; mais cette déesse la lui demanda, et la donna à garder à Argus. Mercure endormit cet Argus au son de sa flûte, et le tua par ordre de Jupiter. Junon envoya un taon qui piquait continuellement Io, et qui la fit errer par-tout. En passant auprès de son père, elle écrivit son nom sur le sable avec son pied, ce qui la fit reconnaître. Mais dans le moment qu'Inachus allait se saisir d'elle, le taon la piqua si vivement, qu'elle se jeta dans la mer. Elle passa à la nage toute la Méditerranée, et arriva en Egypte, où Jupiter lui rendit sa première forme, et eut d'elle Epaphus. On a prétendu que Io était la même qu'Isco à qui les Egyptiens dressèrent des autels.

IODAMIE, prêtresse de Minerve. Etant entrée pendant la nuit dans le sanctuaire du temple, la déesse la pétrifia en lui montrant la tête de Méduse. Depuis, on lui érigea un temple et un autel.

IOLAS fils d'Iphictus et neveu d'Hercule, compagnon des travaux de ce héros, brûlait, dit-on, les têtes de l'hydre à mesure qu'Hercule les coupait. Hébé pour récompense de ce service le rajeunit, à la prière d'Hercule, qu'elle avait épousé dans le ciel. Après sa mort, on lui éleva des monumens héroïques.

IOLE, fille, du second lit, d'Eurite, roi d'Œchalie, fut aimée d'Hercule, qui la demanda en mariage. Iole lui ayant été refusée, il l'arracha à son père, qu'il tua, et emmena avec lui sa conquête, après avoir précipité du haut d'une tour son frère Iphite. Déjanire, femme d'Hercule, fut si irritée de cette passion, qu'elle lui envoya la chemise empoisonnée de Nessus, don fatal qui fit périr ce héros.

ION, fils de Xuthus et de Créuse, fille d'Erecthée, épousa Hélice, dont il eut plusieurs enfans, et régna dans l'Attique, qui fut assez long-temps appelée Ionie, de son nom.

IONIDES, nymphes auxquelles on avait élevé un temple sur le bord d'une fontaine près d'Héraclée, on les nommait Calliphaé, Synallaxis, Ségé et Iasis.

IORD (*Myth. Scand*), selon l'Edda, elle est fille et femme d'Odin, et mère du Dieu Thor.

IORMUNGANDUR, (*Myth. Scand.*), énorme serpent qui embrasse tout le globe de la terre, et auquel le Dieu Thor livra de sanglants combats.

IOXUS, petit-fils de Thésée, père des Ioxides, qui observaient des pratiques singulières dans leurs sacrifices, comme de n'y brûler jamais d'asperges, ni de roseaux, plantes auxquels ils rendaient une espèce de culte.

IPHIANASSE, fille de Prœtus, roi d'Argos, accompagna ses sœurs Iphinoé et Lysippe au temple de Junon, pour y insulter cette déesse, en lui soutenant que le palais de leur père était plus riche et plus brillant que son temple; d'autres ajoutent qu'elles osèrent préférer leur beauté à la sienne. La déesse, indignée de leur insolence, les changea toutes trois en vaches furieuses.

IPHICLÈS, fils d'Amphitrion, et d'Alcmène, frère d'Hercule, fut blessé dans la première expédition de son frère contre Argée, roi des Éléens. Les Phéanates lui rendirent des honneurs héroïques.

IPHICLUS, fils de Philacus et de Périclimène, et oncle de Jason, célèbre par sa grande agilité, fut un des Argonautes, et accompagna son neveu à la conquête de la toison d'or.

IPHIDAMAS, fils d'Antenor et de Théano, se rendit au siège de Troie avec douze vaisseaux, et y fut tué par Agamemnon.

IPHIGÉNIE ou IPHIANASSE, fille d'Agamemnon et de Clytemnestre. Son père ayant eu le malheur de tuer, en Aulide, un cerf consacré à Diane, la déesse en fut si irritée, qu'elle envoya des vents contraires qui suspendirent long-temps le départ de la flotte des Grecs pour le siège de Troie. Agamemnon, au désespoir de ce retard, et ne sachant comment apaiser la colère des dieux, fit vœu de leur immoler ce qu'il y avait de plus beau dans son royaume. Le sort voulut que ce fût sa fille Iphigénie. On envoya donc en Grèce, pour tirer la jeune princesse des bras de sa mère, Ulysse, qui, pour y parvenir, feignit de la demander pour l'unir à Achille. Aussitôt qu'elle fut arrivée au camp, Agamemnon la livra au grand-prêtre pour l'immoler; mais, dans le moment qu'on allait l'égorger, Diane enleva cette princesse, et fit paraître une biche en sa place. Iphigénie fut transportée dans la Tauride, où Thoas, roi de cette contrée, la créa prêtresse de Diane, à laquelle ce prince cruel faisait immoler tous les étrangers qui abordaient dans ses états. Oreste, après le meurtre de sa mère, contraint par les Furies qui l'agitaient, à errer de province en province, fut arrêté dans ce pays, et condamné à être sacrifié. Mais Iphigénie, sa sœur, le reconnut à l'instant où elle allait l'immoler, et le délivra, aussi bien que Pylade, qui voulait mourir pour Oreste. Ils s'enfuirent tous trois, après avoir ôté la vie à Thoas, et emportèrent la statue de Diane..... Les anciens sont partagés sur le sacrifice d'Iphigénie ; Lucrèce, Cicéron, Virgile et Properce écrivent qu'elle fut réellement immolée; Pausanias, Ovide, Hygin et Juvénal soutiennent le contraire. Euripide a traité ce sujet chez les Grecs, et Racine, en le transportant sur le théâtre, en a fait un des chefs-d'œuvres de la scène française.

IPHIMÉDIE, femme d'Aloüs, quitta son mari et se jeta dans la mer pour épouser Neptune, dont elle eut deux fils, nommés Aloïdes.

IPHIS, jeune fille de l'île de Crète. Lygdas, son père, ayant été obligé de faire un voyage, laissa Téléthuse enceinte d'Iphis, avec ordre d'exposer l'enfant, si c'était une fille. Aussitôt que Téléthuse fut accouchée, elle habilla Iphis en garçon. Lygdas, de retour, fit élever son prétendu fils et voulut le marier avec une fille nommée Ianthe. Téléthuse, fort embarassée, pria la déesse Isis de la secourir, et Isis métamorphosa Iphis en garçon. En reconnaissacne d'un si grand bienfait, ses parens firent des offrandes à la déesse, avec cette inscription :

Vota puer solvit, quæ femina voverat Iphis....

Iphis garçon, accomplit les vœux qu'il avait fait étant fille.

— IPHIS, jeune homme de l'île de Chypre, se pendit de désespoir de n'avoir pu toucher le cœur d'Anaxarette, qu'il aimait, et les dieux, pour punir la dureté de cette fille, la changèrent en rocher. — IPHIS, père d'Etéocle et d'Évadné, femme de Capanée, un des chefs Argiens, avait une statue dans le temple de Delphes.

IPHITUS, fils d'Euryte, roi d'Œchalie ; Hercule le précipita du haut d'une tour pour le punir de l'avoir faussement accusé. — IPHITUS, fils de Proxénidas, et roi d'Élide dans le Péloponèse, rétablit les jeux olympiques 442 ans après leur institution par Hercule. Dans le temple de Junon, à Élis, on conservait le palet d'Iphitus, sur lequel était écrits en rond les lois et les privilèges des jeux olympiques.

IPHTHIME, fille d'Icarius, sœur de Penélope, et femme d'Eumelus, roi de Phères. Ce fut sous ses traits que Minerve apparut en songe à Pénélope, pour la rassurer sur le départ de son fils Télémaque.

IRIS, fille de Thaumas et d'Électre, et sœur des Harpiès, fut messagère de Junon. Cette déesse la métamorphosa en arc, et la plaça au ciel en récompense de ses services. C'est ce qu'on appelle l'*Arc-en-Ciel*. Junon l'aimait beaucoup, parce qu'elle ne lui annonçait jamais de mauvaises nouvelles.

IRMENSUL. *Voyez* Ermensul.

IRUS, mendiant du pays d'Ithaque, faisait les messages des amans de Pénélope. Ayant insulté Ulysse qui s'était présenté à la porte du palais sous la figure d'un mendiant, ce héros, indigné, lui porta un si grand coup de poing, qu'il lui brisa la mâchoire et les dents. Il en mourut. Sa pauvreté passait en proverbe chez les anciens, qui disaient : *il est pauvre comme Irus.* — Irus, fils d'Actor, purifia Pélée du meurtre de son frère ; mais ce même Pélée ayant par malheur tué le fils d'Irus, ce dernier ne voulut jamais se réconcilier avec Pélée, quelqu'instances qu'il fit pour cela.

ISANAGUI-MIKOTTO (*Myt. Jap.*), nom que les Japonais donnent au premier homme. Ils prétendent qu'il séjourna long-temps avec sa femme Isanaimi, dans le Japon.

ISANIA (*Myth. ind.*) Le huitième des dieux protecteurs des huit coins du monde. On le représente comme Shiva, de couleur blanche, monté sur un bœuf, avec quatre bras et tenant un cerf à la main.

ISIAQUE, (Table) monument fabriqué très-probablement en Egypte, et porté en Italie lorsque les Romains adoptèrent le culte d'Isis, c'est-à-dire vers la fin de la république. Le transport de ce monument, qui contient la figure et les mystères d'Isis, et se voit maintenant au cabinet des antiques de la bibliothèque du roi, avait, selon toutes les apparences, l'objet de fixer les cérémonies religieuses que l'on voulait pratiquer, et celui de prévenir les altérations.

ISIS, en égyptien *Iseth*, était, avec Osiris, la plus grande et la plus célèbre divinité des Egyptiens. On a débité tant de fables sur cette Isis; on lui a donné tant d'origines différentes, dont une a été déjà rapportée à l'article Io, qu'il n'est guère possible de débrouiller le cahos de ses nombreuses traditions. Néanmoins il est à peu près démontré que les Egyptiens, dans l'antiquité la plus reculée, adorèrent le soleil et la lune sous leurs noms vulgaires, mais que leurs prêtres environnant de ténèbres un culte aussi simple, déguisèrent par la suite, jusqu'au nom de ses objets. Le soleil devint alors Osiris ou Osireth, et la lune Isis. Comme ces prêtres avaient remarqué que la fertilité de leur pays dépendait des débordemens du Nil, et que ceux-ci, dépendant des pluies du solstice d'été, accompagnaient les premières phases de la lune à cette époque, ils attribuèrent à cet astre la vertu fécondante, et à Isis son symbole mythologique. La variété des phases leur donna l'idée de coëffer leur Isis avec des cornes de vache, et de la vertu fécondante, vint sa ressemblance avec la Cérès des Grecs. Ces mêmes prêtres considérant Isis ou la lune comme le principe de l'humidité pendant la nuit, et croyant que cette humidité, après avoir enflé le Nil dans les montagnes d'Ethiopie, le faisait déborder sur l'Egypte desséchée, supposèrent qu'à l'époque du débordement, ce fleuve se grossissait des larmes d'Isis, pleurant la mort de son époux Osiris, tué par Typhon. De là, ces fameuses *larmes d'Isis*, tant désirées par ce peuple superstitieux, tant invoquées dans les mystères, et tant célébrées dans les écrits de ceux des Grecs qui connurent l'Egypte. On alla plus loin : Isis devint la terre, devint l'âme du monde, la nature universelle, la mère même de cet Osiris, qui, suivant une ancienne tradition extravagante, avait été conçu dans le même sein, et s'était marié avec elle, dans le sein de leur mère commune. Isis est donc bien clairement, ainsi que toutes les autres divinités égyptiennes, une divinité purement allégorique ; et c'est sans aucun fondement, nous le croyons du moins, que certains auteurs ont prétendu qu'Isis était une ancienne reine d'Egypte, qui s'était appliquée à enseigner l'agriculture à ses peuples, que par reconnaissance on déifia après sa mort, et à laquelle on donna des cornes de vache, pour attribut. Isis, au surplus, était honorée particulièrement à Bubaste, à Copte, et Alexandrie. On institua en son honneur des fêtes magnifiques, dont une des cérémonies principales était l'apparition du bœuf Apis. Son culte passa d'Egypte à Rome, où la troisième région prit le nom d'Isis. Il se répandit ensuite dans une partie des Gaules, où on adora cette déesse sous son véritable nom d'Isis ; et des savans ont cru que la ville de Paris était ainsi nommée, parce qu'elle était proche d'un temple d'Isis ; *Para Isidos*. Isis était en effet regardée comme protectrice de la ville de Paris. On croyait qu'elle y était venue sur un vaisseau, et c'est la raison pour laquelle cette ville avait un vaisseau pour armes. C'était peut-être aussi parce qu'Isis, sa protectrice, présidait à la navigation. Le temple d'Isis était situé dans l'endroit où est aujourd'hui l'église St.-Germain-des-Prés, et la partie intérieure de la tour qui domine le grand portail, est encore même, dit-on, un reste de ce fameux temple. Les prêtres d'Isis demeuraient à Issy, village voisin de Paris, qui leur doit son nom, et l'on voyait encore au commencement du dix-septième siècle, les ruines du château où ils faisaient leur séjour. Les revenus du fief et du territoire d'Issy leur appartenaient ; et lorsque Clovis eut fait détruire leur temple, il donna ces mêmes revenus à l'église Saint-Pierre et Saint-Paul, depuis Sainte-Geneviève. On a long-temps conservé dans un coin de l'église St.-Germain-des-Prés, une statue antique d'Isis ; mais quelques femmes superstitieuses ayant brûlé des cierges devant cette idole, le cardinal Briçonnet, alors abbé de Saint-Germain, la fit mettre en pièces. Les mystères et fêtes d'Isis, se nommaient *Isées* et *Isiaques*. Ces mystères et ces fêtes étaient très-célèbres dans l'antiquité payenne. On les célébrait particulièrement à Corynthe, que son heureuse position avait rendue le centre du commerce maritime de la Grèce, et où, pour cette raison, Isis, comme déesse de la navigation, était dans une vénération singulière. Ces fêtes commençaient avant le jour, par une purification générale, après laquelle on invoquait la déesse représentée comme la lune, et au lever du soleil, on se mettait en marche avec sa statue. Les hommes, la tête rase, y étaient habillés de lin blanc, et les femmes avaient leurs cheveux pliés dans un bonnet ; les prêtres, en robe longue, marchaient au son de la flûte sacrée, et du sistre.

Cette procession arrivait au bord de la mer, où l'on consacrait un navire de bois de citronnier, purifié suivant l'usage, et après qu'on l'avait chargé de toutes les offrandes possibles, il s'éloignait du rivage. Quand on l'avait perdu de vue, on revenait au temple dans le même ordre que l'on en était parti; on renvoyait le peuple, et les initiés entraient dans le sanctuaire. Les cérémonies de l'initiation se pratiquaient la nuit, et avant d'en venir là, l'initié observait pendant dix jours une continence rigoureuse, et s'abstenait de chair et de vin. Il faisait ensuite un sacrifice, après lequel on le purifiait, et on le présentait vêtu d'une robe de lin devant l'image de la déesse, dans le sanctuaire, où il entendait des choses sur lesquelles on exigeait de lui le secret le plus absolu. Le lendemain, il sortait du sanctuaire, et prenait au milieu du temple, un manteau parsemé de figures de dragons, pour signifier qu'il avait subi les épreuves avec courage. On passait en festins le reste de la journée, qui se terminait par des sacrifices. On donnait le nom *d'Isiaques* aux prêtres d'Isis. Ils chantaient deux fois le jour les louanges de la déesse. La première fois, c'était au lever du soleil, lorsqu'ils venaient ouvrir son temple. Ensuite ils demandaient l'aumône tout le jour, et à l'entrée de la nuit, ils revenaient adorer sa statue, l'accommodaient, la couvraient, puis fermaient le temple. Ils se revêtaient de robes de lin, ne mangeaient ni cochon, ni mouton, ne salaient jamais leurs viandes, ne buvaient point de vin pur, et se rasaient la tête.

ISMÈNE, fille d'Œdipe et de Jocaste, voyant sa sœur Antigone condamnée à mort par Créon, pour avoir enseveli Polynice, se déclara sa complice pour périr avec elle.

ISMENIUS, fils d'Apollon et de Mélie, reçut de son père le don de deviner.

ISMENUS, fleuve de Béotie, qu'on appella d'abord *le pied de Cadmus*, parce qu'on prétendait que ce héros étant arrivé mourant de soif à l'autre Corcyréen, il enfonça le pied dans du limon, et qu'en le retirant, il fit sortir du limon cette rivière. Depuis, Ismenus, l'aîné des enfans de Niobé, s'y étant jeté pour se délivrer des douleurs que lui causaient les blessures des flèches d'Apollon, il prit le nom d'Ismenus.

ISPARETTA (*Myth. ind.*), le Dieu suprême des habitans de la côte de Malabar, se changea selon eux, en un œuf d'où sortirent le ciel et la terre, et tout ce qu'ils contiennent. On le représente avec trois yeux et huit mains, une sonnette, une demie lune et des serpens sur le front.

ISTHMIQUES ou **ITHMIENS**, (jeux). Ils faisaient partie des jeux ou combats sacrés, si célèbres dans toute la Grèce. Ils se célébraient dans l'Isthme de Corinthe, et ils avaient été institués par Sysiphe, en l'honneur de Mélicerte. Plutarque les attribue à Thésée. Ces jeux se reprenaient régulièrement tous les trois ans en été. Ils attiraient un grand concours de jouteurs et de spectateurs. Les vainqueurs avaient d'abord une couronne de branches de pin, mais ensuite on leur en donna une d'ache sèche.

ISUREN, c'est le nom d'une des trois divinités que les Indiens regardent comme spécialement chargée du gouvernement de l'univers. Ils l'adorent sous une figure obscène et monstrueuse. La secte d'Isuren est la plus étendue qu'il y ait dans l'Inde.

ITALUS était, au rapport d'*Hygin*, fils de Télégone, et, selon d'autres, un roi de Sicile. Denys d'Halycarnasse le fait sortir d'Arcadie, pour venir s'établir dans cette partie de l'Italie qui était voisine de la Sicile, et qui s'appelait Ænotrie : d'autres le font venir d'Afrique. Quoi qu'il en soit, c'est lui qui donna son nom à l'Italie.

ITONUS, roi de Thessalie, fils de Deucalion, inventa, dit-on, l'art de fondre le cuivre, l'or et l'argent, pour en faire de la monnaie.

ITYLUS, fils de Zéthus et d'Adéo. Sa mère le tua la nuit par méprise, croyant que c'était Amiclée, fils d'Amphion, à qui elle portait envie de ce qu'il avait six fils, tandis qu'elle n'en avait qu'un. Lorsqu'elle eut reconnu son erreur, elle en sécha de douleur. Les dieux, qui en eurent pitié, la changèrent en oiseau.

ITYS, fils de Térée, roi de Thrace, et de Progné, fille de Pandion, roi d'Athènes, fut massacré par sa propre mère, qui le fit manger à son mari, pour se venger de ce que ce dernier avait violé Philomèle, sa sœur. Térée, ayant reconnu la tête de son fils, entra en fureur; et, l'épée à la main, il poursuivait sa femme pour la tuer, lorsqu'il fut changé en hupe, Progné en hirondelle, Philomèle en rossignol, et Itys en chardonneret.

IULE, fils d'Ascagne, fut forcé de céder le trône à Sylvius, fils d'Énée et de Lavinie. Il fut dédommagé de la perte du trône, par la dignité du sacerdoce qui se perpétua dans la maison Julia.

IXION, roi des Lapithes, fils de Phlégias, ou de Léontée, refusa à Déionée les présens qu'il lui avait promis pour épouser sa fille Dia, ce qui obligea ce dernier à lui enlever ses chevaux. Ixion, dissimulant son ressentiment, attira chez lui Déionée et le fit tomber par une trappe dans un brâsier ardent. Il eut de si grands remords de cette trahison, que Jupiter le fit mettre à sa table pour le consoler. Ses premières fautes ne le corrigèrent pas. Il osa aimer Junon, et tâcha de la corrompre; mais cette déesse en avertit son époux, qui, pour éprouver Ixion, forma une nuée bien ressemblante à Junon, et la fit paraître dans un lieu secret où Ixion la trouva. Il ne manqua pas alors de suivre les mouvemens de sa passion. Jupiter, trop convaincu de son dessein, foudroya ce téméraire et le précipita dans les enfers, où les Euménides l'attachèrent avec des serpens à une roue qui tournait sans cesse.

IXORA. C'est le nom le plus connu d'une des principales divinités des Indiens. On l'appelle encore *Ishuren*, *Eswara*, *Ruddiren*, *Rutren*, *Routren*, *Lingam*. Ce serait, au surplus, une entreprise ridicule de vouloir détailler tous ses noms; car il en a huit mille. Rien n'approche de l'impertinence des fables que les Indiens débitent sur cet Ixora. Ennuyé du séjour céleste, Ixora, disent-ils, descendit sur la terre, se fit religieux, épousa la fille d'un roi des montagnes nommée *Paravardi*. Birmah et Wishnou l'arrachèrent des bras de sa femme, qui mourut de chagrin, revint au monde au bout de quelque temps, et devint de nouveau épouse d'Ixora. Peu après, Ixora eut une dispute avec Birmah, son frère, et lui coupa un bras. Pour se punir, il se condamna à une pénitence sévère, dans laquelle il ne persista pas long-temps.; car, ayant rencontré des femmes de bramines, il en devint amoureux, et les enleva à leurs maris, qui s'en vengèrent sur lui de la manière la plus cruelle. De là, l'origine du culte que les Indiens lui rendirent sous le nom de *Lingam*. Il eut encore nombre d'aventures désagréables, dont il se retira avec le secours de son frère Wishnou. Au reste, les aventures d'Ixora varient suivant le pays où il est adoré, et les noms sous lesquels on l'adore.

IYNX, fille de Litho ou Echo et de Pan, était la suivante d'Io. Junon l'accusa d'avoir rendu Jupiter amoureux d'Io par l'effet de ses enchantemens, et la changea en oiseau pour la punir d'avoir favorisé de coupables amours.

JAGA JAMM

JACA. C'est sous ce nom que les insulaires de Ceylan adorent cet esprit, que nous appelons le Diable. On a institué, dans ce pays, en l'honneur de Jaca une fête, qui consiste à élever une cabane garnie de fleurs et de feuillages, au milieu de laquelle on dresse une table couverte de toutes sortes de mêts. Tandis que Jaca est supposé manger, on lui donne un concert pour le divertir, et après la cérémonie, on distribue au peuple les mêts qui y ont servi.

JADHAR (*Myth. afr.*), nom de l'être suprême chez les habitans de Madagascar, ils ne lui élèvent point de temples, ne le représentent jamais sous des formes sensibles, mais ils lui font des sacrifices.

JAGA BABA (*Myth. slav.*), la Bellone des anciens Slavons. Elle était représentée sous la forme d'une grande femme décharnée, armée d'une barre de fer. On ignore quel culte ces peuples lui rendaient.

JAGARNAT (*Myth. ind.*), c'est sous ce nom que les Indiens de la ville de Jagarnat située dans le golfe de Bengale, adorent le dieu Wishnou. Le temple et l'oracle de Jagarnat sont très-célèbres dans les Indes.

JAMMABOS (*Myth. jap.*), ermites du Japon. Ce nom, qui signifie à la lettre, *soldats des montagnes*, leur a été donné parce que le principal objet de leur institut est de combattre pour la cause de la religion. Les Jammabos forment un ordre extrêmement en crédit au Japon, et qui, plus d'une fois, s'est rendu redoutable aux empereurs eux-mêmes. Ils se tiennent ordinairement aux environs de quelque temple, chantant les louanges du dieu auquel il est consacré. Ils sont toujours armés d'un sabre. Les Jammabos exercent aussi la médecine; et l'on a ordinairement recours à eux, dans les maladies désespérées. Ils sont d'ailleurs très-adonnés aux sortiléges et à la magie.

JANUS, roi d'Italie, commença d'y régner avant qu'Énée vînt s'y établir. Il était fils d'Apollon et de Créuse, fille d'Erecthée, roi des Athéniens. Xiphus, mari de Créuse, l'adopta sans le connaître. Janus vint avec une puissante flotte aborder en Italie, en poliça les peuples, leur apprit la religion, et bâtit sur une montagne une ville qu'il appela de son nom Janicule. Dans le temps qu'il signalait son règne parmi les peuples barbares, Saturne, chassé de l'Arcadie par Jupiter, aborda dans ses états, et y fut reçu en ami. Janus, après sa mort, fut adoré comme une divinité, et c'est la première de celles que ces peuples invoquaient. Romulus lui fit bâtir dans Rome un temple, dont les portes étaient ouvertes en temps de guerre, et fermées en temps de paix. Le temple avait douze portes, qui désignaient les douze mois de l'année. Les Romains étaient dans l'usage de mettre sur les portes une petite statue de Janus, tenant une clef d'une main et un bâton de l'autre. Les anciens ne sont point d'accord sur la raison pour laquelle le temple de Janus était ouvert pendant la guerre et fermé pendant la paix, et l'on ignore ce qui donna lieu à cet usage chez les Romains; car les Grecs ne connaissaient point Janus, comme le dit Ovide. Des médailles qui sont à la bibliothèque royale le représentent avec quatre visages, qui marquent les quatre saisons. On le peignait tenant un bâton de la main droite et une clef de la main gauche, et communément avec deux visages, comme présidant au jour et à la nuit, et connaissant l'avenir et le passé.

JANVIER, mois dédié à Janus, et que Numa mit au solstice d'hiver. Quoique les calendes de ce mois fussent, ainsi que le premier jour des autres, sous la protection de Junon, celui-ci n'en était pas moins consacré spécialement à Janus. Ce jour-là on célébrait en son honneur des fêtes appelées *Januales*, et on lui offrait des dattes, des figues, du miel, et un gâteau nommé *janual*, composé de farine nouvelle, de sel nouveau, d'encens et de vin. Ce jour-là aussi, les consuls désignés prenaient possession de leur dignité. Accompagnés d'une foule de peuple, ils montaient au Capitole, habillés de neuf; et là, au milieu des parfums, ils immolaient à Jupiter-Capitolin deux taureaux blancs, qui n'avaient pas encore subi le joug. Ce même jour encore, les Romains se souhaitaient une heureuse année, et s'envoyaient des présens qu'on appelait *strenœ*, d'où nous avons fait *étrennes*. Le second et le sixième jours de ce mois passaient pour malheureux, et on célébrait au septième, la venue d'Isis chez les Romains.

JAPET, fils d'Uranus et frère de Saturne, épousa Climène, fille de l'Océan, et en eut Atlas, Ménétius, Prométhée et Epiméthée. Les Grecs le regardaient comme auteur de leur race, et leur tradition ne remontait pas au-delà de son temps.

JASION, fils de Jupiter et d'Electre, épousa Cybèle, qui le rendit père de Corybas. Selon d'autres, il fut aimé de Cérès, dont il eut Plutus. Dans la suite, il donna sa sœur Hermione en mariage à Cadmus.

JASON, fils d'Eson et d'Alcimède. Eson, en mourant, le laissa sous la tutelle de Pélias son frère, qui le donna à élever au centaure Chiron. Ce prince gagna tellement l'affection des peuples, que Pélias chercha tous les moyens de le perdre, pour s'assurer le trône. Il persuada à Jason qu'il fallait entreprendre la conquête de la toison d'or, espérant qu'il n'en reviendrait pas. Le bruit de cette expédition s'étant répandu par-tout, les princes grecs voulurent y avoir part. Ils partirent sous ses drapeaux pour la Colchide, où cette toison était pendue à un arbre, et défendue par un dragon monstrueux. On les appela *Argonautes*, du nom de leur navire nommé *Argo*. Les auteurs sont partagés sur l'étimologie du nom d'*Argo* : les uns veulent que ce soit celui du constructeur; les autres disent que ce vaisseau fut ainsi appelé, parce qu'il portait des Argiens : c'est le sentiment de Cicéron. Il y en a qui tirent son nom de sa vitesse, et d'autres de sa pesanteur. Tous s'accordent à dire qu'il était fort long, et le premier de cette espèce qui parut sur les mers de la Grèce; car Pline assure que les Grecs ne se servaient que de vaisseaux ronds. Ce qu'il avait de plus merveilleux, c'est qu'il était construit d'arbres de la forêt de Dodone, qui rendaient des oracles; c'est pour cela que les poètes ont dit qu'il articulait des sons. Quoi qu'il en soit, Jason aborda d'abord à l'île de Lemnos, où il fut magnifiquement traité par la reine Hypsipile; de là il se rendit chez le roi Phinée, dont il apprit comment il pourrait pénétrer à Colchos, à travers les rochers Cyamées. Y étant heureusement descendu, Médée, fille du roi de Colchos, fut si éprise de la beauté de ce jeune prince, qu'elle lui promit, s'il voulait l'épouser, de lui donner les moyens de dompter les taureaux à pieds d'airain, et d'assoupir un monstrueux dragon qui gardait la toison d'or. Jason y consentit, et, après avoir triomphé de tous les obstacles, il enleva la toison; mais son amour et son apparente reconnaissance ne survécurent guère au succès qui en était l'objet. S'étant retiré chez Créon, roi de Corinthe, il abandonna sa bienfaitrice pour épouser la fille de ce roi. Médée, irritée, après avoir conseillé aux filles de Pélias de tuer leur père, et de le faire bouillir dans une cuve d'airain, leur faisant espérer qu'elles le rajeuniraient, massacra elle-même ensuite les enfans qu'elle avait eus de Jason, et les lui servit par morceaux dans un festin. Ayant de plus empoisonné toute la famille royale de Créon, excepté Jason qu'elle laissait vivre pour lui susciter continuellement de nouvelles traverses, elle se sauva dans les airs, sur un char traîné par des dragons ailés. Cependant Jason s'empara de Colchos, où il régna tranquillement le reste de ses jours.

JEBIS ou JEBISU (*Myth. Jap.*), divinité japonaise adorée particulièrement par les pêcheurs et les négocians. On la représente sur un rocher, au bord de la mer, tenant d'une main une ligne, de l'autre un poisson.

JÉHUD ou JEHOUD, fils de Saturne et de la nymphe Anobreth. Dans une guerre dangereuse, son père le couvrit d'ornemens royaux, et l'immola sur un autel qu'il avait fait élever exprès.

JÉKIRE, (*Myth. jap.*), esprit malin que les Japonais regardent comme l'auteur des maladies.

JEMMAO (*Myth. jap.*). On appelle ainsi au Japon, celui qui juge les ames après la mort.

JÉNÉ (*Myth. jap.*), divinité du Japon, à laquelle on attribue un empire particulier sur les ames des vieillards, et des gens mariés.

JOCASTE, fille de Créon, roi de Crète, mère d'Œdipe et femme de Laïus, épousa, sans le savoir, son fils Œdipe après la mort de son époux; elle en eut deux fils, Étéocle et Polynice, qui se firent une guerre cruelle, dans laquelle ils s'égorgèrent mutuellement. Jocaste, n'ayant pu soutenir le poids de ses malheurs, se tua de désespoir. Selon Homère et Pausanias, l'inceste d'Œdipe et de Jocaste n'eut point de suite, parce qu'il fut aussitôt découvert.

JODULTE (*Myth. celt.*) idole des Saxons, placée aux environs de la forêt de Welps. Elle représentait un homme tenant de la main droite une massue, de la gauche un bouclier rouge, et monté sur un cheval blanc.

JONGLEURS (*Myth. amér.*), on appelle ainsi les prêtres des peuples de la baie d'Hudson, du Mississipi, du Canada. Ces Jongleurs jouissent d'un très-grand crédit, s'adonnent à la magie, et exercent la médecine. Les Illinois et les peuples du sud ont aussi des Jongleurs extrêmement redoutés, parce que l'on est persuadé qu'ils peuvent tuer un homme à quelque distance que ce soit.

JOU. C'était sous ce nom que les Celtes adorèrent d'abord Jupiter : Jovis en est le génitif. Ils l'appelaient *Jou*, c'est-à-dire jeune, pour marquer qu'il ne vieillit jamais. Le Mont-Jou, dans les Alpes, que les Latins appelait *Mons-Jovis*, lui était consacré.

JOUANAS (*Myth. amér.*), prêtres de la Floride qui, comme tous les autres prêtres américains, exercent aussi la médecine, et jouissent d'un crédit sans bornes. Les princes mêmes n'osent rien entreprendre sans consulter les Jouanas. Une de leurs fonctions principales est de prononcer des imprécations contre l'ennemi.

JOURS HEUREUX et MALHEUREUX. De temps immémorial, les plus célèbres nations du monde, les Chaldéens, les Egyptiens, les Grecs et les Romains, ont donné dans cette opinion superstitieuse, qu'il y avait des jours heureux ou malheureux. En Egypte, par exemple, on considérait comme malheureux le troisième jour de la semaine, parce que Typhon était né ce jour-là, et le dix-septième de chaque mois était vu sous le même rapport, parce que c'était celui de la mort d'Osiris. Chez les Grecs, il était défendu de tenir des assemblées du peuple le jeudi : le cinquième jour du mois était regardé comme le plus funeste de tous, parce que c'était le jour de la naissance de Pluton et des Euménides. Les jours heureux étaient les septième, huitième, neuvième, onzième et douzième de chaque mois. A Rome, il n'y avait pas un jour du mois qui ne fût heureux ou malheureux : ces derniers étaient marqués de noir, les premiers de blanc; outre cela, il y en avait d'autres que chacun estimait heureux ou malheureux par rapport à soi-même.

JOUVENCE, déesse qui présidait à la jeunesse, et que les Latins nommaient *Juventa* ou *Juventus*. Les poètes et les romanciers ont imaginé la fontaine de

Jouvence, dont l'eau, suivant eux, rajeunissait ceux qui en faisaient usage.

JUAN-GÆMAIN (*Myth. Afr.*) Nom sous lequel les nègres de la Côte-d'Or invoquent le dieu des Européens; personne ne connaît jusqu'à présent le sens qu'ils donnent à ce mot.

JUHLES (*Myth. lap.*), esprits aériens qu'honorent les Lapons. Leur culte consiste à offrir un sacrifice la veille de Noël et le jour suivant; ils mettent de côté une partie de leurs provisions, qu'ils suspendent à des arbres dans des boîtes, où ils croient que les esprits viennent les chercher.

JUIF-ERRANT (le). On ne trouvera pas déplacé dans ce répertoire des erreurs et des superstitions humaines, quelques particularités sur l'origine d'une tradition plutôt que d'une croyance populaire, sur cet être de raison. Elles sont puisées dans le Dictionnaire de la Bible de dom Calmet et dans Moréri, et peut-être intéresseront-elles quelques lecteurs. Les exemples d'Enoch et d'Elie qui n'ont point éprouvé la mort, l'intime persuasion où sont les Juifs que le prophète Elie est invisiblement présent à la cérémonie de la circoncision de leurs enfans; les paroles de J.-C. dans l'Évangile de St.-Jean, où il dit: en parlant à cet apôtre, « Si je veux qu'il demeure jusqu'à ce que je vienne, que vous importe »: dans lesquelles plusieurs auteurs anciens et modernes ont cru voir une promesse du Sauveur que St.-Jean ne mourrait point avant le jour du jugement, sont autant de motifs qui, ajoutés à d'autres notions confuses et étayées de l'amour du merveilleux, ont contribué à établir l'opinion qu'il existait un juif errant. Les partisans de cette supposition s'appuient encore sur les légendes mahométanes, qui rapportent que l'an 16 de l'hégire, un capitaine nommé Fadhila, commandant un corps de cavalerie de trois cents hommes, étant arrivé au déclin du jour entre deux montagnes, et ayant ordonné la prière du soir qu'il commença lui-même à haute voix, entendit une voix qui répétait ses paroles d'un bout à l'autre. Il crut d'abord que l'écho seul lui répondait; mais ayant observé que les paroles de la prière étaient entièrement et distinctement répétées, il se mit à crier: « O toi qui me réponds, si tu es un ange, que la vertu de Dieu soit toujours avec toi; si tu appartiens à un autre ordre d'esprits, que le bonheur t'accompagne; mais si comme moi tu appartiens à l'espèce humaine, montre-toi à mes yeux. » A peine avait-il achevé, qu'il vit paroître devant lui un vieillard chauve, un bâton à la main, semblable à un derviche. Fadilha le salue et lui demande son nom. — Je m'appelle Zérib, petit-fils d'Elie; je suis ici par ordre du seigneur Jésus, qui m'a laissé dans ce monde pour y attendre sa seconde venue. J'attends le Seigneur, source de toute espèce de bonheur, et c'est par ses ordres que j'habite cette montagne. — Et dans quel temps viendra le seigneur Jésus? — A la fin du monde, au jour du jugement dernier. — Quels sont les signes qui annonceront les approches de ce jour. — Alors prenant un ton prophétique, le vieillard lui répond, il sera près d'arriver, lorsque les hommes et les femmes vivront ensemble sans distinction de sexe ; lorsque l'abondance des biens de la terre n'en fera pas diminuer le prix ; lorsque le sang innocent sera répandu par-tout ; lorsque le pauvre demandera l'aumône sans qu'on la lui donne ; lorsque toute charité sera éteinte ; lorsque les hommes mépriseront les saintes Écritures, et que les temples du vrai Dieu ne seront plus remplis que d'idoles. A ces mots le vieillard disparut. Cette étrange histoire a été regardée comme un témoignage de l'existence du juif errant. On juge aisément que d'autres auteurs en ont parlé différemment. Matthieu Pâris rapporte qu'en 1229 un prélat arménien vint en Angleterre avec des lettres de recommandation du pape pour les évêques de cette contrée. Pâris, qui vivait alors, nous assure que plusieurs personnes avaient demandé à l'archevêque arménien des renseignemens sur le juif errant qui était en Orient, et, entre autres questions, s'étaient informées s'il était toujours vivant, qui il était, ce qu'il racontait de son histoire et de sa vie. L'archevêque assura que ce juif était Arménien, et un officier de sa suite ajouta qu'il était portier de Ponce-Pilate ; qu'il s'appelait Cataphilus ; que lorsqu'on entraînait Jésus hors du prétoire, il l'avait frappé du poing sur le dos pour le faire sortir plus promptement, et que Jésus se retournant lui avait dit : « Le fils de l'homme remplit sa carrière, mais pour toi tu attendras sa venue. » Le portier fut converti, reçut le baptême des mains d'Ananie et prit le nom de Joseph ; il doit vivre jusqu'à la fin du monde. Au renouvellement de chaque siècle, il tombe malade, éprouve ensuite un évanouissement pendant lequel il rajeunit, et revient après à l'âge où Jésus mourut. Le même officier, continue Mathieu Pâris, nous assura que Joseph était connu de son maître, qu'il l'avait vu à sa table peu de temps avant son départ de Jérusalem ; qu'il répondait avec beaucoup d'assurance et de gravité lorsqu'il était interrogé sur d'anciens événemens, tels que la résurrection des morts au moment du crucifiement, l'histoire des apôtres et des saints personnages de ce temps. Il était, dit toujours le même officier, continuellement effrayé de la venue de J.-C. qui devait être le dernier de ses jours, le souvenir de sa faute le faisait trembler ; cependant, comme il ne l'avait commise que par ignorance, il n'avait point perdu l'espoir d'être pardonné. Il a paru de temps en temps plusieurs imposteurs de ce genre qui, abusant de la crédulité du peuple, ont voulu se faire passer pour le juif errant, et qui, ayant quelque connaissance de l'histoire ancienne et des langues orientales, sont parvenus à persuader aux gens simples qu'ils étaient ce personnage prétendu. Il en vint un à Hambourg en 1547. Un auteur chrétien assure l'avoir vu et entendu prêcher dans une des églises de cette ville ; qu'il paraissait âgé de cinquante ans ; qu'il était d'une haute stature, portant une longue chevelure flottante sur ses épaules ; on l'entendait gémir fréquemment, ce qu'on attribuait au repentir de sa faute. Il avait été, disait-il, cordonnier à Jérusalem, au temps de la passion de J.-C., et se trouvait placé près la porte qui conduisait au Calvaire ; alors il professait le judaïsme et s'appelait Assuérus. Jésus étant fatigué, et ayant voulu se reposer sur le banc de son échoppe, il l'avait frappé, sur quoi le Sauveur lui répondit : « Je me reposerai ici, mais pour toi tu ne cesseras de courir jusqu'à ce que je vienne. » Dès ce moment Assuérus suivit J.-C. et n'a cessé depuis d'errer çà et là. On en a vu paraître un autre en Angleterre dans le 17e siècle. Don Calmet cite une lettre de la duchesse de Mazarin à madame de Bouillon, où elle raconte qu'il y était venu un homme qui prétendait avoir vécu plus de 1600 ans, et se disait avoir été du sanhédrin de Jérusalem lorsque Jésus-Christ fut condamné par Pilate, et avoir poussé fort rudement le Sauveur hors du prétoire, en lui disant : « Retirez-vous, sortez d'ici, pourquoi resteriez-vous ici? » Il ajoutait que J.-C. lui avait répondu : « Je m'en vais, mais vous resterez jusqu'à ce que je revienne. » Il se souvient, continue madame de Mazarin, d'avoir vu tous les apôtres ; il vous décrira leurs traits et leur physionomie, la couleur de leurs cheveux, la manière dont ils les portaient, ainsi que leur habillement. Il a parcouru tous les coins du monde et il marchera jusqu'à la fin des siècles. Il prétend guérir les malades par son attouchement, parle plusieurs langues, et rend un compte si exact de tout ce qui s'est passé dans les différentes contrées qu'il a parcourues, qu'on ne sait que penser de lui. Les deux universités ont envoyé leurs plus savans docteurs pour converser avec lui, sans qu'aucun d'eux ait pu le trouver en contradiction avec lui-même. Un homme infiniment instruit lui a parlé arabe, il lui a répondu dans la même langue sans hésiter, et lui a dit qu'à peine y avait-il dans le monde une histoire qui fût vraie. On lui a demandé ce qu'il pensait de Mahomet. « J'ai connu très-bien son père, a-t-il réparti, à Ormus en Perse ; quand à Mahomet, c'était un homme rempli de pénétration et de connaissances, mais sujet à se tromper, comme nous le sommes tous ; l'une de ses principales erreurs est de nier le crucifiement de J.-C. dont j'ai été témoin moi-même, puisque je l'ai vu clouer à la croix. » Il ajoutait à la même personne qui l'interrogeait : « Qu'il se trouvait à Rome lorsque Néron en ordonna l'embrâsement, qu'il avait vu Saladin au retour de ses conquêtes dans le Levant ; il raconta diverses particularités sur Soliman-le-Magnifique ; il avait connu Tamerlan, Bajazet, Eterlan, et il citait plusieurs traits de la guerre des croisades. Il parle de venir dans quelques jours à Londres où il satisfera la curiosité des personnes qui voudront le voir et l'interroger. » Tel est le contenu de la lettre de madame de Mazarin qui observe que, tandis que les gens simples croient voir un miracle dans cet étonnant personnage, ceux qui sont plus instruits ne le regardent que comme un imposteur.

JUMALA (*Myth. scand.*), ancienne idole des habitans de la Finlande et de la Laponie, était représentée sous la figure d'un homme assis sur une espèce d'autel. Sur ses genoux était une coupe d'or remplie de monnaie de même métal.

JUNNER (*Myth. scand.*), géant qui fut mis en pièces par de petits hommes sortis de terre, qui de son crâne firent le Ciel ;

de son œil droit, le soleil ; de son œil gauche, la lune ; avec ses épaules les montagnes, avec ses os les rochers, avec sa vessie la mer ; les rivières avec son urine... en sorte que quelques poëtes appellent le Ciel crâne de Junner. Ces fictions ont bien du rapport avec le spinosisme.

JUNON, fille de Saturne et de Rhée, sœur et femme de Jupiter, et déesse des royaumes et des richesses. Ayant échappé à la cruauté de Saturne, qui voulait dévorer tous ses enfans, elle épousa Jupiter, et en eut Ilithye, Ména et Hébé. Elle devint si jalouse, qu'elle l'épiait continuellement, ne cessant de persécuter ses rivales et même les enfans qu'il en avait. Elle suscita une infinité de traverses à Europe, Sémélé, Io, Latone, et aux autres maîtresses de Jupiter. Après la défaite des dieux, auxquels elle s'était jointe dans leur révolte, son époux la suspendit en l'air, et par le moyen d'une paire de mules d'aimant, que Vulcain inventa pour se venger de ce qu'elle l'avait mis au monde tout contrefait, il lui attacha sous les pieds deux enclumes, après lui avoir lié les mains derrière le dos avec une chaîne d'or. Les dieux ne purent la délier, et sollicitèrent Vulcain de leur rendre ce service, avec promesse de lui donner Vénus en mariage. Junon ne put jamais pardonner à Pâris de ne lui avoir pas adjugé la pomme d'or sur le mont Ida, lorsqu'elle disputa le prix de la beauté à Vénus et à Pallas. Elle se déclara, dès ce moment, l'ennemie irréconciliable du nom troyen. Junon, toujours attentive aux démarches de Jupiter, ayant appris qu'il avait mis au monde Pallas sans sa participation, et qu'il l'avait fait sortir de son cerveau, donna, toute seule aussi, la naissance à Mars. Cette déesse présidait aux mariages et aux accouchemens. Quand les dames romaines ne pouvaient avoir d'enfans, elles allaient dans son temple, où, s'étant dépouillées de leurs vêtemens et couchées contre terre, elles recevaient plusieurs coups de fouet, avec des lanières de peau de bouc, par un prêtre lupercal : aussi représente-t-on Junon tenant un fouet d'une main, et de l'autre un sceptre, avec cette inscription : Junoni Lucinæ. Les poëtes lui ont donné diverses épithètes dans leurs ouvrages. Ils l'appellent *Lucina*, *Opigena*, *Juga*, *Domiduca*, *Cinxia*, *Unxia*, *Fluonia*. Elle fut nommée *Lucina* du mot *luce*, lumière, parce qu'elle aidait les femmes à mettre les enfans au monde, et à leur faire voir la lumière. On la nommait, pour la même raison, *Opigena* et *Obstetrix*, parce qu'elle soulageait les femmes dans leurs couches. Elle était appelée *Juga*, parce qu'elle présidait au joug du mariage. Elle avait, sous cette qualité, un autel dans une des rues de Rome, qui fut nommée *vicus Iugarius*, la rue des Jougs. On la nommait *Domiduca*, parce qu'elle conduisait la mariée dans la maison de son époux. En un mot, Junon servait aux femmes comme d'ange gardien, de même que le dieu Génius aux hommes ; car les anciens croyaient que les génies des hommes étaient mâles, et ceux des femmes femelles. Aussi les femmes juraient par Junon, et les hommes par Jupiter. Junon était honorée d'un culte particulier à Argos, à Carthage, etc. Les poëtes la représentent sur un char traîné par des paons, avec un de ces oiseaux auprès d'elle. Voici la description que Pausanias fait de la Junon d'Argos en entrant dans le temple : « On voit sur un trône la statue de cette déesse, d'une grandeur extraordinaire, toute d'or et d'ivoire; elle a sur la tête une couronne, au-dessus de laquelle sont les grâces et les heures. Elle tient d'une main une grenade, et de l'autre un sceptre au bout duquel est un coucou. » Ordinairement Junon a auprès d'elle un paon, son oiseau favori. L'épervier et le hibou lui étaient consacrés et accompagnent quelquefois ses statues.

JUPITER, le plus grand et le plus puissant des dieux du paganisme, fils de Saturne et de Rhée. Cette déesse s'étant aperçue que son mari dévorait ses enfans à mesure qu'elle les mettait au monde, et craignant pour Jupiter et Junon le même sort, leur substitua une pierre que Saturne dévora. Jupiter fut élevé au son des instrumens des Corybantes, et nourri secrètement du lait de la chèvre Amalthée, laquelle, en récompense de ce service, fut changée en constellation. Il donna de bonne heure des marques de sa puissance; il attaqua Titan, délivra son père, et le remit sur le trône. Saturne ayant appris du Destin que Jupiter était né pour commander à tout l'univers, chercha tous les moyens de perdre son fils, qui le chassa du ciel, et le contraignit d'aller se cacher dans le Latium. Jupiter, s'étant emparé du trône de son père, se vit maître, en peu de temps, du ciel et de la terre. Ce fut alors qu'il épousa Junon sa sœur, et qu'il partagea la succession de son père avec ses frères. Il se réserva le ciel, donna l'empire des eaux à Neptune, et celui des enfers à Pluton. Junon, Pallas et les autres dieux voulurent, bientôt après, se soustraire à sa domination; mais il les défit, les contraignit de se sauver en Egypte, où ils prirent diverses formes. Il les poursuivit sous la figure d'un bélier, et fit enfin la paix avec eux. Lorsqu'il se croyait tranquille, les Géans, enfans de Titan, voulant rentrer dans leurs droits, entassèrent plusieurs montagnes les unes sur les autres, pour escalader le ciel, et pour l'en chasser. Jupiter, qui s'était déjà rendu maître du tonnerre, les foudroya et les écrasa sous ces mêmes montagnes. Après cette victoire, il ne songea plus qu'à s'abandonner à ses plaisirs; il eut une infinité de maîtresses. Il se métamorphosait de toutes les manières pour les tromper. Il se cacha sous la forme d'une pluie d'or, pour surprendre Danaé, renfermée dans une tour d'airain. Amoureux d'Europe, fille d'Agénor, il se métamorphosa en taureau; et cette princesse s'étant mise sur son dos, il prit la fuite, passa la mer à la nage et l'enleva. Il prit la figure d'un cygne pour tromper Léda, femme de Tyndare, qui accoucha de deux œufs, d'où sortirent Castor et Pollux, Hélène et Clytemnestre. Enfin, il se transforma en aigle pour enlever Ganymède, fils de Tros, et le porta au ciel, où il se fit verser le nectar par lui à la place d'Hébé. Voilà les idées que les païens avaient de la divinité principale qu'ils adoraient. Ils regardaient Jupiter comme le maître absolu de tout, et le représentaient toujours la foudre à la main, porté sur un aigle, oiseau qu'il prenait sous sa protection. Le chêne lui était consacré, parce qu'à l'exemple de Saturne, il apprit aux hommes à se nourrir de glands. On lui éleva des temples superbes par tout l'univers, et on lui donna des surnoms, suivant les lieux où il avait des autels. Voici ceux qu'on trouve le plus communément dans les auteurs latins. *Jupiter Capitolinus*, à cause du temple que Tarquin-le-Superbe lui fit bâtir sur la montagne de ce nom. Les Égyptiens le nommaient *Jupiter-Ammon*, et l'adoraient sous la figure d'un belier; mais son principal surnom était *Olympien*, parce qu'il demeurait, dit-on, avec toute sa cour, sur le sommet du mont Olympe. On prétend que Varron avait compté jusqu'à trois cents Jupiter, dont les auteurs de l'antiquité, et surtout les poëtes, ont réuni tous les traits pour n'en faire qu'un seul, auquel, comme à Hercule, on attribua les actions de tous les autres.

JUTURNE, fille de Daunus et sœur de Turnus, roi des Rutules en Italie. Jupiter, dont elle fut aimée, lui accorda l'immortalité, et la fit nymphe du fleuve Numicus. Elle rendit de grands services à son frère dans la guerre qu'il fit à Énée son rival; mais voyant qu'il était sur le point de périr, elle alla se cacher pour toujours dans les eaux du fleuve. Elle était révérée particulièrement par les femmes et les jeunes filles pour obtenir un mariage heureux ou un accouchement facile.

JUVENTA, déesse de la Jeunesse. Elle avait un temple sur le capitole, et présidait à l'intervalle qui sépare l'enfance de l'âge viril.

KALL KANG

KACHER (*Myth. ind.*), vieillard qui, dans l'histoire fabuleuse des rois de Cachemire, transforma le lac qui occupait ce pays en un vallon délicieux.

KALEDA (*Myth. slav.*), dieu de la paix chez les Slavons; c'était leur Janus. Sa fête se célébrait avec pompe le 24 décembre, par des festins, des jeux et des réjouissances publiques.

KALLFKA ou KALKI (*Myth. ind.*), noms d'une déesse adorée par les Gentous, et particulièrement à Kalli-Ghat, près de Calcutta, où elle a une pagode sur le bord d'un petit ruisseau que les brahmines disent être là source du Gange.

KAMAETZMA, divinité indienne qui préside aux fruits, et et dont, au jour de sa fête, on remplit la pagode de ce que les vergers ont produit de plus rare.

KANG (*Myth. chin.*), un des anciens princes chinois mis au rang des dieux, sous le nom de Grand-roi. Son idôle a trente pieds de hauteur: elle est dorée et revêtue d'habits magnifiques; sur sa tête brille une superbe couronne.

KANNO (*Myth. afr.*), nom de l'être suprême chez les nègres de la côte de Malaguette. Ils le regardent comme le créateur de l'univers; mais ils ne lui accordent pas une durée éternelle, et, selon eux, il aura, pour successeur, un autre être qui doit punir le vice, et récompenser la vertu.

KARTICK (*Myth. ind.*), divinité des Gentous ou Indiens dont la fête, appelée *Kartick-Poujah*, tombe le dernier jour de la lune d'octobre. Il est adoré ce jour-là par ceux qui n'ont pas d'enfans, et les hommes et les femmes jeûnent en son honneur.

KÉDERLI (*Myth. mahom.*). Selon les Musulmans c'était un capitaine d'Alexandre, qui but des eaux d'un fleuve qui le rendit immortel. Il tua un dragon monstrueux, et sauva la vie à une jeune fille qui était exposée à la fureur de cet animal. Il court le monde sur un cheval immortel comme lui, et assiste les guerriers qui l'invoquent. Enfin il y a en Egypte un couvent sous l'invocation de cette espèce de saint.

KÉSORA (*Myth. ind.*), idole adorée dans la pagode de Jaganat. Elle a deux diamans à la place des yeux; un troisième diamant, attaché à son cou, lui descend sur l'estomac. Le moindre de ces diamans est d'environ quarante karas, au rapport de Tavernier. Ses bras sont entourés de perles et de rubis, et ses mains sont faites de petites perles. Auprès de lui est la statue de sa femme, qui est d'or massif.

KHUTUKTU (*Myth. chin.*), divinité vivante des Tartares Kalkas, dont la religion est la même que celle des mogols non mahométans. Long-temps il ne fut que comme le vicaire du grand Lama du Thibet, mais peu à peu il s'est rendu indépendant, et maintenant il jouit des mêmes honneurs que le Lama. Les mogols croient qu'il est immortel.

KIAK KIAK (*Myth. amér.*), divinité du Pégu, elle est représentée sous une figure humaine, qui a vingt aunes de longueur, couchée dans l'attitude d'un homme endormi. Suivant la tradition du pays, ce dieu dort depuis six mille ans, et son reveil sera suivi de la fin du monde. Cette idole est placée dans un temple magnifique.

KICHTAN (*Myth. amér.*), nom que les sauvages de la Nouvelle-Angleterre donnent à l'être suprême. Ces peuples croient qu'il a créé le monde; qu'après la mort, les hommes vont frapper à la porte de son palais; qu'il reçoit les gens de bien dans le ciel où il règne, et qu'il rejette les méchans en leur disant: « retirez-vous, il n'y a point de place ici pour vous» et que ces malheureux sont condamnés à des tourmens sans fin.

KIKOKKO (*Myth. afric.*), divinité particulièrement adorée dans le royaume de Loango. Les habitans prétendent qu'elle se communique souvent à ceux dont elle agrée les hommages.

KISSEN (*Myth. ind.*), dieu des Gentous, dont on raconte l'événement miraculeux qui suit: plusieurs jeunes filles célébrant la descente de Kissen, le dieu apparut au milieu d'elles, et leur proposa de danser, ce qu'elles refusèrent de faire, disant qu'elles étaient en trop grand nombre pour danser avec lui. Ce dieu pour lever cette difficulté, se multiplia en autant de Kissens qu'il y avait de filles, au moyen de quoi ils dansèrent une ronde dont on voit la représentation dans plusieurs pagodes.

KISTNERAPPAN (*Myth. ind.*), nom du dieu de l'eau chez les Indiens. Lorsqu'un malade est sur le point de mourir, ils lui mettent de l'eau dans la main, et prient Kistnerappan d'offrir lui-même à l'être souverain, le malade au moment de sa mort, purifié de toutes ses souillures.

KITCHI MANITOU (*Myth. amér.*), idole des sauvages du Canada, qui est la source du bien. On lui fait tous les ans, un feu de joie, en chantant des hymnes à l'entour du bûcher.

KIWASA, l'une des principales idoles des habitans de la Virginie. Elle est souvent représentée une pipe à la bouche, et un prêtre posté derrière, fait en sorte qu'elle paraisse fumer réellement. Plusieurs de ses habitans ont dans leurs maisons des oratoires consacrés à Kiwasa, qu'ils consultent dans toutes les occasions importantes.

KOBODAY, fondateur d'un ordre de moines, au Japon. On lui éleva après sa mort des statues et des temples, qui servent d'asile aux criminels.

KOLADA, divinité adorée à Kiew, et qu'on croit avoir été le Janus des anciens Slaves. On célébrait sa fête dans cette ville, le 24 décembre. On trouve encore plusieurs vestiges de ces fêtes dans divers endroits de la Russie.

KORAN ou ALCORAN. On appelle de ce nom, qui en arabe signifie recueil, le livre attribué à Mahomet, et qui contient sa doctrine, et ses révélations. Le Koran est dans la plus grande vénération chez les Musulmans. C'est le livre par excellence, le livre des livres. Ils en apprennent par cœur tous les versets, tous les mots, afin d'éviter d'en corrompre le sens. Le Koran est écrit en prose, mais la fin de chaque article est rimée, et au milieu des plus fortes extravagances, on y rencontre souvent des traits sublimes, surtout quand il est question de Dieu, et de ses perfections. Le Koran est divisé en quatre parties, et chaque partie en plusieurs livres, qui ont des titres singuliers, tels que la Vache, l'Araignée, etc. Malgré les soins des califes, de faire brûler toutes les compilations contraires à la vulgate, il s'est formé beaucoup de sectes dans le mahométisme.

KOUAN-IN (*Myth. chin.*), divinité tutélaire des femmes, est représentée tenant un enfant dans ses bras. Les femmes stériles ont une grande vénération pour elle, persuadées qu'elle a le pouvoir de les rendre fécondes.

KOUJA (*Myth. chin.*), divinité adorée à Nanchang dans un temple où elle est sur un trône élevé, ayant sur ses épaules un manteau couleur de pourpre; elle est assise sur une longue perche, que deux dragons affreux entourent de leurs replis.

KOUPALO (*Myth. slav.*), dieu des fruits, à Kiew dont on célébrait la fête au commencement de la moisson; de jeunes garçons et de jeunes filles couronnés de guirlandes de fleurs, allumaient du feu et dansaient en rond autour, en répétant dans leurs chansons le nom de Koupalo.

KOUTKA (*Myth. slav.*), esprit qui va commander la vengeance aux démons qui tourmentent les mortels, et les récompenses aux esprits dispensateurs des biens. Koutka voyage dans un chariot invisible traîné par des animaux volans.

KOUTKHOU, déité que les Kamtschadales regardent comme le créateur de l'univers. Quand ils entendent le tonnerre, ils disent que c'est ce Dieu qui tire ses canots; car ils pensent qu'il les passe d'une rivière à l'autre, et qu'il entend aussi ce bruit, quand ils font la même chose.

KRATIM (*Myth. mah.*) Les Persans mahométans donnent ce nom au chien des sept dormans, et ne manquent jamais de l'écrire trois fois près du cachet de leurs lettres, pour la raison qui suit: ce chien, disent-ils, était dans la caverne des sept dormans, où il faisait le guet durant les trois siècles qu'ils passèrent à dormir. Quand Dieu les enleva en paradis, le chien s'attacha à la robe d'un de ces dormans, et fut ainsi enlevé au ciel, Dieu le voyant là, lui dit: Kratim, par quel moyen te trouves-tu en paradis; je ne t'y ai point amené, je ne veux pourtant pas t'en chasser, mais afin que tu ne sois pas ici sans patronage, non plus que tes maîtres, tu présideras aux lettres missives, et tu auras soin qu'on ne vole pas la valise des messagers, pendant qu'ils dorment.

KRODO (*Myth. slav.*), divinité des anciens Saxons, représentée sous la forme d'un vieillard, portant une roue et un panier plein de fruits, ayant la tête nue, et ses pieds appuyés sur une perche. Heineccius croit ce dieu l'emblême du soleil. Voici la description qu'il en fait. L'idole a la tête couverte d'une longue chevelure, la roue qu'elle a dans sa main gauche, marque le mouvement perpétuel des corps célestes, le seau rempli de fleurs, désigne la terre. La perche ne peut représenter que l'eau, et les pieds nus indiquent les différens évènemens de la nature, en sorte que ce dieu n'est autre chose que l'image de la nature.

KUASER (*Myth. celt.*), était, suivant les anciennes traditions, le fils des dieux qu'ils formèrent à peu près de la même manière que l'Orion grec l'avait été. Son savoir était si profond, qu'il répondait sur-le-champ à toutes les questions qu'on lui faisait. Il parcourut toute la terre pour enseigner la sagesse aux hommes. Il fut tué par trahison, par deux nains qui reçurent son sang dans un vase, et le mêlant avec du miel, en firent un breuvage qui rendait poëtes ceux qui en buvaient. Les dieux parvinrent à se mettre en possession du vase précieux, se réservant d'en être les dispensateurs chez l'espèce humaine. Telle est, suivant les Celtes, l'origine de la poésie.

KUON-IN-PU-SA (*Mythol. Chin.*), divinité monstrueuse pour laquelle les Chinois ont beaucoup de vénération. Les uns la font fille d'un roi des Indes, d'autres d'une chinoise qui vivait dans les montagnes de Macao: des chrétiens chinois la prennent pour la vierge. Quoi qu'il en soit, cette idole est une des plus célèbres de la Chine; on la représente avec plusieurs mains, symbole de sa libéralité et du grand nombre de ses bienfaits.

KURADES (KALAI), *les bonnes dames*, c'est-à-dire les fées, qui sont les nymphes des Grecs modernes.

LABY LACS

LABDA, fille d'Amphion, de la famille des Bacchiades, étant boîteuse, et se voyant pour cela méprisée de ses compagnes, les quitta pour épouser Eétion, dont elle eut un fils qu'on appela Cypselus. L'oracle ayant prédit qu'un fils de Labda s'emparerait de Corynthe, on envoya dix hommes chez cette femme pour tuer l'enfant; mais, dans le moment que l'un d'eux allait lui enfoncer un poignard dans le cœur, Cypselus lui tendit ses petits bras en souriant, et le désarma : ces caresses innocentes produisirent le même effet sur tous les meurtriers. Ils sortirent tous sans avoir fait aucun mal à l'enfant; mais, s'étant ensuite reproché leur faiblesse, ils rentrèrent aussitôt pour mettre à exécution l'ordre qu'ils avaient reçu. Labda, qui les avait entendus, cacha si bien son fils dans une mesure de blé, que les Grecs appellent *cypsèle*, qu'ils ne purent le trouver.

LABDACUS, fils de Phœnix, ou, selon d'autres, Polydore, et père de Laïus, roi de Thèbes, fut élevé sous la tutelle de son oncle Lycus, qui gouverna l'état pendant sa minorité. Ce prince étant en âge de régner, Lycus lui remit l'autorité souveraine; mais Labdacus ne la conserva pas longtemps, car il mourut quelques années après, laissant son fils Laïus sous la tutelle de Lycus.

LABYRINTHE, enclos rempli de bois et de bâtimens, disposé de telle façon que, quand on y était une fois entré, on n'en pouvait trouver la sortie. Il y en avait deux célèbres, celui de Crète, ouvrage de Dédale, à qui il servit de prison, et où Minos enferma le Minotaure, et celui d'Egypte, qu'on croit avoir servi de modèle pour l'autre. Pline parle de deux autres labyrinthes, l'un dans l'île de Lemnos, et l'autre dans l'Etrurie. On en voyait aussi un en Italie, au-dessous de la ville de Clusium. Il avait été bâti par Porsenna.

LACÉDÉMON, fils de Jupiter et de Taygète, construisit une ville à laquelle il donna le nom de de sa femme Sparte, et qui depuis fut célèbre par la simplicité de ses lois et les mœurs de ses habitans. Les Athéniens lui attribuaient l'honneur d'avoir, le premier, introduit dans la Grèce le culte des grâces.

LACHÉSIS, l'une des trois Parques. C'était celle qui mettait le fil sur le fuseau. Hésiode et Juvénal lui font tenir la quenouille. Elle faisait son séjour sur la terre, et présidait aux destinées qui nous gouvernent. On la représentait avec l'éclat et la fraîcheur de la jeunesse; ses vêtemens étaient quelquefois parsemés d'étoiles, et elle était entourée de fuseaux épars.

LACSHMI. C'est le nom que les Indiens donnent à la déesse de l'abondance. Elle était fille de

Bhrigu, promulgateur du premier code des rites sacrés. C'est une des épouses de Whisnou, et les sectateurs de ce dieu la regardent comme la mère du monde. Ils disent qu'elle prend toutes les formes imaginables, et portent son nom attaché au bras ou au cou, comme un préservatif assuré contre tous les dangers.

LADA ou LADO (*Myth. slav.*), déesse de l'hymen et de l'amour, adorée à Kiew. On lui faisait des sacrifices avant les mariages.

LAERTE, fils d'Arcésius et père d'Ulysse, fut, suivant Apollodore, l'un des Argonautes. Il était parent de Jason. Il eut Ulysse d'Anticlée, fille d'Autolycus, et mourut peu aprés le retour de son fils, à Ithaque.

LAIUS, fils de Labdacus, roi de Thèbes, et de Nyctis, perdit son père étant encore au bèrceau, et fut élevé par son grand oncle Lycus, qui gouverna l'état pendant sa tutelle. Laïus remonta ensuite sur le trône et épousa Jocaste, fille de Créon, roi de Thèbes, dont il eut Œdipe. (Voyez ce nom).

LAMIE, fille de Neptune, fut aimée de Jupiter, dont elle eut Hérophile, l'une des Sybilles.—LAMIE, Reine d'une grande beauté, habitait un antre vaste et garni d'ifs et de lierre. Elle était d'un caractère si féroce, qu'elle fut changée en bête sauvage. Ayant perdu tous ses enfans, elle en conçut un si grand désespoir, qu'elle faisait enlever tous les enfans des autres femmes. Aussi son nom seul suffisait pour épouvanter les enfans.—LAMIE, fille de Cléonor d'Athènes, habile joueusé de flûte, et fameuse courtisanne, fut aimée de Ptolémée, roi d'Egypte. A Athènes et à Thèbes, on lui éleva un temple sous le nom de *Vénus Lamie.*

LAMIES, spectres d'Afrique, qu'on représentait avec un visage un sein de femme et un corps de serpent. On disait qu'ils se cachaient dans les buissons et près des grands chemins, et qu'ils sifflaient d'une manière si agréable, qu'ils attiraient les étrangers et les dévoraient. On donnait aussi le nom de Lamies aux magiciennes.

LAMPÉTIE ou LAMPÉTUSE, fille d'Apollon et de Climène, et sœur de Phaéton et de Phaétuse, fut tellement affligée de la perte de son frère, que les dieux la métamorphosèrent en peuplier.—LAMPÉTIE, fille d'Apollon et de Néra, et sœur de Phaétuse, ces sœurs étaient chargées de la garde des troupeaux du soleil en Sicile. Les compagnons d'Ulysse ayant tué quelques bœufs de ces troupeaux, Lampétie s'en plaignit au soleil qui fit périr les compagnons d'Ulysse dans une tempête.

LAMPON, devin d'Athènes, qui gagnait sa vie à apprendre à chanter aux oiseaux. — Il y eut un autre devin de ce nom, à Athènes. On apporta un jour à Périclès, un belier qui n'avait qu'une corne très-forte au milieu du front : Lampon en augura que la puissance, jusqu'alors partagée en deux factions, celles de Thucydide et de Périclès, se réunirait dans la personne de celui chez qui le prodige était arrivé ; ce qui eut lieu peu de temps après. — Diomède avait un cheval nommé Lampon.

LAMPSACÉ, fille de Mandron, roi des Bébryciens, sauva la vie à Phobus et Blepsus, phocéens, qui étaient venus s'établir à Pitycessan, et que les habitans du pays, avaient formé le projet de faire périr. Probus et ses compagnons, prévenus par Lampsacé, firent main basse sur leurs ennemis, et mirent ainsi leur vie en sûreté. Lampsacé étant mort quelque temps après, Probus et Blepsus, lui élevèrent un mausolée, et donnèrent le nom de Lampsace à Potyoessa. C'était Lampsaque, ville de l'Asie-mineure.

LANTERNES (FÊTE DES) (*Myth. chin.*). C'est la plus solennelle des fêtes chinoises. On la célèbre le 25 de la première lune. On allume dans tout l'empire des lanternes peintes et façonnées. Il y en a de si grandes, que trois ou quatre pourraient, dit-on, former un appartement. Cette fête est toujours accompagnée de superbes feux d'artifice. Ces fêtes furent instituées, dit-on, à l'occasion de la mort de la fille d'un mandarin, adoré dans la province.

LAOCOON, calydonien, fils de Porthaon et frère d'Œneus, est mis par Hygin, au nombre des Argonautes. — LAOCOON, fils de Priam et d'Hécube, selon les uns, et frère d'Anchise, selon les autres, était prêtre d'Apollon et de Neptune. Il opposa la plus vive résistance à l'introduction du fameux cheval de bois, dans les murs de Troie, et lança même sa javeline contre cette machine. Cette action fut regardée comme une impiété, par les Troyens aveuglés, et ceux-ci en furent encore bien plus persuadés, lorsque deux énormes serpens, sortis de la mer, allèrent droit à l'autel où Laocoon sacrifiait, se jetèrent sur ses deux fils, Antiphates et Thymbreus, les déchirèrent impitoyablement, et saisissant ensuite Laocoon, qui venait au secours de ses enfans, ils lui firent subir le même sort. On attribua cette catastrophe à la colère d'Apollon, qui se vengea ainsi de ce que Laocoon s'était marié contre sa défense expresse. La mort tragique de Laocoon et de ses enfans, est le sujet d'un des plus beaux morceaux du second livre de l'Énéide de Virgile. Elle a aussi donné lieu à un des plus beaux ouvrages de sculpture grecque que nous possédions. (*Voy.* AGÉSANDRE et ATHÉNODORE, dictionnaire hist.) Nous citerons ici quelques mots du jugement que porte un moderne sur cet immortel ouvrage : « Cette noble simplicité est surtout le caractère distinctif des chefs-d'œuvre des Grecs ; ainsi que le fond de la mer reste toujours en repos, quelqu'agitée que soit la surface, de même l'expression que les Grecs ont mise dans leurs figures, fait voir dans toutes les passions, une ame grande et tranquille. Cette grandeur, cette tranquillité règnent au milieu des tourmens les plus affreux. Le Laocoon en offre un bel exemple, lorsque la douleur se laisse apercevoir dans tous les muscles et dans tous les nerfs de son corps, au point qu'un spectateur un peu attentif ne peut presque point s'empêcher de la sentir, en ne considérant même que la contraction du bas-ventre. Cette grande douleur ne se montre avec furie, ni dans le visage, ni dans l'attitude.... Laocoon souffre beaucoup, mais il souffre comme le *Philoctète* de Sophocle.... Si l'artiste eût donné une draperie à Laocoon, parce qu'il était revêtu de la qualité de prêtre, il nous aurait à peine rendu sensible la moitié de la douleur que souffre le malheureux frère d'Anchise; de la façon, au contraire, dont il l'a représenté, l'expression est telle que le Bernin prétendait découvrir dans le roidissement d'une des cuisses de Laocoon, le commencement de l'effet du venin du serpent. La douleur exprimée toute seule dans cette statue de Laocoon, aurait été un défaut; pour réunir ce qui caractérise l'ame et ce qui la rend noble, l'artiste a donné à ce chef-d'œuvre une action qui, dans l'excès de la douleur, approche le plus de l'état du repos, sans que ce repos dégénère en indifférence ou est une espèce de léthargie. »

LAODAMAS, fils d'Étéocle, roi de Thèbes, fut élevé par Créon, fils de Ménécée, et prit le timon des affaires, lorsqu'il fut en âge de régner. Les Argiens ayant tenté une expédition contre Thèbes, Laodamas tua Églalée, fils d'Adraste, mais il n'en fut pas moins vaincu.

LAODAMIE, fille de Bellérophon et d'Achémone, fut aimée de Jupiter, et eut de lui Sarpédon, roi de Lycie. Diane irritée de son orgueil, la tua à coups de flèches. — Laodamie, fille d'Acaste, et épouse de Protésilas, fut si désolée de la mort de son mari qui fut tué par Hector, qu'elle fit faire une statue qui lui ressemblait. Acaste voulant ôter à Laodamie ce triste spectacle, fit brûler la statue; mais Laodamie se jeta avec elle dans le feu, et y périt.

LAODICÉ, fille de Priam et d'Hécube, et femme d'Acamas, ou suivant d'autres, de Démophoon, fut engloutie toute vivante par la terre qui s'entrouvrit tout-à-coup, sous ses pas, comme elle l'avait désiré, pour échapper à l'opprobre de se voir réduite à l'esclavage, par les Grecs, vainqueurs. — Il y a eu trois autres Laodicé, l'une, femme de Phoronée; une autre, fille de Cynire; une autre, fille d'Agamemnon et de Clytemnestre.

LAODOCUS, fils d'Anténor, jeune troyen d'une grande valeur, sous la ressemblance duquel, Pallas engagea Pandarus à tirer une flèche à Ménélas, pour rompre les conventions faites avec les Grecs. — Il y eut un autre Laodocus, fils d'Apollon.

LAO-KIUM, LAO-TUN ou LAOKUN, chef d'une secte fort accréditée à la Chine, que l'on appelle *Faetse*. Ce Lao-Kium fut, dit-on, porté 90 ans dans les flancs de sa mère, et en sortit par une ouverture qu'il lui fit au côté gauche. Quand il mourut, ses disciples firent accroire au peuple qu'il avait été enlevé au ciel, et on lui rendit les honneurs divins. Ses successeurs jouissent du titre de Grand-Mandarin, et font leur séjour dans un superbe palais situé dans la province de Kiang-Si.

LAOMÉDON, roi de Phrygie, fils d'Ilus et père de Priam, était convenu avec Neptune et Apollon d'une somme d'argent, s'ils lui aidaient à bâtir les murs de Troie. L'ouvrage achevé, il refusa de tenir sa parole. Apollon se vengea par une peste. Neptune inonda le pays, et envoya un monstre marin, qui acheva de tout désoler. L'oracle consulté répondit qu'il fallait réparer l'injure faite aux dieux, en leur livrant une fille du sang royal. Le sort tomba sur Hésione: Hercule, moyennant un attelage de six chevaux, promit de la délivrer, et y réussit. Mais Laomédon, ayant de nouveau manqué à sa promesse, Hercule, indigné, ruina la ville et le tua. Le tombeau de Laomédon fut placé au haut d'une des portes de Troie, et la destinée de la ville fut attachée à la durée de ce tombeau.

LAPHRIA, surnom donné à Diane, par les Calydoniens, lorsqu'ils crurent sa colère apaisée contre Œnée et ses sujets. Auguste ayant transporté les Calydoniens à Nicopolis, donna aux habitans de Patras, parmi les dépouilles de Calydon, une statue de Diane-Laphria ; elle était d'or et d'ivoire et représentait la déesse en habit de chasse. Les habitans de Patras célébraient chaque année une fête en l'honneur de Diane-Laphria. La durée était de deux jours. Le premier, on faisait des processions, et le deuxième, on mettait le feu à un bûcher dressé à cet effet avant la fête, sur lequel on avait attaché des animaux vivans, tels que des ours, des loups, des lions, etc. Si le feu brûlait leurs liens, il arrivait souvent que ces bêtes féroces s'élançaient hors du bûcher, au grand danger des assistans ; mais leur superstition les persuadait qu'il n'en résulterait aucun accident.

LAPHYSTIUS. Phryxus s'étant enfui après avoir immolé à Jupiter le bélier qui l'avait conduit à Colchos, les Orchoméniens honorèrent Jupiter-Laphystius comme le dieu tutélaire des fugitifs. *Laphyssein* signifie s'enfuir à la hâte. *Laphystius* était aussi le nom d'une montagne de Béotie, où Bacchus était adoré.

LAPIS, surnom de Jupiter, qui le faisait souvent confondre avec le dieu Terme. D'autres rapportent qu'il reçut ce nom de la pierre qui servait à assommer les victimes dans les traités, ou bien de celle que Rhéa donna à dévorer à Saturne. — LAPIS MANALIS. C'était une pierre placée hors de Rome, près du temple de Mars et de la porte Capène. Dans une sécheresse, les Romains transportèrent la pierre dans la ville ; aussitôt il tomba une grande quantité d'eau, ce qui la fit appeler Manalis, *de manare*, couler. — LAPIS AUSPICANS, pierre consacrée, que l'on jetait dans le fondemens d'un temple, et sur laquelle était une inscription. — LAPIS DIVUS, statue qu'Iphigénie et Oreste emportèrent du temple de la Tauride.

LAPITHES, peuples de Thessalie, descendans d'un certain *Lapitha* ou *Lapithès*, fils d'Apollon et de Stilbé, fille du Pénée, demeuraient sur les bords du Pénée, d'où ils avaient chassé les Perrhèbes. Ils étaient célèbres par l'invention du mors, et par leur habileté à monter les chevaux. Aux noces de leur roi Pirithoüs, ils se battirent contre les Centaures, et furent exterminés par Hercule.

LARA, naïade, fille du fleuve Almon. Jupiter n'ayant pu approcher Juturne, sœur de Turnus, parce qu'elle s'était jetée dans le Tibre, ordonna à toutes les naïades d'empêcher que Juturne ne se cachât dans leurs rivières. Toutes le lui promirent ; mais Lara déclara à Junon les infidélités de Jupiter. Celui-ci irrité de son indiscrétion, ordonna à Mercure de la conduire dans les enfers. Le dieu en fut épris, et la rendit mère de deux jumeaux, qui furent les dieux Lares (*Voy.* ce mot). C'est la même que Larande.

LARARIUM, espèce d'oratoire que les Romains consacraient aux dieux Lares. Chaque famille, chaque individu avait ses dieux

Lares. Le mot de Lares est absolument synonyme de celui de Pénates. Quand quelqu'un se réfugiait auprès de ses Pénates ou de ses dieux Lares, cet asile était inviolable, et quand une maison était incendiée ou détruite par quelque autre accident, on avait soin, avant tout, d'emporter avec soi ses Pénates, que l'on regardait comme son ange gardien.

LARENTALES, LAURENTALES, LARENTALIA, LAURENTINALIA, fête que l'on célébrait à Rome en l'honneur de Jupiter, le 10 des calendes de janvier, sur les bords du Tibre. Le prêtre qui y présidait s'appelait Larentalis-Flamen. Cette fête avait pris son nom soit d'Acca-Laurentia, nourrice de Romulus, soit de la fameuse courtisanne Acca-Laurentia, qui, en mourant, institua le peuple romain son héritier.

LARES. C'étaient, chez les Romains, les dieux domestiques. Ils étaient fils de Mercure et de la nymphe Lara ou Muta; quelques auteurs disent de la déesse Manie. Les anciens regardaient les dieux Lares comme les gardiens et les protecteurs des familles et des maisons; c'est pour cela qu'ils étaient héréditaires. Une loi des douze tables enjoignait à tous les Romains de célébrer, dans leur maison, les sacrifices de leurs dieux Lares. Les poètes les prennent souvent pour les maisons mêmes, et les confondent avec les dieux Pénates. On distinguait plusieurs sortes de Lares. On appelait *Lares familiares*, ceux qui protégeaient les familles, et présidaient aux maisons; *Lares præstites*, ceux dont la vigilance s'étendait à mettre en sûreté tout ce qu'il y avait dans la maison; c'était ceux-ci que l'on couronnait de fleurs, et que l'on couvrait de la peau d'un chien; souvent aussi on mettait près d'eux un petit chien, pour signifier qu'ils étaient les fidèles gardiens de la maison : *Lares parvi*, ceux qui habitaient la campagne et en protégeaient les habitans, et dont les statues n'avaient rien que de simple, soit pour la matière, soit pour la forme : *Lares publici*, étaient ceux qui veillaient à la conservation des villes et de l'état dont ils étaient les protecteurs : *Lares viales*, les Lares de chemin : *Lares urbani*, les Lares de ville : *Lares compitales*, les Lares des carrefours : *Lares hostiles*, les Lares ennemis : *les Lares publici*, étaient les rois et les princes qui, après leur mort, intercédaient auprès des dieux, pour le bonheur de l'état. Les vaisseaux avaient aussi leurs Lares marins, qui étaient Neptune, Thétys et Glaucus. Comme les dieux Lares passaient aussi pour être fils de la déesse Manie, les fous s'adressaient particulièrement à eux pour être guéris. On faisait des sacrifices aux Lares dans les maisons, dans les carrefours et dans les places publiques. On leur offrait les prémices des fleurs, des fruits, et on leur immolait ordinairement un cochon.

LARIDE et THYMBER étaient deux frères jumeaux; tous deux étaient fils de Daucus. Leur ressemblance était parfaite; mais Pallas y mit une cruelle différence: elle trancha la tête à Laride, et coupa la main droite de Thymber.

LARVES ou LEMURES. C'était des génies malfaisans, ou les ames des hommes inquiets, qui revenaient tourmenter les vivants. On les représentait ordinairement comme des vieillards sévères, ayant la chevelure courte, la barbe longue; et tenant en main, un oiseau de mauvais augure. On célébrait à Rome, pendant la nuit, au mois de mai, des fêtes appellées *Lemuries*, pour les appaiser. Pendant qu'elles duraient, on fermait les temples, et il n'était pas permis de se marier. Les cérémonies commençaient à minuit; le père de famille rempli d'une sainte terreur, courait pieds nus à une fontaine, où il se lavait trois fois, et s'en retournait jetant derrière lui des fèves noires qu'il avait dans sa bouche, en disant: *je me rachète, moi et les miens, avec ces fèves.* L'ombre qui suivait était censée prendre les fèves. Le père de famille frappait sur un vase d'airain, et priait l'ombre de sortir de la maison, en disant: *sortez, manes paternelles.* Après toutes ces cérémonies, la fête était dûment solemnisée.

LAS, noms que donnent aux anges, les peuples du Thibet. Ils les dépeignent les uns beaux, les autres laids, et leur font combattre les démons pour montrer ce qu'ils font contre les mauvais esprits en faveur des mortels. Ils les divisent en neuf ordres, tous incorporels, et les uns plus grands que les autres.

LAT (*Myt. ind.*), nom d'une statue qui était adorée par les Indiens dans la ville de Soummenat. Elle était d'une seule pierre, haute de cent verges, posée au milieu d'un temple soutenu par cinquante six colonnes d'or massif. Mahomet, fils de Sebectegin, ayant conquis la ville, brisa l'idole de ses mains, et substitua le mahométisme au culte de cette statue.

LATIAR, fête instituée par Tarquin-le-superbe, en l'honneur de Jupiter-Latiar. Ce dieu ayant fait un traité de paix avec les peuples du Latium, pour le consolider, ordonna que tous les ans tous les alliés du Latium s'assemblassent dans un temple pour y faire des sacrifices communs. On n'y passait qu'un jour; mais à différentes époques; le nombre s'en accrut jusqu'à quatre.

LATINUS, roi des Laurentins Aborigènes dans l'ancien Latium, fils de Faune et de Marica, eut d'Amate, sœur de Daunus, roi des Rutules, une fille appelée Lavinie, que l'oracle lui ordonna de marier à un prince étranger: il la donna en effet à Énée, qui était sorti de Troie pour s'établir en Italie. Turnus, roi des Rutules, à qui la princesse avait été promise, en fut si irrité, qu'il déclara la guerre au prince Troyen et au roi Latinus. La victoire s'étant déclarée pour Énée, il bâtit une ville du nom de Lavinie, épousa cette princesse, et succéda à Latinus.

LATIUM ou **PAYS DES LATINS.** C'est aujourd'hui la campagne de Rome. Son nom vient de *latere*; se cacher, parce que ce fut là que se réfugia Saturne, poursuivi par son fils Jupiter qui le chassait du ciel.

LATONE, fille du tyran Cœus et de Phœbé sa sœur, selon Hésiode, ou de Saturne, suivant Homère, fut aimée de Jupiter. Junon, jalouse, suscita contre elle le serpent Pithon, et fit promettre à la terre de ne lui donner aucune retraite. Mais Neptune, touché de compassion, fit sortir d'un coup de trident, du sein de la mer, l'île de Délos, où Latone, métamorphosée en caille, accoucha de Diane et d'Apollon. Junon ayant découvert sa retraite, l'obligea de sortir de l'île, et d'emporter ses deux enfans à la mamelle. Après avoir erré long-temps, elle arriva en Lycie, accablée de lassitude et de soif. Des paysans, à qui elle demanda à boire, troublèrent l'eau, pour qu'elle ne pût s'en servir, et Jupiter, irrité, les changea en grenouilles. Latone, après sa mort, fut mise au rang des déesses, et honorée par toute la terre, mais particulièrement en Égypte. Elle avait un oracle à Butis; et les femmes en couches lui adressaient des prières.

LAUDAMIE, sœur de Néréis. Ces deux princesses étaient restées seules du sang royal d'Épire. Néreis fut mariée à Gélon, fils du roi de Sicile, et Laudamie fut tuée au pied de l'autel de Diane, où elle cherchait un refuge. Mais les dieux la vengèrent; ils affligèrent de disgrâces continuelles ceux qui avaient commis ce sacrilége. Milon, son assassin, devint furieux, tourna sa rage contre lui, se déchira les entrailles et mourut le douzième jour de sa folie et de sa fureur.

LAURENTIA. *Voy.* ACCA-LAURENTIA.

LAURENTINS, peuples d'Italie, ainsi nommés d'un laurier consacré à Apollon, et qui était religieusement consacré dans le palais de leur roi. Celui-ci voulant bâtir son palais dans un lieu, y trouva un laurier et le consacra à Apollon.

LAURIER. C'est de tous les arbres celui qui fut le plus en honneur chez les anciens. Ils prétendaient que la foudre ne pouvait le frapper. Voulait-on avoir des songes sur la vérité desquels on pût compter, on mettait des feuilles du laurier sous son chevet; voulait-on porter bonheur à sa maison, on plantait un laurier devant sa porte. On mettait des branches de cet arbre à la porte des malades; on en couronnait les statues d'Esculape. Mais il était consacré spécialement à Apollon; on en ornait ses temples, ses autels et le trépied de la Pythie. Ceux qui revenaient de consulter l'oracle de Delphes, portaient sur leur tête une couronne de laurier, s'ils avaient reçu une réponse favorable. Les anciens prédisaient l'avenir, d'après le bruit que faisait le laurier en brûlant. Mais s'il brûlait sans aucun pétillement; c'était un mauvais signe. Les mythologues prétendent que le laurier était consacré à Apollon, à cause de l'aventure de Daphné; mais la véritable raison, c'est la croyance où l'on était que cet arbre communiquait l'esprit de prophétie, et l'enthousiasme poétique. Le laurier est le symbole de la victoire; il couronne la tête des plus chers favoris d'Apollon, dont les ouvrages sont consacrés à l'immortalité, dont son éternelle verdure est le symbole. On couronnait aussi de laurier les vainqueurs, et les Césars.

LAUSUS, jeune et beau guerrier, fils du cruel Mézence, donna la preuve la plus éclatante de son amour filial dans la guerre de Turnus contre Énée. Énée allait percer Mézence qui était déjà blessé, Lausus se jette entre eux deux, pare le coup, et donne à son père le temps de se mettre en sûreté. Mais Énée furieux, immola Lausus, victime de son amour pour son père.

LAUTHU (*Myth. chin.*), magicien tunquinois, qui assurait que sa mère l'avait formé et porté dans son sein pendant soixante dix ans, et qu'elle était cependant restée vierge. Ses disciples le regardaient comme le créateur de toutes choses. Sa morale n'est plus en vigueur. Le peuple seul la suit encore; les grands suivent celle de Confu-Tzée.

LAVATION, fête que l'on célébrait à Rome en l'honneur de Cybèle, dont on lavait la statue dans le fleuve Almon. Cette fête se célébrait le 26 de mars. On transportait la statue de la déesse dans un chariot, précédé d'une troupe de baladins qui chantaient des paroles obscènes et ridicules, et prenaient des postures lassives.

LAVERNE, déesse des voleurs, des marchands, des filous, des plagiaires, des fourbes et des hypocrites. Elle fut honorée à Rome d'un culte public; on lui adressait des prières en secret, et à voix basse. Elle avait près de Rome un bois consacré, que l'on appellait *Lavernium*, et la porte de Rome qui en était voisine s'appellait *Lavernale*. C'était-là que les brigands venaient faire leurs partages. Il y avait là une statue de la déesse, qui était un corps sans tête, ou une tête sans corps. On diffère sur ce point.

LAVINE, célèbre prophétesse, fille d'Anius, roi de Délos, suivit Énée en Italie. Ce fut, disent quelques-uns, de son nom, que Lavinium prit le sien, parce qu'étant morte, quand Énée fondait cette ville, elle y fut ensevelie.

LAVINIE, fille de Latinus et d'Amate, était recherchée par Turnus, roi des Rutues. Le devin Faune, ordonna à Latinus de ne marier sa fille qu'à un prince étranger. Énée vint, combattit Turnus qu'il vainquit, et épousa Lavinie. Veuve de ce prince, et Ascagne ayant succédé à Énée, craignant pour sa vie, elle quitta Laurente, et s'alla cacher dans les bois, où elle accoucha de Sylvius. Mais les murmures des Laurentins obligèrent Ascagne de la rappeller, et de lui céder la ville de Lavinium.

LAVINIUM, nom de la ville qu'Énée fonda en l'honneur de son épouse Lavinie. Le prodige suivant, d'après Denys d'Halicarnasse (liv. 1er) marqua la fondation de Lavinium. La forêt ayant été embrasée à l'improviste, et sans le secours de personne, un loup jeta dans le feu du bois qu'il tenait dans sa gueule, il allait toujours en chercher et l'y jetait toujours, un aigle survint, et battant des ailes, il l'augmenta : un renard au contraire, ayant mouillé sa queue dans l'eau d'un ruisseau, tachait d'éteindre le feu. Tantôt il avait le plus d'avantage, tantôt il en avait moins; mais enfin l'aigle et le loup demeurèrent vainqueurs, et le renard se retira tout honteux; Énée à la vue de cet événement, dit à ses troupes, que le peuple à qui il donnerait naissance, s'élèverait toujours avec la protection des dieux, malgré les efforts de l'envie qui tacherait d'éteindre et d'étouffer le germe de leur gloire. Tels furent les présages évidents de ce qui devait arriver à cette ville.

LAXIMI, femme de Whisnou. Les Indiens disent qu'elle n'a point d'essence qui lui soit propre, et ils portent son nom attaché au cou, ou au bras, pour leur servir de talisman.

LÉANDRE, jeune homme de la ville d'Abydos, sur la côte de l'Hellespont du côté de l'Asie, amant d'Héro, se noya en traversant ce détroit à la nage dans une nuit orageuse, pour aller rejoindre sa maîtresse. Virgile a décrit cette aventure, Géorgiques, liv. 3. *Voy.* Héro.

LÉARQUE, fils d'Athamas et d'Ino, fut victime de la haine que Junon avait conçue contre toute la race de Cadmus. Son père, dans un accès de fureur, l'écrasa contre un rocher croyant que c'était un jeune lionceau. *Voy.* Ino *et* Athamas.

LE-CAN-JA (*Myth. chin.*), cérémonie des Tunquinois, semblable à celle des Chinois, par rapport à l'agriculture. Le roi bénit la terre, fait beaucoup de prières et de jeûnes, et accompagné des grands de sa cour, vient de ses propres mains, labourer la terre, pour mettre l'agriculture en honneur par son exemple

LECANOMANTIE, divination par le moyen de pierres précieuses, et de lames d'or et d'argent que l'on jettait dans un bassin rempli d'eau. Après avoir conjuré les divinités infernales, par certaines paroles, on proposait la question dont on voulait la réponse. Alors du fond de l'eau il sortait une voix basse, qui contenait la solution désirée.

LÉCHIES (*Myth. slav.*), dieux des bois, qui répondent aux satyres. Quand ils marchent dans les forêts, ils se rapetissent à la hauteur de l'herbe; mais quand ils courent, ils sont aussi grands que les arbres et se mettent à pousser des cris lamentables. Souvent ils prennent la forme et la voix de voyageurs, et indiquent, à ceux qu'ils rencontrent, une fausse route qui les égare. A l'approche de la nuit, ils les emportent dans leurs antres, et les chatouillent jusqu'à la mort.

LECTISTERNE, cérémonie religieuse que l'on pratiquait à Rome dans des temps de calamité publique, et dont l'objet était d'appaiser les dieux. On dressait, dans un temple, une table splendidement servie, avec des lits somptueux à l'entour, sur lesquels on mettait les statues des dieux invités au festin : les déesses n'avaient que des siéges; mais les ministres de la religion, s'ils n'avaient pas l'honneur du festin, au moins, ils en avaient tout le profit, ils se régalaient entr'eux, aux dépens des superstitieux. Rac. *Lectus*, lit; *Sternere*, étendre.

LÉDA, fille de Thestius et de Laophonte, épousa Tyndare, roi de Sparte. Jupiter l'ayant aperçue se baignant dans l'Eurotas, se métamorphosa en cygne. Poursuivi par Vénus, déguisée en aigle, il alla se reposer dans le sein de Léda. Au bout de neuf mois, elle accoucha d'un œuf, d'où sortirent Pollux et Hélène. D'autres prétendent qu'elle accoucha de deux, et que dans le second étaient renfermés Castor et Clytemnestre. Les deux premiers furent regardés comme enfans de Jupiter, et les deux autres comme enfans de Tyndare.

LÉLAPE, c'est le nom du chien que Procris donna à Céphale, et qui s'étant mis à la poursuite du renard que Bacchus avait envoyé ravager le pays, fut, ainsi que le renard, changé en statue de marbre. Ce chien avait été formé par Vulcain, qui l'avait donné à Jupiter; celui-ci en gratifia Europe, et Minos l'ayant reçu d'elle, en fit présent à Procris.

LEMNIADES (les), femmes de l'île de Lemnos, qui tuèrent tous leurs maris en une nuit. *Voyez* Hypsipyle.

LEMNOS, île de la mer Égée, fameuse par la chute de Vulcain, qui y tomba lorsque Jupiter le précipita du ciel. Le dieu fut retenu en l'air par les Lemniens, qui l'empêchèrent ainsi de se briser, et en reconnaissance il établit ses forges dans leur île. Bacchus était aussi en grande vénération à Lemnos, ainsi que Diane; mais Vénus n'y était point aimée; cette déesse avait même pour l'île une aversion particulière, depuis qu'elle y avait été surprise avec Mars, par Vulcain, qui la donna en spectacle à tous les dieux.

LEMURES, *Voyez* Larves.

LÉONIME, *Voyez* Leucé.

LÉONTIQUES, fêtes que l'on croit les mêmes que les Mithriaques. Les initiés et les ministres y étaient déguisés sous la forme de divers animaux, et comme le lion est le roi des animaux, ces fêtes prirent le nom de *Léontiques*. On représentait dans ces fêtes, le soleil sous une figure à tête de lion rayonnante. *Voy.* Mithriaques.

LÉPRÉAS ou Lépréus, fils de Glaucon et d'Astydamie, avait comploté avec Augée de lier Hercule, lorsqu'il demanderait le prix de son travail. Hercule voulait se venger, mais Astydamie réconcilia son fils avec le héros. Lépréas depuis fit plusieurs défis à Hercule et fut constamment vaincu par lui, jusqu'à ce qu'un jour, plein de vin et de colère, il le défia de nouveau, et fut victime de son arrogance.

LÉPUS (le lièvre), constellation qui, au rapport d'Ératosthène, fut placé au ciel, à cause de la célérité d'un certain lièvre. Selon d'autres, ce lièvre y fut placé à cause d'Orion.

LERNE, marais dans le territoire d'Argos, où était l'hydre à plusieurs têtes, qu'Hercule défit, et où les Danaïdes jetèrent les têtes de leur maris, après les avoir égorgés. On prétend que cette hydre n'était autre chose qu'une citadelle défendue par cinquante hommes, sous le commandement de Lerne, chef de brigands.

LESBOS, île de la mer Égée, où l'on sacrifiait à Bacchus des victimes humaines. Elle est fameuse par la naissance de Sapho. On prétend qu'elle doit son nom à Lesbus, fils de Lapithès. Ses habitans étaient très-corrompus. Aussi était-ce faire une injure grave à quelqu'un que de lui dire qu'il vivait à la manière d'un Lesbien.

LESBUS, fils de Lapithès, fils d'Éole, épousa Methymne, fille de Macaris, et donna son nom à l'île depuis appelée Lesbos.

LESSU (*Myth. chin.*), saint, dont les Chinois conservent avec vénération les reliques dans la Pagode de Nantua. Cette pagode est le but d'un grand nombre de pélerinages.

LESTRIGONS, anthropophages qui habitaient en Italie, proche Gaiète. *Voy.* à l'article Antiphate, ce qui arriva chez ce peuple féroce à Ulysse et à ses compagnons.

LÉTHÉ ou LE FLEUVE d'OUBLI. C'était un fleuve des enfers, dont les ames qui devaient animer de nouveaux corps buvaient les eaux pour perdre le souvenir du passé. Cette fable est bâtie sur la signification du mot *léthé* qui, en grec, signifie *oubli*. Léthé était aussi le nom d'une fontaine sacrée de la Béotie, dont étaient forcés de boire ceux qui venaient consulter l'oracle de Trophonius.

LÉTHÉE et OLÈNE. Ces deux époux furent changés en rochers, en punition de l'arrogance de Léthée, qui s'était vantée d'être plus belle que les déesses.

LÉTHRA (*Myth. scand.*), pays de Zélande où les Danois s'assemblaient tous les neuf ans, au mois de janvier; là, ils immolaient aux dieux quatre-vingt-dix-neuf hommes, et autant de chevaux, de chiens et de coqs. Les prêtres de ces divinités étaient issus d'une famille qu'on appelait *la race de Bor*.

LEUCADE, île de l'Acarnanie, célèbre par le culte d'Apollon et le rocher de Leucate. Les uns prétendent qu'elle doit son nom à Leucas, compagnon d'Ulysse, qui y bâtit le temple d'Apollon-Leucadien; d'autres soutiennent que l'île et le promontoire durent leur nom à un jeune enfant nommé Leucas, qui se précipita du haut de cette montagne dans la mer, pour se soustraire aux poursuites d'Apollon: d'autres, enfin, ont avancé qu'Apollon n'était en si grande vénération dans l'île, que parce qu'il avait trouvé dans le rocher de Leucate une propriété particulière pour guérir les amans malheureux, et qu'il avait indiqué lui-même le saut du haut de cette roche dans la mer, comme un remède infaillible contre les tourmens d'un amour sans espoir. Suivant une ancienne coutume, tous les ans, le jour de la fête d'Apollon, on précipitait, du rocher de Leucate, un criminel condamné à mort; et s'il n'en périssait pas, on le bannissait à perpétuité, et on le chassait du pays. Peu à peu cet usage s'abolit, pour faire place à un autre plus singulier: nous voulons parler de ce fameux saut de Leucade, inventé, comme nous venons de le dire, par Apollon. Jupiter fut, dit-on, le premier qui en fit l'essai; Vénus l'imita; d'autres dieux suivirent cet exemple. Vint enfin le tour des mortels, et l'on ne peut croire jusqu'où s'éleva le nombre des amans infortunés qui venaient, de toutes les parties de la terre, visiter Leucade, et faire le saut du rocher pour se guérir de leur passion. On se disposait à cette périlleuse culbute par des sacrifices, des offrandes et des invocations à Apollon. Parmi ceux qui s'exposèrent à cette épreuve, on cite Deucalion, le poète Nicostrate, Artémise, reine de Carie, et surtout l'illustre Saphò. Le saut de Leucade fut fatal à toutes les femmes qui le firent; il n'y eut qu'un petit nombre d'hommes vigoureux qui le soutinrent heureusement. Eclairés par l'expérience, les hommes ne voulurent plus s'exposer à cette rude épreuve, que les femmes avaient depuis long-temps abandonnée, et l'on se contenta de jeter à la mer une somme d'argent, de l'endroit où l'on se précipitait auparavant. Si l'on n'obtenait pas une guérison assurée, du moins faut-il convenir que le remède était bien moins dangereux.

LEUCÉ, île du Pont-Euxin, où les anciens ont prétendu qu'habitaient les ames d'Achille, de Patrocle, d'Ajax et autres héros. Voici sur quoi était fondée cette opinion: Léonyme de Crotone, ayant été blessé dans une guerre contre les Locriens, l'oracle de Delphes lui prescrivit d'aller dans l'île de Leucé, où Ajax le guérirait. Il y fut, et guérit. A son retour, il assura que l'île était habitée par l'ombre d'Ajax et celles de tous les anciens héros.

LEUCIPPE, fille de Thestor, s'étant déguisée en prêtre pour aller à la recherche de son père et de sa sœur, les trouva dans la Carie, où des pirates les avaient conduits, et inspira sous ce nouvel habit une passion violente à sa sœur qui, n'ayant pu s'en faire aimer, pria Thestor de la tuer; mais Thestor l'ayant reconnue à temps, s'épargna, et à sa fille, ce grand crime. *Voyez* THÉONOÉ. — LEUCIPPE, surnom de Diane, à cause de son char, attelé de chevaux blancs, le même que Jupiter lui envoya dans le royaume de Pluton, pour la ramener dans l'Olympe. R. *Leucos*, blanc, *hippos*, cheval.

LEUCIPPUS, fils d'Œnomaüs, roi de Pise, devint amoureux de Daphné, et déguisé en fille se glissa au milieu de ses compagnes. Apollon, jaloux, inspira à Daphné l'envie de se baigner dans le Ladon, et Leucippus ayant été obligé de se deshabiller, fut reconnu, et percé de coups de poignard.

LEUCIS, poisson sacré que les pêcheurs immolaient à Bérénice, qui avait été divinisée pour obtenir une pêche abondante.

LEUCON, divinité que les Grecs, et surtout les Platéens, honorèrent par ordre de la Pythie.

LEUCONE, fontaine du Péloponèse, ainsi nommée de Leucone, fille d'Elphidas.

LEUCOPHYLE, plante fabuleuse qui venait dans le Phase, rivière de la Colchide. Elle avait une vertu admirable: celle d'empêcher les femmes de tomber dans l'adultère. On ne la trouvait qu'au point du jour, vers le commencement du printemps, pendant qu'on célébrait les mystères d'Hécate, et il fallait la cueillir avec la plus grande précaution.

LEUCOPHRYNE, surnom de Diane, pris d'un endroit sur les bords du Méandre, en Magnésie, où cette déesse avait une statue et un temple, où elle était représentée ayant plusieurs mamelles, et couronnée par deux victoires.

LEUCOSIE, syrène, donna son nom à une île de la mer Tyrrhénienne, sur la côte occidentale de l'Italie, où elle fut rejetée, lorsque les syrènes se précipitèrent dans la mer.

LEUCOTHÉE. *Voy.* INO et MÉLICERTE.

LEUCOTHOÉ, fille d'Orchame, septième roi de Perse depuis Bélus, et d'Eurynome, la plus belle personne de l'Arabie. Apollon charmé de sa beauté, prit la figure de sa mère, et sous ce déguisement, eut près d'elle un facile accès. Mais Clytie, sa sœur et sa rivale, en ayant averti le roi, celui-ci fit enterrer vivante sous un monceau de sable l'aimable et infortunée Leucothoé. Apollon n'ayant pu lui rendre la vie, parce que les destins s'y opposaient, arrosa le sable de nectar, et l'on en vit sortir aussitôt l'arbre qui donne l'encens.

LEUCTRUS, héros, donna son nom à la ville de Leuctres. Ses filles furent violées par des ambassadeurs spartiates. Elles se tuèrent de désespoir. Leuctrus se tua sur leur tombeau, après avoir proféré mille imprécations contre Sparte. Pélopidas, averti en songe qu'il fallait leur immoler une vierge rousse, leur sacrifia une cavale et gagna la bataille de Leuctres.

LEVANA. La déesse Levana présidait à l'action de celui qui levait un enfant de terre. A Rome, quand un enfant était né, on le mettait à terre; alors le père, ou quelqu'un de sa part le levait de terre et l'embrassait, sans quoi il passait pour illégitime.

LÉVIATHAN, poisson fabuleux, d'une grandeur démesurée,

puisqu'il peut en avaler un autre qui ne laisse pas d'avoir trois lieues de long. Suivant les Rabbins, ce poisson est destiné au repas du messie. — C'est aussi un des esprits qui présidaient aux quatre parties du monde suivant les magiciens. Il avait le midi dans sa dépendance. *Voyez* AMAIMON, ASTAROTH, LUCIFER.

LÉZARDS. Les Kamtschadales ont pour ces animaux une vénération superstitieuse. Ils les regardent comme les espions du dieu des morts, qui viennent leur annoncer la fin de leur vie.

LIA-FAIL, pierre fameuse que les anciens Irlandais faisaient servir au couronnement de leurs rois. Ils prétendaient qu'elle poussait des gémissemens quand les rois étaient assis dessus, lors de leur couronnement, et que partout où cette pierre serait conservée, il y aurait sur le trône un prince de la race des Scots. Elle fut enlevée par force, par Edouard, premier roi d'Angleterre, de l'abbaye de Scône, et ce prince la fit placer dans le fauteuil qui sert au couronnement des rois d'Angleterre, dans l'abbaye de Westminster, où l'on prétend qu'elle est encore.

LIBANOMANCIE, divination qui se faisait au moyen de l'encens. Si ce que l'on désirait devait arriver, l'encens s'allumait sur-le-champ, sinon, le feu s'en éloignait. Il n'y avait que la mort et le mariage, sur lesquels il n'était pas permis de consulter.

LIBATIONS, cérémonies d'usage dans les sacrifices, où le prêtre épanchait sur l'autel quelque liqueur, en l'honneur de la divinité à laquelle on sacrifiait. On faisait aussi des libations dans les traités, les mariages, les funérailles, et dans toutes les occasions importantes : on les faisait avec du vin pur, de l'huile, du miel, ou du lait. Le vase qui servait à faire les libations, se nommait *Libatorium* ou *Libæum*.

LIBENTIA, LIBENTINA, déesse des Romains. Ce mot venait de *libet, il plait*, parce que la déesse Libentia était la déesse de ce qui faisait plaisir. On donnait aussi à Vénus le nom de Libentine, et c'était à Vénus-Libentine que les filles devenues grandes, consacraient leurs poupées, et les amusemens de leur enfance.

LIBER et LIBERA. Varron, cité par St-Augustin, nous apprend que Liber et Libera étaient deux divinités qui présidaient, chacune respectivement à son sexe, à la formation des hommes.

LIBRE, surnom de Bacchus, pour la raison que l'on peut voir dans son article. *Voyez* BACCHUS.

LIBÉRALES, fêtes que l'on célébrait à Rome en l'honneur de Bacchus, surnommé Liber. Elles avaient lieu au 17 mars, et il ne faut pas les confondre avec les Bacchanales, quoique peut-être encore plus dissolues. Il s'y passait des choses infames, et que la pudeur force à ne pas révéler. Varron, qui entre dans le détail de toutes ces abominations, ajoute que de vieilles femmes couronnées de lierre, se tenaient assises à la porte du temple de Bacchus, avec des liqueurs qu'elles invitaient les passans à acheter, pour faire des libations au dieu. Nous soupçonnerions, nous, par la nature des cérémonies qui se pratiquaient pendant ces fêtes, et des symboles infames qu'on y exposait à la vénération publique, qu'elles furent instituées originairement en l'honneur du dieu Liber, présidant à la formation des hommes, et que ce ne fut que lorsque Bacchus reçut ce même surnom, qu'il devint l'objet de ces sacrifices, offerts d'abord à un autre dieu que lui. On y mangeait en public avec la liberté de tout dire.

LIBERTÉ, divinité adorée des Romains, qui lui bâtirent un temple sur le mont Aventin. On la représentait sous la figure d'une femme vêtue de blanc, tenant un sceptre d'une main, un casque de l'autre, et ayant auprès d'elle un faisceau d'armes et un joug rompu : le chat lui était consacré. Cette déesse était toujours accompagnée de deux autres qui s'appelaient *Adéone* et *Abéone*, parce que la liberté consiste à pouvoir aller et venir où l'on veut, Pendant notre révolution, la liberté avait été pour ainsi dire, divinisée. On lui donnait différents attributs.

LIBETHRA, ville située jadis au pied du mont Olympe, près de laquelle était le tombeau d'Orphée. L'oracle avait prédit que cette ville serait détruite dès qu'on verrait les os d'Orphée. Effectivement un berger s'étant un jour assis sur le tombeau du poëte, se mit à chanter d'une manière si délicieuse, que tous les habitans accoururent de la ville pour l'entendre. A force de se pousser les uns les autres, ils renversèrent la colonne qui était sur le tombeau, et le soleil vit les os d'Orphée. Dès la nuit suivante, un torrent descendit de l'Olympe, et engloutit la malheureuse Libethra. —LIBETHRA, fontaine de Magnésie, était située dans le voisinage d'une autre source nommée Laroche. Ces deux fontaines sortaient d'un gros rocher dont la figure imitait le sein d'une femme.

LIBITINE, déesse qui avait un temple à Rome, dans lequel se vendaient les choses nécessaires pour les funérailles. C'était la même que Proserpine, reine des enfers, que les Romains croyaient présider aux cérémonies lugubres. On tenait aussi dans son temple un registre exact de tous les morts ; et on y recevait une pièce d'argent pour chacun. Plutarque dit que Libitine était Vénus ; et que cette déesse ; qui présidait à la naissance des hommes ; présidait aussi à leur mort. On trouve le mot *Libitina* pour la mort, et pour la bierre dans laquelle on enfermait les morts.

LIBUM, espèce de gâteau en usage dans les sacrifices, il était composé de miel, de lait et de sésame.

LIBYE, fille d'Epaphus et de Cassiopée, eut de Neptune Agénor et Bélus, et donna son nom à la Lybie.

LIBYSSA, Cérès à Argos, parce que le premier grain qu'on séma dans le territoire avait été apporté de Lybie.

LICNOPHORES, ceux qui portaient le van dans les mystères de Bacchus. On prétendait que ce dieu avait eu pour berceau un van, d'où lui-même fut appelé *Licnites*. Licnophore a pour racines. *Lichos*, van, et *phero*, je porte.

LIBYSSINUS, surnom d'Apollon. On le lui donna pour avoir obligé les Lydiens qui étaient venus l'attaquer, à s'en retourner, en répandant la peste parmi eux.

LICYMNIUS, un des fils d'Electryon ou de Mars, étant encore fort jeune, se trouva à un combat où tous ses frères périrent. *Voy.* Éonus, Tlépolème.

LIERRE; cet arbre était spécialement consacré à Bacchus, pour deux raisons : la première c'est peut-être parce qu'il fut caché jadis sous cet arbre; la seconde, c'est que le lierre qui est toujours vert, marquait la jeunesse de Bacchus, qu'on disait ne point vieillir. Les anciens croyaient que le lierre était un préservatif de l'ivresse.

LIF, *vie* (*Myth. celt.*), est le nom de l'homme qui, suivant les Celtes, repeuplera l'univers quand il aura été dévoré par le feu.

LIFTHRASER (*Myth. celt.*), femme du précédent, doit produire une si nombreuse postérité que la Terre sera bientôt repeuplée.

LILÉE, Naïade, donna son nom à une ville de Phocide, dont les habitans allèrent au siége de Troie.

LILIT (*Myth. rabb.*) fut, selon les Rabbins modernes, la première femme d'Adam. Elle l'abandonna, disent-ils, parce qu'elle ne voulait pas se soumettre à son autorité. On la regarde comme un spectre de nuit, ennemi des accouchemens et des nouveaux nés.

LIMONA, fille d'Hyppomène, archonte de la ville d'Athènes, se laissa séduire par un amant. Son père, irrité, la renferma avec un cheval détaché, en défendant qu'on leur portât aucune nourriture; bientôt l'animal affamé dévora Limona. Ovide parle de cette fin tragique dans son poëme intitulé *Ibis*.

LIMUS ou LIMUM, bande d'étoffe, bordée en bas d'une pourpre en falbalas, qui enveloppait depuis la ceinture jusqu'à la cheville du pied. C'était le vêtement des victimaires, le reste de leur corps était nu.

LIMYRE, fontaine de Lycie, qui rendait des oracles par le moyen des poissons. S'ils se jettaient sur la nourriture, c'était un bon signe; il était mauvais, s'ils la refusaient.

LINDUS, ville de l'île de Rhodes, où les sacrifices à Hercule étaient accompagnés d'imprécations. Ces sacrifices eussent été regardés comme profanes, si, même sans le vouloir, on eût prononcé une parole de bon augure.

LINGAM. Les Indiens donnent ce nom à une représentation infame de leur dieu Ixora, que l'on ne saurait mieux comparer qu'au Phallus, ou Priape des Grecs et des Romains. *Voy.* l'origine de ce culte à l'art. Ixora.

LINUS de Chalcide, fils d'Apollon et de Therpsicore, ou, selon d'autres, de Mercure et d'Uranie, et frère d'Orphée, fut le maître d'Hercule, auquel il apprit l'art de jouer de la lyre. Il s'établit à Thèbes, inventa les *vers lyriques*, et donna des leçons au poète Thamire. Linus fut tué par Hercule, disciple peu docile, qui, las et impatient de sa sévérité, lui brisa un jour la tête d'un coup de son instrument. Selon d'autres mythologues, il fut mis à mort par Apollon, pour avoir appris aux hommes à substituer des cordes aux fils dont on montait alors les instrumens de musique. Quoi qu'il en soit, on lui attribue l'invention de la lyre. On trouve dans Stobée quelques *vers* sous le nom de Linus; mais il ne sont vraisemblablement pas de lui. — Linus, fils d'Apollon et de Psamathé, fille de Crotopus, roi d'Argos, fut dévoré dès son enfance par les chiens de son nourricier. — LINUS, Thébain, fils d'Isménius, passa pour avoir été le maître d'Hercule qui le tua d'un coup de lyre, parce qu'il avait contrefait la mauvaise grâce qu'il avait à toucher de cet instrument. On lui attribue différens ouvrages. Selon Diodore, il était l'inventeur de la mélodie.

LIODE, fils d'Œnops, devin, et l'un des prétendants de Pénélope, fut tué par Ulysse.

LION; en Égypte, il était consacré à Vulcain, à cause de son tempérament de feu. Ailleurs, il était consacré au Soleil, et à Rome, il devint un attribut de Vesta. Le char de Cybèle était attelé de deux Lions, et on portait une effigie de Lion dans les sacrifices de cette déesse.

LIPARUS, fils d'Auson, fut détrôné par ses frères, quitta l'Italie, et vint s'établir dans une des îles Éoliennes, à laquelle il donna son nom. Il maria sa fille Cyané à Éole.

LIRIOPE, Océanide, eut du fleuve Céphyse, qui l'avait enveloppée de ses eaux amoureuses, un enfant qu'elle nomma Narcisse, et qui fut aimé de l'amour. (*Voy.* NARCISSE).

LISSA, c'est dans Euripide le nom d'une espèce de furie que Junon envoya auprès d'Hercule, armée de serpens, pour lui inspirer les fureurs qui lui coûtèrent la vie.

LITUUS *augural*, bâton recourbé en forme de crosse, qui était la marque de la dignité augurale.

LITYERSES, fils de Midas, roi de Célènes en Phrygie, était très-riche en moissons, et en même temps le plus habile et le plus fort moissonneur qu'il y eût. Il forçait tous les étrangers qui passaient dans ses états à travailler à sa moisson, et ne leur donnait pas d'autre tâche que celle qu'il se donnait à lui-même. Elle était toujours au-dessus de leurs forces, et quand il les voyait épuisés, il leur tranchait la tête avec sa faux. Ce brigand fut tué par Hercule, au moment où il allait immoler Daphnis, dont il avait la maîtresse en sa puissance.

LIVRES *pontificaux*. C'étaient les livres de Numa, gardés par le grand-prêtre; ils traitaient des cérémonies de la religion: les *rituels* contenaient la science de prévoir l'avenir par le vol des oiseaux; les *aruspices* contenaient la science de deviner par l'inspection des entrailles des victimes; les *fulminants* traitaient de l'interprétation à donner aux éclairs et au tonnerre; les *fatals:* on supposait que le terme de la vie des hommes y était écrit; les *sybillins* avaient été composés par les Sybilles, et déposés dans le Capitole sous la garde des décemvirs.

LOCRUS, fils de Phéaso, roi des Phéniciens, et frère d'Antinoüs, vint en Italie où il fonda un état dont les habitans portent son nom. Il avait épousé Laurina, fille de Latinus, roi d'Italie, et fut tué par Hercule qui le soupçonnait injustement d'avoir aidé son beau-père à lui enlever les bœufs qu'il avait pris à Géryon.

LOKE, le mauvais principe, que les anciens Scandinaves mettaient au rang des dieux. Suivant l'Edda, Loke était aussi beau que méchant, et surpassait tous les mortels dans l'art des perfidies et des ruses. Il eut de Signie, sa femme, trois monstres, le loup Fenris, le serpent Mygdard et

Héla ou la Mort. (*Voy.* leurs articles.) Ce Loke fit la guerre aux dieux, qui le vainquirent, et l'enfermèrent dans une caverne fermée par trois pierres tranchantes, où il frémit de rage, avec tant de violence, qu'il cause les tremblemens de terre; il doit y rester prisonnier jusqu'à la fin des siècles; à laquelle époque il sera tué par Heimdall.

LOPHIS, fleuve de Béotie, qui se formait de plusieurs sources, et dont on raconte ainsi l'origine. Le territoire d'Haliarte manquait d'eau; un des principaux de la ville alla consulter l'oracle de Delphes, qui lui répondit de retourner à Haliarte et de tuer le premier qui s'offrirait à lui. Ce fut un jeune homme nommé Lophis, fils de Parthénomène qu'il vit le premier et qu'il perça d'un coup d'épée. Lophis, blessé, courut çà et là, et partout où son sang teignit la terre, il en sortit des fontaines qui donnèrent naissance au fleuve.

LOTOPHAGES; anciens peuples d'Afrique. Ulysse ayant été jeté par la tempête sur leurs côtes, y envoya deux de ses compagnons, auxquels les habitans firent manger du Lotus. Ceux-ci trouvèrent ce fruit si délicieux, qu'il fallut user de violence pour les faire revenir dans leurs vaisseaux, car ce fruit leur avait fait oublier, patrie, parens et amis.

LOTOS ou **LOTIS**, nymphe, fille de Neptune, qui, fuyant les poursuites de Priape, fut changée en un arbre nommé Lotus de son nom.

LOUP. Les Égyptiens l'avaient en grande vénération, parce qu'ils croyaient qu'Osiris s'était souvent déguisé sous la figure d'un loup. On l'adorait même à Lycopolis, qui signifie ville des loups. Le loup était aussi consacré à Apollon. Néanmoins, chez les Romains, l'apparition d'un loup traversant le chemin, était considérée comme de mauvais augure.

LOUVE. Les Romains, dit Lactance, rendirent à la louve des honneurs divins, parce qu'une louve avait sauvé Rémus et Romulus, en les allaitant quand ils furent exposés.

LOYAUTÉ (*Iconol.*); Cochin la représente sous la figure d'une femme qui tient son cœur dans une main, et dans l'autre, un masque brisé; tandis qu'elle en foule un autre sous ses pieds.

LUA; déesse à laquelle on consacrait les dépouilles des ennemis. On l'appelait ainsi de *luere*, expier; parce que cette offrande était regardée comme l'expiation du sang humain répandu.

LUCARIES, de *lucus*, bois sacré; fêtes que l'on célébrait à Rome dans un bois sacré, entre le Tibre et la voie Salaria, en mémoire de ce que les Romains s'y étaient cachés, pour se sauver des Gaulois: d'autres disent qu'elles provenaient du mot Lucar, qui était une offrande en argent que l'on faisait aux bois sacrés.

LUCIFER, était fils de Jupiter et de l'Aurore, selon les poëtes; suivant les astronomes, c'est la planète brillante de Vénus. Lorsqu'elle paraît le matin, elle se nomme Lucifer; mais on l'appelle Hesper, c'est-à-dire l'étoile du soir, lorsqu'on la voit après le coucher du soleil. Comme elle paraît avec l'Aurore, on a dit que Lucifer était l'Aurore, qu'il était conducteur des astres et qu'il attelait et dételait avec les Heures, les chevaux du soleil. Les chevaux de main, *desultorii*, étaient consacrés à ce dieu.

LUCINE. Cette divinité qui présidait aux accouchemens chez les Romains, était la même, selon quelques-uns, que Junon, et selon d'autres, que Diane. Cette Diane se nommait Lucifera. C'était les Grecs qui lui donnaient ce surnom. On lui donna le nom de Lucine, du mot *lux*, parce qu'on croyait qu'elle soulageait les femmes en travail dans leurs douleurs, et qu'elle leur faisait promptement mettre au jour leur fruit. On la représentait assise sur une chaise tenant de la main gauche un enfant emmailloté, et de la droite, une fleur. On lui donnait une couronne de dictame, parce que cette herbe passait pour favoriser les accouchemens.

LUDLAM, fameuse sorcière, dont l'habitation, suivant les habitans du canton de Surrey, en Angleterre, est située dans une caverne voisine du château de Farnham. Elle protégeait tous ceux qui imploraient sa protection.

LUGUBRE (*Myth. améric.*), oiseau du Brésil, dont on n'entend le cri funèbre que la nuit. Les Brésiliens croient qu'il est chargé de leur porter des nouvelles des morts.

LU-IN (*Myth. chin.*), grande feuille imprimée, dont le coin est signé de la marque du Bonze. On porte cette feuille aux funérailles des parents, dans une boîte scellée par le Bonze. C'est une espèce de passeport pour le voyage de ce monde à l'autre.

LUKI (*Myth. ind.*), déesse des grains chez les Gentous. On célèbre deux fêtes en son honneur, la première tombe le premier jeudi du mois de Décembre, et la seconde le dernier jour du même mois. Cette divinité a à peu près les mêmes attributs que Cérès.

LUNE, la plus grande divinité du paganisme, après le Soleil: Hésode la fait fille d'Hypérion et de Théa. Les Égyptiens et les Orientaux donnaient à la Lune les deux sexes. Astre, elle était du féminin; être mystique, c'était un dieu que tous les peuples adorèrent sous des noms différents. En Orient c'était *Celeste;* chez les Phéniciens, *Astarté;* chez les Égyptiens, *Isis*; chez les Perses, *Mylissa*; chez les Arabes, *Alilat;* à Rome, *Diane;* et chez les Grecs, *Sélène*. La Lune fut, ainsi que le Soleil, le premier objet de l'idolâtrie chez la plupart des nations, et l'on peut assurer que la plupart des divinités du paganisme se rapportent à ces deux astres. Elle était la même que Diane, Proserpine et Hécate. Les païens la mettaient au rang des dieux du ciel. Quand elle s'éclipsait, ils croyaient que c'était l'effet de quelque enchantement magique; c'est pourquoi ils faisaient un grand bruit en frappant sur des bassins d'airain, afin qu'elle ne pût entendre ces enchantemens. Elle avait deux temples à Rome, l'un sur le mont Palatin et l'autre sur le mont Aventin, où elle était honorée sous le nom de *Noctiluca*. La Lune chez les Péruviens, était regardée comme la sœur et la femme du soleil, et comme la mère de leurs Incas. Ils l'appellaient la mère universelle de toutes choses. Les Mahométans ont une grande vénération pour la Lune; ils la saluent dès qu'elle paraît, et lui présentent leurs bourses ouvertes, la priant d'y faire multiplier les espèces.

LUNUS. Dans *l'Explication des pierres gravées du Palais-Royal*,

M. Leblond démontre qu'il n'a point existé de dieu Lunus, et que le Dieu représenté sous la figure d'un jeune homme avec le bonnet phrygien et le croissant, n'est autre chose que le dieu Men ou Mois, dont nous parlerons à son article. Spartien est le premier qui ait imaginé d'appeler ce dieu Lunus, et c'est sur la foi de cet auteur, que les commentateurs se copiant successivement sans critique et sans examen, ont consacré l'erreur que M. Leblond combat avec succès dans son ouvrage déjà cité.

LUPERCAL, grotte située au pied du mont Palatin, dans laquelle Rémus et Romulus furent allaités par la louve. Elle avait été, dit-on, ainsi nommée, parce qu'elle était consacrée à Pan surnommé Lupercal, à cause qu'il préservait les bestiaux des loups. Peut-être serait-il aussi naturel de croire qu'elle dût son nom à la louve, nourrice des deux jumeaux?

LUPERCALES, fêtes que l'on célébrait à Rome, en l'honneur de Pan, au mois de février, et pendant lesquelles des jeunes gens tout nuds couraient les rues, tenant d'une main les couteaux avec lesquels ils avaient immolé des chèvres, et de l'autre, une courroie dont ils frappaient les passans. Les femmes, loin d'éviter leurs coups, s'y offraient, persuadées que cela les rendrait fécondes.

LUPERCES ou LUPERQUES, prêtres du dieu Pan. Ils étaient divisés d'abord en deux colléges, les Fabiens et les Quintiliens : Jules César y en ajouta un troisième qu'il nomma Juliens. Cette espèce de sacerdoce était si peu en honneur à Rome, que Cicéron reprocha à Antoine de l'avoir exercé.

LUSTRAL, jour où les enfans nouveaux-nés recevaient leurs noms et la lustration. C'était pour les mâles le neuvième jour, pour les femelles, le huitième après la naissance.

LUSTRALE (Eau), eau sacrée que l'on mettait à la porte des temples. C'était chez les Grecs une sorte d'excommunication que d'en être privé.

LUSTRALES, fêtes que l'on célébrait à Rome de cinq en cinq ans. C'est de là que vint l'usage de compter par lustres.

LUSTRATION, cérémonie sacrée, accompagnée de sacrifices par lesquels on purifiait les villes, les champs, les armées, les troupeaux, les personnes souillées de quelque crime ou de quelque impureté. Elles étaient publiques ou particulières, et se faisaient par l'eau, l'air ou le feu.

LUTIN, esprit malin qui ne paraît que de nuit, pour faire du mal et du désordre.

LYBAS, Grec de l'armée d'Ulysse. La flotte de ce prince ayant été jetée par une tempête sur les côtes d'Italie, Lybas insulta une jeune fille de Témesse, que les habitans de cette ville vengèrent en tuant le Grec. Mais bientôt les Témessiens, affligés d'une foule de maux, pensaient à abandonner entièrement leur ville, quand l'oracle d'Apollon leur conseilla d'apaiser les manes de Lybas en lui faisant bâtir un temple, et en lui immolant tous les ans une jeune fille. Ils obéirent à l'oracle, et Témesse n'éprouva plus de calamités. Quelques années après, un brave athlète, nommé Euthyme, s'étant trouvé à Témesse dans le temps qu'on allait faire le sacrifice annuel, entreprit de combattre le génie de Lybas, et d'arracher à la mort la victime qui y était dévouée. Le spectre parut, en vint aux mains avec l'athlète, fut vaincu, et de rage alla se précipiter dans la mer. Les Témessiens, délivrés de ce fléau, rendirent de grands honneurs à Euthyme, qui épousa la jeune fille qui lui devait la vie.

LYCAMBE, de l'île de Paros, père de Niobule, promit sa fille en mariage au poète Archiloque, mais ayant manqué à sa parole, il irrita ce poète irascirble, qui fit contre lui, des vers pleins de fiel et de rage. Lycambe se pendit de désespoir.

LYCANTHROPE, être fantastique que les Démonographes disent être un homme que le diable couvre d'une peau de loup, et qu'il fait errer par les villages et les campagnes. C'est à peu près la même chose que le loup-garou.

LYCAON, roi d'Arcadie, était fils de Pélagus, et selon d'autres de Titan et de la terre. Ovide raconte que Jupiter, voyageant sur la terre, était descendu chez Lycaon, où les peuples allaient le reconnaître comme dieu. Mais le prince arcadien, se moquant de leur crédulité, leur dit qu'il saurait bientôt s'il avait reçu chez lui un dieu ou un homme. Il tenta d'abord de tuer Jupiter pendant qu'il dormait; mais n'ayant pu exécuter son attentat, il fit égorger un des ôtages que les Molosses lui avaient envoyés, et ayant donné ordre qu'on en fit bouillir les membres et rôtir le reste, il le présenta sur sa table à Jupiter. Le père des dieux, irrité d'une telle barbarie, fit descendre la foudre sur le palais du tyran, et le réduisit en cendres. Lycaon effrayé s'enfuit dans les bois, où il fut changé en loup. *V.* Arcas. — Il a existé plusieurs autres Lycaon; un, frère de Nestor, qui fut tué par Hercule; un autre, fils de Priam et de Laóthoé. Vendu à Lemnos, racheté par Eétion, il revint à Troie, et y passa onze jours à célébrer avec ses amis son heureuse évasion; mais le douzième il tomba entre les mains d'Achille, qui le tua. — Lycaon, célèbre ouvrier de Gnosse, avait fait pour Iule, une épée dont la poignée était d'or et le fourreau d'ivoire. Iule fit présent de cette épée à Euryale.

LYCAS, capitaine latin, fut consacré au dieu de la médecine, parce qu'en naissant, il avait été tiré du sein de sa mère, déjà morte, et qui était tombée sous les coups d'Énée.

LYCÉES, fêtes d'Arcadie, accompagnées de jeux, où le prix du vainqueur était une armure d'airain. On appelait aussi Lycée, une fête que l'on célébrait à Argos en l'honneur d'Apollon, qui avait chassé les loups du pays.

LYCHAS, est le nom de l'esclave qui présenta à Hercule, de la part de Déjanire, qui avait conçu de la jalousie contre Iole, la robe du centaure Nessus. A peine le héros l'eut-il sur son corps, qu'il sentit le poison s'insinuer dans ses veines. Alors, devenu furieux, il saisit Lychas, et le lança dans la mer, où il périt; mais les dieux en eurent compassion, et le changèrent en rocher, que les matelots montraient dans la mer d'Eubée, et dont ils n'osaient approcher, comme s'il eut conservé encore quelque sensibilité.

LYCIE, nymphe, aimée d'Apollon, eut de lui un fils, nommé *Icadius*. — Lycie, province de l'Asie mineure, célèbre par les oracles d'Apollon, et par la fable de la Chimère.

LYCIMNIA, esclave d'un roi de Méonie, auquel elle donna un fils nommé *Hélénor*, qui fut élevé secrètement, et envoyé, contre les lois de la milice, au siége de Troie.

LYCIUS. Danaüs avait fait élever un temple magnifique à Apollon-Lycius ou le loup, parce que disputant à Gélanor la couronne d'Argos, un loup ayant terrassé un taureau, il fit accroire aux Argiens, qu'Apollon avait, par ce prodige, décidé en sa faveur.

LYCOMÈDE, roi de Scyros et père de Déidamie. Ce fût chez lui qu'Achille fut envoyé par sa mère Téthis, pour qu'il fût dispensé d'aller au siége de Troie. Thésée, fils d'Égée, obligé de quitter Athènes, se réfugia auprès de lui. Mais ce prince gagné par Mnesthée, le mena sur le plus haut rocher, et l'en précipita.

LYCOMIDES, famille sacerdotale d'Athènes, consacrée au culte de Cérès-Éleusine.

LYCOPHRON, fils de Périandre, roi de Corinthe vers l'an 628 avant J.-C., n'avait que dix-sept ans lorsque son père tua Mélise, mère de ce jeune homme. Proclus, son aïeul maternel, roi d'Épidaure, le fit venir à sa cour, avec son frère nommé Cypsèle, âgé de dix-huit ans, et les renvoya quelque temps après à leur père, en leur disant : « Souvenez-vous qui a tué votre mère ! » Cette parole fit une telle impression sur Lycophron, qu'étant de retour à Corinthe, il s'obstina à ne point vouloir parler à son père, Périandre, indigné, l'envoya à Corcyre (aujourd'hui Corfou), et l'y laissa sans songer à lui. Dans la suite, se sentant accablé des infirmités de la vieillesse, et voyant son autre fils incapable de régner, il envoya offrir à Lycophron son sceptre et sa couronne ; mais le jeune prince dédaigna même de parler au messager. Sa sœur, qui se rendit ensuite auprès de lui pour tâcher de le gagner, n'en obtint pas davantage. Enfin, on lui envoya proposer de venir régner à Corinthe, et que son père irait régner à Corfou. Il accepta ces conditions ; mais les Corcyriens le tuèrent, pour prévenir cet échange qui ne leur plaisait pas.

LYCORÉE ou LYCORIS, ville de Phocide sur le Parnasse, antérieure à Delphes, qu'on éleva sur ses ruines. Lycorée eut pour fondateur Lycorus, fils d'Apollon et de la nymphe Corycie, et l'on prétend qu'il bâtit cette ville à l'endroit où s'était arrêtée la barque de Deucalion, après le déluge connu sous son nom.

LYCORUS, fils d'Apollon et de Corycie, bâtit une ville sur le mont Parnasse, après le déluge et à l'endroit même où s'était arrêtée la barque de Deucalion et Pyrrha. Il lui donna le nom de Lycoris.

LYCURGUE, fils de Dryas, roi de Thrace, ayant un jour poursuivi, sur la montagne de Nysse, les nourrices de Bacchus qui célébraient ses orgies, les dispersa tout épouvantées. Peu après, en taillant ses vignes, pour animer ses ouvriers, il se coupa les deux jambes d'un coup de hache, ce qui fut regardé comme un effet de la vengeance de Bacchus. — Lycurgue, roi de Thrace. Ses sujets s'abandonnant à l'ivrognerie, il fit arracher toutes les vignes de ses états ; ce qui a donné lieu aux poètes de dire qu'il avait déclaré la guerre à

Bacchus, et l'avait forcé de passer la mer et de se réfugier dans l'île de Naxos; mais que ce dieu, irrité de son impiété, l'avait transporté d'une telle fureur, qu'il s'était cassé les jambes. — LYCURGUE, fils de Phérès, roi de Thessalie, et frère d'Admète, institua les jeux Néméens, en mémoire de son fils tué par un serpent, pendant que sa nourrice montrait une source aux Épigones. — LYCURGUE, un des amans d'Hippodamie, dont Œnomaüs triompha. — LYCURGUE, fils d'Hercule et de Praxitée. — LYCURGUE, géant qu'Osiris tua dans la Thrace.

LYCUS, roi de Béotie, avait d'abord épousé Antiope, fille du roi Nictée; qu'il répudia lorsqu'il fut instruit de ses amours avec Jupiter, changé en satyre; puis il se maria avec Dircé. Celle-ci, craignant que son mari ne reprît sa première femme, la fit enfermer dans une étroite prison; mais Jupiter, touché de compassion, la mit en liberté. Alors elle se réfugia sur le mont Cithéron, où elle accoucha d'Amphion et de Zéthus, qui furent élevés par un berger du voisinage. Dans la suite, ayant été instruits de leur naissance, ils tuèrent Lycus et Dircé. *Voy.* AMPHION et DIRCÉ. — LYCUS, citoyen banni de Thèbes, voulant, pour exécuter ses desseins ambitieux, profiter du temps qu'Hercule était descendu aux enfers, avait déjà fait mourir le roi Créon, et s'était emparé de la royauté. Il était même sur le point de faire violence à Mégare, femme d'Hercule, lorsque ce héros arriva pour tuer le tyran; mais Junon, qui protégeait Lycus et haïssait Hercule, irritée de ce qu'il l'avait fait mourir, lui inspira un si grand accès de fureur, qu'ayant perdu le sens, il massacra Mégare et ses enfans. — LYCUS, fils de Pandion, frère d'Égée, et oncle de Thésée, donna son nom aux Lyciens. — LYCUS, roi de Lybie, immolait des étrangers. Diomède ayant échoué sur les côtes de ses états, le tyran le jeta dans un cachot d'où il fut délivré par Callirhoé, fille de Lycus, qui se pendit de désespoir, voyant que Diomède l'abandonnait. — LYCUS, roi des Maryandiniens, fils de Neptune et de Céléno, donna l'hospitalité aux Argonautes. Hercule le tua, pour pouvoir plus librement satisfaire ses désirs sur Mégare, femme de Lycus, dont il était amoureux.

LYDIEN, ancien mode de musique, sur lequel Orphée apprivoisa les animaux, et Amphion bâtit les murs de Thèbes.

LYNCÉE, fils d'Aphareus, un des argonautes qui accompagnèrent Jason à la conquête de la toison d'or. Sa vue était si perçante, selon la fable, qu'il voyait au travers des murs, et découvrait même ce qui se passait dans les cieux et dans les enfers. L'origine de cette fable vient apparemment de ce que Lyncée enseigna le moyen de trouver les mines d'or et d'argent, et qu'il fit des observations nouvelles sur l'astronomie. Il tua Castor, et fut tué par Pollux.

LYNCÉE, l'un des cinquante fils d'Égyptus, épousa Hypermnestre, l'une des cinquante filles de Danaüs, roi d'Argos; cette princesse ne voulut pas l'égorger la nuit de ses noces, à l'imitation de ses autres sœurs, et aima mieux désobéir à son père que d'être cruelle envers son mari. Horace met dans la bouche de cette femme un discours touchant:

« Lève-toi, dit-elle à Lyncée, de peur que tu ne trouves la mort dans les bras de la volupté. Je veux te soustraire à la barbarie de mon père et de mes sœurs. Dans ce moment même, ces lionnes déchirent les innocentes brebis, qui trompées par l'amour, sont venues se livrer à leur rage. Moi, je ne suis ni cruelle, ni perfide, et je t'aime: je veux te sauver. Que mon père m'en punisse par les plus rudes châtimens, il n'en est aucun dont on ne puisse se consoler par le plaisir d'avoir fait du bien. Adieu! fuis, je t'en conjure par notre mutuelle tendresse. Que la nuit te prête ses sombres voiles, et te procure un heureux asile! Puissions-nous un jour être réunis! Puissent nos cendres être déposées dans la même urne! Puisse notre amour servir de modèle à la postérité! » Lyncée, échappé au danger, arracha le trône et la vie à son beau-père.

LYNCESTIUS AMNIS, fleuve de Macédoine, dont on ne pouvait boire l'eau, comme si l'on eut bû trop de vin.

LYNCIDE, renversa Hypsée dans le combat livré à l'occasion de l'hymen de Persée et d'Andromède.

LYNCUS ou **LYNX**, roi de Scythie, prince barbare et cruel, qui donna l'hospitalité à Triptolême, que Cérès avait envoyé par tout l'univers pour apprendre aux hommes à cultiver les terres, les ensemencer, et à faire usage des fruits. Lorsqu'il eut appris le nom de son hôte, sa patrie, et le sujet de ses voyages, il forma le dessein de le tuer pour s'attribuer la gloire d'une si belle invention. Mais, dans le moment où il allait exécuter son crime, Cérès le changea en lynx, bête féroce de son nom.

LYNX, animal fabuleux, consacré à Bacchus. Il passait pour avoir la vue très-perçante. De là cette expression proverbiale, *il a des yeux de lynx.*

LYRCÉUS, fils naturel d'Abas, donna son nom à la ville de Lyncée dans l'Argolide. Elle avait pris ce premier nom de Lyncée qui s'y était refugié après avoir été sauvé par Hypermnestre (*Voy.* ce nom).

LYRE, instrument de musique de forme triangulaire, très-fameux chez les anciens. On en attribue l'invention à Mercure, à Amphion et à Apollon; et Orphée fut un des premiers qui s'en servit. La Lyre était l'attribut d'Apollon. — LYRE (la), constellation. C'était la Lyre d'Orphée, que Jupiter, sollicité par les Muses, mit au rang des astres.

LYSIDICE, fille de Pélops et d'Hippodamie, femme d'Electryon, et mère d'Alcmène. Suivant d'autres, elle est femme de Mestor, fils de Persée, roi de Tirinthe.

LYSSA, c'est-à-dire la rage, fille de la nuit. On la regarde comme une quatrième furie, et on la représente comme les autres, avec des serpens qui sifflent sur sa tête.

MACA MACR

Ma, une des femmes qui suivaient Rhée. Jupiter la chargea de l'éducation de Bacchus. Les Lydiens adoraient Rhée sous le nom de Ma. — Ma (*Myth. jap.*), *Esprit malin.* Les Japonais sintoïstes, donnent ce nom au renard, qui cause de grands ravages dans leur pays.

MABOIA, c'est le nom que donnent les Caribes ou Caraïbes, à un mauvais principe auquel ils rendent hommage. Ils lui attribuent tous les événemens sinistres, les tempêtes, les tonnerres, les inondations, les épidémies, etc.

MACAR, fils du Soleil et de la nymphe Rhode, donna à l'île de Lesbos le nom de Macarie.

MACARÉE, fils d'Éole, ayant commis un inceste avec sa sœur, celle-ci se tua, et Macarée se réfugia à Delphes, où il fut admis parmi les prêtres d'Apollon. — Macarée, fils de Crinacus et petit-fils de Jupiter. — Macarée, fils de Jason et de Médée. — Macarée, fils de Lycaon, donna son nom à une ville d'Arcadie.

MACARIE, fille d'Hercule. Après la mort de ce héros, Eurysthée persécuta ses enfans et chercha les moyens de les faire périr. Ils se réfugièrent à Athènes, près de l'autel de la Miséricorde; les Athéniens ne voulurent pas les livrer à Eurysthée, qui, piqué de ce refus, leur déclara la guerre. L'oracle, consulté, répondit que si quelqu'un des Héraclidés voulait se dévouer aux dieux des enfers, les Athéniens remporteraient la victoire sur leur ennemi. Macarie, ayant appris la réponse de l'oracle, se dévoua. Les Athéniens par reconnaissance, lui élevèrent un tombeau qu'ils ornèrent de fleurs et de couronnes.

MACÉDON, fils d'Osiris, et selon d'autres, petit-fils de Deucalion, donna son nom à la Macédoine. Diodore de Sicile dit qu'il était un des généraux d'Osiris, et qu'il portait une peau de loup pour armure.

MACHAON, célèbre médecin, fils d'Esculape et frère de Podalire, accompagna les Grecs au siége de Troye, et y fut tué par Euripilé, suivant Q. Calaber.

MACOCHE ou MOCOCHE (*Myth. slav.*), divinité de Kiew, dont on ne connaît guère que le nom. Les auteurs ne font mention de lui qu'avec les autres dieux, auxquels, le grand prince Wladimir fit ériger des autels.

MACRIS, fille d'Aristée, donna l'hospitalité à Bacchus après que Mercure l'eut retiré du milieu des flammes et lui fit prendre du miel. Junon irritée contr'elle, la persécuta et la força de quitter l'île d'Eubée. Macris se réfugia dans l'île de Phéacie.

MAGANTIUS, troyen, échappa aux flammes dont la ville de Troie devint la proie. Une chronique fabuleuse lui attribue la fondation de Mayence, parce que dans d'anciennes chroniques, cette ville est appelée *Magantia.*

MAGES, ministres de la religion chez les Perses. Ils jouissaient d'une grande considération, soignaient l'éducation des princes, et faisaient subir un examen aux rois, avant qu'ils fussent couronnés. Les Mages croyaient que les ames, après la mort, passaient par sept portes, ce qui durait des millions d'années, avant d'arriver au soleil, le séjour des bienheureux. Ils rendaient au feu un culte religieux, et ce même culte, fondé par Zoroastre, et que l'on nomme *Magisme*, subsiste encore aujourd'hui chez les Guèbres, et dans quelques contrées de l'Asie.

MAGIE, l'art prétendu de produire des choses au-dessus du pouvoir de l'homme, par le secours des dieux, au moyen de certaines paroles et cérémonies. La magie date de la plus haute antiquité.

MAGNÈS, fille d'Éole et d'Anarète, donna son nom à la Magnésie, sur laquelle il régnait. Son fils Alector lui succéda — MAGNÈS, grand poëte, et fameux musicien, né à Smyrne, eut un grand crédit à la cour de Gygès, roi de Lydie. — MAGNÈS, jeune homme au service de Médée, fut changé par elle, en pierre d'aimant.

MAHADÉVA (*Myth. ind.*), le même que Shiva, (*Voy.* SHIVA). Sous ce premier nom, il est regardé comme le chef des dieux.

MAHASUMDERA (*Myth. ind.*), femmes qu'on voit à genoux dans les temples de Gaudma au Pégu. Les Indiens croient qu'elle protégera le monde jusqu'à sa destruction, et qu'alors ce sera elle qui replongera l'univers dans le chaos d'où il est sorti.

MAHOMET, prophète, législateur, conquérant et souverain des Arabes, naquit de parents pauvres, mais nobles, l'an de J.-C. 578. Son père se nommait *Abdol'lah*; sa mère, qui était juive, *Amenah.* Privé fort jeune de ses parens, Mahomet fut élevé par son oncle *Abu-Taleb.* Lorsqu'il fut âgé de vingt-cinq ans, une riche veuve, nommée Kadigia ou Kadisha, le choisit pour facteur, et l'envoya en Syrie, conduire plusieurs chameaux chargés de marchandises, afin d'y vendre ces marchandises, et d'en rapporter de nouvelles. Ce fut dans ce voyage, qui a fait dire à quelques auteurs qu'il avait été conducteur de chameaux, que Mahomet lia connaissance avec un moine nestorien nommé Sergius, et un hérétique jacobite appelé Batiras, et que, de concert avec eux, il compila son alcoran. A son retour de Syrie, Kadigia, sa maîtresse, se prit de passion pour lui, et l'épousa. Ce fut alors qu'il s'occupa d'exécuter le plan qu'il avait conçu dans le voyage de Syrie. Et d'abord il se mit à débiter qu'il avait reçu de Dieu la mission de renverser les idoles, abolir leur culte, et donner aux hommes une nouvelle loi. Sa femme, Aboubekre son beau-père, Ali son cousin, et plusieurs autres de ses parens, flattés de la considération qu'ils espéraient obtenir, le secondèrent de tout leur pouvoir. Chassés de la Mecque, Mahomet et ses partisans se réfugièrent à Médine, où ils rassemblèrent un grand nombre de gens sans aveu, à la tête desquels Mahomet se mit à exercer sa prétendue mission. Par sa valeur et son génie, il vint à bout de soumettre toute l'Arabie à sa religion, et, avant de mourir, il eut la jouissance de voir ses projets couronnés du plus heureux succès. Pour établir la divinité de sa religion, il avait imaginé de dire que l'alcoran lui était envoyé de la part de Dieu, par l'ange Gabriel, qui venait, une fois l'année, lui révéler les points de foi omis l'année précédente. Cet ange Gabriel n'était autre qu'un pigeon qu'il avait instruit à venir lui becqueter des grains dans l'oreille. Il n'y eût pas jusqu'aux attaques d'épilepsie, auxquelles il était sujet, dont il ne tirât avantage, en persuadant au peuple que c'étaient autant d'extases par lesquelles il était ravi au sein de Dieu. Après sa mort, son tombeau fut placé dans la grande mosquée de Médine. *Voyez* MÉDINE, HÉGIRE, KORAN.

MAHOMÉTISME, religion de Mahomet. Elle comprend aujourd'hui presque toute l'Afrique et l'Asie, et la partie de l'Europe habitée par les Turcs. Elle se réduit à deux points, l'unité de Dieu et la mission de Mahomet. Le premier renferme les articles suivans : croire en Dieu, aux anges, aux écritures, aux prophètes, à la résurrection, etc. ; le second a pour objet la prière, les ablutions, le jeûne du Ramadan, et le pélerinage de la Mecque.

MAIA, fille d'Atlas et de Pléione ; elle fut aimée de Jupiter, et en eut Mercure. Ce dieu lui donna à nourrir Arcas, qu'il avait eu de la nymphe Calysto. Junon, déjà irritée contre Maïa, lui aurait fait sentir sa colère, si Jupiter ne l'eût soustraite à sa vengeance, en la plaçant au ciel à la tête des sept Pléïades, dont elle était la plus brillante. Il y a des auteurs qui disent que le mois de mai a pris son nom de cette déesse, parce que tous les marchands offraient en ce mois des sacrifices à Maïa et à Mercure. D'autres prétendent que la Maïa à qui le mois de mai est consacré est la même que la déesse Tellus ou la Terre.

MAIS (*Myth. ind.*), est le troisième substitut de Wihsnou, suivant la doctrine d'une des sectes des Banians ; son pouvoir s'étend surtout sur les morts. — MAÏS (*Myth. mexic.*), au Mexique, les prêtres faisaient de longues processions pour bénir le Maïs. Ils l'arrosaient du sang tiré des parties viriles.

MAKEMBA, idole des noirs du Congo, dont l'emploi est de présider à la santé du roi. On l'adore sous la figure d'une natte.

MALÉANDRE, roi de Biblos, où les flots avait porté le coffre dans lequel Typhon avait renfermé les membres d'Osiris, et à la cour duquel Isis se réfugia quelque tems.

MALVINA, *Voyez* OSSIAN.

MAMANIVA, idole monstrueuse des Banians. Tous ses adorateurs sont marqués au front avec du vermillon, et regardent ce signe comme un talisman, contre la puissance des esprits infernaux.

MAMONE, dieu des richesses chez les Phéniciens, le même que Plutus chez les Romains. *Voyez* ce mot.

MANA, déesse des Romains, présidait aux maladies des femmes. On lui sacrifiait des chiens encore à la mamelle, parce que cette chair est plus pure que toutes les autres.

MANAR-SUAMI (*Myth. ind.*), divinité aujourd'hui inconnue, qu'on croit être la même que Shiva. Ses temples qui sont très petits, sont dans les champs.

MANCO-CAPAC, fondateur et législateur de l'empire du Pérou, y introduisit le culte du soleil. Avant son arrivée, les Péruviens étaient plongés dans la plus grossière et la plus barbare superstition ; ils immolaient à leurs idoles des victimes humaines, et quelquefois leurs propres enfans. Manco-Capac conçut qu'il fallait à l'aide de quelque mensonge adroit, frapper l'esprit de ces barbares. En effet, il se présenta aux Péruviens dans un équipage radieux, se dit fils du Soleil, et envoyé par son père pour établir son culte dans le pays. On crut Manco-Capac, et il établit sans difficulté, au Pérou, le culte du Soleil, civilisa les habitans, et acquit par ses bienfaits toutes sortes de droits à leur reconnaissance. Ainsi fut fondé le fameux empire des Incas. Les lois de Manco ne se bornaient pas à la religion ; il fonda sur des lois sages le gouvernement civil de son empire, et mourut en grande vénération parmi ses sujets, qui, après sa mort, le mirent au rang des dieux.

MANDUCAS, espèce de marionnette hideuse. C'étaient certains personnages, que les romains produisaient à la comédie ou dans d'autres lieux publics pour faire rire les uns et effrayer les autres. Les mères se servaient de leur nom pour épouvanter les enfans.

MANE, le Noé de la mythologie indienne, fut sauvé au jour du déluge universel, en récompense des vertus qu'il avait seul pratiquées au milieu de la corruption de son siècle. Un jour qu'il se baignait, Dieu se présenta à lui sous la forme d'un petit poisson, et lui dit de le prendre. Mâne l'ayant fait, et le voyant grossir dans sa main, le mit dans un vase, où il grossit encore avec tant de promptitude, que le mâne fut contraint de le porter dans un grand bassin, de là dans un étang, puis dans le Gange, et enfin dans la mer. Alors le poisson lui apprit que tous les hommes allaient être noyés dans les eaux du déluge, à l'exception de lui Mâne Râja. Il lui ordonna de prendre à cet effet une barque qui se trouvait sur le rivage, de l'attacher à ses nageoires, et de se mettre dedans. Mâne, ayant obéi, fut sauvé de la sorte, et le poisson disparut. Tout cela fut fait en sept jours.

MANES, les ombres ou les ames des morts. Il y a des auteurs qui disent que c'étaient les génies des hommes ; d'autres, des divinités infernales, et généralement toutes celles qui présidaient aux tombeaux. Les païens croyaient que les mânes étaient malfaisans, et ne se plaisaient qu'à tourmenter les vivans. Ils les apaisaient par des libations et par des sacrifices. La fête des mânes se célébrait au mois de février, et durait douze jours.

MANÈS, fils de Jupiter et de la Terre, époux de Callirhoé, fille de l'Océan, donna le jour à Cotys et fut successeur de Méon au royaume de Lydie.

MANIA, déité romaine, qu'on regardait comme la mère des Lares. Le jour de sa fête, on lui offrait autant de figures de Lares qu'il y avait de personnes dans chaque famille.

MANICAVASSER (*Myth, ind*), ministre de Pandi-Rajah, roi de Maduré, fut initié dans les mystères de Shiva, par ce dieu lui-même, qu'il avait reconnu, quoique Shiva se fût présenté à lui sous la figure d'un Brahme. C'est à l'occasion de ce miracle, qu'on célèbre tous les ans la fête d'Avani-Moulon, qui arrive dans le mois d'Avani, lequel répond au mois d'août.

MANITOU, c'est le nom que la plupart des sauvages d'Amérique donnent à certain esprit qu'ils s'imaginent être renfermé dans toutes les créatures vivantes et inanimées. Chaque sauvage choisit pour sa divinité, le premier objet qui frappe sa vue, et l'honore comme sa divinité tutélaire.

MANMADIN (*Myth. ind.*), *qui excite le cœur*. C'est le dieu de l'amour. Ils est fils de Vihsnou et de la déesse des richesses. Il diffère peu du Cupidon des anciens.

MANNUS, fils de Tuiston, était honoré comme un dieu chez les peuples de la Germanie qui le regardaient comme un de leurs fondateurs. Il eut trois fils dont chacun donna son nom à différentes peuplades, les Ingévones, les Herminones et les Istévones.

MANTO, fille de Tirésias, et fameuse devineresse, ayant été trouvée parmi les prisonniers que ceux d'Argos firent à Thèbes, fut envoyée à Delphes et vouée à Apollon. Alcméon, général de l'armée des Argiens, en devint éperdument amoureux; il en eut un fils nommé Amphiloque, et une fille appelée Tisiphone, renommée pour sa beauté. Pausanias dit que de son temps on voyait à la porte d'un temple une pierre appelée le *Siège de Manto*, sur laquelle elle avait rendu des oracles. Virgile, d'après une tradition populaire, fait arriver Manto en Italie, et lui fait épouser Tuscus, dont elle eut un fils nommé Acnus, qui fut fondateur de la ville de Mantoue, à laquelle il donna le nom de sa mère pour honorer sa mémoire.

MARABOUTS, prêtres mahométans dont la secte est très-répandue en Afrique Le mot *marabout*, traduit littéralement, signifie enfant du roseau ardent, soit parce que ces prêtres brûlent ordinairement leurs victimes avec des roseaux, soit parce qu'ils se vantent de savoir cracher du feu. Ils sont en grande vénération parmi les Maures et les Arabes.

MARAMBA, idole des habitans du royaume de Loango en Afrique. Ils l'invoquent dans toutes les circonstances de leur vie, et le gouverneur de la province en est toujours précédé. Elle est présente à ses repas, et les premiers morceaux lui sont offerts.

MARATHON, bourgade de l'Attique, célèbre par la victoire de Thésée sur un taureau qui désolait le pays. Il l'amena vivant à Athènes, et le sacrifia à Apollon. Marathon dut son nom à un certain Marathon, fils d'Épopée, qui, pour éviter les mauvais traitemens de son père, y était venu s'établir.

MARCIUS, fameux devin dont les livres avaient prédit la défaite de Cannes, et sur une prophétie duquel on institua des jeux en l'honneur d'Apollon. Depuis cette époque, on garda soigneusement les livres de Marcius, avec les autres livres publics et sacrés.

MARIATALA (*Myth. ind.*), déesse de la petite-vérole, est la même que Ganga. Elle commanda aux élémens, tant qu'elle conserva la pureté de son cœur : mais Chamadagninison mari, s'étant aperçu qu'elle avait perdu ce pouvoir, lui fit trancher la tête par son propre fils Parassourama ; mais voyant que celui-ci était désespéré de la perte de sa mère, il lui dit d'aller prendre son corps, d'y joindre la tête qu'il avait décollée, et qu'au moyen de certaines paroles, elle ressusciterait. Ce fils s'empressa d'exécuter cet ordre ; mais, par une méprise singulière, il joignit à la tête de sa mère le corps d'une Parichi, qui avait été suppliciée pour ses infamies. La déesse devenue impure par ce mélange, fut chassée de la maison, et commit toutes sortes de cruautés. Les Déverkels l'appaisèrent, en lui donnant le pouvoir de guérir la petite-vérole. Elle est la grande déesse des Parias, qui la regardent comme supérieure à Dieu lui-même.

MARICA, nymphe que le roi Faunus épousa, et de qui il eut Latinus. Elle donna son nom à un marais, proche de Minturne, sur le bord duquel il y avait un temple de Vénus, que quelques-uns confondent avec Marica : cette dernière est, selon Lactance, la même que Circé.

MARIS, fils d'Amisodar, fut tué par Thrasymède, fils de Nestor, en voulant venger la mort de son frère Atymnius, qui avait succombé sous les coups d'Antiloque, autre fils de Nestor.

MARISTINES (*Myth. jap.*). C'est le nom d'un des Dieux de la guerre, chez les Japonais. Sa fête est une des plus solennelles du Japon ; on la célèbre au mois d'avril, par des joûtes et des combats simulés.

MARON, un des héros grecs qui se sacrifièrent au passage des Thermopyles, sous Léonidas. Il fut révéré comme un dieu. — MARON, compagnon d'Osiris, donna son nom à la ville de Maronée, en Thrace. Il connaissait très-bien la culture de la vigne. — MARON, fils d'Évanthe, grand-prêtre d'Apollon, à Ismare, fut sauvé du pillage, lui, sa femme et ses enfans, par la protection d'Ulysse, à qui il témoigna sa reconnaissance en lui faisant présent d'excellens vins.

MARPESSE, fille d'Évènus, roi d'Étolie, fut enlevée par Idas, fils d'Apharée, sur le char de Neptune, tout le temps qu'Apollon la recherchait en mariage. Apollon la lui enleva à son tour, et Idas s'en étant plaint à Jupiter, le maître des dieux donna à Marpesse le choix entre ses deux rivaux. Marpesse choisit Idas, à cause de l'inconstance d'Apollon, dont elle pouvait avoir à redouter les effets par la suite.

MARS, dieu de la guerre, fils de Jupiter et de Junon, selon Hésiode ; ou de Junon seule, selon Ovide, qui raconte que cette déesse, jalouse de ce que son mari, en se frappant le front, en en avait fait sortir Minerve armée de pied en cap, se mit en voyage pour chercher un moyen d'en faire autant que lui. Étant arrivée au palais de Flore, femme de Zéphire, elle lui dit le sujet de son voyage. Flore lui promit de lui découvrir le secret qu'elle cherchait, si elle ne voulait pas le révéler à Jupiter. Junon le lui ayant juré par le Styx, elle lui indiqua une certaine plante qui croît dans les campagnes d'Olène en Achaïe, sur laquelle une femme, en s'asseyant, concevait sur-le-champ. Junon exécuta ce que Flore lui avait dit, et donna ainsi le jour à Mars, qu'elle nomma le dieu de la guerre. Ce dieu présidait à tous les combats. Il aima passionnément Vénus, avec laquelle Vulcain le surprit. On le représente toujours armé de pied en cap, et un coq auprès de lui, parce qu'il métamorphosa en coq Alectryon son favori, qui, faisant sentinelle pendant qu'il était avec Vénus, le laissa surprendre. On bâtit beaucoup de temples en son honneur, particulièrement dans la Thrace, dans la Scythie et chez les Grecs. Il présidait aux jeux des gladiateurs et à la chasse, parce que ces exercices avaient quelque chose de belliqueux. On lui donnait pour sœur Bellone, déesse de la guerre, que l'on représentait avec un casque en tête, une pique et un fouet dans les mains, et quelquefois tenant une torche ardente pour allumer la guerre. Le cheval, le loup, le chien et le pivert étaient les victimes qu'on immolait à Mars. Les Romains le révéraient particulièrement, parce que, suivant l'opinion vulgaire, il était père de Rémus et de Romulus. On lui avait bâti à Rome un temple sous le nom de Mars-Vengeur. Lorsqu'un général romain partait pour la guerre, il entrait dans ce temple, remuait les boucliers consacrés à ce dieu, et secouait sa statue en lui criant : *Mars, vigila ;* « Mars, veille à notre conservation. » Rubens a représenté Mars s'arrachant des bras de Vénus pour voler aux combats; il renverse sous ses pas tous les attributs des arts; la Nature, sous l'emblème d'une femme, serrant son enfant dans ses bras, fuit épouvantée. Ce beau tableau se voit dans le grand salon du Musée de Paris. — Mars était autrefois le premier mois chez les Romains. Quoique prenant son nom du dieu Mars, il était sous la protection de Minerve. Aux calendes de Mars, on allumait du feu nouveau sur l'hôtel de Vesta ; on ôtait les vieilles branches de laurier et les vieilles couronnes, tant de la porte du roi des sacrifices, que des maisons des flamines et des haches des consuls, pour en mettre de nouvelles, et l'on célébrait les Matronales et la fête des boucliers sacrés. Le mois de Mars était personnifié sous la figure d'un homme vêtu d'une peau de louve, parce que la louve était consacrée au dieu Mars.

MARSIA. *Voy.* Marsyas.

MARSUS, fils de Circé, roi des Toscans, vivait trois cents ans avant la fondation de Rome. On le regardait comme l'auteur de la science des augures. Les Marses faisaient remonter leur origine jusqu'à lui.

MARSYAS, né en Phrygie, excellent joueur de flûte, mit le premier en chant les hymnes consacrées aux dieux. Étant arrivé à Nysa avec Cybèle, dont il était aimé, il osa disputer à Apollon le prix de l'harmonie. Son orgueil lui fut fatal, et faillit l'être aussi à son frère Babys. En vain il déploya toutes les ressources de son art à emboucher son instrument; Apollon, ayant marié avec grace sa voix mélodieuse aux sons de sa lyre, enleva tous les suffrages, hormis celui de Midas. (*Voy.* ce mot). Le vainqueur indigné fit attacher ce rival téméraire à un chêne, où il fut écorché vif. Le dieu le changea ensuite en un fleuve de Phrygie, qui porte le nom de Marsyas, selon la fable.

MASARIS, nom de Mars chez les Cariens.

MASCULA, surnom commun à Vénus et à la Fortune.

MASQUES. On se servait, dans

les mystères d'Isis, d'un masque à figure de chien, qui enveloppait la tête entière. Les Isïaques le portaient même dans les rues. On se servait aussi de masques dans plusieurs fêtes, et notamment dans celles de Bacchus.

MASSUE, symbole ordinaire d'Hercule. Après la guerre des géants, le héros consacra sa massue à Mercure. Elle était de bois d'olivier sauvage, prit racine, et devint un grand arbre.

MATAMBOLA (*Myth. afr.*). C'est le nom de celui des Ganges qui se charge de ressusciter les morts. Il parvient en effet à ranimer le corps, probablement à l'aide de la physique, et il le rend ainsi à ses parens; mais en les chargeant de tant de préceptes impraticables, qu'ils ne manquent pas d'en enfreindre quelques-uns, de sorte que les prétendus résurrections restent sans effet.

MATRONALES, fêtes célébrées à Rome par les Matrones aux calendes de Mars. Entre plusieurs causes qu'Ovide assigne à l'institution de cette fête, la première est que les Sabines, enlevées par les Romains, mirent fin à la guerre que se faisaient les deux nations, et en se jettant au milieu de la mêlée, arrêtèrent le sang prêt à couler. Nous ne nous arrêterons point aux autres. On faisait en ce jour des sacrifices à Mars, à Junon-Lucine, et à toutes les divinités qui présidaient aux mariages. Pendant les Matronales, les dames accordaient à leurs servantes la même liberté que les hommes donnaient aux esclaves mâles durant les saturnales.

MATTA, idole monstrueuse qui reçoit des hommages à Nagrakut, ville du Décan, au nord de la province de Lahor.

MATTA SALOMPO, premier roi de Boni, dans l'île des Célèbes; il était, dit-on, descendu du ciel, et eut de sa femme, qui était aussi d'origine céleste, un fils et cinq filles, dont descendaient les rois de Boni. Il remonta au ciel après quarante ans de règne.

MATZOU, divinité chinoise. C'était ou une magicienne ou une dévote célèbre par sa vertu. Les Chinois lui ont accordé les honneurs divins.

MAUSOLE, roi de la Carie. Après sa mort, Artémise sa femme lui fit faire, par quatre célèbres architectes, un tombeau si manifique, qu'il passa pour une des sept merveilles du monde. Scopas entreprit le côté de l'orient, Timothée, celui du midi, Léochares travailla au couchant, et Briaxis au septentrion. Pithis se joignit encore à ces quatre artistes; il éleva au-dessus de ce pompeux bâtiment une pyramide, sur laquelle il posa un char de marbre attelé à quatre chevaux. Cette merveille d'architecture fut très-dispendieuse, et le philosophe Anaxagoras, de Clazomène, dit en la voyant: « Voilà bien de l'argent changé en pierres! » C'est du nom de ce monument antique qu'on a appelé mausolées les beaux sépulcres ou même les représentations des tombeaux dans les pompes funèbres.

MAYA (*Myth. ind.*) suivant les Indiens, c'est la mère de la nature, et de tous les dieux du second ordre.

MÉANDRE, fils de Carcuphus, et d'Anaxibée, étant en guerre contre la ville de Pessinonte, fit le vœu à Cybèle, de lui sacrifier s'il était vainqueur la première personne qui viendrait le féliciter. Il lui immola Archélaus son fils, sa sœur, et sa mère que le hazard offrit les premiers à sa vue. Il se jeta ensuite dans l'Anabanon, auquel il donna son nom. — **Méandre**, fleuve de la grande Phrygie, célèbre dans la mythologie grecque. On a prétendu trouver dans les différentes sinuosités qu'il décrit avant de se rendre dans l'Archipel, toutes les lettres de l'alphabet grec.

MECQUE (la), ville de l'Arabie-Heureuse, célèbre pour avoir été le berceau du mahométisme. Les musulmans sont obligés de faire, une fois dans leur vie, le pélerinage de la Mecque. A six lieues de cette ville est le mont Ararat, sur lequel les musulmans disent qu'Abraham offrit à Dieu le sacrifice de son fils Isaac.

MÉDÉBRONTÈS, fils d'Hercule et de Megare, que son père tua dans un accès de fureur.

MÉDÉE, fille d'Éétès roi de Colchide, et d'Hypsée, fameuse par ses enchantemens. Médée ayant vû débarquer les capitaines grecs à Colchos, fut si éprise de Jason leur chef, qu'elle leur promit de les délivrer de tous les dangers auxquels ils allaient s'exposer pour enlever la toison-d'Or, si Jason voulait l'épouser. Ce prince y ayant consenti, elle lui donna d'abord de quoi assoupir l'affreux dragon qui gardait cette toison, et ensuite lui facilita les moyens de l'enlever; après quoi, elle s'embarqua avec lui pour le suivre en Grèce. Mais dans la crainte que son père ne la fît arrêter dans sa fuite, elle massacra son frère Absyrte, encore enfant, et en dispersa les membres sur le chemin, afin que la vue de ce spectacle suspendît la rapidité de ses poursuites, et qu'elle pût échapper à sa vengeance. Étant arrivée en Thessalie, elle rajeunit Éson son beau-père; et pour venger son mari de la perfidie de Pélias son oncle, qui avait voulu le faire périr, elle conseilla aux filles de cet oncle d'égorger leur père, avec promesse de le rajeunir, ce qu'elle ne fit pas. Peu après, Jason s'étant dégoûté de Médée pour épouser Créüse, fille de Créon, roi de Corinthe, elle en conçut une telle jalousie, qu'elle se transporta à Corinthe pendant les réjouissances du mariage, et empoisonna le beau-père, la femme de Jason, et deux enfans qu'elle-même avait eus de lui, et se sauva sur un char traîné par deux dragons aîlés. De retour dans la Colchide, elle remit son père Éétés sur le trône, d'où on l'avait chassé pendant son absence. (Voyez **Médus**.) « On prétend, dit M. de Grace, que l'histoire de Médée fut altérée plusieurs siécles après sa mort, et que ce ne fut que dans ces derniers temps-là qu'on lui imputa tant de crimes, qu'elle n'avait réellement pas commis. On assure, au contraire, qu'à l'exception de sa foiblesse pour Jason, à qui elle fournit le moyen d'enlever les trésors de son père, elle donna toujours des marques d'un cœur généreux et rempli de vertu. La connaissance des simples avait fait l'occupation de sa jeunesse, et elle ne s'en était servie que pour procurer du secours aux malades; mais les poëtes en ont pris occasion d'en faire une magicienne. » (*Introduction à l'Histoire de l'Univers*, tome six, p. 564.)

MÉDINE, ville de l'Arabie heureuse, située à neuf lieues nord-ouest de la Mecque, et à 495 de Constantinople. Mahomet y établit le siége de l'empire des Musulmans, et y mourut. On voit son tombeau dans la fameuse mosquée qui est située au milieu de la ville, où les mahométans vont en pélérinage.

MÉDIOXIMES, dieux aériens, qui tenaient le milieu entre ceux du ciel et de la terre.

MÉDITERRANÉE. La Fable dit qu'Hercule ayant séparé les deux montagnes Calpé et Abyla, qui arrêtaient l'Océan, la mer entra avec violence dans les terres, et forma ce grand golfe que l'on nomme Méditerranée.

MÉDITRINA, MÉDITRINALES. On célébrait à Rome, en l'honneur de Méditrina, déesse qui présidait aux guérisons, des fêtes appelées *Méditrinales*, où on lui faisait des libations de vin vieux, et de vin nouveau.

MÉDIUS FIDIUS, fils de Mars et d'une fille Reate, fonda la ville de Cures.

MÉDUS, fils d'Egée et de Médée, fut reconnu de sa mère dans le moment qu'elle pressait Persès, roi de Colchide, au pouvoir de qui elle était, de le faire mourir, le croyant fils de Créon. Revenue de son erreur, elle demanda à lui parler en particulier, et lui donna une épée, dont il se servit pour tuer Persès lui-même. Médus remonta ainsi sur le trône d'Éétès son aïeul, que Persès avait usurpé.

MÉDUSE, l'une des trois Gorgones, fille aînée de la nymphe Céto, et du dieu marin Phorcus. Elle habitait les îles Orcades dans l'océan éthiopien. Neptune, épris de ses charmes, en jouit dans le temple de Minerve. Cette déesse, irritée de ce sacrilége, métamorphosa les cheveux de Méduse, qui étaient d'un blond doré, en serpens, et donna à sa tête la vertu de changer en pierre tous ceux qui la regarderaient. Persée, muni des ailes de Mercure, coupa la tête de Méduse, du sang de laquelle naquit le cheval Pégase, qui, frappant du pied contre terre, fit jaillir la fontaine Hippocrène. Persée ayant enchâssé cette tête dans le bouclier de Pallas, revint triomphant dans son pays, où il changea en pierres tous ceux à qui il la présenta.

MÉGALÉSIE, fête instituée à Rome en l'honneur de Cybèle, surnommée *Mégalè, la grande*; on y célébrait des jeux que l'on appella *Mégalésiens*, et pendant leur célébration, on s'envoyait mutuellement des présens.

MÉGALOSSACUS, Dolien, tué par Castor et Pollux.

MÉGAMÈDE, fille d'Arnéus, femme de Thestius, et mère des cinquante Thestiades.

MÉGANIRE ou MÉTANIRE, femme de Triptolème, et mère de Déiphon, eut un temple en Béotie.

MÉGAPENTHE, fils de Prœtus, roi de Tyrinthe, changea ses états contre ceux de Persée, quand celui-ci eut tué son père Acrise. — Il y eut un autre MÉGAPENTHE, fils de Ménélas.

MÉGARA. On appelait ainsi dans l'Attique les anciens temples de Cérès, parce qu'ils étaient plus grands que les nouveaux, et plus propres à exciter la vénération.

MÉGARE, ville de l'Attique. Les habitans prétendaient qu'Apollon, aidé d'Alcathoüs, en avait bâti les murailles. Les femmes et les filles de Mégare avaient des mœurs très-dissolues, et leur nom servait dans la Grèce à désigner les femmes de mauvaise vie. — MÉGARE, fille de Créon et femme d'Hercule. Pendant la descente d'Hercule aux enfers, Lycus voulut forcer Mégare de lui céder le royaume, et de se livrer à lui; mais Hercule revenu du Tartare, tua l'usurpateur. Junon, toujours irritée contre Hercule, parce qu'il était fils d'une des concubines de Jupiter, trouva que cette mort était injuste, et lui inspira une telle fureur qu'il massacra Mégare et les enfans qu'il avait eus d'elle.

MÉGARÉUS, fils de Neptune et père d'Hyppomène. Ayant épousé Iphinoé, fils de Nisus, il vint au secours de son beau-père, assiégé par Minos dans sa capitale; mais ayant été tué dans le combat, on lui éleva des monumens héroïques, et la ville, qui s'appelait auparavant Nisa, fut nommée Mégare, du nom de ce héros.

MÉGARUS, fils de Jupiter et de la nymphe Sithnide, se sauva du déluge de Deucalion en gagnant le sommet d'une montagne, guidé par une bande de grues. Cette montagne s'appela depuis le mont Géranien, de *Geranos*, grue.

MÉGÈRE, l'une des trois furies. *Voy.* Euménides.

MÉGISTIAS, fameux aruspice de Mélampe en Acarnanie, qui avant la journée des Thermopyles, prédit la mort à tous ceux qui étaient présents. Léonidas voulut le renvoyer, mais il ne crut point devoir obéir et partagea le sort de ses compagnons. Il s'était contenté de faire partir un fils unique qu'il avait à ses côtés.

MÉLAMPUS, fameux devin parmi les anciens, et habile médecin, fils d'Amythaon et d'Aglaïa, et frère de Bias, vivait du temps de Prætus, roi d'Argos, avant la guerre de Troie, et vers l'an 1380 avant J.-C. Il témoigna tant d'affection à son frère Bias, qu'il lui procura une femme, puis une couronne. Nélée, roi de Pyle exigeait de ceux qui voulaient se marier avec sa fille, qu'ils lui amenassent des bœufs d'une grande beauté, qu'Iphiclus nourrissait dans la Thessalie. Mélampus, pour mettre son frère en état de faire à Nélée ce présent, entreprit d'enlever ces bœufs. Il n'y réussit pas, et fut mis en prison; mais ayant prédit dans sa prison les choses qu'Iphiclus désirait connaître, il obtint, pour récompense, les bœufs qu'il voulait avoir, et fut ainsi cause du mariage de son frère. Quelque temps après, les filles de Prætus et les autres femmes d'Argos étant devenues furieuses, il offrit de les guérir, à condition que Prætus lui donnerait un tiers de son royaume, et un autre tiers à son frère Bias. La maladie augmentant de jour en jour, on consentit à ces conditions, et Mélampus guérit les Argiennes en leur donnant de l'ellébore noir, qu'on nomma depuis *melanpodium*. Quelques auteurs pensent que la maladie de ces femmes n'était autre chose que la fureur utérine; leur imagination était si blessée, qu'elles croyaient être des vaches.

Prœtides implêrunt falsis mugitibus agros;
At non tam turpes pecudum tamen ulla secuta est
Concubitus; quamvis collo timuisset aratrum,
Et sæpè in levi quæsisset cornua fronte.

Mélampus épousa Iphianasse, l'une des filles de Prætus; et fut le premier qui apprit aux Grecs les cérémonies du culte de Bacchus. Dans la suite, on lui éleva des temples, et on lui offrit des sacrifices. Il entendait, selon la Fable, le langage des oiseaux, et apprenait d'eux ce qui devait arriver. On a feint même que les vers qui rongent le bois répondaient à ses questions. Nous avons sous son nom plusieurs *Traités de médecine*, en grec, qui sont constamment supposés.

MÉLANION, fils d'Amphidamus, et petit-fils de Lycurgue, roi d'Arcadie, épousa Atalante, fille d'Iasius, roi du pays, et en eut un fils nommé Parthénope.

MÉLANIPPE, fille d'Eole, épousa clandestinement Neptune, de qui elle eut deux fils. Son père en fut si irrité, qu'il fit exposer ses deux enfans aussitôt après leur naissance, et crever les yeux à Mélanippe, qu'il renferma dans une étroite prison. Les enfans ayant été nourris par des bergers, en firent sortir leur mère, et Neptune lui ayant rendu la vûe, elle épousa Métaponte, roi d'Icarie. — MÉLANIPPE, fille de Chiron, ayant été séduite par Eole, pria les dieux de dérober sa grossesse aux regards de son père. Elle fut alors changée en cavale et placée parmi les étoiles.

MÉLANIPPUS, fils de Mars, et de la nymphe Trétia, prêtresse de Minerve, fonda en Achaïe une ville à laquelle il donna le nom de sa mère. — MÉLANIPPUS, jeune homme d'une figure charmante, se fit aimer de la belle Cométho, prêtresse de Diane, et obtint ses faveurs dans le temple même de la déesse. Pour venger cette profanation, Diane frappa le pays d'une stérilité générale, qui ne cessa que par le sacrifice annuel d'un jeune garçon et d'une jeune fille. — MÉLANIPPUS, capitaine thébain, blessa Tydée et fut tué par Amphiaraüs. Avant de mourir, Tydée se fit apporter sa tête et la déchira à belles dents : en punition de cette barbarie, Minerve lui retira le remède qui devait le sauver. — MÉLANIPPUS, fils de Thésée et de Périgone. — MÉLANIPPUS, fils de Priam. — MÉLANIPPUS, fils de Thésée.

MÉLANTHUS, fils de Pandropompe, de la race des Néleïdes, fut chassé de Messènie par les Héraclides et se réfugia à Athènes, où il enleva la couronne à Thymœtès, par supercherie, et fut père de Codrus, premier roi d'Athènes.

MELCOERTUS, dieu en l'honneur duquel les Troyens célébraient des jeux solennels tous les quatre ans. Les Grecs l'appelaient l'Hercule de Tyr, à cause de la conformité de son culte avec celui d'Hercule.

MELCHOM, dieu des Ammonites, que l'on croit être le même que Moloch. Salomon lui avait bâti un temple dans la vallée d'Ennon.

MÉLÉAGRE, fils d'Œnée, roi de Calydon, et d'Althée. Sa mère, accouchant de lui, vit les trois Parques auprès du feu, qui y mettaient un tison, en disant : « Cet enfant vivra tant que le tison durera. » Althée alla promptement se saisir du tison, l'éteignit, et le garda bien soigneusement. Œnée son époux, ayant oublié, dans un sacrifice qu'il faisait à tous les dieux, de nommer Diane, cette déesse s'en vengea en envoyant un sanglier ravager tout le pays de Calydon. Les princes grecs s'assemblèrent pour tuer ce monstre, et Méléagre à leur tête fit paraître beaucoup de courage. Atalante blessa la première le sanglier, et cette beauté guerrière lui en offrit la hure, comme la plus considérable dépouille. Les frères d'Althée, mécontens de cette déférence, prétendirent l'avoir; mais le jeune prince, jaloux d'un présent qui flattait son orgueil, et qui venait sur-tout d'une main chère, tua ses oncles, et en resta possesseur. Althée vengea la mort de ses frères en jetant au feu le tison fatal, et Méléagre aussitôt se sentit dévorer les entrailles, et périt dès que le tison fut consumé. — Il ne faut pas le confondre avec Méléagre, roi de Macédoine, l'an 280 avant l'ère chrétienne.

MÉLÉAGRIDES, sœurs de Méléagre; désolées de la mort de leur frère, se couchèrent auprès de leur tombeau, et le pleurèrent jusqu'à ce que Diane, touchée de leur douleur, les changea en oiseaux, excepté Gorgé et Déjanire. C'était une espèce de poules, qu'on appelait oiseaux de Méléagre.

MÉLÈS, roi de Lydie, dernier des Héraclides, père de Candaule. — Mélès, jeune athénien, aimé de Timagore, lui ordonna un jour de se précipiter du haut de la citadelle. Timagore lui obéit, désespérant de fléchir sa rigueur. Mélès repentant, se jeta du haut du même rocher, et périt de la même manière que Timagore. Ce fut à cette occasion que les Athéniens érigèrent un temple en l'honneur d'Anteros. — Mélès, fleuve de l'Asie, auprès duquel on dit que naquit Homère.

MÉLIBÉE, une des filles de Niobée, dont le nom fut changé en celui de Chloris, à cause de sa pâleur. Elle et sa sœur Amycla furent les seules que Diane épargna; en reconnaissance, elles élevèrent un temple en son honneur, dans la ville d'Argos.

MÉLICERTE, fils d'Athamas et d'Ino. Pour se soustraire à la fureur de son père, elle se précipita dans les flots, et fut jetée sur le rivage, dans l'isthme de Corinthe, où Sysiphe lui accorda les honneurs de la sépulture, changea son nom en celui de Palémon, et institua en son honneur les jeux isthmiques.

MÉLINOÉ, nom qu'un hymne orphique donne à la fille que Jupiter, sous les traits de Pluton, eut de sa propre fille Proserpine. Elle naquit sur les eaux du Cocyte, et devint la reine des ombres.

MÉLISSA, fille de Mélisseus, roi de Crète, eut le soin, avec sa sœur Amalthée, selon la fable, de nourrir Jupiter de lait de chèvre et de miel. On dit qu'elle inventa la manière de préparer le miel; ce qui a donné lieu de feindre qu'elle avait été changée en abeille.

MÉLITIS ou Margitès, Grec, dont la sottise a été immortalisée par les vers d'Homère, était si stupide, qu'il ne pouvait compter au-delà de cinq. S'étant marié, il n'osait rien dire à sa nouvelle épouse, de peur qu'elle n'allât s'en plaindre à sa mère.

MÉLITÉUS, fils de Jupiter, et de la nymphe Othréis. Sa mère redoutant la vengeance de Junon, l'exposa dans une forêt, où il fut nourri par des abeilles; il y fut découvert par Phraagus, autre fils d'Othréis et de Jupiter, qui l'éleva et le nomma Méliteus. Il fonda une ville appelée Mélita.

MELLONE, divinité champêtre, prenait sous sa protection les abeilles, et leurs ouvrages.

MELPOMÈNE, l'une des neuf Muses, déesse de la tragédie. On la représente ordinairement sous la figure d'une jeune fille, avec un air sérieux, superbement vêtue, chaussée d'un cothurne, tenant des sceptres et des couronnes d'une main, et un poignard de l'autre.

MÉLUSINE, fée dont il est souvent question dans nos romans de chevalerie. Elle descendait du roi d'Albanie, et fut la tige des maisons de Lusignan, de Luxembourg, de Chypre, de Jérusalem et de Bohême. On disait qu'elle apparaissait, lorsque quelqu'un de la maison de Lusignan devait mourir, et poussait des cris plaintifs et des gémissements. C'est peut-être de là qu'est venu cette expression proverbiale : *faire des cris de Merlusine.*

MÉMERCUS, fils aîné de Jason, et de Médée, fut déchiré par une lionne à la chasse.

MEMNON, roi d'Abydos, fils de Tithon et de l'Aurore. Achille le tua devant Troie, parce qu'il avait amené du secours à Priam. Lorsque son corps fut sur le bûcher, Appollon le métamorphosa en oiseau, à la prière de l'Aurore. Cet oiseau multiplia beaucoup, et se retira en Ethiopie avec ses petits. Ovide écrit que ces oiseaux, appelés Memnonies, revenaient tous les ans d'Ethiopie dans les campagnes de Troie, où après avoir voltigé trois fois autour du tombeau de Memnon, ils se séparaient en deux bandes ; et fondant les uns sur les autres, ils s'immolaient aux mânes de leur père. Tacite raconte que Germanicus, étant en Thébaïde, avait considéré avec admiration une statue de Memnon, qui rendait des sons articulés, lorsque les rayons du soleil commençaient à la frapper. Strabon dit aussi les avoir entendus ; mais il doute qu'ils vinssent de la statue. On a un savant Mémoire sur la statue parlante de Memnon ou d'Amenophis dans les Additions de M. Langlès à son édition du *Voyage de Norden*, tome III. L'auteur y a pris pour base une Dissertation latine de Jablowski sur ce monument célèbre, dont il existe encore des restes mutilés près de Thèbes dans la Haute-Egypte. C'est Cambyse qui la fit mutiler vers l'an 524 avant l'ère vulgaire. Une partie est encore sur pied, et l'autre est dispersée par terre autour de sa base. Le son vocal que rendait la statue de Memnon était une jonglerie sacerdotale : elle perdit la voix à l'époque où les empereurs chrétiens dépouillèrent ses prêtres de leurs richesses et de leur crédit. Langlès y voit un emblème du soleil du printemps.

MEMPHIS, fille d'Uchoreus, roi d'Egypte, fut aimée du Nil, qui se transforma en taureau, et eut d'elle un fils nommé Egyptus, qui eut une force et une vertu extraordinaires.

MEMRUMUS, dieu des Phéniciens, était fils des premiers géants. Ce fut lui qui apprit aux hommes à se couvrir de peaux de bêtes. Après sa mort, on établit des fêtes annuelles en son honneur, c'est, dit-on, le premier exemple d'un culte religieux rendu à des hommes morts.

MÉNADES, femmes transportées de fureur, qui suivaient Bacchus, et qui mirent en pièces Orphée. On les appelait aussi Bacchantes.

MÉNALCÈS, un des cinquante fils d'Egyptus.

MÉNALE, montagne d'Arcadie, célèbre pour avoir été le théâtre d'un des travaux d'Hercule. Une biche aux cornes d'or et aux pieds d'airain y avait son gîte.

Hercule fut envoyé par Eurysthée pour la prendre ; elle exerça longtemps l'agilité du héros, qui la prit enfin comme elle passait le fleuve Ladon, et l'apporta à Mycènes. — MÉNALE, ville de l'Arcadie, fameuse par le culte que l'on rendait au dieu Pan, qu'on y surnommait *Ménalius*, dut son nom à Ménale, fils de Lycaon.

MÉNALIPPE, sœur d'Antiope, reine des Amazones. Hercule l'ayant vaincue et faite prisonnière dans une bataille, exigea, pour sa rançon, ses armes et son baudrier, parce qu'Euristhée lui avait commandé de les lui apporter. — MÉNALIPPE, citoyen de Thèbes, qui, ayant blessé à mort Tydée au siége de cette ville, fut ensuite tué lui-même. Tydée se fit apporter la tête de son ennemi, et assouvit sa vengeance, en la déchirant avec ses dents, après quoi il expira. — Une fille du centaure Chiron, nommée MÉNALIPPE, épousa Eole, elle fut changée en jument, selon la fable, et placée parmi les constellations.

MENDÈS, un des principaux dieux de l'Egypte, adoré sous la forme d'un bouc. Le véritable sens du mot cophte *mendés* est *celui qui engendre beaucoup*. Les anciens regardaient le bouc comme l'animal le plus enclin à la génération, et cette propriété le fit assigner par les Égyptiens pour le symbole de Mendès, et par les Grecs pour celui de Pan, attendu que ces deux divinités étaient l'emblême d'une propriété de la nature, celle de tout produire. Il y avait en Égypte un homme et une ville appelés Mendès.

MÉNÉ, déesse, la même que la Lune, et dont parle Jérémie et Isaïe, était communément adorée dans la Palestine.

MÉNECÉE, prince thébain, fils de Créon, qui se dévoua pour sa patrie. Dans le temps que Thèbes était assiégée par les Argiens, on consulta l'oracle, qui répondit qu'il fallait, pour sauver la ville, que le dernier des descendans de Cadmus se donnât la mort. Ménecée, ayant appris la réponse de l'oracle, n'hésita pas à se percer le cœur de son épée.

MÉNÉDÉMUS ayant été tué en combattant pour Hercule, fut enterré par ce héros sur le promontoire Lépréum.

MÉNÉLAS ou MÉNÉLAUS, frère d'Agamemnon et fils de Plysthène, épousa Hélène, fille de Tyndare, roi de Sparte, et succéda à son beau-père. Hélène, peu après ce mariage, ayant été enlevée par Pâris, Ménélas, outré de cet affront, conduisit toute la Grèce au siége de Troie, et défia en combat singulier le ravisseur, qui fut dérobé à ses coups par Vénus. Après la prise de la ville, Hélène fut remise aux mains de Ménélas, qui se réconcilia avec elle, et la conduisit à Sparte, où ils n'arrivèrent que huit ans après leur départ de Troie.

MÉNÉLÉE, fameux centaure.

MÉNÉPHIRAUS, géant, fils de la Terre.

MÉNÉPHON ou MÉNÉPHRON, changé en bête par Diane, pour avoir voulu séduire sa mère, d'autres disent sa fille.

MÉNÉPTOLÈME, commandait les Phtiens au siége de Troie.

MÉNÈS, législateur et premier roi d'Égypte, succéda aux dieux et aux héros, dans le gouvernement des hommes. Il bâtit Memphis, et y éleva un temple en l'honneur de Vulcain. Après sa mort, il fut mis au rang des dieux, sous le nom d'Otirès. On lui attribue l'origine de l'idolâtrie.

MÉNESTHÉE ou MNESTHÉE, descendant d'Érichtée, s'empara du trône d'Athènes, avec le secours de Castor et de Pollux, pendant l'absence de Thésée. Il fut un des princes qui allèrent au siége de Troie; il mourut à son retour, dans l'île de Mélos, l'an 1183 avant J.-C., après un règne de vingt-trois ans. — MÉNESTHÉE, fils de Pétée, monta sur le trône d'Athènes, par le secours de Tyndaris, et força Thésée à chercher un asile dans l'ile de Scyros. Il alla au siége de Troie, et rendit de grands services à Agamemnon. Il mourut dans l'île de Mélos, après un règne de vingt-trois ans.

MÉNI, idole que les Juifs adorèrent. Les uns ont pensé que ce pouvait être Mercure; d'autres le dieu Men des Phrygiens. Cette dernière opinion nous paraît la plus vraisemblable.

MÉNIPPE et MÉTIOCHA, filles d'Orion, s'immolèrent pour le salut de leur pays, et furent placées au rang des astres. — MÉNIPPE, Néréide.

MÉNIS (*Myth. égypt.*) roi d'Egypte, apprit le premier à ses sujets l'usage de l'argent monnoyé, et les dégouta ainsi de la frugalité et de la tempérance. Une colonne, placée dans un temple de Thèbes, portait une imprécation contre ce Prince.

MÉNIUS, fils de Lycaon, fut changé avec son père en loup, et écrasé par Jupiter pour avoir blasphémé contre ce Dieu.

MÉNOETIUS, fils d'Actor et d'Egine, époux de Sthenélé e de père de Patrocle, fut un des Argonautes. — MÉNOETIUS, fils de Japetus et de Clymène, fut précipité d'un coup de tonnerre, par Jupiter dans l'Erèbé, en punition de sa méchanceté et de son orgueil, ou pour avoir assisté les Titans dans leur combat contre les dieux.

MÉNOPHANE, général de Mithridate, ayant saccagé Délos, pilla le temple et enleva la statue d'Apollon, qu'il jeta à la mer. Mais comme il revenait chargé de ces dépouilles sacrées, Apollon le fit périr dans les flots.

MÉNS, la pensée, l'âme, l'intelligence. Les anciens en avaient fait une divinité, qui suggérait de bonnes pensées, et le préteur T. Ottacilius lui fit bâtir un temple sur le Capitole.

MENTÈS, roi des Taphiens, dont Minerve prit la ressemblance pour assurer à Pénélope qu'Ulysse était vivant, et pour engager Télémaque à l'aller chercher. Homère le distingue de Mentor. — MENTÈS, roi des Ciconiens, dont Apollon prit les traits pour empêcher Atrée d'emporter les armes de Panthus.

MENTOR, gouverneur de Télémaque. C'était l'homme le plus sage et le plus prudent de son siècle. Minerve prit sa figure pour élever Télémaque, et l'accompagna ainsi lorsqu'il alla chercher son père après le siége de Troie.

MÉNUTHIS (*Myth. égypt.*), divinité adorée dans un bourg du même nom, situé près de la ville de Canopus, son nom signifie, *la déesse de l'eau.*

MÉON, roi de Phrygie. On l'a donné pour père à Cybèle. Il se peut que Méon ait eu une fille appelée Cybèle; mais il ne saurait être considéré comme le père de la fameuse Cybèle, mère des dieux, fille du Ciel et de la Terre. C'est pourtant ce que font entendre les mythologues, qui, sur la foi de Diodore, ajoutent que Méon s'étant aperçu que Cybèle était enceinte, fit mourir Atys, et laissa son corps sans sépulture. Au surplus, les fables anciennes sont remplies de pareilles contradictions, que les modernes ne se sont pas donné la peine d'expliquer, et que nous ne faisons remarquer que lorsqu'elles sont trop palpables. — Méon, capitaine thébain, échappa seul de cinquante, aux embûches d'Etéocle.

MÉONIDES; les Muses ainsi nommées de la Méonie, patrie d'Homère.

MÉONIUS, Bacchus, en Méonie.

MÉOTIDE (le palus), reçut les honneurs divins.

MÉPHITIS, déesse des mauvaises odeurs, avait un temple auprès des murs de Crémère.

MER (La), était chez les anciens une grande divinité à laquelle on faisait des libations et et on offrait des sacrifices. Les Egyptiens avaient la Mer en abomination, parce qu'ils croyaient qu'elle était Typhon, un de leurs anciens tyrans.

MÉRA, fille de Prætus et d'Antin, suivait Diane à la chasse. Comme elle était fort belle, Jupiter, qui l'aperçut, prit la figure de la déesse pour en jouir. Diane en fut si courroucée, que, pour empêcher que quelque autre dieu n'employat le même artifice, elle la perça d'un trait et la changea en chien.

MERCURE, fils de Jupiter et de Maïa, Dieu de l'éloquence, du commerce et des voleurs; fut appelé Hermès par les Grecs. On le regardait comme le messager des dieux, principalement de Jupiter, qui lui avait attaché des aîles à la tête et aux talons, pour qu'il exécutât ses ordres avec plus de vitesse. Il conduisait les ames dans les enfers, et avait le pouvoir de les en tirer. Il savait parfaitement bien la musique. Ce fut lui qui déroba les troupeaux, les armes et la lyre d'Apollon, et se servit de cette lyre pour endormir et tuer Argus, qui gardait la vache Io. Il métamorphosa Battus en pierre de touche, délivra Mars de la prison où Vulcain l'avait enfermé, et attacha Prométhée sur le mont Caucase. Il fut aimé de Vénus, dont il eut Hermaphrodite. (*Voyez* Aglaure et Muette.) On le représente ordinairement sous la figure d'un beau jeune homme, tenant un caducée à la main, avec des aîles à la tête et aux talons. Comme il portait la parole alternativement aux dieux du ciel et des enfers, la langue lui était consacrée. On élevait, en son honneur, des statues de pierres carrées, au haut desquelles on ne voyait qu'une tête, et on les plaçait dans les carrefours. Regardé comme dieu des chemins, il était honoré par tous les voyageurs qui jettaient une pierre sur les monceaux appelés *Acervi mercuriales*, qu'on voyait sur les grandes routes. Festus fait venir le nom de Mercure de *mercium cura*, parce qu'il présidait au commerce et à tous les arts qui le font fleurir. La pluralité des noms qu'on a donnés à Mercure a mis quelque confusion dans son histoire. Nous avons déjà dit que les Grecs l'appelaient Hermès, qui signifie interprète. Les Latins indépendamment du nom de Mercurius, lui donnaient celui de Cyllenius, parce qu'ils le croyaient né sur la montagne de Cyllène; de Nomius, à cause des lois dont il passait pour être l'auteur; de Camillus, parce qu'il était le messager des dieux. Les Carthaginois l'appelaient Sumès, par la même raison; les Egyptiens, Phine; les Alexandrins, Thot; les Gaulois, Theutatès, et ces derniers noms lui étaient donnés, dit-on, pour marquer son éloquence. — MERCURE TRISMÉGISTE. *Voy.* HERMÈS.

MERCURIALES, fête splendide, qu'on célébrait dans l'île de Crète, au profit du commerce. La même fête se célébrait aussi à Rome, le quatorze de Juillet, mais avec moins de pompe.

MERGIAN-PÉRI, ou la fée *Mergianne* ou *Morgianne.* Mergian-Péri était une des personnes les plus distinguées de la race des Péris. Dans une irruption que les Dives, commandés par Demsruk, firent dans la Perse, Mergian-Péri fut prise et emmenée en captivité. Demsruk, auquel elle échut en partage, voulut obtenir ses faveurs, et n'en ayant reçu que des mépris, il la traita de la manière la plus cruelle, et l'enferma dans les cavernes des montagnes de Caf. Elle y resta jusqu'à ce que son persécuteur ayant été vaincu et tué par Thahamurath, ce héros lui rendit la liberté. Ayant engagé son libérateur dans une guerre malheureuse où il perdit la vie, Mergian-Péri, désolée, quitta la Perse, et se retira en Europe où elle s'acquit une grande réputation sous le nom de la fée *Mergianne* ou *Morgianne.*

MÉRION, conducteur du char d'Idoménée, se distingua beaucoup au siége de Troie. Homère le compare à Mars pour la valeur. — Il y eut un autre MÉRION, fils de Jason, célèbre par ses richesses et par son avarice.

MÉROPE, fille d'Atlas et de Pléione, et l'une des sept Pléiades, rendait une lumière assez obscure, selon la fable, parce qu'elle avait épousé Sisyphe, homme mortel, au lieu que ses sœurs avaient été mariées à des dieux. — MÉROPE est aussi le nom de l'épouse de Cresphonte, héros grec, laquelle reconnut son fils à l'instant même où elle allait l'immoler. Elle était fille de Cypsélus, roi d'Arménie. Elle est l'héroïne de deux chefs-d'œuvre de Maffei et de Voltaire. — MÉROPE, sœur de Phaëton. — MÉROPE, mère d'Hippomène. — MÉROPE, mère de Dédale.

MÉROPIS, fille d'Eumelus, fut changée en chouette.

MÉROPS, le plus éclairé des devins du côté des Troyens, ne put empêcher ses deux fils Adraste et Amphius, d'aller à la guerre, quoiqu'il leur prédit qu'ils y seraient tués, et ils le furent en effet. — MÉROPS, un des géants. — MÉROPS, roi de l'île de Cos, changé en aigle par Junon, touchée de l'affliction que lui causait la mort de sa femme. — MÉROPS épousa Clymène enceinte de Phaëton.

MÉROS, montagne située entre l'Indus et le Cophis, dominant la ville de Nysa, et sur laquelle Bacchus fut élevé. Il y a toute apparence que le nom grec de cette montagne Meros, qui signifie cuisse, a donné naissance à la fable qui renferme Bacchus dans la cuisse de Jupiter.

MERVEILLES DU MONDE. Il y en avait sept: les jardins de Babylone, les pyramides d'Egypte, la statue de Jupiter Olympien, le colosse de Rhodes, les murs de Babylone, le temple de Diane à

Ephèse, et le tombeau de Mausole.

MESCHIA et MESCHIANE, sont, suivant les Persans, les auteurs du genre humain. Ils étaient nés du corps d'un arbre appelé Reivas, qui avait été produit de la semence de Kaimorta (le premier homme) à l'instant qu'il expira.

MÉSOTUS, surnom de Bacchus en Achaïe.

MÉSOSTROPHONIES, fêtes que l'on célébrait à Lesbos.

MESSAPE, fils de Neptune, marcha au secours de Turnus.

MESSAPÉE, Jupiter au pied du mont Taygète.

MESSÈNE, fille de Triopas, roi d'Argos, épousa Polycaon, fils cadet de Lélex, roi de Laconie. Elle persuada à son mari de se faire roi à tel prix que ce fût. Docile aux conseils de sa femme, Polycaon se rendit maître d'une contrée de Laconie qu'il appela Messénie, du nom de Messène. Messène introduisit dans son nouveau royaume le culte de Cérès et de Proserpine; et après sa mort on lui éleva à Ithome un temple et une statue, moitié or, moitié marbre de Paros.

MESSIE (*Myth. rabb.*), le libérateur des Juifs, et dont ils attendent la venue avec une pieuse ferveur. Les rabbins ont débité une foule de rêveries sur ce prétendu libérateur.

MESSOU. C'est le nom que les sauvages Américains donnent à celui qu'ils disent avoir été le réparateur du monde après le déluge.

MESTHLÈS, fils de Pylemène, marcha avec Antiphus, son frère, au secours des Troyens. Ils avaient sous leurs ordres les Méoniens.

MESTOR, fils de Persée et d'Andromède, roi de Mycène, épousa Lycidia, fille de Pélops, et en eut Hyppothée, que Neptune enleva.

MÉTABUS, fils de Sysyphe et petit-fils d'Eole, fonda Métaponte, et y reçut après sa mort un culte et des honneurs divins. — MÉTABUS, père de la fameuse Camille qui vint au secours de Turnus.

MÉTAGITNIES. Les habitans de Mélite ayant quitté, sous les auspices d'Apollon; leur bourg pour aller s'établir dans un bourg voisin, et leur transmigration ayant été heureuse, fondèrent en l'honneur d'Apollon Métageitnios, une fête appellée Métagitnies, R. *Geitnia*, voisinage.

MÉTALCÈS, un des cinquante fils d'Egyptus.

MÉTAMORPHOSES. C'est la transformation d'une personne, son changement en une autre forme. *Métamorphosis* est formé de la préposition grecque *méta*, qui marque le changement, et *morphè*, forme. Les métamorphoses sont fréquentes dans la Mythologie. On en distingue de deux sortes : l'une, celle des dieux qui n'était qu'apparente, parce qu'ils ne conservaient pas la nouvelle forme qu'ils prenaient : l'autre, celle des hommes, qui était réelle, c'est-à-dire, qu'ils restaient dans leur nouvelle forme. Telles furent les Métamorphoses de Daphné en laurier, d'Arachné en araignée, etc.

MÉTEMPSYCOSE, transmigration de l'ame dans différens corps d'hommes, de plantes ou d'animaux. Ce mot est formé des deux prépositions *méta* entre, *en* dans, et du substantif *psuchè*, ame. Les prêtres égyptiens admettaient une circulation perpétuelle des ames dans différens corps d'animaux, d'où elles revenaient habiter le corps humain, après un circuit de trois mille ans. Cette doctrine est fondée sur l'immortalité de l'ame, sur la nécessité de récompenser la vertu et de punir le vice, et sur l'origine du mal moral et du mal physique; Pythagore la reçut d'eux dans ses voyages, et la communiqua aux Grecs à son retour. Origène, philosophe chrétien, adopta la même idée, et cette doctrine fait encore aujourd'hui le principal fondement de la religion de l'Inde et de la Chine.

MÉTÉOROMANCIE, divination par le tonnerre et les éclairs.

MÉTHÉE, l'un des chevaux de Pluton.

MÉTHON, fils d'Orphée bâtit une ville de Thrace, à laquelle il donna son nom.

MÉTHONE, fille du géant Alcyonée.

MÉTHRÈS, petit-fils d'Agenor, et aïeul de Didon.

MÉTHYDRIUM, ville de l'Arcadie, près de laquelle il y avait un temple de Neptune, et une montagne surnommée Thaumasia ou Miraculeuse. Les gens du pays prétendaient que c'était sur cette montagne que Cybèle avait fait avaler à Saturne la pierre Abadir. On y montrait aussi la caverne de cette déesse, où les femmes attachées à son culte avaient seules le droit d'entrer.

MÉTHYMNE, fille de Macarée, donna son nom à Méthymne, ville de l'île de Lesbos.

MÉTHYNA ou MÉTINA. Hoffman, dans son Lexique universel, fait mention de Métina, déesse du vin, que l'on adorait à Rome le dernier jour de novembre. Mais il ne cite point son autorité; de sorte que l'on peut reléguer Métina parmi les divinités imaginaires.

MÉTIADUSE, femme de Cécrops et mère de Pandion.

MÉTION, fils d'Erechtée, roi d'Athènes, épousa Alciope, fille de Mars et d'Aglaure.

MÉTIS, déesse dont les lumières étaient supérieures à celles des autres divinités. Ce fut par son conseil que Jupiter fit vomir à Saturne la pierre qu'il avait avalée. Ensuite il l'épousa. Mais ayant appris de l'oracle que l'enfant dont elle allait accoucher deviendrait le souverain de l'univers, il avala la mère et l'enfant. Le nom grec de Métis qui signifie prudendênce, a donné lieu vraisemblablement à cette fable allégorique par laquelle on a voulu faire entendre que Jupiter se conduisit toujours avec prudence. — MÉTIS, océanide.

MÉTOECIES, fêtes que l'on célébrait chez les Athéniens en l'honneur de Thésée, qui les avait fait venir des endroits où ils étaient dispersés, pour les réunir dans l'enceinte d'une ville.

MÉTOPE, fille du fleuve Ladon, femme d'Asopus. — MÉTOPE, femme de Cisséus et mère d'Hécube.

MÉTRA, fille d'Erésichthon. Neptune, qui en avait abusé, lui donna, pour récompense, le pouvoir de se revêtir de la figure qu'elle voudrait. Son père Erésichthon (*voy.* cet art.), à qui Cérès avait envoyé une faim insatiable, pour le punir d'une offense qu'il avait commise envers elle, la vendit pour vivre; mais elle prit la figure d'un pêcheur, et se mit en liberté. Erésichthon, profitant de cet avantage, la vendit plusieurs fois, et toujours elle s'affranchit de ses chaînes, en prenant la figure, tantôt d'une génisse, tantôt d'une jument, quelquefois celle d'un cerf ou d'un oiseau. Enfin, voyant que sa fille ne voulait plus vivre avec lui, ni fournir à ses besoins, il fut réduit à dévorer ses propres membres.

MEULOUD (le). Les Musulmans appellent ainsi la fête de la naissance de Mahomet. Elle est aussi célèbre que celle de Bairam, quoique différemment solennisée. On passe le Meulond dans la retraite et le recueillement.

MÉZENCE, *contemptor Divum*, tyran de l'Etrurie, père de Pallas, chassé par ses sujets, marcha au secours de Turnus, et fut tué par Enée.

MICHAPOUS, est le nom que les sauvages de l'Amérique méridionale donnent au créateur de toutes choses.

MIDAMUS, un des cinquante fils d'Egyptus.

MIDAS, fils de Gordius, roi de Phrygie, reçut Bacchus avec magnificence dans ses états. Ce dieu, en reconnaissance de ce bon office, lui promit de lui accorder tout ce qu'il demanderait. Midas demanda que tout ce qu'il toucherait se changeât en or. Il se repentit bientôt d'avoir fait une telle demande; car tout se changeait en or, jusqu'à ses alimens dès qu'il les touchait. Il pria Bacchus de reprendre ce don funeste, et alla, par son ordre, se laver dans le Pactole, qui, depuis ce temps-là, roula des paillettes d'or. Quelque temps après, ayant été choisi pour juge entre Pan (ou Marsyas) et Apollon, il donna une autre marque de son peu de goût, en préférant les chants rustiques du dieu des bergers, aux chants mélodieux d'Apollon. Le dieu des vers et de la musique, irrité, substitua des oreilles d'âne aux siennes. Midas, honteux et désespéré, ne confia son aventure à personne qu'à son barbier, avec défense de la divulguer. Celui-ci ne pouvant se contenir, fit un creux en terre, et cria en se baissant: « Midas a des oreilles d'âne; » après quoi il remplit le trou. Dans la suite il sortit de cet endroit une grande quantité de roseaux, qui, étant secs et agités par le vent, répétèrent le secret du barbier, et l'apprirent à tout le monde. Nous avons un Opéra-comique intitulé: *le Jugement de Midas*, dont les paroles sont de d'Hèle, et la musique de Grétry.

MIDÉ, nymphe que Neptune rendit mère d'Asplédon. — MIDÉ eut d'Hercule Antiochus.

MIDGARD. *Voyez* MYDGARD.

MIGONITIS. Hélène, ayant accordé ses faveurs à Pâris, dans un territoire de Laconie, vis-à-vis l'île de Cranaé, le Phrygien, pour témoigner à Vénus sa reconnaissance, fit bâtir à Vénus-Migonitis un temple magnifique, à l'endroit même qu'il appela *Migonium*, d'un mot qui signifie l'*amoureux mystère*.

MIHR, MIHIR ou MHIR, célèbre divinité persane. Les Grecs et les Romains, qui l'appelaient *Mithra, Mithras* ou *Mithrèe*, ont cru que c'était le soleil; mais Hérodote, beaucoup mieux instruit qu'eux à cet égard, assure que les Perses adoraient sous ce nom la Vénus-Céleste ou Uranie, dont ils avaient emprunté le culte aux Arabes et aux Assyriens. Ce furent les nations situées à l'occident de la Perse, qui les premières confondirent cette divinité avec le soleil. Cette erreur fut adoptée par les Romains, qui instituèrent en l'honneur de Mithras, des fêtes appelées *Mithriaques*, dont nous ferons un article particulier, et qui étaient en tout différentes de celles que les Persans nommaient *Mihragan*, et qu'ils célébraient solennellement en l'honneur de Vénus-Uranie.

MILET. *Voyez* CHALÈS.

MILÉTUS, fils d'Apollon et de Déïonne, et selon d'autres, d'Acasis, fille de Minos, voulut, mais en vain, détrôner son aïeul. Pour se soustraire à la colère de Jupiter, il passa de Crète en Carie, où il s'acquit, par son mérite et son courage, l'estime du roi Eurytus, qui lui donna sa fille Dothée, et lui assura son trône. Milétus, devenu roi, fit bâtir la ville de Milet, capitale de Carie.

MIMER, personnage célèbre dans la mythologie des Scandinaves. Cet homme ayant eu pendant sa vie une grande réputation de sagesse, quand il fut mort, Odin lui fit couper la tête, la fit embaumer, et persuada aux Scandinaves qu'il lui avait rendu la parole par ses enchantemens. Il la portait toujours avec lui, et lui faisait prononcer les oracles dont il avait besoin.

MIMON, un des dieux Telchines.

MINÉIDES, filles de Minée ou Minyas Thébain, ayant refusé de se trouver à la célébration des fêtes de Bacchus, et témoigné du mépris pour ce dieu, furent changées en chauve-souris.

MINERVE ou PALLAS, déesse de la sagesse, de la guerre et des arts, et fille de Jupiter. Ce dieu épousa la nymphe Méthis, et, la voyant près d'accoucher, il la dévora, parce qu'un oracle avait annoncé qu'elle allait mettre au monde une fille d'une sagesse consommée, et un fils à qui l'empire du monde était réservé. Quelque temps après, se sentant une grande douleur de tête, il fit sortir de son cerveau Minerve armée de pied en cap. Son père se fit donner un coup de hache sur la tête par Vulcain pour la mettre au monde. Minerve et Neptune disputèrent à qui donnerait un nom à la ville de Cécropie. Celui qui produirait sur-le-champ la plus belle chose devait avoir cet honneur. Elle fit sortir de terre avec sa lance un olivier fleuri; et Neptune, d'un coup de son trident, fit naître un cheval, que quelques-uns prétendent être le cheval Pégase. Les dieux décidèrent en faveur de Minerve, parce que l'olivier est le symbole de la paix; et elle appela cette ville Athènes, nom que les Grecs donnaient à cette déesse. Pallas est représentée avec le casque sur la tête, l'égide au bras, tenant une lance, comme déesse de la guerre, et ayant auprès d'elle une chouette et divers instrumens de mathématiques, comme déesse des sciences et des arts. L'égide était une espèce de bouclier dont Jupiter lui avait fait présent dans le temps de la guerre de Troie, et sur laquelle était la tête de Méduse. Minerve refusa constamment de se marier, et conserva toujours sa virginité. La chouette était son oiseau favori, et l'olivier l'arbre qui lui était consacré. Elle avait plusieurs noms relatifs aux différens attributs qu'on lui donnait. Elle s'appelait *Armipotens*, comme déesse de la guerre; *Cæsia*, parce qu'elle avait les yeux bleus: *Médica*, à cause qu'elle se mêlait de médecine; *Pallas*, du nom qui lui venait du géant Pallas qu'elle avait tué, ou plutôt de sa pique qu'elle balançait; *Tritonia*, du marais Tritonis en Lybie, sur les bords duquel elle s'était montrée pour la première fois en ces lieux, ou, selon d'autres, de Gnosse, ville de Crète, qui s'appelait anciennement Tritta, où elle était née. Erichthon, fils de Vulcain, institua en son honneur des fêtes appelées Panathénées. Elles se célébraient en commun par les peuples de l'Attique. Chaque bourgade donnait un bœuf pour les sacrifices; afin qu'il y eût suffisamment de quoi faire un festin à tous les assistans. On distinguait deux sortes de Panathénées, les grandes et les petites. Les premières se célébraient tous les cinq ans, et les petites tous les ans. On faisait pendant ces fêtes des espèces de processions appelées Pompes, *Pompæ*, où chacun portait une branche d'olivier. *Voyez* ARACHNÉ, MOMUS, ÉRICHTHON, MENTOR, MÉDUSE, PARIS, etc.

MINITHYE. *Voy.* THALESTRIS.

MINOS Ier, fils de Jupiter et d'Europe, régna dans l'île de Crète, l'an 1432 avant Jésus-Christ; après l'avoir conquise. Il rendit ses sujets heureux par ses lois et par ses bienfaits. Il bâtit des villes et les peupla de citoyens vertueux, en écarta l'oisiveté, la volupté, le luxe, les plaisirs. Les jeunes gens y apprenaient à respecter les maximes et les coutumes de l'état. Les lois de Minos, fruits des longs entretiens qu'il avait eus avec Jupiter, étaient encore dans toute leur vigueur du temps de Platon, plus de mille ans après la mort de ce législateur. Il eut un fils nommé Lycaste, père de MINOS II, roi de Crète, d'Eaque et de Radamanthe, qui exercèrent la justice avec tant de rigueur, que la fable feignit qu'ils avaient aux enfers l'emploi de juges des humains. Le nom de Minos, suivant Bailly, a un rapport singulier avec le mot *Minnor*, qui, en langue du nord, signifie *Être puissant*.

MINOS III, roi de Crète, de la même famille que les précédens, régnait l'an 1300 avant J.-C. Il imita la sévérité de ses ancêtres dans l'administration de la justice, et fit plusieurs lois qu'il prétendait avoir reçues de Jupiter. Il défit les Athéniens et les Mégariens, auxquels il avait déclaré la guerre, pour venger la mort de son fils Androgée. Il prit Mégare par le secours de Scylla, fille de Nisus, roi de cette contrée, laquelle coupa à son père le cheveu fatal dont dépendait la destinée des habitans, pour le donner à Minos. Il réduisit les Athéniens à une si grande extrémité, que, par un article du traité qu'il leur fit accepter, il les contraignit de lui livrer tous les ans sept jeunes hommes et sept jeunes filles, pour être la proie du Minotaure. C'était, selon la fable, un monstre moitié homme et moitié taureau, né de Pasiphaé, femme de Minos, et d'un taureau. Minos enferma ce monstre dans un labyrinthe, parce qu'il ravageait tout, et ne se nourrissait que de chair humaine. Thésée, ayant été du nombre des jeunes Grecs qui en devaient être la proie, le tua, et sortit du labyrinthe par le moyen d'un peloton du fil qu'Ariadne, fille de Minos, lui avait donné.

MINOTAURE, monstre au corps d'homme et à la tête de taureau, était le fruit des amours infâmes de Pasiphaé, femme de Minos et d'un taureau. Pour soustraire à tous les yeux cette marque de sa honte et de celle de son abominable épouse, Minos fit bâtir par Dédale le fameux labyrinthe où l'on enferma ce monstre, qui ne se nourrissait que de chair humaine. Les Athéniens, ayant été vaincus par Minos, furent forcés d'envoyer tous les ans au Minotaure sept garçons et sept filles, pour lui servir de pâture. Le tribut fut payé trois fois; mais à la quatrième, le sort étant tombé sur Thésée, ce héros tua le monstre, et délivra sa patrie d'un si honteux tribut.

MINUTIUS, dieu que l'on invoquait pour les petites choses. Il avait à Rome un temple qui donna le nom à la porte *Minutia*.

MINYAS. *Voyez* MINÉIDES.

MINYÉUS, fleuve qu'Hercule fit passer par l'Elide, pour enlever les fumiers qui infectaient la campagne.

MINYENS, surnom des Argonautes venus pour la plupart de Minye.

MINYTUS, un des fils de Niobé.

MIPLESETH, idole de quelques peuples de la Palestine.

MIROB, sorte de niche pratiquée dans chaque Mosquée, et où l'on place l'Alcoran.

MISENE, fils d'Eole, et trompette d'Enée :

Quo non præstantior alter
Ære ciere viros, Martemque accendere cantu.

ayant osé défier Triton le trompette de Neptune, celui-ci le jeta dans la mer. Enée, désolé de sa perte, lui éleva un monument superbe à l'endroit qui fut depuis nommé le cap Misène.

MISERE, divinité, fille de l'Erèbe et de la Nuit.

MISERICORDE. Les Grecs et les Romains avaient fait une divinité de cette vertu, dont les temples et les autels servaient d'asile.

MITHRA, MITHRAS, MITHRES, MITHRIAQUES. Nous avons fait voir à l'article Mihr, combien les Romains s'étaient trompés en prenant pour le Soleil cette divinité persane, dont ils adoptèrent le culte sous le nom de Mithra; nous allons ici parler succinctement du culte qu'ils lui rendirent, et de ces fameux mystères Mithriaques qu'ils établirent en son honneur. Le culte mystérieux de Mithras ne s'établit à Rome qu'au règne de Trajan, vers l'an 101 de J.-C., et ne pénétra que postérieurement dans la Grèce, et les autres parties de l'empire. On célébrait ses mystères dans des réduits ténébreux, où l'on ne pouvait être admis qu'après les plus terribles épreuves. On soumettait l'aspirant à des tourmens toujours naissans, qui mettaient souvent sa vie en danger, et il n'était admis à l'initiation qu'après avoir porté le certificat d'un prêtre qui veillait sur l'observation exacte de ces douloureuses pratiques. Alors on les purifiait par une espèce de lustration; on imprimait sur son front une marque, et on lui présentait une couronne soutenue d'une épée qu'il rejettait par derrière sa tête, en disant : C'est Mithra qui est ma couronne. Aussitôt on le déclarait soldat de Mithra, et le secret le plus rigoureux lui était ordonné. On immola souvent dans ces abominables mystères des victimes humaines, pour pénétrer l'avenir dans leurs entrailles; et le farouche Commode immola de sa propre main un homme à Mithra. Après ces affreux sacrifices, on montrait aux initiés Mithra sous la figure d'un jeune homme domptant un taureau, et les hiérophantes leur expliquaient les symboles du culte de ce dieu. Tous avaient rapport au passage de l'ame de l'homme dans les différentes planètes avant d'arriver au Soleil, où elle établissait enfin sa demeure; ce qui prouve que la métempsycose était la véritable doctrine des Mithriaques.

MNÉMOSYNE, déesse de la Mémoire. Jupiter l'aima tendrement, et eut d'elle les neuf Muses. Elle en accoucha sur le mont Piérus. Cette fable est philosophique. Les déesses des beaux arts, toutes filles de mémoire prouvent que sans mémoire on ne peut nourrir son esprit ni fortifier son jugement.

MNÈNE, un des Congas ou prêtres du Congo. Il fait croire aux Nègres que les idoles mangent les gerbes de maïs qu'on suspend à la cîme des arbres et qu'il dérobe la nuit.

MNESTHÉE. *Voyez* MÉNESTHÉE.

MOD-GUDUR (*Myth. celt.*), l'adversaire des Dieux, jeune fille à laquelle est confiée la garde d'un pont, dont la tête est couverte d'or brillant.

MOERA, chienne d'Icarius, apprit à Érigone, par ses hurlemens, l'endroit où son maître était enterré. Pour récompenser sa fidélité, Jupiter la plaça dans la constellation appelée canicule.

MOGON, déité adorée par les Cadenès, anciens peuples du Northumberland.

MOISSASOUR (*Myth. ind.*), chef des anges rebelles, souleva les autres chefs des bandes angéliques, et les excita à la révolte. Dieu irrité de leurs crimes, les chassa du ciel et les précipita dans l'abime.

MOKISSOS (*Mith. afric.*), dieux ou génies révérés par les habitans de Loango; mais subordonnés au dieu suprême.

MOLIONE, femme d'Actur, et mère des Molionides, dont l'article suit. Hercule ayant tué ses deux fils, Molione demanda justice aux Éléens et ne l'obtint point. Cette mère infortunée, frappa de sa malédiction ceux des citoyens de Corynthe, qui oseraient à l'avenir assister aux jeux Isthmiques. Les Éléens redoutaient beaucoup les effets de cette menace.

MOLIONIDES. Ils étaient deux frères nommés Cléatus et Eurytus, fils d'Actor et de Mélione. Ils n'avaient, dit la fable, qu'un corps à eux deux, avec deux mains et quatre pieds. Ayant tué quelques-uns des compagnons d'Hercule, qui marchaient contre Augias leur oncle, le héros leur dressa un piège dans la ville de Chone, et les tua.

MOLLACK. C'est le nom d'une divinité religieuse chez les Mahométans, qui répond à celle d'archevêque parmi les Catholiques.

MOLLESSE (*Icon*). Boileau l'a personnifiée dans son admirable poëme du *Lutrin*. Voici comment il la dépeint :

C'est là (Citeaux) qu'en un dortoir elle fait son séjour,
Les plaisirs nonchalans folâtrent à l'entour.
L'un pétrit dans un coin, l'embonpoint des chanoines,
L'autre broie, en riant, le vermillon des moines;
La volupté la sert avec des yeux dévots,
Et toujours le sommeil lui verse ses pavots.
. . . .
. . . . La mollesse oppressée
Dans sa bouche à ces mots sent sa langue glacée :
Et lasse de parler, succombant sous l'effort,
Soupire, étend les bras, ferme l'œil et s'endort.

MOLOCH ou MOLECH, la grande divinité des Ammonites, représentée sous la figure monstrueuse d'un homme et d'un veau. On avait placé au pied de la statue des fourneaux dans lesquels on jetait des enfans; et pour qu'on n'entendît pas leurs cris, pendant qu'ils brûlaient, les prêtres battaient du tambour autour de l'idole.

MOLOH, petit-fils de Minos, adoré en Crète comme un dieu.

MOLORCHUS, vieux pasteur du pays de Cléone, dans le royaume d'Argos, reçut magnifiquement Hercule. Ce héros, pénétré de reconnaissance, tua en sa faveur le lion de Némée, qui ravageait tous les pays des environs. C'est en mémoire de ce bienfait qu'on institua, en l'honneur de Molorchus, les fêtes appelées de son nom *Molorchéennes*.

MOMUS, fils du Sommeil et de la Nuit, et dieu de la raillerie, s'occupait uniquement à examiner les actions des dieux et des hommes, et à les reprendre avec liberté. Ses sarcasmes perpétuels le firent chasser du ciel. Neptune ayant fait un taureau, Vulcain un homme et Minerve une maison, il les tourna tous trois en ridicule; Neptune, pour n'avoir pas mis au taureau des cornes devant les yeux, afin de frapper plus sûrement, ou du moins aux épaules, afin de donner des coups plus forts; Minerve, pour n'avoir point bâti sa maison mobile, afin de pouvoir la transporter lorsqu'on aurait un mauvais voisin; et Vulcain, de ce qu'il n'avait pas mis une fenêtre au cœur de l'homme, pour que l'on pût voir ses pensées les plus secrètes. Le même Momus, voyant le nombre des dieux s'augmenter de jour en jour, se plaignait de ce que certains d'entr'eux, non contens d'avoir été élevés à un si haut rang, d'hommes qu'ils étaient auparavant, voulaient aussi déifier leurs serviteurs et leurs servantes. On représente Momus levant le masque de dessus un visage, et tenant une marotte à sa main.

MONKIR et NEKIR (*Myth. mahom.*), anges, qui selon la croyance des musulmans, interrogent le mort aussitôt qu'il est dans le sépulcre, et sont chargés de tourmenter les réprouvés.

MONOCROMATOS. *Voyez* CLÉOPHANTE.

MONTAGNES. Les montagnes reçurent une espèce de culte chez les anciens qui les croyaient habitées par des dieux. Dans le langage allégorique, les Montagnes furent appelées *les rois du pays*, et dans la suite on en parla comme de rois réels. Souvent elles furent peintes comme des géants, et depuis on les cita comme de véritables géants. D'où la fable de la guerre des Géants, des monts Atlas, Athos, Ossa, Pelion, etc.; d'un autre côté, le culte religieux dont on honora les montagnes avait pris sa source dans la reconnaissance. Et en effet, après ces déluges fameux dont on ne peut contester l'authenticité, les montagnes furent les sauveurs du peuple, et en quelque sorte les pères du genre humain. Ceux qui en descendirent pour habiter les plaines furent appelés les enfans des montagnes; et c'est-là une explication naturelle de ces généalogies bizarres, où les montagnes figurent comme des personnages, et dont on trouve à chaque instant des exemples dans les mythologies des différents peuples.

MONT-SAINT-MICHEL (le), situé en Normandie sur le bord de

la mer, et près de la Bretagne, s'appelait autrefois *Bélen*, de *Bélénus*, l'un des quatre grands dieux gaulois, auquel il était consacré. Il y avait sur ce mont neuf druidesses, qui vendaient aux marins des flèches qui conjuraient les orages, en les faisant lancer dans la mer par un jeune homme de vingt-un ans, qui n'avait pas encore perdu sa virginité.

MOPSUS, fils d'Apollon et de Manto, fameux devin de l'antiquité, vivait du temps de Calchas (*Voyez* ce mot), qu'il surpassa en pénétration. Il y eut aussi un roi d'Athènes qui portait ce nom. — MOPSUS, fils de la nymphe Chloris et d'Ampicus, et l'un des Argonautes. Au retour de Colchos, il alla s'établir en Afrique: après sa mort on lui décerna les honneurs divins, et on lui établit un oracle qui fut très-fréquenté.

MORDAD, nom de l'ange de la mort chez les Guèbres, et chez les Musulmans.

MORDATES; les Turcs nomment ainsi ceux qui, de chrétiens se sont faits mahométans, qui depuis ont retourné au christianisme, et qui ensuite sont rentrés dans le mahométisme. Les Turcs ont pour eux un souverain mépris.

MORGAIN, sœur d'Artus et élève de Merlin, fut instruite par lui dans les secrets de la magie. Elle est fameuse dans les romans de chevalerie.

MORGÈS, roi d'une contrée de l'Italie, succéda à Italus, et fit prendre aux Œnatriens, le nom de Morgètes.

MORPHÉE, premier ministre du dieu du sommeil, selon la fable, excitait à dormir, et présentait les songes sous diverses figures. Ovide décrit ses fonctions dans le XIe livre des Métamorphoses. C'était, selon le poëte latin, le plus habile de tous les dieux pour prendre la démarche, le visage, l'air et la voix de ceux qu'il voulait représenter. Il y en a plusieurs exemples dans les poëtes anciens. C'était lui qui touchait d'une branche de pavot ceux qu'il voulait endormir. Les poëtes grecs et latins le prennent souvent pour le dieu du sommeil.

MORPHO. Vénus avait à Lacédémone, sous ce surnom, un temple et une statue, avec des chaînes aux pieds, pour marquer, dit Pausanias, la subordination des femmes envers leurs maris.

MORT (la), fille de la Nuit et sœur du Sommeil, habitait le Tartare. Cependant la Grèce n'éleva à la Mort ni temple, ni autel; et, quoique reconnue pour déesse, elle n'eut aucun prêtre dans cette contrée. Les anciens représentaient la Mort avec des aîles noires, c'est-à-dire dans leurs poëmes; car on ne connaît aucun monument des arts où la Mort soit personnifiée. Seulement ils figuraient quelquefois cette redoutable divinité sous l'emblême d'un génie tenant un flambeau renversé. Les tombeaux antiques en sont ornés, ainsi que de vases et de fleurs, et chaque année les parens en allaient répandre sur les sépultures. C'était ainsi que les anciens savaient émouvoir l'ame par de douces allégories, sans choquer les yeux par des peintures dégoûtantes. On immolait un coq à la Mort, parce qu'on croyait l'honorer en lui faisant une offrande qui flattait la Nuit, dont on la croyait fille.

MORTA, c'était chez les premiers Romains, le nom de la troisième Parque, qui n'était autre que la Mort elle-même.

MORTS. Les anciens croyaient que la vue d'un corps mort souillait non-seulement les hommes, mais encore les dieux. Rien de plus célèbre néanmoins que le respect que l'on eut dans l'antiquité pour la mémoire des morts, et les soins que l'on employait pour empêcher la profanation des tombeaux.

MORYCHUS, surnom de Bacchus en Sicile.

MOSQUÉES, temples des Musulmans, dans lesquels on ne voit ni autels, ni figures, ni images. On y entre par une grande cour ornée de sycomores ou d'autres arbres touffus, au milieu de laquelle on voit une fontaine et plusieurs petits bassins de marbre, où les Musulmans font leur ablution avant la prière.

MOTYA, indiqua à Hercule le voleur de ses troupeaux.

MOUCHES. Les Acarnaniens les honoraient, et presque tous les autres peuples offraient de l'encens et des vœux à une divinité qui les chassait.

MOURANTS. Les anciens recueillaient avec le plus grand soin les dernières paroles des mourants, dans la persuasion que leurs ames, à demi-dégagées des liens du corps, voyaient déjà l'avenir à découvert.

MOUTH, nom sous lequel les anciens Espagnols rendaient vers Cadix un culte particulier à la Mort.

MUBAD. On appelait ainsi, avant la réforme de Zoroastre, le chef souverain de la religion des Perses.

MUETTE (Muta ou Tacita), déesse du Silence, et fille du fleuve Almon. Jupiter lui fit couper la langue et la fit conduire aux enfers, parce qu'elle avait découvert à Junon son commerce avec la nymphe Juturne. Mercure, touché de sa beauté, l'épousa, et en eut deux enfans nommés Lares, auxquels on sacrifiait comme à des génies familiers... *Voyez* ANGERONE.

MUMBO-JUBO, espèce d'idole dont les nègres de Guinée se servent pour épouvanter leurs femmes, en leur persuadant que non-seulement elle veille sur leurs démarches, mais qu'elle lit dans le fond de leur cœur, pour punir jusqu'à la pensée de commettre des fautes. Cette idole a une figure monstrueuse et terrible ; et pendant la nuit, un nègre caché dans l'intérieur, pousse des cris affreux: ce qui augmente la terreur qu'inspire aux femmes le Mumbo-jubo.

MURCIE, déesse de la paresse, chez les païens. Ses statues étaient toujours couvertes de poussière et de mousse, pour exprimer sa négligence. Son nom est dérivé du mot *Murcus* ou *Murcidus*, qui, chez les Romains, signifiait stupide, lâche, paresseux.

MUSAGÈTES, ou conducteur des Muses. Ce nom fut donné à Apollon, parce qu'on le représentait souvent accompagné des neuf doctes Sœurs. Au Musée des Arts on remarque, dans le sallon des Muses, une statue antique d'Apollon Musagètes de la plus grande beauté. Le dieu est vêtu d'une robe traînante, et tenant une lyre. Hercule fut aussi surnommé Musagètes, parce que, dit-on, en purgeant la terre des monstres qui la désolaient, il procurait du repos aux Muses.

MUSÉES, fêtes que l'on célébrait sur le mont Hélicon, en l'honneur des Muses. Elles duraient neuf jours, à cause du nombre des Muses.

MUSES. Ces déesses si célèbres dans l'antiquité, si célèbres encore parmi nous, étaient filles de Jupiter et de Mnémosine. On n'en connut d'abord que trois, et leur culte fut établi en Grèce par les Aloïdes, qui les nommèrent *Méletè*, *Mnémè* et *Aœdè*, c'est-à-dire, la *méditation*, la *mémoire* et le *Chant*. D'où il est aisé de voir qu'en donnant ces noms aux Muses, on ne faisait que personnifier les qualités nécessaires pour composer un poëme. Hésiode est le premier qui ait compté les neuf Muses, dont voici les noms, les fonctions et les attributs.: Clio, Muse de l'Histoire, ainsi nommée de *cleiein*, célébrer; on la représente sous la figure d'une jeune fille couronnée de lauriers, tenant d'une main un livre, de l'autre une trompette; Euterpe, Muse de la Musique, dont le nom signifiait *qui sait plaire*; c'est une jeune fille couronnée de fleurs, et jouant de la flûte; Thalie, Muse de la Comédie, dont le nom veut dire *qui fleurira toujours*; on la représente couronnée de lierre, tenant un masque d'une main, et un brodequin de l'autre. Melpomène, Muse de la Tragédie, de *melpos*, chant, figurée par une femme d'un maintien grave, chaussée d'un cothurne, tenant d'une main des couronnes, et de l'autre un poignard; Terpsichore, Muse de la Danse, et dont le nom exprime la fonction, est peinte comme une jeune fille enjouée, couronnée de guirlandes, tenant une harpe au son de laquelle elle forme des sons voluptueux; Erato, Muse de la poésie érotique, d'*Eros*, amour, représentée sous la figure d'une nymphe enjouée, couronnée de myrtes et de roses, ayant près d'elle un petit amour avec des ailes, un arc et un flambeau allumé; Polymnie, Muse de la Rhétorique, de *polus*, beaucoup, et *umnos*, chant; elle est couronnée de fleurs, la main droite étendue, et un sceptre à la gauche; Uranie, Muse de l'Astronomie, d'*ouranos*, ciel; auprès d'elle est placé un globe; ses vêtemens sont de couleur d'azur, et elle est couronnée d'étoiles; Calliope enfin, Muse de la Poésie héroïque, de *kallos*, beau; son air est majestueux, son front est ceint d'une couronne d'or; d'une main elle tient une trompette, de l'autre un poëme épique. On doit conclure d'après ces noms, qui rappellent chacun la fonction de la muse qui le porte, qu'Hésiode avait ainsi que les Aloïdes, voulu personnifier les qualités nécessaires pour exceller dans les sciences et les arts, en les répandant néanmoins sur un plus grand nombre de personnes. Les Muses, au surplus, furent non-seulement surnommées déesses, mais elles jouirent encore des honneurs de la divinité, et dans plusieurs endroits de la Grèce on leur offrait des sacrifices; à Rome elles avaient un temple dans la première région. On a voulu qu'elles aient scrupuleusement gardé leur virginité, et pourtant on verra quelques personnages, dans le cours de ce Dictionnaire, qui se sont flattés d'avoir une muse pour mère; mais peut-être est-ce vanité de leur part, et nous aurions tort d'en rien préjuger contre la sagesse des compagnes d'Apollon.

MUSIA, l'une des heures.

MUSICA, MUSICUS., surnoms de Bacchus et de Minerve.

MUSULMANS, nom que se

donnent les Mahométans. Des auteurs ont prétendu, que cela signifiait vrais croyans. Chardin prétend qu'il faut entendre par ce mot *Musulman*, *arrivé au salut*; et voici comme il l'explique. Lorsque Mahomet établissait sa religion par la force des armes, il égorgeait impitoyablement ceux qui refusaient de faire la profession de foi : *Il n'y a d'autre Dieu que Dieu, et Mahomet est son Prophète*. Lorsque quelqu'un, pour éviter la mort, faisait cette profession, on criait : *Muselmoon*. Il est arrivé au salut, c'est-à-dire, temporellement parlant.

MUTA. *Voy.* Muette.

MUTIA. *Voy.* Mucie.

MUTIMUS, *Muto*, *Mutuns*, surnom de Priape. On appelait aussi de ce nom l'effigie même de Priape, représenté alors sous la forme du membre viril. (*Voy.* Phallus *et l'art. suivant*).

MUTUNUS ou MUTINUS. C'était chez les anciens Romains, non une divinité, comme l'ont dit la plupart des mythographes, mais une espèce de talisman, un objet sacré; l'attribut le plus caractéristique du dieu Priape; enfin le *phallus* des Phéniciens, des Syriens et des Grecs, et le *linguam* des Indiens. Ce simulacre du sexe de l'homme était ordinairement isolé et colossal. Il présidait, comme Priape, à la fécondité des productions de la terre, à celle des femmes, à la vigueur des hommes; il détournait aussi les charmes nuisibles à l'acte du mariage et à la grossesse des épouses. Quelques écrivains, Lucilius et Festus, nous parlent de cet objet sacré pour les anciens, et indécent pour les modernes; mais ce sont les Pères de l'Église, tels qu'Arnobe, Lactance, Tertullien, saint Augustin, qui nous ont transmis des détails curieux sur le culte qu'on lui rendait, sur sa forme, sur les cérémonies ridicules dont il était l'objet, et sur les vertus qu'on lui attribuait. Ils nous apprennent qu'à Lavinium, pendant les fêtes appelées *libérales*, ce simulacre était religieusement porté sur un char magnifique qui arrivait au milieu de la place publique. On voyait la mère de famille la plus vénérable venir placer une couronne de fleurs sur cette figure obscène : que les dames romaines l'allaient chercher en procession dans sa chapelle, et la transportaient au temple de Vénus-Erycine, et qu'elles plaçaient elles-mêmes ce simulacre de la virilité dans le sein de Vénus; que ces mêmes dames, et surtout les nouvelles épousées, venaient, pour détourner les maléfices, enjamber et s'asseoir à nu sur cette figure colossale. Ces écrivains joignent toujours au mot Mutunus ou Mutinus, celui de Tutunus ou Tutinus. Ces deux noms signifiaient-ils deux choses, ou bien la même chose avait-elle ces deux noms ? Cette question n'est pas bien décidée.

MYAGRE, MYODE ou MYACORE, dieu des mouches. On l'invoquait et on lui faisait des sacrifices pour être délivré des insectes ailés. Il avait à Rome une chapelle, où une puissance divine empêchait, dit-on, les chiens et les mouches d'entrer. En Afrique, on adorait cette divinité païenne, sous le nom d'Archor. C'est le même que Béelzébut.

MYCENE, fille d'Inachus, et femme d'Arestor, donna son nom à la ville de Mycènes.

MYCÉNÉE, fils de Sparton, et petit-fils de Phoronée. On lui attribue la fondation de Mycènes.

MYCERINUS, fils de Cheops, succéda à Chéphren son oncle, au royaume d'Egypte. Ayant perdu sa fille unique, il en fut si désolé, qu'il fit renfermer son corps dans une urne de bois doré, et lui fit rendre, nuit et jour, des honneurs presque divins. Ayant appris de l'oracle qu'il n'avait plus que six ans à vivre, il chercha à éluder la prédiction, en doublant les six années qui lui restaient. Toutes les nuits son palais était éclairé d'un grand nombre de flambeaux, et on s'y livrait, ainsi que le jour, à de continuelles réjouissances.

MYDGARD ou MYGDARD, serpent monstrueux, né de Loke et de la géante Augerbode, fut précipité par Odin dans le fond de la grande mer: mais ce monstre s'y accrut si fort, qu'il ceignit dans le fond des eaux le globe de la terre, et qu'il put encore se mordre l'extrémité de la queue. A la fin des siècles, Mydgard se roulera dans l'Océan, et, par ses mouvemens, la terre sera inondée.

MYIA, amante d'Endymion, et rivale de Diane, fut changée en mouche par cette déesse, parce qu'elle réveillait toujours le berger dormeur, par ses chants et son babil. Depuis ce temps elle aime à troubler le sommeil, sur-tout des jeunes gens.

MYIAGRUS, génie imaginaire, auquel on attribuait la vertu de chasser les mouches pendant les sacrifices.

MYRINA, reine des Amazones, fut tuée par un certain Mopsus, dans une grande bataille où la plupart de ses compagnes furent taillées en pièces.

MYRMEX, femme d'Epyméthée, et mère d'Ephyrus. — MYRMEX, jeune fille que Minerve métamorphosa en fourmi, pour s'être attribué l'invention de la charrue, qu'elle devait à la déesse.

MYRMIDONS. On appela de la sorte les habitans dont l'île d'Egine fut repeuplée après une peste. Eaque, roi du pays, ayant prié Jupiter de remédier à la dévastation qu'elle avait causée, vit en songe sortir d'un vieux chêne des fourmis qui, à mesure qu'elles paraissaient, devenaient des hommes; le lendemain, à son réveil, on vint lui annoncer que ses états étaient plus peuplés qu'avant la peste. R. *Murmex*, fourmi. On donne encore une autre origine aux Myrmidons. On les suppose nés d'une jeune fille nommée *Myrmex*, changée en fourmi par Minerve, pour s'être attribué l'invention de la charrue. Quoi qu'il en soit, les Myrmidons accompagnèrent Achille au siége de Troie.

MYRRHA, fille de Cyniras, roi de Chypre, eut un commerce criminel avec son propre père, par le moyen de sa détestable nourrice, qui la substitua à la place de sa mère auprès de Cyniras. Ce père infortuné, ayant reconnu son crime, voulut tuer Myrrha; mais elle fut métamorphosée en arbrisseau d'où découle la myrrhe. Adonis naquit de cet inceste.

MYRTE, arbrisseau consacré à Vénus, parce qu'un jour il lui avait été d'un grand secours. Etant sur le point d'être surprise au bain par des satyres, elle avait été forcée de chercher un abri sous des myrtes qui se trouvaient près d'elle.

MYRTILE, cocher d'Œnomaüs, fils du dieu Mercure et de Myrto, fameuse amazone. Pélops le gagna avant que d'entrer en lice à la course des chariots avec Œnomaüs, père d'Hippodamie, pour laquelle il fallait combattre quand on la demandait en mariage. Myrtile ôta la clavette qui tenait la roue; et le char ayant versé, Œnomaüs se fracassa la tête. Pélops, victorieux, mais indigné contre le vil ministre de son triomphe, jeta Myrtile dans la mer, pour avoir lâchement trahi son maître.

MYSCILE ou MYSCELLUS, habitant d'Argos, ne put débrouiller un oracle qui lui avait dit : « de bâtir une ville où il se trouverait surpris par la pluie dans un temps serein et sans nuage. » Il alla en Italie où il rencontra une courtisane qui pleurait. Il trouva le sens de l'oracle dans cette aventure, et bâtit la ville de Crotone.

MYSIES, fêtes que l'on célébrait à Mysie, dans le Péloponèse, en l'honneur de Cérès. Elles avaient cela de singulier, qu'au troisième jour, les femmes chassaient les hommes et les chiens, et s'y tenaient renfermées avec les chiennes. Le lendemain elles rappelaient les hommes, et cette journée se passait dans les festins.

MYSTÈRES, de *muein*, fermer, et *stoma*, bouche. Les Mystères étaient des cérémonies religieuses secrètes, qui n'étaient connues que des prêtres et des initiés. Le berceau des Mystères fut en Egypte, d'où ils se répandirent sur presque toute la terre. Comme nous avons consacré à chacun des plus fameux, un article particulier, il est inutile d'en parler plus longuement ici. *Voyez* MITHRIAQUES, ISIAQUES, ELEUSIS, SAMOTHRACE, etc.

MYTHOLOGIE. Par ce mot l'on entend la connaissance générale de tout ce qui concerne les rites et les cérémonies de la religion des anciens peuples, de leurs dieux, de leurs demi-dieux, et les héros qu'ils ont divinisés. R. *muthos*, fable, et *logos*, discours.

MYTILÈNE eut de Neptune Myto, fondateur de Mytilène.

NABO NAHA

NABAHAS, divinité des Héloïens, était, à ce qu'on croit, la même que Nabo.

NABO ou NEBO, grande divinité des Babyloniens, tenait le premier rang après Baal ou Bel. Vossius croit que c'était la lune. Quoi qu'il en soit, la plupart des rois de Babylone portaient le nom de cette divinité joint avec le leur propre : *Nabo*-Nassar, *Nabo*-Polassar, *Nabo*-Sardan, etc.

NÆNIA ou NENIA, déesse qui prenait sous sa protection ceux qui étaient sur le point de mourir, et qui présidait aux funérailles. On appelait aussi *Nænia* ou *Nenia* des vers funèbres que chantaient à la louange des morts des femmes nommées *Præficæ*, et qu'on louait pour ces tristes cérémonies.

NAHAMA (*Myth. rabb.*), sœur de Tubalin, belle comme les anges auxquels elle s'abandonna, est, suivant le Talmud, la mère des anges.

NAIADES, filles de Jupiter. Elles présidaient aux fleuves et aux fontaines, et on les honorait comme des divinités.

NAINS (*Myth. celt.*), espèces de créatures qui s'étaient formées du corps du géant Ime, c'est-à-dire de la poudre de la terre. On a cru reconnaître en eux les Lapons.

NANÉE, déesse, avait un temple célèbre à Elimaïs en Perse. Les uns croient que c'était Diane ou la Lune, d'autres Vénus, du nombre de ces derniers, est Polybe. Enfin, d'autres prétendent que c'était Cybèle.

NANEK (*Myth. ind.*), législateur et fondateur de la nation Seyke, qui regarde son apparition sur la terre, comme une espèce d'incarnation secondaire de la divinité. On place sa naissance vers l'an 1469. Il passa une partie de sa vie, à parcourir l'Inde, la Perse, l'Arabie et le Ceylan, et mourut à l'âge de soixante-dix ans. Le lieu où il mourut attire chaque année, un concours prodigieux de ses sectateurs.

NAPÉES, nymphes dont les unes président aux forêts et aux collines, les autres aux bocages, aux vallons et aux prairies. On leur rendait à peu près le même culte qu'aux Naïades.

NARAYAN (*Myth. ind.*), l'esprit flottant sur les eaux avant la création du monde. On le représente couché et flottant sur les eaux, et ayant une teinte bleuâtre sur le visage.

NARCÉE, fils de Bacchus, décerna le premier les honneurs divins à son père. Il fit aussi bâtir un temple à Minerve.

NARCISSE, fils de Céphise et de Liriope, était si beau que toutes les nymphes l'aimaient; mais il n'en écouta aucune. Echo, ne pouvant le toucher, en sécha de douleur. Tirésias prédit aux parens de ce jeune homme qu'il vivrait tant qu'il ne se verrait pas. Revenant de la chasse, il se regarda dans une fontaine, et devint si épris de lui-même qu'il sécha de langueur, et fut métamorphosé en une fleur qu'on appelle Narcisse. Ovide, chez les Latins, et Malfilâtre parmi nous, ont orné cette fable des charmes de la poésie. Le fonds peut en être historique. Voici de quelle manière Pausanias rapporte l'histoire de Narcisse. « Narcisse avait une sœur qui lui ressemblait entièrement; mêmes traits de visage, même taille, même chevelure, presque même habit: car en ce temps-là les jeunes filles et les garçons de famille portaient de longues robes. Le frère et la sœur avaient coutume d'aller à la chasse toujours ensemble. Ce fut alors que Narcisse commença à sentir une amitié tendre pour sa jeune compagne. La sœur étant venue à mourir, Narcisse, pour se consoler en quelque façon d'une perte si sensible, se rendait à une fontaine où il était souvent allé avec sa sœur pour se délasser dans l'ardeur de la chasse. En regardant, comme pour amuser sa douleur, il vit une ombre dans l'eau; quoiqu'il reconnût que c'était la sienne même, cependant, à cause de la parfaite ressemblance qui avait existé entre ces deux amans, il s'imagina, par une flatteuse rêverie, que c'était l'image de sa sœur, et non la sienne. Depuis ce moment, Narcisse réveillant sans cesse son ardeur pour son premier amour, ne se lassait point d'aller très-souvent à cette source, d'où lui est resté le nom de fontaine de Narcisse. Elle est sur les frontières des Thespiens, près d'un village appelé Nédonacum. »

NAREDA, fils de Brahma, fut un habile législateur, et excella dans tous les arts libéraux. Il inventa la *Vina*, ou flûte indienne.

NARRAIN (*Myth. ind.*), est le même que Chrishna, l'Apollon des Indiens.

NASCIO ou NATIO, déité romaine, que l'on adorait spécialement à Ardes, ville des Latins, où elle avait un temple. Elle présidait à la naissance des enfans.

NASTRANDE. Dans la mythologie scandinave, on distinguait deux enfers : Nastrande et Niflehim (*Voyez* ce dernier mot). Le Nastrande était celui qui, après l'embrâsement du monde, était destiné à recevoir les lâches, les parjures et les meurtriers. C'était un vaste bâtiment dont la porte était tournée vers le Nord. Il n'était construit que de cadavres de serpens, dont toutes les têtes étaient tournées vers l'intérieur de la maison. Ils y formaient un long fleuve empoisonné, dans lequel flottaient les parjures et les meurtriers, et ceux qui cherchaient à séduire les femmes d'autrui.

NATURE, fille de Jupiter. Quelques-uns la font sa mère, d'autres sa femme. Les anciens philosophes croyaient que la Nature n'était autre chose que Dieu même; et que Dieu n'était autre chose que le monde, c'est-à-dire tout l'univers : opinion qui a encore des partisans.

NAUPLIUS, roi de l'île d'Eubée ou Négrepont, et père de Palamède. Son fils étant allé au siége de Troie, y fut lapidé par l'injustice d'Ulysse. Nauplius en fut indigné. Après la prise de Troie, voyant la flotte des vainqueurs battue par une violente tempête, il fit allumer des feux pendant la nuit sur les côtes de la mer, vis-à-vis des endroits où étaient les plus dangereux écueils, contre lesquels la plupart de leurs vaisseaux vinrent échouer. Nauplius, ayant appris qu'Ulysse et Diomède en étaient échappés, conçut tant de dépit qu'il se précipita dans la mer.

NAUSICAË, fille d'Alcinoüs, roi des Phéaciens dans l'île de Corcyre, accueillit avec beaucoup de bonté Ulysse, qu'un naufrage avait jeté sur la côte de cette île. Cette princesse tient un rang distingué dans l'Odyssée d'Homère.

NAUTÈS, un des compagnons d'Énée, que Virgile peint comme inspiré par Minerve. La garde du Palladium lui avait été confiée, et il le transporta en Italie. (*Voy.* PALLADIUM).

NAVIRES SACRÉS. C'étaient le navire qu'on lançait à la mer aux fêtes d'Isis; celui qui portait à Memphis le nouveau bœuf Apis; celui enfin dans lequel Caron passait les âmes des morts.

NAVIUS-ACTIUS, fameux augure chez les Romains. Tarquin l'ancien, voulant s'assurer de son habileté dans l'art de prédire, le fit venir, et lui demanda si ce qu'il avait pensé pouvait se faire. Navius, après avoir pris les auspices, répondit que la chose était possible. « Je veux, reprit le roi, couper en deux cette pierre avec un rasoir. » L'augure l'assura que cela était facile, et, prenant en même-temps un rasoir, il la coupa par le milieu, comme Tarquin le désirait. Cette anecdote de l'histoire romaine est une des mille fables que la crédule antiquité nous a transmises.

NAXOS ou NAXUS, l'une des îles Cyclades. Bacchus y avait un temple fameux, et l'on y célébrait ses fêtes avec la plus grande solennité. L'excellent vin que produisait cette île a donné lieu aux fables relatives à Bacchus et Ariane, et que nous avons citées à leur article. Des mythologues prétendent que le nom de cette île venait d'un Naxus, fils d'Apollon; d'autres d'un Naxus, fils d'Endymion.

NÉANTHUS, fils de Pittacus, tyran de Lesbos, ayant acheté la lyre d'Orphée, crut qu'il n'y avait qu'à la toucher, pour en tirer les mêmes sons que lui; mais il réussit si mal, que les chiens le mirent en pièces.

NÉCESSITÉ, divinité allégorique, fille de la Fortune, adorée par toute la terre. Sa puissance était telle, que Jupiter lui-même était forcé de lui obéir. Personne n'avait droit d'entrer dans son temple à Corinthe. On la représentait toujours avec la Fortune, sa mère, ayant des mains de bronze, dans lesquelles elle tenait de longues chevilles et de grands coins d'airain. Horace la peint énergiquement dans ces vers:

Te semper anteit sæva Necessitas,
Clavos, trabales et cuneos manu
Gestans ahenâ, nec severus
Uncus abest liquidumque plumbum.

La déesse Némésis était sa fille.

NÉCROMANCIE, sorte de divination par laquelle on prétendait invoquer les morts pour connaître d'eux l'avenir. Elle était fort en usage dans la Grèce, et surtout en Thessalie, où on arrosait de sang chaud le cadavre d'un mort, qui répondait ensuite aux questions qu'on lui faisait On en attribue l'origine à Tirésias.

NECTAR. C'était la boisson des dieux. Ganymède le servait à Jupiter; Hébé aux autres divinités.

NÉCUSIES, fêtes solennelles, que l'on célébrait dans la Grèce en l'honneur des morts.

NÉCYS, NET, NÉTOS ou NÉTON, divinité à laquelle les Espagnols rendaient de grands honneurs. Sa statue était ornée de rayons. Ceux qui ont cru les Espagnols une colonie scythe ont prétendu que Nécys était Mars dont ils avaient apporté le culte de Scythie, où ce dieu était en grande vénération. Nous osons ne pas être de cet avis, et les rayons qui ornaient la tête de la statue de Nécys, nous porteraient à croire que cette divinité n'était autre que le Soleil.

NÉDA ou NÉDÉE, fleuve du Péloponèse, à laquelle la jeunesse de Phigalée consacrait sa chevelure. C'est mal à propos qu'on l'a confondu avec la fontaine Néda, située au pied du mont Ithome en Messénie, laquelle était supposée devoir son nom à Néda, nourrice de Jupiter, et dont nous avons parlé à l'article Ithomé. Quelques mythologues même ne se sont pas contentés de faire nourrir Jupiter par Néda sur le mont Ithome en Messénie, ils lui ont donné les même fonctions sur le Lycée en Arcadie.

NÉÉRA, déesse aimée du Soleil, en eut deux filles: Phaétuse et Lampétie qui allèrent par ordre de leur mère habiter Trinacrie, et prendre soin des troupeaux de leur père.

NÉÉTHUS, rivière d'Italie;

qui est au royaume de Naples. Une partie des Grecs au rapport de Strabon, qui revinrent du siége de Troie, s'arrêterent à son embouchure. Pendant qu'ils exploraient le pays, les captives troyennes ennuyées des fatigues de la mer, brûlèrent leurs vaisseaux, et les obligèrent ainsi de s'arrêter dans cette partie de l'Italie.

NÉHALENNIA, déesse adorée dans le fond septentrional de la Germanie. On a pensé que c'était la déesse de la Navigation, parce que le nom de Neptune se trouve joint trois fois aux statues de cette déesse trouvée dans l'île de Valcheren, près d'Oësbourg en 1646, époque à laquelle on entendit parler de Nehalennia pour la première fois. Mais les autres attributs qui l'accompagnaient, tels qu'une corne d'abondance, des fruits, un panier, la feraient plutôt prendre pour la déesse de la Terre.

NÉITH, NÉITHA, NÉITHÉ, divinité principale de Saïs et de la Basse-Egypte. A l'entrée du temple célèbre qu'elle avait à Saïs, on lisait cette inscription: *Je suis ce qui est, ce qui sera, ce qui a été. Personne n'a soulevé mon vêtement, le fruit que j'ai produit est le Soleil.* D'après cela, nous ne concevons guère comment Platon, et ceux qui sont venus après lui, ont trouvé de l'analogie entre Neith et la Minerve des Athéniens. L'analogie, certes, est bien plus frappante entre elle et l'Isis égyptienne. Neith était comme Isis la divinité créatrice qui animait la nature, et vivifiait les générations. Un scarabée était son symbole. Il y avait aussi en Gaule, dit-on, une Neith qui était la divinité des Eaux.

NÉLÉE, fils de Neptune et de la nymphe Tyro, ayant été chassé de la Thessalie par son frère Pélias, alla se réfugier à Lacédémone, où il épousa Chloris, dont il eut douze enfans. Hercule le massacra avec eux, à l'exception de Nestor, pour lui avoir refusé le passage en allant en Espagne. *Voyez* Mélampus *et* Médon. — Nélée, fils de Codrus et frère de Médon, privé du trône d'Athènes par l'oracle qui prononça en faveur de son frère, se mit à la tête d'une jeunesse florissante et alla fonder une colonie dans le territoire de Milet. Il massacra les Milésiens et donna leurs femmes à ses soldats.

NÉMÉE, fille de Jupiter et de la Lune, donna son nom à une contrée de l'Elide, où il y avait une vaste forêt, fameuse par le terrible lion qu'Hercule étouffa en faveur de Molorchus. On y célébrait des jeux en l'honneur de ce demi-dieu.

NÉMÉENS, jeux qu'on célébrait auprès de la forêt de Némée, à l'occasion de la victoire qu'Hercule remporta sur le lion terrible qui y faisait sa demeure habituelle. Ces jeux étaient comptés parmi les plus fameux de la Grèce.

NÉMÉSIS ou ADRASTÉE, déesse de la Vengeance, fille de Jupiter et de la Nécessité, châtiait les méchans et ceux qui abusaient des présens de la Fortune. On la représentait toujours avec des ailes, armée de flambeaux et de serpens, et ayant sur la tête une couronne rehaussée d'une corne de cerf. Némésis avait à Rome un temple sur le Capitole, et un autre fort célèbre à Rhamnus, d'où lui vient le nom de Rhamnusie.

NÉNIE. *Voy.* Nania.

NÉOMÉNIES, fêtes que l'on célébrait chez les anciens, à chaque nouvelle lune. Elles passèrent des Egyptiens aux Grecs, qui les sôlennisaient au commencement de chaque mois, en l'honneur d'Apollon-Néoménius. Les Romains ensuite les adoptèrent sous le nom de *Calendes*; et ce jour-là toutes les femmes étaient obligées de se baigner. R. *Neos*, nouveau, et *mênè*, lune.

NÉOPTOLÈME. *V.* PYRRHUS.

NÉPENTHÈS, plante d'Egypte, qui avait, dit-on, le pouvoir de dissiper la tristesse. Hélène s'en servit pour distraire Télémaque de ses chagrins.

NÉPHÉLIES, sacrifices qui s'accomplissaient sans vin; ce que signifie le mot même qui veut dire en grec *sobriété*. On y offrait de l'hydromel. Les Athéniens célébraient les *Néphélies* en l'honneur de Mnémosime, l'Amour, le Soleil, la Lune, Uranie, et les Nymphes.

NÉPHÉLÉ, femme d'Athamas, roi de Thèbes, en eut Phrixus et Hellé. Ce prince ayant repris Ino sa première femme, Néphélé fut vouée à la mort, ainsi que ses enfants, par un oracle forgé par Ino. Au moment du sacrifice, Néphélé se changea en nuée, enveloppa ses deux enfants, et les chargea sur le dos d'un mouton à toison d'or. — NÉPHÉLÉ, la Nuée, qu'Ixion rendit mère des Centaures. Ces deux fables ont été composées d'après le grec *Néphélè*, qui signifie *nuée*.

NEPHTÉ ou NEPHTIS, femme de Typhon et fille d'Athor. Nephté ayant eu avec Osiris un commerce criminel, ce commerce fut découvert par Typhon; et la frayeur qu'en eut Nephté, la fit accoucher d'Anubis avant terme. On rendait à Nephté un culte particulier dans certaines villes d'Egypte, et souvent on plaçait sa représentation sur les sistres.

NEPTUNE, fils de Saturne et de Rhée. Lorsqu'il partagea avec ses frères, Jupiter et Pluton, la succession de Saturne qui avait été chassé du ciel, l'empire des eaux lui échut, et il fut nommé le dieu de la mer. Rhée l'avait sauvé de la fureur de son père, comme elle en avait garanti Jupiter, et l'avait donné à des bergers pour l'élever. Neptune épousa Amphitrite, eut plusieurs concubines, et fut chassé du ciel avec Apollon, pour avoir voulu conspirer contre Jupiter. Ils allèrent ensemble aider Laomédon à relever les murailles de Troie; et il punit ce roi pour lui avoir refusé son salaire, en suscitant un monstre marin qui désolait tout le rivage. Il fit sortir des entrailles de la terre le premier cheval, à l'occasion de sa querelle avec Pallas, pour savoir à qui il appartiendrait de donner un nom à la ville d'Athènes: c'est pour cela qu'on lui donnait le soin des chevaux et des chars, et que ses fêtes se célébraient par des jeux équestres. Il exerçait un empire souverain sur toutes les mers, et présidait à tous les combats qui se livraient dans l'étendue de ses domaines. On le représente ordinairement sur un char en forme de coquille, traîné par des chevaux marins, tenant à sa main un trident. Neptune a eu plusieurs surnoms. Il était honoré à Athènes sous le nom d'Asphalée, parce qu'il procurait la sûreté à ceux qui étaient sur mer. On l'appelait Consus, à cause des bons avis qu'il donnait; Equester ou Hippius, parce qu'il fut le premier qui trouva l'art de dompter les chevaux; Natalitius, parce qu'il présidait, dit-on, à la naissance des hommes ; second Jupiter, à cause du rang qu'il tenait parmi les dieux; enfin les Philistins l'honoraient sous le nom de Dagon.

NÉRÉE, *Nereus*, dieu marin, fils de l'Océan et de Téthys, épousa sa sœur Doris, dont il eut cinquante filles appelées Néréides ou Nymphes de la mer. — Il ne faut pas confondre ce dieu avec la nymphe NÉÉRÉE (*Neæra*), que le Soleil aima et dont il eut deux filles.

NÉRÉIDES, filles de Nérée et de Doris, formaient une des familles des Nymphes marines. Hésiode en compte cinquante, dont les noms placés chacun à leur article dans le cours de ce Dictionnaire, et presque tous tirés de la langue grecque, conviennent parfaitement à des divinités de la mer, puisqu'ils expriment les flots, les vagues, la bonace, les tempêtes, etc. Les Néréides avaient des bois sacrés et des autels, en plusieurs endroits de la Grèce, notamment sur les bords de la mer. On leur offrait en sacrifice du lait, du miel, de l'huile, et quelquefois on leur immolait des chèvres.

NERGEL, divinité des Chutéens, qu'on dit avoir été adorée sous la figure d'une poule de bois, ou sous celle d'une flamme qu'on entretenait sur les autels en l'honneur du Soleil.

NÉRIOSSENGUL, ange qu'Ormuzd députa à Zoroastre, pour lui annoncer sa mission divine.

NESVOCH, dieu des Assyriens. Selon les Juifs, c'était une planche de l'Arche de Noé, dont on conservait les restes dans les montagnes d'Arménie. Sennachérib adorait cette idole, lorsqu'il fut tué par deux de ses fils.

NESSUS, centaure, fils d'Ixion et de la Nue, offrit ses services à Hercule pour porter Déjanire au-delà du fleuve Evène. Lorsqu'il l'eut passée, il voulut l'enlever; mais Hercule le tua d'un coup de flèche : le centaure donna en mourant une chemise teinte de son sang à Déjanire, l'assurant que cette chemise aurait la vertu de rappeler Hercule, lorsqu'il voudrait s'attacher à quelqu'autre maîtresse. Elle était imprégnée d'un poison très-subtil, qui fit perdre la vie à ce héros.

NESTOR, fils de Nélée et de Chloris, roi de Pylos, ville du Péloponèse, près du fleuve Æmanthe en Arcadie. Après être échappé au malheur de ses frères qui furent tous tués par Hercule, il fit la guerre fort jeune; et, du vivant de son père, aux Epéens, peuple du Péloponèse, appelés dans la suite Eléens. Etant aux noces de Pirithoüs, il combattit contre les centaures qui voulaient enlever Hippodamie. La vieillesse ne l'empêcha pas de partir pour la guerre de Troie avec les autres princes grecs, auxquels il fut si utile par la sagesse de ses conseils, qu'Agamemnon disait que s'il avait dix Nestor dans son armée, il prendrait la ville d'Ilion en peu de temps. Son éloquence était si douce et si touchante, qu'Homère dit que le miel coulait de ses lèvres quand il parlait. Il avait épousé Eurydice, fille de Climène, dont il eut sept fils et une fille. Homère dit qu'il vécut trois siècles, ce qui ne peut être pris que pour une fiction poétique.

NIBBAS, divinité Syrienne qu'on croit être la même qu'Anubis. Après son apostasie, l'Empereur Julien, rétablit le culte de cette divinité.

NICÉ, *Victoire*, une des compagnes inséparables de Jupiter, était fille de Pallas et du Styx, fils de l'Océan, et de Thétis.

NICEA, fille du fleuve Sangar, fut séduite par Bacchus qui l'enivra, et elle devint ainsi mère des Satyres. Elle donna, dit-on, son nom à Nicée, ville de Bithynie.

NICKEN, divinité Danoise, qui présidait aux mers, et qui est la même que Nocea.

NICON, fameux Athlète de Thase, avait été couronné quatorze fois dans les jeux solennels de la Grèce. Après sa mort, un de ses rivaux ayant insulté et frappé sa statue, elle tomba sur lui et l'écrasa. Les fils du mort poursuivirent en justice la statue qui fut jetée dans la mer, en vertu d'une loi de Dracon; mais, quelques années après, une grande famine ayant désolé les Thasiens, ceux-ci consultèrent l'oracle, et, d'après sa réponse, retirèrent la statue de la mer, et lui rendirent de nouveaux honneurs.

NIL, fleuve d'Egypte. L'utilité infinie dont ce fleuve a été de tout temps pour l'Egypte, le fit toujours regarder comme un dieu, et même comme le plus grand des dieux. Les Ethiopiens l'appellaient *Siris*, et voilà pourquoi quelques mythologues modernes l'ont confondu avec Osiris dont il n'était qu'une émanation, Osiris étant, comme nous le ferons voir à son article, un symbole du Soleil. On faisait le Nil père de toutes les divinités égyptiennes, auxquelles on n'en donnait pas un particulier. On célébrait une grande fête en son honneur au solstice d'été, époque de cet utile débordement qui féconde l'Egypte; et l'on jetait dans ses eaux, par forme de sacrifice, de l'orge, du blé et des fruits. Mais, par une horrible superstition, on souillait cette journée par le sacrifice d'une jeune fille qu'on noyait dans le fleuve. Cette fête s'appelait *Niloenne*. Le Nil s'était anciennement, dit-on, appelé *Egyptus*, du nom d'un roi du pays: ce nom fut changé en celui de Nil, d'un Nilus, roi d'Egypte, ou d'un autre Nilus, petit-fils d'Atlas. Au surplus, ces changemens doivent remonter fort haut, car le Nil a porté ce nom de temps immémorial; et pour donner quelque probabilité à toutes ces mutations de nom, et aux motifs qui les ont occasionnées, il faudrait que ceux qui les rapportent n'en attribuassent pas l'honneur à tant de personnages différens, et missent un peu moins de confusion dans leurs récits. — NIL, père de Mercure: Cicéron dit qu'il n'était pas permis de le nommer chez les Egyptiens.

NILÉUS, un des ennemis de Persée dans les combats contre Phinée. — NILÉUS, fils de Codrus, conduisit une colonie d'Ioniens en Asie, et y fonda Ephèse, Milet, Triène, Colophon, Téos, etc.

NIMÉTULAHIS, ordre religieux chez les Turcs. Pour être reçu dans cet ordre, il faut passer quarante jours enfermé dans une chambre, n'ayant par jour que trois onces de pain. Au bout de ce temps, le néophite a, ou feint d'avoir, des visions que l'on inscrit sur un registre, et on le reçoit Nimétulahis.

NINERTES, néréide.

NINIFO, déesse de la Volupté chez les Chinois.

NINUS, premier roi des Assyriens, fils de Bélus et mari de Sémiramis. On le regarde comme l'auteur du culte des idoles, parce qu'il fit rendre à son père les honneurs divins.

NIOBÉ, fille de Phoronée, fut la première maîtresse de Jupiter, et eut de lui Argus, 4e roi d'Argos. — NIOBÉ, fille de Tantale et sœur de Pélops, épousa Amphion, roi de Thèbes, celui qui bâtit la ville au son de sa lyre, et en eut beaucoup d'enfans, sur le nombre desquels, néanmoins, les auteurs varient. Les garçons étaient Alphénor ou Agénor, Isménus, Mynitus, Phœdimus, Ilionée, Tantalus, Damérichton ; les filles, Amycla, Astioché, Ethoséa, Cléodexa, Astyératéa, Mélibœe, Ogygia, Ismène, Phtia, Pélopia. Fière d'une aussi nombreuse famille, Niobé méprisa Latone qui n'avait que deux enfans, et prétendit mériter plutôt qu'elle des autels et des temples. Latone irritée, remit sa vengeance aux mains de Diane et d'Apollon, qui tuèrent à coups de flèches tous les enfans de Niobé, à l'exception d'Amycla et de Mélibœe. A cet affreux spectacle, Niobé, outrée de douleur, répand des flots de larmes, et demeure immobile ; aussitôt elle est changée en un rocher que le vent emporte sur une montagne de Lydie, où elle continue de répandre des larmes.

NIORD. C'était, dans la mythologie scandinave, le dieu qui présidait aux mers et aux lacs. Il était le maître des vents, et appaisait les eaux et le feu ; il demeurait dans un lieu appelé *Noatum*. On l'invoquait pour obtenir des trésors, pour la chasse, la pêche, et pour avoir une heureuse navigation. Comme il présidait au plus perfide des élémens, on ne croyait pas qu'il fût de la race des grands dieux descendant d'Odin.

NIRÉE, roi de Samos, dont la beauté était passée en proverbe, formait un parfait contraste avec Thersite, l'homme le plus laid du camp des Grecs.

NIREUPAN. Ce mot, qui signifie *anéantissement*, *impassibilité*, est celui que les Siamois donnent à leur paradis ; et par là on peut juger de l'espèce de bonheur qu'ils supposent qu'ont y goûte. Outre le Nireupan, les Siamois comptent neuf lieux de bonheur, au-dessus des étoiles ; mais d'où l'on doit, au bout d'un certain temps, revenir sur la terre.

NIRUDY (*Myth. ind.*), roi des démons et des génies malfaisans, est le quatrième des dieux protecteurs du huitième coin du monde ; il soutient la partie sud-ouest de l'univers.

NISUS, roi de Mégare en Achaïe, avait, parmi ses cheveux blancs, un cheveu de couleur de pourpre sur le haut de sa tête, d'où dépendait, selon l'oracle, la conservation de son royaume. Scylla sa fille, ayant conçu de l'amour pour Minos, qui assiégeait Mégare, coupa pendant le sommeil de son père le cheveu fatal et alla le porter à Minos qui, peu après, se rendit maître de la ville. Nisus en conçut tant de dépit qu'il sécha de douleur ; et les dieux, touchés de compassion, le changèrent en épervier. Scylla, se voyant méprisée de Minos qui manqua à sa parole en partant sans elle, se jeta de désespoir dans la mer pour le suivre, et y périt. Les dieux l'ayant changée en alouette, l'épervier fondit aussitôt sur elle, et devint son plus cruel ennemi. — NISUS, héros troyen qui suivit Enée en Italie. Ayant voulu venger la mort de son ami Euryale, tué par les

Rutules, il fut la victime de son courage et de son amitié.

NITOCRIS, reine de Babylone, rompit le cours de l'Euphrâte, et fit bâtir un pont sur ce fleuve. Elle se fit élever un tombeau au-dessus d'une des portes les plus remarquables de la ville, avec ces paroles : « Si quelqu'un de mes successeurs a besoin d'argent, qu'il ouvre mon sépulcre, et qu'il en puise autant qu'il voudra; mais qu'il n'y touche point sans une extrême nécessité, sinon sa peine sera perdue. « Le tombeau demeura fermé jusqu'au règne de Darius, fils d'Hystaspes, qui l'ayant fait ouvrir vers l'an 116 avant J.-C., au lieu des trésors immenses qu'il se flattait d'en tirer, n'y trouva qu'un cadavre et cette inscription : « Si tu n'étais insatiable d'argent et dévoré par une basse avarice, tu n'aurais pas violé la sépulture des morts. »

NITOES, démons ou génies que les habitans des îles Moluques consultent dans leurs affaires importantes. Cette opinion superstitieuse donne lieu à des cérémonies bizarres et singulières.

NIXES, *Nixii Dii*, dieux, au nombre de trois, qu'on invoquait dans les accouchemens difficiles, et quand on croyait qu'il y avait plusieurs enfans.

NOCTULIUS, dieu de la nuit. On ne le connaît que par une inscription de Bresse, trouvée avec sa statue; une chouette est à ses pieds, et il éteint son flambeau.

NODINUS, NODITIS ou NODUTUS, dieu qui présidait aux moissons lorsqu'elles germaient, et que les nœuds se formaient aux chaumes.

NOMIUS, fils d'Apollon et de Cyrène. On adorait aussi sous ce nom Jupiter et Apollon, comme dieux protecteurs des campagnes, des pâturages surtout, et des bergers.

NONDINA, déesse que les Romains invoquaient quand ils donnaient un nom à leurs enfans : ce qu'ils faisaient le neuvième jour après leur naissance.

NOR (*Myth. celt.*), géant, père de la Nuit, laquelle est noire comme toute sa famille.

NORNES (*Myth. celt.*), fées ou parques qui dispensent les âges des hommes. Elles sont au nombre de trois et toutes trois vierges.

NORTIA, déesse Etrusque que l'on honorait à Volsinie. On la croit la même que Némisis.

NORUS., fondateur fabuleux du royaume de Norwège.

NOAND-GHOSE, c'est l'Udmète des Indous, dont le dieu Kriohna a gardé les troupeaux.

NUIT, déesse des Ténèbres, fille du Chaos, et femme de l'Érèbe. Elle enfanta plusieurs monstres qui assiégeaient l'entrée des enfers. Hésiode compte parmi ses enfans le Travail, la Misère, les Destins, les Parques, les Hespérides, Némésis, la Tromperie, l'Amour, les Contentions, la Vieillesse, et la Mort. Virgile met aussi à la porte du royaume de Pluton une foule de monstres malfaisans qui sont à peu près les mêmes. Les peintres et les poètes représentent la Nuit avec des habits noirs parsemés d'étoiles, tenant à sa main un sceptre de plomb, et traînée dans un char d'ébène, par deux chevaux dont les ailes ressemblent à celles des chauve-souris.

NUMÉRIE, déesse qui présidait à l'arithmétique. Les femmes

enceintes l'invoquaient pour obtenir une heureuse délivrance.

NYCTIMUS, fils de Lycaon. Jupiter l'épargna quand il foudroya ses frères avec son père. Ce fut de son temps qu'arriva le déluge de Deucalion.

NYMPHES, divinités subalternes que l'on représentait sous la figure de jeunes et jolies filles. L'univers était peuplé de Nymphes. Il y avait des Nymphes Uranies qui gouvernaient la sphère du ciel, et des Nymphes terrestres ou épigies, qui étaient subdivisées elles-mêmes en Nymphes de la terre et Nymphes des eaux. Les Nymphes de la terre et des eaux formaient encore plusieurs classes, et il y avait des Nymphes, même dans les enfers. On offrait en sacrifice aux Nymphes, de l'huile, du miel et du lait; quelquefois même on leur immolait des chèvres. On n'accordait pas aux Nymphes une immortalité absolue, mais on croyait qu'elles vivaient fort longtemps. On leur consacrait quelquefois de petits temples, quelquefois des antres naturels ou creusés à dessein, dans le voisinage des fontaines ou des ruisseaux. Chaque divinité supérieure de l'un et l'autre sexe avait aussi ses Nymphes : Diane avait les siennes, et les Muses elles-mêmes étaient les Nymphes d'Apollon.

NYSUS, c'était le nom qu'Hygin donne à celui qui soigna l'éducation de Bacchus et dont, selon lui, il prit le nom de Dionysus.

OBER OCCA

OANNÈS, OANÈS ou OEN, un des dieux des Syriens, qu'on représentait sous la figure d'un monstre à deux têtes, avec des mains et des pieds d'homme, le corps et une queue de poisson. On le croyait sorti de la mer rouge, et qu'il avait enseigné aux hommes les arts, l'agriculture, les lois, etc.

OAXÈS, fleuve de Crète, ainsi appelé d'Oaxès, fils d'Apollon.

OAXUS, fils aussi d'Apollon et d'Anchiale, était fondateur d'Oaxus, ville de Crète. On le confond quelquefois avec le précédent.

OBERON, roi des fantômes aériens qui jouent un grand rôle dans la poésie anglaise. *Obéron* est le titre d'un poëme du célèbre Wieland.

OBY (LE VIEILLARD DE L'), idole des Tartares ostiaques qui habitaient les bords de l'Oby. Ces peuples l'invoquaient pour obtenir une pêche abondante.

OCCASION, divinité allégorique qui préside au moment le plus favorable pour réussir dans une entreprise. On la représentait sous la figure d'une femme nue, ou d'un jeune homme chauve par derrière, un pied en l'air, et l'autre sur une roue, tenant un rasoir d'une main et un voile de-l'autre, et quelquefois, marchant avec vitesse sur le tranchant d'un rasoir sans se blesser.

OCCATOR, un des dieux des laboureurs, présidait à cette partie de l'agriculture, qui consiste à herser les terres labourées.

OCÉAN, dieu marin, fils du Ciel et de Vesta, père des fleuves et des fontaines, épousa Téthys, dont il eut plusieurs enfans. Les anciens payens l'appelaient le père de toutes choses, parce qu'ils croyaient qu'elles en étaient engendrées; ce qui est conforme au sentiment de Thalès, qui établit l'eau pour premier principe.

OCÉANIDES, filles de l'océan et de Téthys. On en compte jusqu'à trois mille.

OCHINÉUS, fils d'Hélias et de Rhodes, succéda à son père sur le trône de Rhodes, et eut de la nymphe Hégétoria, une fille appelée Cydippe.

OCHNA, fille de Colonus et de Tanagra, s'étant éprise d'Eunostus, fils d'Élicus, qui était insensible à son amour, l'accusa auprès de ses frères de lui avoir fait violence. Ceux-ci tuèrent Eunostus. Ochna, désespérée du crime qu'elle avait causé, se précipita du haut d'un rocher, et on bâtit une chapelle en l'honneur d'Eunostus.

OCHNUS ou AUCNUS, fainéant condamné dans le Tartare à tordre une corde de jonc, qu'un âne rongeait à mesure qu'elle était faite.

OCYPÈTE, une des harpies, ainsi appelée de son vol rapide, habitait les îles Strophades avec ses sœurs Aello et Célæno.

OCYROÉ, nymphe, fille de Chiron le Centaure et de Chariclé, naquit sur les bords d'un fleuve rapide, comme son nom, qui est grec le signifie. Les poëtes disent que, peu satisfaite d'avoir été instruite dans tous les secrets de la nature, elle voulut se mêler de prédire l'avenir, et que les dieux irrités de son audace la changèrent en jument.

ODIN, grand-prêtre, conquérant, monarque, orateur et poète, parut dans le nord environ 70 ans avant Jésus-Christ. Le théâtre de ses exploits fut principalement le Danemarck. Il avait la réputation de prédire l'avenir et de ressusciter les morts. Quand il eut fini ses expéditions glorieuses, il retourna en Suède, et, se sentant près du tombeau, il ne voulut pas que la maladie tranchât le fil de ses jours, après avoir si souvent bravé la mort dans les combats. Il convoqua tous ses amis, les compagnons de ses exploits; il se fit, sous leurs yeux, avec la pointe d'une lance, neuf blessures en forme de cercle; et au moment d'expirer, il déclara qu'il allait dans la Scythie prendre place parmi les dieux, promettant d'accueillir un jour avec honneur dans le paradis tous ceux qui s'exposeraient courageusement dans les batailles, ou qui mourraient les armes à la main. Toute la mythologie des Islandais a Odin pour principe, comme le prouve l'*Edda*. Les rois qui aspiraient au respect des peuples dans une partie du Nord se disaient tous fils d'Odin. C'est à lui qu'on attribue la poésie erse, les caractères runiques, et la semence de la haine que les nations septentrionales marquèrent contre les Romains. On le croit auteur d'un poëme intitulé *Hawaal*, c'est-à-dire *Discours sublime*. Il est composé d'environ cent vingt strophes. C'est un recueil de principes moraux, parmi lesquels on peut citer ceux-ci : « Ne vous fiez ni à la glace d'un jour, ni à un serpent endormi, ni aux caresses de celle que vous devez épouser, ni à une épée rompue, ni au fils d'un homme puissant, ni à un champ nouvellement ensemencé. — Il n'y a point de maladie plus cruelle que de n'être point content de son sort. — Si vous avez un ami, visitez le souvent ; le chemin de l'amitié se remplit d'herbes, les arbres le couvrent bientôt si l'on n'y passe pas sans cesse. — Soyez circonspect lorsque vous avez trop bu, lorsque vous êtes près de la femme d'autrui, et quand vous vous trouvez parmi des voleurs. — Ne riez point du vieillard : il sort souvent des paroles pleines de sens des rides de la peau ». Après avoir donné la partie historique de l'histoire d'Odin, nous allons le présenter sous le rapport du merveilleux qu'inspirent ses actions guerrières, et des croyances superstitieuses qui font la base de la religion des Scandinaves. Odin, était la principale divinité des anciens Scandinaves, et généralement de tous les peuples du nord. C'était le dieu terrible et sévère, le père du carnage, le dépopulateur, l'incendiaire, l'agile, le bruyant, celui qui donne la victoire. Il était le créateur de l'univers ; et avant que le ciel et la terre existassent, il était déjà avec les géants. Voilà l'idée que ces peuples avaient d'Odin. Mallet qui, dans son *Introduction à l'Histoire de Danemarck*, a traité à fond tout ce qui concerne la mythologie celtique, donne sur cette redoutable divinité des renseignemens précieux, dont nous allons, suivant notre méthode, donner un abrégé succint. Selon lui, Odin était déjà le nom d'une divinité connue anciennement dans la Scandinavie, lorsqu'un certain Frigge, fils de Fridulphe, roi d'un peuple Scythe qu'il appelle *Ases*, dont la capitale était Asgard (*Voyez ces mots*), marcha vers l'occident de l'Europe, soumettant tout sur son passage. Après avoir étonné l'univers par la rapidité de ses conquêtes, il passa en Suède, où régnait un prince nommé Gylphe, qui, rempli d'admiration pour lui, l'honora comme un dieu. Après la mort de Gylphe, le conquérant scythe, auquel on avait donné, ou peut-être qui avait pris son nom de la première divinité des Scandinaves, gouverna la Suède avec un pouvoir absolu. Étant tombé malade, il rassembla ses amis, et se fit neuf blessures en forme de cercle, avec la pointe d'une lance, et déclara ensuite qu'il allait prendre place avec les autres dieux, à un festin éternel où il recevrait, avec de grands honneurs, ceux qui mourraient les armes à la main. Il mourut, et son corps fut brûlé avec beaucoup de magnificence à Sigutna. Après sa mort, Odin fut mis au rang des dieux ; peu à peu on s'accoutuma à le confondre avec la divinité dont il avait pris le nom, et usurpé les autels ; et comme il avait joué sur la scène du monde, avec le plus grand éclat, le rôle de conquérant, il devint par excellence le dieu des combats. Les amis et les parens de ceux qui périssaient dans une bataille leur criaient : Puisse Odin, te recevoir ! Puisse-tu aller joindre Odin ! On croyait même qu'il venait souvent dans la mêlée frapper ceux qu'il destinait à périr, et qu'il emportait leurs âmes dans

Asgárd, la ville céleste où il tenait sa cour, et d'où assis sur un trône sublime, il découvrait tout l'univers, et voyait toutes les actions des hommes. Odin avait à Upsal un temple magnifique, dont le toît était entouré d'une chaîne d'or, et un autre dans l'Islande, où l'on arrosait les assistans avec le sang des victimes. Dans les commencemens, on n'offrit à Odin que les prémices des fruits de la terre; ensuite on lui immola des animaux, et enfin on lui sacrifia des hommes; on lui sacrifia les enfants des rois, et quelquefois des rois mêmes. La manière la plus ordinaire d'accomplir ces affreux sacrifices, était de coucher la victime entre deux pierres énormes où ils étaient écrasés; et du plus ou moins d'impétuosité avec lequel le sang jaillissait, les prêtres inféraient le succès que devait avoir l'entreprise qui faisait l'objet du sacrifice.

ŒAX, fils de Nauplius et frère de Palamède. Après la mort de ce dernier, Œax, par l'ordre de son père, sut persuader aux femmes des principaux capitaines grecs, que leurs maris ramenaient de Troie des concubines, ce qui causa la mort de la plupart d'entre eux.

ŒBALUS, roi de Lacédémone, époux de Gorgophone, et père de Tyndare. A cause de lui, le pays de Lacédémone est quelquefois appellé Œbalie. — ŒBALUS, fils de la nymphe Sébéthie, allié de Turnus.

ŒBOTAS, athlète, fut le premier des Achéens qui se distingua à Olympie. Ses compatriotes n'ayant point honoré sa victoire, il fit contre eux des imprécations qu'un dieu exauça. Les Achéens s'en aperçurent, en voyant que, par suite, personne n'était couronné aux jeux Olympiques; et d'après la réponse de l'oracle, ils firent élever à Œbotas dans Olympie, une statue qu'ils couronnaient quand ils étaient victorieux.

ŒDIPE, roi de Thèbes, fils de Laïus et de Jocaste. L'oracle avait prédit à Laïus que son fils le tuerait, et qu'il épouserait sa mère. Pour prévenir ces crimes, Laïus donna Œdipe, aussitôt après sa naissance, à un de ses officiers, pour le faire mourir; mais cet officier, ému de compassion, l'attacha par les talons à un arbre. Un berger passant par-là prit l'enfant et le porta à Polybe, roi de Corinthe, qui l'éleva comme son fils. L'oracle ayant menacé Œdipe des malheurs dont Laïus avait déjà été averti, il s'exila de Corinthe, croyant que c'était sa patrie. Il rencontra un jour Laïus dans la Phocide, sans le connaître, eut querelle avec lui et le tua. De là il alla à Thèbes, et y expliqua l'énigme du Sphinx. Il fallait répondre à cette question: « Quel est l'animal qui marche à quatre pieds le matin, qui ne se sert que de deux sur le midi, et qui marche à trois vers le soir? » Œdipe répondit que l'animal dont il s'agissait était l'homme, qui dans son enfance se traînait sur les mains et sur les pieds, qui dans la force de l'âge n'avait besoin que de ses deux jambes, et qui dans la vieillesse se servait de bâton comme d'une troisième jambe pour se soutenir. Le Sphinx, outré de dépit de ce qu'on avait deviné cette énigme, se brisa la tête contre un rocher: c'est ainsi que Thèbes en fut délivrée. Jocaste, la reine, devait être le prix de celui qui vaincrait ce monstre; ce fut ainsi qu'Œdipe épousa sa propre mère. Les dieux, irrités de cet inceste, frappèrent les Thébains d'une peste qui ne cessa que quand le berger qui avait sauvé Œdipe vint à Thèbes, le reconnut, et lui découvrit sa naissance. Œdipe, après cette terrible découverte, se creva les yeux de désespoir, et s'exila de sa patrie. Étéocle et Polynice, si célèbres chez les Grecs, étaient nés du mariage incestueux d'Œdipe et de Jocaste, aussi bien qu'Antigone et Ismène. L'abbé Gedoyn dit qu'Œdipe n'eut point d'enfans de Jocaste; mais qu'il avait eu ces quatre-là d'Eurygánée, fille de Périphas. Les malheurs d'Œdipe ont fourni un sujet de tragédie à plusieurs de nos poètes.

ŒNEE, roi de Calydon et mari d'Althée, dont il eut Méléagre, Tydée et Déjanire. Diane irritée de ce qu'Œnée l'avait oubliée dans ses sacrifices, envoya un sanglier monstrueux qui ravagea tout le pays. — Œnée, fils de Céphale et de Procris, régna dans la Phocide, après la mort de son grand père Déionée.

ŒNOMAUS, fils de Mars, roi d'Élide et de Pise. Ayant appris de l'oracle que son gendre le ferait mourir, il ne voulait accorder sa fille Hippodamie à aucun de ceux qui la demandaient, qu'à condition qu'ils remporteraient sur lui la victoire à la course des chars, et que, s'ils étaient vaincus, ils périraient de sa main. Déjà treize jeunes gens avaient eu le malheur de succomber, lorsque Pélops, fils de Tantale, se mit sur les rangs. Mais avant d'entrer en lice, il eut soin de corrompre Myrtile, écuyer du roi, qui mit au char de son maître un essieu si faible, qu'ayant cassé au milieu de la carrière, Œnomaüs fut renversé et brisé de sa chute. Se voyant près de mourir il conjura Pélops de le venger de la perfide de son écuyer. En effet, ce jeune prince, au lieu de donner à Myrtile la récompense qu'il lui avait promise, et qu'il demandait avec hauteur, le précipita dans la mer.

ŒNONE, une des nymphes du mont Ida, s'étant livrée à Apollon, en obtint une parfaite connaissance de l'avenir et de la médecine. Elle épousa Pâris, qui l'abandonna bientôt, et à qui elle prédit qu'il serait la cause de la ruine de Troie. Lorsque ce prince fut blessé par Philoctète, il alla la trouver sur le mont Ida; mais elle le reçut mal. Blessé une seconde fois par Pyrrhus, il y retourna et en fut traité comme la première. Cependant elle le suivit de loin, dans le dessein de le guérir; mais il mourut de sa blessure avant qu'elle arrivât. Elle se pendit de désespoir avec sa ceinture, ou, suivant d'autres, se jeta dans le bûcher de Pâris : elle en avait un fils nommé Corinthus.

ŒNOPÉUS, roi de l'île de Chio, fit crever les yeux à Orion qui avait séduit sa fille.

ŒNOPION, fils de Thésée et d'Ariadne, passe pour être le fondateur de Chio. D'autres le croient fils de Bacchus.

ŒNOTRUS, un des fils de Lycaon, donna son nom à une contrée d'Italie, où il vint s'établir. Quelques-uns rapportent le nom d'Œnotrie qui fut donné à cette contrée à un ancien roi des Sabins, nommé aussi Œnotrus.

ŒONUS, fils de Lycimnius, frère d'Alcmène, ayant été tué par les fils d'Hippocoon, Hercule vengea sa mort sur le père et sur les enfans.

ŒETA, montagne de Thessalie, entre le Pinde et le Parnasse, et fameuse par la mort d'Hercule qui s'y brula. (*Voyez* HERCULE). Sénèque est auteur d'une tragédie intitulée *Hercule au mont Œta*. Nous avons dans notre langue un beau dythirambe sur le même sujet, par Théveneau.

OG (*Myth. rabb.*), roi de Basan, était selon les Rabbins, un des anciens géants qui avaient vécu avant le déluge, et qui ne se préserva de l'inondation, qu'en montant sur le toit de l'arche de Noé.

OGÉNUS, dieu des vieillards, que de son nom les Grecs appellaient quelquefois *Ogenides*.

OGIAS, géant qui, suivant un des livres apocryphes, fut condamné par le Pape Gelèse, avait vécu avant le déluge.

OGMIOS, OGMION ou OGNIOS, en langue celtique, *puissant sur mer*. C'était une divinité Gauloise, représentée sous la forme d'un vieillard chauve et décrépit, portant de la main droite une massue, l'arc de la gauche, et un carquois sur l'épaule : de sa langue pendaient de petites chaînes d'or et d'ambre, avec lesquelles il entraînait une multitude d'hommes qui le suivaient volontairement, symbole de son éloquence irrésistible. Nous ignorons sur quel fondement presque tous les mythologues ont prétendu que l'Ogmios des Gaulois était l'Hercule des Grecs et des Romains; et nous cherchons vainement quelque rapport entre ces deux divinités. Peut-être est-ce la massue dont Ogmios est porteur, qui aura fait établir ce rapport le seul qui existe : mais il faut remarquer que cette massue, attribut distinctif du fils de Jupiter et d'Alcmène, n'est qu'un attribut fort accessoire d'Ogmios, et que tous les autres qu'on lui donne sont diamétralement opposés à ceux d'Hercule. Hercule était l'emblême de la force ; Ogmios est un vieillard décrépit. Hercule n'a jamais brillé par son éloquence : Ogmios entraîne la multitude par le charme de ses discours. Nous pourrions encore appuyer notre opinion d'autres comparaisons, mais nous nous contenterons d'observer que si l'on a pris Ogmios pour Hercule, par la seule raison que tous deux portent une massue, on aurait aussi bien pu le prendre pour l'Amour, à cause de son arc et de son carquois ; pour Saturne, à cause de son visage ridé ; pour Neptune, à cause de son nom : *Puissant sur mer*; et sur-tout pour Mercure, puisque ses principaux attributs sont ceux du dieu de l'éloquence, et que d'ailleurs son nom a beaucoup d'analogie avec le surnom grec de Mercure, *Nomios*. (*Voyez* ce mot.) Quand à l'idée que l'on peut se faire des divinités gauloises, et de leur rapport avec les divinités grecques et romaines. *Voyez* DEN, DRUIDES, TEUT ou TEUTATÈS, etc.

OGOA, nom que les Cariens de la ville de Mélasse donnaient au dieu de la mer. Il avait dans cette ville un temple sous lequel on croyait entendre passer la mer.

OGYGÈS, fils de Neptune et d'Alistra, régna dans la Grèce, où il fonda plusieurs villes. De son temps, un déluge affreux submergea toute l'Attique et toute l'Achaïe. On en place l'époque communément à l'an 248 avant le déluge de Deucalion.

OICLÉE, père d'Amphiaraüs épousa Hypermnestre, fille de Thestius, dont il eut Éphianire, Dolybée et Amphiaraüs. Il fut tué par Laomédon, sur le rivage de Troie.

OIGNON, plante potagère que l'on adorait en Égypte. Sur la rive orientale de la bouche Pélusiaque, dans une bourgade dépendant du Nôme Sethroïte, on avait élevé un temple dans lequel on rendait un culte à l'oignon marin.

OILÉE, roi des Locriens, épousa Eriape, dont il eut Ajax. Il fut un des Argonautes, et des compagnons d'Hercule.

OINOSPONDA, sacrifices qui consistaient en libations de vin.

OISEAUX D'ÉGYPTE. Le respect que les Égyptiens avaient pour les animaux, s'étendait particulièrement sur les oiseaux. Ils les embaumaient, et leur donnaient une sépulture honorable. Nos voyageurs modernes parlent d'un puits aux Oiseaux qui se voyait dans le champ des Momies.

OISEAUX DE L'ILE D'ARÉCIE. Les Argonautes ayant été poussés par une tempête dans l'île d'Arécie, ils y essuyèrent un combat contre certains oiseaux qui leur lançaient de loin leurs plumes meurtrières.

OISEAUX DE DIOMÈDE. Les compagnons de ce prince grec ayant tenu des discours méprisans contre Vénus qui le poursuivait, furent changés en oiseaux.

OISEAUX DES AUSPICES. Les oiseaux dont on observait plus particulièrement le chant, quand on prenait les auspices, étaient l'aigle, le vautour, le milan, le hibou, le corbeau et la corneille.

OISON, animal consacré à Junon.

OLBA ou OLBÉ, ville de Pisidie, célèbre par un temple de Jupiter, dont Ajax, fils de Teucer, était fondateur, et dont les princes du pays étaient grands-prêtres.

OLBIA, nymphe.

OLÈNE, fils de Jupiter et d'Anaxithée, une des Danaïdes, fut le fondateur d'Olénus en Achaïe. Il avait épousé Lethèe, qu'il aimait éperduement. Il fut changé avec sa femme en rocher sur le mont Ida. — OLÈNE, fils de Vulcain et d'Aglaé.

OLERÈS, ville de Crète où l'on célébrait des fêtes nommées Oleries, en l'honneur de Minerve qui en prit le surnom d'*Oleria*.

OLIVARIUS. Hercule avait à Rome un temple sous ce nom, vraisemblablement à cause de sa massue d'olivier sauvage.

OLIVIER, arbre consacré à Jupiter, mais surtout à Minerve qui avait appris aux Athéniens à le cultiver, et à exprimer l'huile de son fruit. L'olivier est le symbole de la paix. Les nouveaux époux à Rome portaient des couronnes d'olivier, et l'on couronnait aussi d'olivier les morts que l'on portait au bûcher. Un olivier frappé de la foudre annonçait, selon les augures, la rupture de la paix.

OLIVIER SAUVAGE. Un berger de la Pouille ayant insulté des nymphes qui étaient sous la protection du dieu Pan, fut changé en olivier sauvage. L'olivier sauvage était consacré à Apollon. On le plantait devant les temples, et l'on y suspendait les offrandes, et les vieilles armes.

OLY, la plus révérée des idoles des Madecasses. Elle consiste en une petite boîte divisée en tuyaux remplis de saletés, tel que du sang de serpent, des fleurs des femmes qu'ils aiment, des prépuces d'enfans circoncis, des racines aphrodysiaques, de la chair des français qu'ils ont égorgés, et de celle du crocodile.

OLYMBRAS ou OLYMBRUS, fils du ciel et de la terre.

OLYMPE, montagne de la Macédoine, voisine de celles d'Ossa et Pélion. L'Olympe était fameux dans la mythologie des anciens, qui en avaient fait la demeure de Jupiter, l'endroit où se tenaient la cour céleste, et le conseil des douze grands dieux, qui de là furent appelés Olympiens : Jupiter, Mars, Neptune, Pluton, Vulcain, Apollon, Junon, Vesta, Minerve, Cérès, Diane et Vénus. On prétendait aussi que les nymphes avaient anciennement habité l'Olympe, d'où leur surnom d'Olympiades.

OLYMPIAS, fontaine ainsi nommée à cause de son voisinage du mont Olympe. Tout auprès il sortait de terre des flammes que l'on regardait comme une suite du combat des Titans contre les dieux.

OLYMPIE, OLYMPIEN. Olympie, ville du Péloponèse en Élide, célèbre dans toute l'antiquité païenne par le temple magnifique de Jupiter Olympien, et les oracles qui s'y rendaient. Le temple et la statue de Jupiter-Olympien étaient le fruit des dépouilles que les Éléens remportèrent sur les habitans de Pise, dont ils saccagèrent la ville. Cette statue, ouvrage de Phidias, et l'une des sept merveilles du monde, était d'or et d'ivoire ; elle reposait sur un trône brillant d'or et de pierres précieuses. Pausanias, qui a donné dans les plus grands détails la description de cette superbe statue, ajoute que Phidias, ayant prié Jupiter de marquer si cet ouvrage lui était agréable, le pavé du temple fut aussitôt frappé de la foudre, sans en être endommagé. Mais Olympie devint surtout fameuse par la célébration des jeux nommés à cause d'elle, Olympiques.

OLYMPIQUES (JEUX). Les jeux Olympiques étaient les plus célèbres de toute la Grèce. Les Grecs, jaloux de donner à toutes leurs institutions la plus illustre origine, faisaient remonter à Jupiter même celle des jeux Olympiques. Ils disaient que Jupiter et Saturne ayant combattu ensemble à la lutte dans Olympie, l'empire du monde appartint à Jupiter vainqueur. D'autres voulaient que Jupiter, ayant triomphé des Titans, eût institué lui-même ces jeux où Apollon remporta le prix de la course sur Mercure, et sur Mars celui du pugilat, et fut couronné le premier. Les jeux Olympiques furent interrompus et repris à différentes époques ; mais ils s'établirent enfin solidement, et furent célébrés régulièrement tous les cinq ans. Voici ce qui s'y pratiquait. On faisait d'abord un sacrifice à Jupiter : ensuite on ouvrait le pentathle, c'est-à-dire, les cinq exercices du saut, de la course, du palet, de la lutte et du javelot. Ces jeux se célébraient au solstice d'été ; ils duraient cinq jours. Les athlètes combattaient tout nus, et il était défendu aux femmes et aux filles, sous peine d'être précipitées du haut d'un rocher fort escarpé, voisin de l'Alphée, d'assister à ces jeux, et même de passer l'Alphée, pendant tout le temps de leur célébration.

OLYMPIONIQUES. C'est ainsi qu'on appelait ceux qui étaient vainqueurs aux jeux olympiques. Les Olympioniques étaient extrêmement honorés dans leur patrie, parce qu'ils étaient censés lui faire beaucoup d'honneur.

OLYMPUS, gouverneur de Jupiter. — OLYMPUS, fils d'Hercule et d'Eubée. — OLYMPUS, disciple de Marsyas, fameux joueur de flûte, vivait avant le siége de Troie. Il était fils de Méon et Mysien d'origine. Il touchait aussi de plusieurs instrumens à cordes. — OLYMPUS. C'était en langage d'augures, une fosse creusée avec des cérémonies religieuses, et d'où l'on commençait à tracer le sillon qui devait former l'enceinte d'une ville nouvelle.

OLYMPUSA, fille de Thestius, eut d'Hercule Hatocratès.

OLYNTHUS, fils d'Hercule, donna à ce que l'on croit, son nom au fleuve Olynthus, et à la ville Olynthus — OLYNTHUS, fils de Strymon, roi de Thrace, ou d'Hercule, fut tué à la chasse par un lion qu'il avait attaqué. Il se forma près de son tombeau, une ville qui porta son nom.

OMADIUS, surnom de Bacchus.

OMAN, OMANUS. *Voy.* AMANUS.

OMBI et TENTYRIS, deux villes d'Égypte perpétuellement ennemies, parce que dans l'une Ombi, on adorait le crocodile, et qu'à Tentyris on le coupait par morceaux, et on le mangeait.

OMBRES. Les païens entendaient par ombre quelque chose qui tenait le milieu entre le corps et l'ame, mais qui n'était ni l'un ni l'autre. C'était l'ombre qui descendait aux enfers, et ne pouvait passer le Styx, que quand le corps avait reçu la sépulture.

OMERCA ou OMORCA, était, suivant la mythologie chaldéenne, une femme à laquelle étaient soumis les animaux monstrueux qui habitaient le chaos. Bélus coupa en deux parties le corps de cette Omerca : de l'une d'elles il forma le ciel, de l'autre la terre, et sa mort causa celle de tous les monstres du chaos.

OMOPHAGIES, fêtes horribles qui se célébraient dans les îles de Chio et de Ténédos, en l'honneur de Bacchus : on lui sacrifiait un homme que l'on mettait en pièces. C'est de là que ce dieu reçut le surnom d'*Omadius* (*omos*, crud, et *ado*, je me plais); et que la fête fut appellée *Omophagies* (*omos*, crud, *phago*, je mange).

OMPHALE, reine de Lydie et femme d'Hercule, répondit à l'amour de ce héros, parce que, selon la fable, il tua près du fleuve Sangaris un serpent qui désolait son royaume. Hercule eut tant de passion pour cette princesse, qu'il prenait sa quenouille et s'amusait à filer avec elle.

OMPHALOMANTIE, divination qui consistait à examiner le cordon ombilical de l'enfant nouveau né, et à juger, par le nombre des nœuds qui s'y trouvaient, du nombre d'enfans que l'accouchée ferait ensuite. R. *Omphalos*, nombril.

ONCHESTE, ville de Béotie dans laquelle Neptune avait un temple, une statue et un bois sacré, d'où il fut surnommé Onchestius. On y célébrait en son honneur des fêtes appellées Onchesties.

ONCUS, fils d'Apollon, donna son nom à un canton de l'Arcadie, où son père fut honoré sous le nom d'Oncéates. Ce fut parmi les cavales d'Oncus que Cérès, métamorphosée en jument, se cacha pour se soustraire aux poursuite de Neptune. Mais ce dieu s'étant lui-même déguisé en cheval, eut avec Cérès un commerce d'où naquit le cheval Arion, dont Oncus fit ensuite présent à Hercule.

ONÉRIUS, fils d'Achille et de Deïdamie, tué par Oreste.

ONÉSIPPE, fils d'Hercule.

ONÉTOR, père du pilote Phrontis.

ONGA, OGGA, ONCA, déesse originaire de Phénicie, adorée à Lacédémone, et à laquelle Eurotas avait consacré un temple près de 1500 ans avant Jésus-Christ. Ceux qui veulent trouver un rapport entre les divinités des différens pays, ont prétendu que cette Onga n'était autre que la Minerve des Athéniens. Onga ou Ogga signifiait au surplus en langage phénicien *jeune fille*.

ONUAVA, divinité des anciens Gaulois. Sa figure portait une tête de femme, avec deux ailes déployées au-dessus, et deux larges écailles qui sortaient de l'endroit où sont les oreilles. Cette tête était environnée de serpens dont les queues allaient se perdre dans les deux ailes. Ceux qui ne veulent absolument pas laisser aux Gaulois une seule divinité indigène, *indè genita*, ont trouvé qu'Onuava était la Vénus céleste. Nous laissons au lecteur à comparer les attributs, et juger par là de la justesse du rapprochement.

ONUPHIS, bœuf sacré des Égyptiens, très-distinct de l'Apis de Memphis, et du Mnevis d'Héliopis. Onuphis était adoré à Hermuntis, dans un temple dédié au Soleil. Ce bœuf était noir avec les poils à contre-sens, et, s'il faut en croire Macrobe, il changeait de couleur d'heure en heure. Onuphis, en langue cophte, signifie *bon génie*.

OPHIONÉE, chef des mauvais génies qui se révoltèrent contre Jupiter, au rapport de Phérécyde de Scyros; d'où quelques mythologues ont conclu que les païens ont eu quelque connaissance de la chute de Lucifer. Ce mot grec signifie *serpent;* ce qui a encore contribué à accréditer son système. — OPHIONÉE, célèbre devin de la Messénie, qui était aveugle de naissance. Il demandait à ceux qui venaient le consulter, de quelle manière ils s'étaient comportés, et il leur prédisait ce qui devait leur arriver. Ne serait-ce pas là ce qui a fait supposer à quelques mythologues qu'il y avait en Messénie une classe d'augures consacrés à Pluton, surnommé Ophionée, que l'on appellait eux-mêmes Ophionées, et que l'on aveuglait à l'instant de leur naissance?

OPIMES (DÉPOUILLES). On donnait ce nom aux armes consacrées à Jupiter Férétrien. Il fallait que ces armes eussent été remportées par le chef ou par tout autre officier de l'armée romaine, sur le général ennemi, après l'avoir tué de sa propre main en bataille rangée. On les suspendait dans les endroits les plus fréquentés de la maison du vainqueur.

OPS, fille du Ciel et de Vesta, sœur et femme de Saturne, est la même que Rhée et Cybèle. Cicéron la prend pour la Terre, parce que c'est elle qui produit les choses nécessaires à la subsistance des hommes. *Voy.* CYBÈLE.

ORA, l'une des maîtresses de Jupiter, qu'elle rendit père d'un fils nommé Colax.

ORACLES. C'était la plus auguste et la plus religieuse espèce de prédiction qui fût dans l'antiquité. Les oracles avaient pour but d'obtenir des dieux des lumières dans les affaires épineuses, mais surtout la connaissance de l'avenir. Jupiter était regardé comme le premier moteur des oracles. C'était à ses yeux seuls que s'ouvrait le livre du destin, et il en révélait ce qu'il jugeait à propos aux divinités subalternes. Ce dieu s'étant déchargé sur Apollon du soin d'inspirer les devins, les oracles les plus accrédités furent les siens, et le plus renommé de tous fut sans contredit celui de Delphes. Le privilége des oracles fut accordé dans la suite à presque tous les dieux et les héros. Il en est question à chacun de leurs articles. Les anciens peuples du nord eurent leurs oracles aussi bien que les Grecs et les Romains, et ces oracles n'étaient ni moins célèbres, ni moins révérés. Un des plus grands secrets des oracles, c'était l'ambiguité des réponses, et l'art qu'on avait de les accommoder à tous les événemens qu'on pouvait prévoir. Les oracles dégénérèrent insensiblement ; et leur crédit tomba enfin tout entier, lorsque la religion chrétienne triompha hautement du paganisme, sous les premiers empereurs chrétiens.

ORBONA, déité que les parens invoquaient pour garantir leurs enfans de sa colère. Elle était aussi regardée comme la protectrice des orphelins, et avait un temple à Rome.

ORCIDÈS, capitaine hébrysien, combattit vaillamment contre les Argonautes descendant sur le rivage de sa patrie, et tua de sa main Talaüs.

ORCUS, dieu des Enfers, le même que Pluton, ainsi appelé du nom grec Ὄρκος tombeau ou sépulcre. Les anciens donnaient ce nom à toutes les divinités de l'enfer, même à Cerbère. Il y avait de ce nom un fleuve de Thessalie qui sortait des marais du Styx, dont les eaux étaient si épaisses, qu'elles surnageaient comme de l'huile sur celles du fleuve Pénée, dans lequel elles se déchargeaient. Ce fleuve aurait bien pu donner aux poètes une idée des demeures infernales.

ORÉADES, nymphes des montagnes. On donnait aussi ce nom aux nymphes de la suite de Diane, parce que cette déesse se plaisait à chasser dans les montagnes.

ORESTE, roi de Mycènes, fils d'Agamemnon et de Clytemnestre. Sa sœur Électre, craignant qu'Égisthe, qui avait tué Agamemnon et déshonoré Clytemnestre, ne le fît mourir, l'envoya secrètement chez Strophius, roi de Phocée, qui le fit élever avec son fils Pylade dont il devint dès-lors l'ami inséparable. Après y être resté douze ans, il revint à Argos avec quelques Phocéens envoyés par Strophius, qui avaient ordre d'annoncer la mort d'Oreste dans la ville. Électre, qui était du complot, l'introduisit avec les Phocéens chez sa mère Clytemnestre, qu'il tua d'abord, et ensuite Égiste, pour venger la mort de son père. De là, passant en Épire dans le temple de Delphes, il y poignarda Pyrrhus au pied de l'autel où il allait épouser Hermione, et voulut enlever cette princesse ; mais toujours agité des Furies depuis son par-

-ricide, l'oracle lui ordonna d'aller dans la Tauride pour se purifier de ses crimes. Il partit, accompagné de Pylade son intime ami, qui ne voulut jamais le quitter; et lorsqu'ils furent arrivés, ils furent arrêtés par ordre de Thoas, roi de cette contrée, pour être sacrifiés. Oreste ayant été désigné pour l'être le premier; Pylade voulut inutilement prolonger la vie de son ami, en mourant à sa place; mais dans le moment qu'Oreste allait recevoir le coup de couteau, Iphigénie sa sœur, prêtresse de Diane, le reconnut. Ils tuèrent Thoas et prirent la fuite. Pylade épousa Iphigénie, et Oreste eut Hermione, dont il gouverna les états. Il mourut de la morsure d'une vipère vers l'an 1144 avant J.-C.

ORGIES (d'*Orgè*, fureur, colère.) On donnait, en général, ce nom à toutes les fêtes qui se célébraient avec tumulte et confusion; telles étaient les fêtes de Bacchus, de Cybèle et de Cérès. Mais ce fut principalement en l'honneur de Bacchus que se célébrèrent les Orgies. Voyez-en les détails à l'article BACCHANALES.

ORION, fils de Neptune et de la nymphe Euryale. Ovide le suppose fils d'un pauvre homme nommé Hirée, chez lequel Jupiter, Neptune et Mercure, voyageant sur la terre, allèrent loger. Les dieux, voulant le récompenser de l'hospitalité qu'il leur avait donnée avec joie, promirent de lui accorder ce qu'il leur demanderait. Hirée, qui était vieux et sans enfans, souhaita d'avoir un fils. Aussitôt Jupiter et ses deux compagnons versèrent de leur urine sur une peau de taureau nouvellement immolé, et ordonnèrent à leur hôte de l'enfouir en terre pendant neuf mois, après lesquels il irait la retirer. Hirée, ayant exécuté les ordres des dieux, trouva au bout de neuf mois le petit Orion enveloppé dans cette peau. Quand il fut grand, il apprit d'Atlas l'astronomie, et apporta de Libye en Grèce la connaissance des astres et du mouvement des cieux. Il fut en même-temps grand chasseur, et si fier de son adresse et de ses forces, qu'il se vantait de terrasser toutes sortes de bêtes. La Terre, indignée de son insolence, fit naître un scorpion dont la piqûre le fit mourir. Diane, qui l'aimait, le plaça au rang des astres. Horace écrit au contraire que cette déesse le perça à coups de flèches, parce qu'il avait osé attenter à son honneur : d'autres disent à celui de la nymphe Opis qui était de sa cour, et le mettent dans les enfers, comme a fait Homère dans l'Odyssée. Quoi qu'il en soit, on le connaît au ciel pour une constellation qui excite des tempêtes à son lever et à son coucher. Orion fut chez les Parthes le nom du dieu de la guerre.

ORIPPE, habitant de Mégare, étendit au loin, par ses conquêtes, les limites de sa patrie, et fut le premier des Grecs qui courut tout nu aux jeux Olympiques, où il fut couronné plusieurs fois. Après sa mort, les Mégaréens, par ordre de l'oracle de Delphes, lui élevèrent un monument héroïque, ainsi que le constate l'inscription grecque de ce même monument, déposée au cabinet des antiques de la bibliothèque royale.

ORITHYE, fille d'Érecthée, et reine des Amazones, enlevée par Borée, eut de lui Zéthès et Calaïs. — Il y eut une autre ORITHIE, reine des Amazones, célébre par sa valeur et par sa vertu, qui voulut venger ses sœurs insultées par Hercule et par Thésée; mais le succès ne répondit pas à son courage. Les historiens placent ces héroïnes dans la Sarmatie, sur le fleuve Thermodon en Cappadoce. Elles ne recevaient parmi elles aucun homme; mais elles se rendaient une fois l'an sur la frontière pour y recevoir les caresses de leurs voisins. Elles gardaient les filles dont elles devenaient enceintes, et rendaient les enfans mâles aux pères. On ajoute qu'elles se brulaient une mamelle pour tirer mieux de l'arc, et conservaient l'autre pour la nourriture de leurs enfans. On prétend qu'elles étendirent leur domination jusqu'à Éphèse en Asie; mais qu'ayant voulu repasser en Europe, elles furent défaites par les Athéniens. Quelques critiques traitent l'existence des Amazones de fable, et la croient fondée sur l'usage que ces femmes avaient de suivre leurs maris à la guerre.... *Voyez l'Histoire des Amazones*, par l'abbé Guyon.

ORMUZD (*Mythol. pers.*), L'être suprême, l'ayant créé d'une matière plus pure que le reste des génies, l'approcha de son trône, et en fit le premier ministre de ses volontés. C'est lui qui inspire aux mortels leurs bonnes actions par l'ordre du Tout-Puissant; car le système de Zoroastre ne fait point à Dieu l'injure de lui attribuer également le bien et le mal. On aime Ormuzd; rien n'égale le respect qu'on lui porte; et les devoirs de ses adorateurs sont, surtout, de le seconder dans ses desseins, de conserver son ouvrage, et de combattre autant qu'il est en leur pouvoir Arimane, le chef des mauvais génies, son ennemi juré et son rival. Ormuzd est le père de plusieurs espèces de génies de feu, au nombre de cinq ou six.

ORNÉE, ville de la Grèce, fondée, selon quelques mythologues, par une nymphe qu'ils appellent *Ornéa*, et selon d'autres par *Ornéus* fils d'Érecthée. On y célébrait en l'honneur de Priape surnommé *Ornéus*, des fêtes appelées *Ornées*, pendant lesquelles ce dieu n'avait pour ministres que des femmes mariées.

OROMASE, divinité persanne. Oromase, principe du bien, était né, suivant Zoroastre, de la plus pure lumière, et avait produit six dieux, dont le premier était auteur de la bienveillance; le deuxième de la vérité; le troisième de l'équité; le quatrième de la sagesse; le cinquième des richesses; le sixième des plaisirs. Arimane, principe du mal, créa un pareil nombre de dieux méchants. Oromase, alors s'étant élevé au-dessus du soleil, autant que le soleil est lui-même élevé au-dessus de la terre, orna le ciel d'astres, et créa encore vingt-quatre dieux qu'il mit dans un œuf. Arimane en créa autant qui percèrent l'œuf, et le mal se trouva mêlé avec le bien. Nous observerons en passant qu'il y a une grande analogie entre cet œuf d'Oromase, et l'œuf d'Osiris dont nous avons parlé. Oromase, après avoir des milliers d'années combattu contre Arimane, le détruira enfin; alors les hommes seront heureux, et n'auront plus besoin de manger.

OROMÉDON, l'un des géants qui voulurent escalader le ciel.

ORONTE, fleuve de Syrie, qui passe sous les murs d'Antioche, ainsi appellé du nom d'un géant trouvé dans son ancien canal, dans un tombeau de briques de onze coudées. Si l'on nous demande comment l'on a pu savoir le nom de ce géant, pour le donner à ce fleuve, nous répondrons que ce fut l'oracle d'Apollon à Claros, qui daigna lui-même l'apprendre aux Syriens.

ORPHÉE, fils d'Apollon et de Calliope (d'autres disent d'Æagre, roi de Thrace, et de Polymnie), jouait si bien de la lyre, que les arbres et les rochers, émus, quittaient leurs places, les fleuves suspendaient leur cours, et les bêtes féroces s'attroupaient autour de lui pour l'entendre :

Sylvestres homines sacer interpresque Deorum,
Cædibus et victu fœdo deterruit Orpheus;
Dictus ob hoc lenire tigres rabidosque leones.

Hor. *Art. poët.*

Eurydice, sa femme étant morte de la morsure d'un serpent le jour même de ses noces, en fuyant les poursuites d'Aristée, Orphée descendit aux enfers pour la redemander, et toucha tellement Pluton, Proserpine et toutes les divinités infernales, par les accords de sa lyre, qu'ils la lui rendirent, à condition qu'il ne regarderait pas derrière lui jusqu'à ce qu'il fût sorti des enfers. Ne pouvant maîtriser son impatience, il se retourna pour voir si sa chère Eurydice le suivait; mais elle disparut aussitôt. Depuis ce malheur il renonça aux femmes. Son indifférence irrita si fort les Bacchantes, qu'elles se liguèrent contre lui, le mirent en pièces, et jetèrent sa tête dans l'Hèbre. Les Muses recueillirent ses membres dispersés, et leur rendirent les honneurs funèbres. Il fut métamorphosé en cygne par son père, et son instrument fut placé au nombre des constellations. On représente ordinairement Orphée une lyre à la main.

ORSILOCUS, fils d'Idoménée, suivit son père à la guerre de Troie avec les autres princes de la Grèce. S'étant opposé de toutes ses forces à ce qu'Ulysse eût aucune part au butin de cette ville, ce prince lui passa son épée au travers du corps. — ORSILOCUS est aussi le nom d'un capitaine troyen dont parle Virgile, et qui fut tué par Teucer, fils de Télamon. — ORSILOCUS, fils d'Alphée et de Télégone, régna sur un grand peuple, et fut père de Dioclès.

ORTHUS, chien, frère de Cerbère et de l'hydre de Lerne, était fils de Tryphon, le plus impétueux des vents, et d'Echidna, monstre, moitié femme et moitié vipère. Il gardait les troupeaux de Géryon, et périt de la main d'Hercule. Il avait une tête de moins que Cerbère.

ORTHYGIE, île de la mer de Sicile, où était la fontaine d'Aréthuse. On donnait aussi le nom d'Orthygie à Délos, à cause du grand nombre de cailles qui s'y trouvaient. R. *Ortux*, caille.

ORUS, fils d'Osiris et d'Isis, fut le dernier des dieux qui régnèrent en Égypte. Il tua Typhon, meurtrier d'Osiris, et remonta sur le trône qu'il avait enlevé à son père. Il fut tué à son tour par les Titans. Sa mère Isis le rappela à la vie, lui procura même l'immortalité, et lui apprit la médecine et l'art de la divination.

OSCILLÆ, petites figures d'osier qu'Hercule substitua aux victimes humaines que l'on offrait à Saturne en Italie. Oscillæ s'entendait aussi d'autres petites figures de bois que les Romains balançaient sur des espèces d'escarpolettes aux féries latines, comme une image de la vie humaine, qui n'est qu'un mouvement perpétuel. Oscillæ enfin se disait d'une semblable petite figure qui représentait les personnes qui se tuaient elles-mêmes, et que l'on balançait sur une escarpolette, dans la persuasion que cette cérémonie qu'on appelait *oscillation*, faisait jouir les mânes de ces personnes, d'un repos qu'elles n'auraient jamais éprouvé sans cela.

OSIRIS, célèbre divinité égyptienne, était frère et mari d'Isis. Sous ce nom d'Osiris, les Égyptiens adoraient le Soleil, de même qu'ils adoraient la Lune sous le nom d'Isis, ainsi que nous l'avons fait voir à son article. Osiris était quelquefois, néanmoins, un emblême particulier du Nil, et alors Isis, à laquelle il s'alliait, devenait l'emblême de la terre. Quand les Grecs eurent connaissance d'Osiris, ils lui forgèrent à leur gré une généalogie, comme ils avaient fait à l'égard d'Isis. Ils supposèrent donc qu'Osiris, était fils de Saturne et de Rhée; qu'il épousa sa sœur Isis, et qu'il régna avec elle en Égypte dans la plus grande union, s'appliquant à polir ses sujets, et leur apprenant l'agriculture et tous les arts nécessaires à la vie. Après cela, ajoutaient ces mêmes Grecs, Osiris ayant laissé à Isis la régence de son royaume, partit pour policer l'univers. Comme il revenait en Égypte, comblé de gloire, son frère Typhon lui dressa une embûche dans laquelle il périt. Isis trouva son corps sur les côtes de la Phénicie, où les flots l'avaient jeté, et le rapporta à Abydos, où elle lui fit élever un magnifique monument. Pour peu que l'on ait étudié la mythologie égyptienne, on sera facilement convaincu que cet Osiris grec n'était point du tout l'Osiris égyptien qui, comme nous l'avons annoncé, était une divinité purement allégorique, sous le nom de laquelle on adorait le soleil. Son nom, même en langage cophte, signifie *Course du temps*. Il se peut néanmoins que les Grecs tinssent ces fausses explications des prêtres égyptiens eux-mêmes, qui, ne voulant pas divulguer le secret de leurs mystères, contentaient par des allégories détournées, la curiosité de ces étrangers, et peut-être même celle de leurs compatriotes. Les voyages et les conquêtes d'Osiris firent aussi croire aux Grecs que c'était le même que Bacchus, parce que, d'ailleurs les mysthes et les orphiques enseignaient que Bacchus n'était autre chose que le soleil. Les Romains adoptèrent cette idée, et dirent qu'Osiris était l'inventeur de la culture de la vigne. Beaucoup de commentateurs ont été du même avis: mais nous avons, pour différer avec eux d'opinion, un motif que nous croyons au moins plausible: c'est que les Égyptiens pensaient qu'il y avait dans le vin un principe pestilentiel, et qu'il était produit par un mauvais génie, loin d'être un bienfait de la divinité. Il se peut, au surplus, et nous ne voulons pas affirmer le contraire, qu'il y ait eu en Égypte un ou plusieurs rois ou reines nommés Osiris ou Isis: mais ce furent sans doute des princes bienfaisans auxquels, par reconnaissance, les peuples donnèrent le nom des deux divinités les plus révérées dans le pays; car, nous le répétons, Osiris et Isis étaient des divinités purement allégoriques. Porphire dit très-positivement, dans la lettre qui précède les *Mystères de Jam-*

blique, que les prêtres égyptiens rapportaient aux étoiles, à leur aspect, au cours annuel du soleil, aux phases de la lune et au Nil, non-seulement ce qui était enseigné d'Isis et d'Osiris, mais encore toutes leurs autres fables sacrées. Cet usage, au surplus, de donner aux rois le nom des dieux, et qui fut commun à plusieurs autres peuples, ainsi que l'on peut s'en convaincre aux articles Baal, Odin, etc., est cause de la confusion qui règne dans les fables antiques, et l'explication que nous essayons d'en donner ici, servira peut-être à y jeter quelque jour. Osiris est quelquefois représenté avec un bâton, et Plutarque dit qu'à l'équinoxe d'automne, on célébrait en Égypte la fête du bâton d'Osiris ou le soleil, comme si cet astre, étant dans son cours, eût eu besoin d'être soutenu.

OSSA, montagne de Thessalie, l'une de celles que les géants entassaient pour escalader le ciel.

OSSILAGO ou **OSSIPANGA**, déesse dont la charge était de consolider les os des enfans, et de guérir les fractures.

OTHRÉIS, nymphe que Jupiter rendit mère de Mélitéus, et Apollon de Phagrus.

OTHRIONÉE, prince Thrace, auxiliaire de Troie, tué par Idoménée.

OTRÉRA, amazone de laquelle Mars eut, suivant quelques auteurs, la fameuse Hippolyte.

OTRÉUS, frère d'Hécube, et père de Panthée. — Otréus, un des prétendans à la main d'Hésione, tué par Amycus.

OTRYNTÉE, père d'Iphition, qu'il eut de la nymphe Naïs.

OUARACABA, espèce d'idole des Caraïbes. C'est un morceau de bois en forme de planche fort épaisse, ayant la figure d'un trapèze, élevé debout sur le plus petit de ses côtés, et posé en travers sur la proue d'une pirogue caraïbe.

OURSE (la grande et la petite), deux constellations septentrionales. *Voyez* Calisto.

OXYLUS, fils d'Hémon, ayant tué son frère par mégarde, quitta l'Étolie et se réfugia en Élide. A cette époque, les Héraclides voulant rentrer dans le Péloponèse, furent avertis par l'oracle de prendre trois yeux pour guides. Comme ils cherchaient le sens de ces paroles, Oxilus vint à passer sur un mulet borgne; et Cresphonte leur chef, lui appliquant la réponse de l'oracle, l'associa à leur entreprise, et avec son secours rentra en possession du Péloponèse. — Oxylus, fils de Mars et de Protogénie. — Oxylus, père supposé des Hamadriades.

OXYNIUS. Quelques mythologues donnent ce nom à un fils d'Hector et d'Andromaque. On s'accorde cependant assez généralement à reconnaître Astianax comme le seul fruit de l'union de ces deux époux.

PACH PACT

PAAMYLE ou PAAMYLIES, fêtes célébrées en Égypte à l'équinoxe du printemps, en l'honneur d'Osiris retrouvé. En langage cophte, *Paame hels*, signifie *jour de la bonne annonciation.* On y portait en procession un phallus à trois branches, symbole du soleil renaissant, source de toute génération. Cette fête d'Osiris retrouvé, célébrée à l'équinoxe du printemps, c'est-à-dire au moment où le soleil commence à reprendre sa force et son éclat, vient encore fortement à l'appui de l'opinion de ceux qui, comme nous, ne voient dans Osiris que le symbole du Soleil. Ceux qui ont vu ou voulu faire voir dans Osiris un personnage qui avait réellement existé, ont, en conséquence de leurs systèmes, fabriqué une fable que voici : ils ont prétendu que la fête des Paamylies avait été instituée en l'honneur d'une certaine Pamyla, nourrice d'Osiris, qui, sortant du temple de Jupiter à Thèbes, avait entendu une voix lui dire que l'enfant qu'elle allaitait, serait un prince illustre, auquel l'Égypte aurait de grandes obligations ; mais il est aisé de s'apercevoir, d'après l'explication que nous avons donnée du mot *paame hels*, que cette dernière fable a été, comme bien d'autres, arrangée après coup.

PACHACAMAC (*Myth. péruv.*), nom que les Péruviens donnaient au souverain Être, qu'ils adoraient avec le soleil. Le principal temple de cette divinité était dans une vallée, à quatre lieues de Lima, et avait été fondé par les Incas ou empereurs du Pérou. Ils lui offraient ce qu'ils avaient de plus précieux, et ils avaient pour lui une si grande vénération, qu'ils n'osaient le regarder. Les rois même et les prêtres entraient à reculons dans son temple, ayant toujours le dos tourné à l'autel et en sortaient sans se retourner. Les ruines de ce temple témoignent encore aujourd'hui la magnificence de sa structure et sa grandeur prodigieuse. Les Péruviens y avaient mis plusieurs idoles.

PACIFICATEURS. *Voy.* COUCHEN.

PACTIAS, Lydien et sujet des Perses, s'étant réfugié à Cumes, les Perses exigèrent qu'on le leur livrât. Les Cuméens consultèrent l'oracle, qui se déclara contre le fugitif. Aristodème, suivi des principaux de la ville, et favorable à Pactias, fit interroger une seconde fois l'oracle, dont la réponse fût encore la même. Aristodème ayant insisté, l'oracle répondit que les dieux n'avaient pas besoin d'intervenir dans les affaires des hommes, surtout quand il s'agissait des lois de l'humanité. Les Cuméens concilièrent tout en engageant Pactias à se réfugier dans l'île de Lesbos.

PACTOLE, fleuve de Phrygie, dans lequel se baigna Midas, fatigué du don fatal que Bacchus lui avait fait de changer en or tout ce qu'il toucherait. Depuis cette époque, le Pactole roula de l'or dans ses flots. Cette rivière est à peine connue de nos jours.

PAEAN ou PAIAN, hymne ou cantique que l'on chantait originairement en l'honneur d'Apollon. Voici l'origine que lui donne Athénée. Latone, dit-il, ayant passé auprès de l'antre du serpent Python, et ce monstre étant sorti pour l'assaillir, elle prit Diane entre ses bras, et dit à Apollon *uie paian*, *frappe, mon fils!* Les nymphes accoururent et répétèrent ce même cri, qui depuis servit de refrain à tous les hymnes en l'honneur d'Apollon. On composa des *pæan* par la suite en l'honneur des autres dieux, et notamment de Mars; on chantait celui-ci sur la flûte en allant au combat. On en composa enfin pour les héros et les grands hommes.

PÆON, médecin originaire d'Égypte, et dont les talens le firent passer pour médecin des dieux. — PÆON, fils d'Endymion, donna son nom à la Pæonie. — PÆON, fils d'Antiloque, eut plusieurs fils, qui, chassés de Messène par les Héraclides, se retirèrent à Athènes, où leurs descendans furent appellés Pæoniques. Apollon est aussi quelquefois surnommé Pæon.

PÆONIA ou PÆONIENNE. Minerve était honorée de ce surnom dans le voisinage d'Orope, comme conservatrice de la santé.

PAGANALES, fêtes que célébraient les villageois après les semailles. Ils faisaient autour de leurs villages des lustrations, et offraient aux dieux des gâteaux en sacrifice. R. *Pagus*, bourg ou village.

PAGASE, ville maritime de la Magnésie où les Argonautes s'embarquèrent, dit-on, pour aller conquérir la toison d'or; d'où vient que dans les poètes ils sont appellés quelquefois *pagasæi*, et leur navire *pagasæa navis*.

PAGODES. C'est le nom que l'on donne aux Indes et dans la Chine aux temples et aux dieux qui les habitent. Quelques auteurs prétendent que ce mot est dérivé de *pogadah* ou *pokhoda*, qui, en langue persanne, signifie *idoles* ou *temples d'idoles*. Les Pagodes-dieux sont ordinairement de ridicules magots que l'on expose de tous côtés à la vénération publique. Les Pagodes-temples, qui sont en quantité innombrable, servent de demeure aux bonzes qui exercent l'hospitalité envers les voyageurs. L'idole principale à laquelle est dédiée la Pagode, est placée au milieu sur un autel peint en rouge, et se distingue par la hauteur de sa taille.

PAIX, divinité allégorique, fille de Jupiter et de Thémis. On la représente avec un air doux, tenant d'une main une petite statue du dieu Plutus, et de l'autre une poignée d'épis, de roses et de branches d'olivier, avec une demi-couronne de laurier sur la tête, et des cornes d'abondance à ses pieds.

PALÆSTRA, fille de Mercure, d'autres disent d'Hercule. On lui attribue l'invention de l'exercice de la lutte.

PALAMÈDE, fils de Nauplius, roi de l'île d'Eubée, était parti avec les princes grecs pour la guerre de Troie, lorsqu'on s'aperçut qu'Ulysse, roi d'Ithaque, était resté dans son royaume. En effet, ce prince ne pouvant se résoudre à quitter sa femme Pénélope, qui était jeune et belle, contrefit l'insensé; et pour persuader qu'il l'était, il s'avisa d'atteler à sa charrue des animaux d'espèces différentes, et de semer du sel au lieu de blé. Palamède, son ennemi déclaré, ayant été envoyé pour s'assurer de la vérité, découvrit sa feinte, en mettant son fils, encore au berceau, sur le bord d'un sillon; alors Ulysse qui l'aperçut de loin, leva doucement le soc de la charrue de peur de le blesser. La ruse étant découverte, il fut obligé de suivre Palamède. Mais lorsqu'ils furent arrivés au camp, Ulysse, pour se venger de son ennemi, supposa une lettre du roi Priam à Palamède, par laquelle ce prince le remerciait d'un service qu'il lui avait rendu, et lui annonçait qu'il lui envoyait la somme d'argent dont ils étaient convenus. La fausse lettre ayant été lue dans l'assemblée des princes grecs, Palamède, accusé de trahison, allait être condamné, lorsqu'Ulysse feignit de prendre la défense de son ennemi, en déclarant qu'on ne devait point le juger sur cette lettre, mais envoyer dans sa tente pour s'assurer si l'argent y avait été déposé. On y trouva en effet la somme énoncée qu'Ulysse y avait fait enfouir par des esclaves affidés. Palamède, par cette perfidie, parut convaincu de trahison, et fut lapidé.

PALAMNÉENS, les mêmes que les dieux Telchines, dieux malfaisans qu'on croyait toujours occupés à nuire aux hommes. Jupiter était surnommé Palamnéen, quand il punissait les coupables.

PALANTHA ou PALANTHIA, ou PALATUA, fille d'Hyperborée, épousa Hercule, dont elle eut Latinus, selon ce que dit Festus; mais Varron la fait fille d'Évandre et femme de Latinus. On croit qu'elle donna son nom au mont Palatin. Elle était particulièrement révérée à Rome sur ce mont. On nommait ses prêtres *palatuales*, et les sacrifices qu'on lui offrait *palatuals*.

PALÉMON ou **MÉLICERTE**, dieu marin, fils d'Athamas, roi de Thèbes, et d'Ino, qui, craignant la fureur du prince son père, prit Mélicerte entre ses bras, et se jeta avec lui dans la mer. Ils furent changés en divinités marines: la mère, sous le nom de Leucothée, que l'on suppose être la même que l'Aurore, et le fils, sous celui de Palémon ou de Portumne, dieu qui présidait aux ports. Pausanias dit que Mélicerte fut sauvé sur le dos d'un dauphin, et jeté dans l'isthme de Corinthe, où Sisyphe son oncle, qui régnait en cette ville, institua les jeux itshmiques en son honneur.

PALÈS, déesse des pasteurs, à laquelle ils faisaient des sacrifices de miel et de lait, afin qu'elle les délivrât, eux et les troupeaux, des loups et des dangers. On lui offrait dans ces sacrifices du vin cuit, du millet ou d'autres grains, et l'on faisait tourner les troupeaux autour de l'autel pour la prier d'écarter les loups. Une cérémonie essentielle à la fête était de mettre le feu à des tas de paille, sur lesquels les bergers passaient en sautant.

PALESTINUS, fils de Neptune, roi de Thrace, se précipita dans le Canosus, qui depuis fut appelé Palestinus, et ensuite Strymon. Il se tua par suite de la mort de son fils Aliacmon qui avait péri dans une bataille.

PALEUR, *Pallor*. Les Romains l'adoraient conjointement avec la Peur. Ils en avaient fait des dieux, parce qu'en latin leurs noms sont masculins.

PALICES, frères jumeaux, enfans de Jupiter et de Thalie. Cette nymphe, se voyant enceinte, craignit la colère de Junon, et pria la Terre de l'engloutir. Sa prière fut exaucée, et elle y accoucha de deux garçons, qui furent appelés Palices, parce qu'ils naquirent deux fois : la première fois, de Thalie, et la seconde, de la Terre qui les rendit au jour. Il se forma deux lacs formidables aux parjures et aux criminels dans l'endroit où ils naquirent. Les Siciliens leur sacrifiaient comme à des divinités, et leur temple était un lieu de refuge et de sûreté pour les esclaves fugitifs.

PALINURE, pilote du vaisseau d'Énée, s'étant endormi, tomba dans la mer avec son gouvernail. Après avoir nagé trois jours, il aborda en Italie. Les habitans le tuèrent, et jetèrent son corps dans la mer. Ils en furent punis par une peste terrible, qui ne cessa que quand ils eurent rendu, suivant la réponse de l'oracle, les derniers devoirs à Palinure. (*Voy.* PHORBAS). Enée le trouva dans les enfers, et y apprit de lui-même sa triste catastrophe.

PALLADES, jeunes filles que l'on consacrait d'une manière infame à Jupiter-Ammon, et que dans la ville de Thèbes en Égypte, l'on choisissait parmi les plus belles des plus nobles familles.

PALLADIUM, célèbre statue de Minerve, haute de trois coudées, et qui n'était que de bois. La déesse paraissait marcher, tenant une pique à la main droite, à la gauche une quenouille et un fuseau. Jupiter l'avait, dit-on, fait tomber près de la tente d'Ilus, lorsque celui-ci construisait la forteresse d'Ilion, et l'oracle consulté avait ordonné de bâtir un temple à Minerve dans la citadelle, et d'y conserver soigneusement cette statue, promettant que la ville serait imprenable, tant qu'on y conserverait ce précieux dépôt. Lors du siège de Troie, Diomède et Ulysse, qui avaient connaissance de l'oracle, pénétrèrent dans la citadelle par surprise, et enlevèrent la statue qu'ils rapportèrent au camp des Grecs. Quelques auteurs ont prétendu cependant que ce Palladium enlevé par Ulysse et Diomède, était un faux Palladium que Dardanus avait fait faire, et que le véritable demeura, lors de la prise de Troie, en la possession d'Énée, qui l'emmena en Italie. Les Romains étaient si persuadés que ce Palladium apporté par Énée, et dont ils étaient possesseurs, était le véritable, que dans la peur qu'on ne le leur enlevât, ils firent, à l'exemple de Dardanus, plusieurs statues semblables qui furent confondues avec la véritable, et dispersées dans le temple de Vesta, dont les ministres seuls étaient au fait du secret. Plusieurs villes néanmoins disputèrent à Rome l'honneur de posséder le Palladium, entre autres Liris, ville de Lucanie, et colonie troyenne, Lucérie, Argos, Sparte, Athènes, et quantité d'autres. Ce qu'il y a de certain, au surplus, c'est que les Iliens le leur disputèrent toujours; et sous le consulat de L. Sylla, Fimbria, lieutenant de Valerius-Flaccus ayant brûlé Ilion, on trouva dans les cendres du temple de Minerve le palladium sain et entier; prodige dont les Iliens conservaient le souvenir sur leurs médailles.

PALLANTIDES. Ils étaient cinquante frères, fils de Pallas, frère d'Égée, roi d'Athènes; ayant voulu détrôner leur oncle, ils furent découverts et tués par Thésée. Quelques auteurs prétendent néanmoins que les Pallantides ne périrent point, et qu'après la mort d'Égée ils reprirent le dessus et chassèrent Thésée d'Athènes.

PALLAS. *Voy.* MINERVE. — PALLAS, le père des Pallantides. — PALLAS, fils d'Évandre, tué par Turnus. — PALLAS, fils de Lycaon, donna son nom à la ville de Pallantium. On compte aussi trois géants du nom de Pallas, l'un desquels était père de la victoire, de la force et de la violence; le second, père de Minerve, qui prit son nom après qu'elle l'eut tué, lorsqu'il voulut la déshonorer, et le troisième celui qui fut tué et écorché vif par Minerve, et dont elle prit aussi le nom. Ce rapport de circonstances pourrait faire présumer que ces trois personnages n'en étaient qu'un.

PAMPHYLUS, fils d'Égimius, roi de Doride et frère de Dymas; fut tué avec son frère dans une irruption que les Héraclides firent dans leur pays. Deux tribus des Spartiates portèrent le nom de ces deux frères.

PAN, un des huit grands dieux, fils de Mercure, dieu des campagnes et particulièrement des bergers. Il poursuivit Syrinx jusqu'au fleuve Ladon, entre les bras duquel se jeta cette nymphe, qui fut aussitôt métamorphosée en roseau. Pan le coupa et en fit la première flûte. (Voyez les articles PITTIS et MARSYAS.) Il accompagna Bacchus dans les Indes, et fut père de plusieurs satyres. Les poètes le représentent avec un visage enflammé, des cornes sur la tête, l'estomac couvert d'étoiles, un bâton recourbé à la main, et la partie inférieure du corps semblable à celle d'un bouc. Ses cornes marquaient, dit-on, les rayons du soleil et les cornes de la lune. Son visage enflammé désignait l'élément du feu; son estomac couvert d'étoiles signifiait le ciel; ses cuisses et ses jambes velues et hérissées marquaient les arbres, les herbes et les bêtes. Il avait des pieds de chèvre pour montrer la solidité de la terre; sa flûte représentait l'harmonie que quelques anciens philosophes supposaient produite par les cieux; son bâton recourbé signifiait la révolution des années. C'est sans doute l'imagination qui a donné ces explications; car, pour ne parler que des cornes, on sait que, dans l'antiquité sacrée et profane, elles ne sont ni le symbole de la lune, ni celui du soleil; mais de la force, de la puissance, de la majesté: voilà pourquoi l'on se plut à représenter les rois successeurs d'Alexandre avec des cornes à la tête. Les anciens croyaient que Pan courait la nuit par les montagnes: ce qui a fait nommer terreur panique cette épouvante dont on est saisi pendant l'obscurité de la nuit, ou par une imagination sans fondement. Quelques mythologues l'ont confondu avec le dieu Sylvain et le dieu Faune. Les Arcadiens l'honoraient d'un culte particulier, et principalement sur les monts Lycée et Ménale. Les bergers se couronnaient de branches de pin, qui lui était consacré, pour célébrer ses fêtes appelés Lupercales. Dans la suite, elles se célébrèrent aussi à Rome au mois de février sur le Mont-Aventin, où l'on croyait qu'elles avaient été instituées par le roi Évandre. On n'y offrait à ce dieu que du lait, du miel et du vin dans des vases de terre.

PANACÉE, fille d'Esculape, révérée comme une déesse, qui présidait à la guérison de toutes sortes de maladies.

PANATHÉNÉES, grandes fêtes que l'on célébrait à Athènes en l'honneur de Minerve. Il y en a qui en font remonter l'origine jusqu'à Érichtonius, fils de Vulcain; mais l'opinion la plus commune est que Thésée ayant incorporé dans la ville d'Athènes toutes les bourgades de l'Attique qui jusqu'alors avaient eu un gouvernement particulier, institua les Panathénées, pour éterniser la mémoire de cette réunion. Quoi qu'il en soit, on y recevait, d'après l'intention de Thésée, tous les peuples de l'Attique, pour les habituer à reconnaître Athènes, où elles se célébraient, comme la patrie commune. Les Panathénées ne durèrent d'abord qu'un jour, mais ensuite on leur assigna un terme plus long. On établit alors de grandes et de petites Panathénées. Les grandes se célébraient tous les cinq ans le 25 du mois *hécatombéon*, et les petites tous les ans le 20 du mois *targélion*. Chaque ville de l'Attique offrait un bœuf à Minerve, qui avait l'honneur du sacrifice, et le peuple le profit. La chair des victimes était distribuée à tous les spectateurs. Il y avait à ces fêtes des prix pour trois combats; le premier pour la course, le second pour la lutte, le troisième pour la poésie et la musique. Ces combats étaient suivis de festins publics qui terminaient la fête. Telle était en général la manière dont se célébraient les Panathénées; mais les grandes l'emportaient sur les petites par leur magnificence, et parce qu'à celles-là seules on conduisait en pompe un navire orné du peplus de Minerve. (*Voyez* ce mot.) Tous ceux qui assistaient à cette procession portaient à la main une branche d'olivier pour honorer la déesse à qui le pays était redevable de cet arbre utile. Les Romains célébrèrent à leur tour les Panathénées sous le nom de *quinquatriæ*, mais cette imitation ne servit qu'à relever l'éclat des Panathénées athéniennes.

PANDA, déesse en grande vénération chez les Romains, parce qu'elle ouvrait le chemin à toutes les entreprises, et parce qu'elle présidait à la paix pendant laquelle les portes des villes étaient ouvertes. Son nom vient de *pandere*, ouvrir.

PANDARE, fils de Lycaon, un de ceux qui vinrent au secours des Troyens contre les Grecs: il fut tué par Diomède. — Il y eut un autre PANDARE, qui suivit Énée, et fut tué par Turnus. — PANDARE, fils de Mérope, eut trois filles, Mérope, Cléotheri et Aedon. Ces princesses perdirent leur père et leur mère par un effet du courroux des Dieux, et Vénus, prenant pitié des pauvres orphelins, prit soin de leur éducation. Les autres déesses les comblèrent à l'envi de leurs faveurs.

PANDARÉE, d'Éphèse, père de deux filles, l'une nommée Aedon, et l'autre Chélidonée, maria l'aînée à Polytechnus, de Colophon en Lydie. Les nouveaux époux vécurent d'abord heureux; mais s'étant flattés de s'aimer plus que Jupiter et Junon, cette déesse leur envoya la discorde, qui les eut bientôt brouillés. Polytechnus fit violence à Chélidonée, sœur de sa femme. Les deux sœurs, pour s'en venger, firent manger à Polytechnus, Stys, son fils unique. Les Dieux les changèrent tous en oiseaux. — PANDARÉE, fils de Mérope, était le complice de Tantale dans ses vols, et fit souvent pour lui de faux sermens.

PANDION, fils d'Érichtonius, cinquième roi d'Athènes, vers l'an 1463 avant Jésus-Christ, vit sous son règne une si grande abondance de blé et de vin, que l'on disait que « Cérès et Bacchus étaient allés dans l'Attique. » Il donna sa fille Progné en mariage à Térée; mais la brutalité de ce prince envers Philomèle, sa belle-sœur, alluma le flambeau de la discorde dans la famille de Pandion, qui en mourut de chagrin vers l'an 1423, avant J.-C. — PANDION, fils de Cécrops II, aussi roi d'Athènes, fut chassé de son royaume par les Métionides et se réfugia auprès de Pylus, roi de Mégare, où il mourut.

PANDORE, statue que Vulcain fit, et que Minerve anima. Les dieux s'assemblèrent pour la rendre accomplie, en l'ornant à l'envi des dons les plus précieux. Vénus lui donna la beauté, Pallas la sagesse, Mercure l'éloquence, etc. Jupiter, irrité contre Prométhée qui avoit dérobé le feu du ciel pour animer les premiers hommes, envoya Pandore sur la terre, avec une boîte où tous les maux étaient renfermés. Prométhée, à qui elle présenta cette boîte, l'ayant refusée, elle la donna à Épiméthée, qui eut l'indiscrétion de l'ouvrir. C'est de cette boîte fatale que sortirent tous les maux dont la terre fut inondée. Il n'y resta que la seule espérance. *Voy.* ÉPIMÉTHÉE.

PANDROSE, la troisième des filles de Cécrops. Minerve lui ayant confié à elle et à ses sœurs un dépôt, elle fut la seule qui demeura fidèle à la déesse. Les Athéniens lui élevèrent après sa mort, un temple auprès de celui de Minerve.

PANIQUE (TERREUR). On appèle ainsi les frayeurs qui n'ont aucun fondement réel. Parmi vingt origines fabuleuses que l'on donne à ce mot, voici l'une de celles qui sont les plus généralement adoptées. On prétend que Pan, servant de capitaine à Bacchus, s'avisa, pour mettre l'ennemi en déroute, de faire faire à ses soldats un grand bruit dans une vallée où il avait remarqué plusieurs échos; ce qui fit croire leur nombre plus considérable qu'il ne l'était, de sorte que l'ennemi s'enfuit sans combattre.

PANOPE, l'une des Néréides, recommandable par sa sagesse et par l'intégrité de ses mœurs, était une des Divinités qu'on nommait *Littorales*. — Il y eut une autre PANOPE, fille de Thésée, qu'Hercule épousa, et dont il eut un fils qu'il nomma aussi PANOPE.

PANORMUS et GONIPPUS, deux jeunes Messéniens, beaux et bien faits, faisaient ensemble, pendant la guerre de Messène contre Lacédémone, des courses en Laconie, d'où ils rapportaient toujours quelque butin. Un jour que les Lacédémoniens célébraient la fête des Dioscures, ils se présentèrent dans un costume éclatant à la tête de leur camp, ceux-ci les prirent pour les Dioscures eux-mêmes, et se prosternèrent à leurs pieds. Aussitôt les deux Messéniens firent main basse sur eux, en tuèrent un grand nombre, et se retirèrent à Messène. Les Dioscures en tirèrent vengeance en causant la ruine des Messéniens.

PANTHÉES, de *pan*, tout, et *theos*, dieu. On appelait *Panthées* les statues composées des figures ou symboles de plusieurs divinités réunies ensemble. On représentait ainsi ces divinités; soit parce que l'on croyait que tous les dieux que l'on honorait, n'étaient au fond que la même chose, soit parce que l'on voulait honorer plusieurs dieux à la fois.

PANTHÉE. *Voy.* PENTHÉE.

PAPHOS, ville de l'île de Chypre consacrée à Vénus, qui en prit le surnom de *Paphienne*. Elle y avait un temple magnifique, et cent autels sur lesquels fumait un encens éternel. Jamais le sang n'y coulait, et ses ministres n'y immolaient point de victimes. La déesse y était représentée sur un char conduit par des amours, et traîné par des colombes.

PAPHUS, fils de Pygmalion et d'Éburnée. Son père, excellent sculpteur, fit une femme d'ivoire si parfaitement belle, qu'il en devint amoureux, et pria Vénus de l'animer. La déesse ayant exaucé sa prière, il trouva à son retour sa statue vivante, l'épousa, et en eut un fils nommé Paphus.

PARABRAHMA, le premier des dieux Indiens. Il est le père de Brama et de Wishnou. Les Indiens représentent ces trois dieux sous la figure d'une idole à trois têtes.

PARESSE ou **OISIVETÉ**, divinité allégorique, fille du Sommeil et de la Nuit, métamorphosée en tortue, pour avoir prêté l'oreille aux paroles flatteuses de Vulcain. Le limaçon et la tortue lui étaient consacrés.

PARIS ou **ALEXANDRE**, fils de Priam et d'Hécube. Sa mère, étant enceinte de lui, crut dans un songe porter en son sein un flambeau. Effrayée, elle alla consulter l'oracle, qui répondit « que cet enfant serait un jour cause de la ruine de sa patrie. ». Priam, pour éviter ce malheur, ordonna à Archélaüs, un de ses officiers, de faire mourir l'enfant aussitôt qu'il serait né; mais Archélaüs, touché de compassion à la vue de cette tendre victime, le donna à des bergers du mont Ida pour l'élever, et montra à Priam un autre enfant mort. Quoique Pâris fût élevé parmi des bergers, ce jeune prince s'occupait à des choses bien au-dessus de cette condition. Sa valeur lui fit donner le nom d'Alexandre, et sa beauté lui mérita le cœur et la main d'Œnone, nymphe du mont Ida. Jupiter le choisit pour terminer le différend entre Junon, Pallas et Vénus, touchant la pomme que la Discorde avait jetée sur la table dans le festin des Dieux aux noces de Thétis et de Pélée. Pâris, devant qui ces trois déesses parurent, donna la pomme à Vénus, dont il mérita la protection par ce jugement; mais il s'attira la haine de Junon et de Pallas. Pâris était aussi un des fameux athlètes de son temps. Il se signalait dans tous les jeux et les combats qui se donnaient à Troie, et y remportait la victoire sur tous ses concurrens, même sur Hector, qui, piqué d'être vaincu par un berger, tira son épée pour le percer, lorsque Pâris lui fit connaître, par des bijoux de son enfance, qu'il était son frère. Il fut en même temps reconnu par Priam, qui le rétablit dans son rang. Peu de temps après, ayant été envoyé en ambassade en Grèce pour ramener sa tante Hésione, que Télamon y avait emmenée du temps de Laomédon, il arriva à Sparte chez le roi Ménélas, où il vit la belle Hélène (*Voy.* Hélène), et conçut pour elle une passion si forte, qu'il l'enleva en l'absence de son mari. Celui-ci de retour envoya promptement des ambassadeurs au roi Priam pour lui demander sa femme. Priam l'ayant refusée avec fierté, tous les princes grecs indignés de ce procédé se liguèrent, et vinrent mettre le siége devant Troie. La brave résistance des Troyens le fit durer dix ans, après lesquels la ville fut prise et réduite en cendres. Pâris, qui avait vu ses frères et tous les princes de Troie tomber sous les coups d'Achille, vengea leur mort en décochant une flèche empoisonnée à ce héros dans le temple d'Apollon, où il s'était rendu pour épouser Polyxène, fille de Priam, sa sœur. Il fut tué lui-même peu après par Pyrrhus fils d'Achille, ou, selon d'autres, par Philoctète, ami de ce héros. Lorsqu'il fut blessé, il se fit porter sur le mont Ida, auprès d'Œnone, pour se faire guérir : car elle avait une connaissance parfaite de la médecine; mais Œnone, qu'il avait abandonnée, le reçut mal, et le laissa mourir. *Voy.* Œnone.

PARNASSE, la plus haute montagne de la Phocide, a deux sommets autrefois très-fameux, l'un qui était consacré à Bacchus, l'autre à Apollon et aux nymphes. Le Parnasse se prend au figuré, pour le séjour des poètes, et la poésie elle-même. Thémis y avait un temple qui lui valut le surnom de *Parnassie*; et les Muses qui habitaient cette montagne furent surnommées *Parnassides*.

PARNASSUS, fils de Neptune et de Cléodore, habitait les environs du mont Parnasse, auquel il donna son nom. On lui attribue l'invention de l'art des augures.

PARQUES, filles de l'Enfer et de la Nuit étaient trois : Clotho, Lachésis et Atropos. La vie des hommes, dont les trois sœurs filaient la trame, était entre leurs mains; Clotho garnissait et tenait la quenouille, Lachésis tournait le fuseau, et Atropos coupait le fil avec des ciseaux. Ainsi, la première présidait à la naissance; la seconde au cours de la vie; et la dernière à la mort. Elles employaient de la laine blanche, mêlée d'or et de soie, pour composer les jours longs et heureux, et de la laine noire et sans consistance, pour les jours dévoués au malheur ou de peu de durée. Quelques anciens leur donnent une autre origine, d'autres fonctions et d'autres noms ; ils les appellent *Vesta*, *Minerve*, *Martia ou Marte*, ou bien *Nona*, *Décim* et *Marta*. *Voy.* Méléagre.

PARRHASIUS ou PARRASIUS, fils de Mars et de Philonomie, nymphe de Diane, fut nourri par une louve, avec son frère Lycaste, dans une forêt où leur mère les avait abandonnés aussitôt après leur naissance.

PARTHÉNOPE, l'une des Syrènes qui tentèrent en vain de charmer Ulysse par leur chant ; elle se tua de désespoir. Son corps fut jeté par les flots sur les côtes d'Italie, et les peuples habitans de ces bords, qui le trouvèrent, lui élevèrent un tombeau. La ville où était ce tombeau fut depuis appelée Parthénope, du nom de la Syrène dont elle possédait les dépouilles; mais cette ville ayant été renversée, on y enbâtit une autre plus magnifique, qu'on appela Néapolis, c'est-dire Ville nouvelle.

PARTHÉNOPÉ, fils de Méléagre et d'Atalante, et, selon d'autres, de Mars et de Ménalippe, fut un des sept chefs de l'armée des Argiens devant Thèbes.

PARTHÉNOPÉE, fille d'Ancis et de Samia, reconnaissait pour père le fleuve Méandre. Elle fut aimée d'Apollon, dont elle eut un fils nommé Lycomède.

PASIPHAÉ, fille d'Apollon ou du Soleil, et de la nymphe Perséide, épousa Minos, roi de Crète, dont elle eut Androgée, Ariadne et Phèdre. Elle conçut, selon la Fable, de la passion pour un taureau, et eut le Minotaure (monstre moitié homme et moitié taureau), que Minos enferma dans un labyrinthe, parce qu'il ravageait tout, et qu'il ne se nourrissait que de chair humaine. Thésée, ayant été du nombre des jeunes Grecs qui devaient en être la proie, le tua, et sortit du labyrinthe par le moyen d'un peloton de fil qu'Ariadne, fille de Minos, son amante, lui avait donné. Quant à l'objet de Pasiphaé, le plus grand nombre des mythologues font à l'humanité l'honneur de présumer que ce fut un seigneur de la cour de Minos, nommé Tauros, plutôt qu'un animal mugissant.

PASITHÉE, fille de Jupiter et d'Eurynome, était, selon quelques auteurs, la première des trois Grâces. Vraisemblablement qu'elle a dans la suite cédé sa place à Thalie, Euphrosine ou Aglaé, puisqu'elles sont restées seules toutes les trois en possession du titre. Pasithée, au surplus, avait en Laconie un temple et un oracle célèbres, à ce que nous apprend Cicéron. On se renfermait dans ce temple pendant la nuit, et on y apprenait en songe ce que l'on voulait savoir. Quelques mythologues ont mis ce temple et cet oracle sur le compte d'une Pasiphaé différente de la mère du Minotaure. — PASITHÉE, fille d'Atlas et d'Éthra. — PASITHÉE, femme d'Érichtonius, et mère de Pandion.

PATAIQUES, divinités dont les Phéniciens, plaçaient l'image sur la poupe de leurs vaisseaux. Elles avaient la forme de petits marmousets ou pygmées.

PATRAGALI, déesse adorée par les Indiens et fille d'Ixora, un des principaux dieux des Indes. Les Malabares l'invoquent contre la petite vérole.

PATROCLE, fils de Ménætius et de Sthénelé, fut élevé par Chiron avec Achille, et devint célèbre par l'étroite amitié qu'il lia avec ce héros. Il fut l'un des princes grecs qui allèrent au siège de Troie; voyant qu'Achille, qui s'était brouillé avec Agamemnon, ne voulait plus combattre en faveur des Grecs, et ayant tenté vainement de le fléchir, il s'avisa de se couvrir des armes de son ami, pour inspirer au moins par ces dehors de la terreur aux Troyens. Cet artifice ranima la valeur des Grecs consternés. Patrocle fit fuir devant lui les Troyens, qui le prenaient pour Achille, et vainquit Sarpédon dans un combat singulier; mais ayant été reconnu, il fut enfin vaincu lui-même et tué par Hector. Achille devint furieux à la nouvelle de sa mort, et s'en vengea par la mort d'Hector dont il traîna trois fois impitoyablement le cadavre autour des murs de Troie.

PÉAN, *Voyez* PÆAN.

PÉGASE, cheval ailé, célèbre dans la fable et produit par Neptune; selon d'autres, il naquit du sang de Méduse lorsque Persée lui coupa la tête. En naissant il frappa du pied contre terre et fit jaillir une fontaine, qui fut appelée *Hippocrène*. Il habitait les monts Parnasse, Hélicon et Piérus, et paissait sur les bords d'Hippocrène, de Castalie et du Permesse. Persée le monta pour aller en Égypte délivrer Andromède. Bellérophon s'en servit aussi pour combattre la Chimère.

PÉLARGÉ, fille de Potneüs, ayant rétabli à Thèbes le culte des Cabires, on lui décerna, après sa mort, les honneurs divins, par l'ordre même de l'oracle de Delphes.

PÉLAGES. Le plus ancien nom des Grecs, qu'ils portaient à l'époque où ils menaient dans les forêts une vie errante, sans arts, sans agriculture, et ne vivant que de fruits sauvages.

PÉLASGUS, homme qui parut dans le pays d'Arcadie, et que l'on a supposé fils de la terre, parce qu'on ne savait d'où il venait. Il apprit aux Arcadiens à se faire des cabanes, à se vêtir de la peau des sangliers, et à manger du gland, au lieu d'herbes sauvages, et quelquefois nuisibles dont ils se servaient auparavant.—PÉLASGUS, fils d'Inachus et père de Lycaon. — PÉLASGUS, fils de Phoronée.— PÉLASGUS, fils de Jupiter et de Niobé. —PÉLASGUS, fils d'Arcas.—PÉLASGUS, fils d'Asope et de Mérope. — PÉLASGUS, fils de Neptune. — PÉLASGUS, fils de Lycaon. — PÉLASGUS, fils de Triopas, roi d'Argos, reçut chez lui les Danaïdes fuyant la poursuite de Lyncée, et bâtit un temple magnifique à Cérès, qui de là fut surnommée quelquefois *Pelasgis*. C'est au premier de tous ces Pelasgus, que les Grecs, suivant les mythologues, ont dû leur premier nom de *Pélasges*. Rabaud de Saint-Étienne pense au contraire que c'est le nom de *Pélasgès* qui a fait supposer l'existence du premier Pelasgus qu'il révoque en doute, ainsi que celle de tous les autres. Il appuie son opinion d'ailleurs d'excellentes raisons.

PÉLÉADES, filles de Dodone, douées du don de prophétie.

PÉLÉE. *Voy.* THÉTIS et ACASTE.

PÉLIAS, fils de Neptune et de Tyro, et frère d'Éson, roi de Thessalie, usurpa le royaume au préjudice de Jason son neveu, que l'on déroba à sa fureur. Jason, ayant atteint l'âge de vingt ans, se fit reconnaître par ses parens, et redemanda ses états. Pélias ne les lui refusa pas; mais il l'engagea d'aller à la conquête de la Toison d'or, croyant qu'il périrait dans cette expédition. Il devint ensuite plus fier et plus cruel, et fut égorgé par ses propres filles, auxquelles Médée avait promis de le rajeunir comme elle avait rajeuni Éson.

PÉLINA ou PÉLINUS, divinité gauloise.

PÉLÉON, montagne de Thessalie, sur laquelle les géants entassèrent l'Ossa pour escalader le ciel.

PELLÉNÉ, ville d'Achaïe, où Diane était honorée sous le nom de *Pelléné*. Quand on portait en procession la statue de Diane-Pelléné, son visage devenait, dit-on, si terrible, que personne n'osait la regarder; et le prêtre qui la servait, ayant porté sa statue en étole, tous ceux qui la virent devinrent insensés.

PÉLOPÉE, fille de Thieste, eut de son père, sans le connaître,

Égyste, qu'elle fit exposer. Ensuite ayant épousé son oncle Atrée, elle fit élever son fils avec Ménélas et Agamemnon; mais Thieste ayant reconnu son fils à l'épée qu'il portait, et qui était celle que lui avait arrachée sa fille, au moment où il lui faisait violence, Pélopée, désespérée de son inceste involontaire, se perça de cette même épée.

PÉLOPIA, fille de Niobé. — Pélopia, fille de Pélias.

PÉLOPS, PÉLOPIDES. Pélops, fils de Tantale, roi de Lydie, ayant passé dans la Grèce, se mit au nombre des prétendans à la main d'Hippodamie, et, par la protection de Minerve, il épousa la princesse, et devint roi de Pise. A cette ville il joignit quantité d'autres pays, dont il agrandit ses états, auxquels il donna le nom de Péloponèse. On raconte que Pélops étant encore enfant, Tantale son père ayant reçu les dieux, il leur fit servir, pour éprouver leur divinité, le corps de Pélops mêlé avec d'autres viandes. Cérès en avait déjà mangé une épaule, quand Jupiter découvrit la barbarie de Tantale. Alors il ressuscita le jeune prince, lui remit une épaule d'ivoire à la place de celle qui avait été mangée, et précipita Tantale dans les enfers. On éleva à Pélops, après sa mort, un temple magnifique dans le voisinage d'Olympie, et les archontes, avant d'entrer en charge, lui faisaient un sacrifice qui avait cela de particulier, qu'on ne mangeait rien de la victime qui était immolée. Pélops eut d'Hippodamie sa femme, entre autres enfans, Atrée, Thyeste et Plysthène qui prirent le nom patronimique de *Pélopides*.

PÉNATES, dieux domestiques des anciens. Cicéron dit qu'on les appelait Pénates parce qu'on les plaçait dans l'endroit le plus reculé de la maison, *in penitis ædibus*, d'où s'est formé le mot *Penetralia*, pour signifier la petite chapelle des Pénates. Ces divinités étaient regardées comme les génies ou les ames des hommes décédés, auxquelles les familles rendaient un culte particulier. On les honorait en brûlant devant leurs statues de l'encens et les prémices de ce qu'on servait sur la table. Il y avait des Pénates publics qui étaient les protecteurs des villes et des empires. Les poètes confondent souvent les Pénates avec les Lares, parce qu'ils étaient les uns et les autres des dieux domestiques.

PÉNÉE, fleuve de Thessalie, qui prend sa source au Pinde, coule entre l'Ossa et l'Olympe, et arrose la vallée de Tempé. On le fait fils de l'Océan, et père de Cyrène et de Daphné, qui pour cela, dans les poètes, sont l'une et l'autre appellées *Peneia*.

PÉNÉLÉE, roi de Thèbes, commandait la flotte que les Thébains envoyèrent contre Troie, et fut tué avant d'y arriver.

PÉNÉLOPE, fille d'Icare (*Voyez* ce mot.) et frère de Tindare, roi de Lacédémone, fut femme d'Ulysse, et se rendit si célèbre par sa chasteté, qu'on la propose en exemple encore aujourd'hui, et qu'elle est passée en proverbe. On dit qu'Ulysse l'obtint par les bons offices de Tindare, en récompense d'un bon conseil qu'il avait donné; d'autres disent qu'il la gagna à la course, Icare ayant déclaré à ceux qui lui demandaient sa fille qu'il la donnerait à celui qui courrait le mieux, Ulysse fut celui-là. Bayle dit: « On le pourrait donc comparer à ceux qui courent un bénéfice, et qui l'emportent pour avoir eu de meilleurs chevaux. » Il ne put jamais se résoudre à demeurer à Lacédémone; comme son beau-père le souhaitait; il reprit le chemin d'Ithaque, et fut suivi par son épouse. Ces nouveaux mariés s'aimèrent tendrement, de sorte qu'Ulysse fit tout ce qu'il put pour ne pas aller au siége de Troie: mais toutes ses ruses furent inutiles, il fallut se séparer de sa chère femme qui lui avait donné un garçon. Il fut vingt ans sans la revoir; pendant cette longue absence, elle se vit recherchée par un grand nombre de personnes qui la pressaient de se déclarer. Pour se délivrer de leurs importunités, elle leur déclara qu'elle ne se marierait point qu'elle n'eut achevé une toile pour envelopper son beau-père Laërte quand il viendrait à mourir. Ainsi elle les entretint trois ans jusqu'au retour de son mari, sans que sa toile s'achevât jamais, parce qu'elle défaisait la nuit ce qu'elle avait fait le jour: d'où est venu le proverbe, la toile de Pénélope, dont on use, en parlant des ouvrages qui ne s'achèvent jamais. On loue avec beaucoup de raison la prévoyance qu'elle eut de ne vouloir pas traiter Ulysse comme son mari, avant que de s'être bien éclaircie qu'il était Ulysse. Sa vertu, quoique chantée par le plus grand de tous les poëtes, et par une infinité d'écrivains, n'a pas laissé d'être exposée à la médisance. Quelques-uns ont dit que si ses galans échouèrent, ce fut à cause qu'ils aimaient mieux faire bonne chère aux dépens d'Ulysse, que de coucher avec sa femme. D'autres disent qu'effectivement ils couchèrent avec elle, et que le dieu Pan fut le fruit de leurs amours. Mais quelques auteurs ont mieux aimé dire qu'elle conçut Pan lorsque Mercure déguisé en bouc, lui ôta par force sa virginité. C'est une opinion assez générale que, ne pouvant pas jouir d'elle, ils s'adressèrent à ses servantes, et les débauchèrent. Les habitans de Mantinée assuraient que Pénélope mourut dans leur ville. Des écrivains ont dit qu'Homère ne l'a tant louée, que parce qu'il était de ses descendans; d'autres, qu'elle survécut à Ulysse, et qu'elle se remaria.

PÉNIE, déesse de la pauvreté, plut au dieu des richesses, suivant Platon, et en eut un fils qui fut l'Amour; espèce d'allégorie qui signifie peut-être que l'amour rapproche les extrêmes.

PENTHÉE, fils d'Échion et d'Agavé. Cet incrédule, se moquant des prédictions de Tirésias, défendit à ses sujets d'honorer Bacchus qui venait d'arriver en triomphe dans la Grèce, et leur ordonna même de le prendre et de le lui amener chargé de chaînes. Arcète eut beau lui raconter toutes les merveilles que ce Dieu avait faites, ce récit ne servit qu'à l'irriter davantage. Il voulut aller lui-même sur le mont Cithéron pour empêcher qu'on n'y célébrât les orgies; mais Bacchus le livra à la fureur des Bacchantes qui le mirent en pièces.

PENTHÉSILÉE, reine des Amazones, succéda à Orythie, et donna des preuves de son courage au siége de Troie, où elle fut tuée par Achille. On lit dans Pline (liv. 7, ch. 56), qu'elle inventa la hache-d'armes.

PÉON, médecin fameux, originaire d'Égypte, passe dans la fable pour le médecin des dieux. Des historiens prétendent qu'il est un surnom d'Apollon. — Péon, une des filles d'Endymion, vaincue à la course, par son frère Épée, céda la couronne au vainqueur, et donna son nom à la Péonie. — Péon, fils d'Antiloque, eut plusieurs fils qui se réfugièrent à Athènes, et furent les chefs de la famille des Péonides.

PERDIX, neveu de Dédale, à qui il avait été confié par sa sœur pour l'instruire dans les arts mécaniques, s'y rendit fort habile. Il inventa la scie et le compas. Son oncle fut si jaloux de cette invention, qu'il le précipita du haut d'une tour. Les dieux, en eurent pitié et le changèrent en oiseau de son nom, c'est-à-dire en perdrix, qui, se souvenant de sa première chute, évite les lieux élevés, et fait son nid à terre.

PERDOITE, nom d'une divinité adorée autrefois par les anciens habitans de la Prusse, et particulièrement par les mariniers.

PERGAMUS, le dernier des trois fils de Pyrrhus et d'Andromaque, alla chercher fortune en Asie, où il donna son nom à une ville.

PERGUBRIOS, idole des anciens habitans de la Prusse, qui présidait aux fruits de la terre, et en l'honneur de laquelle on célébrait une fête le 22 de mars.

PÉRIBÉE, fille d'Alcathous, roi de l'île Égine, fut promise pour épouse à Télamon, fameux par sa valeur et par son fils. Le père de cette princesse, s'étant aperçu qu'elle n'avait rien refusé à Télamon avant son mariage, menaça violemment cet amant téméraire, qui prenant la fuite, laissa sa maîtresse exposée au courroux d'un père irrité. Alcathoüs donna ordre à un de ses gardes de délivrer ses yeux d'une vue si odieuse, et d'aller à l'instant jeter sa fille à la mer; cet officier, touché de pitié, ne pût se résoudre à noyer la princesse et aima mieux la vendre. Thésée l'ayant achetée, la mena à Salamine : elle y trouva son cher Télamon, obtint la liberté, donna sa main à son amant au pied des autels, et fut mère d'un enfant qui fut depuis si terrible sous le nom d'Ajax. — Péribée, fille d'Hipponoüs, s'étant laissé séduire par un prêtre de Mars, son père pour la punir, l'envoya à Œnée, roi de Calydon, avec ordre de la faire mourir. Celui-ci veuf de sa femme Althée, chercha à se consoler avec elle, et l'épousa. Il en eut Tydée, père de Diomède.

PÉRICLYMÈNE, fils de Nélée, frère de Nestor et de Chronius, avait reçu de Neptune son aïeul, le pouvoir de se changer en telle forme qu'il voudrait. En effet, Hercule ayant déclaré la guerre à Nélée, Périclymène se métamorphosa en mouche pour le tourmenter; mais ce héros l'écrasa de sa massue. Ovide prétend qu'il s'était changé en aigle, et qu'Hercule le perça d'une flèche au milieu des airs.

PÉRICTIONÉ, femme d'Ariston, fut mère de Plutus. Apollon fut, dit-on, épris de sa beauté, et Plutus dut le jour au commerce que ce dieu eut avec elle.

PÉRIGONE, fille du géant Sinnis. Thésée ayant fait périr ce brigand, Périgone se sauva dans un bois plein de roseaux et d'asperges, les priant de l'empêcher d'être aperçue, leur promettant en récompense, de ne les arracher jamais. Thésée l'entendit, l'appela, l'épousa, et en eut un fils nommé Ménalippe. Il la maria ensuite à Déjonée, qui la rendit mère d'Ioxus, chef des Ioxides, peuple de Carie chez lequel s'est conservée la coutume de n'arracher ni les asperges ni les roseaux.

PÉRIMAL (*Myth. ind.*), divinité adorée par les Indiens, sous la forme d'une perche ou d'un mât de navire ; à ses pieds est le le fameux singe Hanuman.

PÉRIMÈLE, fille d'Hippodamie, s'étant laissé séduire par le fleuve Achéloüs, son père la fit jeter dans la mer. Elle fut métamorphosée en l'une des îles Echinades.

PÉRIPHAS, roi d'Athènes qui régnait avant Cécrops, mérita par sa vertu d'être mis, de son vivant même, au rang des dieux, sous le nom de Jupiter-Consolateur, Jupiter irrité voulait le précipiter dans le Tartare ; mais, à la prière d'Apollon, il le métamorphosa en aigle, dont il fit son oiseau favori, et auquel il donna le soin de la foudre. La reine son épouse subit la même métamorphose. — PÉRIPHAS, héraut troyen, sous les traits duquel Apollon anima Énée au combat.

PÉRISTÈRE, nymphe connue dans la fable par le trait suivant : Un jour l'Amour défia sa mère à qui des deux cueillerait le plus de fleurs dans l'espace d'une heure. Les enjeux placés, la jeune Péristère parût soudain, et se joignit à la déesse qui ne faisait que ramasser les fleurs que la nymphe arrachait. Cette ruse assura sans beaucoup de peine la victoire à Vénus ; mais Cupidon, irrité d'une telle tricherie, s'en vengea sur l'auteur de sa défaite, et la métamorphosa en colombe.

PÉRO, fille de Nélée et de Chloris, était sœur de Nestor et de Périclymène. Sa rare beauté la fit rechercher par plusieurs princes ; mais Nélée, qui haïssait Hercule, déclara qu'il ne la donnerait qu'à celui qui lui amènerait les bœufs qui avaient été enlevés à ce héros. Bias, fils d'Amithaon, aidé de son frère Mélampe, les ayant trouvés, les amena à Nélée qui lui donna sa fille.

PÉROUN, et chez quelques peuples Sclavons, *Perthoun*. C'était la première divinité. Son nom signifiait *Tonnerre*, et on le considérait comme l'auteur de tous les Phénomènes aériens.

PERSÉE, fils de Jupiter et de Danaé, et célèbre dans la fable par ses exploits. Acrise, père de cette princesse, ayant appris de l'oracle que son petit-fils lui donnerait la mort, fit enfermer Danaé dans une forteresse, afin qu'elle n'eût point d'enfans. Mais Jupiter se changea en pluie d'or, corrompit ses gardes, et eut de Danaé un fils nommé Persée. Acrise ayant appris que sa fille était enceinte, la fit enfermer dans un coffre, et jeter dans la mer ; mais les flots le portèrent sur les côtes de la Daunie en Italie, et il y fut recueilli par des pêcheurs qui y trouvèrent la mère et l'enfant en vie. On les porta l'un et l'autre au roi Pilumnus, qui ayant appris la naissance de Danaé et son aventure, l'épousa, et envoya son fils à Polydecte son parent, roi de l'île de Sériphe pour l'élever. Quand le jeune Persée fut en âge de porter les armes, il reçut de Mercure ses talonnières et une épée recourbée. Minerve lui fit présent de son égide, et dans cet équipage il entreprit son expédition contre les Gorgones. Elles étaient trois sœurs Méduse, Sthéno et Euryale, qui habitaient à l'extrémité de l'Éthiopic. Ces monstres avaient une chevelure de serpens et un seul œil entre trois, dont elles se servaient tour-à-tour pour changer en pierre tous ceux qui les regardaient. Persée étant arrivé dans le pays des Gorgones, se couvrit du bouclier de Minerve qui était d'un airain luisant, et par le moyen duquel ayant apperçu Méduse, la plus redoutable de toutes, qui avait fermé son œil et était endormie, il lui trancha la tête d'un seul coup, et l'attacha à son bouclier. Après cet exploit, il revint en Mauritanie, où par le moyen de cette tête, il changea en montagne le roi Atlas qui lui avait refusé l'hospitalité. Il en usa de même à l'égard du monstre marin, à la fureur duquel la jeune Andromède était exposée, et l'épousa après l'en avoir délivrée. Phinée et ses complices qui avaient entrepris de lui enlever sa femme, éprouvèrent le même sort: ils furent tous ou tués ou changés en pierre. De retour dans sa patrie avec Andromède, il changea Prœtus en pierre; et sans se souvenir de la cruauté de son aïeul à l'égard de sa mère, il le rétablit dans son royaume. Hygin prétend que Danaé n'aborda point sur la côte des Dauniens, mais dans l'île de Sériphe où elle épousa Polydecte, et où Acrise son père fut tué d'un coup de palet par Persée qui ne le connaissait point. Il ajoute que Persée fut si affligé de cet accident, qu'il en sécha de douleur, et que Jupiter touché de compassion, le mit au nombre des constellations. Persée fut honoré comme un dieu à Chemnis, ville de la Thébaïde. Il y eut un temple, environné de palmiers, où il apparaissait souvent avec une chaussure de deux coudées de longueur: ce qui était, selon les prêtres, le présage d'une grande fertilité.

PERSÉHONE, *V.* Proserpine.

PERSÈS, *Voyez* Médus.

PERSES. Les Perses n'avaient originairement ni statues ni temples, ni autels. Ils adoraient le soleil, la lune, l'air, la terre, le feu, les vents. Ce ne fut que postérieurement qu'ils reçurent des Arabes le culte d'Uranie ou Vénus céleste, qu'ils adorèrent sous le nom de Mihr. (*Voyez* ce mot). Dans leurs sacrifices, les Perses ne laissaient rien pour les dieux, parce que, selon eux, ils se contentaient de l'ame de la victime: le sacrificateur ne pouvait prier pour lui seul; il fallait qu'il priât pour toute la nation.

PÉTA, divinité romaine, présidait aux demandes que l'on faisait aux Dieux, et on les consultait pour savoir si ces demandes étaient justes ou non.

PÉTÈS, Egyptien, fils d'Ornée, père de Ménesthée, qui commandait les Athéniens au siége de Troie, et contribua beaucoup à la prise de cette ville.

PETTA, fille de Nannus, roi des Ségobrigiens. Elle épousa Euxène qui fut un des fondateurs de Marseille.

PHAÉTON, fils du Soleil et de la nymphe Clymène. Epaphus, fils de Jupiter, lui ayant dit dans une querelle, que le Soleil n'était pas son père, comme il se l'imaginait, Phaéton irrité alla s'en plaindre à Clymène sa mère, qui lui conseilla d'aller voir son père pour qu'il fît connaître à tout l'univers qu'il était son fils. Le soleil ne pouvant résister à ses prières et à ses larmes, lui confia son char après l'avoir revêtu de ses rayons. Dès qu'il fut sur l'horizon, les chevaux prirent le mors aux dents;

de sorte que s'approchant trop de la Terre, tout y était brûlé par l'ardeur du nouveau soleil, et que s'en éloignant trop, tout y périssait par le froid. Jupiter ne trouva d'autre moyen de remédier à ce désordre, qu'en foudroyant Phaéton, qui tomba dans la mer à l'embouchure de l'Eridan, aujourd'hui le Pô. Ses sœurs et Cycnus son ami pleurèrent tant qu'ils furent métamorphosés en peuplier, leurs larmes en ambre, et Cycnus en cygne. On les appelait Phaétontiades : elles étaient au nombre de trois ; Ovide n'en nomme que deux, Phaétuse et Lampétie.

PHAÉTONTIADES. *Voy.* l'article précédent.

PHALANTHE, jeune Laconien, fils d'Aracus, fonda la ville de Tarente en Italie. Les Messéniens ayant violé les filles de Sparte, qui avaient assisté à une de leurs fêtes, les Lacédémoniens résolurent de venger cet outrage. Ils assiégèrent Messène, et firent serment de ne point retourner dans leur pays, qu'ils n'eussent saccagé cette ville. Mais après dix ans de siége, ils furent obligés, pour repeupler Sparte, de renvoyer dans leur patrie les jeunes gens qui n'avaient point eu de part au serment, avec permission de jouir de leurs femmes. Les fruits de ces unions furent appelés *Parthéniens*, nom qui désignait l'illégitimité de leur naissance. Cette tache les obligea de s'expatrier. Ayant choisi Phalante pour leur chef, ils abordèrent à Tarente, petit port à l'extrémité de l'Italie, qu'ils changèrent en ville assez considérable, après en avoir chassé les habitans. Phalante est un des héros du *Télémaque* de Fénélon.

PHALANX, frère d'Arachné. Pallas prit un soin particulier de leur éducation; mais indignée de ce qu'ils y répondaient mal, et de la passion criminelle qu'ils avaient conçue l'un pour l'autre, elle les métamorphosa en vipères.

PHALARIS, tyran d'Agrigente. On n'est pas d'accord sur l'époque même à laquelle Phalaris a vécu. Eusèbe rapporte le commencement de son règne à la 38e olympiade ; saint Jérôme à la 52e. L'opinion de Dodwell, dans son Traité *De Ætate Phalaridis et Pythagoræ*, (Lond., 1701, in-8°.), a été savamment et apodictiquement réfutée par Richard Bentley, lequel a aussi démontré jusqu'à l'évidence, contre le même Dodwell, ainsi que contre Charles Boyle, Jean Selden et Guillaume Temple, le caractère apocryphe des Lettres attribuées à Phalaris. Celles-ci ont été publiées de nouveau, avec un grand appareil d'érudition, par Jean-Daniel Van Lennep, qui a aussi traduit les écrits polémiques de Bentley à ce sujet, Groningue, 1777, in-4°. Ce tyran se signala par sa cruauté; car s'étant emparé de cette ville, il chercha tous les moyens de tourmenter les citoyens. Pérille, artiste cruellement industrieux, seconda la fureur de Phalaris, en inventant un Taureau d'airain. Le malheureux qu'on y renfermait, consumé par l'ardeur du feu qu'on allumait dessous, jetait des cris qui, sortant de cette horrible machine, ressemblaient aux mugissemens d'un bœuf. L'auteur de cette cruelle invention en ayant demandé la récompense, Phalaris le fit brûler le premier dans le ventre du taureau. Les Agrigentins se révoltèrent l'an 561 avant J.-C., et firent subir à Phalaris le supplice auquel il avait condamné tant de victimes de sa barbarie. Nous avons des lettres sous le nom d'Abaris, à ce tyran, avec les réponses ; mais elles sont supposées. On les imprima à Trévise, in-4°., en 1471, d'après la révision de Léonard Arétin, et on y joignit la traduction latine. Elles avaient déjà été imprimées en Sorbonne l'année d'auparavant, in-4°. Nous en avons une édition d'Oxford, 1718, in-8°. ; une autre de Groningue, 1777, in-4°. ; une traduction française, Paris, 1726, in-12 ; et une autre par Behaben, Angers, an XI (1803), in-8°.

PHALÉROS, athénien, fils d'Aléon, ou du roi Erecthée. Dans son enfance, un serpent l'entortilla, et son père tua le reptile sans blesser l'enfant. Les Athéniens donnaient son nom à l'une de leurs tribus.

PHALLIQUES, fêtes qu'on célébrait à Athènes en l'honneur de Bacchus. Voici à quelle occasion. Les Athéniens ayant témoigné du mépris pour le culte de ce dieu, furent affligés d'une violente épidémie. L'oracle consulté répondit que pour la faire cesser, ils devaient recevoir Bacchus avec pompe dans leur ville. On fit donc faire des figures du dieu, que l'on porta en procession, et on attacha aux thyrses des représentations des parties malades. Ces représentations furent nommées *Phallus*, d'où les fêtes qui eurent lieu depuis tous les ans, furent nommées *Phalliques*, et ceux qui portaient les *phallus*, *phallophores*. Ces phallophores couraient les rues, barbouillés de lie de vin, et faisant d'horribles contorsions. *Voy.* l'article suivant.

PHALLUS. Nous venons de voir à l'article précédent, ce que c'était que le phallus des Athéniens ; nous parlerons dans celui-ci du phallus des Égyptiens. Tiphon ayant tué Osiris, mit son corps en pièces, et en dispersa toutes les parties, Isis en fit recueillir le plus qu'il lui fut possible ; mais comme on ne put retrouver celle que la pudeur défend de nommer ici, elle en fit faire des représentations que l'on appella phallus, et que l'on portait aux fêtes d'Osiris, surtout à celles que l'on célébrait à l'équinoxe du printemps en l'honneur d'Osiris retrouvé, (*Voyez* PAAMÉLIES). Il est facile de reconnaître que les prêtres égyptiens inventèrent cette fable pour justifier aux yeux de la multitude le culte allégorique qu'ils rendaient sous le nom et l'image du phallus, au principe de la génération, dont Osiris était le symbole. Les Grecs, en adoptant le culte de la plupart des divinités égyptiennes, adoptèrent aussi celui de Phallus, et le portèrent en grande pompe aux fêtes de Bacchus et de Priape, en lui forgeant, selon leur usage, une origine à leur gré, et honorant ce symbole infame par une licence et des débauches effrénées.

PHALOÈ, nymphe, fille du fleuve Lyris, ayant été délivrée d'un monstre aîlé par un jeune homme nommé Elaate, et celui-ci étant mort avant de l'avoir épousée, elle versa tant de larmes qu'elle fut changée en fontaine.

PHALYSIUS, habitant de Naupacte, était presque aveugle. Un jour Esculape lui envoya par Anité, un paquet cacheté, lui ordonnant de le lire. A peine eut-il jeté les yeux dessus, qu'il recouvra la vue et renvoya Anité, après lui avoir donné deux mille pièces d'or, suivant ce qu'il était ordonné dans la lettre.

PHANÉUS. Les peuples de Chio adoraient Apollon sous ce nom, qui était aussi celui du promontoire d'où Latone aperçut l'île de Délos. *Phanein* signifie éclairer.

PHANTASE; un des trois songes, enfans du Sommeil. C'est lui qui se métamorphose en terre, en rocher, en riviere, en tout ce qui est inanimé.

PHANTOMES. Dans les anciens poëtes on trouve beaucoup d'exemples de Phantômes crées par les dieux pour tromper les hommes. C'est ainsi que dans Virgile, Junon, pour sauver Turnus qu'elle protège, sans néanmoins outrager sa valeur, le fait combattre contre le phantôme du héros troyen.

PHAON, jeune batelier de Mitylène de l'île de Lesbos, reçut de Vénus, qu'il avait passée dans l'île de Chio, un vase d'albâtre, rempli d'une essence qui avait la vertu de donner la beauté. Il ne s'en fut pas plutôt frotté qu'il devint le plus beau des hommes. Les femmes et les filles de Mitylène en devinrent éperduement amoureuses; et la célèbre Sapho se précipita dans la mer, parce qu'il ne voulut pas répondre à sa passion. Il alla alors en Sicile où l'on dit qu'il fut tué par un mari qui le surprit avec sa femme. On lit dans Ovide une lettre de Sapho à Phaon. Blin de Sainmore en a publié une en vers français.

PHARIS, fils de Mercure et d'une des filles de Danaüs, bâtit une ville dans la Laconie, à laquelle il donna son nom.

PHASE, prince de la Colchide, que Téthys n'ayant pu rendre sensible, métamorphosa en fleuve. Il coule dans la Colchide, et ne mêle point ses eaux avec celles de la Mer-Noire où il se jette.

PHASIS, fils d'Apollon et d'Ocyroé, Océanide. Ce jeune homme ayant surpris sa mère en adultère, la tua, mais les furies s'emparèrent de lui, et le portèrent à se précipiter dans une rivière qui s'appelaient *Arcturus*. et qui de son nom fut appelé *Phasis*. — PHASIS nymphe, dont Bacchus devint amoureux. Poursuivie par ce dieu, elle tomba épuisée de fatigues et privée de sentiment. Bacchus la changea en un fleuve qui porte son nom.

PHÈDRE, fille de Minos, roi de Crète, et de Pasiphaé, fut la seconde femme de Thésée, roi d'Athènes. Cette princesse conçut pour Hippolyte, fils de Thésée et d'Antiope, reine des Amazones, une passion très-violente. Hippolyte n'ayant pas voulu l'écouter, elle l'accusa, dit-on, près de son époux, d'avoir attenté à son honneur. Thésée irrité, livra ce malheureux fils à la fureur de Neptune. Phèdre rendit témoignage à son innocence en se pendant elle-même. Ce tragique événement a fourni un sujet à Euripide et à Racine, qui en ont composé deux excellentes tragédies, et celui d'un bon tableau à M. Guérin, peintre moderne, qui a fait l'admiration des connaisseurs à l'exposition du salon de l'an 1802.

PHÉGÉE, fils de Darès et frère d'Idée, fut tué par Diomède. — Deux capitaines troyens, qui furent tués par Turnus, portaient ce nom.

PHÉNIX, oiseau fabuleux, unique au monde et consacré au soleil, que l'on dit vivre 1461 ans, nombre qui représente exactement une révolution de la grande année solaire égyptienne. Son plumage est d'or cramoisi; il vient du pays des Ténèbres pour mourir en Arabie, et suivant d'autres, en Egypte. Sentant sa vieillesse, il fait un petit bûcher de bois odoriférant sur lequel il se consume aux rayons du soleil qui allume ce bûcher, et de ses cendres il renaît un ver, duquel se forme un nouveau Phénix. — PHÉNIX, fils d'Amyntor, roi des Dolopes, fut accusé par Clytie, concubine de son père, d'avoir voulu lui faire violence. Il fut obligé de quitter Hella, sa patrie, et de s'enfuir en Thessalie auprès du roi Pélée, qui lui confia la conduite de son fils Achille. Phénix suivit ce prince au siége de Troie, où il devint aveugle; mais Chiron le guérit. Il donna à Achille une si excellente éducation, qu'il fut regardé comme le modèle des gouverneurs de la jeunesse. Après la prise de la ville de Troie, Pélée reconnaissant des services qu'il lui avait rendus dans la personne de son fils, quoique mort, rétablit Phénix sur le trône et le fit proclamer roi des Dolopes. Il faut le distinguer de Phénix, fils d'Agénor et frère de Cadmus, qui a donné son nom aux Phéniciens, peuples de la Syrie, lesquels furent, dit-on, les inventeurs des premières lettres, de l'usage de la pourpre, et de la navigation. (*Voyez* CADMUS.)

PHÉRAIA, fille d'Eole et mère d'Hécate, fut exposée par son grand-père sur un chemin à quatre routes. Le conducteur du char de Cérès la recueillit et l'éleva. C'est pourquoi les carrefours étaient consacrés à Hécate.

PHÉRÉCLUS, petit-fils d'Harmonius, construisit les vaisseaux qui conduisirent Pâris en Grèce. Il fut tué par Mérion.

PHÉRÉTIME, femme de Battus, roi de Cyrène, remonta sur son trône avec l'aide de Battus, roi d'Egypte, et fit mourir dans d'horribles tortures les assassins de son fils Arcésilas. Elle périt dévorée des vers.

PHÉRON, fils de Sésostris, roi d'Égypte, ayant vu, sous son règne, le Nil se déborder plus qu'à l'ordinaire, lança, dans sa fureur, une flèche contre les flots du fleuve; il fut aussitôt privé de la vue. Un oracle de la ville de Butis lui annonça qu'il recouvrerait la vue, en se lavant les yeux avec l'urine d'une femme qui n'eût jamais connu d'autre homme que son mari; les essais faits sur la reine sa femme, et sur une infinité d'autres femmes, furent infructueux. Il trouva enfin le remède qu'il cherchait dans l'épouse d'un jardinier, qu'il épousa; puis il fit enfermer toutes les autres femmes dans une ville où il fit mettre le feu.

PHILAMMON, de Delphes, musicien et poète, fils d'Apollon et de la nymphe Chioné, vivait avant Homère, et, suivant les mythologues, était frère jumeau d'Autolycus, voleur très-adroit, aïeul maternel d'Ulysse, et que la même nymphe conçut de Mercure. Il est le premier, selon Plutarque, qui ait introduit des chœurs dans la musique: c'étaient des troupes d'hommes et de femmes qui dansaient en chantant au son des instrumens. Le même auteur prétend qu'il composa ces airs appelés *Nomes*, que l'on jouait sur la cythare en s'accompagnant de la voix. Phérécide assure que ce fut Philammon, et non Orphée, qui suivit l'expédition des Argonautes. Il eut pour fils Thamyris, qui osa défier les Muses, sous des conditions honteuses pour elles. Vaincu et livré à leur vengeance, il fut privé de la vue, de la voix, de l'esprit, et même du talent de la musique. Il jeta sa lyre de désespoir dans une rivière du Péloponèse, appelée pour cela *Balyra*. On le regarde comme l'inventeur de l'harmonie dorienne. Son talent dans la composition des hymnes fit dire à Platon que son ame, après sa mort, avait passé dans un rossignol, comme celle d'Orphée dans un cygne.

PHILÉMON, *Voyez* BAUCIS.

PHILINNION, fille unique de Démostrate et de Charito, mourut en âge nubile, et fut enterrée avec tous ses bijoux. Un jeune homme, nommé Machates, vint loger chez Démostrate son ami. Un soir Philinnion lui apparut, et lui déclara qu'elle l'aimait et qu'elle voulait s'unir à lui. Machates qui ignorait sa mort, accepta cette offre avec empressement. Ils se donnèrent des gages mutuels de leur foi. Cependant une vieille servante aperçoit Philinnion, et court, tout effrayée, en avertir son maître et sa maîtresse; ils accourent. Philinnion leur reproche leur curiosité, et retombe sans vie. Machates désespéré de son aventure, se donna la mort.

PHILO, fille d'Alcimédon, capitaine grec, ayant eu un fils d'Hercule, son père fit exposer la mère et l'enfant. Hercule, averti par une pie qui contrefaisait l'enfant, délivra la mère et le fils du danger où ils étaient.

PHILOBIA, femme de Persée, favorisa les amours de Laodice et d'Acamas (*Voyez* ce nom).

PHILOCTÈTE, fils de Pœan, fut compagnon d'Hercule, qui, près de mourir, lui ordonna d'enfermer ses flèches dans sa tombe, et le fit jurer de ne jamais découvrir le lieu de sa sépulture. Il lui donna en même-temps ses armes teintes du sang de l'hydre. Les Grecs ayant appris de l'oracle qu'on ne prendrait jamais Troie sans les flèches d'Hercule, Philoctète les leur fit connaître en frappant du pied à l'endroit du tombeau où elles étaient renfermées. Ce parjure fut puni à l'instant; il laissa tomber une de ces flèches sur celui de ses pieds dont il avait frappé la terre. L'infection de sa plaie devint bientôt si grande, que les Grecs, ne pouvant la supporter, l'abandonnèrent dans l'île de Lemnos où il souffrit d'horribles et longues douleurs. Mais après la mort d'Achille, ils furent obligés de recourir à Philoctète, qui, indigné de l'injure qu'on lui avait faite, eut bien de la peine à se rendre à leurs prières. Ulysse l'engagea enfin à venir au camp des Grecs: il tua Pâris d'un coup de flèche, et la ville de Troie fut prise. Philoctète ne voulant plus retourner dans sa patrie, vint aborder sur les côtes de la Calabre, et y bâtit la ville de Pétilie. L'abandon de Philoctète, dans l'île de Lemnos, a fourni à Laharpe le sujet de la tragédie de ce nom, représentée avec succès sur le théâtre français; cette pièce, imitée de Sophocle, est une des meilleures de l'aristarque français.

PHILOMÈLE, fille de Pandion, roi d'Athènes. Progné, sa sœur aînée, qui avait épousé Térée, roi de Thrace, le pria d'aller à Athènes, et de lui amener Philomèle. Ce prince étant devenu amoureux de la jeune princesse, lui fit violence en chemin, puis lui coupa la langue, et l'enferma dans un vieux château au milieu des bois. Philomèle peignit sur une toile tout ce que Térée lui avait fait, et l'envoya à sa sœur. Progné vint à la tête d'une troupe de femmes, le jour de la fête des Orgies, délivrer Philomèle de sa prison; puis ayant étranglé son propre fils Itys, elle le fit servir dans un festin qu'elle donna à son époux. Après que Térée eut bien mangé, pour lui montrer qu'elle connaissait son crime, et qu'elle l'avait vengé, elle lui apporta la tête sanglante du malheureux Itys. Ce prince irrité, s'étant mis en devoir de poursuivre sa femme et de la tuer, fut métamorphosé en épervier; Progné fut changée en hirondelle, et Philomèle en rossignol. — PHILOMÈLE, frère de Plutus, se trouvant réduit au plus strict nécessaire, acheta du peu qui lui restait, des bœufs, inventa la charrue, et se procura les moyens de vivre avec aisance. Cérès l'enleva et le plaça au ciel parmi les constellations, sous le nom de *Bouvier*.

PHILONOME, seconde femme de Cycnus, ayant conçu une passion criminelle pour Ténès ou Ténus, que Cycnus avait eu de sa première femme, essaya inutilement de l'engager à y répondre. Outrée de dépit, elle l'accusa auprès de son mari d'avoir voulu l'insulter. Cycnus trop crédule ayant aussitôt fait enfermer son fils dans un coffre, le fit jeter dans la mer; mais Neptune, son aïeul, en prit soin, et le fit aborder dans une île où il régna, et qui fut depuis appelée *Ténédos*. — PHILONOME, fille de Nyctimus et d'Arcadie, et compagne de Diane; Mars la séduisit et la rendit mère de deux enfans qu'elle jeta dans la forêt d'Erymanthe, pour ne pas encourir l'indignation de son père. Une louve les allaita: le berger Télèphe en prit soin et leur donna les noms de Lycastus et de Parrhasius. Ils succédèrent à leur aïeul sur le trône d'Arcadie.

PHILYRE, fille de l'Océan, fut aimée de Saturne. Rhée les ayant surpris ensemble, Saturne se métamorphosa en cheval pour s'enfuir plus vîte. Philyre erra sur les montagnes où elle accoucha du centaure Chiron. Elle eut tant d'horreur d'avoir mis au monde ce monstre qu'elle demanda d'être changée en tilleul et fut exaucée.

PHINÉE, roi de Paphlagonie, petit-fils d'Agénor, épousa Cléopâtre, fille de Borée et d'Orithye. Il la répudia après en avoir eu deux fils Orithus et Crambus, qu'il aveugla à la persuasion d'Idée, fille de Dardanus, sa seconde femme. Borée vengea ce crime en crevant les yeux au coupable, qui obtint pour toute consolation la connaissance de l'avenir. Ce fut aussi pour le punir de son inhumanité, que Junon avec Neptune envoyèrent les Harpies, qui, par leurs ordures, gâtaient ses viandes sur sa table. Il ne fut délivré de ces monstres que lorsque Calaïs et Zéthès, deux fils de l'Aquilon et du nombre des Argonautes, les chassèrent et les poursuivirent jusqu'aux îles Strophades. Hercule ayant rencontré dans le désert les deux fils de Phinée qui étaient privés de la vue, fut si touché de leur malheur, qu'il alla le tuer sur-le-champ. — Il y eut un autre

Phinée, roi de Thrace, et frère de Céphée, que Persée changea en pierre avec tous ses compagnons, en leur montrant la tête de Méduse; parce que ce roi prétendait épouser Andromède promise à Persée.

PHLÉGÉTON, fleuve d'enfer qui roulait des tourbillons de flammes, et environnait de toutes parts le noir Tartare. Aucun arbre, aucune plante ne croissait sur ses bords.

PHLÉGIAS, fils de Mars, roi des Lapithes, et père d'Ixion. Ayant su que la nymphe Coronis, sa fille, avait été outragée par Apollon, il alla mettre le feu au temple de ce Dieu, qui le tua à coups de flèches, et le précipita dans les enfers. Il y fut condamné à demeurer éternellement sous un grand rocher qui, paraissant toujours prêt à tomber, lui causait une frayeur continuelle. Ses descendans, les Phlégiens, furent si impies, que Neptune les fit tous périr par un déluge. — Phlégias, fils de Mars et de la Béotienne Chrysé, bâtit, dans le territoire des Minyens, la ville de Phlegya, et fut tué par le fils Chthonius.

PHOCUS fils d'Eaque et de la Néreïde Psammate, fut tué en jouant au palet par Pélée et Télamon.

PHOEBUS, *Voy.* Apollon.

PHOLUS, fils d'Ixion et de la Nue, et l'un des principaux centaures, donna l'hospitalité à Hercule, qui allait aux noces de Pirithoüs. Lorsque ce demi-dieu défit les centaures aux noces d'Hippodamie, il traita humainement Pholus, en reconnaissance du bon accueil qu'il en avait reçu.

PHORBAS, fils de Priam et d'Epithésie, fut père d'Ilionée, compagnon d'Enée. Il avait été vainqueur dans tous les combats livrés au siége de Troye; mais il fut vaincu à son tour, et tué par Ménélas. C'est sa figure qu'emprunta le dieu du sommeil pour tromper Palinure, pilote d'Enée. — Phorbas, chef des Phlégyens, homme cruel et sanguinaire, s'étant emparé des avenues par lesquelles on pouvait arriver à Delphes, forçait tous les passans de se battre à coups de poings contre lui. Après les avoir vaincus, il les faisait mourir dans d'affreux tourmens. Apollon le tua, déguisé en athlète.

PHORCYS ou Phorcus, fils de l'Océan et de la Terre, et, selon d'autres, de la nymphe Thésée et de Neptune. Il fut père de plusieurs monstres, tels que les Gorgones, le Dragon qui gardait le jardin des Hespérides, etc. Homère y ajoute Thoosa, mère de Polyphême.

PHORONÉE, fils d'Inachus et roi d'Argos, fut pris pour arbitre dans un différend qui s'était élevé entre Junon et Neptune. On croit qu'il fut le premier qui apprit aux hommes à vivre en société.

PHRA, nom que les Égyptiens donnaient au Soleil, avant de l'appeler Osiris.

PHRONIME, fille d'Etéarque, roi de Crète, fut exposée, par l'ordre de son père, à l'instigation de sa belle-mère. Elle devint une des femmes de Polymneste; dont elle eut Battus.

PHRONTIS, princesse d'une grande sagesse, avait épousé Panthus, dont elle eut Euphorbe.

PHRYXUS, fils d'Athamas et frère de Hellé. Pendant qu'il

était, avec sa sœur, chez Creté, leur oncle, roi d'Iolchos, Démodice, femme de Creté, fit des avances à Phryxus; mais se voyant rebutée, elle l'accusa d'avoir voulu attenter à son honneur. Aussitôt une peste ravagea tout le pays; l'oracle consulté répondit que les dieux s'apaiseraient, en leur immolant les deux dernières personnes de la maison royale. Comme cet oracle regardait Phryxus et Hellé, on les condamna à être immolés; mais dans l'instant, ils furent entourés d'une nue, d'où sortit un belier qui les enleva l'un et l'autre dans les airs, et prit le chemin de la Colchide. En traversant la mer, Hellé, effrayée du bruit des flots, tomba et se noya dans cet endroit, qu'on appela depuis l'Hellespont. Phryxus étant arrivé dans la Colchide, y sacrifia ce belier à Jupiter, en prit la toison qui était d'or, la pendit à un arbre dans une forêt consacrée au dieu Mars, et la fit garder par un dragon, qui dévorait tous ceux qui se présentaient pour l'enlever. Mars fut si content de ce sacrifice, qu'il voulut que ceux chez qui serait cette toison, vécussent dans l'abondance tant qu'ils la conserveraient, et qu'il fût cependant permis à tout le monde d'essayer d'en faire la conquête. Voilà, selon la fable, cette fameuse toison d'or que Jason, accompagné des Argonautes, enleva par le secours de Médée. (*Voy.* JASON.) Les poètes dirent que ce belier avait été mis au nombre des douze signes du zodiaque, et en était le premier. C'est *Aries* chez les Latins.

PHYLLIS, fille de Lycurgue, roi de Thrace, écouta favorablement Démophoon, fils de Thésée, qui promit de l'épouser aussitôt après son retour de Crète. Elle se pendit, parce qu'il tardait trop à revenir, et fut métamorphosée en amandier. Démophoon, de retour, l'alla mouiller de ses pleurs, et aussitôt il poussa des feuilles comme s'il eût été sensible à ses caresses.

PHYSCOA, fille de la Basse-Elide, fut aimée de Bacchus, dont elle eut un fils nommé Narcée. Ce fils, devenu puissant dans l'Elide, établit le premier des sacrifices en l'honneur de Bacchus son père.

PIASUS, chef des Pélasges, était honoré à Larisse, près de Cumes.

PICOLLUS, divinité des anciens habitans de la Prusse. Quand il mourait quelqu'un, on lui faisait un sacrifice pour l'apaiser.

PICUMNUS, frère de Pilumnus. Ils furent l'un et l'autre mis au nombre des dieux, et révérés comme protecteurs des liens du mariage. On les invoquait aux fiançailles. Picumnus apprit à engraisser les terres avec du fumier, et Pilumnus à piler le blé pour faire du pain. Celui-ci épousa Danaé, fille d'Acrisius, qui avait été jetée, sur la côte avec son fils Persée.

PICUS, un des fils de Saturne. lui succéda en Italie. Il fut père de Faune, et très-versé dans la science des Augures. Circé le métamorphosa en un oiseau qu'on appèle pivert, parce qu'il n'avait pas voulu l'épouser, et lui avait préféré la nymphe Canente.

PIÉRIDES, filles de Piérus: ayant défié les Muses à qui chanterait le mieux, elles furent métamorphosées en pies par ces déesses. On donne aussi ce nom aux Muses, à cause du mont Piérus qu'elles habitaient.

PIÉRUS ou **PIÉRIUS**, poète et musicien, naquit à Piérie en Macédoine. Quelques auteurs prétendent qu'il établit le culte des neuf Muses, appelées pour cela Piérides ; d'autres que lui-même était leur père, et qu'il les eut toutes d'Evippe sa femme. Quoi qu'il en soit, on ne peut douter qu'il n'ait excellé dans la musique et la poésie, et donné naissance à tout ce que la fable raconte de ces divinités, comme le dit Plutarque dans son dialogue sur la musique, et qui nous apprend que c'était un poète musicien qui avait pris pour sujet principal de ses poëmes, l'histoire fabuleuse et les louanges de ces divinités. *Voyez* Piérides.

PILADE. *Voy.* Oreste.

PILUMNUS, frère de Picumnus, était l'inventeur de l'art de moudre le blé. C'était le patron des meuniers. Il eut de Danaé, fille d'Acrisius, Danaüs qui donna le jour à Turnus.

PIRITHOUS, fils d'Ixion, d'où il fut surnommé Ixionide par les poètes. Ayant entendu raconter une infinité de merveilles de Thésée, il lui déroba un troupeau pour l'obliger à le poursuivre ; Thésée ne manqua pas de le faire. Ils conçurent dans le combat tant d'estime l'un pour l'autre, qu'ils jurèrent de ne plus se quitter. Pirithoüs secourut Thésée contre les centaures, qui voulaient lui enlever Hippodamie, sa femme. Après qu'elle fut morte, Thésée et Pirithoüs convinrent de ne plus épouser que des filles de Jupiter. C'est pour se conformer à cette idée, que Thésée enleva Hélène, fille de Jupiter et de Léda. Pirithoüs, qui l'avait secondé dans cet enlèvement, descendit aux enfers pour ravir Proserpine ; mais il fut dévoré par le chien Cerbère. Thésée qui l'y avait suivi pour servir son amour, fut enchaîné par ordre de Pluton, jusqu'à ce qu'Hercule vint le délivrer. On croit que cette fable a quelque fondement dans l'histoire. Les savans ont conjecturé que Proserpine était fille d'Aidoneus, roi des Molossiens ; et que Pirithoüs ayant voulu la ravir, fut arrêté et livré aux chiens ; mais qu'Hercule le délivra.

PITHO ou **SUADA**, déesse de l'éloquence, fille de Mercure et de Vénus, à laquelle on la donnait quelquefois pour compagne. Elle est représentée ordinairement avec un diadème sur la tête, pour exprimer son empire sur les esprits. Elle a un bras déployé dans l'attitude de la déclamation, et tient de l'autre main un foudre et des chaînes de fleurs, signifiant le pouvoir de la raison et le charme du sentiment, qu'elle sait également employer. On voit à ses côtés un caducée, symbole de la persuasion, et les écrits de Démosthène et de Cicéron, les deux orateurs qu'elle a le plus favorisés.

PITYS, nymphe aimée en même temps de Pan et de Borée. Celui-ci, indigné de ce qu'elle avait donné la préférence à son rival, l'enleva dans un tourbillon et la précipita sur des rochers, où elle expira misérablement. La terre, touchée de compassion pour le sort de cette nymphe, la métamorphosa en pin.

PLEIADES. C'est la même chose que les Atlantides. (*Voy.* Atlantides). Le nom de *Pléiades*, au surplus, fut donné à cette constellation, parce que leur lever à l'équinoxe du printemps, ouvrait la navigation. *R. Plein*, naviguer.

PLISTÈNE, un des fils de Pélops, père d'Agamemnon et de Ménélas, recommanda en mourant ses deux fils à son frère Atrée, qui les fit élever comme ses propres enfans. C'est pourquoi, on leur donna le surnom d'Atrides.

PLUTON, dieu des Enfers, était fils de Saturne et de Rhéa. Sa mère cacha sa naissance, de peur que Saturne ne le dévorât, comme il avait dévoré ses autres enfants. Elle ne put cependant le soustraire à l'avidité de son père; mais Jupiter, aidé de Métis, lui fit avaler un breuvage dont la force était telle que Pluton revint à la lumière. Dans le partage de l'empire du monde, le royaume des Enfers échut à Pluton. C'est là, qu'assis sur un trône de soufre, avec un regard effrayant, il tenait un sceptre de la main droite, et étouffait une ame de la gauche. A ses pieds étaient placés Cerbère et les Harpies : des quatre angles de son trône sortaient le Léthé, le Cocyte, l'Achéron et le Phlégéton. Homère représente Pluton oomme une divinité inexorable, et Pirithoüs en fit la funeste épreuve, lorsqu'il descendit aux Enfers pour enlever Proserpine. Pluton fut blessé au siége de Troie, et ne guérit que par les soins d'Esculape. Pluton avait pour armure ce casque si connu chez les anciens, sous la dénomination d'*orci galea*, et dont la propriété était de rendre invisible celui qui le portait. Ce casque avait été fabriqué par les Cyclopes, lors de la guerre des géants contre les dieux. Un des traits les plus célèbres de l'histoire de ce dieu des Enfers, est l'enlèvement de Proserpine aux campagnes d'Enna (*Voyez* AIDONÉE, PROSERPINE). Le culte de Pluton fut célèbre dans la Grèce et à Rome, où on lui éleva une infinité de temples, qui n'étaient ouverts que dans le temps de ses solennités. La couleur noire était affectée aux victimes qu'on lui sacrifiait. Le cyprès, le narcisse et le capillaire étaient réservés pour ses sacrifices. On célébrait à Rome des fêtes en son honneur, le 12 des calendes de juillet, et pendant qu'elles duraient, tous les temples étaient fermés, excepté les siens. Tout ce qui était de mauvais augure lui était consacré.

PLUTUS, dieu des richesses, était placé au nombre des dieux infernaux, parce que les richesses se tirent du sein de la terre, séjour ordinaire de ces divinités. Plutus était né de Cérès et de Jasion, et dans sa jeunesse avait très-bonne vue; mais ayant déclaré à Jupiter qu'il ne voulait aller qu'avec les gens de bien, ce dieu le rendit aveugle, et depuis ce temps, on ne le trouva que dans la société des méchans. Plutus avait à Athènes une statue derrière la citadelle, proche le trésor public. Dans le temple de la Fortune à Thèbes, la déesse tenait entre ses bras Plutus enfant, et à Athènes, la statue de la Paix le tenait dans son sein.

PODALIRE, fils d'Esculape, et grand médecin comme son père, fut mené au siége de Troie avec Machaon son frère, par les princes grecs.

POENA, déesse de la punition, adorée en Afrique et en Italie. Apollon irrité contre les Argiens, envoya un monstre qui prenait les enfans jusques dans les bras de leurs mères; on le nommait Pœna. Il fut tué par Corœbus, à qui on rendit les honneurs divins, en reconnaissance de ce service. *Voy.* PSAMATHÉ.

POLITE, le plus prudent des

compagnons d'Ulysse. — POLITE, fils de Priam, très-léger à la course, fut tué par Pyrrhus auprès du roi son père.

POLLÉAR, le premier et le plus grand des fils du dieu Shiva. Il préside aux mariages.

POLLUX, *Voyez* CASTOR.

POLYBE, roi de Corinthe, reçut dans sa cour Œdipe au berceau; comme il n'avait point d'enfant, il l'adopta et lui servit de père. Dans la suite, ayant consulté l'oracle, il apprit que ses deux filles seraient emportées, l'une par un lion, et l'autre par un sanglier. Polynice, couvert d'une peau de lion, vint lui demander du secours contre Etéocle son frère; et Tydée, sous la peau d'un sanglier, vint se réfugier chez lui, après le fratricide qu'il avait commis en la personne de Ménalippe. Polybe donna ses deux filles en mariage à ces deux princes, et leur habillement le fit souvenir de l'oracle. Il leur demanda pourquoi ils s'habillaient de la sorte? Ils lui répondirent que descendant, l'un d'Hercule, vainqueur des lions, et l'autre d'Œnée, vainqueur du sanglier de Calydon, ils portaient sur eux les glorieuses marques des exploits de leurs ancêtres.

POLYDAMAS, fameux athlète de Thessalie, qui étrangla un lion sur le Mont-Olympe. Il soulevait, dit-on, avec sa main, le taureau le plus furieux, et arrêtait à la course, un char traîné par les plus vigoureux chevaux; mais, se fiant trop sur sa force, il fut écrasé sous un rocher qu'il s'était vanté de pouvoir soutenir. — POLYDAMAS, capitaine troyen, qu'on soupçonna d'avoir livré Troie aux Grecs : celui-ci était fils d'Antenor et de Théante, sœur d'Hécube.

POLYDE, médecin fameux, ressuscita Glaucus, fils de Minos, avec une herbe dont il avait appris l'usage d'un dragon qui, par son moyen, avait rendu la vie à un autre dragon. Il ne faut pas s'étonner de ce que plusieurs le confondent avec Esculape; car, dès qu'un médecin se distinguait dans sa profession, on le comparait à Esculape, et souvent ce nom lui restait.

POLYDECTE, petit-fils de Neptune roi de l'île de Sériphe, une des Cyclades, reçut chez lui Danaé, qu'on avait exposée sur la mer, et fit élever Persée, fils de Jupiter et de cette princesse. Persée étant devenu grand, Polydecte l'engagea d'aller combattre les Gorgones, et surtout Méduse, la plus redoutable de toutes, afin d'être en liberté avec sa mère. Persée lui obéit, et revint victorieux. Polydecte ayant traité de fable la victoire qu'il disait avoir remportée sur Méduse, Persée, indigné de cette insulte, lui en montra la tête, et le changea en pierre.

POLYDORA, fille de Méléagre, avait épousé Protésilas, qui, le premier, s'élança des vaisseaux grecs sur le rivage de Troie. Elle mourut de chagrin d'avoir perdu son mari. — Il y a eu, de même nom, une nymphe, une amazone, une fille de Pelée et une fille de Danaüs.

POLYDORE, fils de Priam et d'Hécube, fut confié à Polymnestor, qui, après la prise de Troie, le massacra, pour s'emparer des richesses que Priam avait mises en dépôt chez lui, en le chargeant de son fils. Le corps de Polydore fut jeté dans la mer. Hécube, abordant en Thrace, reconnut son fils qui flottait sur les eaux;

et dans son désespoir, elle courut au palais de Polymnestor, et lui arracha les yeux. — Priam avait un autre fils, nommé aussi Polydore, qui fut tué par Achille. — Il y eut encore deux princes de ce nom, l'un fils de Cadmus, et l'autre fils d'Hippomédon.

POLYGONE, fils de Prothée. Son frère Telégone et lui furent tués par Hercule, qu'ils avaient osé provoquer à la lutte.

POLYMESTOR ou POLIMNESTOR, roi de Thrace, le plus avare et le plus cruel de tous les hommes. Hécube lui creva les yeux pour le punir d'avoir tué Polydore. (*Voy.* ce mot.)

POLYMNIE ou POLYHYMNIE, l'une des neuf Muses, fille de Jupiter et de Mnémosyne, présidait à la rhétorique. On la représente ordinairement avec une couronne de perles, habillée en blanc, toujours la main droite en action pour haranguer, et tenant un sceptre à sa gauche. *Voyez* Pitho.

POLYMUS, grec, qui montra le chemin des enfers à Bacchus, lorsqu'il y descendit pour en tirer Sémelé sa mère.

POLYNICE. *Voyez* Étéocle et Polybe.

POLYPHÊME, fils de Neptune et de la nymphe Thoosa, roi des Cyclopes, d'une grandeur démesurée. Il n'avait qu'un œil au milieu du front, et ne se nourrissait que de chair humaine. Amoureux de Galathée, il écrasa le berger Acis que cette nymphe lui préférait. Ulysse ayant été jeté par la tempête sur les côtes de la Sicile où habitaient les Cyclopes, Polyphême l'enferma dans son antre lui et tous ses compagnons pour les dévorer; mais Ulysse le fit tant boire, en l'amusant par le récit du siége de Troie, qu'il l'enivra; ensuite aidé de ses compagnons, il lui creva l'œil avec un pieu. Le Cyclope se sentant blessé, poussa des hurlemens effroyables : tous les voisins accoururent; le voyant dans cet état, ils lui demandaient qui l'avait ainsi maltraité, et il leur répondit : « C'est personne, *nemo*... » (Ulysse s'était annoncé sous ce nom au géant.) Alors ils s'en retournèrent en riant, et crurent qu'il avait perdu l'esprit. Cependant Ulysse donna ordre à ses compagnons de s'attacher sous les moutons qui étaient dans l'antre avec eux, pour n'être point arrêtés par le géant, lorsqu'il lui faudrait mener paître son troupeau. Ce qu'il avait prévu, arriva. Polyphême ayant ôté une pierre que cent hommes n'auraient pu ébranler, et qui bouchait l'entrée de la caverne, se plaça de façon que les moutons ne pouvaient passer qu'un à un entre ses jambes. Lorsqu'il entendit Ulysse et ses compagnons dehors, il les poursuivit, et leur jeta un rocher d'une grosseur énorme; mais ils l'évitèrent aisément, s'embarquèrent, et ne perdirent que quatre d'entre eux que le géant avait mangés. Enée courut le même danger qu'Ulysse; il échappa de la même manière à la fureur de ce monstre. Le portrait qu'en fait Virgile est d'après Homère. Annibal Carrache a représenté Polyphême et Galathée, et ensuite le courroux du cyclope. « Dans le premier tableau, Annibal, dit Bellori, étendit l'art du dessin; son imagination s'éleva à la grandeur de celle d'Homère; tout ce que la poésie a feint de la stature énorme de Polyphême, le pinceau d'Annibal l'a exprimé. » Dans le second, le peintre a mis en action de la manière la plus fière et la plus terrible le précepte qu'avait donné Léonard de Vinci sur l'attitude que doit avoir la figure, lorsqu'elle se dispose à lancer un corps quelconque avec violence, et qu'elle veut imprimer la plus grande force au coup qu'elle porte.

POLYPHONTE, tyran de Messénie, fut tué par Théléphon, fils de Cresphonte et de Mérope, qui avait échappé à sa fureur, lorsqu'en usurpant le trône il massacra tous les princes de la maison royale. — POLYPHONTE, fille de d'Hipponus et de Thrassa, une des compagnes de Diane, devint, par la puissance de Vénus, éprise d'un ours, dont elle eut deux fils très-méchans, Agrius et Oréius. Eux et leur mère furent changés en oiseaux par la puissance de Mars.

POLYXÈNE, fille de Priam. Achille l'ayant vue pendant une trève, en devint amoureux, et la demanda en mariage à Hector. Celui-ci proposa au héros une condition qu'il rejeta avec horreur, celle de trahir son pays. Son amour cependant n'en fut point diminué, et lorsque Priam alla redemander le cadavre d'Hector, il mena avec lui Polyxène, pour être plus favorablement écouté. Son espérance ne fut point déçue, et Achille offrit à la princesse un mariage secret, qu'il proposa de faire célébrer dans un temple d'Apollon qui était entre la ville et le camp des Grecs. Priam et Polyxène y consentirent. On prit jour pour la cérémonie. Pâris se rendit dans le temple, et tandis que Déiphobe tenait Achille embrassé, il le tua d'un coup de flèche au talon. Polyxène se retira au camp des Grecs où elle fut honorablement reçue par Agamemnon ; mais, s'étant dérobée de nuit, elle alla s'immoler sur le tombeau de son époux. La tradition la plus généralement reçue néanmoins est que Polyxène fut égorgée par Pyrrhus sur le tombeau d'Achille. — POLYXÈNE, fils d'Agasthène, du sang des Héraclides, commandait les Epéens au siége de Troie.

POLYXO, prêtresse d'Apollon dans l'île de Lemnos. Vénus, irritée de ce que les Lemniennes négligeaient son culte, leur donna une haleine si puante, que leurs maris, dégoûtés, allèrent chercher des femmes en Thrace. Alors Polyxo leur conseilla de se venger d'eux en les égorgeant dans une même nuit. Ils furent donc tous massacrés. Hypsipile fut la seule qui épargna la vie de son père. — Il y eut une autre POLYXO, femme de Tlépolème, qui fit pendre Hélène, parce qu'elle avait été cause de la guerre de Troie, où son époux avait été tué.

POMONE, belle nymphe dont les dieux champêtres se disputaient la possession. Sa beauté et son adresse à cultiver les arbres fruitiers, lui avaient valu ces flateuses conquêtes. Vertumne seul, parmi tous ses nombreux rivaux, eut le bonheur de lui plaire, et devint son époux. Pomone fut honorée comme la déesse des fruits et des jardins, et en cette qualité eut à Rome un temple et des autels. Son prêtre qui portait le nom de *Flamen-Pomonalis*, lui offrait des sacrifices pour la conservation des biens de la terre. On la représentait assise sur un panier plein de fruits, avec un habit qui descendait jusqu'aux pieds, et qu'elle repliait pardevant pour soutenir des pommes et des branches de pommiers.

PONTIFE. Les pontifes étaient ceux qui avaient la principale direction des affaires de la religion chez les Romains. Ils formaient à Rome un collège qu'on appellait *pontificale*, qui, dans la première institution faite par Numa, ne fut composé que de quatre pontifes patriciens, mais ensuite on y en ajouta quatre plébéiens. Le nombre en augmenta successivement et devint indéterminé. Les pontifes étaient regardés à Rome comme des personnes sacrées. Ils avaient le pas sur tous les magistrats, et présidaient à toutes les fêtes et cérémonies publiques. Leur habillement était une robe blanche bordée de pourpre, qu'on appellait prétexte. — PONTIFE (*souverain*), *summus pontifex* ou *pontifex maximus*, nom distinctif du chef du collège des pontifes à Rome. On le choisissait parmi les patriciens, et ses fonctions consistaient, 1.° à régler le culte public et ordonner les cérémonies sacrées; 2.° à reformer le calendrier; 3.° à juger de l'autorité des livres qui renfermaient les oracles; 4.° à connaître des différends en matière de religion; 5.° à recevoir les vestales; 6.° à offrir des sacrifices; 7.° à faire la dédicace des temples.

PORÉVITH, divinité des anciens Germains, présidait à la guerre et aux combats.

PORPHYRION, un des géants qui firent la guerre aux dieux. Hercule et Jupiter le tuèrent.

PORUS, dieu de l'abondance, était fils de Métis, déesse de la prudence. Platon suppose que Pénie, ou la déesse de la pauvreté, s'étant trouvée avec Porus au festin que les dieux donnèrent à la naissance de Vénus, vint se placer à ses côtés, et fit si bien son compte, qu'il la rendit mère de l'amour.

POTNIADES, déesses qui inspiraient la fureur. Elles étaient ainsi nommées de Potnia, en Béotie, où elles avaient des statues dans un bois consacré à Cérès. Dans le temple qui leur était consacré dans cette même ville, il y avait un puits dont l'eau rendait furieux les chevaux qui en buvaient. Le surnom de *Potniades* fut aussi donné aux Bacchantes.

POUSSA (*Myth. chin.*), dieu de la porcelaine. C'était, dit-on, un ouvrier qui ne pouvant exécuter un dessin donné par un empereur, s'élança tout désespéré dans un fourneau ardent. Il fut à l'instant consumé, et la porcelaine prit la forme que désirait le prince. Il acquit à ce prix l'honneur de présider aux travaux de porcelaine.

PRAXIDICE, déesse, fille de Soter, ou le dieu conservateur, et mère d'Arété et d'Homonoé, c'est-à-dire de la Concorde et la Vertu. Praxidice avait soin de montrer aux hommes les bornes dans lesquelles ils devaient se contenir. Cette déesse n'eut jamais de statues en entier : on la représentait simplement par une tête, pour montrer que c'est dans la tête seule que réside la sagesse, et on ne lui sacrifiait que les têtes des victimes. Le nom de cette divinité allégorique dérive de *praxis*, action, et *dike*, jugement, et signifie par conséquent *celle qui agit avec justice*. Praxidice était aussi l'un des surnoms de Minerve, et peut-être qu'originairement on ne connut pas d'autre Pradixice qu'elle. Ce n'aura été que postérieurement qu'on aura forgé une divinité particulière de ce nom, à laquelle on aura donné quelques-uns des attributs de la déesse de la sagesse. Et en effet ceux de Praxidice sont évidemment applicables à Minerve. C'est ainsi vraisemblablement que de Lucine, surnom de Junon présidant aux accouchemens, on aura fait une divinité particulière des accouchemens, et que les surnoms d'une multitude de dieux et déesses, relatifs à quelques-unes des fonctions qu'on leur attribuait, auront fait créer des dieux et déesses particuliers pour chacune de ces fonctions. Voilà, n'en doutons pas, l'origine de cette quantité innombrable de divinités que l'on adora dans l'antiquité.

PRÉMICES. Les peuples hyperboréens envoyaient les prémices de leurs moissons à Délos, pour y être offertes à Apollon. Les Romains offraient les leurs aux dieux Lares, et aux prêtres.

PRÉSAGES : Attention particulière que le vulgaire donnait aux paroles fortuites, soit qu'elles vinssent des hommes, soit qu'il les crût venir des dieux, et qu'il regardait comme des signes des événemens futurs ; observation que l'on faisait sur quelques actions humaines, sur des rencontres inopinées, sur certains noms, certains accidens dont on tirait également des préjugés pour l'avenir. La prétendue science des présages fut donnée aux Grecs par les Egyptiens. Les Etrusques, qui prétendaient l'avoir apprise de Tagée, la communiquèrent aux Romains. Il y avait plusieurs sortes de présages, dont il est parlé dans ce Dictionnaire à leurs articles. Il ne suffisait pas d'observer les présages, il fallait les accepter, s'ils semblaient favorables, et en remercier les dieux pour qu'ils eussent leur effet. Si les présages étaient fâcheux ou contraires, on en rejettait l'idée, en priant les dieux d'en détourner l'effet. Si tous les idolâtres de l'antiquité crurent aux présages, les idolâtres modernes ne sont pas exempts de pareille superstition, et sur cet article les Indiens, les Siamois, les insulaires de Ceylan et des Moluques, les nègres de Guinée, les Péruviens, ne le cèdent pas aux Égyptiens, aux Grecs, aux Romains.

PRÊTRES ÉGYPTIENS. Il y avait en Egypte quatre fameux colléges de prêtres, celui de Thèbes, celui de Memphis, celui d'Héliopolis, celui de Saïs. Ils étaient divisés en plusieurs classes, selon leur mérite, leur âge et leurs fonctions particulières. Ceux de la première se lavaient plusieurs fois le jour avec l'infusion du *peskal*, que l'on croit être l'hyssope; ils ne portaient point d'habits de laine, se coupaient les cheveux, les sourcils, la barbe; et se rasaient exactement tout le corps. Les prêtres égyptiens jouissaient d'un revenu fixe en fonds de terre, sur lequel ils étaient obligés de déduire ce que coûtaient les victimes et l'entretien des temples. Ils étaient chargés des magistratures, de la conservation des lois, des archives, du dépôt de l'histoire, de la confection du calendrier, des observations astronomiques, du mesurage du Nil, de l'arpentage des terres, enfin de tout ce qui concernait la médecine, la salubrité de l'air et les embaumemens, de sorte qu'en y comprenant leurs femmes et leurs enfans, ils composaient à peu près la septième partie de la nation. — PRÊTRES GRECS. Chez les Grecs, les princes faisaient, pour la plupart, les fonctions des sacrifices. Voilà pourquoi ils portaient toujours auprès de leur épée, un couteau dans un étui. Outre les princes, il y avait d'autres prêtres chargés des fonctions du sacerdoce; il y avait même des familles qui en avaient été investies à perpétuité. *Voy.* LYCOMÉDIENS, NÉOORES, HIÉROPHANTE. etc. — PRÊTRES ROMAINS. Chez les Romains, les prêtres n'étaient point d'un ordre différent des citoyens. On les choisissait d'ordinaire parmi ceux qui étaient le plus distingués par leurs emplois et leurs dignités. *Voy.* FLAMINES, PONTIFES, FÉCIAUX, SALIENS, etc. Il y avait néanmoins des familles consacrées spécialement au culte de quelque dieu. *Voy.* PINARIENS, POTITIENS. — PRÊTRES GAULOIS. *Voy.* DRUIDES. — PRÊTRES SCANDINAVES. Ils exerçaient une autorité sans bornes sur tout ce qui avait rapport à la religion. On leur rendait un respect inoui. Souvent ils réunîrent le sacerdoce à l'empire, et ils avaient tellement subjugué la crédulité du peuple, qu'ils immolaient à leurs dieux toutes les victimes humaines qu'il leur plaisait de demander.

PRÊTRESSES. Il paraît assez généralement démontré que les Egyptiens ne conférèrent jamais à des femmes les fonctions du sacerdoce. Il y eut même parmi eux des temples tels que celui de Jupiter-Ammon, où il était défendu aux femmes d'entrer. Il n'en fut pas de même chez les grecs : ceux-ci multipliaient à l'infini le nombre des prêtresses, mais la discipline qu'ils observaient dans le choix de ces mêmes prêtresses variait singulièrement. En certains endroits on prenait de jeunes personnes qui n'avaient formé aucun engagement. Telles devaient être les prêtresses de Diane à Egire, de Minerve à Tégée, de Neptune à Calauria. Ailleurs, on ne voulait que des femmes mariées. Le temple d'Apollon-Amycléen était desservi par des prêtresses dont la première avait le nom de *Mère*, la seconde celui de *Vierge*, et les autres simplement celui de prêtresse. Les Romains ont eu aussi des prêtresses. *Voy.* VESTALES.

PREUGÈNE, fils d'Agénor, pour obéir à un songe, emporta la statue de Diane-Limnatis en Achaïe, où il lui éleva un temple. Il fut enterré dans une chapelle de ce temple, et tous les ans à la fête de Diane, on rendait à Preugène les honneurs héroïques sur son tombeau.

PRIAM, fils de Laomédon, fut mis sur le trône de son père par Hercule. Il épousa d'abord Arisba, qui le rendit père d'Esacus. Hécube, sa seconde femme, lui donna dix-neuf enfans, dont les plus connus sont Hector, Pâris, Déiphobe, Hélénor, Cassandre, Créüse et Polyxène; enfin il eut cinquante enfans de différentes femmes. Priam régna paisiblement au milieu de sa nombreuse famille, jusqu'à ce que, par le ravissement d'Hélène, Pâris eut attiré sur sa patrie les armes de toute la Grèce. Pendant ce siége, devenu si fameux, Priam eut la douleur de voir son cher Hector, le plus brave de ses fils, le plus brave des Troyens, succomber sous les coups d'Achille. Il vit le cadavre de cet enfant chéri traîné quatre fois autour des murs de la ville, attaché derrière le char de son barbare vainqueur. Ce père infortuné, n'écoutant alors que son désespoir (ou plutôt, selon Homère, obéissant aux ordres d'Iris, qui lui avait été députée par Apollon), prend douze talens d'or, les étoffes les plus riches, les vases les plus précieux, et, accompagné de sa fille Polyxène, il se rend au camp des Grecs; il le traverse sans être aperçu, et va droit à la tente d'Achille. Il se jette aux pieds de ce terrible ennemi, baise ses mains dégoutantes encore du sang de son fils, et le conjure de lui rendre le corps d'Hector, pour lequel il apporte une rançon. Achille s'attendrit, le relève et lui accorde sa demande. Priam revient à Troie avec le corps d'Hector, auquel il fait donner les honneurs de la sépulture. Ce malheureux prince pleurait encore la perte du digne soutien de sa famille, que les Grecs, maîtres, par surprise de Troie, avaient déjà pénétré dans son palais; il prend son épée et son casque, et veut mourir les armes à la main. Hécube le force de recourir à l'autel de Jupiter, où elle s'était déjà réfugiée avec ses filles. Politès, poursuivi par Pyrrhus, est frappé et expire à leurs pieds. Priam alors reproche à Pyrrhus son inhumanité, et lance en même temps contre lui un trait qui effleure à peine son bouclier. Le farouche Pyrrhus, sans respect pour l'autel qui servait d'asile au vénérable vieillard, saisit d'une main ses cheveux blancs, et de l'autre lui plonge son épée dans le cœur.

PRIAPE était fils de Bacchus et de Vénus. Junon, jalouse de cette dernière, fit tant, par ses enchantemens, qu'elle rendit contrefait l'enfant qu'elle portait dans son sein. Aussitôt qu'il fut né, Vénus désolée d'avoir donné le jour à un objet aussi hideux, le bannit de sa présenee, et le fit élever à Lampsaque. Il y devint la terreur des maris, ce qui le fit bannir de la ville; mais les habitans ayant été aussitôt attaqués d'une maladie honteuse, ils rappellèrent Priape, qui devint bientôt l'objet de leur vénération. Les femmes débauchées rendaient à Priape un culte particulier, et célébraient ses fêtes avec une licence outrée. Priape ne fut pas honoré seulement comme le dieu de la débauche, il fut aussi adoré comme le dieu des jardins, et les Romains placèrent sa statue dans presque tous les leurs. On le représentait ordinairement en forme de Therme, avec des cornes de bouc, des oreilles de chèvre et une couronne de feuilles de vigne. Hésiode ne fait aucune mention de Priape, ce qui prouverait qu'il n'était pas anciennement connu chez les Grecs. La forme sous laquelle on le représentait, les fonctions qu'on lui donnait de présider aux parties de la génération ainsi qu'aux travaux champêtres, tout cela nous porterait à croire que Priape ne faisait originairement qu'une même divinité avec Pan, qui lui-même, ainsi que nous avons tâché de le démontrer à son article, n'était autre que le Mendés des Egyptiens. (*V.* PAN, MENDÉS.)

PROCUSTE ou PROCRUSTE, insigne voleur du pays d'Attique, dans la Grèce. Il faisait sa demeure vers le fleuve Céphise, dit-on, et il exerçait une étrange cruauté envers tous les passans qu'il pouvait prendre. Après les avoir étendus sur un lit, il faisait couper les pieds et les jambes à ceux qui étaient plus longs que ce lit, et faisait alonger avec des cordes ceux qui n'étaient pas aussi grands. Thésée le fit mourir par le même supplice.

PROCRIS, *Voyez* CÉPHALE.

PRŒTIDES, filles de Prœtus,

prétendaient être plus belles que Junon. Pour les punir de leur vanité, cette déesse leur inspira une telle folie, qu'elles errèrent dans les campagnes, s'imaginant être des vaches. Le médecin Mélampe les guérit de cette manie, en leur faisant prendre de l'ellébore noir. Elles se nommaient Lysippe, Iphianasse et Iphinoë.

PRŒTUS, frère d'Acrisius, qui le détrôna, se réfugia chez le roi de Lycie son beau-père, qui l'aida à remonter sur le trône d'Argos. C'est le Jupiter qui séduisit Danaé. Il fut tué par Persée, pour avoir usurpé le trône d'Argos. Son fils Mégapenthe vengea sa mort.

PROGNÉ, fille de Pandion, roi d'Athènes, et sœur de Philomèle, épousa Térée, roi de Thrace, dont elle eut un fils, nommé Itys. Elle fut métamorphosée en hirondelle, Philomèle en rossignol, et Itys en faisan. (*Voyez* Térée et Philomèle.

PROMÉTHEE, fils de Japet et de Clymène, et frère d'Epiméthée, conçut, selon la fable, le dessein de faire un homme. Pour le former, il mêla à de l'argile une portion de chaque élément, en y ajoutant quelque chose des forces du corps et des passions de l'ame. Les poètes ajoutent qu'il composa son cœur des qualités des différens animaux. Il unit ensemble la timidité du lièvre, la finesse du renard, l'orgueil du paon, la férocité du tigre, la colère et la force du lion. Minerve, à laquelle il présenta son ouvrage, l'admira et promit pour le rendre parfait, de lui donner tout ce qu'il y avait chez les dieux. Prométhée lui ayant représenté qu'il ne pouvait savoir ce qui lui conviendrait, s'il ne le voyait lui-même, la déesse l'enleva au ciel, où il remarqua que tous les corps étaient animés d'un feu céleste qui leur donnait la vie et le mouvement. Ce feu lui parut devoir produire le même effet sur son ouvrage. Il approcha donc d'une roue du soleil une baguette de férule, et l'y ayant allumée, il descendit sur ce globe, et anima sa figure d'argile. Jupiter irrité envoya Pandore sur la terre pour y répandre tous les maux. (*Voyez* Pandore.) Il ordonna en même temps à Mercure d'attacher Prométhée sur le mont Caucase, où un vautour lui dévorait le foie à mesure qu'il renaissait. Ce supplice dura jusqu'à ce que Hercule tua le vautour à coups de flèches. Les savans tirent de l'Histoire plusieurs conjectures sur l'origine de cette fable. Le docte Bochart en particulier (dans son Phaleg., livre 1, chap. 2), s'efforce de prouver que Prométhée est le même que le Magog dont il est parlé dans l'Écriture-Sainte ; mais cette conjecture n'est pas appuyée sur des preuves décisives.

PROPŒTIDES, femmes d'Amathonte, dans l'île de Chypre, qui soutenaient que Vénus n'était pas déesse. Pour les punir, elle leur fit perdre toute honte et toute pudeur, jusqu'à ce qu'elles périrent et furent changées en rochers.

PROSERPINE, était fille de Jupiter et de Cérès. Son père ressentit de l'amour pour elle aussitôt qu'elle fut en âge d'en inspirer. Il prit la forme d'un dragon terrible, s'entortilla autour d'elle et la déshonora. Cela n'empêcha pas Pluton de désirer d'avoir sa nièce pour femme. Un jour donc qu'elle jouait avec ses nymphes dans les campagnes d'Enna, Pluton se présente, la saisit, et malgré ses cris et ses larmes, malgré les remontrances de Pallas, il l'enlève, frappe de son sceptre la terre qui s'entrouve, et l'entraîne dans le sombre empire. Informée de cet affreux événement, Cérès remplit la Sicile de ses gémissemens; elle cherche sa fille par terre et par mer, et apprend enfin, par le moyen de la nymphe Aréthuse, que Pluton l'avait enlevée. Elle monte aussitôt au palais de Jupiter, et lui demande justice. Le souverain des dieux lui promet que Proserpine lui sera rendue, à condition qu'elle n'aura rien mangé dans les enfers. Malheureusement elle avait cueilli une grenade dont elle avait mangé sept grains. Ascalaphe, le seul qui l'eût vu, en avait averti Pluton. Tout ce que peut faire alors Jupiter, c'est d'ordonner que Proserpine demeurera chaque année six mois avec son mari et six mois avec sa mère. Proserpine, devenue par cet arrangement épouse de Pluton, fut, en cette qualité, reine des Enfers, et souveraine des morts. Personne ne pouvait entrer dans son empire sans sa permission, et la mort de chaque individu n'arrivait que quand la déesse avait coupé le cheveu fatal d'où dépendait la vie des hommes. Iris, néanmoins, ainsi que nous l'avons vu à son article, partageait avec Proserpine cette fonction, du moins à l'égard des femmes. Quelques auteurs ont voulu que la fable de l'enlèvement de Proserpine eût un fondement historique, et prétendent en conséquence qu'une Proserpine, fille de Cérès, reine de Sicile, avait été enlevée par un certain Aidonée, roi des Molosses : on a vu à l'article de ce dernier, que la position de son royaume, à l'égard de la Sicile, peut avoir effectivement donné lieu à la fable de l'enlèvement de Proserpine par Pluton. Tous les ans, les Siciliens, à l'époque de la récolte, célébraient par une fête l'enlèvement de Proserpine. Cette fête durait dix jours, et était magnifique. Dans les sacrifices que l'on offrait à cette déesse, on lui immolait toujours des vaches noires et stériles, parce qu'elle avait toujours été stérile elle-même. Le pavot qui était l'emblême du sommeil des morts, lui était consacré. Les Gaulois, suivant quelques auteurs, regardaient Proserpine comme leur mère, et lui avaient élevé plusieurs temples. Si le fait est vrai, ce fut sans doute après les invasions des Romains dans les Gaules; car il ne paraît pas qu'auparavant les peuples de ce pays aient adopté le culte des divinités grecques et romaines. *Voyez* Dan, Ogmios, Teutatès.

PROTÉE, dieu marin, fils de l'Océan et de Téthys, suivant quelques mythologues, ou de Neptune et de Phœnice, suivant d'autres, était chargé de conduire et de faire paître les troupeaux marins du dieu des eaux. Il avait reçu en naissant la connaissance de l'avenir, avec le pouvoir de changer de corps ou de prendre toutes les formes qu'il voudrait. Comme on accourait de toutes parts pour le consulter, il se dérobait aux yeux; et quand il était découvert, il avait recours à mille métamorphoses pour éluder l'importunité pressante des curieux. Plus il était léger, souple et versatile pour éblouir ou effrayer, plus on devait redoubler d'efforts et de fermeté pour le retenir; alors, épuisé de fatigue, il revenait à sa première figure et satisfaisait le désir des consultans. Il parut comme un spectre devant ses enfans Tmolus et Télégone, géans d'une atrocité inouïe, qu'il avait eus de sa femme Toronne, et les épouvanta si fort qu'il les corrigea de leur cruauté. On a donné diverses explications à la fable de Protée, dont aucune n'est satisfaisante.

PROTÉSILAS, fils d'Iphiclus, roi d'une partie de l'Epire, avait épousé Laodamie, dont il fut si passionnément aimé, qu'elle fit faire sa statue après sa mort pour la coucher dans son lit. L'oracle lui avait prédit qu'il mourrait à Troie. Malgré cette prédiction, il s'embarqua avec les princes grecs; mais dès qu'il fut à terre, il tomba le premier sous les coups d'Hector.

PROTOGÉNIS, fille de Deucalion et de Pyrrha. Jupiter eut d'elle Ethlius qu'il plaça dans le ciel, d'où ce demi-dieu fut précipité dans les enfers, pour avoir manqué de respect à Junon.

PROVIDENCE. Elle avait un temple dans l'île de Délos. On la trouve représentée sous la figure d'une femme âgée et vénérable, tenant une corne d'abondance d'une main, et les yeux fixés sur un globe vers lequel elle étend une baguette qu'elle tient de l'autre main. Les Romains en avaient aussi fait une divinité, à laquelle ils donnaient pour compagnes les déesses Antevorta et Postvorta.

PSALACANTHE, nymphe, amoureuse de Bacchus, fit présent à ce dieu d'une belle couronne; mais se voyant méprisée pour Ariane, elle se tua de désespoir, et fut changée en une fleur qui porte son nom.

PSAMATHÉ, fille de Crotopus, roi d'Argos, épousa secrètement Apollon. Elle en eut un fils qu'elle cacha dans les bois, où il fut dévoré par des chiens. Apollon, irrité de la mort de l'enfant, envoya contre les Argiens le monstre Pœna, qui leur causa bien des alarmes. Psamathé fut révérée dans la suite comme une déesse. *Voyez* Pœna.

PSAPHON, Lybien, qui, voulant se faire reconnaître pour un dieu, amassa un grand nombre d'oiseaux. Il leur apprit à répéter ces mots : *Psaphon est un grand dieu.* Quand il les crut assez instruits, il les lâcha sur des montagnes, qu'ils firent retentir de ces mots. Les habitans de Lybie, frappés de ce prétendu prodige, regardèrent Psaphon comme un dieu, et lui décernèrent les honneurs divins.

PSYCHÉ était une princesse d'une si grande beauté que l'Amour même en voulut devenir l'époux. Ses parents ayant consulté Apollon sur le mariage de leur fille, reçurent ordre de l'exposer sur une haute montagne, au bord d'un précipice, parée comme pour la sépulture. Ils obéirent, et Psyché fut aussitôt enlevée par Zéphire, qui l'emporta dans un palais brillant d'or et entouré de jardins magnifiques. Là, elle était servie à souhait par des personnes invisibles, et la nuit l'époux qui lui était destiné, et qui n'était autre que l'Amour, venait la visiter et la quittait au jour, en lui recommandant de ne pas chercher à le connaître. Psyché à la fin, emportée par sa curiosité, prit une nuit sa lampe allumée, et à la lueur elle aperçut non pas le monstre qu'elle redoutait, mais le plus aimable des dieux, l'Amour. Malheureusement une goutte d'huile tomba sur lui et le réveilla. Il s'envola aussitôt en reprochant à Psyché sa défiance. L'aimable princesse, désespérée de la fuite de son époux, eut recours, afin de le retrouver, à Vénus même, quoiqu'elle sût cette déesse irritée contre elle, de ce que ses charmes lui avaient soumis jusqu'à l'Amour. Vénus traita fort mal Psyché, et lui imposa des travaux au-dessus des forces humaines, dont cependant elle vint à bout par un secours invisible; Vénus alla jusqu'à exiger d'elle qu'elle descendît aux enfers, et eut le dépit de l'en voir revenir saine et sauve. L'Amour néanmoins monta au ciel, et en présence des dieux assemblés, il demanda à Jupiter la permission de prendre Psyché pour épouse. Jupiter y consentit, reçut Psyché au nombre des déesses, et voulut que ses noces fussent célébrées dans le ciel. Tous les dieux et Vénus même y dansèrent. Psyché mit au monde, le temps venu, une fille qui fut la Volupté. Quelques mythologues font honneur à Apulée de l'invention de la fable de Psyché; d'autres veulent qu'il l'ait prise chez les Grecs. Quoi qu'il en soit, on a cru en découvrir l'allégorie dans les noms mêmes des deux principaux personnages, et l'on a pensé qu'elle marquait les maux de toute espece causés à l'ame, *psuchè*, par la passion de l'amour.

PUONCU (*Myth. chin.*), nom du premier homme, suivant la tradition chinoise. Les lettrés disent qu'il naquit comme le champignon, sans le secours d'aucune semence. D'autres, aussi sensés, le font éclore d'un œuf, dont la coque s'éleva au ciel, le blanc se dispersa dans les airs, et le jaune resta sur la terre.

PYGAS, reine des Pigmées, fut changée en grue par Junon, pour avoir eu la présomption de se comparer à la reine des dieux.

PYGMALION, fameux sculpteur, voué au célibat, aima tellement une statue de Vénus qu'il avait faite en ivoire, qu'il supplia cette désse de l'animer. Il obtint sa demande. Alors il épousa l'objet de son amour, et il en eut Paphus. Ce trait de la fable a fourni à J.-J. Rousseau le sujet d'une scène lyrique en prose. — PYGMALION, roi de Tyr, vers l'an 900 avant J.-C., fit mourir Sichée, mari de Didon, laquelle se sauva en Afrique avec tous ses trésors, et y fonda la ville de Carthage. Astarbé sa femme, aussi cruelle que lui, l'empoisonna; et voyant qu'il ne mourait pas assez promptement, elle l'étrangla.

PYGMÉES, peuple de nains, célèbres dans la fable, et qui, selon la plus commune opinion, habitaient la Lybie; ils n'avaient qu'une coudée de hauteur; leur vie était de huit ans; les femmes engendraient à cinq, et cachaient leurs enfans dans des trous, de peur que les grues, avec lesquelles cette nation était toujours en guerre, ne vinssent les enlever. Ils osèrent attaquer Hercule qui avait tué leur roi appelé Antée. Un jour l'ayant trouvé endormi dans un grand chemin, ils sortirent des sables de Lybie, et le couvrirent comme une fourmillière. Le héros s'étant éveillé, les enferma dans sa peau de lion et les porta à Eurysthée. Le nom de Pygmée qui leur fut donné, vient d'un mot grec qui signifie *Nain.*

PYLADE, ami d'Oreste, son cousin, était fils d'Anaxibie, sœur d'Agammenon et de Strophius. On le cite comme le plus ancien et le plus parfait modèle de l'amitié.

PYRAME, jeune assyrien, célèbre par sa passion pour Thisbé. Comme ses parens et ceux de Thisbé les gênaient extrêmement, ils se donnèrent un rendez-vous pour partir ensemble et se retirer dans un pays éloigné. Thisbé arriva la première au rendez-vous, et ayant aperçu une lionne qui avait la gueule tout ensanglantée, elle se sauva et laissa tomber son voile, que la lionne déchira et teignit de son sang. Pyrame étant arrivé, vit le voile, et croyant sa maîtresse dévorée par cette bête féroce, il se perça de son épée. Thisbé revint un moment après, trouva Pyrame expirant; dans son désespoir, reconnaissant son erreur, elle se perça aussi avec la même épée. Ovide et la Fontaine ont mis en vers cette aventure touchante.

PYRÈNE, fille de Bebrix, souverain de cette partie de l'Espagne qui confine à la France, et qui en est séparée par une chaîne de hautes montagnes, fut remarquée par Hercule, lorsqu'il fit cette expédition qu'il termina en élevant les deux fameuses colonnes de son nom; et elle lui inspira une passion si violente, qu'il l'enleva et l'épousa. Un jour que le héros s'était éloigné d'elle pour aller combattre des brigands qui infestaient les états de son beau-père, des bêtes féroces déchirèrent la princesse: Hercule, à son retour, l'ensevelit sous une de ces montagnes, qui dès-lors, suivant la fable, prirent le célèbre nom de *Pyrénées*.

PYRÉNÉE, roi de Thrace, ayant un jour enfermé chez lui les muses qui s'y étaient arrêtées en retournant au Parnasse, et n'ayant pas voulu les laisser sortir, elles s'attachèrent des ailes et s'envolèrent. Pyrénée monta sur une haute tour, d'où il se jeta en l'air pour voler après elles; mais il tomba, et dans sa chûte se brisa la tête.

PYRGO, nourrice des enfans de Priam, suivit Enée dans ses voyages, et se trouva avec lui en Sicile, lors de la célébration des jeux en l'honneur d'Anchise. Ce fut elle qui détourna de leur dessein les Troyennes qui voulaient brûler les vaisseaux.

PYRRHA, fille d'Epimethée et femme de Deucalion. *Voy.* DEUCALION.

PYRRIQUE (la), danse de gens armés, célèbre dans la Grèce, dès la plus haute antiquité. Les uns en attribuent l'origine à Pyrrhus de Cidon, qui l'enseigna aux Crétois; d'autres prétendent que Pyrrhus, fils d'Achille, inventa cette danse, et dansa le premier tout armé devant le tombeau de son père. Aristote en fait Achille même l'auteur. Quelques autres en font remonter l'invention jusqu'à Minerve, qui dansa la première tout armée, pour célébrer la victoire remportée sur les Titans. Quelques auteurs enfin font honneur de l'invention de la *pyrrique*, aux Curètes du Mont-Ida, qui, par le cliquetis de leurs armes et le mouvement de leur corps, empêchaient que l'on n'entendît les cris de Jupiter au berceau. Quoi qu'il en soit de ces diverses opinions, la *pyrrique* était dansée par de jeunes soldats ayant des armes et des boucliers de buis, et représentant par leurs mouvemens les différentes évolutions des batailllons. Ils exprimaient aussi par leurs gestes tous les devoirs des soldats dans la guerre: comment il fallait attaquer l'ennemi, manier l'épée, lancer le dard ou tirer une flèche. Pendant ce temps, des joueurs de flûte animaient les danseurs et réjouissaient les spectateurs. De la Grèce, la *pyrrique* passa à Rome, et y jouit également d'une grande célébrité. Néron, particulièrement, eut tant de goût pour la *pyrrique*, qu'un jour, au sortir d'un spectacle qu'il venait de donner au peuple, il honora du droit de bourgeoisie tous les Ephèbes étrangers qui avaient figuré dès cette danse.

PYRRHUS, ainsi appelé à cause de ses cheveux roux, fils d'Achille et de Déidamie, fille de Lycomède, roi de l'île de Scyros, naquit dans cette île un peu avant la guerre de Troie, et y fut élevé jusqu'à la mort d'Achille. Alors, Ulysse et Phénix furent envoyés par les Grecs vers Pyrrhus, pour l'emmener au siége de Troie, parce qu'on leur avait prédit que c'était le seul moyen de prendre cette fameuse ville. Pyrrhus y alla, malgré sa grande jeunesse, ce qui lui fit donner le nom de Néoptolème, et se montra digne du sang d'Achille; il fut comme lui, brave, féroce, inhumain. Il combattit contre Euripyle, fils de Télèphe, et le tua. Cette victoire le flatta si fort, qu'il institua, pour en perpétuer la mémoire, la danse qu'on nomma Pyrrique; dans laquelle les danseurs devaient être armés de toutes pièces. Il entra le premier dans le fameux cheval de bois, et, la nuit de la prise de Troie, il fit un carnage épouvantable, et massacra le roi Priam d'une manière barbare. Ce fut lui aussi qui précipita du haut d'une tour le petit Astyanax, fils d'Hector, et qui immola Polyxène sur le tombeau d'Achille. Après le sac de Troie, il eut Andromaque en partage, et il en fit sa femme ou sa concubine. Il alla ensuite en Epire où il fonda un royaume. Quelque temps après, il épousa la belle Hermione, fille de Ménélas et d'Hélène, et fut tué par Oreste furieux, au pied des autels, à la sollicitation d'Hermione, jalouse d'Andromaque; et qui avait été promise en mariage à son cousin Oreste, avant qu'elle épousât Pyrrhus. Ce prince eut trois femmes: Hermione, dont il n'eut point d'enfans; Lanasse et Andromaque. C'est de ces deux dernières femmes que descendaient les rois qui possédèrent l'Epire jusqu'au temps des Romains.

PYTHIE. *Voyez* **Pythonisse.**

PYTHON. Ce mot signifie proprement le dieu Apollon appelé *Python* ou *Pythius*, à cause du serpent *Python* qu'il tua. C'était un animal d'une grandeur prodigieuse, que la terre engendra de son limon, après le déluge de Deucalion. Junon l'envoya contre Latone, l'une des concubines de Jupiter. Celle-ci ne put l'éviter qu'en se jetant dans la mer, où Neptune fit paraître l'île de Délos, qui lui servit de retraite. Apollon tua ce serpent dans la suite à coups de flèches. Ce fut en mémoire de cette victoire qu'il institua les jeux pythiens. Il mit la peau de cet animal sur le trépied, où lui, ses prêtres et ses prêtresses s'asséyaient pour rendre ses oracles. On appelait aussi de ce nom des génies qui entraient dans le corps des hommes, et sur-tout des femmes, pour leur découvrir ce qui devait arriver.

PYTHONISSE ou PYTHIE (la), était, selon la fable, une prêtresse d'Apollon, qui rendait ses oracles à Delphes, dans le temple de ce dieu. Elle se plaçait sur un trépied couvert de la peau du serpent Python. Lorsqu'elle voulait prédire l'avenir, elle entrait en fureur, parlait d'une voix étouffée, grêle et inarticulée, s'abandonnait à des convulsions horribles ; enfin, évoquait les mânes des morts. Ses oracles étaient quelques vers ambigus et obscurs, auxquels les prêtres donnaient un sens favorable à leurs intérêts, ou à ceux des personnes crédules qui les consultaient.

PYTHONISSES, magiciennes que Saül, dit l'Écriture, chassa de ses états avant qu'il eût désobéi à Dieu. Mais après son péché, il fut rejeté du Seigneur ; et loin de mettre sa confiance en lui, il alla consulter une Pythonisse, qui lui fit voir l'ombre de Samuel, et lui prédit qu'il mourrait avec ses fils à la bataille de Gelboé.

QUAD QUEN

QORAN, mot arabe qui signifie *livre*. Il désigne la collection des préceptes de Mahomet, qui lui a donné ce nom. Cette collection est, pour les Musulmans, ce que l'ancien et le nouveau Testament sont pour les Juifs et les Chrétiens. (*Voy*. MAHOMET, Dict. hist.)

QUAAYAYP (*Myt. amér.*), est un des trois fils de Nipafaya, dieu des des Edues ou Péricuers méridionaux, peuples de la Californie. Il forma le projet d'instruire les Indiens méridionaux ; mais ils le tuèrent par animosité, et lui mirent une couronne d'épines sur la tête. Quoique mort, les Californiens prétendent qu'il conserve toute sa beauté.

QUADRATUS-DEUS, c'est-à-dire le *Dieu-Carré*. C'est le dieu Terme qu'on révérait quelquefois sous la figure d'une pierre carrée. On donnait aussi ce nom à Mercure, dans le même sens que celui de *Quadriceps* (qui a quatre têtes), comme au dieu de la fourberie et de la duplicité ; de même qu'on donnait à Janus celui de *Quadriformis* (qui a quatre visages), pour marquer que son empire s'étendait sur toutes les parties du monde, en orient, en occident, au nord et au midi.

QUANTE-CONG, divinité chinoise, que ses adorateurs regardent comme le premier empereur de la Chine. On lui attribue l'invention de plusieurs arts nécessaires à la vie.

QUANWON, dieu japonais, fils d'Amida, préside aux eaux et aux poissons. On le représente avec quatre bras, et le bas du corps avalé par un monstre ; sa tête est couronnée de fleurs. Dans un temple du Japon, Quanwon, appelé aussi *Canon*, paraît avec sept têtes sur la poitrine, et avec trente mains tenant chacune une flèche : il est assis sur la fleur nommée *Tarate*.

QUÉNAVADI, dieu indien, fils d'Ixora et de Paravasti. Quénavadi est représenté avec de longs cheveux entortillés d'un serpent, et un croissant sur le front. Il habite une mer de sucre, entouré d'un grand nombre de belles femmes, qui n'ont d'autre occupation que de lui remplir la bouche de sucre et de miel. Il est honoré spécialement par les artisans, qui lui offrent les premiers fruits de leur travail.

QUIAY-PORAGRAY, la première divinité du royaume d'Aracan. On conduit, chaque année, sa statue en procession sur un chariot suivi de quatre-vingt-dix prêtres habillés de satin jaune; et telle est la dévotion du peuple pour cette divinité, que l'on voit souvent des fanatiques se jeter sur des crochets attachés exprès aux roues du chariot, qui les déchirent et mettent en pièces.

QUICHEMANITOU, nom que les sauvages de l'Amérique septentrionale donnent à un principe bienfaisant, duquel ils croyaient recevoir toutes sortes de biens.

QUIES, déesse du repos et de la tranquillité. Les prêtres, chargés de son culte, étaient nommés les Silencieux. *Quietale Numen* était un nom donné à Pluton, qu'on croyait ne régner que sur les morts.

QUIOCCOS, idole des peuples de la Virginie. On ne connaît aucune particularité sur le culte qu'on lui rend, parce que les temples des Virginiens sont inaccessibles aux étrangers.

QUIRINUS, nom sous lequel Romulus fut adoré à Rome après sa mort. Ce nom lui fut donné parce qu'il était fondateur des Romains, qu'il appela *Quirites*, après avoir fait part de sa nouvelle ville aux Sabins, qui quittèrent celle de Cures pour aller à Rome, comme le rapporte Tite-Live. Romulus avait son temple sur la montagne, qui de son nom fut appelée *Quirinale*.

QUIRIS ou QUIRITA, Junon, ainsi nommée par les femmes mariées qui se mettaient sous sa protection. Ce nom de *Quirita* venait, selon quelques auteurs, du mot *quiris*, qui signifie pique, et avait été donné à Junon considérée comme déesse du mariage, parce que l'on peignait chaque nouvelle mariée avec une pique tirée du corps d'un gladiateur tué.

QUIRIS, QUIRITES. Quirites est le nom que prirent les Romains après le traité fait entre Romulus et Tatius. La ville retint le nom de Romulus son fondateur, et les habitans reçurent celui de Quirites, que portaient les habitans de Cures, capitale des Sabins. Ce nom de *Cures* venait de *Quiris*, lequel en langue sabine signifie tout à la fois un javelot et une divinité armée d'un javelot. Les Sabins honoraient leur dieu de la guerre sous le nom de *Quiris* et sous la forme d'un javelot, et les Romains leur empruntèrent le culte de ce dieu qu'ils adorèrent aussi sous le nom de *Quiris*, jusqu'à ce que Romulus ayant disparu, il reçut les honneurs divins sous le nom de *Quirinus*, que l'on substitua à celui de *Quiris*.

QUISANGO, divinité qu'adorent les Jagas. Quisango est représenté sous la forme d'un homme haut de douze pieds. Il est entouré d'une palissade de dents d'éléphans : sur chacune de ces dents est la tête d'un prisonnier de guerre égorgé en son honneur.

QUITZALCOAT, dieu du commerce chez les Mexicains. Les négocians célébraient tous les ans sa fête avec pompe, et lui immolaient un esclave des mieux faits que l'on put trouver. Indépendamment de ce sacrifice annuel, on égorgeait en l'honneur de Quitzalcoat, un grand nombre de victimes humaines, et des fanatiques, pour lui plaire, se faisaient en sa présence des incisions en quelques parties du corps : tant on le croyait avide de sang.

QUIVERASIRI, jeûne solennel que les Indiens pratiquent au mois de février, et qui dure vingt-quatre heures, pendant lesquelles il est défendu de prendre aucune nourriture, et même de dormir.

QUONIN, divinité champêtre des Chinois, à laquelle on attribue l'inspection des biens de la terre. On la représente avec deux enfans à ses côtés, l'un desquels a les mains jointes et l'autre tient une coupe.

RAMA — REDI

RADAMANTE, fils de Jupiter et d'Europe, frère de Minos. Il sortit de Crète et alla s'établir dans une des îles de l'Archipel, qu'il conquit moins par la force des armes, que par sa douceur et sa modération. Ce prince gouverna avec la plus grande sagesse, et ce fut son équité et son amour pour la justice qui le firent mettre au nombre des juges d'enfer, où on lui donna pour son partage les Asiatiques et les Africains.

RADEGASTE (*Myth. slav.*), dieu des Obotrites.

RADI (*Myth. ind.*), femme de Manmadin, dieu de l'amour. Les Indiens la représentent sous la figure d'une belle femme, à genoux sur un cheval et lançant une flèche. Elle a les mêmes attributions que son mari.

RAISIN *Voy.* BACCHUS.

RAM (*Myth. ind.*), c'est le nom du premier enfant qui vit le jour après la destruction du second âge. On dit qu'il passa par 8000 transmigrations différentes. Il a une pagode à Surate.

RAM'A (*Myth. ind.*), divinité du premier rang qui s'est incarnée. Forster, dit qu'il préside à la guerre et à la victoire, et qu'il est le Mars des Hindous.

RAMADAN, grand jeûne ou carême des Musulmans, pendant lequel il ne leur est permis de boire et de manger qu'après le soleil couché. Alors ils se livrent à la joie et à la bonne chère. Tant que dure le Ramadan, ils font leurs affaires la nuit et passent le jour à dormir. Le jeûne du Ramadan est d'une telle obligation, qu'il en coûterait la vie à quiconque oserait le rompre.

RAMALES, fête romaine en l'honneur de Bacchus et d'Ariane.

RAMANADA SUAMI, c'est-à-dire, dieu adoré par Rama (*Myth. ind.*), nom du Lingam, adoré à Ramessourin, près du cap Comorin.

RASDI, ancienne divinité des Hongrois. C'était une femme qui fut prise par un roi chrétien et enfermée dans une prison, où de désespoir, elle se mangea, dit-on, les pieds, et se donna ainsi la mort. Ce fut un fils de Vatha, nommé Janus, qui l'honora le premier comme une déesse.

REDICULUS, dieu en l'honneur duquel on bâtit une chapelle

dans l'endroit d'où Annibal, lorsqu'il s'approchait de Rome pour en faire le siège, retourna sur ses pas. Le nom de ce dieu est pris du mot *redire*, retourner.

REMBHA (*Myth. ind.*), déesse du plaisir. C'est une des divinités qui composent la cour d'Indra. Elle naquit de l'écume de la mer agitée, comme Vénus à qui elle correspond.

REMPHAM (*Myth. syr.*), l'Hercule des Syriens. Hammon croit que c'était un roi d'Egypte qui fut déifié après sa mort, d'autres croyent que c'était Vénus.

RENOMMÉE. Les anciens en avaient fait une divinité. Elle était sœur d'Encelade et de Cée, et fut le dernier monstre qu'enfanta la Terre, irritée contre les dieux, qui avaient exterminé ses enfans. Elle l'enfanta pour qu'elle divulguât leurs crimes, et les fît connaître à l'univers. « La Renommée, » d'abord petite et timide, dit Virgile, devint bientôt d'une grandeur énorme. Ses pieds touchent » la terre et sa tête est dans les » nues. Elle vole plutôt qu'elle ne » marche. Son corps est couvert » de plumes, elle a des yeux ou» verts, des oreilles attentives, et » une langue qui ne se tait jamais.» Les Athéniens avaient élevé un temple à la Renommée, et lui rendaient un culte réglé. Furius-Camillus lui fit élever un temple à Rome. Rousseau le lyrique nous a donné une belle peinture de la Renommée dans une de ses Odes au prince Eugène, la voici :

Quelle est cette déesse énorme,
Où plutôt ce monstre difforme
Tout couvert d'oreilles et d'yeux,
Dont la voix ressemble au tonnerre,
Et qui, des pieds touchant la terre,
Cache sa tête dans les cieux?
C'est l'inconstante Renommée
Qui, sans cesse les yeux couverts,
Fait sa revue accoutumée
Dans tous les coins de l'univers;
Toujours vaine, toujours errante,
Et messagère indifférente
Des vérités et de l'erreur,
Sa voix, en merveilles fécondes,
Va chez tous les peuples du monde,
Semer le bruit et la terreur.

RHADAMANTE, *Voy.* RADAMANTHE.

RHAMNUS, bourg de l'Attique, sur les bords de l'Euripe. Ce bourg était célèbre dans toute la Grèce par le temple de Némésis, dont il reste encore aujourd'hui quelques débris à cent pas de Tauro-Castro, village bâti sur les ruines de Rhamnus. Ce temple de Némésis avait dû sa célébrité à une statue de la déesse, l'un des chefs-d'œuvre du ciseau de Phidias, que de toutes les parties de la Grèce on venait admirer. Cette circonstance et le culte que l'on rendait à Némésis et à Rhamnus, lui valurent le surnom de *Rhamnusia.* Il y a des auteurs cependant qui disent que cette fameuse statue, haute de dix coudées et d'un seul bloc de marbre, avait été commencée pour une Vénus, et n'était point l'ouvrage de Phidias, quoique digne à tous égards de ce célèbre sculpteur. Il y avait aussi à Rhamnus la montagne et la grotte de Pan, dont les anciens racontaient beaucoup de merveilles.

RHAMSINITHE, roi d'Égypte, succéda à Protée, et fit poser dans le temple de Vulcain à Memphis, deux statues colossales, de vingt-cinq coudées chacune. L'une représentait l'Été et était adorée par les Égyptiens; l'autre qui représentait l'Hiver ne recevait d'eux aucune marque de respect. Hérodote rapporte que suivant les prêtres égyptiens; que Rhamsinithe descendit aux enfers.

RHÉA. *Voyez* CYBÈLE.

RHÉA-SYLVIA ou **ILIA**, reine d'Albe et fille de Numitor, fut enfermée avec les vestales par Amulius, son oncle, qui ne voulait point de concurrens au trône. Mais un jour étant allée puiser de l'eau dans le Tibre, dont un bras passait alors à travers le jardin des vestales, elle s'endormit sur le bord, et rêva qu'elle était dans les bras du dieu Mars. Elle devint mère de Rémus et de Romulus.

RHÉSUS, roi de Thrace, fils de Strimon et de la muse Therpsichore. Il vint au secours de Troie, la dixième année du siége. Un oracle avait déclaré aux Grecs que la ville ne serait prise qu'autant qu'on empêcherait les chevaux de Rhésus de boire de l'eau du Xanthe et de manger l'herbe des campagnes de Troie. Rhésus qui était instruit de l'oracle, n'arriva que de nuit, et campa sous les murs de Troie, afin d'y entrer le lendemain matin. Mais les Grecs ayant été avertis de son arrivée par Dolon, envoyèrent Ulysse et Diomède, qui pénétrèrent sans être aperçus jusqu'au quartier des Thraces, poignardèrent Rhésus, qu'ils trouvèrent endormi, et emmenèrent ses chevaux au camp des Grecs.

RHODOPE, reine de Thrace, fut métamorphosée en une montagne qui porte son nom. — **Rhodope**, fille du fleuve Strymon, eut de Neptune le géant Athos. — **Rhodope**, courtisanne fameuse, à laquelle on attribue l'honneur d'avoir élevé une des pyramides d'Égypte.

RHODOS, fille de Neptune et de Vénus, était une nymphe de l'île de Rhodes. Elle fut l'amante d'Apollon dont elle eut sept filles, auxquelles Diodore donne le nom d'Héliades. — **Rhodos**, petite contrée du Péloponèse consacrée à Machaon, fils d'Esculape.

RIMMON (*Myth. syr.*), idole de Damas en Syrie, dont il est question dans l'écriture, au sujet de Naaman qui avoua à Elisée qu'il avait été souvent dans le temple des Dieux. On croit que c'est la même divinité que la déesse des amours.

RISUS, dieu des ris et de la joie. Lycurgue, législateur de Sparte, lui avait consacré une statue. On plaçait toujours sa statue auprès de celles de Vénus, des Grâces et des Amours.

ROBIGUS ou **RUBIGUS**, **ROBIGALES**, **RUBIGALES**, **ROBIGALIA**, **RUBIGALIA**. Robigus était un dieu champêtre chez les anciens Romains. On l'invoquait pour garantir les blés de la nielle, en latin *robigo* ou *rubigo*, et c'est de là qu'il avait pris son nom. Il avait à Rome un temple dans la cinquième région, et un autre sur la voie Nomentane. Numa-Pompilius institua en son honneur des fêtes appelées robigales ou rubigales, que l'on célébrait le septième jour avant les calendes de mai, c'est-à-dire le 25 avril. On lui sacrifiait les entrailles d'un chien et celles d'une brebis, quelquefois un petit chien nouvellement né.

RODIGAST, divinité des anciens Germains. On représentait Rodigast, une tête de bœuf sur la poitrine, une aigle sur la tête, et tenant une pique de la main gauche. C'est le même sans doute que Radegast.

ROI. Quand les Athéniens eurent chassé les Rois, ils élevèrent une statue à Jupiter-Roi, pour signifier qu'ils n'en voulaient plus d'autres. On offrait aussi à Lébadie des sacrifices à Jupiter-Roi.

Ce dieu reçut en général le titre de Roi chez les anciens. Le second magistrat ou archonte d'Athènes avait aussi le titre de Roi. Ses fonctions étaient de présider aux mystères et aux sacrifices, et sa femme avait le nom de reine, avec les mêmes fonctions. — ROI DES SACRIFICES, *rex sacrorum*. Après l'expulsion de Tarquin, sous le consulat du trop fameux Junius-Brutus, le peuple romain murmurant de ce que l'abolition du régime monarchique faisait tort à la religion, parce qu'il y avait certains sacrifices qui, réservés aux rois dans l'origine, ne pouvaient se faire depuis l'établissement de la république, on établit un sacrificateur qui en remplit les fonctions, et que l'on appela Roi des sacrifices. Néanmoins, afin que ce nom de Roi ne pût faire ombrage, on mit le Roi des sacrifices sous la dépendance du grand-pontife, et il lui fut défendu de jamais haranguer le peuple. C'était au grand-pontife et aux augures qu'appartenait le droit de choisir le Roi des sacrifices, et on le choisissait toujours parmi les citoyens les plus distingués par leur probité. La maison qu'il habitait, s'appelait *royale*, *regia*, et sa femme portait le titre de *reine*, *regina*.

ROIS D'ÉGYPTE. On consacrait ordinairement les Rois d'Égypte à Memphis, et pendant le temps de la consécration, ils portaient le joug du bœuf Apis en forme de sceptre. De quelque classe que fût celui qu'on élisait pour Roi, du moment de son inauguration, il passait dans la classe sacerdotale, ce qui prouve quelle influence exerçaient les prêtres d'Égypte sur le reste de leurs concitoyens.

ROME. Les anciens, non contens de personnifier les villes, leur attribuaient encore quelquefois les honneurs divins. Mais entre les villes ainsi divinisées, il n'en est, certes, aucune dont le culte ait été aussi étendu que celui de la déesse Rome ou Roma. On lui bâtit des temples non-seulement dans la capitale, mais encore dans la plupart des villes de l'empire, à Smyrne, à Nycée, à Éphèse, dans les Gaules, etc. On l'appelait *Roma victrix*, Rome victorieuse, *Roma sacra*, *Roma æterna*, Rome sacrée, Rome éternelle. On représentait ordinairement la déesse Rome, des trophées d'armes à ses pieds, la tête couverte d'un casque, et une pique à la main. Souvent aussi ses figures étaient accompagnées des types caractéristiques de Rhéa-Sylvia, de la naissance, de l'exposition et de l'allaitement de ses deux enfans, Rémus et Romulus.

ROMULUS, fondateur de Rome, était, ainsi que Rémus son frère jumeau, fils de Rhéa-Sylvia et du dieu Mars. (*Voyez* RHÉA-SYLVIA). Amulius, oncle de la princesse, ne crut point au commerce qu'elle prétendait avoir eu avec le dieu de la guerre, et la fit enfermer chargée de chaînes dans une étroite prison, après avoir recommandé qu'on jetât ses enfans dans le Tibre. On les y exposa donc dans leur berceau, mais ils furent tous deux jetés sur le rivage, où une louve, accourue à leurs cris, leur présenta la mamelle pour les désaltérer. Faustulus, intendant des troupeaux du roi, témoin de ce prodige, porta les deux enfans à sa femme, qui prit soin de les nourrir. (*Voyez* FAUSTULUS, ACCA-LAURENTIA). Sortis de l'enfance, Romulus et Rémus battirent les bergers d'Amulius, ce qui fut cause qu'on les conduisit à la cour de ce prince, qui les reconnut, et qu'ils tuèrent. Ils placèrent Numitor sur son trône, et se mirent en tête de bâtir une ville à l'endroit où ils avaient été exposés et élevés. Quand Romulus en eut tracé le plan, Rémus, par dérision, sauta par-dessus les fossés : son frère le tua sur-le-champ. Romulus ensuite, aidé des aventuriers qu'il avait rassemblés, acheva sa ville, et en fut nommé roi. Il ouvrit ensuite un asile à tous les brigands de l'Italie, et comme il leur manquait des femmes, il invita les Sabins ses voisins à des jeux qu'il fit célébrer, et fit enlever leurs femmes et leurs filles au milieu de la fête. Cet outrage occasionna une guerre qui se termina par la médiation des Sabines, et leur roi Tatius partagea la couronne avec Romulus. La mort de Romulus fut aussi merveilleuse que sa naissance. Un jour qu'il faisait la revue de son armée auprès du marais de la Chèvre, un orage survint, au milieu duquel Romulus disparut. Les sénateurs publièrent qu'il avait été enlevé au ciel, et qu'il fallait l'honorer comme le fils d'un dieu, et comme un dieu lui-même. (*V.* Quirinus.) L'opinion la plus généralement reçue, est que Romulus fut assassiné par les sénateurs, mécontens de l'autorité despotique qu'il exerçait sur eux, et que chaque sénateur emporta sous sa toge une partie des membres du nouveau dieu, pour dérober au peuple la connaissance de cet horrible assassinat.

ROMUS, nom prétendu d'un fils de Jupiter, d'un fils de Latinus, d'un fils de Mars, etc.

ROSE. Cette charmante fleur était consacrée à Vénus. Elle était blanche d'abord, disent les poètes, et ce fut au sang de Vénus ou à celui d'Adonis qu'elle dut sa couleur vermeille. La rose, dont la durée est si courte, était chez les anciens l'emblême de la brièveté de la vie; voilà pourquoi l'on en jetait sur les tombeaux et que l'on y en sculptait même quelquefois. Qui ne sait par cœur ces deux jolis vers de Malherbe, déplorant la mort d'une jeune fille morte dans l'âge des grâces et du plaisir.

Et Rose, elle a vécu ce que vivent les Roses,
L'espace d'un matin.

ROSEAUX. Les roseaux sont un attribut des dieux des fleuves et de leurs nymphes.

ROSÉE. Les anciens disaient que la rosée n'était autre chose que les larmes répandues par l'Aurore, pleurant continuellement la mort de son cher Titon.

ROSSIGNOL. *V.* Philomèle.

ROSTAM (*Myth. pers.*), héros célèbre chez les Perses, fils de Zal, et petit-fils de Sam, fils de Nériman. Il délivra Caïcaous II qu'il tira des prisons de Soulzagar, roi d'Arabie. Il vengea aussi la mort de Saïvesch, fils de ce dernier. On cite encore de lui d'autres faits d'armes.

ROTH, divinité anciennement adorée dans la partie des Gaules, depuis appelée *Normandie*, et dont les fonctions et les attributs étaient à peu près les mêmes que ceux de Vénus chez les Romains. Des antiquaires prétendent que du nom de cette divinité, joint à celui d'un certain Magus, fils de Jamothès, premier roi des Gaules, on a formé le nom de la ville de *Rothomagus*, aujourd'hui *Rouen*.

ROUE. La roue est un des symboles de Némésis, parce que les anciens regardaient la roue comme l'image de la vie et des vicissitudes humaines. Les amans malheureux faisaient tourner une roue, en adressant à Némésis des imprécations contre celui ou celle qui les dédaignait. La roue était aussi l'un des attributs de la fortune, parce qu'on regardait ce symbole comme désignant la puissance qui régit l'univers.

ROUSSALSKI (*Myth. slav.*), nymphes que l'on regardait comme les déesses des eaux et des bois. Le peuple russe dit qu'on les voit encore quelquefois se balancer sur les branches des arbres.

RUANA, divinité romaine que les moissonneurs invoquaient, pour qu'ils ne laissassent point échapper les grains des épis.

RUBIGINIS LUCUS, *Bois de Robigus*. Ce bois, situé à Rome, près la porte Viminale, était dédié au dieu Robigus. C'était là que l'on célébrait ses fêtes et qu'on lui offrait des sacrifices.

RUBIGO, RUBIGALES. *Voy.* Robigus.

RUGNER (*Myth. celt.*), géant dont la lance était faite de pierre à aiguiser. Thor la lui brisa dans un duel, d'un coup de massue, et en fit sauter les éclats si loin, qu'on dit que toutes les pierres à aiguiser qu'on trouve sur la terre, proviennent des débris de cette lance.

RUMA, RUMIA, RUMILIA, RUMINA, déesse qui avait soin des petits enfans à la mamelle, et sous la protection de laquelle on plaçait le sein des filles et des femmes. Quand on lui offrait des sacrifices, on répandait du lait sur les victimes. Son nom lui venait de l'ancien mot latin *Ruma*, qui signifiait *mamelle*. Elle était très-révérée chez les Romains qui offraient des sacrifices en son honneur. On la représentait sous la orme d'une femme tenant sur son sein un enfant qu'elle paraissait vouloir allaiter; on lui présentait ordinairement pour offrande du lait et de l'eau mêlée avec du miel.

RUMINAL, nom du figuier sous lequel furent allaités Rémus et Romulus. Ce mot a la même étymologie que *Ruma*.

RUTRÈNE (*Myth. ind.*), c'est la Minerve des Indiens. Brahma la fit sortir de son front, et lui ordonna de résider dans le soleil, la lune, le vent, le feu, l'espace, la terre, l'eau, la vie, la pénitence, le cœur et les sens.

RUSTIQUES (Dieux). On appelait dieux rustiques chez les Romains, ceux qui présidaient à la campagne, et on les distinguait en grands et petits. Les grands étaient Jupiter, la Terre, le Soleil, la Lune, Cérès, Bacchus, Flore, etc. Les petits étaient Faune, Palès, Vertumne, Pomone, Priape, et par-dessus tout le dieu Pan.

SABA SACE

SABACUS, général éthiopien, s'empara de l'Egypte, y régna, et fut père de Tharaca. L'auteur de l'Histoire des temps fabuleux prétend que Sabacus est le même que Salomon, dont l'histoire a été défigurée par Hérodote.

SABAISME ou SABÉISME, adoration des astres. C'est la plus ancienne de toutes les religions, et on en retrouve des vestiges, chez presque toutes les nations du monde. Dans le sabaïsme, les étoiles et les planètes passaient pour des dieux d'un ordre inférieur, et le soleil pour le souverain de tous les dieux. Les Chaldéens sont considérés comme les auteurs de ce culte; ils le communiquèrent aux anciens Perses, qui en ont fait long-temps leur religion dominante. Quant à la dénomination du mot *sabaïsme*, les savans ne conviennent pas de ce qui peut y avoir donné lieu.

SABASIEN, SABASIUS. Quelques auteurs prétendent que le surnom de *Sabasien* avait été donné à Bacchus, à cause du culte particulier que lui rendaient les Sabes, anciens peuples de Thrace. Il nous paraît plus naturel de croire qu'il tenait ce surnom de *Sabasius*, fils de Jupiter, et compté parmi les Cabires, lequel l'avait cousu dans la cuisse de Jupiter, après la mort de Sémélé. Quoi qu'il en soit, on célébrait, dans toute la Grèce en l'honneur de Bacchus-Sabasien, des espèces de Bacchanales appelées *Sabasiennes*, dans lesquelles on confondait avec son culte celui du jeune Iaccus. Ces fêtes Sabasiennes consistaient en mystères nocturnes, dans lesquels il se passait, ainsi qu'aux autres fêtes de Bacchus, des choses que la pudeur défend de révéler. On tenta plusieurs fois, mais inutilement, d'introduire à Rome le culte de Bacchus-Sabasien. On y parvint enfin sous le règne de l'infâme Domitien, auquel toute idée de décence et de pudeur était inconnue; et ce culte abominable subsista à Rome jusqu'aux derniers temps du paganisme.

SABBAT, prétendue assemblée de déesses, de sorciers, de sorcières et de monstres hideux et bizarres, qui n'ont jamais existé que dans des imaginations faibles ou malades, et sur lesquels on a débité une foule de fables.

SABUS, ancien roi d'Italie, apprit à ses sujets l'art de cultiver la vigne. Ce bienfait le fit mettre au nombre des dieux.

SACARAS (*Myth. afr.*), anges du sixième ordre chez les Madécasses. Ce sont des esprits malfaisans que l'on tâche d'apaiser en leur immolant des bœufs, des moutons et des coqs.

SACELLUM. C'était une petite chapelle sans toit. Il y en avait plusieurs à Rome, entr'autres celle de Caca, sœur de Cacus. La plus célèbre de toutes était appelée *sacellum Herculis victoris*, chapelle d'Hercule vainqueur

Elle était placée dans le marché aux bœufs, et l'on assurait que les chiens et les mouches ne pouvaient y entrer. Les Grecs avaient aussi plusieurs de ces chapelles les unes bâties hors des temples, les autres dans les temples mêmes. Du nombre de ces dernières étaient celles que les différents peuples faisaient construire dans le temple de Delphes, et où ils portaient leurs offrandes aux dieux.

SACÉNA, une hache, en langage sacerdotal.

SACERDOCE. Toute religion suppose un sacerdoce, c'est-à-dire des ministres chargés du soin de la religion. Anciennement le sacerdoce fut exercé par les chefs de famille; ensuite par les rois, qui s'en débarrassèrent bientôt sur des ministres subalternes. Le sacerdoce était extrêmement considéré dans la Grèce, et ceux qui l'exerçaient jouirent des plus grands honneurs, et des plus grandes prérogatives. A Rome, on lui accorda également les priviléges les plus flatteurs. Il était exercé par les premières personnes de l'état, et Auguste, parvenu à l'empire, ne crut pouvoir rien faire de mieux, que de joindre le sacerdoce à la puissance suprême, et se fit nommer grand pontife.

SACRA, nom que donnaient les Romains à toutes les cérémonies religieuses, tant publiques que particulières. (Pour les premières, *Voy.* l'art. Fêtes), Quant aux autres, il n'y avait point de famille considérable, qui n'eût ses fêtes domestiques et particulières. On les appelait *sacra gentilitia*, et elles étaient régulièrement observées, même dans les temps de calamités. On célébrait aussi l'anniversaire de sa naissance sous le nom de *sacra natalitia*, le jour où l'on prenait la robe virile, *sacra liberalia*, et plusieurs autres où l'on invitait ses parents et amis en signe de réjouissance.

SACRARIUM, chapelle de famille chez les anciens Romains. Elle différait du *lararium*, en ce qu'elle était consacrée à quelque divinité particulière, et que le *lararium* était consacré à tous les dieux Lares en général.

SACRIFICE, SACRIFICATEURS. Les Egyptiens furent les premiers qui offrirent à la divinité les prémices des biens de la terre. On brûla ensuite des parfums, et l'on n'en vint à sacrifier les animaux que lorsqu'ils eurent dévasté les prémices que l'on destinait aux dieux. Les payens avaient trois sortes de sacrifices; les sacrifices publics, les domestiques, les étrangers. Les sacrifices publics se faisaient aux dépens de l'état, soit pour apaiser les dieux, soit pour réclamer leur protection. Les sacrifices domestiques étaient offerts par les membres d'une même famille, et à leurs dépens. Les sacrifices étrangers étaient ceux que l'on faisait lorsqu'on transportait à Rome les dieux des peuples subjugués. En outre les sacrifices étaient offerts, soit pour l'avantage des vivants, soit pour le bien des morts. La matière des sacrifices était, comme nous l'avons dit, tantôt les fruits de la terre, tantôt les entrailles et la chair des animaux égorgés devant l'autel. Les sacrifices étaient différents, selon les peuples chez lesquels ils avaient lieu, et selon les divinités auxquelles on les offrait. Il y en avait pour les dieux célestes, terrestres, maritimes, aériens. Pour les dieux célestes, la victime devait être blanche, noire pour les dieux infernaux. Dans tous les cas, cette victime devait être saine et entière, sans tache ni défaut. Le choix une fois fait, on lui dorait le front et les cornes, on lui chargeait la tête d'un ornement de laine appelé *infula*, d'où pendaient deux rangs de globules, avec des rubans tortillés. On plaçait sur le milieu du corps une bande assez large d'étoffe riche, qui tombait des deux côtés. Les moindres victimes étaient ornées seulement de couronnes de fleurs et de festons. Les victimes ainsi parées, étaient conduites à l'autel, les grandes avec un licol, les petites marchant librement. Il ne fallait pas qu'elles fissent de résistance, car le sacrifice devant être libre, cela était tenu à mauvais augure. Arrivées devant l'autel, on les examinait encore attentivement pour voir si elles n'avaient pas quelques défauts, et cela s'appelait *probare hostiam*. Alors le pontife, revêtu de ses habits sacerdotaux, après s'être lavé et purifié, et avoir fait aux dieux une confession générale de ses fautes, criait au peuple : *age hoc*, soyez attentif. Un serviteur du pontife ayant en main une petite baguette appelée *commentaculum*, parcourait le temple, et en chassait les profanes. (*Voyez* ce mot). Les profanes sortis, le prêtre criait; *favete linguis*, faites silence, bénissait l'eau lustrale, et en aspergeait le peuple et l'autel. On offrait ensuite les parfums aux statues des dieux et aux victimes : pendant ce temps, le pontife, tourné vers l'orient, et tenant le coin de l'autel, lisait les prières dans le livre des cérémonies. Après cela, il faisait une longue oraison au dieu à qui l'on adressait le sacrifice, et à tous les autres dieux que l'on conjurait d'être propices à ceux pour lesquels on l'offrait. Les cérémonies finies, les sacrificateurs, la tête couverte de leur chlamide, s'asseyaient, et les victimaires se tenaient debout. Les magistrats, quand c'était un sacrifice public, les particuliers, quand il était particulier, faisaient leur offrande à la divinité. Après l'offrande, le prêtre encensait les victimes et les arrosait d'eau lustrale; et remontant à l'autel, il priait à haute voix le dieu d'avoir pour agréable la victime qu'on allait lui immoler. Après cela, il descendait de l'autel, recevait de la main d'un des ministres la pâte salée appelée *mola salsa*, et la répandait sur la tête de la victime. Cette action s'appelait *immolatio*. Il versait ensuite du vin ou du lait entre les cornes de la victime, et lui arrachait également entre les cornes des poils qu'il jetait dans le brasier allumé. Cela fait, il commandait au victimaire de frapper la victime, et celui-ci l'assommait d'un grand coup de hache sur la tête. Un autre ministre nommé *Poppa*, lui plongeait un couteau dans la gorge, pendant qu'un troisième recevait le sang de la victime, dont le prêtre arrosait l'autel. La victime égorgée, on l'écorchait, excepté dans les holocaustes, où on brûlait la peau avec l'animal. On en détachait la tête, qu'on ornait de guirlandes, on la suspendait aux piliers du temple, et on portait cette enseigne de religion dans les calamités publiques. On ouvrait les entrailles de la victime, et après les avoir considérées attentivement pour en tirer des présages, on les saupoudrait de farine, on les arrosait de vin, on les présentait aux dieux, après quoi on les jettait au four par morceaux. Toutes ces différentes cérémonies étant accomplies, le prêtre renvoyait les assistans avec ces paroles : *i, licet*, sortez, il vous est permis. Le peuple sortait, et on dressait alors pour les dieux le festin sacré, on plaçait leurs statues sur des lits de table, et on leur servait la viande des victimes. Tous ceux qui assistaient ou participaient aux sacrifices devaient être couronnés de lauriers. Les sacrifices n'ont pas été seulement en usage chez les peuples policés ; ils l'ont été et le sont encore, surtout les sacrifices humains, chez plusieurs nations barbares. *Voyez* Odin, Teut, Quitzaolcat, Moloch, etc.

SAKHAR, génie infernal qui, au rapport du Talmud, s'empara du trône de Salomon.

SALACIA, femme de Neptune, était une des divinités de la mer. On croit que ce n'étoit qu'un surnom d'Amphitrite.

SALAMANDRE, espèce de lézard, que les anciens ont donné pour attribut au feu, parce qu'ils croyaïent que la Salamandre avait la vertu de vivre dans le milieu des flammes.

SALAMIS, fille d'Asopus et de Méthone, fut aimée de Neptune dont elle eut un fils nommé Cenchrée. Elle a donné son nom à une île de la mer Egée.

SALIENS, SALIENNES. Les Saliens étaient des prêtres de Mars, ainsi nommés de *salire*, sauter, parce qu'ils dansaient dans leurs cérémonies. Les Saliens furent institués par Numa au nombre de douze, pour veiller à la conservation des Anciles, ou boucliers sacrés. Ils étaient vêtus de la toge appelée Trabea, et portaient l'apex, espèce de bonnet qui s'élevait en cône. Dans leurs processions, ils tenaient de la main droite une lance, et de l'autre les Anciles, et parcouraient toute la ville en chantant et dansant au son des instrumens. Après leurs courses, ils rapportaient les boucliers au temple de Mars, où ils faisaient un festin magnifique. Les fils seuls des patriciens pouvaient être admis dans le collége des Saliens. Les Saliens à l'autel, étaient accompagnés de jeunes vierges appelées Saliennes, qui portaient comme eux l'apex et la trabea.

SALMACIS. *V.* Hermaphrodite.

SALMONÉE, fils d'Eole et roi d'Elide, non content des honneurs de la royauté, voulut encore se faire rendre ceux dus à la divinité. Pour imiter Jupiter, il faisait rouler avec rapidité son char sur un pont d'airain ; et dans ce fracas, semblable au bruit du tonnerre, il lançait de tous côtés des foudres artificiels. Le dieu dont il affectait la puissance, indigné de son audace impie, l'écrasa d'un coup du véritable foudre ; et le précipita dans les enfers. *Voyez* Allade.

SALUS ou **SANITAS**, c'est-à-dire, conservation, santé. Les Romains en avaient fait une divinité et lui avaient élevé des temples. On la représentait sous l'emblême d'une femme assise sur un trône, couronnée d'herbes médicinales, tenant une coupe à la main, et ayant auprès d'elle un autel, autour duquel un serpent faisait plusieurs cercles de son corps, de sorte que sa tête se relevait au-dessus de cet autel. Elle avait, dit-on, pour cortége ordinaire, la Concorde, le Travail, la Frugalité. On l'adorait aussi sous le nom d'Hygiée ou Hygie.

SAMBLICUS, insigne voleur, pilla le temple de Diane, dans l'Elide. Il fut arrêté; et comme il refusait d'avouer son crime, on lui fit souffrir de cruelles tortures pendant une année entière. D'où est venu ce proverbe, *endurer plus de mal que Samblique.*

SANGA. On appelle ainsi le pélerinage que ceux de la secte des Sintos, au Japon, font une fois tous les ans dans la province d'Isje. On suspend à la porte du pélerin, lors de son départ, une corde qui rend sa maison sacrée tout le temps que dure son pélerinage. Pendant ce pélerinage, il est obligé à la plus exacte continence. Arrivé en Isje, il visite les lieux consacrés par la vénération des peuples, et après avoir reçu d'un jammabos l'*Ofarai* (*Voyez* ce mot), il revient dans son pays, où il est comblé d'honneurs.

SANGARIDE, nymphe aimée d'Atys, lui fit oublier ses engagemens avec Cybèle et causa la mort de son amant. *Voyez* ATYS.

SANTÉ. *Voy.* SALUS.

SARASSOUADI, femme de Brahma, déesse des sciences et de l'harmonie, naquit dans la mer de lait. Elle est aussi la déesse des langues.

SARDUS, fils de Maceris, fut surnommé Hercule par les Lydiens et les Egyptiens. Il mena une colonie de Lybiens dans l'île qui reçut de lui le nom de Sardaigne.

SARIAFING, une des divinités de l'île de Formose, était un dieu malfaisant. C'était lui qui envoyait aux hommes la petite vérole et les difformités naturelles ou accidentelles.

SARPÉDON, fils de Jupiter et d'Europe, frère de Minos et de Rhadamante. Il disputa à son aîné la couronne de Crète; mais ayant été vaincu, il mena une colonie de Crétois dans l'Asie-Mineure, où il se forma un petit royaume qu'il gouverna paisiblement. — SARPEDON, fils de Jupiter, insultait et tuait tous ceux qu'il rencontrait. Hercule en purgea la terre. — SARPEDON, fils de Neptune et de Laodamie, vint au secours de Troie. Il y fut tué par Patrocle, couvert des armes d'Achille. Après sa mort il se livra autour de son corps un grand combat entre les Grecs et les Troyens, qui voulaient les uns le dépouiller et l'emporter, les autres le défendre. Les Grecs vainqueurs dépouillèrent Sarpedon, mais Apollon vint lui-même enlever son corps, le lava dans le Xanthe, le revêtit d'habits immortels, le parfuma d'ambroisie, et le donna au Sommeil et à la Mort, qui le portèrent promptement en Lycie, au milieu de son peuple.

SARRITOR, dieu champêtre, présidait à cette partie de l'agriculture, qui consiste à sarcler et à ôter les mauvaises herbes qui naissent dans les terres ensemencées; de même que Sator, autre dieu des laboureurs, était invoqué dans le temps des semailles.

SATURNALES. Les saturnales furent une des fêtes les plus célèbres dans Rome païenne. Cette fête, qui n'était originairement qu'une solennité populaire, devint légale quand elle eut été établie par Tullus-Hostilius, troisième roi de Rome. Quelques auteurs en attribuent l'institution à Tarquin-le-Superbe; d'autres en font remonter l'origine jusqu'à Janus, roi d'Italie, qui reçut chez lui Saturne exilé de ses états par ses enfans ; et, pour retracer la mémoire de la sagesse du gouvernement de Saturne qu'il avait associé à son royaume, institua la fête dont nous parlons. Quoi qu'il en soit, la célébration des Saturnales fut discontinuée depuis le règne de Tarquin, et ne fut rétablie que lors de la seconde guerre punique. Ces fêtes se passaient en plaisirs, en réjouissances, en festins. Les citoyens quittaient la toge et paraissaient en public en habits de table. Le sénat vaquait, les affaires du barreau cessaient, les écoles étaient fermées. Dès la veille, les enfans annonçaient la fête en criant : *Iò Saturnalia !* Les Saturnales duraient sept jours entiers, du 15 au 21 décembre. Alors on déliait la statue de Saturne, en signe de la joie et de la liberté qui devaient régner à ces fêtes. En effet, toute apparence de servitude en était bannie. Les esclaves portaient le *pileus* ou bonnet de liberté, se vêtissaient comme les autres citoyens, et se choisissaient un roi de la fête. L'opinion commune est que, dans les Saturnales, les valets non-seulement changeaient d'état et d'habits avec leurs maîtres, mais étaient servis à table par eux. Beaucoup d'auteurs distingués ne sont pas de cet avis, et se bornent à croire que, durant ces fêtes, les valets mangeaient avec leurs maîtres, et les mêmes mets. Les partisans de cette dernière opinion, la soutiennent du témoignage de Séneque, Stace et Plutarque.

SATURNE, autrement appelé le Temps, fils du Ciel et de Vesta, mutila son père d'un coup de faux. Il avait un frère aîné, appelé Titan, qui devait succéder à son père. Celui-ci s'étant aperçu que sa mère et ses sœurs désiraient que Saturne régnât, lui céda la couronne, à condition qu'il dévorerait ses enfans mâles aussitôt après leur naissance. Cependant Rhée, sa femme, trouva moyen de soustraire à sa cruauté Jupiter, Neptune et Pluton. Titan, ayant su que son frère avait des enfans mâles, contre la foi jurée, arma contre lui; et l'ayant pris avec sa femme, il les enferma dans une étroite prison. Jupiter, qu'on élevait dans l'île de Crète, parvenu à la jeunesse, alla au secours de son père, défit Titan, rétablit Saturne sur le trône, et s'en retourna en Crète. Quelque temps après, Saturne ayant appris que Jupiter avait dessein de le détrôner, voulut le prévenir; mais celui-ci en étant averti, se rendit maître de l'empire, et en chassa son père. Saturne se retira en Italie, chez Janus, où il demeura caché pendant quelque temps; ce qui fit appeler cette contrée *Latium*, de *latere*, se cacher. Saturne, ayant été associé à l'empire par Janus, poliça les hommes à demi-sauvages, leur inspira la justice et la vertu, et régna tranquillement et avec gloire; son règne fut appelé l'Age d'Or par les poètes. S'étant attaché à Philyre, il se métamorphosa en cheval pour éviter les reproches de Rhée sa femme; elle le surprit avec cette nymphe, de laquelle il eut Chiron. On le représente sous la figure d'un vieillard, ayant quatre ailes, tenant une faux, pour exprimer la rapidité du temps, et pour marquer qu'il détruira tout; ou sous la forme d'un serpent qui se mord la queue, comme s'il retournait d'où il vient, pour montrer le cercle perpétuel et la vicissitude du monde. Quelquefois aussi on lui donne un sablier ou un aviron, pour donner une idée de cette même vicissitude. Les Grecs disaient qu'il avait mutilé son père et dévoré ses enfans, allégorie qui désignait que le Temps dévore le passé et le présent, et qu'il dévorera l'avenir. Les Romains lui dédièrent un temple, et célébraient en son honneur les fêtes appelées Saturnales. Il n'était permis de traiter d'aucunes affaires pendant ces fêtes ni d'exercer aucun art. Toutes les distinctions de rang cessaient alors, au point que les esclaves pouvaient impunément dire à leurs maîtres tout ce qu'ils voulaient et même les railler en face sur leurs défauts. On a donné le nom de Saturne à une des sept planètes. *Voy.* Uranus.

SATYRES, espèce de demi-dieux qui habitaient, selon la Fable, dans les forêts avec les Sylvains, les Faunes et les Pans. On les représentait sous la figure de monstres moitié hommes et moitié boucs, ayant des cornes sur la tête, le corps velu, avec les pieds et la queue d'un bouc. On les peignait presque toujours à la suite de Bacchus. Les poètes supposant qu'ils avaient quelque chose de piquant dans leurs jeux; on les plaçait souvent dans les tableaux avec les Grâces, les Amours et Vénus même.

SCAMANDRE, fleuve de Phrygie près de Troie. On l'appelait aussi Xanthe, mais Homère dit que Scamandre appartenait au langage humain, et Xanthe à celui des dieux. Voici l'étymologie de ces deux noms. Hercule étant un jour dans la Troade, allait mourir de soif, lorsqu'à la voix de Jupiter, il se mit à faire un trou duquel sortit avec impétuosité un fleuve qu'il appela *Scamandre*, du grec *scamma andros*, fouillement d'homme. Ce fleuve eut la propriété singulière de rendre blonds ceux qui s'y baignaient, d'où le nom de *Xanthe*, du grec *xanthos*, roux. Le Scamandre passait pour fils de Jupiter. On lui rendait des honneurs divins, et il avait un temple et des sacrificateurs. Quand les filles étaient fiancées elles allaient aussitôt se baigner dans le Scamandre, et lui offrir leur virginité, en disant: o Scamandre, je t'offre ma virginité. Nous laissons à penser combien une aussi absurde coutume pouvait favoriser la débauche de l'un et de l'autre sexe. Eschyle et les autres Grecs en citent plusieurs exemples. Au reste, ce fleuve si célèbre dans l'antiquité pour les événemens qui se passèrent sur ses bords tant que dura la guerre de Troie, n'est plus aujourd'hui qu'un petit ruisseau que l'on distingue à peine dans la campagne *Ubi Troja fuit.* — Scamandre fut aussi le nom d'Astyanax, fils d'Hector.

SCARABÉE. Cet insecte reçut les honneurs divins chez les Egyptiens. Il était dédié au soleil, dont ils le regardaient comme un symbole. M. Paw prétend que c'était le grand scarabée doré, que nous appelons cantharide, qui semble couvert d'une lame d'or, et rayonner un peu, quand le soleil tombe directement sur les étuis de ses ailes.

SCIRON, fils de Pylas le mégaréen, épousa la fille de Pandion, et disputa à Nisus le trône de Mégare. Eaque décida que Nisus serait roi, et Sciron polémarque. Des auteurs lui donnent Egée pour fils, et pour fille Endéis, épouse d'Eaque. Il ne faut pas le confondre avec Scyron.

SCYLLA, fameux monstre de la mer de Sicile, fille de la magicienne Cratée. Elle avait été jadis une belle nymphe dont Glaucus, dieu marin, était devenu amoureux. Circé, qui aimait elle-même Glaucus, jeta un poison dans la fontaine où sa rivale avait coutume de se baigner. A peine Scylla y fut-elle entrée, que tout à coup elle se vit changée en un monstre affreux qui avait douze griffes, six gueules et six têtes. Une multitude de chiens lui sortaient du corps, autour de sa ceinture, et par leurs hurlemens effrayaient les passans. Scylla, effrayée elle-même de sa figure, se jeta à la mer, à l'endroit où est le fameux gouffre qui porte son nom; mais elle se vengea de Circé en faisant périr le vaisseau d'Ulysse, son amant. — SCYLLA, fille de Nisus, roi de Mégare, fut changée en alouette.

SCYRON, beau-frère de Télamon, fils d'Eacus, était un brigand fameux qui désolait l'Attique. Il dépouillait les voyageurs qu'il surprenait dans les défilés des montagnes, puis il les tuait et les jetait dans la mer pour engraisser les tortues, afin de rendre leur chaire plus délicate. Il fut tué par Thésée.

SECULAIRES (JEUX), fête solennelle que les Romains célébraient avec grande pompe, au temps de la moisson, pendant trois jours et trois nuits consécutives, à la fin de chaque siècle. On en fait remonter l'origine à un certain Valérus, qui guérit, vers les premiers temps de Rome, son fils et sa fille, en leur faisant boire de l'eau chauffée sur un autel de Pluton et de Proserpine, élevé sur les bords du Tibre. L'année d'après l'expulsion des rois, Rome ayant été affligée d'une peste violente, Publius-Valérius offrit, sur le même autel, des sacrifices aux mêmes divinités, et la contagion cessa. Soixante ans après, par ordre des prêtres des Sybilles, on renouvela les mêmes sacrifices, et il fut réglé alors qu'ils auraient lieu à la fin de chaque siècle, ce qui leur fit donner le nom de *Séculaires*. L'appareil des jeux séculaires était fort imposant. On envoyait, dans les provinces, des hérauts pour inviter les citoyens à une fête qu'ils n'avaient jamais vue et qu'ils ne reverraient jamais. On sacrifiait les nuits à Pluton, Proserpine et la Terre; le jour à Jupiter, Latone, Diane, Apollon et aux génies. On faisait des veilles et des supplications, on plaçait les statues des dieux sur des coussins, et on leur servait les mets les plus exquis. Le temps de la fête arrivé, le peuple s'assemblait au champ-de-Mars, et là on immolait des victimes aux dieux déjà cités. La première nuit, on dressait sur les bords du Tibre trois autels que l'on arrosait du sang de trois agneaux. Ensuite on illuminait de la manière la plus brillante un espace donné, au milieu duquel on chantait des hymnes composés exprès pour la circonstance. Le lendemain on retournait au Champ-de-Mars célébrer des jeux particuliers en l'honneur de Diane et d'Apollon, et les dames romaines allaient au capitole chanter des hymnes en l'honneur de Jupiter. Le troisième et dernier jour, vingt-sept jeunes garçons et autant de filles, tous de la première noblesse, chantaient, dans le temple d'Apollon-Palatin, des cantiques en grec et en latin, pour attirer sur Rome la protection de tous les dieux que l'on venait d'honorer. Enfin, les prêtres sybillins qui avaient ouvert la fête par des prières aux dieux, la terminaient de la même manière. Les jeux séculaires furent célébrés pour la dernière fois sous le règne de l'empereur Honorius, après la victoire de Stilicon sur Alaric. Ce fut à l'occasion des jeux séculaires célébrés du temps d'Auguste, qu'Horace composa son fameux *Carmen Sæculare*.

SÉLÉNÉ, fille d'Hypérion et de Rhéa, ayant appris que son frère Hélion qu'elle aimait tendrement s'était noyé dans l'Eridan, se précipita du haut de son palais. On répandit aussitôt le bruit que le frère et la sœur avaient été changés en astres, et qu'ils étaient le soleil et la lune.

SÉMÉLÉ, fille de Cadmus et d'Harmonie ou Hermione, fut aimée de Jupiter qui la rendit enceinte. Junon, excitée par la jalousie contre sa rivale, prit la figure de la nourrice de Sémélé, et lui inspira l'idée de demander à Jupiter de paraître devant elle dans tout l'éclat de sa majesté. Sémélé suivit ce perfide conseil, et la première fois que Jupiter vint la voir, elle l'obligea de jurer par les eaux du Styx qu'il lui accorderait sa demande. Jupiter y consentit, et Sémélé lui demanda qu'il parût devant elle comme il paraissait devant Junon. Jupiter obligé à son grand regret de tenir son serment, vint donc visiter Sémélé avec tout l'éclat et l'appareil du maître des dieux, au milieu des foudres et des éclairs. A peine fut-il entré dans le palais, qu'il l'embrasa entièrement, et Sémélé périt au milieu de l'incendie. Son fruit ne périt cependant point avec elle. (*Voy.* BACCHUS). Quand Bacchus fut grand, il descendit aux enfers pour en retirer sa mère, et obtint de Jupiter qu'elle serait mise au rang des immortelles, sous le nom de Thioné.

SENNAMAR, architecte arabe du cinquième siècle, construisit deux palais, l'un appelé Sedir, l'autre Khaovarnhack, que les Arabes mettent au rang des merveilles du monde; une seule pierre enchaîne la structure de ces édifices; et la couleur des murs varie plusieurs fois par jour. Noman-Alaouvar, dixième roi des Arabes, récompensa généreusement cet architecte, mais ensuite craignant qu'il n'allât vendre son secret chez d'autres peuples, il le fit précipiter dans une basse-fosse.

SENTA, la même que *Fauna*. (*Voy.* ce dernier mot).

SÉRAPIS, grande divinité des Egyptiens. On la prenait souvent pour Jupiter et le soleil. On la voit même quelquefois avec les trois noms de Jupiter, Soleil et Sérapis. On la prenait encore pour Pluton, et alors on la représentait accompagnée de Cerbère. Bien que les Egyptiens aient donné aux Grecs toutes leurs divinités, il paraît constant néanmoins que ce fut des Grecs que les Egyptiens reçurent le culte de Sérapis; car les anciens monumens d'Egypte, et notamment la table isiaque, qui comprend toute la théologie égyptienne, ne donnent aucune figure de Sérapis. On n'y en voit pas la moindre trace. Varron et après lui saint-Augustin, ont avancé qu'Apis, roi d'Argos, ayant abordé en Egypte avec une flotte considérable, y mourut et fut établi le grand dieu des Egyptiens, sous le nom de Sérapis. On le nommait ainsi, parce qu'on l'honora d'abord dans son tombeau, avant qu'on lui eût bâti un temple : en grec *soros* signifie tombeau, et de *soros* et Apis, on fit d'abord Sorapis et ensuite, par le changement d'une lettre, Sérapis. En ajoutant, retranchant ou changeant ainsi des lettres à volonté, on peut aisément former des étymologies, et en adoptant la vérité de celle-ci, quoiqu'elle nous semble un peu fabuleuse, nous sommes fondés à croire néanmoins que si effectivement Apis fut déifié après sa mort en Egypte sous le nom de Sérapis, ce fut par les Grecs qui l'avaient accompagné dans son expédition. Les Egyptiens, ainsi que nous l'avons remarqué, n'étaient point dans l'usage de décerner à des hommes les honneurs de l'apothéose. Le symbole ordinaire de Sérapis est une espèce de panier ou boisseau qu'il porte sur la tête, pour désigner l'abondance que ce dieu considéré comme le soleil apporte aux hommes. A ce boisseau près, Sérapis a tous les attributs de Jupiter. Sérapis était encore regardé comme un des dieux de la santé. Il y avait en Egypte beaucoup de temples dédiés à ce dieu, et auxquels on donnait le nom général de *Sérapéon*. Le plus renommé de tous était à Canope, et le plus ancien à Memphis. Dans ce dernier les étrangers n'entraient jamais, et les prêtres eux-mêmes n'avaient ce droit qu'après avoir enterré le bœuf Apis. Rien de plus gai que les pélerinages qui se faisaient au temple de Sérapis à Canope au temps de sa fête. Le canal qui conduit d'Alexandrie à cette dernière ville, était couvert de bateaux remplis d'hommes et de femmes, chantant et dansant avec toute la gaîté imaginable. La ville elle-même, tout le temps que durait cette fête, ne présentait partout que l'image de la joie et du plaisir. Les Grecs et les Romains élevèrent aussi des temples à Sérapis. Il y en avait à Athènes et dans plusieurs villes de la Grèce. Rome lui en éleva un dans le cirque de Flaminius. A la porte des temples de ce dieu, il y avait une figure qui tenait le doigt sur la bouche, comme pour recommander le silence. Saint-Augustin explique cette coutume par une loi qui défendait en Egypte de dire sous peine de la vie, que Sérapis avait été un mortel. Cette loi, qui atteste la crainte qu'avaient les Egyptiens qu'on ne crût qu'ils adoraient un homme divinisé, vient ici fortement à l'appui de ce que nous avons avancé que Sérapis n'était pas d'origine égyptienne, et que les Egyptiens n'ayant rendu à aucun mortel les honneurs divins, toutes leurs divinités étaient purement allégoriques.

SÉYTA, idole fameuse qu'adorent les Lapons. Elle est représentée par une pierre qui n'a aucune forme déterminée. Les Lapons lui font des sacrifices, et frottent cette idole avec la graisse des victimes.

SHOKANADEN, divinité adorée dans le royaume de Maduré, sur la côte de Coromandel. Elle a un temple très-somptueux à Maduré, capitale de ce pays.

SIBA ou SIVA, et mieux SEVA, déesse des Slavons Varaignes, qui habitaient la Wagrie et l'île de Rugen. On croit qu'elle était la déesse des végétaux en général. On la représentait tenant une pomme de la main droite, et de la gauche une grappe de raisin.

SIBYLLES. Les Grecs et les

Romains donnèrent ce nom à certaines femmes qu'ils disaient inspirées de l'esprit prophétique. Elles furent ainsi appelées, dit-on, du mot grec *Siboulé*, qui signifie *conseillé par les dieux*. On convient assez généralement qu'il y a eu des sibylles, mais on n'est pas d'accord sur leur nombre. Platon, le premier qui en ait parlé, n'en compte qu'une. Quelques auteurs ont prétendu qu'il n'y avait eu effectivement que celle d'Erythrée; qu'elle avait été multipliée dans les écrits des anciens, parce qu'elle avait beaucoup voyagé, et vécu fort long-temps. Solin et Ausone en comptent trois: celle de Sardes, celles d'Érythrée et de Cumes. Il y eut encore celles de Delphes, de Samos, de Claros, de Marpèse, d'Ancyre, etc. Mais la plus fameuse, sans contredit, fut la sibylle de Cumes en Italie. Elle habitait au fond d'une grotte, où elle écrivait ses oracles sur des feuilles volantes qui restaient dans l'ordre qu'il lui plaisait de leur donner. Quelquefois il arrivait qu'en ouvrant la porte, le vent dérangeait ces feuilles, et ceux qui venaient consulter la sibylle, s'en retournaient sans avoir rien appris.

SICHÉE, fils de Plistène, était prêtre d'Hercule à Tyr, et mari de Didon. Comme il était extrêmement riche, Pygmalion, son beau-père, l'assassina aux pieds des autels pour s'emparer de ses trésors. Son nom tyrien était Acerbas.

SICINUS ou SIKINUS, fils de la naïade Œnoé, et de Thoas, roi de Lemnos, seul mâle de l'île qui se sauva du massacre général des hommes, par l'adresse de sa fille Hypsipile. Il se sauva dans une île de la mer Egée, à laquelle son fils Sicinus donna son nom.

SIDÉRITÈS, pierre qui avait le don de la parole, et qu'Apollon donna à Hélénus le troyen. Ce fut sur ses oracles qu'Hélénus prédit la ruine de Troie.

SILENCE, divinité allégorique représentée sous la figure d'un jeune homme qui a le doigt sur la bouche, ou qui a la bouche fermée, et fait signe d'une main de se taire. Le pêcher lui était consacré, parce que sa feuille a la forme de la langue humaine.

SILÈNE. C'était un vieux satyre, qui avait été le nourricier et le compagnon de Bacchus. Il monta sur un âne, pour accompagner ce dieu dans la conquête qu'il fit des Indes. A son retour il s'établit dans les campagnes d'Arcadie, où il se faisait aimer des bergers et des bergères par ses propos gais et naïfs. Il ne passait pas un jour sans s'enivrer.

SILVAIN ou SYLVAIN, dieu champêtre chez les Romains, qui présidait aux forêts, ainsi nommé de *silva*, forêt. Les uns lui donnent Saturne pour père: d'autres veulent qu'il ait dû le jour à Faune; d'autres le confondent avec Faune lui-même. Silvain était honoré d'un culte particulier dans l'Italie, où l'on croyait qu'il avait pris naissance. Il avait à Rome plusieurs temples, l'un dans les jardins du Mont-Aventin, un autre dans la vallée de Viminal, un autre encore sur les bords du Tibre. Ses prêtres formaient un des principaux colléges des pontifes de Rome. On ne lui offrit d'abord que du lait: mais par suite on lui immola des cochons. Silvain était un dieu ennemi des enfans, et on le leur représentait toujours prêt à venger le dégât qu'ils auraient fait dans les forêts, qui toutes lui étaient consacrées. Silvain était aussi la terreur des femmes en couche, parce qu'il était regardé comme Incube. (*Voyez* ce mot). Silvain était le génie des hommes, et les colléges de gladiateurs lui étaient dédiés. Ce dieu était représenté tantôt avec les cornes et la moitié du corps d'une chèvre, tantôt avec toute la forme humaine. Sous cette dernière forme, ses attributs étaient une serpe, une couronne de feuilles de pin, un chien auprès de lui et des arbres à ses côtés.

SINNIS, fameux brigand qui désolait les environs de Corinthe. Il attachait ceux qui tombaient entre ses mains aux branches de deux gros arbres, qu'il avait pliées et abaissées jusqu'à terre, et qui, se redressant tout-à-coup, mettaient en pièces les corps de ces malheureux. Thésée le fit mourir de ce même supplice.

SINON, fils de Sisyphe, passa pour le plus fourbe et le plus artificieux de tous les hommes. Lorsque les Grecs feignirent de lever le siège de Troie, Sinon se laissa prendre par les Troyens, et leur dit qu'il venait chercher un asile parmi eux. Dès que le cheval de bois fut entré dans Troie, ce fut lui qui pendant la nuit en alla ouvrir les flancs où les Grecs s'étaient renfermés, et livra ainsi la ville. (*Voyez* une semblable ruse, article DARIUS. *Dict. hist.*).

SIRÈNES. Les Syrènes étaient filles du fleuve Achéloüs et de Calliope, ou Therpsycore. On en comptait trois, Parthénope, Leucosie et Ligée, et selon quelques auteurs, Aglaophone, Thelxiepie et Pisinoé. Tous ces noms au surplus, roulent sur le charme de la voix des Sirènes. Au temps du rapt de Proserpine, les Sirènes, dit Ovide, prièrent les dieux de leur accorder des ailes pour aller chercher cette déesse, par toute la terre. Elles habitaient des rochers escarpés sur le bord de la mer, entre l'île de Caprée et les côtes d'Italie. Ceux qui s'arrêtaient auprès d'elles, et avaient l'imprudence d'écouter leurs chants mélodieux, oubliaient tout, jusqu'au soin de prendre quelque nourriture, et mouraient ainsi faute d'alimens. Un oracle avait prédit aux Sirènes qu'elles périraient dès qu'un étranger aurait passé auprès d'elles sans s'arrêter. Ulysse, qui devait y passer, averti par Circé du danger qu'il courait, boucha les oreilles de ses compagnons avec de la cire, et se fit attacher lui-même au mât de son vaisseau et de la sorte, échappa au plus grand des périls qu'il eût couru de sa vie. Les Sirènes humiliées se précipitèrent dans la mer, qui de leur nom fut appelée Sirénide. Suivant l'opinion des anciens, les Sirènes étaient femmes jusqu'à la ceinture, et oiseaux de la ceinture au bas. Des modernes ont prétendu que leurs extrémités inférieures avaient une forme de poisson, et qu'Horace parlait d'une Sirène en disant :

Desinit in piscem mulier formosa supernè.

SISYPHE, fils d'Éole, et petit-fils d'Hellen, bâtit la ville d'Éphyre, qui fut dans la suite nommée Corinthe. Il épousa Mérope, fille d'Atlas, et en eut Glaucus, père de Bellérophon. — SISYPHE, descendant d'Éole et frère de Salmonée, régna à Corinthe après le départ de Médée. Homère fait de ce dernier Sisyphe un prince prudent, sage et vertueux, qui non-seulement entretenait lui-même la paix avec ses voisins, mais empêchait encore qu'ils ne se fissent la guerre entre eux. Voilà pourquoi l'on a feint qu'il avait enchaîné la mort, et que Pluton, menacé de la sorte de perdre son empire, l'avait fait conduire chez lui par le dieu Mars. Pour se venger de Sisyphe, le dieu des enfers, quand il l'eut en son pouvoir, le condamna à un supplice particulier, qui était de rouler sans cesse une roche au haut d'une montagne, d'où elle retombait aussitôt de son propre poids, et il était obligé de la remonter aussitôt: travail qui ne lui donnait aucun relâche. Les autres poëtes ne font pas de Sisyphe un portrait aussi avantageux qu'Homère, et donnent à son supplice des causes tout-à-fait différentes. Ils s'accordent à dire que Sisyphe était un brigand fieffé qui ravageait l'Attique, et faisait mourir, par divers supplices, les étrangers qui tombaient entre ses mains. Thésée en purgea la terre.

SITA (*Myth. ind.*), femme de Wishnou, dieu indien, mariée sous le nom de Ram. Elle est principalement adorée dans le petit royaume de Sisupatan.

SITHNIDES, nymphes originaires du pays de Mégare. L'une d'entre elles eut une fille dont Jupiter devint amoureux, et de ce commerce naquit Mégarus, fondateur de Mégare.

SITHON, roi de Thrace et père de Pallène, promit sa fille à celui qui le vaincrait à la lutte, et fit périr ainsi plusieurs prétendans. (*Voyez* PALLÈNE.)

SIVA. *Voyez* SIBA.

SMILAX, nymphe qui eut tant de douleur de se voir méprisée du jeune Crocus, qu'elle fut changée aussi bien que lui en un arbrisseau dont les fleurs sont petites, mais d'une excellente odeur. Il y a des mythologues qui rapportent ce trait de la fable d'une manière moins tragique. Crocus et Smilax, disent-ils, étaient deux époux qui s'aimaient si tendrement, et avec tant d'innocence, que les Dieux, touchés de la force et de la pureté de leur union, les métamorphosèrent, Crocus en safran, et Smilax en if. Il n'est pas facile de deviner ce qu'ils purent gagner à cette métamorphose.

SMYRNA, plus souvent appelée Myrrha, fille de Cyniras. Vénus irritée de ce qu'elle l'avait offensée, lui inspira une flamme incestueuse pour son père, dont elle eut Adonis.

SOLEIL. Les Païens distinguaient cinq soleils : l'un fils de Jupiter; le deuxième, fils d'Hypérion; le troisième, fils de Vulcain, surnommé Opas; le quatrième avait pour mère Acantho; et le dernier était père d'Æeta et de Circé. *Voyez* PHAÉTON et PHÉNIX.

SOMMEIL, fils de l'Erèbe et de la Nuit. Son palais est dans un antre écarté et inconnu, où les rayons du soleil ne pénétrèrent jamais. A l'entrée se trouvent une infinité de pavots et d'herbes assoupissantes. Le fleuve Léthé coule devant ce palais, et on n'y entend point d'autre bruit que le murmure de ses eaux. Le Sommeil repose dans une salle, sur un lit de plumes entouré de rideaux noirs. Les songes sont couchés autour de lui, et Morphée (*Voy.* ce mot), son principal ministre, veille pour prendre garde qu'on ne fasse du bruit.

SOMMOMA-CODOM, législateur des Siamois et leur principale divinité. On croit qu'il était originaire des Indes, et qu'il était un des Samanéens, habitans de la presqu'île en deçà du Gange. Son histoire est enveloppée de fables et d'absurdités.

SONGES, enfans du dieu du sommeil. Chaque songe avait une fonction particulière. Ceux qui présidaient aux visions véritables, sortaient par une porte de corne, et ceux qui n'étaient que de vaines illusions passaient par une porte d'ivoire. On les représentait avec de grandes ailes de chauves-souris toutes noires.

SORTS, SORTILÉGES. Les sorts étaient ordinairement des espèces de dés, sur lesquels étaient gravés des caractères; dont on allait chercher l'explication dans des tables composées exprès. Dans quelques temples on les jetait soi-même; dans d'autres, on les faisait sortir d'une corne. Ce jeu de dés était toujours précédé de sacrifices et de cérémonies. Les plus célèbres d'entre les sorts étaient à Préneste et à Antium, deux petites villes d'Italie. On appelait *Sortilegus*, celui qui avait la fonction de jetter les sorts, et c'était le pontife qui choisissait ceux qui devaient la remplir.

SOSIPOLIS, divinité des Eléens. Les Arcadiens ayant fait une irruption en Elide, une femme se présenta aux chefs des Eléens, tenant un enfant à la mamelle, et leur dit que cet enfant allait combattre pour eux. Effectivement, à l'instant même il se changea en serpent énorme, qui porta la terreur dans les rangs ennemis, et décida la victoire en faveur de ceux d'Elide. En reconnaissance les Eléens bâtirent un temple à ce merveilleux enfant, sous le nom de *Sosipolis* ou *Sauveur de la ville.* On l'y adorait sous la forme d'un enfant vêtu d'un habit de plusieurs couleurs, parsemé d'étoiles, et on lui offrait un gâteau pétri avec du miel. Jurer par Sosipolis était pour les Eléens un serment inviolable. Jupiter, dans plusieurs villes de la Grèce, était aussi adoré sous le nom de *Sosipolis.*

SPHÉRUS, écuyer de Pélops, fils de Tantale, fut inhumé par Ethra, mère de Thésée, dans une île du Péloponèse, sur la côte de l'Argolide, qui prit de lui le nom de Sphérie.

SPHINX, monstre fabuleux auquel les anciens donnaient ordinairement une figure de femme, avec un corps de lion couché. Rien de plus commun que le Sphinx dans les monuments égyptiens. Mais de tous les Sphinx, le plus fameux est celui qu'Hésiode fait naître de Typhon et d'Echidna, et qui fut envoyé par Junon, pour désoler le territoire de Thèbes. Ce monstre, différent de ceux d'Egypte, avait la tête et les reins d'une fille, les griffes d'un lion, le corps d'un chien, la queue d'un dragon, les ailes d'un oiseau. Il proposait aux passants l'énigme que voici: *Quel est l'animal qui a quatre pieds le matin, deux à midi, et trois le soir.* Ceux qui ne la devinaient pas étaient déchirés impitoyablement. Mais sa destinée portait que lui-même périrait, dès que quelqu'un l'aurait devinée. Déjà plusieurs personnes avaient été victimes de ce monstre, lorsqu'Œdipe se présenta et devina l'énigme en disant que cet animal était l'homme qui dans son enfance se traînait sur les mains et les pieds, au midi de la vie, n'avait besoin que de ses deux pieds, et dans sa vieillesse, se servait d'un bâton. Le Sphinx, au désespoir d'être deviné, se brisa la tête contre un rocher.

STAPHYLUS, père d'Anius était, selon les uns, fils de Thésée et d'Ariane, et selon d'autres, de Bacchus et d'Erigone. On le regarde comme l'auteur de la découverte de l'excellence du raisin.

STATOR, surnom que les

Romains donnèrent à Jupiter, parce que sur la prière de Romulus, il avait arrêté l'armée romaine qui avait pris la fuite dans un combat.

STELLÉ ou STELLIO, jeune enfant changé en lézard par Cérès, parcequ'il s'était moqué d'elle pendant qu'elle buvait avec avidité de l'eau que lui avait donnée une vieille femme nommé Baubo; Cérès piquée, lui jetta au visage ce qui restait dans le vase, et opéra ainsi la métamorphose.

STÉNOBÉE. *Voyez* BELLÉROPHON.

STENTOR, l'un des Grecs qui se rendirent au siége de Troie; il avait la voix si forte, qu'il faisait seul autant de bruit que cinquante hommes qui auraient crié tous ensemble.

STHÉNÉLUS, roi d'Argos et de Mycènes, fils de Persée et d'Andromède, épousa Nicippe, fille de Pélops, et en eut plusieurs enfans, entr'autres Eurysthée. — STHÉNÉLUS, fils d'Actor, fut un des compagnons d'Hercule dans son expédition contre les Amazones, et fut tué d'un coup de flèche. — Il y a eu plusieurs autres STHÉNÉLUS.

STORJUNKARE (*Myth. lap.*), divinité adorée par les Lapons. Elle est inférieure à Thor, autre divinité des mêmes peuples.

STRENIA, divinité romaine, qui présidait aux présens qu'on se faisait le premier jour de l'an.

STROPHIUS, roi de Phocide, avait épousé Anaxibie, sœur d'Agamemnon, dont il eut Pylade. Ce fut lui qui sauva Oreste.

STYMPHALE, lac du Péloponèse qui exhalait une puanteur horrible. Ce fut là qu'Hercule tua à coup de flèches une prodigieuse quantité d'oiseaux immondes qui inondaient les environs.

STYX. Le Styx était une fontaine d'Arcadie, voisine du Mont-Cyllène, dont les eaux, suivant Pausanias, étaient mortelles pour les hommes et les animaux. Aucun vase ne pouvait en contenir sans se casser. C'est vraisemblablement la qualité pernicieuse des eaux de cette fontaine, qui en a fait faire par les poètes un des fleuves des enfers. Ce fleuve Styx était, selon eux, fille de l'Océan, et mère de l'hydre de Lerne. Il se repliait neuf fois sur lui-même, et retenait les morts emprisonnés pour toujours sur ses bords. Le nom de Styx imprimait tant de terreur, que jurer par le Styx était inviolable pour les dieux mêmes. Celui d'entr'eux qui s'était parjuré, était suspendu pour neuf ans de sa divinité.

SUPERBENNIA, fils d'Ixora, dieu indien et de Paramesséri, est adoré par les Indiens, qui le représentent avec six faces et douze bras.

SUPRAMANYA. (*Myth. ind.*), second fils de Shiva. Son père le fit sortir de son œil du milieu du front, pour détruire le géant Soura-Parpma.

SURA-DEVÉ, déesse du vin, était née, suivant les Indiens, de l'océan, mêlé avec la montagne Mandar.

SUWA, dieu des chasseurs chez les Japonais. Les Bonzes font tous les ans une procession solennelle en son honneur.

SWETOWID (*Myth. slav.*), dieu du Soleil et de la guerre. Il était spécialement adoré dans l'île de Rugen et dans la ville Slavonne d'Acron.

SYLEUS, roi de l'Aulide, fils de Neptune, forçait tous les étrangers à travailler dans sa ville. Il voulut aussi y contraindre Hercule qui le tua.

SYLVAIN, *Voyez* SILVAIN.

SYRIUS, surnom de Jupiter qu'on lui avait donné à cause de la statue d'or qu'il avait dans le temple de la déesse syrienne.

SYRNA, fille de Demœtus, roi de Carie; était malade lorsque par hazard Podalire arriva à sa cour. Ce médecin habile la guérit en la saignant des deux bras, après quoi il l'épousa.

SCYRUS, fils d'Apollon et de Sinope, donna son nom aux Syriens. — SYRUS, un des chiens d'Actéon.

SYLVIA, reine d'Albe, et fille de Numitor, fut enfermée avec les Vestales, par Amulius, son oncle. Elle eut du dieu Mars, Rémus et Romulus.

SYRIENNE. La déesse Syrienne. Il y avait en Syrie, à Hiéropolis ou la ville sacrée, un temple célèbre dans toute l'antiquité, où l'on était persuadé que l'on découvrait des marques d'une divinité présente. Dans ce temple, dont les portes et la couverture étaient d'or, les statues suaient, marchaient, rendaient des oracles, et l'on y entendait du bruit, les portes fermées. Ce temple était dédié à la déesse que l'on appelait *déesse Syrienne*. Les auteurs ne sont pas d'accord sur ce qu'était cette divinité. Les uns ont voulu que ce fût Dercéto, mère de Sémiramis, et que ce temple eût été bâti par cette fameuse reine, en l'honneur de sa mère. D'autres ont dit qu'il avait été consacré à Cybèle par Atys; d'autres enfin ont cru que c'était la Vénus-Céleste. Quoi qu'il en fût au surplus, la déesse Syrienne avait, dans son temple d'Hiérapolis, une statue où elle était représentée tenant un sceptre d'une main et de l'autre une quenouille. Sa tête était couronnée de rayons et coiffée de tours sur lesquelles flottait un voile parsemé d'étoiles. Elle était ornée de pierreries, entre lesquelles il y en avait une qui jetait tant d'éclat, que le temple en était éclairé pendant la nuit. Cette déesse Syrienne, à laquelle on donnait ainsi les attributs de plusieurs autres, n'était autre sans doute que la nature ou la vertu génératrice, adorée chez la plupart des peuples de l'antiquité, sous le nom de *Mère des dieux*.

SYRINX, nymphe d'Arcadie, fille du fleuve Ladon, et compagne chérie de Diane. Pan, qui en devint amoureux, la surprit un jour, et voulut lui faire violence; mais Syrinx par la protection de Diane, fut changée à l'instant même en une touffe de roseaux. Pan en arracha quelques-uns dont il fit la flute à sept tuyaux qui porta le nom de *Syringe*. Cette fable est fondée sur le mot grec *Surinx*, qui signifie roseaux. *Voy.* PAN.

TABL TALA

TAAUT, TAAUTUS, THEUTH, THOTH, descendant des Titans, et le même, suivant Sanchoniaton, que Mercure-Trismégiste. Il était adoré principalement chez les Phéniciens et les Egyptiens. On fait à ce Taaut l'honneur de l'invention de l'alphabet et de toutes les sciences. Il passait pour l'inspirateur des prêtres, et était le protecteur immédiat de leurs collèges.

TABASKET, fête que les nègres mahométans qui habitent l'intérieur de la Guinée, célèbrent à la fin de leur Ramadan, et qui a beaucoup de rapport avec le Bayram des Turcs.

TABERNACULUM CAPERE, diviser le ciel; expression consacrée dans les fonctions des augures. On le faisait de cette manière: l'augure, assis et revêtu de la robe appelée *trabea*, se tournait du côté de l'orient, et divisait, avec le bâton augural une partie du ciel. On se mettait toujours, pour cette cérémonie, dans un lieu découvert, et où rien n'arrêtait la vue.

TABITI, divinité des Scythes.

TABLE *du soleil*. Chaque année les Ethiopiens venaient chercher à Thèbes, en Egypte, la statue de Jupiter-Ammon, et la portaient vers les limites de l'Ethiopie, où l'on célébrait une grande fête, qui a donné lieu à la tradition grecque de l'*Héliotrapèze* ou *Table du soleil*, à laquelle les dieux venaient manger.

TABLEAUX VOTIFS. Tableaux que ceux qui s'étaient exposés à quelque danger et qui y avaient échappé par la faveur spéciale des dieux, faisaient placer dans leurs temples, et sur lesquels était dépeint le malheur qu'ils avaient encouru. Ainsi on y représentait, par exemple, un naufrage, un incendie, une inondation. Ils répondaient aux *ex voto* des modernes.

TACITA, déesse du silence. Ce fut Numa-Pompilius qui établit le culte de cette divinité. R. *Tacere*, se taire.

TÆNARE, *Voyez* TÉNARE.

TAGÈS, enseigna le premier aux Etrusques la science de la divination. Les uns le font fils de Génius, et petit-fils de Jupiter. D'autres ont raconté qu'il sortit de la terre dans les champs d'Etrurie, et se mit à prophétiser au milieu de tous les paysans, accourus pour le contempler. Ces gens recueillirent les paroles de Tagès, et en firent le fondement de la science des aruspices.

TAIGÈTES, montagne de Laconie, où les femmes de Sparte célébraient les orgies. Virgile donne ce nom à l'une des Pléïades. C'était encore celui d'une fille d'Agénor, sœur d'Europe. Le nom de Taigètes fut donné à la montagne par un prétendu *Taigetus*, fils de Jupiter et de Taigètes.

TALAPAT, parasol que les Talapoins de Siam ont coutume de porter.

TALAIRES, nom que l'on

donne aux aîles que Mercure porte à ses talons.

TALAPOINS, sorte de religieux fort accrédités au royaume de Siam, dans le Japon, et en plusieurs autres endroits de l'Asie. Il est permis à tout le monde d'embrasser la profession de Talapoins. Ces religieux marchent pieds nus, et se rasent la tête, le visage et les sourcils, à chaque nouvelle et chaque pleine lune. Ces jours de barbe sont sanctifiés par un jeûne rigoureux. Les Siamois sont persuadés que les Talapoins peuvent seuls parvenir à l'état de perfection.

TALASSUS, jeune Romain aussi brave que vertueux. Lors de l'enlèvement des Sabines, ses amis lui amenèrent la plus belle des femmes enlevées. Son mariage fut tellement heureux, qu'après sa mort, l'usage vint de souhaiter aux époux le bonheur de Talassus. Bientôt on en fit un des dieux du mariage.

TALE, neveu de Dédale, apprit, sous son oncle, l'architecture, et inventa la scie et le compas. Dédale, jaloux de ses talens, le précipita du haut de la tour de Minerve. Minerve le soutint au milieu des airs, et le métamorphosa en perdrix. C'est de là qu'est venu à Tale le surnom de *Perdix*.

TALESTRIS. *V.* Thalestris.

TALISMANS (*Myth. cabal.*), on appelle ainsi certaines figures gravées sur des pierres ou des métaux. La superstition attribue à ces figures des effets merveilleux.

TALUS, géant de l'île de Crète, était d'airain et invulnérable, excepté au-dessus de la cheville. Il s'opposa au débarquement des Argonautes; mais Médée, par ses enchantemens, lui fit rompre une veine au-dessus de la cheville, pendant qu'il errait sur le rivage, et par ce moyen lui donna la mort.

TANAGRA, fille d'Eole ou d'Asope, donna son nom à la ville de Tanagre en Béotie. Elle vécut si long-temps que ses voisines ne la nommèrent plus que la Grée, c'est-à-dire la vieille (*Graia*), et ce nom passa à la ville.

TANAGRE, ville de Béotie dont les habitans allèrent au siége de Troie. On y voyait le tombeau d'Orion et le mont Cérycius, où l'on disait que Mercure était né.

TANTALE, fils de Jupiter et d'une nymphe appelée Plota, était roi de Phrygie, et, selon quelques-uns, de Corinthe. Il enleva Ganymède pour se venger de Tros qui ne l'avait point appelé à la première solennité qu'on fit à Troie. Pour éprouver les dieux, qui vinrent un jour chez lui, il leur servit à souper les membres de son fils Pélops (*Voy.* ce nom), et Jupiter condamna ce barbare à une faim et à une soif perpétuelles. Mercure l'enchaîna, et l'enfonça jusqu'au menton au milieu d'un lac des enfers, dont l'eau se retirait lorsqu'il en voulait boire. Il plaça auprès de sa bouche une branche chargée de fruits, laquelle se retirait aussi lorsqu'il voulait en manger. — Il y eut plusieurs autres Tantale; l'un à qui Clytemnestre avait été promise en mariage, ou même mariée avant qu'elle épousât Agamemnon; l'autre fut fils de Thyeste et d'Erope, femme de son frère Atrée, et dont celui-ci lui fit servir les membres dans un festin.

TAPHIUS ou Taphus, fils de Neptune et d'Hippothoé, fut chef d'une troupe de brigands avec lesquels il alla s'établir dans une île qu'il appela *Taphus*, de son nom.

TARAN, TARANIS ou TARANUS, noms sous lesquels les Celtes adoraient Jupiter, comme souverain maître des choses célestes.

TARAS, fils de Neptune, est regardé comme le fondateur des Tarentins. Il était représenté sur leurs médailles, sous la forme d'un dieu marin.

TARAXIPPUS, espèce de génie qui avait un autel de figure ronde, près la borne du stade d'Olympie, devant lequel l'effroi saisissait tellement les chevaux, qu'ils prenaient le mors aux dents, et renversaient le char et l'écuyer. Les uns ont cru que ce génie était un excellent écuyer, originaire du pays, et qui avait sa sépulture en cet endroit; d'autres ont dit que c'était l'ombre d'Ænomaüs. Il y avait un second Taraxippus, qui effrayait également les chevaux aux jeux isthmiques, et que l'on croyait être ce Glaucus, fils de Sisyphe, qui avait été foulé aux pieds par ses chevaux. Taraxippus vient de *Taraptein*, épouvanter; *Ippos*, cheval.

TARTARE. C'était l'endroit des enfers destiné aux scélérats, pour lesquels il n'y avait point de grâce à espérer. Le tartare était fortifié de trois enceintes de murailles d'une force et d'une épaisseur énormes, et entouré du Phlégéton. Les portes en étaient aussi dures que le diamant, et les dieux mêmes n'auraient pu les briser. Tisiphone, armée de son fouet, veillait à la porte, et Rhadamante livrait les criminels aux Furies.

TAUREAU. Un des principes fondamentaux de la religion des Perses, était la création du premier taureau, dont les hommes et toutes les espèces vivantes étaient sortis. Chez eux le taureau était considéré comme l'agent visible de la force invisible qui meut et féconde la nature. Les Egyptiens révéraient aussi le taureau ou bœuf sacré sous le nom d'Apis. Cet Apis était le type du taureau, signe équinoxial, alors le premier des douze signes du zodiaque, qu'Osiris, c'est-à-dire le soleil, avait rendu dépositaire de la fécondité. Le culte du taureau se retrouve jusqu'aux extrémités de l'Orient. Le taureau est une des grandes divinités du Japon, et les Bonzes y représentent le cahos sous l'emblême d'un œuf, qu'un taureau brise avec ses cornes, et dont il fait sortir le monde. Ce taureau céleste a sa pagode à Méaco: il est posé sur un autel d'or massif, porte un riche collier, et heurte un œuf avec ses cornes. Le Bacchus des Grecs, élevé par les Hyades, ou étoiles du taureau, n'était-il pas quelquefois représenté avec des pieds et des cornes de taureau, auprès duquel on plaçait l'œuf orphique, symbole de la nature qui produit tout?

TAUROBOLE, sacrifice d'expiation inventé chez les Payens, dans les premiers siècles de l'ère vulgaire. Voici de quelle manière il se pratiquait. On creusait une fosse profonde, dans laquelle on faisait descendre celui qui voulait se purifier; on plaçait ensuite un couvercle de bois, percé de quantité de trous. On y amenait un taureau couronné de fleurs, les cornes et le front ornés de lames d'or. On l'égorgeait, et son sang était reçu par celui qui était dans la fosse, qui y présentait toutes les parties de son corps, et s'efforçait à n'en pas laisser tomber une goutte ailleurs que sur lui. Il sortait de là couvert de sang, mais aussi, purgé, à ce que l'on croyait, de tous ses crimes, et régénéré pour l'éternité. R. *Bolè*, effusion, *tauros*, taureau. On appelait Tauroboliatus, le prêtre qui faisait cette expiation.

TECMESSE, fille de Teuthras, prince Phrygien, devint captive d'Ajax, lorsque les Grecs ravagèrent les environs de Troie. Ajax en devint amoureux et l'épousa. Il en eut un fils nommé Eurysacès.

TECTAME, fils de Dorus et arrière petit-fils de Deucalion, conduisit une colonie d'Etoliens et de Pélasges en Crète, et y épousa une fille de Créthée dont il eut Astérius.

TÉE, génie protecteur que chaque famille otaïtienne adore dans son moraï. Cet esprit est supposé être un des aïeux de la famille, dont l'ame a été admise au rang des dieux.

TEHUPTEHUH, génie auquel les Boutaniens attribuent la construction d'un pont de chaînes de fer, qui se balance fortement tandis que l'on y marche. Ce pont se trouve dans les montagnes du Boutan.

TÉLAMON, frère de Pélée, fils d'Eaque et d'Endeïs, fille du centaure Chiron. Télamon ayant tué par mégarde son jeune frère Phocus, fut exilé par son père de l'île d'Egine. Il se retira dans celle de Salamine, où il fut accueilli par Cychreus, qui en était roi, et qui lui donna sa fille Glauque en mariage. Cette princesse étant morte, il épousa Péribée, fille d'Alcathous, roi de Mégare, dont il eut le célèbre Ajax, dit le Télamonien. Quelques mythologues ont voulu cependant qu'Ajax fût né du mariage de Télamon avec Hésione, fille de Laomédon, sa troisième femme. Ajax étant parti pour la guerre de Troie, Télamon, déjà avancé en âge, ne put le suivre, et se borna à faire des vœux pour le succès de ses armes. Ce fils chéri étant mort, Télamon qui savait qu'Ulysse avait contribué à son trépas, le fit donner, au retour de Troie, dans des écueils voisins de Salamine, où une partie de ses vaisseaux furent brisés.

TELCHINES. Les Telchines furent d'abord de simples devins, ensuite les prêtres d'une partie des Pélasges. On disait qu'ils avaient arraché à Saturne sa faux, parce qu'ils avaient, les premiers, engagé les peuples à abandonner le culte barbare qu'ils rendaient à ce dieu. Ils portèrent à Rhodes, et dans le continent voisin, le culte de Neptune, dont ils avaient fabriqué la statue. Les Titans, ou anciens habitans, s'opposèrent à ces innovations, et prirent les armes contre les Telchines; mais ceux-ci, au moyen des prestiges et des enchantemens, surent mettre de leur côté les sauvages qui habitaient les montagnes voisines, les civilisèrent, et leur firent adopter la religion nouvelle. Ils arrosèrent, dit-on, les champs voisins avec les eaux du Styx, c'est-à-dire qu'ils firent des lustrations, et répandirent le dogme de l'enfer. Les Telchines furent cependant obligés de quitter Rhodes et ses environs, lorsque les Rhodiens eurent adopté le culte du soleil; mais malgré leur émigration, leurs pratiques mystérieuses se conservèrent à Rhodes, dans le temple d'Okridion, l'un d'entr'eux. On ne compta originairement que deux Telchines, ensuite trois; leur nombre augmenta dans la suite, et dans certaines contrées de la Grèce, on leur rendit les honneurs divins.

TÉLÉGONE, fils d'Ulysse et de Circé. L'oracle ayant prédit qu'Ulysse périrait de la main de Télégone, il céda son trône à Télémaque, et se confina dans un désert. Télégone devenu grand, obtint de Circé la permission d'aller voir son père; et lorsqu'il débarquait, Ulysse ramassa dans la campagne quelques gens à la tête desquels il se mit, pour s'opposer à la descente de Télégone, qu'il croyait être un ennemi qui venait surprendre l'île d'Ithaque. Ce malheureux prince ne put éviter sa destinée; car il fut tué par son propre fils, qui ne connut son crime qu'après avoir épousé Pénélope sa belle-mère, sans la connaître aussi.

TÉLÉMAQUE, fils d'Ulysse et de Pénélope, était encore au berceau quand son père partit pour Troie. Devenu grand, et ne voyant point revenir son père comme les autres princes de la Grèce, fatigué d'ailleurs des poursuites des amans de Pénélope, qui désolaient la maison paternelle, sans qu'il pût l'empêcher, il se mit en devoir d'aller chercher Ulysse dans toute la Grèce. Par le conseil et sous la conduite de Minerve, déguisée sous la forme de Mentor, il s'embarqua de nuit pour aller à Pylos chez Nestor, et à Sparte chez Ménélas. Il parcourut inutilement les mers et les terres, il ne rencontra point Ulysse. Quand les prétendans à la main de Pénélope eurent connaissance de son prochain retour, ils se mirent en embuscade pour le tuer; mais il revint heureusement à Ithaque, où il trouva son père chez le fidèle Eumée. Ils prirent ensemble des mesures pour exterminer les amans de Pénélope, et en vinrent à bout par la protection de Minerve. Après la mort de son père, Télémaque épousa, dit-on, Circé, dont il eut un fils nommé *Latinus*.

TÉLÈME, fils d'Eurystus, avait prédit à Polyphême qu'Ulysse lui creverait l'œil.

TÉLÉPHASSA ou AGRIOPE, femme d'Agénor, mourut de chagrin, à l'occasion de l'enlèvement de sa fille par Jupiter.

TÉLÈPHE, fils d'Hercule et d'Augé, fille de Theutras, roi de Mysie, fut exposé après sa naissance, et nourri par une biche. Téléphe devenu grand, vint, par ordre de l'oracle, à la cour du roi de Mysie, chercher ses parens. Teuthras était encore engagé dans une guerre fâcheuse, et il promit sa fille et sa couronne à celui qui le délivrerait de ses ennemis. Téléphe lui rendit ce service, et fut déclaré sur-le-champ héritier du royaume de Mysie. Quant à son mariage avec Augé, ayant reconnu que c'était sa mère, il épousa Laodice, fille de Priam. Quand les Grecs vinrent assiéger Troie, ils voulurent ravager la Mysie. Télèphe s'étant armé pour les combattre, fut blessé dangereusement par Achille. L'oracle lui apprit qu'il ne pouvait être guéri que par la main qui l'avait blessé. Achille qui regardait Télèphe comme un ennemi, ne voulut pas consentir à sa guérison. Mais Ulysse ayant su que les Grecs ne prendraient jamais Troie, s'ils n'avaient dans leur camp un fils d'Hercule, se proposa de mettre Télèphe dans leur parti; en conséquence, il composa un emplâtre avec la rouille de la lance d'Achille, et l'envoya à Télèphe, qu'il guérit ainsi. En reconnaissance de ce bienfait, Télèphe vint au camp des Grecs, et se battit avec eux contre les Troyens. Après sa mort, on lui éleva un temple sur le mont Parthenius, en Arcadie, et on lui consacra tout un canton.

TÉLESPHORE ou EVÉMÉRION

médecin qui fut célèbre dans son art et dans celui de deviner. Les Grecs en firent un dieu.

TELLUS, déesse de la Terre. Les anciens la faisaient femme du soleil ou du ciel; parceque le soleil ou le ciel la rendent fertile. On la confond souvent avec Cybèle.

TELMESSE, ville maritime de la Lycie. On croyait que tous les habitans y naissaient devins. Voici l'origine que l'on donne à cette fable: on raconte qu'Apollon, métamorphosé en chien, obtint les faveurs de la fille d'Antenor, que de leur commerce naquit un fils nommé Telmessus, auquel le dieu fit don, ainsi qu'à sa mère, du talent de deviner. Telmessus, communiqua à ses concitoyens cet heureux talent, fit bâtir une ville qu'il appela *Telmesse*, où il consacra un temple à Apollon son père, qu'il surnomma *Telmessien*. Telmessus fut enseveli dans le temple du dieu, et on éleva sur son tombeau un autel où l'on sacrifia dans la suite.

TÉLON, roi de Caprée, eut de la nymphe Sébéthis un fils nommé Æbalus.

TELPHUSE, nymphe, fille du fleuve Ladon, donna son nom à une fontaine, au pied du mont Tilphosse.

TELSINIE, fille d'Ogygès, et l'une des nourrices de Minerve.

TÉMÉNOS, lieu voisin de Syracuse, où Apollon était particulièrement adoré, d'où son surnom *Teménitès*.

TÉMÉNUS, fils d'Aristomachus, fonda *Teménium*, ville du Péloponèse, où l'on voyait le temple de Neptune et celui de Diane.

TÉMÉRUS, brigand de Thessalie, tuait les passans à coups de tête. Thésée lui fit subir ce même genre de mort.

TÉMÉSIUS de Clazomène, fondateur d'Abdère, fut mis par les Abdéritains au nombre des demi-dieux, et reçut chez eux les honneurs héroïques.

TEMPÉ, était une vallée de la Thessalie, traversée par le Pénée, et entouré des monts Olympe, Ossa et Pélion. La vallée de Tempé était un des lieux les plus charmans de la Grèce, et celui que tous les poètes ont eu le plus de plaisir à chanter. Suivant eux, les dieux mêmes descendaient du ciel pour venir se promener dans cette agréable vallée.

TEMPÉRANCE. On avait divinisé cette vertu, que l'on représentait sous la figure d'une femme tenant un frein.

TEMPÊTE. Les Romains avaient déifié la Tempête. Ils lui rendaient un culte, et lui offraient des sacrifices. Marcellus lui fit bâtir un temple hors la porte Capenne, en actions de grace de ce qu'il avait été délivré d'une violente tempête entre les îles de Corse et de Sardaigne.

TEMPLE, édifice sacré élevé en l'honneur de quelque divinité. Les Perses, et en général tous ceux qui suivaient la doctrine des Mages, n'élevèrent aucun temple, disant que le monde était le temple de Dieu, et qu'il était ridicule de renfermer dans d'étroites bornes, celui que l'univers ne pouvait contenir. Les Egyptiens et les Phéniciens ne pensèrent pas ainsi. Ils élevèrent à leurs dieux une infinité de temples. Les Grecs et les Romains suivirent leur exemple. Chez les anciens, les temples étaient partagés en plusieurs parties, l'*area*, où l'on puisait l'eau lustrale, le *naos* qui était comme la nef de nos églises, et l'*adytum* ou sanctuaire, dans lequel il n'était pas permis de pénétrer. L'intérieur des temples était orné des statues des dieux et des héros, de trépieds, d'armes prises sur l'ennemi, de boucliers votifs, et de riches dépôts. Il était défendu de se moucher ou de cracher dans les temples. Presque tous étaient un lieu d'asile pour les esclaves et les criminels. Chez les Romains, quand on voulait bâtir un temple, les auspices choisissaient le lieu et le temps où l'on devait commencer; les vestales lavaient l'endroit avec de l'eau pure, et le grand pontife l'expiait par un sacrifice solennel. On bâtissait ordinairement hors de l'enceinte des villes, les temples de Mars, de Vulcain et de Vénus; ceux des dieux protecteurs d'une ville, dans un endroit d'où ils pussent la découvrir tout entière; ceux de Mercure dans les marchés; ceux d'Apollon et de Bacchus près des théâtres, etc. Les plus célèbres temples de l'antiquité furent celui de Vulcain en Egypte, celui de Diane à Ephèse, celui d'Apollon à Delphes, celui de Jupiter au Capitole, et celui de Bélus à Babylone.

TEMPLUM, en style d'augure, signifiait un certain espace de terre, que les augures déterminaient, et d'où ils pouvaient voir tous les côtés du ciel.

TEMPS. Les anciens divinisèrent le temps, et le représentèrent avec des ailes, pour marquer la rapidité de sa course, et avec une faux, pour désigner ses ravages. Selon quelques auteurs, Saturne n'était autre chose que le temps, ainsi divinisé.

TÉNARE, promontoire de Laconie, sur lequel était un temple de Neptune en forme de grotte, et à l'entrée une statue de ce dieu. Ce fut par cette grotte qu'Hercule emmena Cerbère des enfers, et les poètes anciens ont représenté le Ténare comme un soupirail des enfers. Quelquefois même, ils désignèrent les enfers sous le nom de *Ténare*. Neptune, au surplus, avait reçu de ce promontoire, où il était adoré, le surnom de *Ténarien*, et l'on y célébrait, en son honneur, des fêtes appelées *Ténaries*.

TÉNÈS ou TENNÈS, fils de Cycnus. Philonomé, seconde femme de son père, ayant conçu pour Ténès son beau-fils une passion criminelle, et n'ayant pu l'engager à y répondre, l'accusa près de son mari d'avoir voulu lui faire violence. Ténès fut exposé dans un coffre sur la mer avec sa sœur Hémithée, qui ne voulut jamais l'abandonner. Le coffre aborda dans l'île de Leucophrys, qui, de Ténès, prit le nom de *Ténédos*. Ténès y régna, et y établit des lois très-sévères, telle était celle qui condamnait les adultères à perdre la tête; loi qu'il fit observer en la personne de son propre fils. Ténès fut tué par Achille avec son père Cycnus, pendant la guerre de Troie; et après sa mort, il fut honoré comme un dieu dans l'île de Ténédos.

TERAMBUS, fils de Neptune, fut le meilleur musicien de son temps. Plein d'orgueil et de vanité, il insulta les nymphes, qui le firent périr misérablement et le changèrent en une espèce d'escarbot.

TÉRÉE. *V.* Philomèle.

TERME, *deus Terminus*, dieu que les Romains adoraient comme le protecteur des bornes que l'on met dans les champs, et le vengeur des usurpations. On ne trouve, suivant quelques auteurs, chez ce peuple, aucun dieu dont le culte soit postérieur à celui du dieu

Terme. D'autres veulent cependant que l'on ait adoré à Rome Jupiter *Terminalis*, c'est-à-dire *protecteur des bornes*, avant que l'on connût le dieu Terme. Numa, qui fut l'inventeur de cette divinité, et lui bâtit un temple sur la Roche-Tarpeïenne, croyant que c'était le frein le plus capable d'arrêter la cupidité de ses sujets, n'aurait, dans cette dernière hypothèse, fait que transporter à ce dieu de nouvelle création, une des fonctions dont Jupiter était chargé avant lui. Dans la suite, lorsque Tarquin-le-Superbe bâtit le temple de Jupiter au Capitole, on dérangea les statues de tous les dieux; celle du dieu Terme résista à tous les efforts, et ne put être ôtée de sa place. Cette fable fut accréditée parmi le peuple, pour lui persuader qu'il n'y avait rien d'aussi sacré que les limites des champs, et qu'il dévouait à la mort et aux furies ceux qui osaient les changer. Le dieu Terme fut représenté d'abord sous la forme d'une grosse pierre; mais par la suite elle fut surmontée d'une tête humaine. On honorait le dieu Terme, non-seulement dans ses temples, mais encore dans les bornes des champs, que l'on ornait aux jours de sa fête de guirlandes de fleurs. On lui sacrifiait des agneaux et des truies. Les fêtes que l'on célébrait en son honneur; avaient lieu le 6 avant les calendes de Mars, et s'appelaient *Terminales*.

TERPSICHORE, l'une des neuf Muses, déesse de la musique et de la danse. On la représente sous la figure d'une jeune fille couronnée de guirlandes, tenant une harpe, et entourée d'instrumens de musique.

TERRE, *Tellus*. Il était naturel que les anciens peuples du monde, qui rendaient un culte au soleil, à la lune, aux astres, aux planètes, n'oubliassent point la Terre, dont les bienfaits se faisaient ressentir à eux immédiatement. Aussi voyons-nous dans l'antiquité païenne fort peu de nations qui n'aient rendu à la Terre un culte religieux. Les Egyptiens, les Syriens, les Phrygiens, les Scythes, les Grecs et les Romains ont adoré la Terre, et l'ont mise au nombre des plus grandes divinités. Les nations même les moins civilisées, telles qu'étaient à cette époque les Gaulois et les Germains, ont adoré la Terre comme une divinité, et lui ont rendu un culte religieux. Hésiode fait naître la Terre du Chaos, et lui fait épouser le Ciel. De leur union naquirent les Dieux, les Géans, les Biens et les Maux. Elle épousa aussi le Tartare et la Mer, qui lui firent produire tous les monstres que renferment ces deux élémens: c'est-à-dire que les anciens prenaient la Terre pour la nature universelle, la mère de tout ce qui existe; aussi l'appelait-on *Magna Mater*. Les Romains l'adoraient sous les noms de *Cybèle*, *Titée*, *Ops*, *Rhéa*, etc.; *V.* CYBÈLE. La Terre eut, sous son propre nom, des temples, des autels, des oracles et des sacrifices. A Sparte, elle avait un temple superbe; elle en avait aussi un en Achaïe. Les Romains avaient fait bâtir un temple magnifique à la déesse Tellus, distinguée de Cybèle. Avant qu'Apollon fût en possession du temple de Delphes, la Terre y avait rendu ses oracles. Thémis lui avait succédé, et à celle-ci Apollon. La Terre était représentée à demi-couchée, appuyée sur un bœuf, tenant une corne d'abondance, et accompagnée d'enfans représentant les saisons.

TESCATILPUTZA ou **TLALOCH** (*Myth. mexic.*), divinité adorée par les Mexicains. Ils lui adressaient leurs vœux et leurs hommages pour en obtenir le pardon de leurs fautes.

TÉTHYS ou Téthis, déesse de la mer, fille du Ciel et de la Terre, et femme de l'Océan, qui en eut un grand nombre de nymphes appelées *Océanitides* ou *Océanies*, du nom de leur père. C'est pour cela qu'on l'appelait la mère des déesses. Elle fut aussi la nourrice de Junon. On confond cette déesse avec Amphitrite, et on la représente ordinairement sur un char en forme de coquille, traîné par des dauphins... Il faut distinguer cette Téthys, de la nymphe Thétis (*Voyez* ce mot); celle-ci était fille de Nérée.

TEUCER, fils de Télamon, roi de Salamine et d'Hésione, et frère d'Ajax, accompagna ce héros au siége de Troie. A son retour il fut chassé par son père, pour n'avoir point vengé la mort d'Ajax, dont Ulysse était la cause. Ce malheur n'ébranla point sa constance; il passa dans l'île de Chypre, où il bâtit une nouvelle ville de Salamine. — Teucer, fils de Scamandre, Crétois, régna dans la Troade avec Dardanus son gendre, vers l'an 528 avant J. C. Il donna le nom d'Ida à la montagne près de laquelle Troie, dans la suite, fut bâtie. C'est de son nom que cette ville fut appelée *Teucrie*, et les peuples de la contrée, *Teucriens*.

TEUT, TEUTATÈS, TAAUTÈS, THEUT, THEUTATÈS, THEUTUS ou **THOT**, noms sous lesquels les Celtes adoraient un créateur suprême. Ils prétendaient que Teut s'était uni à la Terre, et que de cette union étaient sortis tous les êtres animés. Teut présidait au destin des batailles: son culte se célébrait au clair de la lune ou à la lueur des flambeaux, hors des murs, sur des lieux élevés, ou dans d'épaisses forêts. On l'adorait sous divers emblèmes. Si c'était pour éclairer les assemblées de la nation, sous la figure d'un chêne; sous celle d'un javelot, pour demander la victoire. C'eût été une profanation de labourer le champ où les cérémonies avaient été célébrées, et pour empêcher qu'il ne servît à un usage profane, on le couvrait de pierres d'un volume énorme. Voilà l'origine de ces amas de pierres dont on découvre encore les restes en certains endroits de France, d'Allemagne ou d'Angleterre. On immolait à Teut dans les temps de calamités, des victimes humaines. Quelquefois il se présentait des fanatiques qui demandaient à lui être immolés au nom de la nation. Les Druides prenaient eux-mêmes les malheureux destinés à périr, et les précipitaient sur des lances. Quelquefois ils les enfermaient dans des colonnes d'osier, et après leur avoir fait souffrir les plus cruelles tortures, ils les précipitaient vivants dans les flammes. Les Celtes sacrifiaient encore à leur dieu, des chiens, et surtout des chevaux, qui étaient, après les hommes, la victime la plus expiatoire. Quelques mythologues ont prétendu que c'était Mercure que les Gaulois ou anciens Celtes adoraient sous le nom de Teut ou Teutatès. Au risque de nous répéter, nous observerons ici pour la dernière fois, que jusqu'à l'époque de la conquête des Gaules par César, tout porte à croire, que les habitants de la Gaule septentrionale adoraient les divinités locales, dont le culte était enseigné par les Druides, et n'avaient point adopté celui des divinités étrangères. En admettant néanmoins la possibilité du fait, nous serions toujours fondés à penser que Teut ou Teutatès, la principale divinité des Gaulois, n'était pas du tout le Mercure des Romains, attendu qu'il n'existe entr'eux aucune analogie. Les fonctions qu'on attribuait à Teut, le genre de sacrifices qu'on lui faisait, éloignent entièrement de l'idée que ce fût Mercure que l'on adorait sous ce nom. Certes, et nous en conviendrons facilement, après les conquêtes de César, on adora dans la Gaule septentrionale, et avant lui, l'on adorait dans la Gaule méridionale des divinités Grecques et Romaines; mais ce fait, loin de détruire notre opinion, semble la confirmer. Tous ces nouveaux dieux, apportés par les vainqueurs, et auxquels on éleva des temples de toutes parts, ceux que l'on adorait à Marseille, colonie phocéenne, à Toulouse, et dans une partie de la Gaule méridionale, où la religion des Druides n'était pas exercée, y furent honorés sous leurs noms véritables. On a découvert, dans plusieurs endroits de l'ancienne Gaule, des temples dédiés à Mars, Jupiter, Mercure, Junon, Vénus, etc. Or, puisque ces divinités ont été connues et adorées dans les Gaules, sous le mêmes noms qu'à Rome et à Athènes, pourquoi veut-on que les anciennes divinités gauloises, dont les attributs et les noms sont entièrement différents des attributs et des noms de ces divinités grecques et romaines, aient été des Hercule, des Mercure, des Pluton ou des Jupiter? Ce qui aura fait croire au surplus à quelques savants, que Teutatès était Mercure, c'est que Mercure portait, dit-on, en Egypte, le surnom de Theut. Nous ne contesterons pas le fait, mais nous ferons remarquer à nos lecteurs, que le mot Teutatès n'avait point été emprunté par les Gaulois aux Egyptiens, mais qu'il dérivait du mot celte *theutat*, qui signifie *père du peuple*.

TEUTAME, roi d'Assyrie ou de la Susiane, envoya au secours de Priam, 20,000 hommes et 200 chariots de guerre.

TEUTAMIAS, roi de Larisse, établit en l'honneur de son père, des jeux où Persée tua son aïeul Acrisius d'un coup de palet.

TEUTHIS, chef d'une troupe d'Arcadiens, qu'il conduisait au siége de Troie, s'étant brouillé avec Agamemnon, retourna dans sa patrie. Minerve ayant pris la figure de Mélas, fils d'Ops, chercha à le détourner de son dessein; Teuthis irrité blessa la déesse de son javelot. Arrivé dans sa patrie, il mourut d'une maladie de langueur, en punition de son sacrilége involontaire.

TEUTHRAS, fils de Pandion, roi de Mysie et de Cilicie dans dans l'Asie mineure, avait cinquante filles qu'Hercule épousa le même jour, et qu'il rendit toutes, la première nuit de ses noces, mères d'autant de fils : ce ne fut pas un de ses moindres travaux. (*Voyez* TÉLÈPHE.) Certains mythologues donnent le nom de *Thespius* à ce beau-père d'Hercule.

THAHAMURATH, petit-fils du fameux Huschenk, succéda à son aïeul, et fut le troisième roi des Péris. Ce prince fut le héros de son siècle, et comme son aïeul, le plus redoutable ennemi des Dives ou géans, d'où lui vint le surnom de *Div-Bend*, vainqueur des Dives. En effet, il ne leur laissa, durant le cours de son règne, pas un moment de repos. Il était continuellement en guerre avec eux, les poursuivait, les combattait partout, et après les avoir vaincus, les tenait enfermés dans des cavernes aussi vastes que profondes. On attribue à Thahamurath la fondation de Ninive, Amida, Diasbeck, etc. Ce héros avait une monture encore plus extraordinaire que le cheval à douze pieds qui en servait à son aïeul Huschenk. C'était un oiseau nommé *Simorg-Anka*. On l'appelait le grand oiseau, l'oiseau admirable, le griffon merveilleux. Cet oiseau, qui devançait les vents par la rapidité de son vol, était doué de raison, capable de religion, et possédait toutes les langues. Ce Simorg-Anka, qui avait vu les créatures et les révolutions des siècles écoulés avant Adam, qui avait vu commencer et finir douze fois le grand siècle de six mille ans, ne serait-il pas le type du phénix des Egyptiens, des Grecs et des Romains? Quoi qu'il en puisse être, Thahamurath, avec le secours de son oiseau, se transporta dans les montagnes de Caf, où s'étaient cantonnés les Dives, commandés alors par les géans Argenk et Demrusch, qu'il vint à bout de vaincre et de faire périr. Le géant Demrusch retenait prisonnière Mergian-Péri ou la fée Mergiane; Thahamurat l'ayant délivrée, elle lui conseilla de déclarer la guerre au géant Houdkoutz; mais cette guerre devint fatale à Thahamurath, qui y perdit la vie.

THALESTRIS ou MINITHYE, prétendue reine des Amazones, qui rechercha l'alliance d'Alexandre, à ce que disent quelques historiens, démentis par Arrien. L'existence des Amazones est tout au moins douteuse; et s'il est vrai qu'on ait amené au conquérant macédonien cent filles armées, elles étaient du pays des Scythes appelés Sauromates, dont les femmes étaient aussi guerrières qu'eux.

THALIE, l'une des neuf Muses, qui, selon la Fable, préside à la comédie. On la représente sous la figure d'une jeune fille, couronnée de lierre, tenant un masque à la main, et chaussée avec des brodequins. L'une des Grâces se nommait Thalie. C'était aussi le nom d'une des Néréides, et celui d'une autre nymphe. (*Voyez* PALICES.)

THAMMUZ, mois des juifs, qui répondait à la lune de juin. Il était le quatrième de l'année sainte et le dixième de l'année civile. — THAMMUZ, faux dieu dont parle l'Ecriture et qu'on croit être le même qu'Adonis.

THAMNO, divinité que les habitans du Tunquin honorent comme l'inventeur de l'agriculture et la protectrice des moissons.

THAMYRIS, petit-fils d'Apollon, était si vain, qu'il osa défier les Muses à qui chanterait le mieux. Il convint avec elles que s'il les surpassait, elles le reconnaîtraient pour leur vainqueur; qu'au contraire, s'il en était vaincu, il s'abandonnerait à leur discrétion. Il perdit; les Muses lui crevèrent les yeux et lui firent oublier tout ce qu'il savait.

THASSUS, fils d'Agénor, et roi de Phénicie, passe pour avoir peuplé l'île de Thase dans la mer

Égée, et lui avoir donné son nom.

THÉANO, fille de Cissée et femme d'Antenor, était grande-prêtresse de Minerve, à Troie.

THÉATRICA, déesse romaine qui avait les théâtres sous sa protection. Sa principale fonction était de veiller à ce que les machines ne s'écroulassent pas.

THÉMIS, fille du Ciel et de la Terre, sœur de Saturne et tante de Jupiter. Thémis se distingua dans la Thessalie, où elle régna, par un grand amour pour la justice; et voilà pourquoi l'on s'accoutuma à la regarder comme la déesse de la justice. Elle établit les lois de la religion, le culte des dieux, et en général tout ce qui sert à maintenir la tranquillité parmi les hommes. Après sa mort, elle eut des temples et des oracles, entr'autres celui de Delphes, qu'elle tenait de la déesse Tellus, et qu'elle céda à Apollon. Thémis eut de Jupiter trois filles, la Loi, l'Équité et la Paix. Hésiode la fait encore mère des Heures et des Parques. Ce fut elle qui apprit à Jupiter ce que les Parques avaient ordonné du fils qui devait naître de Thétis, et l'empêcha d'épouser cette déesse.

THÉMISTO, femme d'Athamas, fut si piquée de ce que son mari l'avait répudiée pour épouser Ino, qu'elle résolut de s'en venger en massacrant Léarque et Mélicerte, enfans d'Ino. Mais la nourrice, avertie de ce dessein, donna les habits de ces deux princes aux enfans de Thémisto, qui fit périr ainsi ses propres fils. Elle se poignarda dès qu'elle eut reconnu son erreur.

THÉOCLYMÈNE, devin qui descendait en ligne droite du célèbre Mélampus de Pylos, se lia avec Télémaque à Argos, et passa avec lui à Ithaque. Ce fut Théoclymène qui prédit à Pénélope le retour d'Ulysse.

THÉODAMAS, père d'Hylas, fut tué par Hercule, à qui non-seulement il avait refusé l'hospitalité, mais qu'il avait encore osé attaquer. Le héros prit soin du jeune orphelin qu'il avait privé de son père, et eut pour lui une tendre amitié.

THÉONOÉ, fille de Thestor et sœur de Leucippe, fut enlevée par des Pirates, et vendue à Icare, roi de Carie. — Théonoé, fille de Protée, fut amoureuse de Canobe, pilote d'un vaisseau grec.

THÉOPHANE, fille que Neptune épousa et qu'il métamorphosa en brebis. Elle fut mère du fameux belier à la toison d'or.

THÉRAPHIM, nom des dieux pénates des Chaldéens, ou plutôt figures astrologiques dont ils faisaient usage pour la divination.

THÉRAPNÉ, fille de Lélex, donna son nom à la ville de Thérapné. — Il y avait aussi à Lacédémone, un lieu nommé Thérapné, où il y avait un temple consacré à Hélène, qui avait la vertu de rendre belles les femmes laides.

THERSANDRE, fils de Polynice et d'Argie, monta sur le trône de Thèbes, et alla au siége de Troie. Il fut tué en Mysie par Télèphe.

THERSITE, le plus difforme de tous les Grecs qui allèrent au siége de Troie, osa dire des injures à Achille, et fut tué par ce héros d'un coup de poing.

THÉSÉE, dixième roi d'Athènes, était fils d'Egée et d'Ethra, fille du sage Pitthée, roi de Trézène. Il fut élevé dans cette ville par les soins de son aïeul, et dès son enfance il fit voir ce qu'il serait un jour, c'est-à-dire un des plus grands héros de la Grèce. Avant de se faire reconnaître pour héritier du trône d'Athènes, il voulut s'en rendre digne. En conséquence, à l'exemple d'Hercule qui était son parent, par Ethra sa mère; et dont il admirait passionnément les exploits, il se mit à parcourir la Grèce, pour la purger des brigands qui l'infestaient. Il tua tour à tour Géryon, Procruste, Périgone, Sciron, Scinnis, etc. Après ces expéditions, il se fit purifier à l'autel de Jupiter-Melichius, et se rendit à Athènes qu'il trouva dans une étrange confusion. Médée bannie de Corinthe pour ses crimes, s'y était réfugiée, et s'était emparée tellement de l'esprit d'Egée, que ce prince était sur le point de l'épouser. La vue de Thésée déconcerta un peu ses projets. Néanmoins elle parvint à le rendre suspect au roi, qui ne l'avait pas vu depuis son enfance, et qui ne le connaissait pas pour son fils, et le détermina à l'empoisonner; mais à l'instant où Thésée portait à sa bouche la coupe empoisonnée, Egée le reconnut à la garde de son épée, le déclara son successeur, et chassa Médée ignominieusement. Pallas, frère d'Egée, qui comptait lui succéder au trône de Thèbes, se voyant frustré dans ses espérances, conspira contre lui, avec les Pallantides ses fils, pour lui ôter la vie et la couronne. Thésée découvrit leur projet, et les fit tomber sous ses coups. Peu après, il proposa de délivrer sa patrie du tribut honteux qu'elle payait à Minos, et s'offrit d'aller combattre le Minotaure. Il y fut, et par le secours d'Ariane, qui lui avait donné un fil pour le guider dans le labyrinthe, il revint à Athènes, vainqueur du monstre de Crète. Son père était mort de chagrin. Il lui fit rendre les derniers devoirs, et institua des fêtes en mémoire de l'heureux succès de son voyage. Devenu paisible possesseur du trône d'Athènes, Thésée réforma le gouvernement de l'Attique. Il réunit, dans l'enceinte d'une seule ville, tous les peuples disséminés dans les bourgades, établit plusieurs fêtes religieuses, et institua, en l'honneur de Neptune, les jeux isthmiques. Après cela, il se dépouilla de l'autorité souveraine, laissa la république d'Athènes sous les lois qu'il lui avait données, et se mit de nouveau à courir des aventures. Il se trouva à la guerre des Centaures, à la chasse du sanglier de Calydon, accompagna Hercule dans son expédition contre les Amazones, aida ce héros à les vaincre, et épousa Hippolyte, ou Antiope leur reine, dont il eut le malheureux Hippolyte. Après la mort d'Antiope, il épousa Phèdre, sœur de Deucalion, fils aîné de Minos. La passion incestueuse de cette femme pour son beau-fils Hippolyte causa les malheurs que nous avons vus à l'article de ce dernier. Désespéré de la perte de son fils, et indigné de la conduite de sa femme qui s'était donné la mort, Thésée fit alliance avec Pirithoüs qui lui aida à enlever Hélène. Thésée à son tour accompagna Pirithoüs aux enfers, pour ravir Proserpine; mais Pluton les ayant enchaînés tous les deux, Thésée y resta jusqu'à ce que Hercule vint l'en délivrer. A son retour, Thésée trouva les Athéniens qu'il avait comblés de bienfaits, révoltés contre lui. Outré de leur ingratitude, il se retira dans l'île de Sciros pour y vivre en paix. Mais Lycomède, qui en était roi, le précipita du haut d'un rocher où il l'avait attiré, sous prétexte de lui faire voir la campagne. Thésée eut quatre femmes, Antiope, reine des Amazones, dont il eut Hippolyte; Péribée; Ariane, qu'il rendit mère d'Œnopion et Staphilus. Outre ces femmes il eut plusieurs maîtresses, entr'autres, Hélène. Plusieurs siècles après sa mort, les Athéniens cherchèrent à réparer l'ingratitude de leurs pères envers ce héros. Ils firent transporter ses cendres de l'île de Sciros à Athènes, les y reçurent avec des honneurs infinis, et les déposèrent dans un tombeau magnifique, au-dessus duquel on éleva un temple qui devint un asyle sacré pour les esclaves. On lui offrait des sacrifices, et l'on institua, en son honneur, des fêtes appelées *Théséannes*, que l'on célébrait tous les ans, le 8 octobre.

THÉSIMACHUS, fils de Pisistrate, roi des Orchoméniens, contribua au meurtre de son père, dans le sénat, et répandit le bruit qu'il avait été enlevé au ciel.

THESPIUS ou **THESTIUS**, roi d'Etolie, fils d'Agénor ou de Mars et d'Androdice, eut pour femme Laophonte, qui donna le jour à Léda.

THESSALUS, fils d'Hercule et de Chalciope, fille du roi Cos: donna son nom à la Thessalie.

THESTIUS *Voy.* Thespius

THESTOR, devin fameux, passe pour être le père de Calchas. *Voy.* LEUCIPPE.

THÉTIS, fille de Nérée et de Doris, petite-fille de Téthis, femme de l'Océan, épousa Pelée. Jamais noces ne furent plus brillantes: tout l'Olympe, les divinités infernales, aquatiques et terrestres s'y trouvèrent, excepté la Discorde qui ne fut pas invitée. Cette déesse s'en vengea en jetant sur la table une pomme d'or, avec cette inscription: *à la plus belle*. Junon, Pallas et Vénus la disputèrent, et s'en rapportèrent à Pâris. (*Voyez.* PARIS.) Thétis eut plusieurs enfans de Pelée, qu'elle mettait après leur naissance sous un brasier, pendant la nuit, pour consumer ce qu'ils avaient de mortel. Mais ils périrent tous dans cette épreuve, excepté Achille, parce qu'il avait été frotté d'ambroisie. Lorsqu'Achille fut contraint d'aller au siège de Troie, Thétis alla trouver Vulcain, et lui fit faire des armes et un bouclier, dont elle fit présent elle-même à son fils. Elle le garantit souvent de la mort pendant le siège.

THÉVATHAT, frère de Sommona-Codom, divinité des Siamois, se révolta contre son frère, refusant de se soumettre à lui. Sommona le condamna à un supplice terrible qui dure encore.

THIC-KA. C'est le nom que les Tunquinois donnent au Xaca des Japonais, et au Fo des Chinois. Son culte est très répandu dans une grande partie de l'Asie.

THIODAMAS, fils de Mélampus célèbre devin, succéda à Amphiaraüs après la mort de ce dernier devant Thèbes. — THIODOMAS, roi des Dryopes, fut tué par Hercule.

THISBÉ, la plus aimable fille de Babylone, avait pour amant, Pyrame, jeune homme accompli. Leurs parents s'étant brouillés, on leur défendit de se revoir; mais Pyrame trouva moyen de donner un rendez-vous à Thisbé, au clair de la lune, hors de la ville, sous un mûrier blanc, proche du tombeau de Ninus. Thisbé y arriva la première, mais ayant aperçu une lionne qui venait à elle la gueule ensanglantée, elle se sauva avec tant de précipitation qu'elle laissa tomber son voile. La lionne le déchira, en y laissant des traces de sang. Pyrame vint sur ces entrefaites, et à la vue du voile de Thisbé, teint de sang il ne douta pas qu'elle n'eût péri, et sans autre examen il se perça de son épée. Il respirait encore, lorsque Thisbé sortit du lieu où elle était retirée, brûlant de lui raconter son aventure. A la vue de Pyrame baigné dans son sang, elle se perça de la même épée, et tomba morte auprès de son amant. Ovide qui raconte cette histoire, ajoute que le mûrier teint de leur sang, donna aux fruits qu'il portait, une couleur rouge-pourprée, au lieu de la blanche qu'ils avaient d'abord.

THISOA, une des nymphes, qui avaient élevé Jupiter sur le mont Lycée en Arcadie, donna son nom à une ville située sur les frontières des Parhasiens.

THOAS, fils d'Andrémon, roi de Calydon, conduisit quarante vaisseaux au siège de Troie. — THOAS, roi de Lemnos, et père d'Hypsipile, était fils de Bacchus. Ce dieu lui apprit à cultiver la vigne. Nous avons vu à l'article d'Hypsipile, comment elle délivra son père de la conjuration des Lemniennes. — THOAS, roi de la Chersonèse Taurique, qui faisait immoler dans le temple de Diane, tous les étrangers qui abordaient sur ses côtes. Quand Oreste et Iphigénie eurent enlevé la statue de la déesse, Thoas voulut les poursuivre, Minerve l'en empêcha, en lui disant qu'ils agissaient ainsi par la volonté des dieux. — THOAS, fils de Jason et d'Hypsipile.

THOASA, nymphe marine, fille de Phorcys, fut aimée de Neptune qui dit-on, la rendit mère de Polyphême.

THOR, troisième divinité principale des anciens Scandinaves, à laquelle, selon Dudon de St.-Quentin, l'on offrait des sacrifices humains. L'autorité de Thor s'étendait sur les vents et les saisons, et particulièrement sur la foudre. Dans l'*Edda* il est appellé le plus vaillant des fils d'*Odin*, et la massue dont il est armé, et qu'il lance dans les airs contre les géants, désigne assez bien la foudre. Outre cette massue, qui revenait d'elle-même dans sa main, quand il l'avait lancée, et qu'il tenait avec des gantelets de fer, il possédait une ceinture qui renouvellait les forces à mesure qu'on en avait besoin. Thor était l'une des trois divinités qui composaient le conseil des dieux. Tous les neuf ans, au mois de Janvier, on immolait à Thor quatre-vingt-dix-neuf hommes, autant de chevaux, de chiens et de coqs.

THORNAX, femme de Japet, eut de lui Buphagus. Elle donna son nom à une montagne d'Argolide, appelée dans la suite Coccygie.

THORN-GARD-SUK, dieu des frimas et des tempêtes, chez les Groënlandais. Ils le représentent armé d'une massue de fer, et croient qu'il se transforme en ours blanc ou en baleine.

THORRON, roi de Gothie en Finlande, prince fameux dans les antiquités du Nord. L'un des mois des anciens Norwégiens portait son nom.

THRASIUS, célèbre aubure, qui étant allé à la cour de Busiris, tyran d'Egypte, dans le temps d'une extrême sécheresse, lui dit qu'on aurait de la pluie s'il faisait immoler les étrangers à Jupiter. Busiris lui ayant demandé de quel pays il était, et ayant connu qu'il était étranger : « Tu seras le premier, lui dit-il, qui donneras de l'eau à l'Egypte ; » et aussitôt il le fit immoler à Jupiter.

THYAS, fille de Castalius, enfant de la Terre, fut la première qui fut honorée du sacerdoce de Bacchus, et qui célébra les orgies en l'honneur de ce dieu.

THYASES. C'était le nom des danses que célébraient les bacchantes en l'honneur du dieu du vin.

THYESTE, fils de Pélops et d'Hippodamie, et frère d'Atrée, portait une haine si violente à celui-ci, que, ne pouvant lui nuire autrement, il commit un inceste avec sa femme. Atrée, pour s'en venger, mit en pièces l'enfant qui était né de ce crime, et en servit le sang à boire à Thyeste. Le soleil ne parut pas ce jour-là sur l'horizon, pour ne point éclairer une action aussi détestable. Thyeste, par un second inceste, mais involontaire, eut un autre fils de sa propre fille Pélopée. (*V.* Egisthe.)

THYIA, fille de Deucalion, eut de Jupiter une fille nommée Macédonia, qui donna son nom à la Macédoine. — Thyia, était aussi le nom que l'on donnait à une fête de Bacchus qui se célébrait à Elis.

THYONÆUS, surnom de Bacchus, pris de son aïeule ou de sa mère. C'était aussi le nom d'un des fils que ce dieu eut d'Ariane.

THYONÉ, mère de Sémélé, et aïeule de Bacchus.

THYRSE, lance ou dard enveloppé de pampres de vigne ou de feuilles de lierre qui en cachaient la pointe. C'est le principal attribut de Bacchus.

TIBALANG, fantômes que les habitans des Philippines croient voir à la cime de certains arbres, où ils s'imaginaient que les ames de leurs ancêtres font leur résidence. Ils ont un grand respect pour ces arbres.

TIBRE, fleuve qui prend sa source dans l'Apennin, coule à travers l'Etrurie, passe dans Rome, et a son embouchure dans la Méditerranée, aujourd'hui entre Ostie et Porto. Le Tibre s'appelait anciennement *Albula*, mais Tiberinus, fils de Capétus, roi d'Albe, s'y étant noyé, on donna au fleuve le nom de *Tibris*, Tibre. Ce Tiberinus fut mis par Romulus au rang des dieux, et on le regardait comme le génie qui présidait au Tibre. Les poètes ont personnifié le Tibre sous la figure d'un vieillard couronné de lauriers, tenant une corne d'abondance, s'appuyant sur une louve auprès de laquelle sont deux petits enfans, Rémus et Romulus. On appelait *Tibériades* les nymphes qui étaient censées demeurer sur les bords du Tibre.

TIBUR, aujourd'hui Tivoli, est une ancienne ville d'Italie, dans le voisinage de Rome. Tibur avait été fondée par Tiburtus, fils d'Hercule, qui lui donna son nom, et auquel on rendit dans cette ville un culte distingué. Hercule était particulièrement honoré à Tibur, et les habitans lui élevèrent un temple magnifique, dans lequel on dédia un autel à Tiburtus. Il y avait auprès de Tibur un bois sacré que l'on appelait le bois de *Tiburne*, autrement d'*Albunée*. (*Voyez* ce mot.)

TIBURTUS, l'aîné des fils d'Amphiaraüs, vint avec ses frères en Italie, où ils bâtirent une ville qui fut appellée *Tibur*. On lui érigea un autel dans le temple d'Hercule en cette ville, un des plus célèbres d'Italie.

TICAN, divinité chinoise, qui répond au Pluton des Grecs et des Romains.

TIDEBAIK, divinité japonaise. On la voit, dans le temple d'Osacca, représentée avec la tête d'un sanglier.

TIMANTE, de Cléone, célèbre athlète, qui avait une statue parmi les héros d'Olympie. Etant arrivé à une très-grande vieillesse, et voyant qu'il ne pouvait plus bander son arc, il en eut tant de chagrin, qu'il alluma un bûcher et s'y jeta.

TIPHUS, fils de Phorbas et d'Hymane, fut le pilote du vaisseau appelé Argo, qui conduisit les Argonautes à la conquête de la Toison d'or, en Colchide. Tous les poètes ont chanté son habileté.

TIRÉSIAS, fameux devin de la ville de Thèbes, fils d'Evère et de la nymphe Chariclo, vivait avant le siége de Troie. Ayant un jour vu deux serpens accouplés sur le mont Cithéron, il tua la femelle, et fut sur-le-champ métamorphosé en femme. Sept ans après il trouva deux autres serpens attachés ensemble, tua le mâle, et redevint homme aussitôt. Jupiter et Junon disputant un jour sur les avantages de l'homme et de la femme, prirent Tirésias pour juge. Il décida en faveur des hommes; mais il ajouta que les femmes étaient cependant plus sensibles. Jupiter, par reconnaissance, lui donna la faculté de lire dans l'avenir. Ce devin ayant un jour regardé Pallas pendant qu'elle s'habillait, devint aveugle sur-le-champ. Son histoire fabuleuse est détaillée avec élégance dans le poëme de Narcisse, par Malfilâtre. Strabon rapporte que le sépulcre de Tirésias était auprès de la fontaine de Tiphuse, où il mourut fort âgé, en fuyant de Thèbes, ville de Béotie. On le regardait comme l'inventeur des Auspices, et on l'honora comme un dieu à Orchomène, où son oracle avait de la célébrité.

TIRYNS, fils d'Argos, et petit-fils de Jupiter, fondateur de la ville de Tirynthe, dans l'Argolide, où il fut honoré comme un dieu. Hercule, qui séjournait souvent dans cette ville, en reçut le nom de *Tiryntius*.

TISAMÈNE, célèbre devin de Sparte, de la famille des Jamides, remporta cinq grandes victoires sur les ennemis de son pays, ainsi que lui avait prédit l'oracle, et reçut après sa mort les honneurs héroïques. — TISAMENE, fils d'Oreste et d'Hermione, succéda aux royaumes d'Argos et de Sparte, fut détrôné par les Héraclides, et tué dans un combat contre les Ioniens. On lui rendit les honneurs héroïques. — TISAMENE, fils de Tersandre, et petit-fils de Polynice, monta sur le trône de Thèbes.

TISANDRE, fils de Jason et de Médée.

TISIPHONE, l'une des trois Furies, dont le nom signifie *vengeresse de l'homicide*, avait une voix de tonnerre qui faisait trembler les scélérats. Elle était portière du Tartare. *V.* EUMÉNIDES, FURIES. — TISIPHONE, fille d'Alcméon et de Manto, et petite-fille de Tirésias. Créon, roi de Corinthe, fut chargé de son éducation; mais la femme de ce Créon, jalouse de sa beauté, la fit vendre, et à quelque temps de là, Alcméon l'épousa sans la connaître.

TISIS, fils d'Alcis de Messénie, et habile devin. Etant allé à Delphes consulter l'oracle pour ses compatriotes, au retour il fut attaqué par les Lacédémoniens, et peu de temps après, il mourut de ses blessures.

TITAN, fils du Ciel et de Vesta, ou Titée, et frère aîné de Saturne. Il céda ses droits à Saturne, à condition qu'il n'éléverait aucun enfant mâle. Mais ayant su que, par l'adresse de Rhéa, trois des fils de Saturne avaient été sauvés, et qu'on les élevait en secret, il fit la guerre à ses frères, les vainquit, et les retint prisonniers, jusqu'à ce que Jupiter devenu grand délivra son père, sa mère et ses sœurs, combattit Titan et ses fils les Titans, et les précipita tous dans le fond du Tartare. Quelque temps après, lorsque Jupiter fut attaqué par les géans, il délivra du Tartare les Titans qui le secoururent puissamment contre ces nouveaux ennemis. Quelques auteurs ont prétendu que la fable des Titans avait un fondement historique, et l'ont expliquée chacun à leur manière. En supposant que le fait soit vrai, toutes ces explications sont tellement différentes les unes des autres, et l'époque à laquelle ont dû exister ces prétendus Titans, si reculée, même des premiers temps historiques, qu'il est impostible de donner à aucune d'elles la préférence. Chez les anciens poètes le soleil est souvent appelé Titan, soit parce qu'on le croyait fils d'Hypérion Titan, soit parce qu'on le croyait un Titan lui-même.

TITHON, fils de Laomédon, et de la nymphe Strymo, et frère de Priam, était un des hommes les plus beaux de son temps. L'Aurore en devint amoureuse, et l'enleva pour en faire son mari. De leur hymen naquit Memnon. A la prière de l'Aurore, Tithon obtint de Jupiter l'immortalité; mais comme il avait oublié de demander de ne point vieillir, il devint si décrépit, que las des infirmités de la vieillesse, il demanda à être changé en cygale, ce qu'il obtint.

TITHORÉE, une des nymphes qui naissaient des arbres et particulièrement des chênes, habitait la cime du Parnasse, à laquelle elle donna son nom.

TITYUS, géant énorme, fils de Jupiter et d'Elare, fille d'Orchomène, naquit dans un antre souterrain, où sa mère s'était cachée pour se dérober à la colère de Junon; il passa pour le fils de la Terre. Apollon et Diane le tuèrent à coups de flèches; ou selon d'autres, il fut foudroyé pour avoir voulu faire violence à Latone leur mère. Il était attaché comme Prométhée dans les enfers, où un vautour insatiable rongeait sans relâche ses entrailles renaissantes. Ce géant couvrait neuf arpens de terre de son corps étendu.

TLÉPOLÈME ou TLEPTOLÈME, fils d'Hercule et d'Astioché, ayant tué par mégarde Lycimnius, oncle de son père, s'enfuit à Rhodes, où il établit une colonie. Il conduisit neuf vaisseaux au siége de Troie, et y fut tué par Sarpédon. On rapporta son corps à Rhodes, et les Rhodiens lui consacrèrent un monument héroïque, et établirent en son honneur une fête appelée *Tlépolémie*, qui se célébrait par des jeux et des combats publics.

TMOLUS, montagne de Phrygie, fameuse par le safran qu'on y récoltait et par le culte qu'on y rendait à Bacchus.

TOIA, nom que les habitans de la Floride, donnent au Diable, c'est-à-dire, l'auteur du mal.

TOISON D'OR, toison d'un belier sur lequel Phrixus et Hellé montèrent pour traverser le bras de mer, qui sépare l'Europe de l'Asie. *Voyez* Phrixus et Jason.

TOPAN, dieu du tonnerre, chez les Japonais. Il est figuré sur un autel d'airain, qui représente une nuée, armé avec un casque couronné, et une massue à la main.

TORA, dieu suprême des Tachouvaches, peuples de la Sibérie.

TOSSITOKU, divinité Japonaise, qui préside à la prospérité. Il est au Japon, ce qu'était la fortune chez les Grecs et chez les Romains.

TOUQUOA, divinité malfaifaisante, qui a des autels chez les Hottentots. Ils le regardent comme le principe de tout mal.

TRAMBELUS, fils de Télamon, et d'Hésione, fut élevé par Arion. Étant à Lesbos, il devint amoureux de la belle Apriate, mais ayant éprouvé une vive résistance à ses desseins entreprenants, il la précipita dans la mer. Achille le tua, en punition de cette cruauté.

TREBETA, fils de Ninus, roi d'Assyrie, ayant été chassé de l'héritage paternel par Sémiramis, vint fonder la ville de Trèves, suivant des historiens du moyen âge.

TRÉPIED. On faisait usage du trépied pour les oracles et les prédictions, témoin le trépied de la Pythie. On offrait dans la Grèce, des trépieds aux dieux, comme les Romains offrirent postérieurement des couronnes et des boucliers votifs. Voici, au surplus, ce qui donna lieu à ces offrandes de trépieds, et ce qui fut cause du rôle important qu'ils jouèrent à Delphes, et aux autres endroits où l'on recevait des oracles. Nous avons vu à l'article Delphes, et à celui Pythie, que l'odeur qui sortait de l'antre de Delphes suffoquait promptement, et mettait en danger de perdre la vie. Plusieurs de ceux qui s'étaient présentés à l'ouverture de cet antre pour y respirer l'esprit prophétique, y étant tombés, on imagina de dresser sur cette ouverture une machine que l'on nomma trépied à cause des trois bases qui la supportaient, et l'on commit pour monter sur le trépied, sans aucun risque, une femme qui fut depuis si célèbre sous le nom de Pythie.

TREZENE, fils de Pelops, bâtit dans le Péloponèse, une ville à laquelle il donna son nom.

TRIDENT, sceptre à trois pointes, ou fourche à trois dents, qui était le symbole de la puissance de Neptune. Ce trident entrouvrait la terre, chaque fois que Neptune la frappait.

TRIPHYLUS, fils d'Arcas et de Laodamie, donna son nom à la Tryphilie.

TRIPTOLÊME, fils de Céléus roi d'Eleusis, et de Méhaline, vivait vers l'an 1600 avant J. C. Cérès, en reconnaissance des bons offices de Céléus, donna de son lait à Triptolême, qu'elle voulut rendre immortel en le faisant passer par les flammes; mais Méhaline, effrayée de voir son fils dans le feu, l'en retira avec précipitation. Cette imprudence empêcha l'effet de la bonne volonté de la déesse, qui, en dédommagement, lui apprit l'art de cultiver la terre. Triptolême l'enseigna le premier dans la Grèce, en donnant aux Athéniens des lois qui se réduisaient au culte des dieux, à l'amour des parents, et à l'abstinence de la chair... Voy. Deiphion.

TRISMÉGISTE. V. Hermès.

TRITON, dieu marin, fils de Neptune et d'Amphitrite, et selon quelques mythologues, de la nymphe Salacée, servait de trompette à son père. Il est peint avec une coquille ou une conque en forme de trompette. Il avait la partie supérieure du corps semblable à l'homme, et le reste semblable à un poisson. La plupart des dieux marins sont aussi appelés Tritons, et sont peints de la sorte avec des coquillages.

TROILE, fils de Priam et d'Hécube. Le destin avait résolu que Troie ne serait jamais prise tant qu'il vivrait. Il fut assez téméraire pour attaquer Achille, qui le tua, et peu de temps après, la ville fut prise. — TROILE, frère d'armes d'Enée, quitta le séjour de Lavinium dont il était mécontent, et vint s'établir à Alba (département de la Stura), dont il voulut faire une rivale d'Albe-la-Longue.

TROPHONIUS, fils d'Apollon (d'autres disent de Jupiter), rendait des oracles dans un antre affreux. Ceux qui voulaient le consulter devaient se purifier. Après bien des cérémonies, ils entraient dans la caverne, et s'y étant endormis, ils voyaient ou entendaient en songe ce qu'ils demandaient; on ne révélait jamais ce qui leur avait été découvert. On dit que ceux qui avaient reçu la réponse de Trophonius ne riaient plus le reste de leur vie. De là le proverbe qu'on appliquait aux personnes sérieuses : *In antro Trophonii vaticinatus est;* il a prophétisé dans l'antre de Trophonius. Ceux qui cherchent quelques vérités historiques dans les mensonges de la fable, prétendent que Trophonius avait été l'un des premiers architectes grecs, fils d'un roi de Thèbes, et frère d'Agamède, avec lequel il était lié d'une tendre amitié. Ils s'illustrèrent par divers édifices, entre autres par le temple de Neptune près de Mantinée, et par celui d'Apollon à Delphes.

TROS, fils d'Erichthonius, donna son nom à la ville de Troie, qui s'appelait auparavant Dardanie. Il était père de Ganymède.

TUBALCAIN, fils de Lamech le bigame et de Sella, inventa l'art de battre et de forger le fer, et toutes sortes d'ouvrages d'airain. On pourrait croire que le Vulcain des Païens a été calqué sur ce patriarche.

TUISTON (*Myth. celt.*), dieu né de la Terre, ou de Tis ou Tuis, était la divinité suprême des Germains, auxquels il passait pour avoir donné des lois. César croit que c'était le même que Pluton.

TURNUS, roi des Rutules, à qui Lavinie avait été promise, fut tué par Enée son rival, dans un combat singulier.

TUTELA. C'était le nom qu'on donnait, chez les Romains, à la statue du dieu ou de la déesse qu'on mettait sur la proue d'un vaisseau, pour en être la divinité tutélaire; de même que TULINA était celle qui présidait à la conservation des grains recueillis et serrés.

TUTELINA, TUTILINA ou **TUTELA**, divinité romaine qui veillait à la conservation des moissons et des biens de la terre.

TUTIA, vestale romaine. Etant accusée d'un crime, elle prouva, dit-on, son innocence, en portant, du Tibre, au temple de Vesta, de l'eau dans un crible.

TYCHÈS ou **TYCHIS**, l'un des quatre dieux domestiques chez les Egyptiens. Il prenait soin d'un homme aussitôt qu'il était né, et ne l'abandonnait point depuis le moment de sa naissance jusqu'à sa mort...

TYCHON, l'un des dieux de l'impureté.

TYDÉE, fils d'Œnée, roi de Calydon, et de Péribée, Eurybée, Althée ou Déipyle, fut chassé de sa patrie pour avoir tué son frère par mégarde. Il se retira à Argos auprès d'Adraste, qui lui donna en mariage sa fille Déïphile, qu'il rendit mère du fameux Diomède. Cette alliance l'engagea dans la querelle de Polynice, comme lui, gendre d'Adraste. Il conduisit, en conséquence, les Argiens devant Thèbes. Arrivé là, Polynice l'envoya proposer un accommodement à Etéocle. Pendant le séjour qu'il fit dans la ville, il se distingua dans les jeux publics, et y remporta tous les prix. Les Thébains, jaloux de son adresse et de sa bravoure, apostèrent cinquante hommes pour l'assassiner, comme il regagnait son camp; mais Tydée, assisté d'un petit nombre d'amis, se défendit si vaillamment qu'il les tua tous, à l'exception d'un seul qu'il envoya porter à Thèbes la nouvelle de cette défaite. Après des prodiges de valeur, Tydée fut tué devant Thèbes, comme la plupart des autres généraux.

TYLLINUS, dieu des Bressans en Italie. Sa statue était de fer, avait la tête couronnée de lauriers, appuyait son pied droit sur le crâne d'un mort, et tenait de la main gauche une pique terminée par une main qui tenait un œuf mordu par un serpent.

TYMANDRE, la plus belle femme de Thessalie, fut changée en épervier pour son impudicité.

TYNDARE, fils d'Œbalus, roi de Sparte et de Gorgophone, succéda à son père au royaume de Sparte. Il épousa Léda, qui le rendit père de Castor et Pollux, d'Hélène et Clytemnestre. Quand il vit sa fille Hélène recherchée par tous les princes de la Grèce, il assembla les prétendans, immola un cheval en leur présence, et leur fit jurer sur la victime, que tous vengeraient Hélène et son époux, s'il arrivait que l'un ou l'autre reçut un outrage....

TYPHÉE, l'un des géans qui voulurent détrôner Jupiter, était fils de Titan et de la Terre. Après avoir long-temps résisté aux dieux, il fut vaincu et accablé sous les rochers de l'île d'Inarius, aujourd'hui Ischia, vis-à-vis de Cumes.

TYPHON ou TYPHÉE, géant était fils du Tartare et de la Terre, selon Hésiode, ou plutôt de Junon seule. Cette déesse indignée de ce que Jupiter son époux avait enfanté Minerve sans aide ni compagnie, frappa la Terre de sa main, et reçut les plus fortes vapeurs qui en sortirent: ce fut de ces vapeurs que naquit, dit-on, Typhon. Sa taille était prodigieuse, car d'une main il touchait l'Orient, et de l'autre l'Occident. Sa tête s'élevait jusqu'aux étoiles; ses yeux étaient tout de feu; il vomissait des flammes par la bouche et par les narines; son corps était couvert de plumes entortillées de serpens; et ses cuisses et ses jambes avaient la figure de deux gros dragons. Ce monstre se présenta avec les autres géans pour combattre et pour détrôner les dieux, auxquels il fit si grande peur, qu'ils furent contraints de s'enfuir en Egypte, où ils prirent de nouvelles formes. Enfin, Apollon le tua à coups de flèches; et, selon d'autres, Jupiter le foudroya et le précipita sous le mont Gibel ou Etna. C'était aux efforts terribles, mais impuissans, de Typhon, pour s'affranchir de cette masse énorme que les anciens attribuaient les éruptions de flammes et de cendres calcinées qui en sortaient.

TYRO, l'une des Néréïdes, était fille du fameux Salmonée et d'Alcidia. Elle eut de Neptune deux fils, Nélée et Pélias. Ce dieu l'avait trompée en prenant la figure du fleuve Enipée son amant.

TYRRHENUS, fils d'Atys, donna son nom à une contrée d'Italie, où il avait conduit une colonie de Lydiens.

TYRRHUS, gardien des troupeaux du roi Latinus. Un cerf qu'il avait apprivoisé ayant été tué par Ascagne, fut la première cause de la guerre entre les Troyens et les Latins : leçon que les potentats devraient sans cesse avoir sous les yeux. Rien de plus intéressant que le tableau que fait Virgile de cet animal. C'est un des plus beaux endroits du septième livre de l'Enéide. On admire surtout ces vers :

Ille manum patiens mensæque assuetus herili,
Errabat sylvis, rursumque ad limina nota
Ipse domum serâ quamvis se nocte ferebat.

ULYS

ULYSSE, roi de l'île d'Ithaque dans la mer Egée, fils de Laërte et d'Anticlée, épousa Pénélope fille d'Icare, qu'il aima passionnément. Craignant d'être obligé de la quitter, il contrefit l'insensé pour ne point aller au siége de Troie. Mais Palamède découvrit cette ruse, en mettant son fils Télémaque, encore enfant, devant le soc d'une charrue qu'il faisait tirer par des bœufs. Ulysse, de crainte de blesser son fils, leva la charrue. Cette attention découvrit sa feinte et il fut contraint de partir, mais gardant au fond du cœur une haine implacable contre Palamède (*voyez* cet article), qu'il ne tarda pas de satisfaire. Il rendit de grands services aux Grecs par sa prudence et ses artifices. Ce fût lui qui alla chercher Achille chez Lycomède, où il le trouva déguisé en femme. Il le découvrit, en présentant aux dames de la cour des bijoux, parmi lesquels il y avait des armes, sur lesquelles ce jeune prince se jeta aussitôt. Il l'amena au siége de Troie, et y apporta en même temps les flèches d'Hercule que ce héros avait données à son ami Philoctete. Ulysse enleva le Palladium avec Diomède, tua Rhésus, roi de Thrace, dont il amena les chevaux blancs au camp des Grecs; il fut un de ceux qui s'enfermèrent dans le cheval de bois, et contribua par son courage à la prise de Troie. Pour prix de ses exploits et de son éloquence, les capitaines grecs lui adjugèrent, après la mort d'Achille, les armes de ce héros, qu'il disputa à Ajax (*Voy.* ce nom.) Troie ayant été prise et réduite en cendres, il tua Orsiloque fils d'Idoménée, roi de Crète, qui s'opposait à ce qu'il eût part au butin. Il immola Polixène, fille de Priam, sur le tombeau d'Achille, et précipita du haut d'une tour Astyânax fils d'Hector. En retournant à Ithaque, il courut plusieurs dangers sur mer, et lutta pendant dix années contre sa mauvaise fortune. Il fit naufrage sur les côtes d'Afrique, et ayant remis à la voile, son vaisseau se brisa auprès de l'île des Cyclopes, où Polyphême dévora quatre de ses compagnons, l'enferma avec le reste dans son antre, d'où ce prince sortit heureusement après avoir crévé le seul œil qu'eût le monstre. De là Ulysse s'enfuit aux îles Eoliennes. Eole, pour marque de sa bienveillance, lui donna des outres où les vents étaient enfermés; mais ses compagnons les ayant ouverts par curiosité, les vents s'échappèrent et firent un désordre épouvantable. L'orage jeta Ulysse sur les côtes d'Afrique chez les Lestrigons, peuple barbare qu'il quitta bientôt. Ayant abordé dans l'île de Circé, cette enchanteresse eut de lui un fils appelé Télegone, et pour le retenir, changea tous ses compagnons en pourceaux; mais il la força, l'épée à la main, de les lui rendre sous leur première forme. En sortant de l'île de Circé il descendit aux enfers où il trouva sa mère Anticlée et le devin Tirésias qui lui apprirent une partie de sa destinée. De retour sur la terre, les vents le jetèrent sur l'île des Sirènes, dont il évita les enchantemens en bouchant avec de la cire les oreilles de ses compagnons. Etant sorti de cette île, il fit naufrage auprès de celle de la nymphe Calypso qui voulut en vain se l'attacher. Neptune lui ayant suscité une nouvelle tempête, il perdit ses vaisseaux, se sauva sur un morceau de bois, et arriva à Ithaque dans un état si triste qu'il ne fut reconnu de personne. Il se mit cependant parmi les amans de Pénélope, pour tendre l'arc qu'on avait proposé et dont Pénélope devait être le prix. Il en vint à bout, se fit reconnaître, rentra dans le sein de sa famille, et tua tous ses rivaux. (*Voy.* l'art. Irus.) Quelque temps après il se démit de ses états entre les mains de Télémaque, parce qu'il avait appris de l'oracle qu'il mourrait de la main de son fils. Il fut en effet tué par Télégone qu'il avait eu de Circé. (*Voyez* Télégone.) Il fut mis au nombre des demi-dieux. Les aventures d'Ulysse font le sujet de l'Odyssée d'Homère qui le représente comme un héros brave dans les combats, prudent dans les entreprises, sage et éloquent dans les conseils. Virgile le peint, au contraire, comme un fourbe et un scélérat.

URANIE ou la Vénus-Céleste, fille du Ciel et de la Lumière. C'était elle, selon les anciens, qui animait toute la nature, et présidait aux générations. Uranie n'inspirait que des amours chastes et dégagés des sens, tandis que la Vénus terrestre présidait aux plaisirs sensuels. Uranie avait un temple à Cythère, le plus ancien et le plus célèbre de tous ceux qui lui furent élevés dans la Grèce. Elle en avait un autre à Elis, dans lequel sa statue posait le pied sur une tortue. Le culte d'Uranie ou Vénus-Céleste était fort répandu chez les Perses, les Arabes et les Assyriens.

URANUS, premier roi du peuple connu depuis sous le nom d'Atlantes, fut père de Saturne et d'Atlas. Ce prince rassembla dans les villes, suivant Diodore de Sicile, les hommes qui avant lui étaient répandus dans les campagnes : il les retira de la vie brutale et désordonnée qu'ils menaient ; il leur enseigna l'usage des fruits et la manière de les garder, et leur communiqua plusieurs inventions utiles. Son empire s'étendait presque par toute la terre, mais surtout du côté du septentrion et de l'occident. Comme il était soigneux observateur des astres, il détermina plusieurs circonstances de leur révolution. Il mesura l'année par le cours du soleil, et les mois par celui de la lune; et il désigna le commencement et la fin des saisons. Les peuples qui ne savaient point encore combien le mouvement des astres est égal et constant, étonnés de la justesse de ses prédictions, crurent qu'il était d'une nature plus qu'humaine; et après sa mort, ils lui décernèrent les honneurs divins, à cause de son habileté dans l'astronomie, et des bienfaits qu'ils avaient reçus de lui. Ils donnèrent son nom à la partie supérieure de l'univers, c'est-à-dire, au ciel, tant parce qu'ils jugèrent qu'il connaissait particulièrement tout ce qui arrive dans le ciel, que pour marquer la grandeur de leur vénération, par cet honneur extraordinaire qu'ils lui rendaient. (Diodore de Sicile). *Voyez* ATLAS et SATURNE.

VALH VAMP

VACUNA, VACANA, ou VACUANA, divinité champêtre, qui présidait au repos des gens de la campagne, après la moisson chez les Romains. (Du mot *vacare*, être en repos.) Le culte de Vacana était très-ancien à Rome, et quelques auteurs prétendent qu'il y avait été apporté par les Sabins. Elle avait un temple sous le mont Ficellus, un autre près d'Ocricule, et l'on célébrait en son honneur au mois de décembre, des fêtes appelées *Vacunalia*.

VAIREVERT, le troisième fils de Shiva, fut créé de sa respiration, pour anéantir l'orgueil des pénitens. Selon les Judéens, c'est le dieu qui viendra détruire le monde à la fin des temps.

VALHALLA, paradis dans lequel Odin recevait les héros, où suivant l'Edda, ils avaient tous les jours le plaisir de s'armer, de se tailler en pièces, et de retourner sains et saufs à l'heure du repas, dans la salle d'Odin, où ils se mettaient à boire et à manger. La chair d'un sanglier leur suffisait à tous; une seule chèvre dont le lait était de l'hydromel, en fournissait assez pour les enivrer: leurs verres étaient les crânes des ennemis qu'ils avaient tués. Odin, seul à une table, y buvait du vin pour toute nourriture. Les héros étaient servis par une foule de vierges nommées *Valkyries*, qui remplissaient leurs coupes à mesure qu'ils les vidaient, et qu'Odin employait aussi à choisir dans les combats ceux qui devaient être tués, et faire pencher la victoire à son gré.

VAMPIRES, prétendus démons qui sucent pendant la nuit, le sang des vivans, et le portent dans des cadavres dont on le voit ensuite sortir par la bouche, le nez et les oreilles.

VARA, déesse chez les peuples du nord, qui recevait les sermens des amans et des époux, et punissait ceux qui les violaient.

VARANASI, lieu situé dans le royaume du Bengale, au bord du Gange, célèbre par la dévotion des Indiens. Ces peuples croyent qu'Ixora vient souffler dans l'oreille de ceux qui meurent dans cet endroit, et par ce moyen, efface tous leurs péchés; aussi les malades s'y font-ils transporter de toutes les parties de l'Inde.

VARUNA, génie des eaux chez les Indiens. Il est fort inférieur en puissance à Mahadeva. On le représente porté sur un dauphin.

VATICANUS, dieu qui rendait des oracles dans un champ voisin de Rome. On le confond quelquefois avec Vagitanus.

VEDAM. Le livre sacré le plus ancien et le plus révéré des Indiens, qui l'adorent comme la divinité elle-même, dont il est une émanation. Le vedam est composé dans une langue particulière qu'on nomme samscrite, laquelle n'est entendue que d'un certain nombre de Bramines. Les Indiens sont persuadés que Brama a reçu le vedam directement de l'être suprême, et il n'y a que la caste des Bramines et celle des Cutteri qui puissent le lire et en entendre parler.

VEJOVE, VEJOVIS, VEJUPITER, ou **VEDIUS**, divinité sinistre et malfaisante, que l'on invoquait pour la prier de ne point faire de mal. Vejovis avait à Rome un temple, situé entre la citadelle et le capitole, où il était représenté, tenant des flèches dans sa main, comme prêt à envoyer des malheurs. On célébrait sa fête le six mars, et la chèvre était la victime qu'on avait coutume de lui immoler. Ce Vejovis dont le nom est composé de *jovis* et de la particule *ve*, qui placée au commencement d'un mot latin, en diminuait la valeur, n'était vraisemblablement autre que Jupiter, quittant sa bonté ordinaire, pour punir les crimes des hommes.

VENTS. Les anciens avaient déifié les vents. Lorsqu'on entreprenait un voyage sur mer, on sacrifiait aux vents et aux tempêtes. Il y avait au bas d'une montagne près de l'Asope, un endroit consacré aux vents, dans lequel une certaine nuit de chaque année, un prêtre pratiquait autour de quatre fosses, des cérémonies secrètes, propres à apaiser leur fureur. Les vents étaient fils du géant Astréus et de l'Aurore, et ils habitaient avec Eole, leur roi, dans les cavernes des îles Eoliennes. Les Grecs et les Romains rendirent un culte aux vents. Dans plusieurs endroits de l'Italie, on a découvert des autels qui leur étaient consacrés, et ils avaient à Athènes un temple octogone, dont il subsiste encore des restes aujourd'hui.

VÉNUS, déesse de l'amour, des grâces et de la beauté. Le paganisme n'ayant point été renfermé dans une seule contrée, il n'est pas étonnant qu'il se trouve tant de variété touchant le nom, l'origine et l'histoire de cette divinité. Partout on reconnaissait une divinité qui présidait à la propriété qu'ont presque tous les êtres, animaux, plantes, de reproduire leurs semblables. Mais les Latins l'appelaient Vénus, et les Grecs Aphrodite. Ici elle est née de l'écume de la mer, ailleurs, elle était fille de Jupiter et de Dionée. Il est même arrivé que les histoires que l'on publiait de la Vénus d'un pays ont été attribuées aussi dans la suite à la divinité à qui on donnait ailleurs les mêmes fonctions. Cicéron (au 3e livre de la divinité des dieux) dit que la Vénus la plus ancienne était fille du Ciel et de la déesse du jour; *Cœlo et Die nata*. « Il y a, dit-il, en Elide un temple de cette Vénus. La seconde Vénus, poursuit-il, a été formée de l'écume de la mer; c'est d'elle et de Mercure qu'on dit que le second Cupidon est né. La troisième est née de Jupiter et de Dionée; c'est elle qui fut la femme de Vulcain, et c'est d'elle et de Mars qu'est né Antéros. La quatrième Vénus est fille de la déesse Syrie et de Tyrus, elle est appelée Astartée; c'est elle qui épousa Adonis... » Il y avait aussi une Vénus céleste, déesse de l'amour pur; et une Vénus qu'on appelait Vénus populaire, déesse de l'amour charnel; et enfin Vénus Apostrophia, d'un mot grec qui signifie *détourner*, parce qu'elle détournait les cœurs de toute impureté. La Vénus née de la mer est appelée Vénus Marine. Hésiode dit qu'elle fut produite par le sang qui découla de la plaie que Saturne fit à son père Cœlus en le frappant avec sa faulx, et que ce sang mêlé avec l'écume de la mer forma cette déesse qui parut aussitôt sur une conque marine avec tout l'éclat de la beauté. C'est de l'écume de la mer que les Grecs l'appelèrent Aphrodite. Dès qu'elle fut descendue à terre, les fleurs naquirent sous ses pas, les Amours voltigèrent autour d'elle, et les Zéphyrs, par leurs douces haleines, rafraîchissaient l'air qu'elle respirait. Dès qu'elle eût vu le jour, les Heures l'emportèrent avec pompe dans le ciel, où tous les dieux la trouvèrent si belle, qu'ils la nommèrent déesse de l'amour. Vulcain l'épousa, parce qu'il avait forgé des foudres à Jupiter contre les géans. Cette déesse ne pouvant souffrir son mari, qui était d'une laideur horrible, eut une infinité de courtisans, entre autres Mercure, Mars, etc. Vulcain l'ayant surprise avec ce dernier, entoura l'endroit d'une petite grille imperceptible, et appela ensuite tous les dieux qui se moquèrent de lui. Elle en eut Cupidon, et aima dans la suite Adonis. Elle épousa aussi Anchise, prince troyen, dont elle eut Enée, pour qui elle fit faire des armes par Vulcain, lorsque ce prince allait fonder un nouvel empire en Italie. Cette déesse avait une ceinture qui inspirait si infailliblement de la tendresse, que Junon la lui emprunta pour se faire aimer de Jupiter. Vénus était toujours accompagnée des Graces, des Ris, des Jeux, des Plaisirs et des Attraits. Pâris, devant qui elle se montra dans toute sa beauté, lui donna la pomme que Junon et Pallas disputaient avec elle, et que la Discorde avait jetée sur la table aux noces de Thétis et de Pélée. Elle présidait à tous les plaisirs, et ses fêtes se célébraient par toutes sortes de débauches. On lui bâtit des temples partout. Les plus célèbres étaient ceux d'Amathonte, de Lesbos, de Paphos, de Gnide, de Cythère et de Chypre. Elle voulut que la colombe lui fut consacrée (*Voyez* PERISTÈRE.) On la représente ordinairement avec Cupidon, son fils, sur un char traîné par des pigeons ou par des cygnes ou des moineaux, et quelquefois montée sur un bouc. Cicéron prétend, dans son Traité de la nature des Dieux, que le mot de Vénus est dérivé de *Venire*, parce que la déesse des grâces va à tout le monde. Cette étymologie paraît un peu forcée. On a donné le nom de Vénus à l'une des trois planètes inférieures désignée communément par l'étoile du matin, ou l'étoile du soir ou du berger. Les Romains l'appelaient Lucifer lorsqu'elle précédait le soleil, et Hespérus ou Vesper lorsqu'elle le suivait. La statue appelée la Vénus de Médicis, l'un des plus beaux ouvrages sortis des mains de l'art, actuellement au Musée Napoléon, fut embarquée à Palerme dans le courant de l'an 10, pour être transportée en France. (*Voy.* CALLIPYGE.)

VERTUMNE, dieu de l'automne, et selon d'autres des pensées humaines et du changement. Il pouvait prendre toutes sortes de figures. Il s'attacha fort à la déesse Pomone, et prit la figure de vieille pour lui conseiller d'aimer. L'ayant persuadée, il se nomma. Lorsqu'ils furent dans un âge avancé, il se rajeunit avec elle, et ne viola jamais la foi qu'il lui avait promise.

VERVEINE, plante fort en usage chez les anciens dans les cérémonies religieuses. On l'appelait, pour cela, *herbe sacrée.* On s'en servait pour balayer les temples de Jupiter, et lorsqu'il s'agissait d'apaiser les dieux, on ne se présentait devant leurs autels, que couronné de verveine. Pour chasser des maisons les mauvais génies, on faisait des aspersions d'eau lustrale avec la verveine. Les Druides surtout faisaient grand usage de la verveine, qu'ils ne cueillaient et n'employaient qu'avec les plus grandes superstitions.

VESTA, VESTA-PRISCA, ou L'ANCIENNE, mère de Saturne, est souvent prise pour la Terre chez les anciens poètes. Cette Vesta était représentée un tambour à la main. — VESTA-VIRGO, *Vesta-Vierge*, était fille de Saturne et Cybèle ou Rhéa. Cette seconde Vesta était la déesse du feu ou le feu même, et ne pouvait avoir à son service que des vierges. On en donne pour raison qu'après la défaite de Saturne, Jupiter ayant offert à Vesta tout ce qu'elle voudrait demander, elle lui demanda de rester perpétuellement vierge, ce qui lui fut accordé. Vesta est l'une des plus anciennes divinités du paganisme; on l'honorait à Troie, longtemps avant la prise de cette ville, et l'on croit que l'un des dieux pénates, qu'Enée transporta en Italie, était la statue de Vesta. Les Grecs aussi honorèrent singulièrement cette déesse, dont le culte consistait principalement à prendre garde que le feu sacré ne s'éteignît, ce qui était le premier devoir des Vestales. Numa fit bâtir à Rome un temple à Vesta; ce fut dans ce temple que l'on entretint par la suite le feu sacré avec tant de superstition, que l'on se croyait menacé des plus grands malheurs s'il venait à s'éteindre; alors on ne pouvait le rallumer avec un autre feu. On se servait pour cela d'une espèce de miroir ardent que l'on exposait aux rayons du soleil. Anciennement, chez les Grecs et les Romains, il n'y avait d'autre image de Vesta que ce feu gardé si religieusement. Ce ne fut que dans des temps postérieurs que l'on fit des statues de la déesse, qui la représentaient sous la figure d'une femme drapée, tenant de la main droite une lampe. Vesta eut dans toute la Grèce des autels dans des temples consacrés à d'autres dieux. A Rome, le temple de Vesta était ouvert tout le jour; mais il n'était permis à personne d'y pénétrer pendant la nuit : le jour même, les hommes n'avaient pas droit d'entrer dans l'intérieur du temple. Ce n'était pas, au surplus, dans les temples seulement que l'on conservait le feu sacré de Vesta; on le conservait encore à la porte de chaque maison particulière, d'où est venu le mot *vestibulum*, *vestibule*.

VESTALES, prêtresses consacrées au service de Vesta. Leur origine remonte au-delà de la fondation de Rome, puisque Rhéa-Sylvia, mère de Rémus et Romulus, était vestale. Numa-Pompilius, en élevant un temple à Vesta, commit quatre vestales pour le desservir. Tarquin-l'Ancien en ajouta deux, et depuis leur nombre resta toujours fixé à six. On les choisissait depuis six ans jusqu'à dix. Elles devaient être d'une famille romaine, d'une naissance sans tache, et avoir le corps sans défauts. On les obligeait de garder leur virginité pendant trente ans, après quoi il leur était libre de quitter le service de la déesse et de se marier. La plus ancienne d'entr'elles prenait le titre de *Maxima*, *la Très-Grande*, et avait sur les autres une supériorité absolue. Les fonctions des vestales étaient de faire des vœux pour la prospérité de l'état, d'entretenir le feu sacré, et de garder le *palladium*. Celle qui était convaincue de n'avoir pas gardé son vœu de virginité, était enterrée vive dans un petit caveau que l'on creusait près la porte Colline, et le jour où son supplice avait lieu, les boutiques étaient fermées, toute la ville était en deuil, et l'on se croyait menacé d'un grand malheur. Si la punition des vestales était aussi sévère, la considération dont jouissaient ces prêtresses était on ne peut plus grande. Quand les magistrats, les consuls mêmes rencontraient une vestale, ils étaient obligés de lui céder le pas, et de faire baisser leurs faisceaux devant elle. Des licteurs la précédaient et faisaient faire place, et quiconque eût osé l'insulter était puni de mort. Les vestales avaient au spectacle les premières places, et si l'une d'elles rencontrait en son chemin un coupable que l'on menât au supplice, il avait sa grâce, pourvu que la vestale assurât que c'était par hasard qu'elle l'avait rencontré. C'étaient elles qui étaient dépositaires des testamens, et on leur avait donné droit de sépulture dans la ville, privilége qui ne s'accordait qu'à ceux qui avaient rendu de grands services à l'état.

VICTOIRE ou **NICÉ**, déesse du paganisme : elle avait un temple à Athènes et un autre à Rome. On la disait fille de la déesse Styx et du géant Pallas. On la représente sous la figure d'une jeune fille toujours gaie, avec des ailes, tenant d'une main une couronne d'olivier et de laurier, et de l'autre, une branche de palmier. Les Athéniens ne donnaient point d'ailes à leur déesse Victoire, comme pour l'empêcher par-là de s'éloigner d'eux. Les fêtes ou réjouissances qui suivaient ses faveurs s'appelaient *Nicoteria*.

VIDAR, musicien, dieu de la Scandinavie. Il est presqu'aussi redoutable que Thor lui-même. C'est le dieu de la discrétion ou du silence. Il est fils d'Odin.

VIEIL-DE-L'OBY, idole des Tartares-Ostiakes, qui préside à la pêche. Elle est de bois, a des yeux de verre, un grouin de cochon, garni d'un crochet de fer, et deux petites cornes sur la tête. Quand ces peuples partent pour la pêche, ils invoquent Vieil-de-l'Oby, et au retour, si la pêche a été abondante, ils l'en remercient en lui frottant le grouin avec de la graisse; sinon, ils l'accablent d'outrages.

VIEILLE-D'OR. Les anciens peuples qui habitaient les rivages de l'Obi, adoraient, au rapport d'Hérodote, une déesse sous le nom de *la Vieille-d'Or*, qui rendait des oracles, et sur la protection de laquelle ils comptaient beaucoup. Ce nom de Vieille-d'Or lui venait de ce que sa statue était de terre jaune.

VIRIPLACA, déesse ainsi appelée du mot *vir*, homme, et de *placare*, apaiser. Elle présidait au raccommodement des maris avec leurs femmes. Cette divinité avait sur le Mont-Palatin un temple où se rendaient les époux brouillés. Ils y expliquaient le sujet de leurs plaintes, et en revenaient réconciliés.

VITULA, déesse de la joie, selon quelques-uns; d'autres disent qu'elle présidait aux alimens qui servent à l'entretien de la vie. Il y en a qui prétendent que ce n'était qu'un surnom de la Victoire.

VITUMNUS, VITUNUS, divinité que les Romains invoquaient lorsqu'un enfant était conçu, afin d'obtenir pour lui une heureuse naissance.

VITZLIPUTZLI, le plus fameux des dieux adorés par les Mexicains, et auquel ces peuples immolaient une quantité innombrable de victimes humaines. Ils prétendent que ce fut lui qui les conduisit dans le Mexique, et leur en facilita la conquête. On le représentait sous une forme humaine, le visage affreux et sévère, et encore enlaidi par deux raies bleues, l'une sur le front, l'autre sur le nez; sur la tête un casque de plumes de différentes couleurs. Sa main droite s'appuyait sur une couleuvre, et la gauche portait quatre flèches, et un bouclier couvert de cinq plumes blanches.

VŒUX. L'usages des vœux était très-fréquent chez les Grecs et les Romains. Ils se faisaient ou dans des nécessités pressantes, ou pour l'heureux succès de quelque entreprise, ou pour un heureux accouchement, ou pour le recouvrement de la santé. Ce dernier motif a donné lieu au plus grand nombre de *vœux*. En reconnaissance, on mettait dans un temple du dieu auquel on avait adressé ses *vœux*, la figure des membres dont on croyait avoir reçu la guérison par sa bonté.

VOILE, plusieurs divinités paraissent sur les monumens, la tête voilée avec leur manteau. Saturne est assez souvent représenté avec un voile. Le voile était un attribut de Junon, pour marquer, suivant quelques auteurs, que les nuages obscurcissent souvent l'air dont elle est le symbole.

VOLIANUS, divinité adorée par les habitans de l'ancienne Armorique. C'était le dieu du feu. En langage celte Volianus, signifie *fournaise ardente*.

VOLTUMNA, VOLTUNNA ou VULTURNA, déesse dans le temple de laquelle les Etrusques qui l'honoraient d'un culte particulier, s'assemblaient pour en régler les affaires d'état.

VOLTURNUS, fleuve de la Campanie, aujourd'hui *terre de Labour*, et qui s'appelle encore à présent *Volturno*. Les anciens habitants en avaient fait un dieu, et lui avaient consacré un temple. Volturnus avait à Rome un Flamine, qu'on appellait *Flamen Volturnalis*, et l'on y célébrait en son honneur, le six des calendes de septembre, une fête que l'on appellait *Volturnale*.

VOLUMNUS et VOLUMNA, dieux qu'on invoquait à la cérémonie des noces, pour entretenir la bonne intelligence, entre les nouveaux époux.

VOLUPTAS, déesse du plaisir, fille de l'Amour et de Psyché. Elle avait à Rome, un petit temple, près l'arsenal de marine. On la représentait, le teint pâle et blême, assise sur un trône, les Vertus sous ses pieds.

VOLUPTÉ, la même que Voluptas.

VOLUTINA, déesse romaine, qui avait soin des enveloppes qui renferment les grains de blé dans leur épi.

VORA, la dixième des douze déesses des anciens peuples du nord. Elle était aussi habile que prudente, et rien ne pouvait lui être caché.

VORACITÉ, il y avait en Sicile un temple dédié à la *voracité*.

VOTIFS, on appellait *jeux votifs*, ceux auxquels on s'engageait par quelque vœu. Il y en avait de publics; quand le vœu avait été public, comme au fort d'un combat, à l'occasion d'une grande calamité, etc.; il y en avait de particuliers, lorsqu'une personne privée les faisait représenter.

VOYAGE, VOYAGEURS. Les Grecs choisissaient pour protecteur d'un voyage par terre, Mercure; d'un voyage par mer, Castor et Pollux. Les voyageurs portaient sur eux assez ordinairement une petite statue de leur divinité favorite, et de retour dans leur patrie, ils lui faisaient un sacrifice d'actions de graces.

VULCAIN des Egyptiens, PHTAS ou OPAS. Ce Vulcain était selon quelques auteurs, fils de Cneph, selon quelques autres, Cneph lui-même, selon d'autres encore, fils du Nil. Les Egyptiens le consideraient comme un de leurs plus grands dieux, et le nommaient *gardien de l'univers*, Ils lui donnaient les deux sexes. parce qu'il avait tiré le monde de l'œuf primitif ou du cahos, ou bien que lui-même était sorti le premier de cet œuf produit par Cneph. Le culte de Vulcain ou Phtas, ne dura pas long-temps en Egypte, et ce symbole intellectuel fut remplacé par les symboles des phénomènes célestes et terrestres, Osiris, Isis, Horus, le Nil, etc. On ne connaît qu'un temple consacré à Phtas, qui était situé à Memphis.

VULCAIN des Grecs. Ce Vulcain était fils de Jupiter et de Junon, ou selon quelques Mythologues, de Junon seul avec le secours du vent. Aussitôt après sa naissance, Jupiter, d'autres disent Junon, honteuse d'avoir mis au monde un enfant si mal conformé, le précipita du ciel. Vulcain tomba, dit-on, dans la mer où il fut accueilli par Thétis et Eurynome, avec lesquel il demeura neuf ans. L'opinion la plus généralement adoptée néanmoins, c'est qu'il tomba dans l'île de Lemnos, dont les habitans l'accueillirent avec les soins les plus touchans, et lui prodiguèrent tous les secours dont il avait besoin après une chute pareille. Aussi Lemnos devint-il l'endroit que ce dieu affectionna plus particulièrement. Ce fut là qu'il établit ses forges, et l'île acquit par toute la terre un crédit et une vertu singulières. Vulcain demeura boiteux de sa chute. Par le crédit de Bacchus; il fut rappelé dans le ciel et rétabli dans les bonnes graces de Jupiter qui lui fit épouser la belle Vénus, ou, selon Homère, Aglaé, la plus jolie des trois Graces; il devint même l'échanson de Junon, et c'était lui qui versait le nectar à sa table. Au sujet des infidélités de Vénus sa femme, et de l'humeur débonnaire de cet époux, (*V.* Mars, Vénus), Vulcain se bâtit dans le ciel un palais tout d'airain, parsemé de brillantes étoiles, et c'est là que ce dieu forgeur couvert de sueur et de fumée, fabriqua ces ouvrages merveilleux, qui firent l'admiration de l'univers. Vulcain, lors de la guerre des géants, forgea pour Jupiter le foudre avec lequel il écrasa ces ennemis audacieux. Comme il avait inventé la manière de forger le fer, et de travailler tous les métaux en général, à l'aide du fer, il fut honoré comme le dieu des serruriers, des orfèvres, des forgerons, et particulièrement comme le dieu du feu. Les plus fameux des ouvrages de Vulcain, sont les armes d'Achille, qu'il fabriqua pour ce héros, à la prière de Thétis, celles qu'il fit pour Enée à la prière de Vénus, le palais du soleil, le sceptre d'Agamemnon, le collier d'Hermione et la couronne d'Ariane. Ce dieu eut à Rome plusieurs temples; mais le plus ancien, bâti par Romulus, était hors l'enceinte de la ville. Il en avait aussi un magnifique, dans l'intérieur de la ville, qui lui avait été élevé par Tatius. Dans les sacrifices qu'on lui offrait, on faisait consumer par le feu toute la victime, ne réservant rien pour le festin sacré. Les chiens étaient destinés à la garde de ses temples, et le lion lui était consacré. On établit en son honneur, des fêtes pendant lesquelles on courait avec des torches allumées, qu'il fallait porter jusqu'à un but marqué, sans les éteindre. Ces fêtes qu'on appellait Vulcanales, ou Lampadophories, commençaient le 23 août, et duraient huit jours.

VULCANIE, une des îles Eoliennes, voisine de la Sicile, qui vomit souvent des tourbillons de flamme et de fumée. C'est là que les poètes placèrent le séjour fréquent de Vulcain, dont elle a pris le nom; car aujourd'hui encore, on l'appelle *Volcano* d'où l'on a aussi donné le nom de Volcan à toutes les montagnes qui jettent du feu.

VULTURIUS. Apollon avait sur le mont Lissus, près d'Ephèse, un temple sous le nom d'Apollon-*Vulturius*, ou Apollon aux Vautours. Ce temple fut élevé à ce Dieu, par un berger qui ayant été abandonné dans une caverne, se meurtrit le corps par son conseil; des Vautours attirés par la puanteur des plaies, enfoncèrent leurs becs dans le corps et les habits de ce malheureux, et prenant leur vol, le retirèrent de la caverne.

VULTURNE, le même que Volturne.

WALK WATI

WAD, divinité Arabe.

WALKIRIES (*Myth. scand.*), désses qui servent dans le Walkalle ou palais d'Odin. Elles versent à boire de la bière aux héros, et ont soin des coupes et des tables.

WATIPA, esprit malfaisant, adoré par les Américains qui habitent aux environs de l'Orénoque.

XRUS XYNO

XANTHE, fleuve de la Troade, qui s'opposa à la descente des Grecs et souleva ses flots contre Achille. Pour secourir le héros, Junon envoya à son secours Vulcain, qui embrassa le fleuve et le fit rentrer aussitôt dans son lit.

XÉNOCLÉE, prêtresse du temple de Delphes, refusa de répondre à Hercule qui venait consulter l'oracle, parce qu'il était encore souillé du sang d'Iphitus, qu'il venait de tuer. Herculè irrité enleva le trépied de la prêtresse.

XIQUANI, divinité Japonaise, que l'on croit prendre un soin particulier des enfans, et des jeunes gens. On la représente ornée de toutes les grâces de la jeunesse.

XISITHRUS ou XISUTHRUS, ayant été averti par Saturne d'un déluge qui devait inonder toute la terre, construisit un grand vaisseau, par le moyen duquel il en fut garanti avec sa famille. Quand il en sortit, il disparut et fut mis au rang des dieux. C'est l'histoire de Noé, de Deucalion, sous d'autres noms.

XRUSOPHULAS, ministre subalterne du temple de Delphes, qui se levait avec le soleil, et balayait le temple avec des rameaux de laurier ceuillis autour de la fontaine de Castalie. Ce ministre habitait à l'entrée du sanctuaire, attachait les couronnes de laurier sur les murailles du temple, et aux autels qui environnaient le trépied sacré, en distribuait aux prophètes, aux poètes, aux sacrificateurs et aux Phœbades. Il puisait dans des vases d'or, l'eau de la fontaine Castalie, en plaçait dans des vases placés à l'entrée du temple, qu'il aspergeait ensuite tout entier avec un goupillon de laurier. Cela fait, il prenait un arc et des flèches, et allait donner la chasse aux oiseaux qui venaient se poser sur les statues dont le temple était environné. Ce ministre était obligé de vivre dans la continence.

XUTHUS, fils d'Hellen, né en Achaïe, vint au secours des Athéniens, et contribua à les rendre victorieux de leurs ennemis. Le roi d'Athènes, Erecthée, lui donna par reconnaissance sa fille Créüse en mariage, et il lui succéda dans le royaume d'Attique. Xuthus, se trouvant sans enfans, consulta l'oracle, qui lui conseilla de choisir pour son successeur le premier qu'il rencontrerait en sortant du temple. Ce fut Ion, qui fourni à Euripide le sujet de la tragédie de son nom.

XYNOÉCIES ou XYNOCÉES, fêtes que l'on célébrait à Athènes, en mémoire de la réunion de toutes les bourgades de l'Attique en un seul corps de République. R. *Oikein*, habiter, *sun* avec.

YMER YNCA

YAMARDARMARAJA, le dieu des enfers chez les Indiens. Une ame présentée devant son tribunal peut choisir d'être d'abord récompensée pour ses bonnes œuvres, ensuite punie pour ses péchés; ou bien elle peût commencer par la punition et finir par la récompense.

YDRASIL, frêne sous lequel s'assemblaient les dieux Scandinaves; ses branches, dit l'Edda, couvrent le monde et s'élèvent jusqu'aux cieux; ses racines s'étendent jusqu'aux enfers. Un aigle à l'œil perçant, repose sur ses branches; un écureuil sans cesse monte et descend pour faire des rapports. Des serpens attachés au tronc s'efforcent de le détruire. Dans une fontaine voisine, trois vierges appelées Nornes, et dont la première se nomme Urda, le passé, la seconde Verandi, le présent, et la troisième Skulda, l'avenir, puisent continuellement une eau précieuse dont elles arrosent le frêne. Cette eau, après en avoir rafraîchi les branches, retombe sur la terre en rosée dont les abeilles composent leur miel.

YHAMEN; c'est le nom que les Indiens donnent au dieu de la mort, lequel est en même-temps chargé de la police des enfers.

YMER. Dans l'aurore des siécles, dit la mythologie scandinave, il n'y avait ni mers, ni rivages; le soleil et les étoiles n'existaient point, et tout n'était qu'un vaste abîme. Un monde brûlant existait au midi, d'où sortaient des torrens de feu qui se congelaient en tombant dans l'abîme, et le remplissaient de glaces. De cet abîme ainsi comblés s'exhalèrent des vapeurs glacées, jusqu'à ce qu'un souffle de chaleur les fondit; et en forma des gouttes vivantes d'où naquit le géant Ymer. De lui descendirent les géans, race mauvaise et corrompue. Peu après les fils de Bor tuèrent ce géant Ymer, et son sang coula avec tant d'abondance, qu'il y eut une inondation dans laquelle périrent tous les géants, à l'exception d'un seul qui se sauva dans une barque avec sa famille. Alors un nouveau monde se forma. Les fils de Bor traînèrent le corps d'Ymer dans l'abîme, et de son sang ils formèrent l'eau; de sa chair la terre, de ses os les montagnes, et les rochers de ses dents. Ils firent de son crâne la voûte du ciel, soutenue par quatre mains nommées *sud*, *nord*, *est*, *ouest*. Ils y placèrent le soleil, la lune et les étoiles, et distinguèrent le jour de la nuit. Ils firent la terre ronde, et la ceignirent de l'Océan, sur les bords duquel ils placèrent les géans.

YNCAS, nom que portaient, avant la conquête du Pérou, par Pizarre, les monarques de ce pays. Les Yncas réunissaient le pouvoir spirituel au pouvoir temporel. Ils étaient en quelque sorte les dieux de leurs sujets, qui les regardaient comme enfans du soleil. Dans les fêtes solennelles, eux seuls présentaient au soleil les vœux et les offrandes du peuple.

YPHICLÈS ou YPHICLUS. *Voyez* IPHICLUS.

YPHTIME, nymphe dont Mercure devint amoureux, et qu'il rendit mère, dit-on, des Satyres.

YSUM, divinité japonaise d'une figure hideuse. C'est lui qui est chargé de conduire les âmes des morts dans un souterrain, où elles sont purifiées par le feu, et de là, faire introduire dans un lieu de délice et de voluptés.

YUTI, nom du Soleil chez les Péruviens, qui le révéraient comme le père de leur Incas.

ZAMO. ZETA

ZACYNTHUS, Béotien qui accompagna Hercule dans son expédition d'Espagne. Il mourut de la morsure d'un serpent.

ZAGROEUS, fils de Jupiter et de Proserpine. Jupiter rendit mère cette jeune déesse, en se cachant sous la forme d'un serpent.

ZAL, fils de Sam et père de Rostam, est un des trois héros fabuleux des Persans.

ZAMOLXIS, était la première divinité des Thraces. Tous les cinq ans, ces peuples exposaient à Zamolxis leurs besoins, et l'envoyaient consulter. Voici de quelle manière ils s'y prenaient. Quand ils avaient choisi quelqu'un pour aller consulter le dieu, on faisait tenir trois javelines droites, sur lesquelles on précipitait le député. S'il était percé au point de mourir sur-le-champ, c'est que le dieu leur était favorable. Si le député au contraire n'en mourait pas, on l'accablait de reproches, et l'on en choisissait un autre. Quand le temps menaçait de l'orage, les Thraces tiraient des flèches contre le ciel, comme pour effrayer Zamolxis, qu'ils croyaient le seul maître du monde. Des auteurs prétendent qu'il a réellement existé un Zamolxis, et que ce Zamolxsi joua parmi les Thraces à-peu-près le même rôle, qu'Odin chez les Scandinaves, et comme lui reçut après sa mort les honneurs divins.

ZÉPHYR, ou ZÉPHYRE, dieu du paganisme, fils de l'Aurore, et amant de la nymphe Chloris, selon les Grecs, ou de Flore, selon les Romains, présidait à la naissance des fleurs et des fruits de la terre, ranimait la chaleur naturelle des plantes, et par un souffle doux et agréable donnait la vie à tous les êtres. On le représentait sous la forme d'un jeune homme, d'un air fort tendre, ayant sur la tête une couronne composée de toutes sortes de fleurs.

ZETHES et CALAIS, fils de Borée et d'Orythye étaient deux jumeaux d'une rare beauté. Ils furent de l'expédition des Argonautes, et poursuivirent les Harpies jusqu'aux îles Strophades. On dit qu'ils furent tués par Hercule à la suite d'une querelle, et qu'ils furent changés en vents.

ZETHUS, frère d'Amphion, aida celui-ci à bâtir la ville de Thèbes, et passa chez les Grecs pour le plus habile chasseur.

ZOARA. On nommait ainsi chez les Scythes, dans les temps les plus reculés, les monceaux de pierres, entourés d'arbres que l'on élevait en l'honneur des dieux.

ZODIAQUE, espace du ciel que le soleil parcourt durant l'année, et que l'on a divisé en douze parties. Les Egyptiens doivent passer pour les inventeurs du Zodiaque, bien que les Grecs, en faisant quelques substitutions dans les signes qui le composent, aient voulu s'attribuer la gloire de l'invention. On comptait et on compte encore douze signes du zodiaque, sous l'influence de chacun desquels chaque mois romain était placé. Au milieu du zodiaque on plaçait ordinairement le dieu Pan; nouvelle preuve qu'il était originairement considéré comme le symbole de l'univers. Le soleil et la lune tiennent aussi quelquefois le milieu parmi les douze signes du zodiaque, lesquels sont: le belier, les gémeaux, le cancer, le lion, la vierge, la balance, le scorpion, le sagittaire, le capricorne, le verseau, les poissons.

ZOETEE, ville de l'Arcadie, où l'on voyait un temple de Diane, et un de Cerès, et à laquelle on donnait pour fondateur un certain Zœtas, fils de Tricolonne.

ZOROASTRE, fameux réformateur de la religion des anciens Perses, naquit, selon les uns, dans la Néidie, selon d'autres dans la Judée; d'autres lui donnent la Chine pour patrie; mais le docteur Hyde soutient que c'était de la Perse. L'histoire de sa vie, telle que la racontent ses sectateurs, est un tissu de fables merveilleuses et absurdes. Il paraît que Zoroastre avait de grandes connaissances en physique, et que ce fût par son moyen qu'il parvint à se faire passer pour un prophète. On croit qu'il fut enlevé au ciel par la foudre, et mis au rang des dieux.

FIN.

CATALOGUE

DE LA LIBRAIRIE

DE

MÉNARD ET DESENNE,

RUE GIT-LE-CŒUR, n° 8,

A PARIS.

Acanthologie, ou Dictionnaire Épigrammatique, recueil des meilleures épigrammes sur les personnages célèbres; Paris, 1817, 1 vol. in-12. 3 fr.

Amours (les) de Psyché et de Cupidon, suivies d'Adonis, poëme; par la Fontaine. Nouvelle et jolie édition, ornée de trois figures dessinées par Desenne, 1 vol. in-18, papier fin. 2 fr. 50 c.
Papier vélin. 5 fr.
Le même ouvrage, 1 vol. in-12, papier fin. 3 fr.
Papier vélin, fig. avant la lettre. 6 fr.

Astronomie des Dames; par Jérome de Lalande, sixième édition, 1 vol. in-18, fig. Paris, 1820. 1 fr. 50 c.
Le même ouvrage, 1 vol. in-12. 2 fr.

Atlas de toutes les parties du monde, composé de 60 cartes, gravées d'après les dessins de MM. Noel et Vivien, ingénieurs géographes, par les plus habiles artistes en ce genre. 1 vol. in-fol. Cet Atlas se publie par souscription.

Atlas pour le voyage d'Anacharsis, composé de 35 planches. Paris, 1821, 1 vol. in-8°. 5 fr.
Le même ouvrage, cartonné. 6 fr.

Aventures de Télémaque, par Fénelon. Nouvelle et jolie édition. Paris, 1822, 2 vol. in-18, ornés de 7 figures et d'un portrait. 5 fr.
Papier vélin, fig. avant la lettre. 10 fr.
Deux volumes in-12, papier fin. 6 fr.
Papier vélin, fig. avant la lettre. 12 fr.

Bélisaire; par Marmontel. Nouvelle et jolie édition, ornée de quatre figures dessinées par M. Duvivier, 1 vol. in-18, pap. fin. 2 fr. 50 c.
Le même ouvrage. In-18, pap. vélin, fig, avant la lettre. 5 fr.

In-12, pap. fin. 3 fr.
In-12, pap. vélin, fig. avant la lettre. 6 fr.

Bibliothèque Française, ou choix des meilleurs ouvrages des auteurs français, contenant : Lettres à Émilie sur la Mythologie, par Demoustier, 6 vol. ; Œuvres complètes de La Fontaine, 8 vol ; la Henriade, par Voltaire, 1 vol ; Œuvres de Gilbert, 1 vol. ; Maximes de La Rochefoucauld, 1 vol. ; Petit Carême de Massillon, 1 vol. ; Manon Lescaut, par l'abbé Prevost, 1 vol. ; la princesse de Clèves, par madame de la Fayette, 1 vol. ; Bélisaire, par Marmontel, 1 vol. ; Pluralité des mondes, par Fontenelle, 1 vol. ; Œuvres choisies de Beaumarchais, 4 vol. ; Caractères de la Bruyère et de Théophraste, 3 vol. ; Lettres sur l'Italie, par Dupaty, 2 vol. ; Œuvres complètes de Montesquieu, 10 vol. ; Histoire des Révolutions Romaines, de Suède et de Portugal, par Vertot, 7 vol. ; Mémoires de Grammont, par Hamilton, 2 vol. ; Œuvres complètes de J. Racine, 8 vol. ; Œuvres choisies de Destouches, 5 vol., Œuvres choisies de J. B. Rousseau, 2 vol. ; Œuvres choisies de Collin d'Harleville, 4 vol. ; Lettres Provinciales, par Pascal, 3 vol. ; Œuvres complètes de Boileau, 4 vol. ; Voyage d'Anacharsis, par J. J. Barthélemy, 8 vol. et Atlas ; La Religion, poëme, par L. Racine, 1 vol. ; Conjuration contre Venise, par Saint-Réal, 1 vol. ; Poésies de Malherbe, 1 vol. ; Œuvres de Bertin, 1 vol. ; Discours sur l'Histoire Universelle, par Bossuet, 4 vol. ; Chefs-d'Œuvres dramatiques de Voltaire, 4 vol. ; Siècles de Louis XIV et de Louis XV, par Voltaire, 6 vol. ; Histoire de Gil-Blas de Santillane, par Le Sage, 6 vol. ; Histoire de Russie sous Pierre-le-Grand, par Voltaire, 2 vol. ; Histoire de Charles XII, par Voltaire, 2 vol. ; Œuvres de Bernis, 2 vol. ; Aventures de Télémaque, par Fénélon, 2 vol. ; Œuvres de Gentil-Bernard, 1 vol. ; Oraisons funèbres de Fléchier, Bossuet, Bourdaloue, Larue, Massillon et Mascaron, 5 vol. ; Œuvres de Crébillon, 3 vol. ; Lettres d'une Péruvienne, 1 vol. ; Poëmes et Discours en vers, par Voltaire, 1 vol. ; Épîtres, Stances et Odes, par le même, 1 vol. ; Contes en vers, par le même, 1 vol. ; Œuvres de Chaulieu et Lafare, 1 vol. ; Chefs-d'œuvres de P. et Th. Corneille, 5 vol. ; Œuvres de Regnard, 6 vol. ; Œuvres de Piron, 2 vol. ; Œuvres de Colardeau, 2 vol. ; Œuvres de Lefranc de Pompignan, 2 vol. ; Œuvres de Molière, 8 vol. ; Œuvres de Gresset, 3 vol. ; Œuvres de Regnier, 1 vol. ; En tout 162 vol. ; ornés de 329 fig. gravées par les plus célèbres artistes, d'après les dessins de MM. Desenne, Deveria, Duvivier et Choquet.

Prix des 162 vol. in-18, papier fin. 300 fr.
Papier vélin, fig. avant la lettre. 680 fr.
In-12, papier fin. 408 fr.
Papier vélin, fig. avant la lettre. 816 fr.

On peut souscrire pour la suite de cette collection, à raison de 4 fr., format in-18, et 5 fr. format in-12, par livraison de 2 volumes avec figures, ou de trois volumes sans figures.

Chaque ouvrage se vend séparément.

Les figures, tirées sur papier grand in-8°, se vendent aussi séparées du texte, pour orner les éditions de ce format.

CARACTÈRES DE LA BRUYÈRE, suivis de ceux de Théophraste. Nouvelle et jolie édition. Paris, 1818, 3 vol. in-18, imprimés sur papier fin d'Angoulême, et ornés du portrait de la Bruyère. 5 fr.
Papier vélin, portrait avant la lettre. 10 fr.
La même édition. 3 vol. in-12, papier vélin, portrait avant la lettre. 12 fr.

CHEFS-D'OEUVRE DE PIERRE ET THOMAS CORNEILLE. édition. Paris, 1822, 5 vol. in-18, papier fin, ornés de figures. 12 fr. 50 c.
Papier vélin, fig. avant la lettre. 25 fr.
5 vol. in-12, papier fin. 15 fr.
Papier vélin, fig. avant la lettre. 30 fr.

CHEFS-D'OEUVRE DRAMATIQUES DE VOLTAIRE. Nouvelle et très-jolie édition, ornée de 15 gravures dessinées par Devéria et gravées sous sa direction, 4 vol. in-18, papier fin. 10 fr.
Papier vélin, fig. avant la lettre. 20 fr.
4 vol. in 12, papier fin. 12 fr.
Papier vélin, fig. avant la lettre. 24 fr.

CINQ (les) CODES, annotés des Lois, Décrets, Avis du conseil d'État, Ordonnances du Roi et Instructions Ministérielles qui abrogent, interprètent ou modifient leurs dispositions; des Arrêts de la Cour de Cassation, qui ont résolu les diverses questions de droit auxquelles elles ont donné lieu; de l'indication des rapports de toutes ces dispositions entre elles ou avec d'autres Lois; de la date des Lois rendues sur les mêmes matières, depuis 1789, etc.; PRÉCÉDÉS de la Charte Constitutionnelle et du tableau des distances légales de Paris à tous les chefs-lieux des départemens; ET SUIVIS du tarif des frais et dépens en matière civile; de celui des frais en matière criminelle; des Lois et Actes du Gouvernement sur l'organisation actuelle des Cours et Tribunaux, etc. etc.; *et d'une table générale alphabétique des matières.* Par J. Desenne. 1 fort volume in-8 d'environ 1000 pages. Paris, 1819. 12 fr.
Relié en basane. 13 fr. 50 c.

CODE GÉNÉRAL FRANÇAIS, contenant les Lois et Actes du Gouvernement, publiés depuis l'ouverture des États-Généraux, au 5 mai 1789, jusqu'au 8 juillet 1815; classés par ordre de matières et annotés des Arrêts et Décisions de la cour de cassation, rendus depuis la création de cette cour, suivi d'une table chronologique et d'une table générale par ordre alphabétique des matières; par J. Desenne, ancien chef du bureau de l'envoi des lois. 22 volumes in-8. 176 fr.
Le même ouvrage, papier vélin. 350 fr.

COLLECTION DE CENT PORTRAITS représentant les Personnages les plus célèbres, gravés en taille-douce par les plus habiles artistes d'après les dessins et sous la direction de M. Desenne. Cette Collection est divisée en dix livraisons de dix Portraits chacun. Prix de chaque livraison. 10 fr.
Papier vélin, avant la lettre. 20 fr.
Papier de Chine, avant la lettre. 30 fr.
N. B. Les Souscripteurs au Dictionnaire historique ne paient cha-

que livraison avec la lettre que 8 fr. — Chaque Portrait se vend séparément 2 fr.

CONJURATION DES ESPAGNOLS CONTRE LA RÉPUBLIQUE DE VENISE, précédée de sept discours sur l'usage de l'histoire, et suivie de la Conjuration des Gracques, par Saint-Réal, 1 vol in-18, papier fin. 2 fr.
Papier vélin. 4 fr.
Un vol. in-12, papier fin. 2 fr. 50 c.
Papier vélin. 5 fr.

CONSIDÉRATIONS SUR LES CAUSES DE LA GRANDEUR DES ROMAINS ET DE LEUR DÉCADENCE; par Montesquieu, 1 vol. in-18, papier fin. 2 fr.
In-18, papier vélin. 4 fr.
In-12, papier vélin. 5 fr.

CONTES EN VERS, SATIRES ET POÉSIES MÊLÉES; par Voltaire. Nouvelle et jolie édition. Paris, Ménard et Desenne, 1822; 1 vol. in-18 2 fr.
Papier vélin. 4 fr.
Le même ouvrage, in-12. 2 fr. 50 c.
Papier vélin. 5 fr.

CONTES ET NOUVELLES DE LA FONTAINE. Nouvelle et très-jolie édition, ornée de 8 figures dessinées par Desenne, et du portrait de La Fontaine, Paris, 1821, 2 vol. in-18, papier fin. 5 fr.
Papier vélin, fig. avant la lettre. 10 fr.
In-12, papier fin. 6 fr.
Papier vélin, fig. avant la lettre. 12 fr.

CONTES DES FÉES; par M. Ducray-Duminil. 4 vol. in-18, ornés de 16 fig. 6 fr.
Le même ouvrage. 3 vol. in-12, avec 16 fig. 7 fr. 50 c.

CORPS DE DROIT CRIMINEL, ou Recueil complet, méthodique, et par ordre de matières, des Codes d'instruction criminelle, et pénal, des lois, Arrêtés du gouvernement, Décrets, Avis du Conseil d'état, Ordonnances royales, Edits, Déclarations, Arrêts du Conseil d'état du Roi, Ordonnances et Réglemens anciens et nouveaux actuellement en vigueur, en matière criminelle, correctionnelle et de police, avec les Arrêts de la Cour de cassation; précédé d'une Instruction, adressée par M. le procureur du roi du département de la Seine, à MM. les officiers de police judiciaire, ses auxiliaires, et approuvée par M. le procureur-général près la cour royale de Paris; suivi d'une table chronologique des lois et actes du gouvernement, et d'une table générale alphabétique des matières; ouvrage à l'usage des cours royales, tribunaux de première instance, préfets, sous-préfets, juges-de-paix, officiers de gendarmerie, maires, adjoints de maires, commissaires de police et autres officiers de police judiciaire, avocats, avoués, etc.; par M. Mars, substitut de M. le procureur du Roi près le tribunal de première instance de la Seine. Paris, 1821, 2 vol. in-4°. 36 fr.

COURS DE LITTÉRATURE EN EXEMPLES, ou morceaux choisies des meilleurs écrivains français; précédés d'instructions sur les différens genres de style; par M. Fayolle. A l'usage des colléges et des maisons d'éducation de l'un et de l'autre sexe, troisième édition. Paris, Ménard et Desenne, 1821. 2 vol. in-12. 6 fr.
Dans ses *Leçons de Littérature et de Morale*, M. Noël a rassemblé

les meilleurs morceaux de la langue française, déjà recueillis par MM. Moysant et Lévizac, et reconnus classiques depuis long-temps. On a tâché de répandre plus d'ordre dans ce nouveau recueil pour mieux graduer l'intérêt et l'instruction, et l'on y a ajouté quelques morceaux qui méritent d'être proposés pour modèles.

Dialogues des morts; par Fontenelle. 1 vol. in-18, papier fin. 2 fr.

Papier vélin. 4 fr.

In-12, papier fin. 2 fr. 50 c.

Papier vélin. 5 fr.

Dictionnaire abrégé de l'Académie française. *Voyez* Vocabulaire.

Dictionnaire géographique par Vosgien. Nouvelle édition, augmentée de l'indication des foires et marchés de France et autres pays d'Europe; de la valeur des poids et mesures français et étrangers; de la désignation des lieux par lesquels doivent être adressées les lettres pour les endroits où il n'y a point de bureaux de poste, etc., etc., par Goigoux. Paris, 1823, 1 vol. in-8°, avec 7 cartes géographiques et 6 planches de monnaies. 9 fr.

Dictionnaire historique des batailles, siéges et combats de terre et de mer, qui ont eu lieu pendant la Révolution Française; suivi d'une table chronologique au moyen de laquelle on peut rétablir les faits dans leur ordre naturel, et d'une table alphabétique des noms des Militaires et des Marins français et étrangers qui se sont distingués et qui sont cités dans cet ouvrage. Par une société de Militaires et de Marins. 4 gros vol. in-8°. 28 fr.

Le même ouvrage, papier vélin. 56 fr.

Dictionnaire historique et bibliographique des personnages illustres, célèbres ou fameux de tous les siècles et de tous les pays du monde, avec les dieux et les héros de la mythologie; par L.-G. Peignot, Paris, 4 vol. in-8°. 30 fr.

Le même ouvrage, relié à l'allemande, et orné de 1200 portraits en médaillons. 40 fr.

Dictionnaire historique, critique et bibliographique, contenant les Vies des Hommes de tous les pays et de tous les siècles qui se sont rendus illustres, célèbres ou fameux par des vertus, des talens, des grandes actions, des opinions singulières, des inventions, des découvertes, des monumens, ou par des erreurs, des crimes, des forfaits, etc.; suivi d'un Dictionnaire abrégé des mythologies, et d'un tableau chronologique des événemens les plus remarquables qui ont eu lieu depuis le commencement du monde jusqu'à nos jours; 30 vol. in-8°. Prix pour les souscripteurs. 165 fr.

Pour les non-souscripteurs. 210 fr.

Le même ouvrage, avec les cent Portraits des Hommes célèbres dessinés par M. Desenne, et gravés sous sa direction. Prix pour les souscripteurs. 245 fr.

Pour les non souscripteurs. 310 fr.

Cet ouvrage est le plus complet et le plus impartial de tous ceux du même genre, publiés jusqu'à ce jour.

Dictionnaire universel des synonymes de la langue française, contenant les Synonymes de Gérard et ceux de Beauzée, Roubaud, d'Alembert, Diderot et autres. Nouvelle édition, Paris, 1821, 2 vol. in-12. 6 fr.

DISCOURS SUR L'HISTOIRE UNIVERSELLE, par Bossuet. Nouvelle et très-jolie édition, ornée du portrait de Bossuet. Paris, 1821, 4 vol. in-18, papier fin. 6 fr.
Papier vélin, portrait avant la lettre. 12 fr.
4 vol. in-12, papier fin. 7 fr. 50 c.
Papier vélin, portrait avant la lettre. 15 fr.

ENTRETIENS SUR LA PLURALITÉ DES MONDES; par Fontenelle. Nouvelle et jolie édition, à laquelle on a joint les notes de Lalande, le portrait de Fontenelle et une figure. 1 vol. in-18, pap. fin. 2 fr. 50 c.
Papier vélin, portrait avant la lettre. 5 fr.
In-12, papier vélin, portrait avant la lettre. 6 fr.

ÉPITRES, STANCES ET ODES, par Voltaire. Nouvelle et jolie édition. Paris, Ménard et Desenne, 1822; 1 vol. in-18. 2 fr.
Papier vélin. 4 fr.
Le même ouvrage, in-12. 2 fr. 50 c.
Papier vélin. 5 fr.

ESPRIT DES LOIS; par Montesquieu. Jolie édition, 5 vol. in-18, Paris, 1819, papier fin, portrait. 9 fr.
Papier vélin, portrait avant la lettre. 18 fr.
5 vol. in-12, papier fin, portrait. 12 fr.
Papier vélin, portrait avant la lettre. 24 fr.

FABLES DE LA FONTAINE. Nouvelle édition, ornée de 8 figures, dessinées par Desenne, 2 vol. in-18, papier fin. 5 fr.
In-12, 2 vol., papier vélin, fig. avant la lettre. 12 fr.

FÊTES (les) DES ENFANS, ou recueil de petits contes moraux; par Ducray-Duminil, cinquième édit. Paris, 1821, 3 vol. in-12 ornés de 12 fig. 4 fr. 50 c.

FIGURES POUR LES OEUVRES DE VOLTAIRE, gravées par MM. Adam, Bein, Boscq, Burdet, Caron, Delaître, Dupont, Laugier, Lignon, Leroux, Muller, Prévoste, Richomme, Roger, et autres célèbres artistes, d'après les dessins de M. A. Desenne.
Cette Collection, comprend 70 fig. et 10 portr., et se publie par livraisons de cinq planches,
Prix: in-8°, grand papier. 10 fr.
Papier vélin avant la lettre. 20 fr.
Papier de Chine. 30 fr.
Eaux fortes. 10 fr.

FIGURES POUR ORNER LES OUVRAGES DES AUTEURS FRANÇAIS les plus célèbres, tirées sur papier grand in-8° et pouvant également s'adapter aux belles éditions des formats in-12 et in-18.

HENRIADE (la), poëme; par Voltaire. 1 vol. in-18, orné de 4 fig. dessinées par M. Desenne, pap. fin. 2 fr. 50 c.
Papier vélin, fig. avant la lettre. 5 fr.
In-12, pap. vélin, fig. avant la lettre. 6 fr.

HISTOIRE DE CHALES XII, par Voltaire. Nouvelle et jolie édition, 2 vol. in-18, papier fin. 3 fr. 75 c.
Papier vélin. 7 fr. 50 c.
In-12, 2 vol., papier fin. 4 fr. 50 c.
Papier vélin. 9 fr.

HISTOIRE DE GIL-BLAS DE SANTILLANE, par Lesage. Nouvelle et très-jolie édition, ornée de 24 figures, gravées par Devéria, 6 vol.

in-18, papier fin. fr.
Papier vélin, fig. avant la lettre. fr.
In-12, 6 vol., papier fin. fr.
Papier vélin, fig. avant la lettre. fr.

Histoire de l'anarchie de Pologne, par Rulhière, troisième édition, 4 vol. in-8. Paris, Ménard et Desenne, 1819. 24 fr.

L'institut a jugé que cet ouvrage était le meilleur livre d'histoire écrit dans la langue française, et le jury des prix décennaux avait proposé de lui décerner le prix.

Histoire de Manon Lescaut et du chevalier des Grieux; par l'abbé Prevost. Nouvelle et jolie édition, ornée de 4 fig. dessinées par Desenne, 1 vol. in-18, pap. fin. 2 fr. 50 c.
Papier vélin, fig. avant la lettre. 5 fr.
In-12, papier vélin. 6 fr.

Histoire de Russie sous Pierre-le-Grand, par Voltaire, 2 vol. in-18, papier fin. 3 fr. 75 c.
Papier vélin. 7 fr. 50 c.
In-12, 2 vol., papier fin. 4 fr. 50 c.
Papier vélin. 9 fr.

Histoire des révolutions de Portugal; par Vertot. Nouvelle édition, précédée d'une Notice sur l'auteur. Paris, Ménard et Desenne, 1819, 1 vol. in-18, pap. fin, portrait. 2 fr.
Papier vélin. 4 fr.
1 vol. in-12, papier fin. 2 fr. 50 c.
Idem, papier vélin. 5 fr.

Histoire des révolutions de Suède; par Vertot. Nouvelle édition, Paris, Ménard et Desenne, 1819. 2 vol. in-18, papier fin. 3 fr. 75 c.
Pap. vélin. 7 fr. 50 c.
In-12, pap fin. 9 fr.
Idem, pap. vélin. 18 fr.

Histoire des révolutions arrivées dans le gouvernement de la république romaine; par Vertot. Nouvelle édition, 4 vol. in-18. Paris, 1819, papier fin. 7 fr. 50 c.
Papier vélin. 15 fr.
Idem, in-12, papier fin. 9 fr.
Papier vélin. 18 fr.

Jeux de société (Nouveaux), suivis d'un moule de vers, ou moyen simple et facile de faire des vers, des couplets, etc., bien mesurés et bien rimés, sans avoir aucune connaissance de la versification; par Rougemaître. Deuxième édition, Paris, 1822, 1 vol. in-12. 2 fr. 50 c.

Lettres a Émilie sur la mythologie; par Demoustier. Très-jolie édition, ornée de 18 fig. dessinées par Desenne et gravées par MM. Muller, Johannot, Leroux, Simonet, etc., 6 vol. in-18, pap. fin. 10 fr.
Pap. vélin, fig. avant la lettre. 20 fr.
Le même ouvrage, 6 vol in-12, pap. fin. 12 fr.
Pap. vélin, fig. avant la lettre. 24 fr.

LETTRES D'UNE PÉRUVIENNE, par madame de Graffigny, nouvelle édition, 1 vol. in-18, fig. 2 fr. 50 c.
Papier vélin, fig. avant la lettre. 5 fr.
In-12, 1 vol., papier fin, fig. 3 fr.
Papier vélin, fig. avant la lettre. 6 fr.

LETTRES ÉCRITES PAR UN PROVINCIAL A UN DE SES AMIS, par Pascal. Paris, Ménard et Desenne, 1820, 2 vol in-18, pap. fin. 3 fr. 75 c.
Papier vélin. 7 fr. 50 c.
Le même ouvrage, 2 vol. in-12, papier fin. 4 fr. 50 c.
Papier vélin. 9 fr.

LETTRES PERSANNES, par Montesquieu, 2 vol. in-18, pap. fin. 3 fr. 75 c.
Papier vélin. 7 fr. 50 c.
Le même ouvrage, 2 vol. in-12, papier fin. 4 fr. 50 c.
Papier vélin. 9 fr.

LETTRES SUR L'ITALIE, par Dupaty. Nouvelle et très jolie édition, ornée de 8 fig. dessinées par M. Duvivier, 2 vol. in-18. papier fin. 5 fr.
Papier vélin, fig. avant la lettre. 10 fr.
Le même ouvage, 2 vol. in-12, papier vélin, fig. avant la lettre. 12 fr.

MAXIMES ET RÉFLEXIONS DU DUC DE LA ROCHEFOUCAULT. Nouvelle édition. 1 vol. in-18, papier fin. 1 fr. 20 c.
In-18, papier vélin. 2 fr. 40 c.
In-12, papier vélin. 3 fr. 20 c.

MÉMOIRES DU COMTE DE GRAMMONT, par Hamilton. 2 vol. in-18, pap. fin. ornés de 8 fig. dessinées par M. Choquet. 5 fr.
Pap. vélin, fig. avant la lettre. 10 fr.
Le même ouvrage, 2 vol. in-12.
Pap. vélin, fig. 12 fr.

ŒUVRES CHOISIES DE BEAUMARCHAIS. Nouvelle édition, Paris, 1818, 4 vol. in-18, papier fin, ornée de 7 figures. 9 fr.
Pap. vélin, fig. avant la lettre. 18 fr.
In-12, papier fin, fig. 12 fr.
Papier vélin, fig. avant la lettre. 24 fr.

ŒUVRES DE BERNARD. Nouv. et jolie édit. 1 vol. in-18, portrait. 2 fr.
Papier vélin, portrait avant la lettre. 4 fr.
In-12, 1 vol., papier fin. 2 fr. 50 c.
Papier vélin, portrait avant la lettre. 5 fr.

ŒUVRES DE BERNIS. Nouvelle et jolie édition. Paris, 2 vol. in-18, papier fin, portrait. 3 fr. 75 c.
Papier vélin, portrait avant la lettre. 7 fr. 50 c.
In-12, 2 vol., papier fin, portrait. 4 fr. 50 c.
Papier vélin, portrait avant la lettre. 9 fr.

ŒUVRES COMPLÈTES DE BERTIN. Nouvelle et très jolie édition, ornée du portrait de Bertin, 1 vol., papier fin. 2 fr.
Papier vélin, portrait avant la lettre. 9 fr.
In-12, papier fin. 2 fr. 50 c.

ŒUVRES COMPLETES DE BOILEAU-DESPREAUX. Nouvelle édition, augmentée de Notes et précédée de la Vie de l'auteur par M. Ourry, 4 vol. in-18, ornés de 8 fig. 10 fr.

Papier vélin, fig. avant la lettre. 20 fr.
Même édition, 4 vol. in-12. 12 fr.
Papier vélin, fig. avant la lettre. 24 fr.

Œuvres complètes de Boileau-Despreaux, contenant ses poésies, ses écrits en prose, sa traduction de Longin, ses lettres à Racine, Brossette et à diverses autres personnes; avec les variantes, les textes d'Horace, de Juvénal, etc., imités par Boileau, et des notes historiques et critiques; précédées d'un discours sur le caractère et l'influence des Œuvres de Boileau, et d'une vie abrégée de ce poète par M. Daunou. Paris, 1820, 3 vol. in-8°, ornés du portrait de Boileau gravé et dessiné par Devéria. 18 fr.

Œuvres de Chaulieu et Lafare. Nouvelle et jolie édition. Paris, Ménard et Desenne, 1822, 1 vol. in-18. 2 fr.
Papier vélin. 4 fr.
Le même ouvrage, 1 vol. in-12, papier fin. 2 fr. 50 c.
Papier vélin. 5 fr.

Œuvres de Colardeau, de l'Académie française. Nouvelle et jolie édition, précédée d'une Notice sur la vie de cet auteur. Paris, Ménard et Desenne, 1822; 2 vol. ornés de 2 fig. et d'un portrait, in-18. 4 fr. 50 c.
In-18, papier vélin. 9 fr.
Le même ouvrage, 2 vol. in-12. 5 fr. 50 c.
Papier vélin 11 fr.

Œuvres choisies de Collin d'Harleville. Nouvelle et très-jolie édition, ornée de son portrait et de 10 fig. dessinées par Choquet. Paris, 1820, 4 vol. in-18, papier fin. 10 fr.
Papier vélin, fig. avant la lettre. 20 fr.
La même édition 4 vol. in-12, papier fin. 12 fr.
Papier vélin, fig. avant la lettre. 24 fr.

Œuvres de Crébillon. Nouvelle et jolie édition, ornée de 8 fig. et du portrait, 3 vol. in-18, papier fin. 7 fr. 50 c.
Papier vélin, fig. avant la lettre. 15 fr.
Le même ouvrage, 3 vol. in-12, papier fin, fig. 9 fr.
Papier vélin, fig. avant la lettre. 18 fr.

Œuvres choisies de Destouches, précédées d'une notice sur sa vie et ses ouvrages, par M. Ourry, et ornées de 10 gravures dessinées par M. Duvivier, et du portrait de Destouches. 5 vol. in-18, pap. fin. 12 fr.
Papier vélin, fig. avant la lettre. 24 fr.
4 vol. in-12, papier fin. 15 fr.
Papier vélin, fig. avant la lettre. 30 fr.

Œuvres choisies de Fontenelle. Nouvelle édition, concernant les Entretiens sur la pluralité des mondes; avec les notes de M. Lalande, et les Dialogues des morts. 2 vol. in-18, fig. papier fin. 4 fr. 50 c.
Papier vélin, portrait avant la lettre. 9 fr.
Le même in-12, papier vélin. 11 fr.

Œuvres de Gilbert. Nouvelle édition, précédées d'une notice sur sa vie, par M. Charles Nodier, 1 vol. ornée du portrait de Gilbert et de 3 gravures dessinées par M. Desenne, et gravées par MM. Bein et Delvaux. in-18, pap. fin. 2 fr. 50 c.

In-18, pap. vélin, fig. avant la lettre. 5 fr.

In-12, papier fin. 3 fr.

Pap. vélin, fig. avant la lettre. 6 fr.

Œuvres complètes de La Fontaine. Nouvelle et très-jolie édition, ornée de 21 fig. dessinées par Desenne, et gravées sous sa direction, 8 vol. in-18, pap. fin. 18 fr.

Papier vélin, fig. avant la lettre. 36 fr.

Le même ouvrage, 8 vol. in-12, papier vélin, figures avant la lettre. 44 fr.

Œuvres diverses de La Fontaine, contenant ses poésies diverses, sa correspondance en vers et en prose, son discours à l'Académie, etc., etc. Nouvelle et jolie édition, Paris, 1821, 2 vol. in-18, papier fin. 3 fr. 75 c.

Papier vélin. 7 fr. 50 c.

In-12, 2 vol., papier fin. 4 fr. 50 c.

Papier vélin. 9 fr.

Œuvres de Gresset, précédées d'une Notice sur sa vie. Nouvelle et jolie édition, ornée d'un portrait et de six figures. Paris, Ménard et Desenne, 1822; 3 vol. in-18. 7 fr.

Papier vélin, fig. avant la lettre. 14 fr.

Le même ouvrage, 3 vol. in-12. 9 fr.

Papier vélin, fig. avant la lettre. 18 fr.

Œuvres de Lefranc de Pompignan, de l'Académie française. Nouvelle et jolie édition, précédées d'une Notice sur la vie de l'auteur. Paris, Ménard et Desenne, 1822; 2 vol. in-18, fig. 4 fr. 50 c.

Papier vélin. 9 fr.

Le même ouvrage, 2 vol. in-12. 5 fr. 50 c.

Papier vélin. 11 fr.

Œuvres complètes de Molière, précédées de sa Vie par Voltaire. Nouvelle et jolie édition, ornée d'un portrait et de 20 figures gravées par nos meilleurs artistes, d'après les dessins de M. Desenne. Paris, Ménard et Desenne, 1822; 8 vol. in-18. 20 fr.

Papier vélin, fig. avant la lettre. 40 fr.

Le même ouvrage, 8 vol. in-12. 24 fr.

Papier vélin, fig. avant la lettre. 48 fr.

Œuvres complètes de Montesquieu. Nouvelle et jolie édition; Paris, 1820, 10 vol. in-18, papier fin, portrait. 15 fr.

Papier vélin, portrait avant la lettre. 30 fr.

In-12, 10 vol. papier vélin. 36 fr.

Œuvres diverses de Montesquieu, contenant le Temple de Gnide, Arsace et Isménie, etc. Nouvelle et jolie édition. Paris, Ménard et Desenne, 1822; 2 vol. in-18. 3 fr. 75 c.

Papier vélin. 7 fr. 50 c.

Le même ouvrage, 2 vol. in-12. 4 fr. 50 c.

Papier vélin. 9 fr.

Œuvres choisies de Pascal (Pensées, Provinciales), Paris, 1820, 5 vol. in-18, portrait. 8 fr.

Papier vélin, portrait avant la lettre. 16 fr.

In-12, 5 vol. 10 fr.

Papier vélin, portrait avant la lettre. 20 fr.

ŒUVRES DE PIRON. Nouvelle et jolie édition, précédées d'une Notice sur la vie de l'auteur. Paris, Ménard et Desenne, 1822, 2 vol. in-18; figures et portrait. 4 fr. 50 c.

Papier vélin. 9 fr.

Le même ouvrage, 2 vol. in-12. 5 fr. 50 c.

Papier vélin. 11 fr.

ŒUVRES COMPLÈTES DE JEAN RACINE, précédées d'une Notice sur sa vie, par M. Charles Nodier, et ornées du portrait de Racine, et de 12 fig. gravées par le célèbre Girardet, d'après les dessins de Desenne; 8 vol. in-18, pap. fin. 16 fr.

Papier vélin, fig. avant la lettre. 32 fr.

In-12, 8 vol., pap. fin. 20 fr.

Papier vélin, fig. avant la lettre. 40 fr.

ŒUVRES DE J. RACINE, contenant son théâtre et ses poésies, ornées de figures de Desenne, gravées par Girardet. 4 vol. in-18, pap. fin. 10 fr.

Papier vélin, fig. avant la lettre. 20 fr.

In-12, 4 vol., pap. fin. 12 fr.

Pap. vélin, fig. avant la lettre. 24 fr.

ŒUVRES DE JEAN RACINE, avec les variantes et les imitations des auteurs grecs et latins, publiées par M. Petitot, éditeur du Répertoire du théâtre français. Paris, 1820, 5 vol. in-8, papier fin. 30 fr.

Avec les figures de Girardet, tirées sur papier in-8. 35 fr.

Le même ouvrage, 5 vol. in-8, papier vélin. 60 fr.

Avec les figures de Girardet. 70 fr.

ŒUVRES DE RÉGNARD. Nouvelle et jolie édition, ornée de 8 fig. et du portrait de Régnard. Paris, 1822, 6 vol. in-18. 13 fr.

Papier vél n, fig. avant la lettre. 26 fr.

Le même ouvrage, in-12, 6 vol. 16 fr.

Papier vélin, fig. avant la lettre. 32 fr.

ŒUVRES DE MATHURIN RÉGNIER. Nouvelle et jolie édition, ornée du portrait de l'auteur, Paris, 1823, 1 vol. in-18. 2 fr.

Papier vélin, portrait avant la lettre. 4 fr.

Le même ouvrage, un vol. in-12. 2 fr. 50 c.

Papier vélin. 5 fr.

ŒUVRES CHOISIES DE J.-B. ROUSSEAU. Nouvelle et très-jolie édition, Paris, 1820, 2 vol. in-18, papier fin, ornée d'un beau portrait. 3 fr. 75 c.

Papier vélin, portrait avant la lettre. 7 fr. 50 c.

In-12, 2 vol., papier fin, portrait. 4 fr. 50 c.

Papier vélin, portrait avant la lettre. 9 fr.

ŒUVRES COMPLÈTES DE RULHIÈRE, de l'Académie française, 6 vol. in-8, très-bien imprimés et ornés du portrait de l'auteur. 40 fr.

Papier vélin. 80 fr.

Il n'existait pas encore d'édition complète des Œuvres de Rulhière. Les amateurs de la bonne littérature sauront gré aux éditeurs d'avoir enfin recueilli les ouvrages d'un auteur qui mérite une place distinguée parmi nos écrivains les plus élégans et les plus agréables, et qui est estimé sans contredit le meilleur de nos historiens. Aux éclaircissemens historiques sur les causes de la révocation de l'édit de Nantes, et sur l'état des protestans en France, à l'histoire de l'anarchie de Pologne, aux anecdotes sur la révolution de Russie, et aux charmantes poésies parmi lesquelles se distinguent le poëme des Jeux de Mains, le discours en vers sur les Disputes, et des contes écrits avec la verve épigrammatique de J.-B. Rousseau, on a réuni des morceaux moins connus, mais non moins remarquables par le talent avec lequel ils sont écrits; tels sont les anecdotes sur le maréchal de Richelieu, aussi fameux par ses galanteries que par ses victoires, le portrait de M. de Vergennes, ministre des affaires étrangères, etc., etc. Cette édition, imprimée sur papier fin d'Angoulême, est enrichie d'un beau portrait gravé par M. Dien.

Œuvres de l'abbé Vertot, contenant l'Histoire des révolutions romaines, de Suède et de Portugal. Nouvelle édition, ornée du portrait de Vertot, et précédée d'une notice sur sa vie et ses ouvrages, par M. Ch. Nodier, 7 vol. in-18, pap. fin. 13 fr.
Papier vélin. 26 fr.
Le même ouvrage, 7 vol. in-12, papier fin. 16 fr.
Papier vélin. 32 fr.

Oraisons funèbres de Bossuet. Nouvelle édition. Paris, 1822, 2 vol. in-18, papier fin. 3 fr. 75 c.
Papier vélin. 7 fr. 50 c.
In-12, 2 vol., papier fin. 4 fr. 50 c.
Papier vélin. 9 fr.

Oraisons funèbres de Bourdaloue, Mascaron, Massillon et autres. Nouvelle édition, 1 vol. in-18, papier fin. 2 fr.
Papier vélin. 4 fr.
Le même ouvrage, 1 vol. in-12, pap. fin. 2 fr. 50 c.
Papier vélin. 5 fr.

Oraisons funèbres de Fléchier. Nouvelle édition, 2 vol. in-18, papier fin. 3 fr. 75 c.
Papier vélin. 7 fr. 50 c.
In-12, 2 vol., papier fin. 4 fr. 50 c.
Papier vélin. 9 fr.

Paris, Saint-Cloud et les départemens, ou Buonaparte, sa Famille et sa Cour. Recueil d'anecdotes sur les personnages qui ont figuré depuis le commencement de la révolution; par un chambellan. Deuxième édition. Paris, 1820, 3 vol. in-8°. 15 fr.

Pensées de Pascal. Paris, 1820, 3 vol. in-18, papier fin, ornés du portrait de l'auteur. 5 fr.
Papier vélin. 10 fr.
Le même ouvrage, 2 vol. in-12, papier fin. 6 fr.
Papier vélin. 12 fr.

Petit carême de Massillon, évêque de Clermont. Nouvelle édition. 1 vol. in-18, papier fin. 2 fr.
Papier vélin. 4 fr.

In-12, papier vélin. 5 fr.

Poemes et discours en vers, par Voltaire. Nouvelle et jolie édition. Paris, Ménard et Desenne, 1822, 1 vol. in-18. 2 fr.

Papier vélin. 4 fr.

Le même ouvrage, in-12. 2 fr. 50 c.

Papier vélin. 5 fr.

Poésies de Malherbe, nouvelle et très-jolie édition, ornée du portrait de Malherbe, 1 vol. in-18, papier fin. 2 fr.

Papier vélin, portrait avant la lettre. 4 fr.

In-12, 1 vol., papier fin. 2 fr. 50 c.

Papier vélin, portrait avant la lettre. 5 fr.

Portraits in-8°. propres à orner les ouvrages d'histoire ou de littérature, ou a être encadrés.

D'Aguesseau.
Barthélemy.
Jean Bart.
Bayard.
Beaumarchais.
Bernis.
Maréchal de Berwick.
Boileau.
Bossuet.
Charles XII.
Colardeau.
Colbert.
Coligny.
P. Corneille.
Condé.
Crébillon.
Necker.
Pierre-le-Grand.
Philippe II.
Philippe d'Orléans, régent.
Poussin.
Quinault.
Racine.
Raynal.
Cardinal de Richelieu.
Crébillon fils.
Catinat.
Connétable de Bourbon.
Duquesne.
Fénélon.
Fléchier.
La Fontaine.
Franklin.
Duguesclin.
Duc de Guise.
Lhopital.
Louvois.
Maréchal de Luxembourg.
Marivaux.
Marmontel.
Mazarin.
Maréchal de Saxe.
Rulhière.
Sully.
Tressan.
Turenne.
Washington.
Vauban.
Vendôme.
Villars.

Prix de chaque portrait. 2 fr.

Papier vélin, avant la lettre. 4 fr.

Papier de Chine, avant la lettre. 6 fr.

Princesse (la) de Cleves; par madame la Fayette. Nouvelle et jolie édition, ornée de 4 fig. dessinées par Desenne. 1 vol. in-18, papier fin. 2 fr. 50 c.

Pap. vélin, fig. avant la lettre. 5 fr.

In-12, papier vélin, fig. avant la lettre. 6 fr.

Religion (la), poëme; par Louis Racine, suivie des poésies sacrées du même auteur. Nouvelle et très-jolie édition, 1 vol. in-18, pap. fin, orné de 4 fig. dessinées par M. Duvivier. 2 fr. 50 c.

Papier vélin, figures avant la lettre. 5 fr.

In-12, papier fin, figures. 3 fr.
Papier vélin, fig. avant la lettre. 6 fr.

Siècles de Louis XIV et de Louis XV, nouvelle et jolie édition, 6 vol. in-18, papier fin. 10 fr.
Papier vélin. 20 fr.
In-12, 6 vol., papier fin. 12 fr.
Papier vélin. 24 fr.

Tables générales, chronologique et alphabétique, des lois, décrets, ordonnances du Roi, avis et arrêts du conseil d'État, publiés depuis 1789 jusqu'en 1822, indiquant les volumes, pages ou numéros de la collection dite *du Louvre*, de celle de *Beaudouin*, du *Bulletin des lois*, du *Moniteur*, de la collection de *Sirey*, et du *Code Général Français*, où ces diverses actes se trouvent imprimés; 4 vol. in-8°. 30 fr.

Théâtre de J. La Fontaine, très-jolie édition, ornée d'une figure dessinée par Desenne. Paris, 1821, 1 vol. in-18, pap. fin. 2 fr.
Papier vélin, figures avant la lettre. 4 fr.
In-12, papier fin. 2 fr. 50 c.
Papier vélin, fig. avant la lettre. 5 fr.

Vocabulaire de l'Académie française, contenant la nomenclature des mots de la dernière édition du Dictionnaire de l'Académie, ses définitions, acceptions, locutions nobles, familières, ou proverbiales usitées; 2° la concordance grammaticale, ou l'origine des mots, l'indication de leur emploi par des exemples, selon les différens styles, soutenu, figuré, familier; 3° un grand nombre de mots et d'acceptions de mots généralement reçus, mais qui ne se trouvent pas dans le Dictionnaire de l'Académie; 4° les termes nouveaux propres aux sciences et aux arts, manufactures, métiers; 5° la prononciation abrégée toutes les fois qu'elle est douteuse ou irrégulière; 6° un modèle de la conjugaison des verbes réguliers et irréguliers, par Goigoux. Paris, 1820, 1 fort vol. in-8°. 8 fr.

Voyage du jeune Anacharsis en Grèce, vers le milieu du quatrième siècle avant l'ère vulgaire, par J. J. Barthélemy. Paris, 1820, 8 vol. in-18, papier fin, ornés de 29 figures dessinées par Devéria, et gravées par d'habiles artistes, et d'un atlas de 35 pl. 25 fr.
Papier vélin, figures avant la lettre. 50 fr.
Le même ouvrage, 8 vol. in-12, papier fin. 30 fr.
Papier vélin, figures avant la lettre. 60 fr.

IMPRIMERIE DE NICOLAS-VAUCLUSE.

www.ingramcontent.com/pod-product-compliance
Lightning Source LLC
Chambersburg PA
CBHW072003270326
41928CB00009B/1533